CSSCI来源集刊

现代中国文化与文学

46

MODERN CHINESE
CULTURE AND LITERATURE

李怡 毛迅 主编

四川大学文学与新闻学院
四川大学大文学研究学派培育项目　主办

巴蜀书社

图书在版编目(CIP)数据

现代中国文化与文学.46/李怡,毛迅主编.—成
都:巴蜀书社,2023.9
ISBN 978-7-5531-2103-1

Ⅰ.①现… Ⅱ.①李…②毛… Ⅲ.①中华文化-文
化研究-现代-丛刊②中国文学-现代文学-文学研究-
丛刊 Ⅳ.①G122-55②I206.6-55

中国国家版本馆 CIP 数据核字(2023)第 213808 号

现代中国文化与文学(46)

李怡 毛迅 主编

责任编辑	李 蓓	
出 版	巴蜀书社	
	四川省成都市锦江区三色路 238 号新华之星 A 座 36 楼	
	邮编 610023 总编室电话:(028)86361843	
网 址	www.bsbook.com	
发 行	巴蜀书社	
	发行科电话:(028)86361852	
经 销	新华书店	
印 刷	成都蜀通印务有限责任公司 (028)64715762	
照 排	成都完美科技有限责任公司	
版 次	2023 年 9 月第 1 版	
印 次	2023 年 9 月第 1 次印刷	
成品尺寸	185mm×260mm	
印 张	26.75	
字 数	700 千	
书 号	ISBN 978-7-5531-2103-1	
定 价	80.00 元	

编委会名单

编委会主任

曹顺庆

编委

── 目 录 ──

大文学视野

文学档案

民国文学研究

共和国文学研究

港澳台文学研究

学人·著述

—— Contents ——

Special Study on Lu Xun

The Monographic Study of He Qifang

The Monographic Study of Modern and Contemporary Old Style Poetry

Contents

The View of Great Literature

Literary Files

Literary Study of the Republic of China

Literary Study of the People's Republic of China

Sinological Studies in Hong Kong, Macao, Taiwan

Writings · Summarization

隐秘的抒情诗

——论鲁迅杂文的审美形式（之三）

李国华

　　杂文之偏于论，是显而易见的。然而鲁迅杂文的特出在于，它们充满诗的因素。除了鲁迅自己提供的"有情的讽刺"和"释愤抒情"等说法，鲁迅在杂文中是放逐还是沉溺于抒情，其杂文中出现的疾病书写和怀旧老人的形象，都似乎是抒情诗的某种隐秘形态。因此，讨论鲁迅杂文的审美形式，抒情诗的问题也是不可或缺的一环。事实上，鲁迅也是以杂文作为抵抗现代中国带来的精神分裂症的主要方式的。他从自身的疾病体验出发，构建个人主体与无穷远方、无数人们的隐秘联系，使其杂文出现了一种老人形象和怀旧情结相纠结的状况。作为文明批评和社会批评的鲁迅杂文，也因此获得释愤抒情的功能，指向鲁迅情感和精神世界的内意识现象学。

一

　　张洁宇曾以"有情的讽刺"概括鲁迅杂文的艺术特质，认为鲁迅杂文"树立了一种'大时代'特殊的美学风范"。在具体的论述中，张洁宇强调鲁迅杂文"讽刺"的生命是"真实"，与"幽默"的区别即在于是否"有情"。她注意到鲁迅"无情的冷嘲和有情的讽刺相去本不及一张纸"的说法，并意识到这一说法与鹤见祐辅将冷嘲视为"一种书斋里安全而敷衍的空谈"有关，认为"失去讽刺的勇气有可能堕入幽默，但若正视现实改变思想，幽默也不是不可以'改变样子'，重新成为'对社会的讽刺'"①。其中有一个细微的线索，即鲁迅对讽刺和冷嘲的理解与日本文人鹤见祐辅的

---

　　①　张洁宇：《"有情的讽刺"：鲁迅杂文的美学特质》，《西北大学学报》2020 年第 3 期。

关系，值得进一步展开。鲁迅曾两次提到讽刺和冷嘲相隔一纸，分别是在 1925 年 11 月 3 日写的《热风》题记和 1927 年 7 月 11 日写的《朝花夕拾》后记中：

> 但如果凡我所写，的确都是冷的呢？则它的生命原来就没有，更谈不到中国的病证究竟如何。然而，无情的冷嘲和有情的讽刺相去本不及一张纸，对于周围的感受和反应，又大概是所谓"如鱼饮水冷暖自知"的；我却觉得周围的空气太寒冽了，我自说我的话，所以反而称之曰《热风》①。

> 人说，讽刺和冷嘲只隔一张纸，我以为有趣和肉麻也一样。孩子对父母撒娇可以看得有趣，若是成人，便未免有些不顺眼。放达的夫妻在人面前的互相爱怜的态度，有时略一跨出有趣的界线，也容易变为肉麻②。

鲁迅这两处的话都表现出非常明确的界线意识，他试图分辨表面上相似甚或一致的事物背后可能截然相反的本质，这的确是鲁迅的自觉。而更重要的是，鲁迅对事物的表象可能掩盖的本质区别并不是从抽象的概念出发的，而是从事物的表象所关联的具体结构关系出发的，如辨别冷嘲和讽刺要看写作者"对于周围的感受和反映"，辨别"有趣和肉麻"要看行为主体的年龄和行为发生的环境。这就意味着鲁迅分辨概念的差异，不但是一种理性行为，而且是一种充满个人情感的"有情"的行为。这也就是说，鲁迅并不是单纯袭用了他人关于"讽刺和冷嘲只隔一张纸"的说法，他注入了个人的"有情"理解。而因为注入了个人的"有情"理解，对他人说法的袭用似乎也就出现了偏移现象。考察鲁迅相关时期的翻译和写作，可知其所谓"人说，讽刺和冷嘲只隔一张纸"中的"人"只能是写《说幽默》的鹤见祐辅。鲁迅 1924 年 7 月 3 日译完了鹤见祐辅的《说幽默》，1926 年 12 月 7 日写了译者识。《说幽默》的译文及鲁迅的译者识刊于《莽原》杂志第 2 卷第 1 期（1927 年 1 月 10 日出刊）。据鲁迅的译文，鹤见祐辅在《说幽默》中有如下一些说法：

> 懂得幽默，是由于深的修养而来的。这是因为倘若目不转睛地正视着人生的诸相，我们便觉得倘没有幽默，即被赶到仿佛不能生活的苦楚的感觉里去。悲哀的人，是大抵喜欢幽默的。这是寂寞的内心的安全瓣。

> 泪与笑只隔一张纸，恐怕只有尝过了泪的深味的人，这才懂得人生的笑的

① 鲁迅：《热风·题记》，《鲁迅全集》（第 1 卷），人民文学出版社 2005 年版，第 308 页。
② 鲁迅：《朝花夕拾·后记》，《鲁迅全集》（第 2 卷），人民文学出版社 2005 年版，第 340 页。

心情。

故意地笑，并不是幽默，只在真可笑的时候，才是幽默。

在这里，我所视为危险者，就是幽默的本性，和冷嘲（cynic）只隔一张纸。幽默常常容易变成冷嘲，就因为这缘故。

因为幽默是从悲哀而生的"理性底逃避"的结果，所以这常使人更进而冷嘲人间。对于一切气愤的事，并不直率地发怒，却变成衔着香烟，只有嘲笑，是很容易的。

使幽默不堕于冷嘲，那最大的因子，是在纯真的同情罢。同情是一切事情的础石。法兰斯曾说，天才的础石是同情；托尔斯泰也以同情为真的天才的要件。

幽默不怕多，只怕同情少。以人生为儿戏，笑着过日子的，是冷嘲。深味着人生的尊贵，不失却深的人类爱的心情，而笑着的，是幽默罢①。

其中"泪与笑只隔一张纸"及"幽默的本性，和冷嘲（cynic）只隔一张纸"是鲁迅相关表达的直接来源，不过鲁迅用"讽刺"替换了"幽默"。值得注意的是，在鹤见祐辅看来，"因为幽默是从悲哀而生的'理性底逃避'的结果，所以这常使人更进而冷嘲人间"，但只要有"纯真的同情"作为基础，幽默就不会堕于冷嘲，冷嘲是"以人生为儿戏"的，幽默是"不失却深的人类爱的心情"的。这些说法其实启发了鲁迅如何区隔"讽刺"和"冷嘲"，鲁迅所谓"无情的冷嘲和有情的讽刺相去本不及一张纸"正是对鹤见祐辅的看法的发挥。

不过，鲁迅的偏移也非常显眼，他没有改变鹤见祐辅分辨幽默和冷嘲的基本路径，却用讽刺取代了幽默。究其原因，大概有三个：其一是正如鹤见祐辅所说，"幽默是从悲哀而生的'理性底逃避'的结果"，"是寂寞的内心的安全瓣"，极容易变成冷嘲；其二是鲁迅认为幽默"是只有爱开圆桌会议的国民才闹得出来的玩意儿，在中国，却连意译也办不到"②，"中国没有幽默"③；其三是鲁迅认为"'幽默'既非国产，中国人也不是长于'幽默'的人民，而现在又实在是难以幽默的时候。于是虽幽默也就免不了改变样子了，非倾于对社会的讽刺，即堕入传统的'说笑话'和'讨便宜'"④。

① 鹤见祐辅：《说幽默》，止庵、王世家编：《鲁迅著译编年全集》（第7卷），人民出版社2009年版，第416-418页。
② 鲁迅：《南腔北调集·"论语一年"》，《鲁迅全集》（第4卷），人民文学出版社2005年版，第582页。
③ 鲁迅：《花边文学·玩笑只当它玩笑（下）》，《鲁迅全集》（第5卷），人民文学出版社2005年版，第554页。
④ 鲁迅：《伪自由书·从讽刺到幽默》，《鲁迅全集》（第5卷），人民文学出版社2005年版，第47页。

而推论起来，既然幽默倾向于逃避，且性质不稳定，容易变成冷嘲，那就干脆不提倡幽默，倒不如用性质更为稳定的讽刺取代幽默，并分辨讽刺、冷嘲、滑稽、"正经"之间的界线。

鲁迅不仅认为中国没有幽默，而且认为中国连冷嘲都没有。鲁迅表示"约翰弥耳说：专制使人们变成冷嘲。我们却天下太平，连冷嘲也没有。我想：暴君的专制使人们变成冷嘲，愚民的专制使人们变成死相"①，又表示"还有一层，是'专制使人们变成冷嘲'，但这是英国的事情，古来只能'道路以目'的人们是不敢的。不过时候也到底不同了，就要听洋讽刺家来'幽默'一回，大家哈哈一下子"②，这就是说中国过去和当时的专制的黑暗超过了英国，因而连冷嘲也不能有。面对如此黑暗的历史和社会，鲁迅表现出了瞿秋白所谓"他的燃烧着的猛烈的火焰在扫射着猥劣腐烂的黑暗世界"③ 的战斗精神，更加反对幽默而坚持讽刺。因此，当有文人看上去极为幽默地表示拥护言论不自由的条件下出现的种种不负责任的文体时，鲁迅写下了燃烧着"猛烈的火焰"的杂文《不负责任的坦克车》：

> 新近报上说，江西人第一次看了坦克车。自然，江西人的眼福很好。然而也有人惴惴然，唯恐又要掏腰包，报效坦克捐。我倒记起了另外一件事：
>
> 有一个自称姓"张"的说过，"我是拥护言论不自由者……唯其言论不自由，才有好文章做出来，所谓冷嘲，讽刺，幽默和其他形形色色，不敢负言论责任的文体，在压迫钳制之下，都应运产生出来了"。这所谓不负责任的文体，不知道比坦克车怎样？
>
> 讽刺等类为什么是不负责任，我可不知道。然而听人议论"风凉话"怎么不行，"冷箭"怎么射死了天才，倒也多年了。既然多年，似乎就很有道理。大致是骂人不敢冲好汉，胆小。其实，躲在厚厚的铁板——坦克车里面，砰砰碰碰的轰炸，是着实痛快得多，虽然也似乎并不胆大。
>
> 高等人向来就善于躲在厚厚的东西后面来杀人的。古时候有厚厚的城墙，为的要防备盗匪和流寇。现在就有钢马甲，铁甲车，坦克车。就是保障"国民"和私产的法律，也总是厚厚的一大本。甚至于自天子以至卿大夫的棺材，也比庶民的要厚些。至于脸皮的厚，也是合于古礼的。

---

① 鲁迅：《华盖集·忽然想到（五至六）》，《鲁迅全集》（第3卷），人民文学出版社2005年版，第45页。关于"专制使人们便称冷嘲"的说法也是转道来自鹤见祐辅。

② 鲁迅：《南腔北调集·〈萧伯纳在上海〉序》，《鲁迅全集》（第4卷），人民文学出版社2005年版，第514-515页。

③ 何凝：《鲁迅杂感选集序言》，何凝编：《鲁迅杂感选集》，青光书局1933年版，第23页。

独有下等人要这么自卫一下，就要受到"不负责任"等类的嘲笑：

"你敢出来！出来！躲在背后说风凉话不算好汉！"

但是，如果你上了他的当，真的赤膊奔上前阵，像许褚似的充好汉，那他那边立刻就会给你一枪，老实不客气，然后，再学着金圣叹批《三国演义》的笔法，骂一声"谁叫你赤膊的"——活该。总之，死活都有罪。足见做人实在很难，而做坦克车要容易得多①。

该文写于1933年5月6日，文中江西的坦克车指的是国民党政府围剿江西的中华苏维埃政府使用了坦克车，"姓'张'的"指张若谷。张若谷与国民党文人傅彦长、朱应鹏合作编过《艺术三家言》，其时担任《大晚报》的记者②，而《大晚报》社是国民党要人孔祥熙名下的四大报社之一③。故而在鲁迅看来，张若谷在《大晚报》上发表"所谓冷嘲，讽刺，幽默和其他形形色色，不敢负言论责任的文体"之类的言论就是"躲在厚厚的铁板——坦克车里面"说风凉话。在张若谷这种与"高等人"沆瀣一气的行为面前，鲁迅将"冷嘲，讽刺，幽默和其他形形色色，不敢负言论责任的文体"都视为"下等人"自卫的文体，不再刻意区分冷嘲、讽刺和幽默，而是刻意揭发张若谷言论不仅是不负责任的，而且是厚颜无耻。鲁迅认为"高等人"的一切都与"厚"有关，"脸皮的厚"自然也是超过庶民的，张若谷自甘与"高等人"为伍，脸皮自然也是极厚的。而且，鲁迅暗示张若谷选择了"做坦克车"，故而其人也就"似乎并不胆大"，只不过是一副奴颜媚骨的死相。然而，有意思的是，鲁迅写作《不负责任的坦克车》的目的并不是要将张若谷钉在耻辱柱上，他确实觉得张若谷连被自己一嘘的资格都没有④，故而行文中连其人名字都不屑写出。鲁迅的真正目的是将"姓'张'的"言论背后的整个政治和文化结构揭示出来：坦克车指的是国民党政府围剿"下等人"的军事行动，坦克捐指的是国民党政府剥削"下等人"的经济政策，"厚厚的一大本"的法律指的是国民党政府维护"高等人"的既得利益的法律体系，棺材和

① 鲁迅：《伪自由书·不负责任的坦克车》，《鲁迅全集》（第5卷），人民文学出版社2005年版，第138-139页。

② 龙鸿彬：《张若谷》，景亚南主编：《浦东早期留学人员选录1872-1949》，上海大学出版社2016年版，第237-238页。

③ 曹聚仁：《〈大晚报〉与曾虚白》，《上海春秋》（修订版），生活·读书·新知三联书店2016年版，第159-160页。

④ 鲁迅在《答杨邨人先生公开信的公开信》里说："先生似乎羞与梁实秋张若谷两位先生为伍，我看是排起来倒也并不怎样辱没了先生，只是张若谷先生比较的差一点，浅陋得很，连做一'嘘'的材料也不够，我大概要另换一位的。"见鲁迅：《南腔北调集·答杨邨人先生公开信的公开信》，《鲁迅全集》（第4卷），人民文学出版社2005年版，第646页。

脸皮的厚都合于古礼指的是国民党政府维护"高等人"虚伪落后的伦理体系，"姓'张'的"指的是国民党政府压迫钳制"下等人"的文化治理手段，而且军事、赋税、法律、伦理、文化相互联系和支撑，共同构成了国民党政府整个统治的网络。在这样的网络结构中，"姓'张'的"说些有利于网络巩固的"风凉话"，实在不过是细枝末节了。在这个意义上，鲁迅通过杂文写作展现了对于国民党政府的大恨以及对于"下等人"的大爱，这种大爱的确是一种"深的人类爱"。只不过在 1933 年，鲁迅已然左转之后，他的大爱具体表现为对于"下等人"的阶级友爱。

因此，当鲁迅在杂文中燃烧起猛烈的火焰来扫射"猥劣腐烂的黑暗世界"时，其根底却在于爱。鲁迅 1927 年在《小杂感》一文中重复有岛武郎的话："创作总根于爱。"① 它似乎呼应着《小杂感》开头的话：

> 蜜蜂的刺，一用即丧失了它自己的生命；犬儒的刺，一用则苟延了他自己的生命。
> 他们就是如此不同②。

即使创作都是根于爱，都是有情的，但有的是不惜生命的抗争，有的是为了苟活的冷嘲，本质上是不一样的。鲁迅所谓"有情的讽刺"由此明确显现了"纯真的同情"和"深的人类爱"，不是为了自我的苟活，而是为了整个社会的改变。他在《随感录四十一》里说："此后如竟没有炬火：我便是唯一的光。倘若有了炬火，出了太阳，我们自然心悦诚服的消失，不但毫无不平，而且还要随喜赞美这炬火或太阳；因为他照了人类，连我都在内。我又愿中国青年都只是向上走，不必理会这冷笑和暗箭。"③ 鲁迅的"有情的讽刺"就是这样无我的、忘我的、燃烧自我的对于人类的大爱，而他的杂文因此就成了抒发大爱的抒情诗。

二

与淑世的热情不同的是，鲁迅认为写杂文于自身而言也是一种"释愤抒情"。他 1926 年 11 月 16 日在《华盖集续编》的小引中写道：

---

① 鲁迅：《而已集·小杂感》，《鲁迅全集》（第 3 卷），人民文学出版社 2005 年版，第 556 页。
② 鲁迅：《而已集·小杂感》，《鲁迅全集》（第 3 卷），人民文学出版社 2005 年版，第 554 页。
③ 鲁迅：《热风·四十一》，《鲁迅全集》（第 1 卷），人民文学出版社 2005 年版，第 341 页。

还不满一整年，所写的杂感的分量，已有去年一年的那么多了。秋来住在海边，目前只见云水，听到的多是风涛声，几乎和社会隔绝。如果环境没有改变，大概今年不见得再有什么废话了罢。灯下无事，便将旧稿编集起来；还豫备付印，以供给要看我的杂感的主顾们。

这里面所讲的仍然并没有宇宙的奥义和人生的真谛。不过是，将我所遇到的，所想到的，所要说的，一任它怎样浅薄，怎样偏激，有时便都用笔写了下来。说得自夸一点，就如悲喜时节的歌哭一般，那时无非借此来释愤抒情，现在更不想和谁去抢夺所谓公理或正义。你要那样，我偏要这样是有的；偏不遵命，偏不磕头是有的；偏要在庄严高尚的假面上拨它一拨也是有的，此外却毫无什么大举。名副其实，"杂感"而已①。

这短短的两段文字引发学界极大的兴趣，不少学者追踪"释愤抒情"四字所可能蕴含的信息。1986 年，皮远长讨论鲁迅杂文的"释愤抒情"时提供了一个特别的背景。他说："我们总是强调鲁迅是'为革命'而写杂文，这并不错，但却往往忽略了'为革命'如果不是激荡于作家内心的一股激情，不能与作家个人独特的感情体验相契合，而只是理智的、甚至是某种外在的要求，那么，在这种创作心理状态下，则只能产生鲁迅所批评的那种'赋得革命'式的作品。"为了破除这种以革命压倒抒情的思路，皮远长强调"鲁迅借杂文所'释'之'愤'，所'抒'之'情'，既是他个人独有的真切感受，也是人民大众所共有的感情"，认为鲁迅"既强调杂文的战斗作用，也重视它的审美愉悦功能和移情效果"。皮远长接下来的分析非常精彩，他在简述了鲁迅杂文以形象和直抒胸臆感人之后提出了一个问题，即鲁迅杂文"在好像客观的叙述和冷静的议论中表露出细腻而活跃的情绪、丰富而浓郁的感情"，这是怎么做到的？皮远长借助柏格森在《笑——论滑稽的意义》一书中对"语言的滑稽"的论述来给出了回答，认为鲁迅杂文是通过充分运用"语言的音乐美"和"'辞趣'的表情作用"来实现情感表达的，并举例说明了鲁迅杂文句式多变带来的"情绪节奏"对读者的感染作用以及鲁迅杂文通过一些微妙的用词选择来"表达出语言主体的各种微妙的情绪和感情"②。在此意义上，鲁迅杂文如何"释愤抒情"构成了一个极其微观的形式诗学

---

① 鲁迅：《华盖集续编·小引》，《鲁迅全集》（第 3 卷），人民文学出版社 2005 年版，第 195 页。

② 皮远长：《"无非借此来释愤抒情"——浅谈鲁迅杂文的感情表达》，《武汉大学学报》1986 年第 2 期。

问题，正好与"现在更不想和谁去抢夺所谓公理或正义"的说法构成呼应，即鲁迅因为放逐了对"所谓公理或正义"的认同，反而可以无所顾忌地、甚至倾向性激烈地"偏要"在语词表面表达自己的情绪和感情，他不是以理节情，反而是以情达理。

而且，也正是因为不是以理节情，反而是以情达理，鲁迅说自己写杂文"就如悲喜时节的歌哭一般，那时无非借此来释愤抒情"才真正称得上是"释愤抒情"。正如后世研究者所论述的那样，"释愤抒情"所关联的是屈原"发愤以抒情"、司马迁"发于情，肆于心而为文"的古典传统①，而无论是屈原还是司马迁，在自居儒家正统的人物眼里都是"露才扬己"之辈，不足取也。但鲁迅却别具只眼，认为屈原的《天问》是"抒愤懑"，楚辞与诗经相比，"则其言甚长，其思甚幻，其文甚丽，其旨甚明，凭心而言，不遵矩度"②，认为"武帝时文人，赋莫若司马相如，文莫若司马迁，而一则寥寂，一则被刑。盖雄于文者，常桀骜不欲迎雄主之意，故遇合常不及凡文人"③，认为司马迁"恨为弄臣，寄心楮墨，感身世之戮辱，传畸人于千秋，虽背《春秋》之义，固不失为史家之绝唱，无韵之《离骚》矣"④，都是极为肯定屈原的"凭心而言，不遵矩度"和司马迁、司马相如的"桀骜"，欣赏他们的作品，字里行间颇有同情和知己之感。这种同情和知己之感显然都是个人化的，并不是"人民大众所共有的感情"。鲁迅编《华盖集续编》时的情绪与编《华盖集》《朝花夕拾》《野草》时颇有相通之处，即所谓"年月是改了，情形却依旧"⑤，他仍然觉得自己"华盖运"未离身，被"正人君子"们"党同伐异"而"自有悲苦愤激"，于是"乐则大笑，悲则大叫，愤则大骂"⑥，迫于无奈而无所顾忌地写杂文。这种情绪与鲁迅节引在《汉文学史纲要》中的司马迁《报任安书》相似，可谓千古有此同慨⑦：

> 其友益州刺史任安，尝责以古贤臣之义，迁报书有云：
> "……所以隐忍苟活，函粪土之中而不辞者，恨私心有所不尽，鄙没世而文采不表于后也。古者富贵而名摩灭不可胜记，惟倜傥非常之人称焉。盖西伯拘而演《周易》；仲尼厄而作《春秋》；屈原放逐，乃赋《离骚》；左丘失明，厥有《国语》；孙子髌脚，《兵法》修列。……《诗》三百篇，大抵贤圣发愤之所为作也。

---

① 参见肖剑南：《鲁迅散文"释愤抒情"的理论探源》，《嘉应学院学报》2005年第4期。
② 鲁迅：《汉文学史纲要》，《鲁迅全集》（第9卷），人民文学出版社2005年版，第382页。
③ 鲁迅：《汉文学史纲要》，《鲁迅全集》（第9卷），人民文学出版社2005年版，第431页。
④ 鲁迅：《汉文学史纲要》，《鲁迅全集》（第9卷），人民文学出版社2005年版，第435页。
⑤ 鲁迅：《华盖集续编·小引》，《鲁迅全集》（第3卷），人民文学出版社2005年版，第195页。
⑥ 鲁迅：《华盖集·题记》，《鲁迅全集》（第3卷），人民文学出版社2005年版，第3-4页。
⑦ 关于《汉文学史纲要》对司马迁的理解，可参考潘德延：《史家之绝唱　无韵之离骚——鲁迅与司马迁》，《鲁迅研究月刊》2007年第4期。

此人皆意有所郁结，不得通其道，故述往事，思来者。及如左丘明无目，孙子断足，终不可用，退论书策，以舒其愤，思垂空文以自见。仆窃不逊，近自托于无能之辞，网罗天下放失旧闻，考之行事，稽其成败兴衰之理，凡百三十篇。亦欲以究天人之际，通古今之变，成一家之言。草创未就，适会此祸，惜其不成，是以就极刑而无愠色。仆诚已著此书，藏之名山，传之其人，通邑大都，则仆偿前辱之责，虽万被戮，岂有悔哉？然此可为智者道，难为俗人言也！……"①

《汉文学史纲要》是鲁迅 1926 年在厦门大学教中国文学史时编写的讲义。对于自己的厦门大学之旅，鲁迅自己的看法是"因为做评论，敌人就多起来，北京大学教授陈源开始发表这'鲁迅'就是我，由此弄到段祺瑞将我撤职，并且还要逮捕我。我只好离开北京，到厦门大学做教授；约有半年，和校长以及别的几个教授冲突了，便到广州，在中山大学做了教务长兼文科教授"②。这意味着编写讲义到司马迁的部分时，他对于《报任安书》中的陈情很难不感同身受。任安责司马迁以古贤臣之义，"正人君子"则责鲁迅以"公理或正义"，司马迁身陷囹圄，而鲁迅遭到了"正人君子"告密和"正人君子"背后的反动政府通缉③，逃到厦门又和校长、教授起冲突，虽不至于"隐忍苟活，函粪土之中而不辞"，但也绝对是一腔愤懑亟需抒发了。在这个意义上，鲁迅对司马迁所追认的人物和文章谱系以及"此人皆意有所郁结，不得通其道，故述往事，思来者"肯定是充满认同的，他之写杂文是为了"以舒其愤"，他之编杂文集，则恐怕不是单纯的自我抚慰④和"以供给要看我的杂感的主顾们"，而是包含着"思来者"的用心。至于"这里面所讲的仍然并没有宇宙的奥义和人生的真谛。不过是，将我所遇到的，所想到的，所要说的，一任它怎样浅薄，怎样偏激，有时便都用笔写了下来"的说法，看上去是在说自己的杂文"浅薄"和"偏激"，实际上是在说"宇宙的奥义和人生的真谛"之虚妄，从而暗示自己"用笔写了下来"的才是真实的人生世相，不但足以"垂空文以自见"，而且也许还有"究天人之际，通古今之变，成一家之言"的可能。其中《华盖集》题记中"凡有自己也觉得在风沙中转辗而生活着的，会知道这意思"⑤的说法可谓"传之其人"的表达，《且介亭杂文》序言中的

---

① 鲁迅：《汉文学史纲要》，《鲁迅全集》（第9卷），人民文学出版社2005年版，第434页。
② 鲁迅：《集外集拾遗补编·自传》，《鲁迅全集》（第8卷），人民文学出版社2005年版，第402页。
③ 关于通缉一事，学界略有争议。可参考陈漱渝：《提出新论要以充分的史实为据》，《鲁迅研究月刊》2007年第3期。
④ 鲁迅：《华盖集·题记》，《鲁迅全集》（第3卷），人民文学出版社2005年版，第5页。
⑤ 鲁迅：《华盖集·题记》，《鲁迅全集》（第3卷），人民文学出版社2005年版，第5页。

"当然不敢说是诗史，其中有着时代的眉目"① 的说法可谓期待读者反馈，实现"究天人之际，通古今之变，成一家之言"的立言之不朽。这也就是说，当鲁迅营造一个"秋来住在海边，目前只见云水，听到的多是风涛声，几乎和社会隔绝"的寂寞孤独之境时，他的精神世界里涌现的是关于自己的"释愤抒情"能否舒愤懑、能否"传之其人"、能否"垂空文以自见"、能否不朽的种种念头，一切都与个人的出处穷达有关，与一个渺小的生命个体在云水风涛的围绕中期望不朽有关。因此，可以说鲁迅所谓"释愤抒情"是一种沟通天人、直抵生命本质的抒情，但并不直接与人民大众的感情相关，它只是个体生命意识的外溢，一种在时间和历史中留痕的不朽冲动。

　　1935 年 3 月 31 日在《徐懋庸作〈打杂集〉序》中，鲁迅认为《唐诗三百首》中第一首诗"夫子何为者？栖栖一代中"不及徐懋庸的杂文"和现在切贴，而且生动，泼剌，有益，而且也能移人情"，强调"能移人情"的杂文"要搅乱你们的文苑"②。这些说法一方面在强调杂文的时代感和社会功用，另一方面则提出了一个更具挑战性的问题，即杂文"也能移人情"。杂文之能移人情，当然跟杂文作者的淑世情怀有关，但鲁迅在"切贴"和"生动，泼剌，有益"之外强调"能移人情"，所着眼的显然已不止是功利主义式的淑世情怀，而是杂文本身传递写作者个人感情所带来的移情作用；也就是说，读者不需要调动某种关于感情的意识形态结构，也能够从杂文的语词中感受到微观的感动，感受到娱乐、休息和"释愤抒情"的精神愉悦。从文体上来说，杂文作为说理的文章，以理服人是其本色，如果能以情动人，自然不免"搅乱你们的文苑"。但鲁迅话说得漂亮，事实上关于文学的观念却回到了青年时期以来的一贯立场，看上去未免有些保守。在《摩罗诗力说》中，鲁迅即曾申说，"由纯文学上言之，则以一切美术之本质，皆在使观听之人，为之兴感怡悦。文章为美术之一，质当亦然，与个人暨邦国之存，无所系属，实利离尽，究理弗存"，并借穆勒的说法"近世文明，无不以科学为术，合理为神，功利为鹄。大势如是，而文章之用益神。所以者何？以能涵养吾人之神思耳"来从科学和进化的意义推导出"涵养人之神思，即文章之职与用也"的结论③。文学在这里被当成系统的一个看不见的补丁，负责使人"兴感怡悦"和"涵养人之神思"。此后，鲁迅在《汉文学史纲要》中梳理萧梁时期的文笔之

---

　　① 鲁迅：《且介亭杂文·序言》，《鲁迅全集》（第 6 卷），人民文学出版社 2005 年版，第 4 页。

　　② 鲁迅：《且介亭杂文二集·徐懋庸作〈打杂集〉序》，《鲁迅全集》（第 6 卷），人民文学出版社 2005 年版，第 301-302 页。

　　③ 鲁迅：《坟·摩罗诗力说》，《鲁迅全集》（第 1 卷），人民文学出版社 2005 年版，第 73-74 页。关于穆勒的说法，迄今未见出处，故而不知鲁迅征引的穆勒说法是不是涉及了涵养神思的问题。有论者指出穆勒的说法见《功利主义》一书（王福湘：《约翰·穆勒：鲁迅自由思想资源第一人》，《学术研究》2007 年第 12 期），经查证不见，只得暂时存疑。

议时表示，"盖其时文章界域，极可弛张，纵之则包举万汇之形声；严之则排摈简质之叙记，必有藻韵，善移人情，始得称文。其不然者，概谓之笔"①，这虽然是一种历史描述，但隐含的判断是以"必有藻韵，善移人情"的"文"为文学。一旦鲁迅将与"兴感怡悦""涵养人之神思"同义的"能移人情"视为杂文的重要特质，则与其说是鲁迅拓展了自己对于文学的理解，不如说是他坚持"能移人情"是文学的特质，并将其延伸至对于杂文的文学性的判断，从而将杂文安插进既有的文学秩序中去。因此，鲁迅所谓"杂文这东西，我却恐怕要侵入高尚的文学楼台去的"②，不是指用杂文改变了关于文学是什么的基本理解，而是改变了既有文学内部的文类秩序。不过，事实未必如鲁迅所愿的是，一旦杂文真的被放在文学的意义上来进行讨论，文学的基本理解是无法不被改变的，所谓"能移人情"的特质也就蜕变为理解文学的一个向度罢了。而这一点，鲁迅的老师章太炎早就在《国故论衡》中批判过了："或言学说、文辞所由异者，学说以启人思，文辞以增人感，此亦一往之见也。"③

三

但正因为鲁迅坚持以"能移人情"来论文学以及对杂文的文学性进行升格，理解其杂文中放逐抒情的段落就需要有复杂的调整。例如 1927 年 10 月 10 日的《怎么写——夜记之一》，开头不久就有几段抒情性极强的表达：

> 写什么是一个问题，怎么写又是一个问题。
>
> 今年不大写东西，而写给《莽原》的尤其少。我自己明白这原因。说起来是极可笑的，就因为它纸张好。有时有一点杂感，子细一看，觉得没有什么大意思，不要去填黑了那么洁白的纸张，便废然而止了。好的又没有。我的头里是如此地荒芜，浅陋，空虚。
>
> 可谈的问题自然多得很，自宇宙以至社会国家，高超的还有文明，文艺。古来许多人谈过了，将来要谈的人也将无穷无尽。但我都不会谈。记得还是去年躲在厦门岛上的时候，因为太讨人厌了，终于得到"敬鬼神而远之"式的待遇，被供在图书馆楼上的一间屋子里。白天还有馆员，钉书匠，阅书的学生，夜九时后，

① 鲁迅：《汉文学史纲要》，《鲁迅全集》（第 9 卷），人民文学出版社 2005 年版，第 356 页。

② 鲁迅：《且介亭杂文二集·徐懋庸作〈打杂集〉序》，《鲁迅全集》（第 6 卷），人民文学出版社 2005 年版，第 300–301 页。

③ 章太炎：《国故论衡》，上海古籍出版社 2006 年版，第 41 页。

一切星散，一所很大的洋楼里，除我以外，没有别人。我沉静下去了。寂静浓到如酒，令人微醺。望后窗外骨立的乱山中许多白点，是丛冢；一粒深黄色火，是南普陀寺的琉璃灯。前面则海天微茫，黑絮一般的夜色简直似乎要扑到心坎里。我靠了石栏远眺，听得自己的心音，四远还仿佛有无量悲哀，苦恼，零落，死灭，都杂入这寂静中，使它变成药酒，加色，加味，加香。这时，我曾经想要写，但是不能写，无从写。这也就是我所谓"当我沉默着的时候，我觉得充实，我将开口，同时感到空虚"。

莫非这就是一点"世界苦恼"么？我有时想。然而大约又不是的，这不过是淡淡的哀愁，中间还带些愉快。我想接近它，但我愈想，它却愈渺茫了，几乎就要发见仅只我独自倚着石栏，此外一无所有。必须待到我忘了努力，才又感到淡淡的哀愁。

那结果却大抵不很高明。腿上钢针似的一刺，我便不假思索地用手掌向痛处直拍下去，同时只知道蚊子在咬我。什么哀愁，什么夜色，都飞到九霄云外去了，连靠过的石栏也不再放在心里。而且这还是现在的话，那时呢，回想起来，是连不将石栏放在心里的事也没有想到的。仍是不假思索地走进房里去，坐在一把唯一的半躺椅——躺不直的藤椅子——上，抚摩着蚊喙的伤，直到它由痛转痒，渐渐肿成一个小疙瘩。我也就从抚摩转成搔，掐，直到它由痒转痛，比较地能够打熬。

此后的结果就更不高明了，往往是坐在电灯下吃柚子。

虽然不过是蚊子的一叮，总是本身上的事来得切实。能不写自然更快活，倘非写不可，我想，也只能写一些这类小事情，而还万不能写得正如那一天所身受的显明深切。而况千叮万叮，而况一刀一枪，那是写不出来的①。

李长之认为"鲁迅是长于抒情的，尤其长的是寂寞之感"，并以上引文字中从"记得还是去年……"到"……比较地能够打熬"的三段为例进行分析鉴赏："这是多末美的，而近于诗的呢！不过鲁迅不常有这样的文字的，这没有别的理由，只因为热情驱使他，对于社会的关怀逼迫他，使他忘了自己的寂寞，而单是挺身而出、作战士去了。"② 李长之不仅发现了鲁迅擅于抒发寂寞之感的抒情特点，而且曲谅人心，认为鲁迅根本上乃是偏于抒发一己之私情的，只是因为急公好义，为淑世的热情所驱使而"忘了自己的寂寞"罢了。这也就是说，在李长之看来，不常有的文字中所见的寂寞

① 鲁迅：《三闲集·怎么写——夜记之一》，《鲁迅全集》（第4卷），人民文学出版社2005年版，第18-19页。

② 李长之：《鲁迅批判》，北京出版社2003年版，第121-122页。

抒发，乃是鲁迅隐秘的抒情，蕴藏着鲁迅深潜的生命意识。在这种颇具洞见的分析鉴赏中，鲁迅杂文作为"有情的讽刺"的表面与作为抒情的内面之间的辩证关系就被发现了。就上述引文的基本肌理而言，"有情的讽刺"与抒情之间的辩证关系值得更进一步的分析和讨论。从字面意思上看，鲁迅以蚊子"腿上钢针似的一刺"否定了"哀愁"和"夜色"所表征的寂寞之感，强调"世界苦恼"式的抒情不如蚊子叮咬切实，故而自己要写什么东西的话，"也只能写一些这类小事情"。很明显，鲁迅打算放逐"世界苦恼"式的抒情，而放弃的原因似乎也不是李长之所说的"对于社会的关怀"，反而是对于切己的小事的关怀。但是，如果从字里行间看，就又会发现很不一样的作者意图。首先，较为明显的是，鲁迅以"这类小事情"取代"世界苦恼"之后，马上表示"还万不能写得正如那一天所身受的显明深切"，这与"我曾经想要写，但是不能写，无从写"构成呼应，即鲁迅认为对切己小事的感受和寂寞的心绪一样，都是文字"写不出来的"。这就是说，对于鲁迅而言，生命和生活中的一切实际感受与文字书写之间都是有距离的。因此，与其说鲁迅在放逐"世界苦恼"式的抒情，不如说他是在更深地确认"世界苦恼"式的抒情，"千叮万叮"和"一刀一枪"带来的感受同样"写不出来"，与自己面对"夜色"的"哀愁"而无法写出的局面一样，都是"当我沉默着的时候，我觉得充实，我将开口，同时感到空虚"。其次，应当注意的是，无法写出"哀愁"和无法写出"千叮万叮"的感受是在鲁迅设置的同一个问题系统中出现的，即都是文章开头提出的"怎么写又是一个问题"中出现的。在"怎么写"这个问题系统中，"写什么"不成问题，"可谈的问题自然多得很，自宇宙以至社会国家，高超的还有文明"，寂寞的哀愁和切己小事也可以写，成为问题的是，鲁迅觉得"不能写，无从写"。但是，在"怎么写"这个问题系统中，鲁迅仍然渗进了"写什么"的杂音，他明确表示自己不会去写"自宇宙以至社会国家，高超的还有文明"，甚至说只是因为《莽原》"纸张好"，他便觉得自己的杂感不应该"去填黑了那么洁白的纸张"。这就是说，在"怎么写"的问题系统中，鲁迅因为"无从写"和"写不出来"而产生了"世界苦恼"，这是一种形而上学的思索；而这种形而上学的思索却和不愿以杂感填黑白纸的琐屑顾虑紧扣在一起，给人的感觉是鲁迅其时面对世界万象产生了高度的精神紧张。因此，鲁迅不但不能以"有情的讽刺"取代抒情的内面，反而连"有情的讽刺"也在高度的精神紧张中一并放逐了。那么，第三，可以看到的是，在鲁迅的潜意识里，他并不是像李长之所说的那样，因为对社会的关怀而忘记了自身的寂寞，反而是因为感受到杂文"没有什么大意思"，因为自己的社会关怀而产生了更深的寂寞之感。事实上，《怎么写——夜记之一》提出问题之后，正是从对于杂文的否定进行展开的，而在这个基础上，鲁迅继续书写了自己"被供在图书馆楼上的一间屋子里"的被迫与世隔绝的寂寞，并因此在"寂静浓到如酒"的夜色中"听得自己的心音，四远还仿佛有无量悲哀，苦恼，零落，死灭，都杂入这寂静中，使它变成药酒，加色，加味，加香"，产生"哀愁"与"愉快"相杂的心绪。就像在《呐喊》自序里所抒解的一样，在鲁迅看来，寂寞是个体的内在情绪，但其产生的原因却是外在的，即他种种努力和功业遭受的挫折或失败使他产生了寂寞感①，他并不是在形而上学的意义上抒发寂寞之情的。因此，第四，《怎么写——夜记之一》的确带有明显的《野草》的痕迹，不仅像是《野草》写作的余波曼衍到了这里，而且鲁迅有意征引了《野草》题辞中的表达，坐实了与《野草》的关系。但有必要强调的是，不是《野草》的写作影响了《怎么写——夜记之一》的抒情面貌，而是鲁迅面对杂文"没有什么大意思"的情形，试图通过"怎么写"的提问，撬开1927年国民党白色恐怖的帷幕，为杂文寻得书写的空间，为自己寻得心安的路径。在这个意义上来说，《怎么写——夜记之一》既是一种具有理论性和政治性的探讨，也是一种自我的心灵按摩和释放。而被李长之称道的片段，如此恣肆的铺叙，在艺术特征上呈现为抒情，在书写功用上则呈现为写作者的耽溺、陶醉、自我疏解和疗愈，鲁迅抒情的内面因此是在书写的过程中隐现的，在文字表层却表现为对于抒情的放逐。这样一来就没有理由不提出一个议题，对于鲁迅而言，写杂文就是写隐秘的抒情诗。

而且，可以就《怎么写——夜记之一》再进一步讨论的是，只要不随着作者行文的内容转换而轻易改换阅读观感，李长之所欣赏的镶嵌在文本中的抒情段落实际上也构成了明显的表象，放逐抒情的上下文是外在的画框，抒情是画框里的画，鲁迅其实是在一个呈现否定性质的上下文中进行明确而热烈的抒情。就《怎么写——夜记之一》来说，有的论者也许会认为该文不是杂文，而是散文。不过《"硬译"与文学的阶级性》也许会打破这样的认知思路，不会有人否认它是杂文，但该文出现了下述段落：

> 人往往以神话中的 Prometheus 比革命者，以为窃火给人，虽遭天帝之虐待不悔，其博大坚忍正相同。但我从别国里窃得火来，本意却在煮自己的肉的，以为倘能味道较好，庶几在咬嚼者那一面也得到较多的好处，我也不枉费了身躯：出发点全是个人主义，并且还夹杂着小市民性的奢华，以及慢慢地摸出解剖刀来，反而刺进解剖者的心脏里去的"报复"②。

---

① 鲁迅：《呐喊·自序》，《鲁迅全集》（第1卷），人民文学出版社2005年版，第437-440页。

② 鲁迅：《二心集·"硬译"与文学的阶级性》，《鲁迅全集》（第4卷），人民文学出版社2005年版，第213-214页。

　　李欧梵认为这段文字是"想象和隐喻飞翔的例子"，有"一种悲剧精神的高贵的迸发"，"将对手相当有力的论点（硬译难懂）贬低到似乎毫无意义了"①。不过，除了鲁迅是否贬低对手到毫无意义值得讨论，更重要的是，这段文字不仅有"想象和隐喻飞翔"，而且本身也是抒情性的，抒发的是自己的翻译主张不被人理解之后的内面情绪，"个人主义""小市民性的奢华"和解剖刀"反而刺进解剖者的心脏里"的表达都是内在情绪过于充盈而出现外溢的表征。更准确地说，鲁迅是通过类似段落的书写过程来疏解自己的情绪，具有隐秘性。但它同时又是极容易被识别的，李欧梵即从这样的段落中看到了鲁迅后期杂文与过去一样的"视界和深度感"②。李欧梵更加看重的是鲁迅杂文中"极有艺术力的强烈抒情的文字"，并首推《为了忘却的记念》，认为在该文中，鲁迅"典型的讽刺文中的'刺'几乎全不存在了，在感情力量之上，更盖之以文笔的清新和简洁"，"一种抒情的调子贯彻始终地弥漫于全篇"。在引证《为了忘却的记念》的开头之后，李欧梵表示："这种温和的反讽语气很像《呐喊·自序》的开始。"③一方面，李欧梵的分析很好地识别了《为了忘却的记念》的抒情性，另一方面，他对于该文抒情性质的判定又充满启蒙主义的倾向性，他试图将鲁迅在《为了忘却的记念》中所隐藏的革命政治诉求虚化，将其视为鲁迅向启蒙时代的回归。这种解释当然是错位的。不过这种错位的解释充满隐喻性，它暗示了鲁迅抒情的隐秘性质。《为了忘却的记念》一文的开头如下：

　　　　我早已想写一点文字，来记念几个青年的作家。这并非为了别的，只因为两年以来，悲愤总时时来袭击我的心，至今没有停止，我很想借此算是竦身一摇，将悲哀摆脱，给自己轻松一下，照直说，就是我倒要将他们忘却了④。

　　与《怎么写——夜记之一》类似，这一开头在字面上是写自己要"将悲哀摆脱"，即是要放逐对悲哀愤怒之情的抒发，但其书写过程却正是悲哀愤怒之情的抒发；如果没有这一书写过程，写作者固然难以"竦身一摇"，读者也无法获悉写作者内在情绪淤积了两年的情形。而在此隐秘抒情之下，更为重要的是鲁迅抒发的对于革命的乌托邦热情。这种热情隐伏在"记念几个青年的作家"的内面，在极为微细的角落里偶然

---

　　① 李欧梵：《铁屋中的呐喊》，尹慧珉译，岳麓书社1999年版，第148页。
　　② 李欧梵：《铁屋中的呐喊》，尹慧珉译，岳麓书社1999年版，第144页。
　　③ 李欧梵：《铁屋中的呐喊》，尹慧珉译，岳麓书社1999年版，第148页。
　　④ 鲁迅：《南腔北调集·为了忘却的记念》，《鲁迅全集》（第4卷），人民文学出版社2005年版，第493页。

闪现。如写五个青年作家的遇害时间是"一九三一年的二月七日夜或八日晨"①，以时间的不确定性暗示迫害者的残忍；如写第三次相见，白莽"才告诉我他是一个革命者"②，以一笔带过的写法闪现革命的用心；如写着写着写自己曾经"积习"发作写了旧体诗，其中"城头变幻大王旗"一句③就暗写革命的必要性。而文章结尾是这样的：

> 不是年青的为年老的写记念，而在这三十年中，却使我目睹许多青年的血，层层淤积起来，将我埋得不能呼吸，我只能用这样的笔墨，写几句文章，算是从泥土中挖一个小孔，自己延口残喘，这是怎样的世界呢。夜正长，路也正长，我不如忘却，不说的好罢。但我知道，即使不是我，将来总会有记起他们，再说他们的时候的。……④

以省略号结尾既意味着尚有未尽之意，更意味着"再说他们的时候"也许会有不一样的说法，比如直接写出五个青年作家是为了共产主义革命而牺牲。但鲁迅没有从字面上直接写出革命的信息，而是诉诸暗示，于是就变成年老的为年青的写记念，徒劳无功地进行抒情了。李欧梵认为鲁迅为此"深深感到烦恼"，并加了一句："但不久，他就明白自己的生命也并不久长了。"⑤这一句加得缺乏逻辑，却暗示了过多的信息，似乎鲁迅对革命的前景也丧失了信心。但通过"夜正长，路也正长"，鲁迅抒发的确实是对于革命的信心，长路终将穿越长夜，"将来总会有记起他们，再说他们的时候的"，历史远不是闭合的。鲁迅的抒情的确蕴含着多重隐秘的形态。

四

李欧梵试图暗示的是，写《为了忘却的记念》的鲁迅之后写了一系列杂文，如《病后杂谈》《病后杂谈之余》《女吊》《关于太炎先生二三事》《死》《"这也是生活"……》，其中展露出"另一种写作的倾向，使人感到亲切，在新的思想广度中把人引

---

① 鲁迅：《南腔北调集·为了忘却的记念》，《鲁迅全集》（第4卷），人民文学出版社2005年版，第493页。
② 鲁迅：《南腔北调集·为了忘却的记念》，《鲁迅全集》（第4卷），人民文学出版社2005年版，第494页。
③ 鲁迅：《南腔北调集·为了忘却的记念》，《鲁迅全集》（第4卷），人民文学出版社2005年版，第501页。
④ 鲁迅：《南腔北调集·为了忘却的记念》，《鲁迅全集》（第4卷），人民文学出版社2005年版，第502页。
⑤ 李欧梵：《铁屋中的呐喊》，尹慧珉译，岳麓书社1999年版，第149页。

向了他早期杂文的抒情的、隐喻的意味。可惜，由于他的过早的、突然的死去，这种状况未能继续"①。在这样的描述中，鲁迅杂文写作被认为只有不断向早期抒情、隐喻的面貌回归才是令人"感到亲切"的，李欧梵因此明确表现出对鲁迅后期杂文的讽刺性和政治性的隔膜，从而将暗藏在研究背后的意识形态感伤也暴露出来。不过更有意思的是，李欧梵认为鲁迅"在新的思想广度中把人引向了他早期杂文的抒情的、隐喻的意味"，这一表述将鲁迅杂文的某种艺术特质视为常量，将鲁迅的思想状况视为变量，文学因此获得了如果不是高于思想、至少也是恒定于思想的质地，杂文被理解成为一个足以向思想（甚至历史、社会和政治）敞开的恒定性场域。在这个意义上，鲁迅可以被理解为一个以文学的方式因应历史、社会和政治的思想家，杂文也因此在作为一种文学形式的意义上获得了思想的质地。因此，在李欧梵看到了抒情和隐喻的《病后杂谈之余——关于"舒愤懑"》一文中，也许更值得注意的是文章的副标题"关于'舒愤懑'"所涉及的思想命题。该文发表时副标题被删去，从而给读者增添了漫谈的感受，而"舒愤懑"一语也就迟至写俞正燮对清朝解放堕民丐户等事的评论中才出现，"汉儒歌颂朝廷功德，自云'舒愤懑'"②。但和俞正燮不同，鲁迅是在反讽的意义上使用"舒愤懑"一语。例如下文针对《嵩山文集》"抄者不自改，读者不自改，尚存旧文"的情形感慨"也可以算是令人大'舒愤懑'的了"③，就隐含着对于乾隆时期修四库的批判和否定；如对光绪以来种种"舒愤懑"之事，鲁迅似乎最看重剪辫子，表示"假如有人要我颂革命功德，以'舒愤懑'，那么，我首先要说的就是剪辫子"④，关心的重点落在切己的小事上，与汉儒反其道而行之。而文章的结尾针对"生下来就已经是民国"的人，鲁迅写出了一种寂寞的感慨："那么，我的'舒愤懑'，恐怕也难传给别人，令人一样的愤激，感慨，欢喜，忧愁的罢。"⑤ 这种充满个人性的寂寞抒发与司马迁《报任安书》里的写法近乎完全一致：

> 今少卿抱不测之罪，涉旬月，迫季冬，仆又薄从上雍，恐卒然不可为讳。是

① 李欧梵：《铁屋中的呐喊》，尹慧珉译，岳麓书社 1999 年版，第 149-150 页。

② 鲁迅：《且介亭杂文·病后杂谈之余——关于"舒愤懑"》，《鲁迅全集》（第 6 卷），人民文学出版社 2005 年版，第 187 页。

③ 鲁迅：《且介亭杂文·病后杂谈之余——关于"舒愤懑"》，《鲁迅全集》（第 6 卷），人民文学出版社 2005 年版，第 191 页。

④ 鲁迅：《且介亭杂文·病后杂谈之余——关于"舒愤懑"》，《鲁迅全集》（第 6 卷），人民文学出版社 2005 年版，第 195 页。

⑤ 鲁迅：《且介亭杂文·病后杂谈之余——关于"舒愤懑"》，《鲁迅全集》（第 6 卷），人民文学出版社 2005 年版，第 196 页。

仆终已不得舒愤懑以晓左右，则长逝者魂魄私恨无穷①。

对于司马迁来说，"舒愤懑"几乎完全是个人的事情，他在乎的是周围的人是否能够理解他的愤懑和心曲。鲁迅也同样如此，在讨论历史上的公共事件的时候，他悄悄添加的情绪却是自己作为民国的老人与生下来就是民国人的后辈之间的代际隔膜，那种独自"愤激，感慨，欢喜，忧愁"的感受，也许会让他联想到"白头宫女在，闲坐说玄宗"吧。但是，鲁迅并不是不知世变的玄宗宫女，他所抒发的感情，除了司马迁式的寂寞，还有一种时间"流驶"而自己无力随着时流而遗忘一些事情的挫败感吧。代际的隔膜，自我的寂寞，时间的"流驶"，苦于无法忘却，这些因素叠加在一起，就构成了杂文《病后杂谈之余——关于"舒愤懑"》的文明批评表象背后隐秘的抒情内容，那是一个记忆力太好、正在抒发寂寞之情的老年抒情主体，他试图从寂寞中挣扎出来②。

对于这样一个老年抒情主体而言，其挣扎之感最具症候性的表现见杂文《"这也是生活"……》。该文写于 1936 年 8 月 23 日，确实离作者大去之期不远，故而文章从自己生病谈起，谈到"无欲望状态"，谈到"我要过活"，最后谈到"战士的日常生活，是并不全部可歌可泣的"，有一种哀绝定命之感。其中最有意味的是下面几段：

> 有了转机之后四五天的夜里，我醒来了，喊醒了广平。
>
> "给我喝一点水。并且去开开电灯，给我看来看去的看一下。"
>
> "为什么？……"她的声音有些惊慌，大约是以为我在讲昏话。
>
> "因为我要过活。你懂得么？这也是生活呀。我要看来看去的看一下。"
>
> "哦……"她走起来，给我喝了几口茶，徘徊了一下，又轻轻的躺下了，不去开电灯。
>
> 我知道她没有懂得我的话。
>
> 街灯的光穿窗而入，屋子里显出微明，我大略一看，熟识的墙壁，壁端的棱

---

① 司马迁：《报任安书》，转引自吴楚材、吴调侯编：《古文观止》，崇文书局 2020 年版，第 87 页。

② 在知人论世的意义上，很多学者会将鲁迅"舒愤懑"的内容指向鲁迅社会政治生活的具体事件。例如陈漱渝就明确认为"愤懑"二字可以比较准确地概括鲁迅晚年的心态，并引证鲁迅写给杨之华的信和萧军在鲁迅葬仪上的演讲说明鲁迅腹背受敌之后心情大受影响，身体状况也随之变得更差。（参见陈漱渝：《两个口号·三份宣言·四条汉子——鲁迅临终前的"愤懑"》，《山东师范大学学报》2016 年第 1 期。）这种指涉对于理解鲁迅的生平非常有价值，对于理解鲁迅杂文的审美形式也有一定的参考意义，一定程度上可以帮助理解鲁迅杂文的抒情内容何以需要通过形式分析才能发现。

线，熟识的书堆，堆边的未订的画集，外面的进行着的夜，无穷的远方，无数的人们，都和我有关。我存在着，我在生活，我将生活下去，我开始觉得自己更切实了，我有动作的欲望——但不久我又坠入了睡眠。

第二天早晨在日光中一看，果然，熟识的墙壁，熟识的书堆……这些，在平时，我也时常看它们的，其实是算作一种休息①。

下文紧接着的是关于"这些平凡的都是生活的渣滓"的议论，以格言式表达"删夷枝叶的人，决定得不到花果"作结②，这些议论虽然堪称警譬，但都是派生物，不足为奇。而从上述引文可以看到的是，鲁迅从疾病的折磨中略略缓过劲儿来之后，他终于产生了新的观察自己的生活世界的眼光，却引来了许广平的恐惧，担心是一种病重时的谵妄。在生活和心灵最亲近的人许广平那里，鲁迅的言行反而被视为一种病态，这可以说是许广平关心则乱，无法客观评估情况，但也可以说是她另有感应，却又不便明言。总之，在一种极为紧张的境遇中，鲁迅开始了自己的"舒愤懑"："因为我要过活。你懂得么？这也是生活呀。我要看来看去的看一下。"然而，鲁迅认为许广平没有听懂，于是就有了杂文《"这也是生活"……》的写作，留下了"无穷的远方，无数的人们，都和我有关"的崇高表达③。这种从书写追踪事实的路径也许会落进写作者预设的圈套里，从而远离事实，但从书写层面来看，鲁迅确实是在一种否定的情绪之后开启的抒情，他否定了许广平对于疾病的恐惧，也否定了自己过往对于生活的理解，"这也是生活"的表达既指许广平不懂鲁迅要开灯看看的想法④，也指鲁迅自己过去不知道"生活的渣滓"的意义。而因为是在否定中展开的抒情，鲁迅接下来写街灯的光穿窗而入，屋内秩序显现，就给人一种通过细节真实的书写来捕捉虚无的感觉，屋内的一切仿佛是为了意义的需要而偶然在鲁迅的书写中显现，屋外的夜、远方和人们也仿佛是为了意义的需要而偶然浮现。因此，鲁迅所谓"我存在着，我在生活"的表达，虽然他自己书写为"我开始觉得自己更切实了"，但给人的感觉却是一种形而

---

① 鲁迅：《且介亭附集·"这也是生活"……》，《鲁迅全集》（第6卷），人民文学出版社2005年版，第623-624页。

② 鲁迅：《且介亭附集·"这也是生活"……》，《鲁迅全集》（第6卷），人民文学出版社2005年版，第624页。

③ 这种崇高表达背后隐藏的是一个自感脆弱无力的主体。参见李国华：《鲁迅旧诗的菰蒲之思》，《中国现代文学研究丛刊》2014年第1期。

④ 关于鲁迅与许广平生活在一起之后的生活状态，学界有不少争议，诸如鲁迅感觉自己不被许广平理解、鲁迅限制了许广平的发展等等，都是争议的具体内容。相关研究可参考张恩和：《鲁迅与许广平》，湖北人民出版社2008年版；倪墨炎、陈九英：《鲁迅与许广平》，上海书店出版社2009年版。

上的关怀化作街灯的光，照见了写作者原本虚无不见的肉身和意识。接下来的表达"但不久我又坠入了睡眠"为此提供了佐证，这不过是昏睡前的一段灵魂出窍，而且来自于写作者事后的追忆。只不过这虽然是昏睡前的一段灵魂出窍，写作者却以此改易了白天对于熟视无睹的事物的理解方式；但这就更加凸显出了一种形而上学的意味。鲁迅所谓"这也是生活"，表达的实在是自己对于生活的需要，而非对于生活的发现，虽然他下文议论的是对于生活的发现。而因为鲁迅表达的是对于生活的需要，其中扎挣之意就极为明确了，他要从自己的疾病状态中扎挣出来，试图重新拥抱和占据生活，成为生活的主体，即自我感觉"我存在着，我在生活"。但这一切都是街灯的光照下的灵光乍现，仿佛是无法挽回和留住的瞬间，只能在书写中成形，鲁迅的书写因此就表现为暧昧难明的抒情表达，他既是在司马迁的意义上"舒愤懑"，又是在徒劳无功地试图让时间的"流驶"停下，让他可以"看来看去的看一下"。

但是，就像鲁迅自己在杂文《记念刘和珍君》中写过的那样，"时间永是流驶，街市依旧太平，有限的几个生命，在中国是不算什么的，至多，不过供无恶意的闲人以饭后的谈资，或者给有恶意的闲人作'流言'的种子"①，这种时间和生命对照的图式在残酷的政治杀戮中是这样，在鲁迅的疾病和衰老中也不会有太大的不同，鲁迅想通过将自己的生命与"无穷的远方，无数的人们"勾连，以抵抗时间的"流驶"，却毫无办法。现代人在科学观念的洗礼下，自然很难再有肉身永恒的想象，但在立言不朽的意义上，鲁迅却是与司马迁一样的，"恨私心有所不尽，鄙陋没世而文采不表于后世也"②，故而一切书写都内蕴着"舒愤懑"的精义，鲁迅评价《史记》为"无韵之《离骚》"，殆以此也。而鲁迅留在杂文序跋中的种种表达，诸如"如鱼饮水冷暖自知"的愤懑，"这是我转辗而生活于风沙中的瘢痕"③ 的生命意识，"无非借此来释愤抒情"的自觉，"总算是生活的一部分的痕迹"的"埋藏"和"留恋"④，也都在时间和生命对照的图式中得以连贯起来，构成鲁迅以杂文书写抵抗时间的抒情线索。在这个意义上，鲁迅对于自己的杂文和诗史之间关系的建构和想象，也同样是他个体生命的抒情面影。

最后，必须再次澄清的是，鲁迅杂文作为隐秘的抒情诗，其基本面目始终被鲁迅杂文的崇高美学形象所笼罩，即使讨论鲁迅杂文的抒情问题，注重的也往往是"有刺

① 鲁迅：《华盖集·记念刘和珍君》，《鲁迅全集》（第 3 卷），人民文学出版社 2005 年版，第 293 页。

② （西汉）司马迁：《报任安书》，转引自吴楚材、吴调侯编：《古文观止》，崇文书局 2020 年版，第 90 页。

③ 鲁迅：《华盖集·题记》，《鲁迅全集》（第 3 卷），人民文学出版社 2005 年版，第 5 页。

④ 鲁迅：《坟·题记》，《鲁迅全集》（第 1 卷），人民文学出版社 2005 年版，第 4 页。

的讽刺"。然而，就在鲁迅将杂文定义为匕首、投枪的同一篇杂文《小品文的危机》中，他也强调杂文"能给人愉快和休息"①，明确将杂文的崇高与优美视为一体之两面，就像他在《"这也是生活"……》中将"生活的渣滓"视为生活的基本面相并进行理论和审美的关怀一样，鲁迅以杂文进行抒情的行为始终自觉存在，只是抒情的具体内容往往需要特别的关注和分析而已。

（作者单位：北京大学中文系）

---

① 鲁迅：《南腔北调集·小品文的危机》，《鲁迅全集》（第4卷），人民文学出版社2005年版，第593页。

"立人"的"出悌"切入与多维验证:重读《弟兄》

朱崇科

1925 年 11 月 3 日、6 日,鲁迅分别完成了其《彷徨》集子中的末两篇小说《弟兄》和《离婚》,而这两篇的主题都有痛苦情感(亲情、婚恋)的积淀与悲剧意味,当然也可能在作者的主体介入中掺入了预设成分,让人感觉到新旧元素结合的社会语境下传统伦理的强大以及压抑气质。相当耐人寻味的是,在堪称汗牛充栋的鲁迅研究(尤其是《呐喊》《彷徨》)中,对《弟兄》一篇的关注出人意料地稀少,且在既有论述中不乏严苛的批评、热烈的争议乃至误读,值得我们认真探勘。

如果罔顾鲁迅小说虚构的现实语境基础,不将有关小说解读安放在鲁迅先生思想发展的历程上进行点面结合的把控,而更强调其单篇文本的诗学/诗人性,我们似乎很容易如李长之(1910-1978)一样认为鲁迅有几篇作品写得很坏——包括《呐喊》里的《头发的故事》《一件小事》《端午节》与《彷徨》里的《在酒楼上》《肥皂》《弟兄》,它们"写得特别坏,坏到不可原谅的地步"①。但实际上,李长之 25 岁时对于《弟兄》的判断也有其缺憾,既整体上相对简单化了鲁迅先生的角色,同时在具体文本解读上也忽略了其文学内涵的复杂性。

对这篇小说的解读,最常见或安全的主题关键词就是嘲讽虚伪。"这是一篇充满嘲讽的小说。从公益局一向无公可办、办事员在办公室里照例谈家务、局长经常'杳如黄鹤',到秦益堂的两个儿子老三老五为折在公债票上的钱能不能开公账而从堂屋一直打到门口,一直到张沛君'兄弟怡怡'的表象下隐藏极深的自私,无一不是嘲讽。"②但这种理解和思考在彰显此小说的主流意象以外明显也有其片面性,显而易见,细读

---

① 李长之:《鲁迅批判》,北京出版社 2003 年版,第 93 页。
② 王景山:《手足之间》,王景山:《鲁迅五书心读》,首都师范大学出版社 2013 年版,第 227 页。

这篇小说，我们可以发现鲁迅在其中也倾注了同情、悲哀、焦虑等意绪和具有"理解之同情"的价值判断。

如果结合此小说标题来挖掘《弟兄》的主题指涉，我们会近乎本能地联想到著名的"兄弟失和"事件。当事人之一的周作人（1885-1967）在结合此文回忆往事时更强调其中的事实成分，而不愿真正直面历史疮疤，甚至是有意遮蔽其中呈现出来的九曲回肠的抒情性纠结。作为鲁迅毕生的好友，许寿裳（1883-1948）先生的观点则有所不同，其作于1942年的《关于〈弟兄〉》一文从实证/抒情的角度来阐释这篇小说。他认为，"这篇小说的材料，大半属于回忆的成份，很可以用回忆文体来表现的，然而作者那时别有伤感，不愿做回忆的文，便做成这样的小说了。这篇小说里含有的讽刺的成份少，而抒情的成份多，就是因为有作者本身亲历的事实在内的缘故"①。这的确是知己之论。鲁迅先生在书写此文时浸润在伤感而悲哀的氛围里。而鲁迅的三弟周建人（1888-1984）素与大哥鲁迅交好，他更多是从鲁迅的立场释放善意。周建人在提起和阐释《弟兄》时说："鲁迅通过小说，是向周作人伸出热情的手，表示周作人如有急难，他还愿像当年周作人患病时那样救助。"② 这种解读也因此难免功成名就者后顾（retrospective）的道德感补偿意蕴。截至目前，相对客观或具有平衡感的则是郜元宝。他强调，"许多'书中人'对某些当事人和知情者还是'相干'的。惟其如此，鲁迅才能一石二鸟，既揭示某种普遍的人性和生活规律，又向若干'实有的人'传达他自己对'兄弟失和'的态度"③。既要指向个体缠绕，同时也要关注其可能的普遍意义，我们必须兼具双重视野才可能更好地理解《弟兄》。

在我看来，解读《弟兄》必须有丰富的应对策略，一方面我们要结合历史/社会语境（social context）与鲁迅念兹在兹的人生经历——"兄弟失和"当然是一个不容忽略的情结，他在不少作品中都有所描述和释放④，但同时不该遗忘的是，1925年8月鲁迅被章士钊免职且对簿公堂申诉得直的事件也让创作《弟兄》的鲁迅记忆犹新且感触良多，《弟兄》与《离婚》其实具有部分共通的指向性——在新/现代性的变异介入大背景下，传统伦理僵而不死，需要更强有力的揭露与批判，但同时鲁迅内心深处的情感创伤却也渗透其间。实际上，就在鲁迅创作《弟兄》的一天前——1925年11月2日，章士钊主持教育部部务会议决议：小学自初小四年级开始读经，每周一小时，

---

① 许寿裳：《关于〈弟兄〉》，许寿裳：《生存，并不是苟活：鲁迅传》，新星出版社2017年版，第173页。

② 周建人：《鲁迅和周作人》，河北教育出版社2000年版，第65页。

③ 郜元宝：《〈弟兄〉二重暗讽结构——兼论读懂小说之条件》，《文学评论》2019年第6期。

④ 在其作品中有所呈现，具体可参朱崇科、陈沁：《鲁迅作品中的"兄弟失和"纠结及其超克——以〈伤逝〉为中心》，《文艺争鸣》2015年第11期。

至高小毕业止。11 月 18 日，鲁迅写下了杂文《十四年的"读经"》（专门批评）、《评心雕龙》（观点罗列更广）进行大力批判，其中就包含了对读经和反白话逆流运动的虚伪性、无效性的批判，也力主对其顽固性进行软化与扫荡。

另一方面，我们更要看到鲁迅小说书写意义指向的整体高度、主题凝练及其单篇小说承载的具体性之间的幽微关联。从此角度看，《弟兄》无疑是一篇佳作，它更多呈现出鲁迅"立人"思想的伦理审视：从兄弟之情（所谓"出悌"）角度重新反思传统伦理及文化的复杂性以及居于其中的个体人的尴尬与表演性特征。可以理解的是，鲁迅先生在结构上采用了类似 CD 唱片的封套结构，彰显出多维验证的空间诗学，以公益局为 CD 的外壳，内在包含的是家庭故事与主人公个体的梦境，但最终又回到单位/公司。这样的结构会让普通读者或不细致的专业读者一头雾水，容易误读结尾。

一、家庭/公寓：在中西（医）与兄弟（账）之间

《弟兄》发生于地处公寓的具有现代色彩的家庭，这是可以彰显伦理情感（含兄弟之情）的最直接场所，其中既有日常琐碎的原生态面对，又可以凸显因为重大事件/变故/病症等等而导致的情感波动或回归坚定轨迹。

（一）疾病研判：亲情与利害

发高烧的弟弟靖甫是否感染时疫——猩红热的结果研判过程可以清晰彰显二人相对友好而亲密的兄弟情谊。毋庸置疑的是，沛君绝对是真切关心靖甫的，甚至这个疑似猩红热的疾病让相对尊奉现代科学的他有些手足无措，"他平时是专爱破除迷信的，但此时却觉得靖甫的样子和说话都有些不祥，仿佛病人自己就有了什么豫感"（页137）①。当然也会有病急乱投医的实践——居然请了同寓的中医白问山。鲁迅尤其是借助这些细节变化来表现靖甫这种真切的挂念，如时不时探看病人变化，期盼德国医生的到来，看到医生莅临时，殷切引领且打下手，"他像是得了宝贝一般，飞跑上去，将他领入病人的房中。两人都站在床面前，他擎了洋灯，照着"（页140）。而在确诊靖甫是出疹子无忧后，他的心情相当靓丽，却也有如释重负的虚空，"房子里连灯光也显得愉悦；沛君仿佛万事都已做讫，周围都很平安，心里倒是空空洞洞的模样"（页141）。

但同时我们也要看到，在等待西医到来的过程中，他也预想了靖甫如果确诊猩红热之后的惨状：不用说更大的家庭维生，单是棺材都让人头痛，"后事怎么办呢，连买

---

① 鲁迅：《弟兄》，《鲁迅全集》（第 2 卷），人民文学出版社 2005 年版，第 135-146 页。下引只标注页码。

棺木的款子也不够，怎么能够运回家，只好暂时寄顿在义庄里……"（页140）周作人曾经写道："这篇既然是小说，论理当然应该是诗的成分加多了，可是事实却并不如此，因为其中主要关于生病的事情都是实在的，虽然末后一段里梦的分析也带有自己谴责的意义，那却可能又是诗的部分了……事实上他也对我曾经说过，在病重的时候'我怕的不是你会得死，乃是将来须得养你妻子的事'。"① 周作人的过于强调事实固然有回避乃至遮蔽鲁迅悼念兄弟之情的感伤与示意，更强调其出疹子的事实，但也同样涉及了生计的艰难。这和八道湾时期兄弟二人努力挣钱养家，收入甚高却入不敷出（甚至需要鲁迅借钱度日）的窘迫具有一种潜在的对话关系②。平心而论，这种复杂考量（不管是来自鲁迅本人还是主人公沛君）是合情合理的，即便到不了"贫贱夫妻百事哀"的凄凉，但利害的存在始终是现实的另一极。

（二）文化抗衡：中西并存

郜元宝指出，"解读、欣赏和评价类似《弟兄》这样写法特别的小说，确实要看读者能否知悉其创作背景（《弟兄》所涉鲁迅私生活之特殊内容），能否敏悟其独特构思（《弟兄》主副线之虚实相生），能否了解其潜文本（明引或暗引'旧典'）"③。这的确是的论，然而这也只是围绕周氏兄弟之情的处理，而忽略了《弟兄》文本中更宏阔的中西方文化关系——中西文化的对抗与并存，广义上说也是一种兄弟关系。

1. 中西医学话语④

《弟兄》的家庭空间中显而易见的是中西医学之间的对抗。鲁迅先生对中医的厌恶感大家近乎耳熟能详（"不过有意无意的骗子"），这种态度也投射到仰慕现代文化的沛君身上。他请昂贵的德国医生来诊断兄弟靖甫的病症并非舍近求远、追求时髦（虽然普大夫颇受欢迎、非常忙碌），而更是因为后者精确、科学、值得信任（"好得快一点"），表面上出诊费较高，其实跟平庸、亲切却类似零刀子割肉至无底洞的中医（不仅误诊，而且还狮子开大口，能否治好关键看"府上的家运"）相比，优势一目了然。当然，中医在此文中也有自己的特点，比如便利、亲切，望闻问切套路中明显有出自巫的文化残留。

在沛君身上呈现出的中西医交叉之处在于：沛君在等待西医时，因为病急乱投医、死马当活马医，同寓的中医白问山才有了机会，当然也就可笑地成了对比对象以及批

---

① 周作人：《鲁迅与弟兄》，《周作人谈鲁迅》，北方文艺出版社2014年版，第74页。
② 具体可参陈明远：《鲁迅时代何以为生》，陕西人民出版社2011年版；黄乔生：《八道湾十一号》，生活·读书·新知三联书店2016年版。
③ 郜元宝：《〈弟兄〉二重暗讽结构——兼论读懂小说之条件》，《文学评论》2019年第6期。
④ 有关分析可参拙文《论鲁迅小说中的医学话语》，《福建论坛》（人文社科版）2010年第5期。

判的载体。

2. 声音中的文化对比

小说《弟兄》中自然有交通工具——回家的人力车与普大夫等人的流行的小汽车的对比。（俨然有了经济收入和支出的鲁迅式调侃，黄包车进，小汽车出，如何抵挡？）正如许广平在回忆中所说，鲁迅对她说过，"我总以为不计较自己，总该家庭和睦了吧，在八道湾的时候，我的薪水，全部交给二太太，连同周作人的在内，每月约有六百元，然而大小病都要请日本医生来，过日子又不节约，所以总是不够用，要四处向朋友借，有时候借到手连忙持回家，就看见医生的汽车从家里开出来了，我就想：我用黄包车运来，怎敌得过用汽车运走的呢？"[1] 用后顾者的视角来回看兄弟失和事件可能添加了一些情感因素并得出不全面的结论，但是中间的节俭/奢华、传统/现代（人力与机器）的比较却巧妙地融合在《弟兄》里。

其中更呈现出沛君对声音的判断的文化底蕴与价值立场。在等待普大夫时，他被现代化产物——汽车的汽笛声困住了，"忽而远远地有汽车的汽笛发响了。使他的心立刻紧张起来。听它渐近，渐近，大概正到门口，要停下了罢，可是立刻听出，驶过去了。这样的许多回，他知道了汽笛声的各样……他忽而怨愤自己：为什么早不留心，知道，那普大夫的汽笛是怎样的声音的呢？"（页139）从某种意义上说，这是鲁迅借助沛君视角对现代性，尤其是物质性的一种形象描述。

同时，他对面的寓客归来时吟唱戏曲的声音（京剧《失街亭》"先帝爷，在白帝城"）令他讨厌，"他一听到这低微高兴的吟声，便失望，愤怒，几乎要奔上去叱骂他"（页140）。这其中浸染了他等待中的担忧与被打扰与混淆的愤怒。（信奉不同文化的）人类的悲欢很难相通，但其实亦有中西文化的对比、他对现代化的拥抱与支持。或更准确地说，他生活在一个中西合璧的时代，即便是新的生活方式刚刚崛起，但他喜欢后者。

二、梦境：精神焦虑与物质压迫

梦的使用对于鲁迅来说，可谓是轻车熟路。比如早期的小说《补天》（原名《不周天》，1922 年 11 月作），里面灵活使用了弗洛伊德的性本能发动理论，当然小说可

---

[1] 许广平：《如此兄弟》，许广平：《鲁迅回忆录》，长江文艺出版社 2010 年版，第 61—62 页。

能有更高远的追求①，而《弟兄》则是偏重死亡本能。更大量的使用则是主体部分写于 1924-1926 年的《野草》，有 7 篇佳作使用此技艺②。

简单而言，梦的使用可以拓展主人公精神空间和事物发生空间的涵容范围与层次，更具想象力，借此呈现出现实世界无法实现的更多可能性并借此反观人类的历史、现实或文化流变。易言之，鲁迅的佳作《弟兄》在超越性的"时空体"（巴赫金语）也小试牛刀，做了有益的尝试。

（一）梦的焦虑折射与宣泄

《弟兄》中的梦境呈现的主要是因为时疫——猩红热可能带来的死亡假设及其艰难应对所带来的破坏本能。其中包括沛君一开始成功地应对了靖甫的死，可以背着大棺材收殓靖甫（应对现实思考中的棺材无着落），但此后还有更大的压力，如何安置并公平对待靖甫的孩子们？实际上心力交瘁的沛君是通过暴力解决的，"他已经被哭嚷的声音缠得发烦，但同时也觉得自己有了最高的威权和极大的力。他看见自己的手掌比平常大了三四倍，铁铸似的，向荷生的脸上一掌批过去……"（页 143）不只如此，在荷生带人前来攻击他讨公道时，他一方面为自己辩护，声称不要受人欺骗，另一方面，他又以暴力镇压，"荷生就在他身边，他又举起了手掌……"（页 143）而这种血淋淋的破坏性在日常生活中却是被"兄弟怡怡"的愿景/努力目标强压下去的，梦中却可以如实呈现。如人所论，"尽管刺激如此之深，鲁迅却断然跳出真人的框范，也摒弃了生活中的'恩仇'，而是借助弗洛伊特的精神分析法，用梦与现实的对照，塑造出一位慈爱而又有隐潜自私的兄长。只有跳出'恩将仇报'的格局，才能提炼出新的主题"③。鲁迅对人物复杂性认识的深刻性就在梦里梦外的交织中表露无遗。

公平地说，梦境成了沛君清理阴暗面（潜伏负面情绪）与直面由现实压迫产生的焦虑的孔径，但同时，这种宣泄又是它们的折射。忙碌了一天的沛君终究无法抵挡内在的焦虑累积，梦境就是再现和可能的解脱方式。但吓人或害人的梦境终究没有化成惨痛的现实，它反过来很好地维护了"兄弟怡怡"的真情建构，当然（专业）读者们还是可以看穿或洞察这种另类空间的真实，虽然小说本身也不过是虚构的，即便周作

---

① 日本学者丸尾常喜（1937-2008）就精辟地指出："这篇作品，是在人类的创造与文学的形成的历史这种壮阔的视野中构想的；鲁迅站在这一立场上，不能不根本性地把'辛亥革命'的结果所暴露出来的问题，至少作为中国的'人'本身、'文学'本身的问题来重新思考。"见［日］丸尾常喜：《耻辱与恢复——〈呐喊〉与〈野草〉》，秦弓、孙丽华编译，北京大学出版社 2009 年版，第 98-99 页。

② 具体可参拙文《〈野草〉中的梦话语》，《惠州学院学报》2023 年第 1 期。

③ 范伯群、曾华鹏：《慈爱者的隐潜的自私》，《南京师大学报》（社会科学版）1986 年第 3 期。

人和众多研究者更强调其真实或现实元素的介入。

（二）物质压迫

论者指出，"《弟兄》仍然是关于现实物质生活的叙述，即血亲关系是如何在物质的制约下呈现出'虚弱'。较之于《孤独者》和《伤逝》，《弟兄》的叙述显得有些单刀直入，似乎迫不及待地要将血亲关系置于物质的场域中进行实验，以证明血浓于水的亲情依然无法抵御物质的魔力"①。归根结底，梦境中涉及的死亡及有关破坏本能呈现主要还是源于现实生活中的强烈物质压迫，财力不足以应对主要男劳动力的死亡。

众所周知，传统封建中国家族的运行往往以成年男丁为中心，在经济相对落后的情况下，人力资源的共同分责、互相支持至关重要。一个家庭里，一旦主力男丁陨落，则难免大厦倾颓的担忧，比如在夜里等待普大夫前来的沛君自然而然想到了现实中的家计考量（背后投射的也是鲁迅作为长子长孙的亲身体验和责任梳理），"那么，家计怎么支持呢，靠自己一个？虽然住在小城里，可是百物也昂贵起来了……"（页140）而且，"清官难断家务事"，亲疏远近有别，再加上分配不均就会产生各种矛盾，内部矛盾一旦处理不好，也会严重影响家族颜面和声誉。

从梦境回到现实空间中，伙计送药和包裹的细节也值得分析。睁开了眼的靖甫问询伙计送来何物，沛君更关心靖甫的健康，所以先答的是药，而昏迷乍醒的靖甫则关注另一个书的包裹。"靖甫仲手要过书去，但只将书面一看，书脊上的金字一摩，便放在枕边，默默地合上眼睛了。过了一会，高兴地低声说：'等我好起来，译一点寄到文化书馆去卖几个钱，不知道他们可要……'"（页144）他更关心的是可以通过译书（《Sesame and Lilies》）维持生计（其中也包含了周氏兄弟曾经的梦想和实践），而且相当高兴，这反倒更让人心酸地看到经济对他们生计的挤压。

梦境的借用是现实生活中不便展演的虚拟延续，也是另一种对话和深化：它不会造成更大的实际伤害，却推演了心中丰富的所思所想以及危机应对的诸种可能性（包括负面的巨大破坏性），是一种心灵、情绪或灵魂的审视与洗礼，也与现实形成了恍若镜像的对照。实际上，1925年11月3日，鲁迅还完成了《热风·题记》，其中弥漫着悲哀的意绪和对"有情"的珍视："我的应时的浅薄的文字，也应该置之不顾，一任其消灭的；但几个朋友却以为现状和那时并没有大两样，也还可以存留，给我编辑起来了。这正是我所悲哀的……无情的冷嘲和有情的讽刺相去本不及一张纸，对于周围的感受和反应，又大概是所谓'如鱼饮水冷暖自知'的；我却觉得周围的空气太寒冽

---

① 罗华：《物质制约下的伦理诉求——以〈孤独者〉〈伤逝〉〈弟兄〉为中心》，《中国现代文学研究丛刊》2007年第5期。

了，我自说我的话，所以反而称之曰《热风》。"① 这种悲哀不是一己的悲欢，而是对时代痼疾难去、新生孱弱难存的慨叹，而"有情的讽刺"却是鲁迅的拳拳之心直面凉薄现实世界的风格与策略。这种心境往往和《弟兄》的叙事氛围息息相关。

三、公司：生死吊诡与对比表演

作为封套的公益局（公司）空间本身就有较强的文化指涉和比照匠心，它当然可以呈现出民国初期有关机关服务的滞后与懒散，但更能呈现出鲁迅审视兄弟之情的独特实践，当然在此背后亦有鲁迅先生"立人"的期冀。

（一）比照侥幸：死的吊诡

表面上看，在小说的开头和结尾公益局的氛围差别不大：人浮于事，甚至连局长也"杳如黄鹤"，办事员们无非谈琐论屑，无聊度日。靖甫被证明只是出疹子，吃药后转危为安，兄长沛君回到了办公室，本可以好好休息，毕竟一夜噩梦不断，但面对处理无名男尸的公文时他却坚持自己来办。原本月生念道——"'公民郝上善等呈：东郊倒毙无名男尸一具请饬分局速行拨棺抬埋以资卫生而重公益由'。我来办。你还是早点回去罢，你一定惦记着令弟的病。你们真是'鹡鸰在原'……"结果沛君坚持自己办，"月生也就不再去抢着办了。沛君便十分安心似的沉静地走到自己的桌前，看着呈文，一面伸手去揭开了绿锈斑斓的墨盒盖"（页146）。有论者指出，结尾男尸是谁没有明言可谓留下了伏笔，"他究竟作何选择，鲁迅不作明确交代，针对东郊倒毙无名男尸事件故意遮盖真相，事实上，作家故意在此留白：鲁迅根本不忍写明兄弟弃尸荒野的残酷事实。但我们深知，最有可能是张沛君暗中所为。明写张沛君满口仁义道德，暗写不仁不义，小说的嘲讽意图不言而喻"②。这其实是一种不明逻辑的肤浅误读。

沛君不可能是凶手。小说开端，在公益局聊天的沛君对可能的时疫非常热心，对可能感染的弟弟无比关心，而且同事们知道他收入一般，"进款不多，平时也节省，现在却请的是这里第一个有名而价贵的医生"（页136）。

在梦境中，鲁迅让沛君感知到了预设靖甫死亡之后的各种尴尬：很难安置兄弟的家庭——多了几口人，挣钱的主力还少了，自然压力更大。所以，结尾中到公益局重新上班后，靖甫的病情好转（只是出疹子发烧而非致命时疫猩红热）让回到现实的沛君更觉欣慰，可谓如释重负，乃至有重生之感，所以他才放下包袱、热心工作，争着

① 鲁迅：《热风题记》，《鲁迅全集》（第1卷），人民文学出版社2005年版，第308页。
② 王传习：《浙籍作家的城市流动与五四文学发展关系研究》，中国社会科学出版社2019年版，第206页。

坚定处理无名男尸。

如果从阴谋论的角度思考沛君，结论是：他杀死了靖甫，然后再处理无名男尸的后事以免泄露，所以显得主动。实际上，这个逻辑无法成立：（1）他的作案时间太少，因为普大夫来就诊已经很晚了，他要在杀人后还要抛尸，第二天还要上班，时间太紧张了；（2）他如果想除掉靖甫，杀人灭口，应该不会是抛尸，更应该是毁尸灭迹；（3）让靖甫活着一起挣钱养家明显比杀掉他而自己担负不起责任更舒适合理。综上所述，沛君热心处理无名死尸其实更表明了一种最坏结局被避免之后的庆幸与回馈感。

（二）对比表演：人性繁复

公益局空间中通过对话建构起来的副线对称比较是秦益堂两个儿子老三、老五为公债票上亏损的钱是否开公账争吵不已，兄弟争利，终至大打出手，而且还继续发酵，"到昨天，到晚上，也还是从堂屋一直打到大门口。老三多两个孩子上学，老五也说他多用了公众的钱，气不过……"（页145）这种对照之下可以彰显沛君、靖甫兄弟真情的可贵，但和沛君的自我表彰（"我们就是不计较，彼此都一样。我们就将钱财两字不放在心上。这么一来，什么事也没有了。有谁家闹着要分的，我总是将我们的情形告诉他，劝他们不要计较。"［页135］）相比，似乎梦境里的死亡、暴力和鲜血又戳穿了这种可以彰显出来的清高与淡泊，毕竟经济压力会改变伦理走向。如人所论，"作为个人，张沛君有着自己真实的爱、自己善良的人性；作为一个封建旧制度的牺牲品，张沛君则是一个畸形儿。畸形的社会制度，畸形的社会意识形态造就了他的特殊的双重人格。对于一个复杂的历史现象，对于一个生存于复杂的历史环境中的人，我们不能简单地用一个'虚伪'来笼统地概括"①。这的确是鲁迅对在复杂环境中彰显出的复杂人性的刻写，我们不应该简单粗暴地对待。

如果从更高的追求来看，《弟兄》中的"出悌"切入更是一种视角，鲁迅想借此孔道探勘"立人"的路径、可能性与阻力。从此视角看，张沛君的个人性及其与靖甫之间的兄弟之情既有其合理、丰富、感人的一面，同时亦有其缺憾、伪善以及劣根性生成机制的值得批判的另一面。鲁迅通过三种层次井然的空间诗学进行了仔细验证与探勘，家庭、梦境、公司等交织杂糅。现实经历、应对思考，梦境拼凑、血痛混溶、公私并立、死生穿梭，这也正是此篇小说相当繁复且易引起误读的迷人之处。其中的兄弟之情及其变异既有传统元素和感情寄托，也渗入了西方文化的观照与更新。

---

① 吴小欢：《鲁迅〈弟兄〉主题新解》，《上海大学学报（社科版）》1990年第6期。

结　语

　　《弟兄》的主题并非只是"兄弟失和"的小说方式思考，它通过空间诗学其实是以"出悌"作为切入点来探讨"立人"的可能性及其限制。鲁迅通过家庭、梦境、公司三种空间来探讨其中的兄弟情谊 VS. 文化抗衡、精神焦虑 VS. 物质压迫、生死吊诡与对比表演，具有超越性追求和浓厚的现实关怀——宣泄焦虑、平复自我、刻画人性以及重新"立人"。

（作者单位：中山大学中文系〔珠海〕）

转移性情，改良社会，输入新的表现法

——民国中学国文课本中的鲁迅译作价值考察

温立三

鲁迅一生共翻译了 15 个国家 77 位作家的 225 篇作品①。在鲁迅一千余万字的著译中，翻译与著述的字数大体各半，因此有人认为鲁迅首先是一个翻译家，然后才是一个作家②。20 世纪 20 年代初，鲁迅的译作和他的创作几乎同时进入民国中学国文教科书。研究显示，民国中学国文课本编入的鲁迅译作有 36 篇之多，鲁迅是翻译作品入选民国中学国文课本最多的作家。研究鲁迅翻译的学术成果很多，中学语文课程视域中的鲁迅译作研究却一片荒芜。本文尝试做一点"拓荒"工作，探究鲁迅译作进入民国中学国文课本的时代背景，编入国文课本的思想人文价值和语文本体价值，并审议鲁迅译作的选篇缺憾以及重返当代语文课堂的可能性。

一、"务合于共和民国宗旨"
——民国中学国文课本编入鲁迅译作的时代背景

1912 年，亚洲第一个民主共和国——中华民国成立，中国社会进入一个全新时代，国家由人民组成。新国家要有新国民，即所谓"立国"须先"立人"。对民众进行思想启蒙，使他们具有共和精神和健全人格，成为当务之急。传统文化显然无力促成民族转型，达成新国民教育之目标，启蒙者们便将目光投向域外。清末民初，西学

---

① 姜异新：《翻译自主与现代性自觉——以北京时期的鲁迅为例》，《鲁迅研究月刊》2012 年第 3 期。
② 孙郁：《鲁迅首先是翻译家》，《北京日报》2008 年 9 月 27 日。

东渐渐成气候，"五四"新文化运动加速引进西方文化，人文主义、自由主义、理性主义、科学主义、实证主义、实用主义等西方哲学、文化、教育思潮以及人道、人性、个性、民主、法治、自由、平等、博爱、理性、科学等新观念、新词汇在中国这块古老的大地上出现"井喷"的奇观。这些"新质文化因子"来自西方著作。当时的一批思想先驱者倡导通过译书启发民智，再造文化中国。

语文教育承载着重铸国民灵魂的使命。青少年是国家和民族的未来，培养新一代国民，语文教育责无旁贷。1912 年 1 月 19 日颁布的《普通教育暂行办法通令》中的"凡各种教科书，务合于共和民国宗旨"是针对所有学科的，同样也是对国文教科书的编写要求。政党、政府、投票、表决、选举、立法、行政、司法、议会、国会、议院、民主、共和、权利、人格、进化、平民、民治、自治等反映民主共和思想的新词新语，大量出现在国文课本中。随着白话文运动和新国语运动的推进，文言文长期"一统天下"的局面被破，现代白话文大规模进入中小学国文教科书中，然而，本土作家的新文学创作，无论数量还是质量均不能满足新国语教育的需要。这就是学者何仲英所揭示的："第一，已有的国语文太少：不是过长，就是过短；不是杂乱无章，就是思想陈腐。要找一篇完完全全没有毛病的，实在是凤毛麟角。第二，现在新作的国语文尽管多，但在创造试验时期，难免有拉杂刻露等流弊，而且适合于学生程度的很少。从严格上说来，似乎已有的国语文，难以取材，惟有静待将来创造。"① 这样，大量外国翻译作品的出版可谓恰逢其时，它们前去"救场"，成为"文学的国语"队伍中的一支"别动队"，"学习白话文，和学习用白话文翻译的外国文学作品之间，并没有严格的界限和本质的差别"②。洪北平、何仲英编《白话文范》（商务印书馆 1920 年版）收入 6 篇翻译作品（诗歌 2 首、小说 4 篇），开启了民国中学国文教科书编入翻译作品之先河。教科书只选本国文而无外国文的历史自此结束，教科书编入译作成为常态。

不过，"常态"经历了一个发生、发展的过程。首先是众多学者发声，如胡适认为"林琴南早年译的小说，如茶花女遗事、战血余腥记，萨克逊劫后英雄略，十字军英雄记等书，都是可以看的"③，何仲英推荐《隐侠记》、胡译短篇小说、周译欧美名家短篇小说以及"新近北京出版的俄罗斯名家短篇小说集和散见于报章杂志的译体小说"④，而朱自清"关于别国文艺思潮，则用代表作的译本——短篇选全篇，长篇节

---

① 何仲英：《国语文底教材与小说》，《教育杂志》第 12 卷第 11 号（1920 年）。
② 刘洪涛：《现代中学语文中的外国文学作品形态分析》，《中国现代文学研究丛刊》2003 年第 3 期。
③ 胡适：《中学国文的教授》，《新青年》8 卷 1 号（1920 年 9 月 1 日）。
④ 何仲英：《国语文底教材与小说》，《教育杂志》第 12 卷第 11 号（1920 年）。

选"①的说法，是以认可翻译作品入选国文教科书为前提的。另外，浦江清、何仲英、许寿裳、孙本文等还纷纷撰文，倡导翻译作品进入国文课程。潮流浩荡，翻译作品进入语文教育场域以壮大新文学教育力量成为趋势。

上述学者的意见旋即为官方采纳，并写入国家课程文件。1923 年颁布的《初级中学国语课程纲要》提出国语科目的是"使学生有自由发表思想的能力"，即为努力体现"壬戌学制"的"七项教育标准"，此为外国翻译作品进入国文教科书的"通行证"。这份课程纲要在"毕业最低限度的标准"中给出的"略读书目举例"，仅小说部分的 13 个"举例"就有 7 例为外国翻译作品：小说有法国大仲马《侠隐记》《续侠隐记》（伍建光译）、文言译本《天方夜谭》、周作人译《欧美小说译丛》《域外小说集》、赵元任译《阿丽思梦游奇境记》、林纾译小说若干种，戏剧有"于近译西洋剧本内酌选如易卜生集第一册（潘家洵译）之类"。同年颁布的《新学制课程标准纲要高级中学公共必修的国语课程纲要》附录所列"高级中学应读的名著举例"中有"严复的译文选录"和"林纾译的撒克逊劫后英雄略"。

依循民国官方颁布的课程文件，越来越多的外国翻译作品进入国文课本。孙俍工、沈仲九编《初级中学国语文读本》第五、六编"为国外小说名作的翻译，而另外辅之以长篇翻译剧本及诗歌"②，其中第五编选 15 篇外国翻译作品，第六编选 23 篇外国翻译作品，计有法国、俄国、德国、日本、波兰、挪威、爱尔兰、印度、瑞典、希腊、意大利、分兰等十几个国家的作品，加上前面四编收录的部分翻译作品，全套教科书逾三分之一为外国译作。沈星一编《新中国教科书初级国语读本》（中华书局 1924 年版）选译作 14 篇，占全书选文的 12%。陈彬龢等编《新时代国语教科书》（商务印书馆 1929 年版）选译作 11 篇。据统计，20 世纪 20 年代，相当多的国语（文）教科书中外国译作的比例在五分之一到四分之一之间，有的甚至超过四分之一③。这样高的比例，在百年来的汉语文教科书编写史上是罕见的。

民国课本中的外国译作群星灿烂，鲁迅译作在其中发出最为夺目的光彩。

二、从多篇选入到"酌量选读"
——民国中学国文课本中的鲁迅译作概略

遍查民国中学国文课本，共收录鲁迅译作 36 篇，具体情况列表如下：

① 朱自清：《中等学校国文教学的几个问题》，《教育杂志》第 17 卷第 7 号（1925 年 7 月 20 日）。
② 孙俍工：《文艺在中等教育中的位置与道尔顿制》，《教育杂志》第 14 卷第 12 号（1922 年 12 月 20 日）。
③ 郭睿：《近代国语（文）教科书外国翻译作品的选录》，语文出版社 2015 年版，第 74 页。

作家	篇　名	选入的代表性课本（册数）	书　局
［俄］爱罗先珂	时光老人	初级中学北新文选（1）	北新书局 1931
	小鸡的悲剧	初级中学国文教科书（4）	中华书局 1934
	狭的笼	初级中学国语文读本（3）	民智书局 1923
	雕的心	开明活页文选乙种第八	开明书店（?）
	鱼的悲哀	新学制国语教科书初级中学用（1）	商务印书馆 1923
	池边	初级中学北新文选（5）	北新书局 1931
［俄］阿尔志拔绥夫	幸福	初级中学国语文读本（6）	民智书局 1923
［俄］安特莱夫	黯淡的烟霭里	孔德学校初中国文选读（9）	北京，自印，1926
［俄］契诃夫	波斯勋章	高级中学适用临时课本高中国文（3）	上海联合出版社 1949
［日］厨川白村	勃朗宁诗三篇	高中国文（1）	世界书局 1931
	苦闷的象征	高中国文选（3）	北新书局 1934
	人间苦与文艺	高中国文选本（1）	立达书局 1933
	生命的共感	高中国文选（1）	北新书局 1934
	自己表现	初中国文教本（3）	大东书局 1932
	缺陷之美	初中师范教科书初中国文（6）	北平文化学社 1934
	聪明人	初中师范教科书初中国文（5）	北平文化学社 1934
	呆子	初中当代国文（4）	中学生书局 1934
	从灵向肉和从肉向灵	高中国文选（3）	北新书局 1934
	论小品	高中国文选本（1）	立达书局 1933
［日］鹤见祐辅	徒然的笃学	朱氏初中国文（5）	世界书局 1934
	论办事法	初中混合国语（2）	青光书局 1934
	夏季的旅行	朱氏初中国文（2）	世界书局 1934
	北京的魅力	初中师范教科书初中国文（5）	北平文化学社 1934
	读书的方法	初级中学国语教科书（5）	文艺书局 1933
	闲谈	初级中学国语教科书（5）	文艺书局 1933
	说幽默	初级中学国语教科书（5）	文艺书局 1933
［日］江口涣	忆爱罗先珂华希里君	初级中学国语文读本（2）	民智书局 1923
［日］有岛武郎	与幼小者	新中华教科书国语与国文（6）	国民图书社 1929
［日］武者小路实笃	论诗	开明语体文选类编（5）	开明书店 1931
	《一个青年的梦》自序	初级中学国语文读本（2）	民智书局 1923
［日］芥川龙之介	罗生门	开明语体文选类编（4）	开明书店 1931
	鼻子	初级中学北新文选（5）	北新书局 1931
［芬］明那·亢德	疯姑娘	初级中学国语文读本（6）	民智书局 1923
［芬］亚勒吉阿	父亲在亚美利加	新学制国语教科书初级中学用（5）	商务印书馆 1924
［德］尼采	察拉图斯忒拉的序言	初级中学国语文读本（4）	民智书局 1923
［德］拉斐勒·开培尔	小说的浏览和选择	高级中学用国文读本（5）	北平，自印，1933

以上鲁迅译作涉及俄国、日本、芬兰、德国的 14 位作家，其中俄国爱罗先珂 6 篇，日本鹤见祐辅和厨川白村各 7 篇和 10 篇，表明这 3 位作家在民国享受着类似"国民作家"的"待遇"。戴叔清编《初级中学国语教科书》（上海文艺书局 1933 年版）专设鹤见祐辅专题，编入《徒然的笃学》《读书的方法》《闲谈》《说幽默》4 篇文章——为一位外国作家专设单元，在百年现代语文教科书选编史上唯此一例。

1. 体裁多样，国别集中，内容丰富

鲁迅一生译有童话、小说、诗歌、剧本、杂文、文艺论集、文艺随笔、美术史专集等多种文体的外国作品。入选民国中学国文课本的鲁迅译作，有童话、小说、散文、随笔、小品、诗论、序言等十余种文体，它们实际上部分承担了民国时期国文教科书开拓与完善当时新兴文体的任务。如童话和现代小说这两种文体在"五四"时期的中国刚刚起步，本土作家的优质创作数量不多，可满足新式国文教科书选篇要求的作品屈指可数。因此，将俄国爱罗先珂的童话和日本、芬兰等国作家的小说选入国文教科书以弥补本土新文学作品之不足，是新文学先驱者和国语运动开拓者深谋远虑的结果。鲁迅译文中的小说、童话以及关于文艺、读书、生活等方面的散文、小品等主要入选初中课本，而像厨川白村《苦闷的象征》《生命的共感》《人间苦与文艺》《从灵向肉和从肉向灵》这样的文艺文则多选入高中课本，这是由中学国文教育阶段性目标的不同和学生接受能力的阶梯性决定的。值得注意的是，鲁迅主译的《爱罗先珂童话集》中的作品选入教科书时被当成小说而不是童话，如《时光老人》《小鸡的悲剧》《狭的笼》《鱼的悲哀》等均收入《开明语体文选类编》第四册小说乙编。

入选课本的 36 篇鲁迅译作主要集中于日、俄两国。鲁迅熟练掌握日语和德语，会用俄语，略知英语，主要翻译日本、俄国和东欧被压迫民族的作品。19 世纪与 20 世纪之交的日本是西方思想文化输入中国的"中转站"，近代中国学生主要的留学目的地就是日本，他们在日本阅读大量欧美书籍，接受欧风美雨的洗礼，留日归来后成为"五四"新文化运动的中坚，在中国近代化进程中扮演了重要角色。鲁迅是"中坚"中的"中坚"。他大量译介厨川白村、鹤见祐辅、芥川龙之介、有岛武郎、夏目漱石、鸥森外、江口涣等日本作家作品，这些译作成为"五四"新文化运动思想文化成果的重要部分，在同时发生的国语运动中进入国文教科书。选入的鲁译 14 位外国作家作品中有 6 位日本人，俄国的爱罗先珂与德国的拉斐勒·开培尔也与日本关系密切，可见日本文化和文学元素在民国中学国文教科书中的分量。周氏兄弟在 20 世纪初留学日本时关注并译介了俄国文学。俄国文学历来有恢宏的社会历史背景，其对人性的关注和拷问、对被侮辱与被损害者的人道关怀，无不与中国文学传统息息相通。西方思想文化大潮在日本的回响、鲁迅的关注焦点和熟练掌握的外语语种，决定了民国课本选入的鲁迅译作以日、俄为主。编入课本中的这些鲁迅译作，有助于中学生理解当时的日、俄之于中国社会变革的意义。

上述 36 篇鲁迅译作涵盖丰富的人文内容。人生问题和社会问题是"五四"时期的热点与焦点，也是民国新式国文教科书的选文重点。入选民国国文教科书的鲁迅译文，多方面反映当时人们关心的人生和社会问题，揭露社会病态，展示底层苦难与麻木，呼唤抗争与坚持……这些均与"五四"启蒙主题和核心任务一致。另外，爱与亲情（《与幼小者》）、自由与尊严（《狭的笼》《雕的心》）、底层弱势与妇女问题（《幸福》《父亲在亚美利加》《疯姑娘》）、读书与生活（《徒然的笃学》《读书方法》《论办事法》）、文艺心理与欣赏（《自己表现》《人间苦与文艺》《论小品》《论诗》）等丰富的内容，在民国课本的鲁迅译作中均得到反映。

2. "酌量选读外国译文之精品"

国民党南京政府的成立，标志着一个时代的结束和另一个时代的开始。1929 年以后的中学国文课程标准中不再出现翻译作品推荐书目，1936 年《高级中学国文课程标准》提出"酌量选读外国译文之精品"，导致 20 世纪 30 年代之后特别是抗战爆发之后国文教科书中外国翻译作品的数量持续下降。据统计，1920–1927 年间 6 套中学国文教科书中有 111 篇翻译文，而 1929–1937 年间 18 套中学国文教科书中只有 202 篇翻译文（包括重复篇目）[1]。这样的下调，固然与 1929 年之后课程标准中规定的语文体占比下降有关，但主要是以"了解固有文化""唤起民族意识""发扬民族精神"为名而排拒"外来文化"，同时加强"党义"教育的结果。关于教科书编入外国作品的意图的说法也发生了微妙变化，如孙怒潮编《初级中学国文教科书》"编辑例言"称"翻译作品有振作民族精神，及体制风格合于国情足为模范者"[2]，这里"振作民族精神""合于国情"的说法，与 20 世纪 20 年代选入外国翻译作品的目的已大相径庭。由 20 世纪 20 年代对外国作品的重视，到 30 年代以后逐渐转向对"固有文化"的强调，说明随着时局变化，翻译作品此前承担的启蒙任务不断弱化而转向"救亡"或"维稳"，造成了国文课本中外国作品减少的根本事实。"翻译的文学作品很少，很奇怪的，很少有国外第一流作家的译文。"[3] 在"固有文化""民族意识"和"党义"审查多重夹击下，鲁迅及其作品成为越来越敏感的政治符号，鲁迅译作的"不合时宜"成为必然。抗战全面爆发后，鲁迅译作结束了此前十余年间被众多教科书编撰者追捧的局面，仅留下《呆子》《徒然的笃学》《论办事法》《夏季的旅行》《读书的方法》

① 李梦优：《民国中学国文教材的翻译文》，南京大学 2016 年硕士学位论文。
② 孙怒潮：《初级中学国文教科书》（第 1 册），中华书局（上海）1934 年版，第 1 页。
③ 石中玉：《审查中学国文教科书杂感》（上），《教育通讯（汉口）》2 卷 15 期（1939 年）。

《与幼小者》6 篇。值得注意的是，契诃夫短篇小说《波斯勋章》却在鲁迅从民国教科书中"大撤退"时逆势而上，编入旧政权正在崩溃、新政权即将登台时的《高级中学适用临时课本 高中国文》（上海联合出版社 1949 年版）中，因而成为一个令人瞩目的存在。

三、"想利用它的力量，来改造社会"
——民国中学国文课本中鲁迅译作的思想价值

民国学者李健吾评价鲁迅的翻译时认为，将世界的杰作介绍给中国同胞"是一件为民族未来着想的事业"①，将鲁迅译文的价值上升到关乎国家民族未来的高度。早年志在"别求新声于异邦"的鲁迅认为，译介外国文学"可以转移性情，改造社会"，因而"便自然而然的想到介绍外国新文学这一件事"②，后来又更加明确地表示"想利用它的力量，来改良社会"③。鲁迅经过广泛涉猎和深入精研，同时根据自己的外语专长，主要选定一批日、俄作家加以特别推崇与重点译介。鲁迅深知，这些外国作家作品中的精神力量正是中华民族浴火重生之所需。国文课本编者亦知，鲁迅译作是培育一代新型国民的文化人格不可或缺的"精神产品"。

契诃夫和鲁迅可谓精神上的"孪生"作家。契诃夫作品"笑中含泪""笑后显出问题"的深刻性对鲁迅的创作有着深刻的影响。被鲁迅概括为"描写帝俄时代的官僚的无聊的一幕"④ 的《波斯勋章》是契诃夫的前期作品，在其众多优秀短篇小说中并不显眼，却被选进"黎明"到来前的"准红色"课本中，大约一是因为此篇译作初次发表时被国民党当局疑为讽刺现实而被查禁，二是因为译者是著名的鲁迅而不是别人。通过翻译外国作品暴露旧中国的黑暗，是民国许多知识分子不约而同的选择。从这个角度上说，契诃夫的《波斯勋章》被选入课本的意图即指向"改造社会"。

爱罗先珂的作品思想隽永，耐人寻味，启人深思，字里行间蓄满博爱、自由、奉献、个性、反抗等时代精神，与"五四"启蒙主旨与文化使命高度一致。鲁迅读之产生强烈共鸣，自言翻译爱罗先珂的作品是为了"传播被虐待者的痛苦呼声和激发国人

---

① 李健吾：《鲁迅和翻译》，《大公报（香港）》1938 年 10 月 22 日。
② 鲁迅：《域外小说集序》，《鲁迅全集》（第 10 卷），人民文学出版社 2005 年版，第 176 页。
③ 鲁迅：《我怎么做起小说来》，《鲁迅全集》（第 4 卷），人民文学出版社 2005 年版，第 525 页。
④ 鲁迅：《〈坏孩子和别的奇闻〉译者后记》，《鲁迅全集》（第 10 卷），人民文学出版社 2005 年版，第 450 页。

对于强权者的憎恶和愤怒"①。《小鸡的悲剧》《狭的笼》《鱼的悲哀》《池边》等作品入选民国中学国文课本，是对"五四"一代中学生进行思想启蒙和新型人格养成的典范。如《狭的笼》这个关于牢笼与自由、束缚与解放的文本，被孙俍工、沈仲九编入《初级中学国语文读本》，穆济波 1923 年在东南大学附中任国文教员时用的正是这套课本。《狭的笼》所在的第三单程（单元）意在让学生明白："社会制度，把一般同生共命的人类，强分出无限智愚强弱的主奴阶级来，要免除人类的悲苦，便要将这一层层的障壁打倒，一切不合理的思想、制度，都给完全解放改造，重新再铸文明。如能将人类之狭隘的习惯——破除，庶几乎才有一种正当的生活。"② 此即该文思想价值之所在。穆济波还将《爱罗先珂童话集》一书列为"初中一年级应读书目"③。巴金回忆《狭的笼》《雕的心》等作品"给我（还有和我同时代的青年）的影响实在太大了"④，可见爱罗先珂在"五四"青年心中留下了深深的印痕。在这位盲作家的笔下，无论是囚笼中的老虎、池边的蝴蝶、山国的"雕"兄弟，还是春夜里的火萤和金鱼，虽然最后均未能避免悲剧结局，但它们为争自由而抗争，具有鼓舞人心的力量，正可用之重塑民国社会的未来建设者的精神基座。

有岛武郎的《与幼小者》主要宣扬长者要心甘情愿地牺牲自己，用爱和温暖慰藉和勉励幼小者，使他们能勇敢地走上人生的征途。鲁迅读到这篇小说的两天前正好完成了《我们现在怎样做父亲》一文的写作，因此当他阅后立即产生知己之感，旋即动笔翻译，译作刊出不久即为国文课本所收录。中国正处于社会大转型时期，长幼关系受到前所未有的拷问，家庭中的长者与幼者应是怎样的关系？各自应是怎样的角色？有教科书设计了如下课后思考："于母氏之丧，不使子女送葬，其行为可取否？""我国望儿女为肖子，而有岛则主张儿女须超过其亲，究以何者为对？"⑤ 这样的问题，对正从传统家庭千年睡梦中觉醒的民国一代中学生不会不产生心灵冲击。小说结尾写道："幼小者呵，将不幸而又幸福的你们的父母的祝福带在胸中，上人世的行旅去。前途是辽远的，而且也昏暗。但是不要怕。在无畏者的前面就有路。"这样的警策语句对人生观形成期的青少年一代极具鼓动性。"二十年代是一个青年稚气的时候，更是一个正成长着的少年浪漫时代。"⑥ 在这样的时代，阅读这种亲子之爱的动人篇章，少年的内心

① 鲁迅：《杂忆》，《鲁迅全集》（第 1 卷），人民文学出版社 2005 年版，第 237 页。
② 穆济波：《道尔顿制实验班国文教学计划》，《中华教育界》13 卷 6 期（1923 年 12 月）。
③ 穆济波：《国文研究法的我见》，《学生杂志》10 卷 11 期（1923 年）。
④ 巴金：《〈笑〉前记》，《序跋集》，花城出版社 1982 年版，第 345 页。
⑤ 教育总署编审会：《初中国文》（第 6 册），新民印书馆股份有限公司（上海）1941 年版，第 195 页。
⑥ 李泽厚：《中国现代思想史论》，生活·读书·新知三联书店 2008 年版，第 234 页。

必将产生长久的回响。《与幼小者》前后共入选 8 个版本的民国课本，为选入版本最多的鲁迅译作，是有理由的。

鲁迅深切认同日本学者厨川白村的文艺观点和文化反思立场，赞扬其对本国"微温，中道，妥协，虚假，小气，自大，保守等世态，——加以辛辣的攻击和无所假借的批评"的"战士"精神①。厨川白村代表作《苦闷的象征》一书的《呆子》《论小品》《自己表现》《从灵向肉与从肉向灵》《人间苦与文艺》等篇章纷纷被编入民国中学国文课本并加以介绍。张弓编著的《初中国文教本》说厨川白村有"学者冷静缜密的头脑"，"严抗一切因袭的权威"②，石泉编的《初中师范教科书初中国文》说厨川白村"对于本国的缺失，特多痛切的攻难"③。比如，学生通过阅读《从灵向肉与从肉向灵》可了解欧美"财产和权力的个人主义"、物质文明先于精神文明、尊重个人权利等西方现代思想观念，还可以看到作者无情的民族文化自剖，这对于"五四"一代青年反思本国文化传统和重塑国民文化性格是有益的。

另外，安特莱夫的小说《黯淡的烟霭里》叙写的"家"对革命者的束缚与羁绊和革命者对"家"的背叛，正是"五四"新文学的宏大母题，给当时反叛的青年一代以人生导向。阿尔志跋绥夫的小说《幸福》写社会底层不幸者的麻木不仁和互相之间的折磨，展示了一个不可救药的社会，可以引导中国读者思考国民性，对屈辱的生活有所不满并奋起抗争，从吃和被吃的悲惨境遇中觉醒。芥川龙之介的小说《罗生门》同样展示了陷于困苦中的底层人之间"互吃"的世界。鲁迅看重作品中揭示的人性丑陋，希望国民从沉睡中醒来。总之，从编入民国课本的鲁迅译作中，民国中学生可以了解斯宾塞、伯格森、克罗齐、荣格、弗洛伊德等西方近现代学者的思想观点，阅读鲁迅译作中提到的索福克勒斯、荷马、但丁、弥尔顿、莎士比亚、布莱克、朗费罗、歌德、拜伦、雪莱、华兹华斯、蒙田、艾略特、勃郎宁、爱默生、易卜生、左拉、兰姆、梅特林克、清少纳言、陀思妥耶夫斯基、托尔斯泰、契诃夫、大仲马、雨果、狄更斯、莫泊桑、都德、福楼拜、左拉、本·琼生等一大批异域作家，探寻象征主义、表现主义、印象主义、现实主义等文艺流派和个性主义、虚无主义、人道主义、无政府主义、社会主义等西方社会思潮。这些新知识、新思想、新感情，经吸取、消化、共鸣，最终变成改造社会的力量。这正是鲁迅译介外国作品的初衷，也是民国课本中鲁迅译作的思想和人文价值。

① 鲁迅：《〈出了象牙之塔〉后记》，《鲁迅全集》（第 10 卷），人民文学出版社 2005 年版，第 268 页。
② 张弓：《初中国文教本》（第 3 册），大东书局（上海）1933 年版，第 100 页。
③ 石泉：《初中师范教科书初中国文》（第 5 册），北平文化学社 1934 年版，第 174 页。

四、"阅读与写作的训练"
——民国中学国文课本中鲁迅译作的语文本体价值

开发德智、革新观念、启蒙思想，培养现代公民，是民国课本选入鲁迅译作的时代要求和历史使命。但语文之所以是语文，是因为其本体任务并非思想观念的传输与接受，而是语言文字训练，或曰听说读写训练。阅读本土文章是为养成读写能力，同样，阅读翻译作品不只是达成"智德"目标，更是学习语言文字，包括从中学习本土作品中缺乏的新词汇、新句法和新的表达方法。概言之，鲁迅译作进入民国国文课堂的本体价值主要是训练学生语体文（现代白话文）的读与写。

1. 中西共融，构建新型现代白话语言

饱读中国书和外国书、经过创作与翻译双重体验的鲁迅，发现"中国的文或话，法子实在是太不精密"①。他翻译爱罗先珂的童话《池边》时不禁感叹"中国文是急促的文，话也是急促的话，最不宜于译童话；我又没有才力，至少也减了原作的从容与美的一半了"②，翻译爱罗先珂的童话《鱼的悲哀》后又感慨中国话"最不易做天真烂漫的口吻的文章"，因而"损失了原来的好和美已经不少了"③。对中国文和话表达缺陷的认识，使鲁迅由早期对原文进行大刀阔斧的改动式的"意译"转向"宁信而不顺"的"直译"甚至"硬译"，以尽可能保留源文本语言中的句式、语法、语体等特征。这正是鲁迅从事翻译事业的目标——"不但在输入新的内容，也在输入新的表现法"④。对此，瞿秋白是这样理解的："中国言语不精密，所以要使它更加精密；中国言语不清楚，所以要使它更加清楚；中国言语不丰富，所以要使它更加丰富。我们在翻译的时候，输入新的表现法，目的就在于要使中国现代文更加精密、清楚和丰富。"⑤ 换言之，鲁迅的翻译不仅指向"移情""益智"与改造社会，而且借机引入西方言语表现方法乃至移植西人思维方式，创建汉语表达新形式，培育清末以来不断发展的现代白话文，最终变革中国语文。

---

① 鲁迅：《关于翻译的通信》，《鲁迅全集》（第4卷），人民文学出版社2005年版，第391页。

② 鲁迅：《〈池边〉译者附记》，《鲁迅全集》（第10卷），人民文学出版社2005年版，第221页。

③ 鲁迅：《〈鱼的悲哀〉译者附记》，《鲁迅全集》（第10卷），人民文学出版社2005年版，第224页。

④ 鲁迅：《关于翻译的通信》，《鲁迅全集》（第4卷），人民文学出版社2005年版，第391页。

⑤ 瞿秋白：《再论翻译答鲁迅》，《文学月报》1卷2期（1932年7月10日）。

汉语表达引入外来语法和句式往往让人想起汉语"欧化"。"欧化"历来在汉语语境中含有贬义，但客观而论，"欧化"对中国现代白话文的初创是有所贡献的。郑振铎说："中国的旧文体太陈旧而且成滥调了。有许多很好的思想与情绪为旧文体的成式所拘，不能尽量的精微的达出。所以为求文学艺术的精进起见，我极赞成语体的欧化。"① 朱自清《鲁迅先生的中国语文观》（1946）也表达了对鲁迅提倡语言"欧化"的肯定。百年后的今天，有人也许认为民国一代学者改造汉语用力过猛，但有时矫枉必须过正，鲁迅翻译中因尽力保留原汁原味而致"欧化"的现象是有意为之。民国国文教科书中的鲁迅译文多能发现"欧化"句子，如厨川白村《呆子》一文中的这一句："而这也就是豫言者之所以为豫言者，大思想家之所以为大思想家；而且委实也是伟大的呆子之所以为伟大的呆子的缘故。"这是一个典型的"欧化"句，宾语"呆子"之前超长的修饰语显然不符合汉语表达传统与习惯，如此翻译却显出表达的精细与思维的严密。这样的"欧化"便不能简单否定，而应该辩证观之，客观审视。再如有岛武郎《与幼小者》中有一句："时间不住的移过去，你们父亲的我，到那时候，怎样映在你们脑子里，那时不能想象的了。"这种人称代词前置定语，在古汉语中几乎没有，却在"五四"翻译作品中很常见。这样的句式有助于初创期的现代白话文的形成与发展。另外，插入语、被字句和关联词在翻译作品中的普遍出现，同样成为现代汉语的新鲜"血液"。

当然，对语言文字能力未臻相当水平的中学生而言，从鲁迅译作中不只能学习新词汇、新句法、新表达，更主要的是学习鲁迅译文中大量符合汉语表达规范和表达习惯的语言。民国国文课本中的多数鲁迅译作与其创作的文字一样，多有优美、简洁、诗意的表达，如收入多达7个版本国文教科书的鹤见祐辅《读书的方法》，全篇都是意味隽永的短句，文字简练，惜墨如金，语言清晰，表达流畅，全然看不出是一篇翻译文字。再如鹤见祐辅小品文《说幽默》中的一段话：

> 睁开了心眼，正视起来，则我们所住的世界，乃是不能住的悲惨的世界，倘若二六时中，都意识着这悲惨，我们便到底不能生活了。于是我们就寻出了一条活路，而以笑了之。这心中一点的余裕，变愤为笑，化泪为笑。

如此一流的译笔，几乎与鲁迅的创作文字无异，当然是中学生语言学习的范例。

2. 了解现代文体、文法和修辞知识

20世纪二三十年代，记叙文、写景文、抒情文、说明文、说理文等新兴教学文体

---

① 郑振铎：《语体文欧化之我见》，《小说月报》12卷第6期（1921年）。

起步并逐渐风行，入选民国课本的鲁迅译文今天看来多属文学作品，但当时普遍被当作文章而非文学。范善祥等编《初级中学用新学制国语教科书》的"编辑大意"谓"本书所列各文，约为记叙的、写景的、抒情的、说理的、议论的五种，且以记叙文、写景文及抒情文为主"①，编入的爱罗先珂的童话《鱼的悲哀》和亚勒吉阿的小说《父亲在亚美利加》分别被当成记叙文和抒情文。朱文叔编《新中华教科书　国语与国文（初级中学用）》把选文分为记叙文、抒情文、说明文、议论文、应用文五种，亚勒吉阿的小说《父亲在亚美利加》是作为抒情文的。孙怒潮编《初级中学国文教科书》单程（单元）末"作法"中的文体知识提到写景、叙事、想象三类抒情文，将爱罗先珂的《小鸡的悲剧》作为"叙事的抒情文"。《南开中学初三国文教本》和朱剑芒编《朱氏初中国文》中，编入的鹤见祐辅《徒然的笃学》成了说明文，后者还将说明文分为"事端的""意象的""诱导的""杂说"四种；后者中鹤见祐辅《夏季的旅行》即为"事端类说明文"，并在课后介绍了分号与冒号这两种新式标点符号。《朱氏初中国文》第 5 册中的鹤见祐辅《徒然的笃学》为"评论类议论文"，课后介绍了文法知识"引起"。朱剑芒编著的《高中国文》强调对"文章体式"的了解，全书按记实文、记事文、说明文和论辩文四种编排，"于每种文体前，先将它的定义、界限和组织上的要点，各加以简单说明"，"庶使读者每习一文，即能深知其体裁所属；而更了解其有何项功用"②，编入这套课本的厨川白村《勃郎宁诗三首》被当成了说明文。由此可以看出，民国课本中的鲁迅译作承载着传授文体知识的功能。

当然，也有将鲁迅译作当成文学的，如戴叔清编《初级中学国语教科书》设日本作家鹤见祐辅专题，把编入的《徒然的笃学》《读书的方法》《闲谈》《说幽默》4 篇文章都当成"典型的'闲话'体的散文"③。傅东华、陈望道编《初级中学用基本教科书　国文》虽然将爱罗先珂《鱼的悲哀》当成童话，课后的"注释与说明"却介绍小说的"对话"知识——"……对话的最大作用，是在点出小说里所含的意义……"，又引出"象征"这一文学术语——"……这种借有形代表无形的作法，在小说里叫做象征，意即用有象征验无象"④。在这里，鲁迅译作承载了文学知识。

民国是现代汉语文法和修辞知识"浮现地表"并"云蒸霞蔚"的时期，向国民宣传和普及这些新建构的汉语文法和修辞知识，主要是中小学国文课程应该承担的任务。

---

① 范祥善、吴研因、周予同：《初级中学用新学制国语教科书》（第 1 册），商务印书馆（上海）1923 年版，第 1 页。

② 朱剑芒：《高中国文》（第 1 册），世界书局（上海）1930 年版，第 174 页。

③ 戴叔清：《初级中学国语教科书》（第 5 册），文艺书局（上海）1933 年版，第 307 页。

④ 傅东华、陈望道：《初级中学用基本教科书国文》（第 1 册），商务印书馆（上海）1931 年版，第 269 页。

知识切忌空谈，须结合课本选文的具体语境加以传授才能取得佳效。与入选教科书的其他现代白话文一起，鲁迅译作成为新文法修辞知识的载体。傅东华、陈望道编《初级中学用基本教科书　国文》编入的爱罗先珂《鱼的悲哀》课后"文法与修辞"写道："这课里写的是鱼，而写的时候却全把鱼们当作人们写。这种把人类以外的东西当作人的方式，在修辞学里叫做拟人辞格。童话把人类以外的东西来做人物的极多，所以童话用这种辞格处也极多。"① 拟人这一修辞知识，结合这篇课文巧妙地嵌入了练习系统。盛朗西、施蛰存、朱雯、沈联璧注释《初中当代国文》（中学生书局1934年版）编入了有岛武郎《与幼小者》，其中一句"他们虽有两三人却并不给留在家里的婴儿换一换衬布"被当作文法知识"动词细目"中的"同动词"例句；鹤见祐辅《呆子》被编入第二周的学习内容，单元文法知识"单句的复成分（二）"的"复附加语"之"复副词附加语"援引了文中的例句。傅东华、陈望道编《初级中学用基本教科书　国文》第4册中鹤见祐辅《徒然的笃学》课后的"文法与修辞"引出了"数量副词"这一语法概念，并以课文里"从早到晚就单是看书，什么事情也不做""亚伯拉罕却头发蓬松，只咬着书本"两句中的"单是""只"作为例证。在这里，鲁迅译作负载了文法修辞知识。

3. 学习域外作家叙述之法

中国古典小说自有其民族特色和艺术传统，近代西方小说被译介进入中国之后则呈现出不一样的"景观"。就叙述技法而言，中国古典小说一般都是顺序叙述和全知视角，西方小说则呈现出多样而灵活的叙述手法。孙俍工、沈仲九编《初级中学国语文读本》选入的德国作家明那·亢德的短篇小说《疯姑娘》，全文主要的叙述顺序是插叙，即开头写主人公疯姑娘寂寞而悲惨的晚年，再以大量篇幅插叙主人公从年轻漂亮渐渐变成老处女最终变成疯姑娘的人生历程，小说结尾又回到疯姑娘晚年的惨状。这样，开头、结尾形成一个闭环式的叙述路径。这样的叙述手法在中国传统小说中难觅踪影。被选入多个民国国文课本版本的爱罗先珂《小鸡的悲剧》从情节中间开始叙事，开头写小鸡淹死在池子里，再补写小鸡淹死之前的事，接着写小鸡淹死后小鸭的议论和家里主母的感慨。这样的叙述手法在中国传统小说中也不易看到。芥川龙之介《罗生门》用的是有限全知第三人称视角，即以小说主人公"家将"的视角叙述故事，但这一叙述视角并非一贯到底而是中间还有变化。如家将决定在罗生门楼上度过这一夜，当他走上楼梯的时候，小说写道："有通到罗生门的楼上的，宽阔的梯子的中段，一个男子，猫似的缩了身体，屏了息，窥探楼上的情形。从楼上漏下来的火光，微微

① 傅东华、陈望道：《初级中学用基本教科书国文》（第1册），商务印书馆（上海）1931年版，第269、270页。

的照着这男人的右颊，就是那短须中间生一颗红肿化脓的面疱的颊。"小说不知不觉换成了全知第三人称叙述视角。这样突然变换叙述视角所取得的艺术效果是明显的，如电影镜头转换那样具有画面感，让读者身临其境。之后，随着家将走上楼梯，叙述视角回到有限全知，即一切都是家将眼中看见的事物。有岛武郎的小说《与幼小者》以父亲的口吻，向孩子们娓娓诉说孩子的妈妈得病和死后的事以及自己抚养他们的艰难，第一人称"我"的使用淋漓尽致地展现了令人动容的父母之爱。西方小说的叙事技法不仅有力促进了中国小说的现代转型，亦给民国中学生的写作以借鉴。鲁迅消化吸收这些技巧并融入自己的小说创作之中，成为"五四"创造文学（尤其是小说）新形式的先锋。

五、余论
——民国中学国文课本中的鲁迅译作选编反思

1. 部分选篇过于随意，不适合中学生阅读

民国中学国文课本选入的鲁迅译作有相当一部分是成功的，但不可否定，有的篇目很不理想，主要表现为内容的繁难艰深和译文的语言不畅。如爱罗先珂《时光老人》、厨川白村《苦闷的象征》、尼采《察拉图斯忒拉的序言》等作品的思想深度和理解难度，均超出当时多数中学生的接受水准。《时光老人》与其说是小说，不如说是思想随笔，涉及对青年的看法和对人类苦楚的感悟。《察拉图斯忒拉序言》意象密集，晦涩艰深，行文跳跃，篇幅过长。《苦闷的象征》长达六千多字，有不少不合汉语表达习惯的长句，涉及弗洛伊德心理学、柏格森生命哲学、立普斯移情说和大量西方作家作品，中学生大多不具备相应的阅读积累。《人间苦与文艺》认为文艺是人间苦的象征，苦闷是文艺创作的心理动力。如此个人化的文艺创作心理学观点，普遍缺少人生体验和创作体会的中学生难以理解和消化。有学者曾对鲁迅译文的可读度进行分级，《苦闷的象征》一书被列为4-5，即介乎较难懂与难懂之间①，而这么难啃的《苦闷的象征》却有4篇文章进入民国国文教科书，显示了课本选编者的偏爱与随意。鲁迅出于个人心理动机与思想偏好而推崇并大力宣传厨川白村，但"艺术是苦闷的象征"这样的文艺观点，对初中生而言明显过于成人化和学术化。《幸福》中的男子心理变态情节，可以说"儿童不宜"；《疯姑娘》缺少社会批判；《黯淡的烟霭里》弥漫着阴冷的气息；《小说的浏览与选择》知识密度过大，给阅读者制造了比较大的阅读障碍

---

① 袁锦翔：《鲁迅译笔新探》，《外语研究》1987年第2期。

……这些选文均表现出选编者的随意，所幸上述诸篇均在抗战全面爆发后的国文课本中被"退场"。

导致这些作品不恰当地入选民国中学国文课本的原因大致有如下三个方面：

一是在清末民初，既往传统遭到前所未有的质疑与否定，异域"文化食粮"特别是西方的思想产品一时出现供不应求的局面，选择不精甚至"捡进篮子里的就是菜"的现象不可避免。民国国文教科书选编者大都学贯中西，但有一部分人对国文教育和中小学生缺乏了解，往往"越俎代庖"，以个人偏好强加于学生。如孙俍工受武者小路实笃《一个青年的梦》的影响而痴迷其"新村运动的实笃精神"，便将与这位作家相关的多达5篇选文编入他的《初级中学国语文读本》。这种不顾学生接受实际、将偏爱的外国作品塞进教科书的情况在当时不是个例，而是相当普遍。

二是与当时的教科书审定制度有关。民国成立后延续了清末教科书制度，允许民间自编教科书。如1912年9月13日，教育部公布审定教科书图书规程，规定"初等小学校、高等小学校、中等小学校、师范学校教科书，任人自行编辑，惟须呈请教育部审定"①，这使得教科书编辑与出版门槛很低。20世纪二三十年代，教科书编写出版出现了繁荣的局面，却也出现了良莠不齐的现象。许多教科书编者的主要工作并非国文教育，编课本只是临时"客串"，对中学国文教育感到隔膜，也不掌握当时中学生的心理和认知状况，必然造成课文选择上不同程度的盲目和偏差。

第三，民国的教育法令和课程标准，对翻译作品入选教科书一直没有明确的规定和具体标准，导致国文教科书编者对翻译作品的选择空间很大，表现出无所约束的个人化和随意性。同时，官方对教科书的审定标准比较笼统，未能对翻译作品进入国文教科书严格把关。一套教科书是否选翻译作品，选多少，本土文与外国文比例几何，主要取决于编审者对待中西方文化的态度而非受制于官方的相关文件。如孙俍工《初级中学国语文读本》第5、6册全部是翻译作品，傅东华《复兴初级中学教科书 国文》则拒绝选录外国作品，而对待翻译作品取截然不同之态度的两套教科书均通过了教育部审查，可见审查尺度之宽。

2. 翻译语言的"欧化"妨碍母语习得

鲁迅深感于汉语表达的不精密折射出汉人思维的不精确，甚至影响中国社会的进程，因此在翻译中有意采用"直译""硬译"，以尽可能保留源语言文本的语言、思维和文化特征甚至表达风格。用鲁迅的原话来说，就是力求"保存着原作的丰姿"②。这就不可避免地会出现翻译语言结构和句式走向"欧化"的特征与倾向。越是忠实于原

① 《教育部公布审定教科书图书规程》，《教育杂志》第4卷第7号（1912年10月）。
② 鲁迅：《"题未定"草》，《鲁迅全集》（第6卷），人民文学出版社2005年版，第364页。

文的"直译"，"欧化"现象便越严重，给读者造成的阅读障碍就越大。这不是鲁迅翻译中的个人现象，而是当时的一种翻译潮流。鲁迅这种以翻译促进汉语言的发展并希望以此让国人学习西方思维方式的想法和做法，在当时有其积极意义，对于催生现代白话文并助其快速发展确实起到了积极作用。但鲁迅这种在翻译活动中高度认同西方文化语言并以之改造传统汉语言文化的做法有失偏颇，事实也证明此路不通。尽管有人辩护称"欧化的白话文就是充分吸收西洋语言的细密的结构，使我们的文字能够传达复杂的思想，曲折的理论"①，但对汉语学习尚处初阶的中学生而言，"欧化"长句一般是不容易理解和难以接受的。如下文：

> 据和伯格森一样，确认了精神生活的创造性的意大利的克洛契（B. Croce）的艺术论说，则表现乃是艺术的一切。就是表现云者，并非我们单将从外界来的感觉和印象他动底地收纳，乃是将收纳在内底生活里的那些印象和经验作为材料，来做新的创造创作。在这样的意义上，我就要说，上文所说似的绝对创造的生活即艺术者，就是苦闷的表现。（厨川白村《苦闷的象征》）

这里虽然没有难字奇句，但长句多，加之论述问题的专业性，句意就晦涩难懂。这种不符合汉语表达习惯和表达规范的句子，青少年是不易理解和接受的。其实鲁迅本人也承认自己的翻译语言确有"不甚顺畅之处"，有的地方"不太好懂"，比如《苦闷的象征》译文"拙涩"，"想必很有不合轨范的句子在里面"，读者须"坚忍的反复过两三回"②。中学生当然不会欣赏这样的译文。相比之下，与鲁迅同时期出版的丰子恺译本《苦闷的象征》则被认为顾及了汉语的表达习惯，比鲁迅译本更加通顺且有文采，就连鲁迅也承认自己的译本不如丰子恺的易懂③，丰子恺译本却因名气不够而被当时的国文教科书编者选择性忽视。

民国时期的部分学者早已注意到汉译的"欧化"问题，对教科书编入外国翻译作品表达了不同态度。如学者林轶西说"近来翻译的小说，语法太偏于欧化，亦很不宜于初中学生阅览"，并直接点名周作人的翻译作品，说学生阅读时感到"莫名其妙的困难"，因为"周先生的语体太欧化了"④。学者缪钺认为，当时有的国文教科书"所

① 胡适：《中国新文学大系·建设理论集》，良友图书印刷公司（上海）1935年版，第24页。
② 鲁迅：《〈苦闷的象征〉引言》，《鲁迅全集》（第10卷），人民文学出版社2005年版，第257页。
③ 季小波：《鲁迅的坦诚》，《文汇报》1989年12月20日。
④ 林轶西：《初中国文科读书问题之研究》，《教育杂志》16卷6期（1924年）。

选语体文不免芜杂，间选翻译作品，有词句过于欧化者，致学生作文，受其恶影响"①。两位学者虽未提及鲁迅翻译作品，但鲁迅翻译的"欧化"现象是明摆着的。总之，鲁迅翻译有改造传统汉语表达方式并使之现代化的目的，却给民国一代中学生理解和运用母语带来了一定的困扰。这对于今天语文教科书选编外国翻译作品有一定的警示作用。入选教科书的翻译作品要在语言上严把质量关。如果同一篇作品有多个时期的不同译者的译本，须进行比较，从中甄选、鉴别，选取翻译语言最富中国作风和中国气派的译作进入教科书。

多达 36 篇鲁迅翻译作品入选民国时期的中学国文课本，而中华人民共和国成立以来仅有 1 篇鲁迅译作《泼留希金》（果戈理《死魂灵》中的片段）入选，此文也仅在 20 世纪 80 年代初的中学语文课本中昙花一现。两个历史时期的中学鲁迅译文选篇反差巨大。鲁迅称自己的小说创作"所仰仗的全在先前看过的百来篇外国作品"②，虽说这话可能含有谦虚的成分，但可见外国文学和翻译对鲁迅创作的影响。大量的鲁迅译作被今天的中小学语文教科书编者完全无视，这不能不说是十分遗憾的事。爱罗先珂的《鱼的悲哀》《雕的心》、鹤见祐辅的《读书的方法》《说幽默》、厨川白村的《聪明人》《呆子》、有岛武郎的《与幼小者》等都是让我们常读常新的名篇佳作，因此，我们呼吁重新认证鲁迅译作重返 21 世纪语文课堂的必要性和可能性。

（作者单位：北京师范大学文学院）

---

① 缪钺：《中学国文教学法商榷》，《国立浙江大学师范学院院刊》第 1 辑第 1 册（1940 年）。
② 鲁迅：《我怎么做起小说来》，《鲁迅全集》（第 4 卷），人民文学出版社 2005 年版，第 526 页。

跪的困惑与启蒙反思
——《伤逝》中涓生形象的跨媒介思考

李 森

　　《伤逝》中涓生与子君的感情悲剧令人唏嘘，他们的感情确立于涓生向子君下跪示爱，事后两人对下跪的态度却泾渭分明，涓生要"忘"而子君要"忆"，这是他们感情的至热亦是裂隙的开始。示爱时，涓生一时慌张，"身不由己地竟用了在电影上见过的方法了……一条腿跪了下去"①，这虽赢得了子君的"允许"，却也成了他的心病，称之"浅薄的电影的一闪""可笑的电影的一闪"，而且"一想到，就使我很愧恧，但在记忆上却偏只有这一点永远留遗，至今还如暗室的孤灯一般"。《伤逝》出版八年后，鲁迅在《申报·自由谈》发表《登龙术拾遗》，再次提到完全同样的情节，"可以从文坛上去做女婿……有了'知己之感'，就照电影上那样的屈一膝跪下，说道'我的生命呵，阿呀呀，我悲哀呀！'——则由登龙而乘龙，又由乘龙而更登龙，十分美满"②。电影上的一跪萦绕鲁迅心头多年，虽有学者论及下跪的电影来源，但所论存疑，且未分析下跪从电影进入小说的深意，视觉与文字两种媒介的交互关系及文化影响都值得进一步探究。

一

　　《伤逝》文末有"一九二五年十月二十一日毕"。截止 1925 年 10 月底，《鲁迅日

---

　　① 鲁迅：《彷徨·伤逝》，《鲁迅全集》第 2 卷，人民文学出版社 2005 年版，第 113–134 页。《伤逝》引文皆出此处，恕不赘引。

　　② 鲁迅：《准风月谈·登龙术拾遗》，《鲁迅全集》第 5 卷，人民文学出版社 2005 年版，第 292 页。

记》载鲁迅看过 12 部电影，其中 3 部是爱情主题。引起学者们注意并认为可能与《伤逝》中涓生一跪有关的两部是，1924 年 11 月 30 日真光电影院上映的《游街惊梦》和 1925 年 1 月 1 日中天剧场上映的《爱之牺牲》。当下研究中对两部电影的内容和名称或有诸多误认，在此基础上的探讨也难免有偏差，是鲁迅资料研究中的重要疑点。

两部电影中以《爱之牺牲》影响更盛。《鲁迅与电影（资料汇编）》对鲁迅日记 1925 年 1 月 1 日 "下午往中天看电影" 的注释为 "据查北京《益世报》等有关资料，一月一日中天剧场放映的是《爱之牺牲》"①。王学振与石珠林都认为《爱之牺牲》是指美国女明星薇薇安·马丁（Vivian Martin）主演的《灵魂之歌》（*Song of the Soul*），而这恰恰对应了错误的影片。

王学振提出，"1924 年 1 月，上海《申报》曾多日登载关于申江大戏院放映影片《爱之牺牲》的广告、消息。从广告内容看来，《爱之牺牲》英文名为 'Song of the Soul'，由美国女明星 Vivian Martin 主演……1 月 21 日的一则消息明确指出该片来自美国：'六马路申江大戏院自上星期三起开映《爱之牺牲》（*Song of the Soul*）……，上海得风气之先，外国影片引入上海，数月之后才在北京放映，是完全可能的，鲁迅 1925 年元旦观看的应该就是这部美国影片。"②

石珠林则先以在 1925 年 1 月 1 日北京《益世报》中缝发现的《爱之牺牲》广告确认电影名称，又以查阅到的不同报刊在不同时间刊载的多则《爱之牺牲》广告为线索确定该片即《灵魂之歌》，并以该电影内容为原型展开了对《伤逝》的讨论③。王、石二人思路基本一致，后者的论述更为详尽。可惜的是，石珠林找到的 1925 年元旦《益世报》中缝的电影广告因文字缺失（图 1）与真相失之交臂，若与同日《晨报》中缝也略有残损的相同广告对照（图 2），即可还原全貌。

中天电影　阳历元旦起至三号止准演陆克最新大笑片——爱之牺牲。七大本侠义爱情剧。

其中既无英文原名也无剧情说明。1925 年元旦的《爱之牺牲》究竟是哪部影片呢？

主演陆克是重要线索。他原名哈罗德·劳埃德（Harold Lloyd），陆克是其代称。

① 刘思平、邢祖文选编：《鲁迅与电影》（资料汇编），中国电影出版社 1981 年版，第 65 页。
② 王学振：《鲁迅与国产电影》，《鲁迅研究月刊》2019 第 3 期。
③ 石珠林：《电影〈爱之牺牲〉考：兼论鲁迅的〈伤逝〉——以电影放映广告为路径》，《上海鲁迅研究》2021 年第 2 期。

图 1　1925 年 1 月 1 日《益世报》（北京版）刊《爱之牺牲》放映广告　　　　图 2　1925 年 1 月 1 日《晨报》刊《爱之牺牲》放映广告

1914 年，劳埃德开始拍摄滑稽系列短片并以此成名，影评界将他与卓别林并提，其滑稽片深受中国观众喜爱，有时甚至一票难求①。1921 年，劳埃德开始拍摄电影长片。至 1924 年，陆克的滑稽长片详情如下：

	发行日期	片名	片长（英尺）
1	1921 年 12 月 25 日	风流水手（A Sailor-Made Man）	3846
2	1922 年 9 月 3 日	祖母之儿（Grandma's Boy）	4841
3	1922 年 11 月 23 日	呆医生（Dr. Jack）	4700
4	1923 年 4 月 1 日	银汉红墙（Safety Last!）	6300
5	1923 年 9 月 16 日	何事顾虑（Why Worry?）	5500
6	1924 年 3 月 28 日	怕难为情（Girl Shy）	7457
7	1924 年 10 月 16 日	丈母娘（Hot Water）	4899

既然是 1925 年元旦放映的"最新大笑片"，那么，1924 年的两部新片《怕难为情》和《丈母娘》最有可能。但《怕难为情》1925 年 1 月 25 日（农历正月初一）才在上海爱普卢影院首映，之前在《申报》连续数天刊登大幅预告，是名副其实的"贺岁片"。《丈母娘》则于 1925 年 10 月 14 日在爱普卢影院首映，也提前数日在《申报》头版显著位置以硕大字体宣传影片。两部电影在中国的首映时间都在 1925 年元旦之

---

① 李道新：《人生的欢乐面，他国的爱与恨——中国早期电影接受史里的哈罗德·劳埃德》，《电影艺术》2010 年第 3 期。

后，不可能是鲁迅所看的《爱之牺牲》。另外，劳埃德电影的中国版权属于上海百代公司，发行需与该公司商洽，北京的中天电影院应没有其他片源①。

中天电影院《爱之牺牲》广告中的另一个线索是片长，即"七大本"。"一本"即一卷（a reel）胶片，每卷1000英尺，长度不足1000英尺的也按一卷计算，民国时期以此来衡量电影时长。《灵魂之歌》只有五卷，即五大本②，由此亦可断定它并非鲁迅所看的影片。而劳埃德从1921年至1924年的七部电影中只有《银汉红墙》是七本，其他影片都被排除在外。综合来看，中天电影院应该是将老电影重新命名包装，以"新瓶装老酒"的方式在元旦档期放映。虽有欺世之嫌，但也是民国时期外国电影没有统一译名所致。《银汉红墙》原名"Safety Last"，《申报》上最初的影讯称之为《冒险》③，《小时报》的影讯则称之为《冒险第一》④，《申报》正式首映的广告中定名为《银汉红墙》⑤。后在北京放映时，《晨报》和《益世报》又新译为《险里逃生》⑥。采用《爱之牺牲》的译名显然借用了薇薇安主演同名电影的光环；同时，似乎也借鉴了周瘦鹃在《礼拜六》杂志上发表的同名小说，小说书页中"爱之牺牲"的标题旁有"侠情小说"四字⑦，而中天电影院的广告称《爱之牺牲》是"侠义爱情剧"，明显是对"侠情"二字的铺陈。将"Safety Last"定为"爱之牺牲"，按俗约虽无不妥，但在当年已有同名影片的情况下故意为之，难免混淆视听。中天电影院之后，1929年城南通俗影戏院再次使用了这个名称（图3），虽然广告中没有任何关于演员和剧情的信息，但从"滑稽巨片"就可以推定这里的《爱的牺牲》就是《银汉红墙》。

图3　1929年3月14日《申报》刊《爱之牺牲》放映广告

遗憾的是，《银汉红墙》中并没有《伤逝》所描述的屈膝示爱场景。

日本学者藤井省三则认为《伤逝》中的下跪场景来自1924年11月30日真光电影院上映的美国片《游街惊梦》（The Shriek of Araby），而这个结论也存在很大疑问。藤

① 《逖百克律师代表百代公司通告》，《申报》1923年12月27日。
② Alan Goble, The Complete Index to Literary Sources in Film, London：Bowker-Saur, 1999, p. 289.
③ 伯长：《影界新消息》，《申报》1923年5月13日。
④ 山：《影戏界消息》，《小时报》1923年6月19日。
⑤ 《银汉红墙》（广告），《申报》1923年10月5日。
⑥ 《险里逃生》（广告），《晨报》、《益世报（北京）》1923年11月15日。
⑦ 周瘦鹃：《爱之牺牲》，《礼拜六》1915年总第37期。

井经过一番论证后说："喜剧之王 Ben Turpin 扮演贴广告的人，梦见自己变成了阿拉伯沙漠的酋长，救出了由 Kathryn McGuire 演绎的美丽白人女画家，用默剧特有的夸张姿势来求婚，亲吻了她。不过现在网上公开的三十多分钟的视频中，这个单膝下跪求婚的情景已经看不到了。"① 关于这个情景，所引证的网站是一个日文博客平台，页面上是一条 2011 年 10 月 14 日发布的私人博客，内容是 22 位名人的照片及相关身体部位的保险金额。与《游街惊梦》仅有的关联是，其中一张照片是影片主演本·特平的头像，并附说明"喜剧演员本·特平，眼睛保费 500000 美元（3800 万日元）"②。这与要论证的问题毫无关联。

藤井的另一论证来自剧情，即酋长救出女画家，"用默剧特有的夸张姿势来求婚，亲吻了她"③。38 分 52 秒版本的《游街惊梦》中，亲吻一共出现了三次，第一次是 15 分 1 秒，酋长劫持女画家，逼婚，与之强吻；第二次是 21 分 13 秒，酋长从另一个想霸占女画家的人那里解救了她并放她走，女子深受感动主动亲吻了酋长，二人订婚；第三次 37 分 41 秒，酋长从水刑柱上解救了已经成为妻子的女画家，女子主动拥吻酋长④。从剧情上看，第一次是男方强吻，其他都是女方主动，订婚也是女方倾心于男主人公，完全没有男方下跪求婚接吻的可能。另外，藤井还提出，目前的电影不完整，单膝下跪求婚的情景已经看不到。此说须有相关的剧照或文字证据，否则恐难以立论。可为参考的是，《游街惊梦》1924 年在上海首映，译名为《原来是梦》。《申报》连续两日用 2000 余字非常详尽地介绍了电影剧情，其中并未提到求婚或下跪情节⑤，当时的诸多其他影评也未提及。这些文字介绍与鲁迅能看到的《游街惊梦》最为接近，影片中可能并没有下跪场景。

至此，《伤逝》完稿前鲁迅看过的恋爱电影就只剩 1925 年 2 月 19 日中天剧场放映的《水火鸳鸯》了，它历来不受学界关注的主要原因可能是影片未能保存至今。但这部以全部采用"童伶"扮演成人为噱头的电影大做宣传，在诸多的影评、简介与剧照中留下了蛛丝马迹。"剧中饰李自新者，为汪小达，年方十龄，表演不弱……向女求婚时之羞涩，闻婚事不谐之懊丧，俱俱一一表出……王慧珍者为陆韫贞女士，只八龄耳，

---

① 藤井省三：《鲁迅〈伤逝〉中的留白匠意——〈伤逝〉与森鸥外〈舞姬〉的比较研究》，《南京师范大学学报》2012 年第 4 期。

② 商壳道具だから。体の部位に高額な保険をかけた22 人のセレブたち，http：//www. zaeega. com/archives/53049640. html（2022. 7. 2）

③ 藤井省三：《鲁迅〈伤逝〉中的留白匠意——〈伤逝〉与森鸥外〈舞姬〉的比较研究》，《南京师范大学学报》2012 年第 4 期。

④ 《游街惊梦》电影存档，https：//archive. org/details/TheShriekOfAraby1921BenTurpin（2022. 7. 2）

⑤ 大网：《新开映之〈原来是梦〉》（一、二），《申报》1924 年 7 月 13 日、1924 年 7 月 15 日。

举止行动，俨然成人……自新向其求婚时之忸怩情态极为自然。"① 这段影评对求婚一事从男、女主角两个角度都进行了描述，遗憾的是未提及动作详情。但下跪求婚是当时时尚。根据剧照，男女主角身着洋装，尤其男主角李自新，身着礼帽、墨镜、西服、皮鞋，一副西式做派②，此片极可能含有西式下跪的场景。

下跪求婚虽源于西欧，但鲁迅似乎更关注国人对这个习俗的接受。《伤逝》中子君、涓生都是国人，1933 年《序的解放》中提到国人可以向女文学家"使劲的求婚或什么"③，同年的《登龙术拾遗》则更明确地揶揄说可以学电影上的跪姿，向女文学家求婚"做女婿"而平步青云。事实上，国产电影中的下跪场景应更容易给鲁迅留下深刻印象，如同引发鲁迅弃医从文的电影——日本人枪毙中国间谍的短片。试想，如果枪毙的是外国人则很难引起鲁迅的关注。电影中的屈膝求婚不仅引起了鲁迅的注意，也是当时中国电影界的重要议题。

1924 年 7 月，《申报》刊《吾国电影界杂谈》，特别提到"吾国影戏界，往往模仿欧美皮毛，以之摄入影片，例如行跪礼而求婚，不中不西令人可笑。总之深望吾国影戏界专心研究从事改良，勿使人悲观，为吾国电影界发永久之光明则幸甚矣"④。此论或与两月前放映的电影《玉梨魂》有关。《玉梨魂》1924 年 5 月初在上海公映，是徐枕亚的同名哀情小说的改编之作，片中青年教师何梦霞向寡妇白梨影下跪求婚一幕广受争议。自 5 月 14 日至 22 日，《申报》连续九天刊载了十余篇《玉梨魂》的影评，几乎每篇都会提到下跪求婚，如"梦霞翩翩年少，无意中忽遇梨娘，一缕情丝牢牢缚住。屈膝求婚亦可怜矣……梦霞多情当早为计及，何尚出此无意识之举动耶？按诸原书本无其事，故求婚一节似宜删去"⑤，再如"书中所纪之梦霞，固亦旧礼教中之人，一风雅温婉之书生也。虽与梨娘因情感而发生恋爱，然亦自有其身份。乃于园中求婚一幕，至于屈膝下跪，此等求婚之法，东方式耶？西方式耶？似此恶劣无赖之举动与京戏中之张三借茶何异，多情爱好之梦霞，岂宜出此？"⑥ 如此恶评如潮的原因多在于不合原著、情节突兀、中西难辨等。鲁迅对电影中下跪场景的关注、涓生对此的鄙薄，都与当时电影界的语境一致。

---

① 心冷：《中国影片新评（七）：水火鸳鸯》，《国闻周报》1924 年第 1 卷第 20 期。
② 心冷：《中国影片新评（七）：水火鸳鸯》，《国闻周报》1924 年第 1 卷第 20 期，第 27 页。
③ 鲁迅：《准风月谈·序的解放》，《鲁迅全集》第 5 卷，人民文学出版社 2005 年版，第 232 页。
④ 陈拙民：《吾国电影界杂谈》，《申报》1924 年 7 月 26 日。
⑤ 刘焕寰：《〈玉梨魂〉将运往京津》，《申报》1924 年 5 月 14 日。
⑥ 《〈玉梨魂〉之新评》，《申报》1924 年 5 月 20 日。

二

除电影界对下跪求婚的讨论，鲁迅本人也为理解这些争议提供了参考视角。有学者从"娜拉走后"的角度理解《伤逝》，认为子君经济不独立加之涓生失业致使关系恶化。事实上，经济因素只是情节的催化剂，鲁迅早已清醒地认识到，经济并不是决定性因素，女性即便"在经济方面得到自由……也还是傀儡……决不是几个女人取得经济权所能救的"①。无论女性地位如何提高，如果不改变男权社会的本质，只不过把女性变成了"假男人"。"还记得中国的女人是怎样被压制，有时简直并羊而不如。现在托了洋鬼子学说的福，似乎有些解放了。但她一得到可以逞威的地位如校长之类，不就雇用了'掠袖擦掌'的打手似的男人，来威吓毫无武力的同性的学生们么？"②而在市民生活中，"怕老婆"也不再是古时罕事而成了某种流行，是上海报纸中常见的"雅言"或"趣谈"。张资平曾在小说中调侃："中国该完了。因为中国的民族——尤其是男性的同胞，都太不长进，太无志气了。平日摩拳擦掌谈革命，谈得满脸通红，额筋愤起的大小革命英雄，一走到女性面前，便要跪下去软化了，丢掉了从前的主张，丧失了从前的志气。"③

鲁迅对国人下跪深恶痛绝。"我们是最能研究人体，顺其自然而用之的人民。脖子最细，发明了砍头；膝关节能弯，发明了下跪。"④ 跪源于中国文化中的"奴性"，面对强权"膝关节立刻自然而然的宽松"，身不由己地跪下去。而"中国人的奴性不是单独地存在，它是与'主（人）性'合在一起的，并且是相互转换的。这可以说是鲁迅的一大发现，是鲁迅对中国国民性的一个具有重要意义的科学把握"⑤。婆婆与媳妇、学生与官吏的主奴辩证法是鲁迅常用的例证，而他的论述中恰恰忽略了恋爱关系这一民国时期十分流行的话题，如"恋爱时期，女子是主人，男子是奴才。男子要下跪，要流眼泪，要写情书……结了婚以后，男子是主人，女子要低头下心，要流眼泪，要偷偷地看她丈夫往日写给她的情书"⑥，再如"试看他们男子在求婚的时期，是何等的温柔、何等的体贴……青年男子的尊重女权、提倡解放，只是限于求婚时期的，等

① 鲁迅：《坟·娜拉走后怎样》，《鲁迅全集》第1卷，人民文学出版社2005年版，第170页。

② 鲁迅：《华盖集·忽然想到（七）》，《鲁迅全集》第3卷，人民文学出版社2005年版，第64页。

③ 张资平：《时代与爱情的歧路》（五），《申报》1932年12月5日。

④ 鲁迅：《花边文学· 洋服的没落》，《鲁迅全集》第5卷，人民文学出版社2005年版，第479页。

⑤ 钱理群：《结束"奴隶时代"：读〈论照相之类〉及其他》，《鲁迅研究月刊》2004年第11期。

⑥ 曼：《女子百话》，《益世报（北京）》1933年2月8日。

到订婚时期开始所上就失其效用了，忘论其结婚以后呢"①。这些描述与涓生、子君的恋爱生活何其相似，《伤逝》在某种程度上折射了社会的现实状况，亦是鲁迅从恋爱角度对国民性的又一次体认。

鲁迅很少谈及爱情和婚恋，这或与其倡导关注"社会实际问题"有关。鲁迅提出"倘写所谓身边小说，说苦痛呵，穷呵，我爱女人而女人不爱我呵，那是很妥当的，不会出什么乱子。如要一谈及中国社会，谈及压迫与被压迫，那就不成。不过你如果再远一点，说什么巴黎伦敦，再远些，月界，天边，可又没有危险了……我希望一般人不要只注意在近身的问题，或地球以外的问题，社会上实际问题是也要注意些才好"②。恋爱婚姻是"身边"事，太近；巴黎、伦敦、月界、天边是身外事，太远。这些恰恰都是电影的重要主题。鲁迅也意识到电影对这类内容的偏好，数次在杂文中提到电影内容的偏狭："在上海的日报上，电影的广告每天大概总有两大张，纷纷然竟夸其演员几万人，费用几百万，'非常的风情，浪漫，香艳（或哀艳），肉感，滑稽，恋爱，热情，冒险，勇壮，武侠，神怪……空前巨片'，真令人觉得倘不前去一看，怕要死不瞑目似的"③；"倘使我们身边有几角钱，却一样的可以看电影。侦探片子演厌了，爱情片子烂熟了，战争片子看腻了，滑稽片子无聊了，于是乎有《人猿泰山》，有《兽林怪人》，有《斐洲探险》等等，要野兽和野蛮登场"④。鲁迅观影涉及自然、爱情、历史、歌舞、卡通等各种类型，尤其对自然地理类的电影感兴趣。写作旨在反映社会实际问题，而身边事与身外事都为电影所涉，鲁迅是不屑去写的。鲁迅一方面认为电影的主要功用只是给"文盲"或"识字无几"的人以"启发"⑤，另一方面电影是用来"散闷"的"消遣"，可以打发时间⑥。鲁迅很难拒绝电影的视觉诱惑。这种矛盾心态，如同涓生一面觉着电影"浅薄""可笑"，一面情急时也只能学着电影中的样子下跪求爱。

---

① 惭愧：《怕老婆的大秘密》，《上海秘密》（第八期），1929 年 3 月 31 日。

② 鲁迅：《集外集拾遗·今春的两种感想》，《鲁迅全集》第 7 卷，人民文学出版社 2005 年版，第 409 页。

③ 鲁迅：《二心集·现代电影与有产阶级》，《鲁迅全集》第 4 卷，人民文学出版社 2005 年版，第 418-419 页。

④ 鲁迅：《花边文学·未来的光荣》，《鲁迅全集》第 5 卷，人民文学出版社 2005 年版，第 443 页。

⑤ 参阅鲁迅：《二心集·关于翻译的通信（并 J. K. 来信）》，《鲁迅全集》第 4 卷，人民文学出版社 2005 年版，第 391 页；《花边文学·"彻底"的底子》，《鲁迅全集》第 5 卷，人民文学出版社 2005 年版，第 537 页。

⑥ 鲁迅：《且介亭杂文末编·我要骗人》，《鲁迅全集》第 6 卷，人民文学出版社 2005 年版，第 504 页；《花边文学·朋友》，《鲁迅全集》第 5 卷，人民文学出版社 2005 年版，第 481 页；《致欧阳山、草明》，《鲁迅全集》第 14 卷，人民文学出版社 2005 年版，第 48 页。

有意思的是，鲁迅小说中和涓生一样为追求女性下跪的不是知识分子，而是阿Q。他一边说着"我和你困觉"，一边对吴妈"跪下了"，他"恋爱的悲剧"由此开始①。端木蕻良注意到了阿Q对吴妈下跪的特殊性："阿Q一生也有过一次革命行为，这一次就是对吴妈有所行动。阿Q是个君子，实在这行动也很自由恋爱式的，并非像一般大人先生所认为的强迫执行的，这由有之像一个西班牙一骑士似的双腿跪在吴妈的面前就可以知道的。"② 阿Q之跪被定性为革命的、西方骑士般的行为。与端木蕻良不同，张天翼则认为阿Q的恋爱言行都出于"赵太爷式"的封建思维，阿Q"只有这套赵太爷式的两性观和恋爱观，可是不配有赵太爷式的恋爱法，你只会跪在吴妈面前，用你阿Q所想得出的方式，说你阿Q嘴里所说得出的话"③。由此，阿Q跪吴妈究竟是西式革命还是封建传统似乎成了一个问题。

事实上，上述二人的观点并没有本质矛盾。张天翼强调阿Q的两性观和恋爱观是封建的，并没有问题，即便和吴妈闲聊引得阿Q对吴妈想入非非，阿Q也只能如张天翼所论，"用你阿Q所想得出的方式"跪在吴妈面前。而这一跪的确无人逼迫，是阿Q自由而自发的，但这自发之跪也绝非"西班牙骑士"般的行为，因为下跪示爱在中国古已有之。鲁迅曾在《中国小说史略》中引了明代《西游补》中项羽向行者化身的虞姬下跪一节："行者登时把身子一摇，仍前变做美人模样……项羽大惊，慌忙跪下，行者背转，项羽又飞趋跪在行者面前，叫'美人，可怜你枕席之人，聊开笑面'。行者也不做声；项羽无奈，只得陪哭……行者微露不忍之态，用手扶起道：'常言道，男儿两膝有黄金。你今后不可乱跪！'"④ 对民国时期的民众来说，男人下跪并不陌生，戏院里常演不衰的《狮吼记·跪池》就有妻子罚丈夫下跪的场景，只不过这跪是被迫的；而另一出更流行的剧目《桑园会》中男子便主动想跪，其中就有"想是我秋胡礼貌轻，本当上前屈膝跪。男儿膝下有黄金，岂肯低头拜妇人"的唱词⑤。其实，男子下跪求偶本无可厚非，"在蒙昧部落中，如同在我们文明民族中一样，当哪个年轻男子要想娶哪位女子为妻时，总是想尽办法以各种手段获取她的好感"⑥。而在中国传统中，因为"男尊"使膝下有了黄金，下跪才显得有价值；又因为"女卑"，使得男

① 鲁迅：《阿Q正传》，《鲁迅全集》第1卷，人民文学出版社2005年版，第526页。
② 端木蕻良：《阿Q论拾遗》，路沙编：《论阿Q正传》，草原书店1941年版，第130页。
③ 张天翼：《论阿Q》，路沙编：《论阿Q正传》，草原书店1941年版，第31页。
④ 鲁迅：《中国小说史略·第十八篇明之神魔小说（下）》，《鲁迅全集》第9卷，人民文学出版社2005年版，第183页。
⑤ 柳村轩主：《京调戏曲大观（第一册）》，震华图书局1925年版，第138页。
⑥ ［芬兰］E. A. 韦斯特马克：《人类婚姻史》（第1卷），李彬等译，商务印书馆2015年版，第423页。

跪女十分罕见①。

涓生的跪与阿 Q 并没有实质区别，即便涓生没有看过电影，情急之下恐怕还是会跪，只不过是和阿 Q 一样双膝下跪。涓生事后的懊悔，倒显得不如阿 Q 心甘情愿。二人的跪都出于某种本能，但涓生的跪因电影附加了一层文化意味。电影对涓生的影响绝不单是跪的外在形式，而是电影这种新媒介以影像作为文化导体对中国社会形成的深远影响。

三

随着跨媒介研究的兴起，学界注意到鲁迅对图像、电影等非文学类媒介的关涉，开始发掘鲁迅启蒙意识中的视觉性问题②。媒介性思维是身处 20 世纪图像时代兴起的鲁迅对媒介变迁的反映，也是其达成文化批判与文学创作目标的底层逻辑之一。这些研究都倾向于得出积极结论，即鲁迅的语言创作和视觉媒介之间是和谐关系。视觉媒介不仅是鲁迅的重要思维方式，也直接影响了其写作手法。事实上，鲁迅在利用视觉性媒介、强调其宣传作用的同时，始终对诸如电影、图像的视觉表意方式保持着警觉。视觉会导致对文字的误解，这突出表现在文学作品的电影改编上。如鲁迅认为"《阿Q正传》……实无改编剧本及电影的要素。因为一上演台，将只剩了滑稽，而我之作此篇，实不以滑稽或哀怜为目的"③，再如"看了杰克·伦敦的《野性的呼声》，大吃一惊，与原著迥然不同。今后对于名著改编的电影再不敢领教了"④。鲁迅不仅注意到影视媒介在内容或主题上的某些狭隘，更重要的是，他已经通过《伤逝》将直觉到的语言与影像两种媒介的质性区别体现了出来。

涓生下跪是因为想起电影中的一幕，这一幕镶嵌在某个电影的剧情之中。也就是说，下跪的意义被影片这个独立的叙事系统所规定。当时的爱情电影在鲁迅看来大多"不佳"，这是涓生下跪"浅薄"与"可笑"的滥觞。即便下跪是某个爱情电影佳片中的情节，离开了西方的骑士传统与宗教背景，也只剩下了仪式化的表皮。下跪求婚在影片中大都是男女情感升华的重要标志及情节高潮，电影的独特之处在于使用各种镜头语言和拍摄技巧，如特写、光线、缩放、视角等等，让下跪求婚的一幕产生"纪念

---

① 20 世纪七八十年代，《伤逝》被改编为电影和连环画，这些视觉媒介都刻意回避了小说中反复提及且最具视觉性的下跪场面，这或许并不是偶然。
② 陈力君：《图像、拟像与镜像——鲁迅启蒙意识中的视觉性》，《文学评论》2009 年第 3 期。
③ 鲁迅：《致王乔南》，《鲁迅全集》第 12 卷，人民文学出版社 2005 年版，第 245 页。
④ 鲁迅：《致山本初枝》，《鲁迅全集》第 14 卷，人民文学出版社 2005 年版，第 378 页。

碑式"的视觉效果。这也是观影后，脑海中的"难忘一幕"有时比整个电影剧情还要印象深刻的原因。鲁迅注意到了这种电影表达的特殊性①。影片中特定镜头或场景所形成的视觉冲击与记忆，有时会直接击穿整部电影，使某些剧情、表演十分单薄的影片只剩下剧照般的图像薄片。在某种意义上，越是不佳的电影，图像就越容易从电影的整体叙事中跳脱出来。上文中提到的电影《玉梨魂》或是一例，情节缺憾导致论者们对下跪求婚一幕口诛笔伐。

虽然民国时期的小说也会提到下跪求婚，但只有电影才是最便捷、最直观的模仿对象。这首先发生在电影圈内部，下跪求婚从国外电影舶来，逐渐成为国产爱情电影的标配，戏剧、照片、漫画也以视觉形式大量进行二次传播。最终，下跪求婚成了上到成人、下至儿童拍照时的姿态范式和视觉时尚②。下跪求婚大量公开地见诸媒体，将本来隐匿在私人空间的亲密行为广而告之，这个姿势与公开、现代、国外、平等、时尚等意涵固定在一起。下跪求婚通过视觉传播成为一种新颖的"洋气"行为。借鉴鲁迅对"洋气"的理解，"所谓'洋气'之中，有不少是优点，也是中国人性质中所本有的，但因了历朝的压抑，已经萎缩了下去，现在就连自己也莫名其妙，统统送给洋人了。这是必须拿它回来——恢复过来的——自然还得加一番慎重的选择"③。下跪求婚本算不得什么"优点"或"劣弊"，但受制于"男尊女卑"的传统而罕见，而"洋气"给这类下跪正了名。碍于旧道德想跪而耻于下跪的，现在多少可以跪得时尚潮流、跪得自由平等、跪得名正言顺了。

涓生就是在这样的背景中下跪的，而他依然十分"愧恧"。除了有失男人身份以及电影的"浅薄"外，更深层的原因是涓生本计划完全靠言辞打动子君。在最初的交往中，他与子君谈社会、谈文艺、谈家庭，竟使子君说出"我是我自己的，他们谁也没有干涉我的权利"的话。涓生将这思想固化在子君脑海里，子君对这思想的认识甚至比他还要"透澈和坚强"，涓生在这样的交往中树立了对言辞的自信。他在求爱前很仔细地研究过态度和措辞，他有"以理服人"的自信。相比之下，下跪这种源于电

---

① 鲁迅在《电影的教训》中说："当白色英雄探险非洲时，却常有黑色的忠仆来给他开路，服役，拼命，替死，使主子安然的回家；待到他豫备第二次探险时，忠仆不可再得，便又记起了死者，脸色一沉，银幕上就现出一个他记忆上的黑色的面貌。黄脸的看客也大抵在微光中把脸色一沉：他们被感动了。"（鲁迅：《准风月谈·电影的教训》，《鲁迅全集》第5卷，人民文学出版社2005年版，第309—310页。）其中，"黑色的面貌"即影片着力打造的视觉呈现，是白色英雄和黄脸看客的共同记忆，同时也是影片情绪上的高潮。

② 张建文：《初恋片恋与一见倾心》（照片），《时代》1932年第3卷第7期；《张素珍容小意合演求婚之一幕》（照片），《大晶报》1931年12月9日。

③ 鲁迅：《且介亭杂文·从孩子的照相说起》，《鲁迅全集》第6卷，人民文学出版社2005年版，第84页。

影的时髦方式，不仅全无必要，更显得浅薄可笑。上文提及鲁迅曾再三强调电影的教化影响主要是针对"文盲"与"不识字"者，这显然是一种理论上的认识。电影与现代城市文化相伴而生，对市民和知识分子的文化浸润尤为深刻，涓生无意识的下跪足见这种影响之深。

涓生的跪对子君有着决定性意义，她不仅因此"允许了"涓生，也是其同居生活中的精神支柱，跪是涓生爱着自己的印证。而跪的作用机制，还要从子君和涓生的性格来考察。鲁迅提出，"要极省俭的画出一个人的特点，最好是画他的眼睛"①。《伤逝》中7次提到子君的眼睛："孩子似的""孩子一般""正如孩子""孩子气的""弥漫着稚气""闪着稚气的光""稚气的闪闪的光泽"。"稚气"即孩子气的另一种说法。看似已经被新思想启蒙了的子君，事实上不过是纯真的孩子。她虽然说出了"谁也没有干涉我的权利"的新式话语，却只是片面地针对叔、父，并没有深彻的认识。这一点，涓生也直觉到了。子君"所磨练的思想和豁达无畏的言论，到底也还是一个空虚，而对于这空虚却并未自觉"。子君在感情中无法掌控自我，完全被动，这突显在他们的感情初始与终结时两次极其相似的稚气表现上。涓生下跪示爱时，子君"脸色变成青白，后来又渐渐转作绯红……孩子似的眼里射出悲喜，但是夹着惊疑的光，虽然力避我的视线，张皇地似乎要破窗飞去"。而涓生提出分手时，"她脸色陡然变成灰黄，死了似的；瞬间便又苏生，眼里也发了稚气的闪闪的光泽。这眼光射向四处，正如孩子在饥渴中寻求着慈爱的母亲，但只在空中寻求，恐怖地回避着我的眼"。不论是相爱还是分手，子君都没有任何思想准备，难以置信地如孩子般慌张无措。

涓生则完全不同，一切都有所准备。示爱前"十几天"就开始研究态度和措辞，连被拒绝都被设想到了。他提出分手也酝酿了很久，将这段感情总结为要决然分开的"盲目的爱"，只是碍于"孩子般的眼色"不忍出口，还被迫给些"虚伪的"温存和慰藉。嘴上不明说，行动上却先开始决绝的冷暴力，白天整日离家泡在图书馆，回家也超然冷漠，加之闲谈中的屡次暗示，让子君感到涓生"近来很两样了"。子君终于有所领悟，终于水到渠成，涓生终于可以用上"十分的决心"说出"我不爱你了"。

在生活上，涓生是极端自私的。子君卖了唯一的戒指和耳环被涓生看做是为了自己住得舒心"入点股分"，而子君直到最后离去还给他留下所有的吃食和铜元。子君被父亲带走，涓生只觉得轻松，同时竟庆幸省下了她自己回去的旅费！在感情上，涓生也极其清醒而阴狠。二人同住三周，涓生"读遍了她的身体、她的灵魂"，便开始心有倦意，"了解"变成了"隔膜"。此时，他们还没搬去吉兆胡同，还没有为生计发

---

① 鲁迅：《南腔北调集·我怎么做起小说来》，《鲁迅全集》第4卷，人民文学出版社2005年版，第527页。

愁，而涓生对她的感情却开始改变。此后的生活中，子君的所有举动都被涓生赋予了负面意义，做饭是没理想，饲动物是麻烦，催吃饭是干扰，不主动离开是"见识浅薄"，自己生活"苦楚""大半倒是为她"，自己失业反嘲子君是因"微末"小事而变得怯弱的"可笑的动物"。子君从行为到思想被全盘否定，甚至连外形也因整日操劳而没有了吸引力。

当嫌隙发展到涓生希望子君主动"决然舍去"时，他想到的竟然是"子君的死"！尽管他"立刻自责，忏悔了"，却又很快"想到她的死"，继而再次自责、忏悔。子君被父亲接走，涓生预感到子君的命运，第三次想到她的死，又忏悔自己的"错误"和"卑怯"。得知子君的死信，涓生写手记第四次忏悔。在某种意义上，子君的死就是涓生预设的结局，这些忏悔只是平衡内心谴责的需要。

对涓生来说，两人情感交往中唯一的"意外"就是令他懊悔的下跪，这完全不在涓生的规划和理性控制之中。事实上，感情本身含有很强的非理性因素，是不可能全部预设安排的。意外下跪尽管有"电影表演"的成分，却成为涓生内心最感性、最直接的表现，远比他的事先准备更为真诚。那一刻，涓生心里都是子君，只想获得爱人的应允。而子君在爱情上的纯真和孩子气让她只在乎情感，不在意家人的反对和条件的窘迫。子君涉世未深，涓生示爱的形式就显得极为重要。他一贯擅长的言辞加之无意识的真诚下跪，不由得子君不同意。下跪的动作是"电影般的"，与日常生活非常不同，全心着意于情感的子君极容易被这种独特形式打动。日后的家长里短中，这电影般的场景在子君的回忆中被凸显出来，更觉当时情浓，使她不时回味。这是涓生给过她的最不实际也最浪漫的时刻。讽刺的是，子君越难忘，涓生就越难受。二人对跪的态度截然相反。涓生对此有很清醒的认识："我很怕她看到我那可笑的电影的一闪……然而她并不觉得可笑。即使我自己以为可笑，甚而至于可鄙的，她也毫不以为可笑。"跪是二人感情初始时的观念差异，由此，种种裂隙贯穿了全篇。

四

涓生的单膝下跪或许是民国知识分子的普遍选择。"跪倒求婚是一种极其普遍的姿势了，自然在西洋尤为平常……单腿跪最合女人需要，而不失男人的身份。假如变双腿跪，那就近于腻味。"① 单膝下跪既西洋现代、合女人需要，又顾全男人身份，可谓一举三得。这种电影式的单膝下跪不过是传统双膝下跪的外在形变。跪的改变与"皇帝坐不坐龙庭""辫子盘不盘在顶上"并没有本质差异。然而，在子君眼中，单膝下

---

① 凡虫：《求婚姿势》，《立言画刊》1938 年第 8 期，第 19 页。

跪意味着西方新学、自由恋爱、男女平等、打破旧制等等，这一点恐怕涓生并未意识到。跪在某种程度上遮盖了涓生的本性，尽管他曾向子君坦白"我的身世，我的缺点，很少隐瞒；她也完全了解的了"。涓生的所有行为都包裹在看似美好的外衣下，事实上他完全不在意对方的付出与感受，即便对于生活中的龃龉子君全都隐忍，最终也大都随了涓生的意愿，却仍然免不了被厌弃的命运。他想摆脱子君时，不是祝愿子君像自己一样去寻找"宽广"的"生路"，竟然"想到她的死"，这无异于某种意义上的烈女贞妇，又何谈人性与自由。

钱理群先生认为，虽然《伤逝》"是小说男主人公涓生的'手记'，并无自我辩驳的特点，但仍有强烈的知识分子的自忏自省性，而且也充满了对人的生存困境的追问"①。这显然忽视了涓生潜在的辩解。涓生的理由是那样堂皇，自由恋爱就有不爱的权力，况且他也为这段爱情努力过，对方不领会他屡次的忠告、暗示，子君从"勇敢"而"无畏"变得"空虚"和"怯弱"。面对这样的子君，涓生心里是言不由衷的空虚，嘴上说着应付的谎言。涓生再三把子君的死因归咎为自己的真诚："我不应该将真实说给子君……我应该永久奉献她我的说谎"；"我没有负着虚伪的重担的勇气，却将真实的重担卸给她了"；"她的命运，已经决定她在我所给与的真实——无爱的人间死灭了"！这只是表象，子君的未来在为生活去做饭养鸡、精打细算的时候就已经注定了。如鲁迅所说，"女人的天性中有母性，有女儿性，无妻性。妻性是逼成的"②。涓生改变了子君，而他却厌烦这个被他改变和为他改变的女人，这才是子君悲剧的底层。在涓生的意识中，"已经不爱你"的真话导致了子君的死，但爱情自由，真话本就是应该说的，他有明言不再喜欢对方的权利，自己的错误在于狠心告诉子君真相，不再给她"虚伪的温存"。涓生在忏悔中不时强调这个逻辑，这意味着子君的死因是她自身的"怯弱"。手记看似忏悔，但隐性逻辑却是这种辩解——他没想到子君会那样软弱，如果预先知道，他是不会说出真话的，而会曲意迎合，去忍受无爱的生活。

钱理群先生还提出《伤逝》的结尾是真正"鲁迅式"的，"'鬼魂''地狱'的恐怖，'孽风怒吼'、'毒焰烧尽'的酷烈，都属于鲁迅。鲁迅正是要将他的人物（或许还有他自己）置于这样的绝境，在大恐怖、大酷烈中，完成真忏悔，并以此作为'向着新的生路跨进'的'第一步'"③。言辞的确是"鲁迅式"的，但这些绝境和诅咒的目的，绝非"真忏悔"，而是想通过极端的自我谴责达到彻底的自我解脱。这实则与祥林嫂"捐门槛"完全一样，已然自愿下地狱，也就没有什么罪是不可赦的了。在

---

① 钱理群：《鲁迅作品十五讲》，北京大学出版社2003年版，第75页。
② 鲁迅：《而已集·小杂感》，《鲁迅全集》第3卷，人民文学出版社2005年版，第555页。
③ 钱理群：《鲁迅作品十五讲》，北京大学出版社2003年版，第78页。

涓生的视角上，子君的宽容和快意建立在他下地狱受苦的基础上，好像这样子君就会高兴。涓生忘记了子君的善良，这只是他自我解脱的独白。如此，涓生就能摆脱负罪感；如此，便可以彻底遗忘。《伤逝》的结尾写道："给子君送葬，葬在遗忘中。我要遗忘；我为自己，并且要不再想到这用了遗忘给子君送葬。"彻底遗忘才是真正"新的生路"。而这段感情给涓生留下的唯一教训是，要把"真实深深地藏在心的创伤中"，因为他的错误仅在于说了正确的真话。最终，"遗忘和说谎"成为涓生新生的"前导"。满腹的西学、浪漫的文艺、凄恻的忏悔等等都是涓生的外在姿态，就像他电影式的下跪，是最容易被直观和体认到的，而在这表象之下是涓生在感情上的自私自利与狠心决绝。这绝不是涓生的个体问题，传统中女性只是"被养"的对象，只有"地位同等之后，才会有真的女人和男人，才会消失了叹息和苦痛"①。

单膝下跪无疑是全篇的视觉化隐喻。如前文所述，它符号化地表征着男女平等、西方现代、自由恋爱等等，但都不过是涓生按旧文化行事的伪装。从当时的社会现象看，这种跪的表象化意义更加明显，民国时下跪求婚不遂导致的各种事件常见诸报端。周建人就曾总结过求婚问题，如"绑票式求婚"和"哀党式求婚"。绑票式指向对方，求婚不成就"恐吓"、"要挟"，对对方进行精神或肉体上的攻击；哀党式是针对自己，求婚不成就"自杀"、"自残"②。如此，单膝求婚不过是一种外在形式，并不具有现代意蕴，根本的男尊女卑并没有改变。女方必须应允求婚，如果事与愿违，男方就你死我活或寻死觅活地迫使女方就范。男性求婚时的"先礼后兵"将自由恋爱与威逼强迫奇怪地黏合在一起，时至今日仍不鲜见。电影对文化的表层影响极易掩盖真正的问题，鲁迅将对此的不满化为涓生下跪的形象。

《伤逝》是对当时爱情电影与恋爱小说的刻意反讽，完全摒弃了肉感香艳与悱恻缠绵。鲁迅清醒地以恋爱题材反映知识分子启蒙的深层问题。与鲁迅斥之为"身边小说"的鸳鸯蝴蝶派小说不同，《伤逝》以恋爱为标本，揭示了中国社会面对新文化、新思想时的困窘。下跪示爱不过是西方男女婚恋关系的符号性表现，涓生下跪正是这种国外启蒙思想非实质性介入的隐喻。涓生在文化教育与日常生活中自觉或不自觉地接受了西方文化，并以平等、自由等新观念自居。而事实上，"涓生们"并未与传统断裂，总是不自知地用新文化伪饰传统，这或是鲁迅对传统文化采取极端拒绝态度的原因之一。只有"将华夏传统的所有小巧的玩艺儿全都放掉，倒去屈尊学学枪击我们

① 鲁迅：《南腔北调集·关于妇女解放》，《鲁迅全集》第 4 卷，人民文学出版社 2005 年版，第 615 页。
② 周建人：《论求婚》，《语丝》1928 年第 4 卷第 6 号。

的洋鬼子，这才可望有新的希望的萌芽"①。遗憾的是，知识分子缺乏深彻的自省意识，学了"洋鬼子"，思维中也以为自己就是"洋鬼子"了。叫醒城中满口西学的知识分子，恐怕比叫醒那些鲁镇、未庄里的人更难，因为他们以为自己本就醒着。

（作者单位：浙江树人学院艺术学院）

---

① 鲁迅：《华盖集·忽然想到（十一）》，《鲁迅全集》第3卷，人民文学出版社2005年版，第102页。

作品修改与"何其芳现象"再思考①

——以《夜歌》的修改为考察中心

向阿红

　　20 世纪 50 年代，中国大陆文学发生了一次整体性的转型，而促成这一文学转型的主要原因是 20 世纪 50 年代的思想改造运动与检讨浪潮。"改造—检讨"成为这一时段政治、历史、文化、思想和文学都无法绕开的一种独特的文化现象。大多数作家都在批评自己，改造自己。无论是从解放区来的周立波、丁玲，还是从国统区来的老舍、茅盾、巴金、曹禺等，都不例外。"反动作家"如朱光潜、沈从文、萧乾等在检讨中退场；进步作家如巴金、老舍、曹禺等在检讨中转化；国统区左翼作家如夏衍、茅盾、胡风等在适应与不适应中检讨；解放区作家如丁玲、赵树理等反复检讨。而检讨对作家所起的作用，就体现在新作的转型以及对旧作的修改上。他们在出版自己的旧作时，都无一例外地要进行修改和删削，对自己昔日的创作进行无情的贬斥，在"旧我"与"新我"之间划开了鲜明的界限。茅盾借编选"新文学选集"的工作来诚恳地"检查"以往创作的"失败经验"，老舍则很干脆地说："我乘印行这本选集的机会，作个简单的自我检讨。"② 这成为后来许多作家阐释旧作和修改旧作的动因。

　　检讨即改错，作家的"自我检讨"既是对"旧我"的告别，也是对"新我"的塑造。因检讨而修改旧作，何其芳是较为突出的一位作家。何其芳作为从延安解放区走出来的作家，从延安整风运动始至中华人民共和国成立以来，都在不断地自我检讨过程中对旧作《夜歌》进行修改。出版于 1945 年的诗集《夜歌》是何其芳思想上处于

---

　　①　本文系国家社科基金青年项目"中国现代经典新诗集版本流变研究"（22CZW053）的阶段性研究成果。

　　②　老舍：《〈老舍选集〉自序》，《中国当代文学研究资料　老舍专集（上）》，福建人民出版社 1979 年版，第 150 页。

矛盾和分裂时期的创作成果，分别于 1950 年和 1952 年出版了修改本。这些意识形态化的修改本，体现了文学与政治的互动，是何其芳政治立场转变和文学转型的典型代表。修改本在文本的动态演变过程中，凸显了诗人思想进步与作品艺术衰退的变化轨迹和基本规律，涉及政治与文学上诸多典型而复杂的论题，可以说是一个重要的诗歌学案，也是"何其芳现象"的一个突出表现，值得细致梳理。

一、自我矛盾与创作困境：《夜歌》的写作

20 世纪 30 年代，处于"预言"和"画梦"时期的何其芳，在京派文人群体中以其特有的文化逻辑，把独处的孤寂忧郁与遥远的昔日自我在写作中进行交汇，创作出了唯美的抒情诗和散文。这是何其芳早期创作的主要特征。而抗战爆发后，何其芳在抗战情境中以新的历史经验和要求，使其新诗创作呈现出不断结合群众、热情工作的新面貌，内在地作用于他的思想转向和文学姿态的调整。其实，早在 1935 年何其芳从北京大学毕业起，他的生活和写作就已经开始发生明显的变化。社会生活给了走出校园的何其芳不少感触，他开始创作散文《还乡杂记》和批判社会现象的讽刺诗。无论是写因于北平室内病弱孤苦的自我之作，还是 1937 年在山东坚决告别过去自我的《云》，抑或是在 1938 年成都"周作人事件"中写作的《成都，让我把你摇醒》，都为何其芳的自我面影和思想转向留下了清晰鉴照①。但来到延安后，何其芳起初并未取得思想和创作上的成功转向。他与延安的文化逻辑发生了复杂的关联，致使他反复陷入苦恼、矛盾的困境。他于 1938 年至 1942 年间在延安创作的《夜歌》诸作品，既有在作品中自我检讨的内容，也未脱早期个人化抒情的风格，鲜明地体现了诗人写作的矛盾性和复杂性。这为后来在延安整风运动中，何其芳的部分个人化诗歌作品遭到批评埋下了伏笔，同时也为何其芳后来的自我检讨以及在中华人民共和国成立初期对诗集《夜歌》的文本修改预备了因由。

1938 年 8 月 4 日凌晨，何其芳带着憧憬和幻想，与卞之琳、沙汀及其夫人黄玉颀一起离开了成都，踏上了奔赴延安的旅程。8 月 31 日，一行人到达延安。何其芳被安排担任鲁迅艺术文学院（以下简称"鲁艺"）文学系的教员，并于 1939 年 11 月被任命为文学系主任。当时，吴玉章为鲁艺院长，周扬为副院长，但实际上鲁艺由周扬主持工作。鲁艺在周扬的主持下，逐渐走向了正规化和专门化，提倡学术自由的教育精神。但这种学术自由的氛围在 1942 年 5 月开始的整风运动中遭到批判而被迫停止。1942 年 8 月，周扬在全院大会上对鲁艺"关门提高"倾向作了沉痛的检讨与自我批

---

① 刘璐：《何其芳的自传性写作与自我检讨》，《中国现代文学研究丛刊》2019 年第 3 期。

评，并按照毛泽东指示的“小鲁艺”与“大鲁艺”的区别，决定改变鲁艺作风。1942年9月9日，《解放日报》刊载了周扬的这篇检讨文章，即《艺术教育的改造问题》。1940年到1941年，是延安文人率性而作的时期，可以说是国统区大量文人奔赴延安后创作的黄金岁月。在延安，除了周扬对鲁艺进行正规化、专门化的建设之外，一批东北作家主持的中华全国文艺界抗敌协会延安分会（以下简称“文抗”）也活跃起来了，在这种学术自由的氛围中经常举办文艺讨论会。后来成为文艺整风重点对象的杂文运动就是在这种思想活跃、感情解放的背景中滥觞的①。从1941年起，丁玲率先发表了《大度、宽容与〈文艺月报〉》（1941年1月）、《我们需要杂文》（1941年10月）等理论文章，倡导对现实的批判精神。至此，延安文坛开始掀起了一股杂文创作之风。主要代表作有丁玲的《三八节有感》、王实味的《野百合花》和《政治家、艺术家》、萧军的《论同志之“爱”与“耐”》和《也算试笔》、艾青的《了解作家，尊重作家》等等。这些杂文创作由于过于揭露现实的阴暗面而遭到批评，王实味等人在后来的文艺整风运动中遭到了沉重的批判，甚至有人付出了生命的代价。延安整风运动之前的文学环境深刻地影响了何其芳这一时期的文学创作。

何其芳初到延安时，当时延安高涨的工作热情和精神氛围，以及自由宽松的进步空气，使他产生了强烈的认同和向往。到达延安两个多月后，他写下了微嫌空洞却非常真挚的散文《我歌唱延安》。随后，诗人创作了《一个泥水匠的故事》，叙述了一个农民的阶级意识觉醒的过程，表达了诗人对延安的文艺环境和政治话语的认同。1940年到1942年春天这一时期，何其芳工作繁忙，但他并未停止诗歌写作，其诗歌产量反而上升了。不过，何其芳已体察到浓厚的政治文化规范带来的限制和压抑。他逐渐意识到，只有抒写自我、抒发个人情感才符合自己一贯的写作个性。因此，他的诗歌创作开始充满了矛盾和分裂的特点。这种矛盾和分裂源自诗人昼、夜的精神生活。白天面对繁忙的革命工作，何其芳表现出强烈的积极性和热情。沙汀曾说：“他（指何其芳——笔者按）已不复是一个文人学士，而是一个精明能干的社会活动家。”② 但是一到晚上，静谧的夜时常使何其芳又回到“预言”和“画梦”时期的自己，被一种忧郁和感伤所侵扰。这种巨大的心理冲击逐渐蔓延开来。诗人对其心灵的挣扎、灵魂的搏斗在诗歌中进行了真实写照。如在《夜歌（二）》中，诗人在情感上想要“如此快活地爱好我自己”，但在理智上，又“如此痛苦地想突破我自己，提高我自己”，无法拒绝强大的意识形态对他的召唤。在《北中国在燃烧·断片（二）》中，诗人一边“唱

---

① 李书磊：《1942：走向民间》，山东教育出版社1998年版，第192页。

② 沙汀：《何其芳选集·题记》，何其芳编：《何其芳选集》（第1卷），四川人民出版社1979年版，第3页。

旧世界的挽歌"，"我将埋葬我自己"；一边"赞颂新世界的诞生"，"快乐地去经历我的再一次痛苦的投生"。《一个泥水匠的故事》虽叙述了主人公阶级意识的觉醒，但诗中却大量追忆了往昔之爱的情形："我记起了我所爱的那个女孩子；／我想去找她；我不知道她的住址；／我忽然记起了她已爱上了旁的男子……／这样的梦我大同小异地做了五六次。"① 而后，诗人在诗中又记录了这样的自我独白——"虽说在白天，我是一个积极分子，／而且从工作，从人，我都能得到快乐"②，但夜晚所带给他的忧郁和感伤，与白天的快乐形成强烈对比。这种日与夜的矛盾纠缠，"这使我很不喜欢我自己。同志，你说，／对于这些梦我应不应该负责任？／为什么爱情竟如此坚强，／似乎非我的意志所能战胜？"③ 可以看出，诗人当时的内心是复杂和矛盾的。这种日与夜的矛盾使他陷入了精神困境。为了摆脱这种困境，他开始在诗歌中进行自我批评和检讨，如在诗作《给 T. L. 同志》中表明了为革命工作的决心——"真想喊出一句很朴素的口号，／'打倒爱情'"，"我要起来，点起我的灯，／坐在我的桌子前，看同志们的卷子，／回同志们的信，／读书，／或者计划明天的工作，／总之／做我应该做的事"④。可见，何其芳是有意识地想要摆脱黑夜带来的情绪暗流。在何其芳这一时期的作品中存在着一系列的对立，即白天/夜晚、革命/文艺、躯体/心灵、沉睡/清醒，它们本质上是一种集体与个人之间的对立，是权威话语与自由人格之间的对立⑤。

何其芳在没来延安之前的"预言"和"画梦"时期，曾陷入极度的孤独、苦闷与痛苦之中。他那被"五四"新文化解放了的个性无处安放，需要寻求新的生活和力量。因此，他将延安想象成了一片理想的精神家园，心中充满了热情和期望。周扬曾说："我们这一派，包括何其芳这些人，要歌颂光明。何其芳原来也是资产阶级的作家，搞一点唯美主义的东西，当然他要进步，热情洋溢。"⑥ 何其芳想要借助新生活的力量重塑自己的情感与人格，并努力地克服重塑过程中的痛苦。在"旧我"与"新我"的博弈与转变中，作为诗人的何其芳当然在其作品里也鲜明地表达了这种由青春走向成熟、由苦闷走向解放的艰难过程。1941 年 5 月 25 日，《解放日报》刊载了何其芳的《革命——向旧世界进军》一诗。同年 6 月 8 日，在延安第八次文艺月会座谈会上，萧军对该诗进行了批评，认为它不是诗。当时其他参会人员如艾青、赵文藻、陈

① 何其芳：《一个泥水匠的故事》，《夜歌》，诗文学社 1945 年版，第 17 页。
② 何其芳：《一个泥水匠的故事》，《夜歌》，诗文学社 1945 年版，第 18 页。
③ 何其芳：《一个泥水匠的故事》，《夜歌》，诗文学社 1945 年版，第 18 页。
④ 何其芳：《给 T. L. 同志》，《夜歌》，诗文学社 1945 年版，第 17 页。
⑤ 李遇春：《作为话语仪式的忏悔——何其芳延安时期的诗歌话语分析》，《南京师大学报》（社会科学版）2011 年第 1 期。
⑥ 周扬：《毛泽东的话帮助了我》，《中外著名人士谈毛泽东》，大众文艺出版社 1999 年版，第 139 页。

荒煤、陈企霞、刘雪苇等大都对此诗不满，而作者何其芳没有参会，不然，讨论或许会更激烈一些。1942年2月17日，何其芳在《解放日报》上又发表了组诗《叹息三章》；紧接着的4月3日，又于该报发表组诗《诗三首》。这两组组诗以相同的调子和节奏表达了诗人纤细却向往辽阔的日常感受，显示了个体在日常细微而生动的变化中苦涩而甜蜜的真实体验。由于相近的思想主题，这两组组诗又被统称为《诗六首》。

在整风的情势下，除了对王实味、丁玲、艾青等这些"揭露黑暗"的作家进行批判外，作为鲁艺代表诗人的何其芳也未能逃脱被批判和改造的命运。与前者不同的是，何其芳遭受批判并非因为"揭露黑暗"、"干预生活"，而是因为他这些抒发个人的情感之作，被指责为带有"小资产阶级"性质。这两组组诗发表后不久，1942年6月19日，吴时韵在《解放日报》发表评论文章《〈叹息三章〉与〈诗三首〉读后》，对何诗大加指责。吴时韵反对任何的"叹息"与"回忆"，他认为"我们不该将'弄诗'当做某种精神上的或灵魂上的消遣，以企得到某种安慰。这是徒劳的，结果只能得到更大的苦恼和永远不能填满的'空虚'"①。1942年7月2日和7月18日，金灿然与贾芝又先后在《解放日报》上刊文《间隔——何诗与吴评》《略谈何其芳同志的六首诗——由吴时韵同志的批评谈起》。金、贾二人的文章与吴文倾向一致，都对何诗进行了批评。金文认为何其芳与工农大众之间存在着"隔膜"，是一个"在河边徘徊的诗人"，而其诗抒发的只是个人情感，并且诗中有一层黯淡的颜色。贾文则更强烈、更理论化地将何诗定性为"小资产阶级"的东西。比较有戏剧性的事情是，吴时韵、金灿然、贾芝批判何诗的一些言论和观点，其实早在一年前，在延安展开的一些关于诗歌具体问题的讨论中，何其芳自己就曾说过。他在一次报告中曾就诗的主题问题提出："现在我们的诗的主题就是新民主主义。"1941年3月，陈企霞在《文艺月报》上发表了反对何其芳这一看法的批评文章《旧故事的新感想》。陈文批评道："想到人们能够这样简单地拿着政治口号来'概括'诗的主题，好像一下子就用了轻松的办法把诗作了战线的俘虏，我却有很大的怀疑。"② 1941年4月1日，何其芳发表《给陈企霞同志的一封信》进行反驳。在信中，何其芳指出中国新诗发展越来越小、越来越窄，只剩下个人情感的"贫血"之症，而治愈这贫血之症的良方便是新民主主义。1941年5月1日，陈企霞又发表《我射了冷箭吗——答何其芳》，坚持认为新诗创作套用抽象的政治原则是不可行的。在这一论争中，何其芳的见解后来却戏剧性地被人用来批评他自己，使自己成了需要被"医治"的"病人"。从何其芳参与的这些论争及其创作可以看出，这个时期的何其芳是矛盾的、分裂的。

---

① 吴时韵：《〈叹息三章〉与〈诗三首〉读后》，《解放日报》1942年6月19日。
② 陈企霞：《旧故事的新感想》，《文艺月报》1941年3月1日。

对何其芳的批评比起对王实味的批评体现出一个新的信号，即虽未"暴露黑暗"但不书写工农大众的生活和情感也不行。文艺的规范逐渐变得狭窄而统一起来，尤其在 1942 年 5 月毛泽东召开了延安文艺座谈会，发表了有关文艺创作的具有"立法"性质的《在延安文艺座谈会上的讲话》（以下简称"《讲话》"）后，从内容到形式，即从写什么到怎么写，制定了高度政治意识形态化的文学生产范型，致使文艺与政治结合得更加紧密。文艺标准的统一，至 1942 年秋已为作家们广泛接受。艾青在 1942 年中秋节写的《展开街头诗运动》一文中说："把政治和诗紧密地结合起来，把诗贡献给新的主题和题材，团结抗战建国，保卫边疆……使人们在诗里能清楚地感到大众生活的脉搏。"① 此后，艾青创作了歌颂劳动模范的长诗《吴满有》，可以说是对《讲话》的积极响应。而何其芳从 1942 年春天以后便中断了诗歌写作，从 1943 年到 1953 年，只创作了屈指可数的几首颂诗。可以说，何其芳在延安时期的诗歌创作经历了从认同到矛盾、分裂再到沉默或失语的曲折过程。

二、身份认同与顺势检讨：《夜歌》的修改

何其芳遭受到的批评，相对于其他知识分子来说，可以说微乎其微。何其芳本人也没有做出对这些批评的相关回应。因此，对何其芳的批评没有再继续深入下去。这主要是与他一贯的自我改造形象相关。他虽未对这些批评发表过多的意见，但他后来的检讨及思想变化，以及对旧作的修改，其实就是一种回应。延安整风运动开始后，《解放日报》于 1943 年 4 月 3 日刊出了鲁艺两位代表作家的检讨文章，一个是周立波的《后悔与前瞻》，另一个就是何其芳的《改造自己，改造艺术》。在该文中，何其芳从思想认识、实际创作等层面进行了深刻的自我反省和批评——"整风以后，才猛然惊醒，才知道自己原来像那种外国神话里的半人半马的怪物，虽说参加了无产阶级的队伍，还有一半或一多半是小资产阶级。才知道一个共产主义者，只是读过一些书本，缺乏生产斗争知识与阶级斗争知识，是很可羞耻的事情。才知道自己急需改造"②。他不仅认识到思想与实践相结合的重要性，需要到工农兵队伍中去改造自己；而且还明确意识到自己身上的小资产阶级情调，并表明了与之决裂的决心。从何其芳这篇检讨文章可以看出，这种改变是完全的"投降"。后来，他在《朱总司令的话》一文中回忆道："投降，就是完全缴械。我们到延安，在延安工作，还不过是在政治上从一个阶级到另一个阶级罢了。我们还要在思想上抛弃那些非无产阶级的思想，才是真正的完

---

① 艾青：《展开街头诗运动——为〈街头诗〉创刊而写》，《解放日报》1942 年 9 月 27 日。

② 何其芳：《改造自己，改造艺术》，《解放日报》1943 年 4 月 3 日。

全的缴械。"① 从何其芳在延安整风运动中的整个表现来看，他已开始完全地认同和践行毛泽东《讲话》中的精神内涵。此后的《夜歌·初版后记》（1944年10月）、《夜歌·后记二》（1946年12月撰写，1949年7月修改）、《夜歌和白天的歌·重印题记》（1951年12月）等序跋文本，可以说又是一些深刻且较为隐晦的自我检讨宣言。在《夜歌·初版后记》中，何其芳说到了"旧我"与"新我"的矛盾和冲突，阐述了他在这新旧情感转换中的思想挣扎，并严厉地检讨了自己："抗战以前，我写我那些《云》的时候，我的见解是文艺什么也不为，只为抒写自己，抒写自己的幻想、感觉、情感。后来由于现实的教训，我才知道人不应该也不可能那样盲目地，自私地活着，我就否定了那种为个人而艺术的错误见解"，"但由于我有些根本问题在思想上尚未得到解决，一碰到困难我就动摇了，打折扣了，以至后来变相的为个人而艺术的倾向又抬头了"②。在《夜歌·后记二》中，他更是将思想改造与文学创作联系起来进行自我批评："生活不加扩大，思想不加改造，只是在写法上摸索和变化，是永远不能向前跨进的。"③ 在《夜歌和白天的歌·重印题记》中，他明确说到对《夜歌》的修改"是想尽量去掉这个集子里面原有的那些消极的不健康的成分"④。何其芳在这些具有检讨性质的文本中，明确阐述了只有广泛地深入生活，与劳动群众打成一片，从工农兵群众那里吸取资源，才能写出真正的诗。可见，何其芳已开始逐渐向《讲话》靠拢。甚至在1942年春以后，他几乎没有再写诗了，主要是因为他觉得有些根本问题在思想上尚未得到解决，"有许多比写诗更重要的事情要去做，而其中最主要的是从一些具体问题与具体工作去学习理论，检讨与改造自己"⑤。

何其芳在不断地自我改造和检讨过程中，也同其他作家一样，对旧作进行了大量修改，其中较为典型的即是对诗集《夜歌》的修改。1945年5月，重庆诗文学社出版了诗集《夜歌》，收录何其芳于1938年至1942年创作的大部分诗歌作品，共计26首。1950年1月，文化生活出版社对《夜歌》进行了重印，这是中华人民共和国成立后该诗集的第一个新版本。此时还未进行汉语规范化运动和文字改革，因此，在排版上仍然采用的是竖排、繁体的模式。该版本与初版本相比，发生了较大的变动，新增加了8首诗歌，共计34首。新增的诗歌分别为《解释自己》《革命——向旧世界进军》《给T. L. 同志》《给L. L. 同志》《给G. L. 同志》《让我们的呼喊更尖锐一些》

---

① 何其芳：《朱总司令的话》，《何其芳全集》（第2卷），河北人民出版社2000年版，第224页。

② 何其芳：《后记》，《夜歌》，诗文学社1945年版，第173页。

③ 何其芳：《后记二》，《夜歌》，文化生活出版社1950年版，第328页。

④ 何其芳：《重印题记》，《夜歌和白天的歌》，人民文学出版社1952年版，第2页。

⑤ 何其芳：《重印题记》，《夜歌和白天的歌》，人民文学出版社1952年版，第3页。

《"北中国在燃烧"断片（一）》《"北中国在燃烧"断片（二）》。书后除保留初版《后记》，又新增一篇《后记（二）》。1952 年 5 月，人民文学出版社又出版了《夜歌》修订本，诗集名称更换为《夜歌和白天的歌》，此版本是目前发行和流传最广的版本。该版本在 1950 年版的基础上删掉诗作 10 首，同时新增诗作 3 首，所收诗作总篇目变为 27 首。所删诗篇为《夜歌（六）》《夜歌（七）》《平静的海埋藏着波浪》《我想谈说种种纯洁的事情》《这里有一个短命的童话》《什么东西能够永存》《解释自己》《给 T. L. 同志》《给 L. L. 同志》《给 G. L. 同志》。新增的诗篇为《重庆街头所见》《新中国的梦想》《我们最伟大的节日》。书后保留了初版《后记》，并新添一篇《重印题记》。《夜歌》在 1945 年、1950 年、1952 年所出的三个不同版本，其文本上的变异与何其芳不断进行思想改造和自我检讨之间具有强烈的互文性关系。

1950 年版的《夜歌》在初版本基础上新增的 8 首诗作都是作者在延安整风运动以前创作的。那么，为什么何其芳在出版《夜歌》初版本时舍弃了这 8 篇作品，而在重印的时候又编入进去呢？从这 8 篇诗作来看，其中《革命——向旧世界进军》曾遭到萧军等人的否定；《给 T. L. 同志》《给 L. L. 同志》《给 G. L. 同志》三篇小诗，发表时曾冠以《叹息三章》的题目，当时也曾遭到吴时韵、金灿然、贾芝三人的批评。这些批评对何其芳产生了不小影响，成为他后来在整风运动中进行自我检讨的主要因素之一。延安整风运动从 1942 年开始至 1945 年春季才结束，也就是说，《夜歌》出版时整风运动才刚结束不久，文学环境还比较严峻。因此，何其芳在编选篇目时，这几篇具有争议性的作品未能入选也就在情理之中。另外几篇，《解释自己》类似一篇在上帝面前的忏悔录；《让我们的呼喊更尖锐一些》，诗人自认为写法过于浮夸，脱离现实的痕迹明显；《北中国在燃烧》（断片一）和（断片二）两首，是诗人计划写作的长诗，但由于种种原因而中断，未曾写完，因此未选入诗集。总体而言，何其芳认为这些作品消极成分过多，不符合《讲话》和整风的实际要求。而作者在 1950 年版《夜歌》中将其重新收入，主要与 20 世纪 40 年代中后期何其芳两次被委任到重庆做调查和宣传文艺工作的遭际，以及诗人当时的心态变化有着微妙的关系。1950 年版《夜歌》"后记二"的文末落款为"一九四六年十二月十五日在重庆编后附记。一九四九年七月十四日在北平略加修改"。何其芳具体是哪一天完成对 1950 年版《夜歌》的重编工作的，我们已无法知晓，但从该后记文末落款的写作时间来看，可推测他应该于 1946 年年底便完成了对《夜歌》的重编，或至少他心中已有关于重编内容的蓝图。而此时的何其芳身在重庆，进行着重庆文艺界的文化宣传工作。这是何其芳第二次被派往重庆。第一次是在 1944 年 4 月以中共文化特使的身份来到重庆进行文艺调查工作。当时重庆的文化环境十分抵触何其芳的文艺宣传。他以自身在整风前后所经历的转变为例，表明《讲话》及思想改造的重要性，导致胡风、冯雪峰等人与之发生了不愉快的争论。1945年1月，何其芳返回延安。1945年9月，何其芳再次来到重庆，直到1947年春才离开。在此期间，他进行着繁忙复杂的政治活动，同时也深感沉重、压抑和厌倦。除了这些政治工作之外，他也保留着对文学的热爱，时常跟别人谈论文学方面的相关问题，并认为"凡艺术皆美，而诗艺尤最"①。可见，何其芳此时的矛盾、分裂思想又开始冒头了。后来，何其芳在《关于写作的通信》中作了自我检讨。因此，1946年他重编《夜歌》，将书写个人化情感的作品重新纳入，显然与此时其微妙复杂的心态有关。再者是因为他了解到重庆的文化氛围以及文艺宣传工作的难度，认为这些作品或许能够更加体现出自己当时思想情感的全貌，能反映自我改造的过程。这样重编可以起到批判作用和为自我改造现身说法的双重功效。

中华人民共和国成立后，新政权开始对全国文化思想观念进行规划和统一，以适应新政权建设的需要。1951年10月23日，毛泽东在一届政协三次会议上对知识分子提出了"自我教育，自我改造"的号召。同年11月，全国文联常委会决定在文艺界进行全面整风。大多数知识分子都开始进行强烈的自我批评和检讨，期望以崭新的形象融入新政权、新环境中。全国解放后，许多从延安走出来的知识分子纷纷走上了领导岗位，并在政治待遇和行政职务的安排上得到了优待。但何其芳依然留在中央马列学院担任国文教员（1948年11月去的）。当时，中央马列学院地理位置较为偏僻，远离政治和文坛中心。可以说，何其芳是在默默无闻地做着"幕后"工作。从1951年3月至5月何其芳致好友沙汀的信札可知，何其芳对组织的安排是有抵触情绪的。但不久，担任了文艺界主要负责人的周扬开始重用何其芳，委派他参与第一次文代会的筹备工作，并鼓励他多参与一些文学界的批评活动。至此，何其芳又开始回到宣传文学与政治高度结合的身份中。他除了进行自我批评外，也开始批评他人，逐渐从作家走向批评家。从1951年开始，何其芳除了对电影《武训传》进行批评，发表批评文章《驳对于武训和〈武训传〉的种种歌颂》之外，参与最多、最重要的批评是对胡风的批评。早在1944年，何其芳被委任代表党中央去重庆做文艺调查工作时，就与胡风发生了一些不愉快的冲突和争论，算是有了心结。

1952年，《夜歌》又出版了修订本。此版删弃了10首诗作，诗人是"想尽量去掉这个集子里面原有的那些消极的不健康的成分"②。因此，1950年版重新纳入的《解

---

① 炼虹在《感念何其芳同志的扶持》一文中回忆了他的投稿经历和何其芳对他的扶持。何其芳将炼虹发表在《新华日报》上的诗歌《难道我不是"公民"？》的剪报寄给炼虹时，有一段附言。此句便是何其芳附言中的内容。

② 何其芳：《重印题记》，《夜歌和白天的歌》，人民文学出版社1952年版，第3页。

释自己》《给 T. L. 同志》《给 L. L. 同志》《给 G. L. 同志》等作品又被删弃。同时，新增的三首作品《重庆街头所见》《新中国的梦想》《我们最伟大的节日》，则是诗人积极参加到新政权的歌颂体浪潮中，对新中国初期意识形态进行的宣传和建构。从1952 年版《夜歌》篇目的增删情况可以看出，此时的何其芳又回归到了文学与政治联姻的传声筒身份。在此阶段，何其芳除了对《夜歌》进行再次修改外，也对诗集《预言》进行了修改。这从 1952 年 1 月 9 日何其芳致巴金的一封信札便可知。修改《预言》的主要倾向也是剔除其思想内容颓废和悲观色彩等杂质，共删弃诗作 14 首。但由于 1950 年 8 月 25 日巴金辞去了文化生活出版社总编辑职务，《预言》的这个修订版成了未曾出世的夭折版。何其芳对这些作品的删削背后，是个人情感空间、个人思考范围的隐退，也是一种个人的自我行为与新的国家意识形态的"默契配合"。

1952 年版的《夜歌》除了篇目的增删之外，作者对保留下来的诗作也进行了大幅度修改，强化了诗集的政治色彩。这些修改主要体现在以下几个方面：一是删除表达个人情感的内容。如《一个泥水匠的故事》中用省略号代替写"我"的一长段内容，删除了从"谢谢你给我讲了一个动人的故事"至"似乎非我的意志所能战胜"的所有内容。《夜歌（三）》删掉了"你又要提起那个小故事了……一直到自己冻死"①。《革命——向旧世界进军》删掉了"我们活得太苦了，/我们也闷气得太长久"以及"让我们穿棉花，/……让我们有合理的工作、家庭和恋爱"②。二是删除描写社会阴暗面的内容。如《夜歌（三）》删除了从"你说你又要提起你过去的思想了"至"还装着笑脸/说着悦耳的话句"的所有内容，并删除了"你说为什么我们不能生活在童话里？/为什么只有书本上才容易找到/像珍珠一样射着温柔的光辉的故事"③。《多少次呵我离开我日常的生活》删除了"（我像一个新生出来的人）/或者像一个离开了人世的人，/只是吃着野果子，吸着露水过我的日子，/完全忘记了世界是一个地狱，/而所有的人是无罪的囚徒"④。三是政治内涵的具体指向。如《快乐的人们》将"我们是曾经被哲学家嘲笑的人"一句中的"哲学家"改为"资产阶级"，将"我们是科学理论的信徒"改为"我们是马克思列宁主义者"。在《我们的历史在奔跑着》一诗中，将"你们在学习着科学的实验，/你们在学习着革命的历史"改为"你们在学习着马克思列宁主义，/你们在学习联共党史"等等。四是对工农兵进行歌颂和美化修改，对

---

① 何其芳：《夜歌（三）》，《夜歌和白天的歌》，人民文学出版社 1952 年版，第 35 页。

② 何其芳：《革命——向旧世界进军》，《夜歌和白天的歌》，人民文学出版社 1952 年版，第 40 页。

③ 何其芳：《夜歌（三）》，《夜歌和白天的歌》，人民文学出版社 1952 年版，第 35 页。

④ 何其芳：《多少次呵我离开了我日常的生活》，《夜歌和白天的歌》，人民文学出版社 1952 年版，第 73 页。

有损于工农兵形象的贬义修辞进行了删改和替换。五是对外国的人名、地名进行修改。如《成都,让我把你摇醒》将"马哥孛罗桥的炮声响了"改为"卢沟桥边的炮声响了"。《我们的历史在奔跑着》将"美国 Dr. Robinson"改为"外国医师",等等。这些修改是何其芳成功改造为一名无产阶级革命文艺战士后的典型体现,是他对自我身份的重新认同。

三、文学与政治的互动:从修改得失看"何其芳现象"

作家因检讨而导致的对旧作的大量修改,体现了文学与政治之间紧密的互动关系。文学让步于政治,甚或说文学服务于政治,有利于新政权的巩固和建设,但严重地破坏了文艺发展的自然规律。何其芳对《夜歌》的文本修改,使其成了高度意识形态化的文本。从前期的诗歌"独语",到后期在迷茫中低吟着"夜歌",这一不彻底的文学转向,伴随着自我认同的身份焦虑。延安整风运动开始后,诗人这种身份焦虑和多面自我开始明朗化、归一化,并在不断的认错和检讨中完成了自我改造。正如诗集名称的修改变化一样,从只歌颂流露个人情感的夜晚的"夜歌"到既歌颂夜晚也歌颂白天政治生活的"夜歌和白天的歌",并且"白天的歌"占据了核心地位。诗人的这种转变后来被学术界称为"何其芳现象"。对于"何其芳现象",学界目前存在着多种考量。但不管出于何种考量,这个被沈从文首次命名的文学现象明显以一种贬义的姿态出世。在多种考量中,它的核心内涵是指"思想进步,创作退步"。

关于思想上的"进步",从作品修改的角度来透视何其芳的思想变化和政治转向情况,不失为解读"何其芳现象"的另一条有效路径。从文本的演变可剖析诗人的心路历程,透视其思想的发展变化情况。何其芳反复修改旧作以更好地去体现自我改造的真诚之心。文本内容的修改主要体现在"洁化"处理和意识形态"改造"两个方面。"洁化"处理主要体现在对作品中含有表现个人情感内容的删除上。诗人在《一个泥水匠的故事》《夜歌(三)》《革命——向旧世界进军》等作品中,删除了大量描写爱情、抒发个人情感及内心感受的内容。诗人删掉这些带有小资产阶级情调的内容,显然是认为它们与新社会的意识形态相悖。这种洁化修改同 20 世纪 50 年代其他作家对旧作的修改一样,是屈从于新的历史语境的压力,在"小我"与"大我"之间屈就于"大我"。意识形态"改造"主要包括两个方面:一是"增新",即在文本中灌注新的意识形态内容(即革命文化)。诗人在修改本中对新的国家意识形态的政治内涵进行了明确指向。他将"马克思列宁主义者""无产阶级"在文本中具体地凸显了出来,将人们的敌对者明确改为"资产阶级",将一起斗争的"兄弟们"改为"同志们"。在初版本中，诗人对革命运动中造成的大量流血牺牲表达了强烈的质疑——"为什么旧世界溃灭的时候／一定要有这么多的牺牲者？一定要有这么多血？"① 但在修改本中，诗人将质疑之声改为呼吁，呼吁士兵们不要怕流血牺牲，带着武器去战斗，去争取自由。这一反差鲜明地体现了诗人政治立场的转变。这种"增新"当然也包括对革命者描写的日渐崇高化和神圣化。第二个方面是"去旧"，即删除或修改与新社会意识形态不相符的内容。中华人民共和国成立初期，是一个放声歌唱的年代，几乎全中国的诗人都满心欢喜地迎接了这个新开始的时代。于是，颂歌体成为这一阶段新诗发展绕不过去的一个概念。而关于歌颂还是暴露的话题，早在《讲话》中就已讨论过，并在敌我和善恶的层面做了明确的判定。何其芳在修改本中删掉了一些描写社会阴暗面的内容，营造出一种激昂向上的革命斗争氛围，与新时代的意识形态相吻合。这其中也包括了去掉有关工农形象的贬义修辞。从这些修改可以看出，如果说何其芳在延安整风运动以前，还停留在身份转换的分裂时期，那么整风运动以后，尤其是中华人民共和国成立以来，他已成功地从一个耽于梦幻的诗人转变成了一个无产阶级的革命文艺战士。他的"左转"历程带有突进的特点，并具有彻底性和强烈的反差性：从具有京派文人浪漫气质的自由主义者蜕变为精神"归一"的民族主义者；从主张抒写自由个性的"小我"到追求集体理性权威的"大我"。这种立场的转变、思想的"进步"，较集中地体现在何其芳对《夜歌》（也包括诗人同时期其他作品）的文本修改上。

创作上的"退步"则体现在两个方面：一是"量"的退步。自1942年整风运动开始后，何其芳便中断了诗歌创作。1943年至1953年，他只留下了《新中国的梦想》《我们最伟大的节日》等寥寥几首作品。二是"质"的退步。关于这个问题，学术界往往从静止的文本的角度，根据何其芳在不同时期作品的思想和艺术变化来解读"何其芳现象"。实际上，质的退步不仅体现在诗人前后不同时期创作的作品中，还体现在诗人对同一作品在不同时期的修改中。这就牵涉到一个非常关键的文学现象——作家对旧作的修改，即同一文本在传播过程中的动态变化轨迹。若单从诗人各个时期作品的初版本去考察不同时期创作的变化轨迹，无法全面而有说服力地展现其"退步"现象，也就很难了解"何其芳现象"的完整内涵。因为1945年出版的《夜歌》是何其芳文学转向不彻底的体现。诸作品之间存在的某种悖论、矛盾和撕裂性，是作者多面自我相互斗争的结果，其中的部分作品还保留着诗人早期创作的某些特点。而《夜歌》在不断的修改中，从挣扎着低吟的"夜歌"到逐渐意识形态化的"夜歌和白天的歌"，这些修改正是何其芳思想改造成功的集中体现。因此，只有纳入《夜歌》的修

---

① 何其芳：《夜歌（三）》，《夜歌》，诗文学社1945年版，第42页。

改本，不只是关注初版本这一静态文本，而是从文本的动态演变过程中，才能全面地考察诗人创作的变化轨迹及其文学转向，也才能更准确地理解何其芳"思想进步，创作退步"的完整内涵。《夜歌》的修改本极大地改变了初版本的语义系统，体现为政治符号对文学符号的取代，产生了新的释义，并改变了文本本性。这些修改牵涉到历史语境与现实语境在艺术与政治上的诸多论题。修改本成了一个高度自我规训的意识形态化文本，虽彰显了何其芳思想的"进步"，但所付出的惨重代价便是文学性和艺术性的丧失。高度意识形态化的修改本解构了《夜歌》初版本中仅有的一点"个性"。何其芳虽在思想上进步了，但在创作上，不管是在"量"还是在"质"的层面，都明显地退步了。

检讨与文学作品的修改有着十分复杂的关系，其背后牵涉到政治语境对文学的制约作用。除了何其芳之外，还有更多的"何其芳们"同样存在着这一普遍的"何其芳现象"。如老舍在中华人民共和国成立初期，也进行了自我检讨和批判。《骆驼祥子》在 20 世纪 50 年代的两个版本就是作者在新的历史语境下进行自我检讨、自我改造的结果。但老舍并不满意这两个版本，他满意的是《骆驼祥子》的初刊本或初版本。他曾在《我怎样写〈骆驼祥子〉》一文中说："我对已发表过的作品是不愿再加修改的。"[①]《骆驼祥子》的节录本（简本）和修订本（洁本）确实不如初版本更具有艺术性和丰富性。由此可见，作家因政治检讨而导致的对旧作的修改，多是一种"无奈"之举，致使文学处于一种失语状态。这些修改本丧失了一定的艺术性，使大多数作家发生了创作变化，乃至走向了"创作的危机"。当我们解读这一普遍的"何其芳现象"时，应从多方面着手，寻找剖析和阐释的多条路径。

（作者单位：长沙理工大学文学与新闻传播学院）

---

① 老舍：《我怎样写〈骆驼祥子〉》，《青年知识》1945 年第 2 期。

《我一年来的生活》：
何其芳战时转向的"镜"与"灯"①

杨华丽

一

"燃烧在中国的土地上的战争改变了许多事情，改变了许多人的思想，情感。"②何其芳在《一个太原的小学生》中发出的感慨，其实也是他彼时的自况。如果说这样的陈述尚在客观描绘抗战的影响，那么，在回应艾青对《画梦录》的批评、中国青年社对他怎样去到延安的质疑之际，何其芳反复强调的是抗战对他而言来得"正是时候"，不断呈现的是抗战之于其转向的正面价值。他说"它使我更勇敢。它使我回到四川。它使我投奔到华北。它使我在陕西、山西和河北看见了我们这古老的民族的新生的力量和进步。它使我自己不断地进步，而且再也不感到在这人间我是孤单而寂寞"③，又自陈"抗战来了。对于我它来得正是时候……我回到四川……我到了成都……我应该到前线去……我来到了延安"④。在这样的逻辑链条中，他的返川、出川而辗转奔波于战时国土这"许多事情"，都是"抗战"改变了的；他原来不"勇敢"、"孤单而寂寞"的"思想，情感"状态，也都是"抗战"改变了的。其实，与生活道

———————————

① 该文系国家社科基金项目"大后方抗战小说的家庭伦理叙事研究"（21XZW002）、国家社科基金项目"当代战争小说叙事伦理研究"（18BZW144）的阶段性成果。

② 何其芳：《一个太原的小学生》，《何其芳全集》（第2卷），河北人民出版社2000年版，第59页。

③ 何其芳：《给艾青先生的一封信》，《文艺阵地》第4卷第7期，1940年2月1日。

④ 何其芳：《一个平常的故事》，《何其芳全集》（第2卷），河北人民出版社2000年版，第80－83页。

路、思想情感转向密切相关的写作风格变迁，虽此处并未言及却早已成为学界共识，只是赞扬者由此称何其芳是"知识分子改造的一个好典型"①，遗憾或否定者则用"何其芳现象"为其命名。故而，重返历史语境去探究抗战怎样促成何其芳其人其文的双重转向，以更好地认知"何其芳现象"的深层因由，进而理解 20 世纪中国知识分子的创作、人生与政治的复杂关系，从来都是何其芳研究界孜孜矻矻求索不已的核心问题。

细审历来的论析，1938 年作为"界石"②的重要性被学界反复强调，于是何其芳该年从万县去成都、赴延安再上华北前线的历程被反复描摹，成都、延安、华北由此成为"何其芳道路"上的重要驿站。这些研究吻合于何其芳的自述——"1938 年……在我的一生里又是把我划分为前后两个大不相同的人的难忘的一年"③。然而，要细究何其芳为何要经历这些，一个不容忽视的重要环节，应追溯何其芳在七七事变时的所思所想、何其芳如何回到四川万县又为何要去四川成都。此前笔者发掘的佚文《流亡琐忆》，一方面有效地纠正了学界关于何其芳返回万县的时间的含混说法，一方面有力地证明了何其芳在成都面对"周作人事件"时的发言姿态，与其在北平遭遇七七事变及随后的逃亡体验密切相关④。然而，何其芳《流亡琐忆》的第一部分仅呈现了七七事变到平津通车这一天（8 月 4 日）他在北平的失陷体验，第二部分仅描绘了他于次日离开北平流亡至天津法租界的艰难过程。因此，何其芳到底什么时候去北平度假、怎样回到万县又什么时候抵达于此，我们仍无从得知。与此相关，何其芳在战时万县之所为，屡屡被学界提及的是两件事情——在万县师范学校任教、与杨吉甫合办《川东文艺》，然而他任教期间情况到底怎样，他离开万县是否因他办《川东文艺》而遭遇了国民党通缉，学界其实并未给出更合理的解释。对于随后何其芳在成都因"周作人事件"而遭遇的寂寞体验与其投奔延安的关系，笔者也曾有过翔实的梳理⑤，然而

---

① 巴金：《衷心感谢他——怀念何其芳同志》，易明善、陆文璧、潘显一编：《何其芳研究专集》，四川文艺出版社 1986 年版，第 16 页。

② 方敬：《界石》，方敬、何频伽：《何其芳散记》，四川教育出版社 1990 年版。

③ 方敬、何频伽：《何其芳散记》，四川教育出版社 1990 年版，第 80 页。

④ 参见拙文：《〈流亡琐忆〉与何其芳的延安道路》，《中国现代文学研究丛刊》2021 年第 4 期。值得欣慰的是，李朝平、周长慧找到了颇难寻觅的《川东文艺》（《川东日报》副刊），发现了该刊第 1 号上的《"共赴国难"——流亡琐忆之一》、第 4 号上的《从北平到天津——流亡琐忆之二》。由于这一版本与笔者发掘的《星岛日报·星座》上所载《流亡琐忆》的主体内容一致，而《川东文艺》第 1、4 号出版于 1938 年 2 月 7 日、2 月 28 日，早于《星岛日报·星座》所载，因而可将《川东文艺》上所刊视为《流亡琐忆》的初版本。《川东文艺》上所载内容及其与《星座》版本的比较，详见李朝平、周长慧：《何其芳〈流亡琐忆〉初版钩沉》，《重庆三峡学院学报》2021 年第 4 期。

⑤ 参见拙文：《"周作人事件"与"何其芳道路"》，《现代中文学刊》2017 年第 5 期。

在这过程中，还有无更多需要审视的细节？上述问题，都可通过解读何其芳的另外一篇佚文——《我一年来的生活》而得到部分解答。

《我一年来的生活》署名何其芳，刊载于《战时学生旬刊》第5、6期合刊，出版于1938年7月7日。该期封面上以黑色斜体字标明的"抗战建国纪念日专号"，与王大化所作木刻《守》的红色形成鲜明对比，又与《守》中男英雄的抗敌英姿形成明显呼应。何其芳该文被置于栏目"抗战文艺"之首，与谢迟的报告《敌蹄下的人们》、小亚的《山雨欲来风满楼》、含沙的小说《自由行动的周师长》（续）、常绍温的《海的彼岸带来了伟大的同情》、倚笛的《在"名利场"中》一起，成为这一期刊物的压轴内容。在这几篇文章中，相对而言，何其芳的文章更具有应"抗战建国纪念日"而写的意味，与杨波所撰刊首语《祭抗战周年来的无名英雄》，栏目"民族万岁"中的《纪念卢沟桥周年之意义》，栏目"专题著述"中的《抗战一年来的国际动向》《抗战一年来的中国外交》《我们尚未完成的责任》《一年来川局的回顾与前瞻》一起，成为"抗战建国纪念日专号"的重头戏。在《编辑室》中，编者特意指出了"值得特别注意"的几篇文章，何其芳之文与凌青的《游击战在山东》、含沙的《自由行动的周师长》三足鼎立。因预计"一般中学同学"可能不会欢迎这些严肃而较长的文章，编者希望读者因它们"相当的重要"而"平心静气的仔细看下去"①。

编者看重的《我一年来的生活》总共2155字，只是相对"较长"的文章而已。该文刊载时自然分成了四部分：第1-7自然段为第一部分，回忆了他去北平、遭遇卢沟桥事变再返回到万县的过程；第8-19自然段为第二部分，回忆了他在万县的任教情况及离开因由；第20-23自然段为第三部分，回忆了他到成都后教书、办刊、写杂文及遭遇批评时的所思所想；第24自然段内容为"我就是这样的过了最近的一年"，独立成为一部分而收总结全文之效。表面看来，该文所涉内容在《一个平常的故事》《给艾青先生的一封信——谈〈画梦录〉和我的道路》以及《流亡琐忆》中亦有呈现，但细读文本后我们发现，这并不太长的一篇散文，其实提供了上述文章乃至《何其芳全集》所缺失的诸多信息，可有效纠正何其芳既有研究中的一些含混处与失实处，堪称映照此期何其芳言与行、人与文的一面镜子。

二

《我一年来的生活》的第一部分仅含七个自然段，却有助于我们回答下列问题：何其芳到底什么时候去北平度假、怎样返回万县又什么时候抵达于此。

① 《编辑室》，《战时学生旬刊》第5-6期合刊，1938年7月7日。

—— 《我一年来的生活》：何其芳战时转向的"镜"与"灯" ——

关于他去北平度假的时间问题，我们需要细读他的这两段文字：

> 去年的今天，大概我是孤独的而又疲倦的在从山东半岛，到北平的路途中奔波着吧。然而，因为我从来不写日记，已无法断定去年的今天是过度在胶济路的车厢里，在津浦路的车厢里，还是在济南的一家小旅馆里了。

> 总之我是在七七事变以前的十多天到了北平的。将来未必有学者要给我作年谱。要精确的考据那些日子，那么忘记了也就算了吧①。

根据该文的落款"六月廿四日下午两点半"以及《战时学生旬刊》的出版时间（1938 年 7 月 7 日）可知，所谓的"今天"当为 1938 年 6 月 24 日。那么，"去年的今天"即是 1937 年 6 月 24 日。1937 年的该日，何其芳的行踪因他未写日记而不可考，但依据他的记忆，他或奔波于胶济路或津浦路，或暂时寄身于济南的旅馆，尚未抵达北平。加上他所言的"在七七事变以前的十多天到了北平"，那么，他到达北平开启度假生活的时间，当在 1937 年 6 月 25 日或次日。关于他怎样回到万县的问题，我们需要留意这样的表述：

> ……我失陷在失陷后的北平里了。过了十天左右，平津交通恢复了，才从北平到天津，从天津到青岛，再经过济南，徐州，郑州，汉口，回到我的家乡，万县。

何其芳的失陷过程、平津交通恢复后他从北平到天津的历程，以及在此期间他感受到的酸甜苦辣，笔者已在梳考《流亡琐忆》一文时进行了较为详尽的描绘。由《流亡琐忆》，我们知道何其芳在平津交通恢复的第二天即坐头等车流亡到天津法租界，而从这段文字我们获悉，何其芳随后辗转通过济南、徐州、郑州、汉口，最终抵达了万县。在《流亡琐忆》的第二部分，何其芳曾言及火车"异常迟缓的开行着，沿途每到一站便停留一阵的开行着"，使得平津通车原本"只走两小时零五分的，现在却走了八九小时：从早晨九点到下午五六点"②。耗费时间之长，充分体现了这次流亡的艰辛。然而那只是开始，途经济南、徐州、郑州、汉口所耗费的时间更多、更长。等何其芳终于抵达万县，时间"已是八月尾了"，也就是说，后面的流亡耗费了他 20 天以

① 何其芳：《我一年来的生活》，《战时学生旬刊》第 5、6 期合刊，1938 年 7 月 7 日。
② 何其芳：《流亡琐忆》，《星岛日报·星座》第 252 期，1939 年 4 月 17 日。

上的时间，比正常情况多了两周不止①。那么，所谓的"八月尾"到底是哪一天呢？何其芳没明言。但是，如果说第一段的内容——"我回到四川已快满一年了"，是在回应该期《战时学生旬刊》乃为"抗战建国纪念日专号"的主旨，表明该文乃应刊物编辑之邀而作，那么，第二段的内容——"精确一点说：已快满十个月了"，则进一步明确了他的抵川时间：由于该文末尾标注的是"六月廿四日下午两点半"，因而，何其芳 1937 年 8 月 24 日下午还没有回到四川万县，所谓的"八月尾"，应在 8 月 25 日至 31 日之间。

依据这一部分文字，我们就会知道那些认为抗战爆发后何其芳于 1937 年 9 月回到万县的说法实在含混，认定他 1937 年 9 月才启程返乡的说法就差得更为遥远。不仅如此，读完该文以及《流亡琐忆》后再去品评何其芳在"周作人事件"中发表的言论，我们更能明白，何其芳艰难然而义无反顾的流亡体验，使得他对周作人因害怕这种艰难而困守苦雨斋，最终被拉下水的行为颇为不解："宽大的人顶多只能说他是'被拉下水'。然而他为什么要坐在'苦雨斋'里等着被拉呀？"② 由此，何其芳认定落水的周作人等就是被"时代遗弃了"的"懒惰的胡涂的不愿向着前面走的一群"③，也就更能获得我们的同情之理解。

《我一年来的生活》的第二部分共含十二个自然段，较为详实地呈现了何其芳在万县师范学校的任教情况、辞职因由及其与《川东文艺》的真实关联。

"抗日战争爆发后，何其芳于一九三七年九月回到家乡万县，任教于四川省立万县师范学校，并与杨吉甫在《川东日报》上合编了《川东文艺》周刊，对他的家乡的教育和文艺事业的发展起到了一定的推动作用。"④ 这是对何其芳回到万县后所做工作的典型描述。在这种描述中，何其芳在万县任教与编辑《川东文艺》紧密相连，共存于何其芳待在万县期间。由于何其芳去成都是在 1938 年 2 月，因此，何其芳参与《川东文艺》的编辑应在 1937 年 9 月至 1938 年 2 月之间。与此相关的说法是，何其芳与杨吉甫编该副刊得罪了当权者，因而"刊物不久即遭查禁"⑤，而这在一定意义上促成了何其芳前往成都。也就是说，何其芳在万县与离开万县，都与《川东文艺》密切相

---

① 在《呜咽的扬子江》中，何其芳记叙了他和妹妹 1936 年从北平回万县的历程。因遭遇汛期，他们被耽误了时间，在路上耗费了 14 天之久，而他本来计划在两个礼拜内走一个往返，也就是说，大概 7 天就应该能从北平到万县。该文见《中流》第 1 卷第 4 期，1936 年 10 月 20 日。

② 何其芳：《论周作人事件》，《何其芳全集》（第 2 卷），河北人民出版 2000 年版，第 22 页。

③ 何其芳：《论周作人事件》，《何其芳全集》（第 2 卷），河北人民出版 2000 年版，第 20 页。

④ 易明善：《何其芳传略》，易明善、陆文璧、潘显一编：《何其芳研究专集》，四川文艺出版社 1986 年版，第 8 页。

⑤ 王雪伟：《何其芳年谱》，《何其芳的延安之路——一个理想主义者的心灵轨迹》，河南人民出版社 2008 年版，第 181 页。

关。然而在《我一年来的生活》中，何其芳写下的是这样的文字：

> 快放寒假的时候，一位朋友从乡下来了。他对我说的话非常简单明白。他说，"你应该用钱买回你的时间。"他主张我少教书，多写文章，他是很早就关心着我的写作的，而且直到现在他还是认为最适宜于我终身从事的是写作。
>
> 他计划和我在万县办文艺副刊。
>
> 但我回乡下去了十多天的寒假后，已有机会而且我也决定到成都了。到县城去等船时，我那位朋友却还是固执着在万县办副刊，结果要我把第一期的稿子，写好后才让我上船。那副刊就是万县川东日报的《川东文艺》①。

来自乡下而固执地想在万县办副刊的是何其芳之友杨吉甫。从何其芳的表述来看，他俩初见已近寒假，再见已是十多天后，即应在1938年1月；初见时杨吉甫"计划"办刊而和他商量，再见时因他坚决要去成都而被要求首先完成第一期的稿子。无奈的何其芳只得领命，于是撰写了《创刊辞》，又在"一月六日上午"② 完成了《"共赴国难"——流亡琐忆之一》。可以想见，2月7日《川东文艺》出版创刊号时，何其芳已经离开万县，所以第2号没有他的作品，而第4号所载《从北平到天津——流亡琐忆之二》的落款已是"二月二十八日，成都"。因此，何其芳并非在万县任教期间即与杨吉甫联合创办了《川东文艺》，而是在即将离开万县之际协助了该刊的创办。何其芳去成都后虽仍"间或给万县那个副刊写一点杂文"③，但起实质性作用的显然仍是杨吉甫。

如果说，何其芳与《川东文艺》创办间的真实关系可纠正既有研究成果的偏差，那么，何其芳关于万县工作性质、离开因由的表达，也有异于《一个平常的故事》等中的表述，因而同样值得重视。在此文中，他说自己教了三班国文，故要"编选三种国文教材，准备五样功课，而且改三班作文卷子"，工作量异常巨大，为此而抱怨人为何要睡觉，埋怨学校当局关灯太早。为了工作，他只得自掏腰包买数不清的蜡烛、熬无数的夜，"过了四个多月忙到没有工夫自己读书甚至写信的日子"，但这种忙碌之于学生，也就仅仅是使他们知道国文也可以教得有系统、有计划，使他们接触了一点新文学，使他们知道老师可以成为他们的朋友而已，效果终究有限。然而，与他成为

---

① 何其芳：《我一年来的生活》，《战时学生旬刊》第5、6期合刊，1938年7月7日。

② 《"共赴国难"——流亡琐忆之一》一文的落款。这是《星岛日报·星座》和《四友月刊》刊发《流亡琐忆》的第一部分时所无的文字。参见李朝平、周长慧：《何其芳〈流亡琐忆〉初版钩沉》，《重庆三峡学院学报》2021年第4期。笔者怀疑这儿的"一月"应是"二月"，因未见到原刊，不敢肯定。

③ 何其芳：《我一年来的生活》，《战时学生旬刊》第5、6期合刊，1938年7月7日。

"朋友"的学生，是那些不满意于学校和万县的同学，其中一位思谋着宣传抗战、为抗战出力却被另外的教师说成"有点儿神经病"。物伤其类，何其芳担心再待下去他也要被人戴上精神病的帽子，于是决心想法离开劳累的工作环境和引发他倦怠、不满心理的人文环境。也就是说，何其芳离开万县，与办《川东文艺》而被通缉无关。

《我一年来的生活》的第三部分只含四个自然段，回忆了他到成都后教书、办刊、写杂文及遭遇批评时的所思所想。在成都，他只教两班半国文、改两班卷子，颇为轻松，于是积极参与刊物《工作》的创办、经营并撰写文稿，还为《川东文艺》以及"旁的同学办的刊物"提供大量杂文。他描述说，他"间或给万县那个副刊写一点杂文"，因《工作》"缺少稿子"而"不得不每期都凑上一篇"，"旁的同学办的刊物要稿子，我只要有时间就写，有时没有什么材料了，就由他们出题目我做。我像一个受试验的学生，尽自己所通知的答着任何问题"①。何其芳知道，这些文章虽然"写着论什么论什么的题目，究竟不过杂感之类而已"，也知道它们"万万没有资格入'作家们'或'文章家'们的创作之林"。更有意味的是，他知道：

在这"天下太平"的后方最好是没有感想，其次是有感想而不说出，最傻的人才写杂感，因为，空谈家总是敌不过实行家。当你在谈着应该这样不应该那样的时候，实行家却偏要实行你所认为不应该的，而不准实行你所认为应该的，你有什么办法呢？

然而，明了这一切的何其芳选择了"偏要谈"，于是"继续的写着杂文"，于是得到了"好意的批评"——劝他将精力致力于探究学问，或者劝他少写些以免自贬身价。对于前者，何其芳自陈他明白抗战时期做学问依然有用，但是，"这一类高尚的事业我甘心让与那些幸福的人去从事"；对于后者，他说：

假若我在纸上写些黑字对人还也有一点益处的话，我是甘心多写，拼命的多写，以至于多到不值一文钱我还是要写的。我从来就非常垂（原文如此，引者注）弃文士们因为认识几个字，会写几句文章便以奇货自居。与其作那种人，我还不如去做洗衣匠。洗衣匠可以把脏的衣服洗白，而那种人都会把纯洁的东西弄污秽②。

---

① 何其芳：《我一年来的生活》，《战时学生旬刊》第5、6期合刊，1938年7月7日。
② 何其芳：《我一年来的生活》，《战时学生旬刊》第5、6期合刊，1938年7月7日。

何其芳"偏要谈"时事，"偏要写"他人所不屑、不喜、不愿写的杂感，一方面迥异于如烟似梦的既往的何其芳，另一方面则与《工作》杂志团结起来的学者名流划开了界限。何其芳以为迥异于既往的自己是初上战场的新兵，从而感到蜕变的激动与喜悦，但与《工作》同人的距离，与朱光潜、罗念生、卞之琳乃至方敬等人的隔膜，则让他感到"一个个人主义者的战斗的寂寞和对于那种死沉沉的环境的无能为力"①。最终，他在联合朱企霞无果②之后，与卞之琳同去寻求沙汀的帮助，想通过延安去华北前线寻找写作报告文学的素材，谋求更开阔的事业、更富有生机的写作前景，然而，"在那城市里并没有什么人给我以祝福和鼓励"③。何其芳对成都时期的这些描述，凸显了他所写的杂文之多、他对杂文作为突入现实的匕首与投枪功能的重视，以及他理解当时那些"善意的批评"却仍要坚持己见的独特身姿。

在此基础上，《我一年来的生活》的收束语"我就是这样的过了最近的一年"颇有余音绕梁之效。确乎应该重读的"这样"，呼应了前文所述的北平失陷、万县启蒙、成都"工作"时期的言行与思想。"就是"则让人禁不住留意到他选择流亡的决绝、撼动万县的艰难，以及以杂文摇醒成都的固执与失望情绪。作为知识分子的何其芳，在抗战建国周年纪念日前夕重新咀嚼自己这一年间颠沛流离、拔剑四顾却终于心内茫然的过往，内心或许已充满了感伤。

三

综上可知，《我一年来的生活》的前面三部分内容，如镜子般呈现了何其芳从1937年6月下旬到1938年6月24日期间的丰富细节，有助于我们进一步明确何其芳去北平度假及返回万县的时间，明了他返回万县的历程，认知他任教于万县及其与《川东文艺》的真实关联等，可以为纠正相关研究中的含混甚至失实处提供有效支撑。此外，该文的重要价值还体现于，它一方面可以为探究何其芳与学生团体、何其芳的转向与杂文之关系提供补充线索，另一方面则为深化"何其芳道路"研究提供了新的可能。

刊载《我一年来的生活》的《战时学生旬刊》，是成都学生表达战时呼声的刊物之一。其地点在"成都少城祠堂街九十六号"，负责总经售的上海杂志公司也位于"成都祠堂街"，离何其芳住地非常近。此期在中学任教、一直关心战时青年思想状态

---

① 何其芳：《为人类工作》，《现代文艺》第 2 卷第 1 期，1940 年 10 月 25 日。

② 参见朱企霞：《忆早年的何其芳同志》，《新文学史料》1982 年第 4 期。

③ 何其芳：《为人类工作》，《现代文艺》第 2 卷第 1 期，1940 年 10 月 25 日。

的何其芳，与中学生所办抗战期刊有了更多的精神牵绊。目前已知的刊物，除了《雷雨》《学生文艺》，应该还有《战时学生旬刊》。仅从《我一年来的生活》来看，该文强调的"一年来"，与其他文章强调的"抗战周年""卢沟桥周年""抗战一年来""一年来"等字样密切呼应，而该文完成的时间与其他探究一年来抗战局势的文章均为六月下旬，可见它们均系应编者之邀而作，意在共同凸显抗战建国周年纪念的主旨。但是，由于《雷雨》《战时学生旬刊》残缺不全，《学生文艺》无从寻觅，我们目前只能看到《星火集》中的《给〈雷雨〉周刊社的一封信》《给〈学生文艺〉社的一封信》以及佚文《我一年来的生活》，因而，何其芳与这几个学生团体的更多关联无从勾勒，何其芳与此期其他学生团体有无关联也无从查考。与此相关的是，何其芳在1940年致信郑克时曾说："在成都我写得最多的是杂文，然而现在有大半都无从收集起来了。比如就是《川东文艺》上的那些篇现在就无法找。"① 当年何其芳无从收集那些杂文是因为战乱，时隔几十年之后，那些文献的打捞难度无疑更大。李朝平、周长慧费尽心力，也只搜集到17期《川东文艺》。据他们披露，这17期刊物中何其芳发表了8篇文章，无一例外均为佚文。前已提及的《"共赴国难"——流亡琐忆之一》《从北平到天津——流亡琐忆之二》被视为《流亡琐忆》这一篇，其他7篇分别为《创刊辞》《诗歌杂论一——抗战发生以前的新诗》《诗歌杂论二——玛耶阔夫斯基式的诗》《诗歌杂论三——朗诵诗》《论文学的用途》《给比我更年青的一群》《补白谈》。这些文献是何其芳此期杂文的重要组成部分，然而应不是《川东文艺》所载何其芳杂文的全部。目前所见《川东文艺》《雷雨》《战时学生旬刊》《学生文艺》上的这些文献，也非成都时期何其芳所写杂文的全部。进一步查找学生期刊以及其他期《川东文艺》，应是完善何其芳研究史料的必要路径，而该文中的表述则为我们提供了珍贵线索。

另一条珍贵线索，来自该文中何其芳反复强调的成都时期与杂感的关系。在《夜歌》初版本的《后记》中，何其芳自陈道："抗战以后，我也的确有过用文艺去服务民族解放战争的决心与尝试"②，而这"决心与尝试"的最初表现，就是"写着杂文和报告"而"差不多放弃了写诗"③。"报告"是他去了延安以后选择的体裁，杂文则是成都时期写作的重点。我们知道，何其芳正是因为写了杂文《论周作人事件》才被《工作》同人孤立，从而感到寂寞并决意通过延安去前线。沙汀曾回顾自己留意到何其芳，是因他在《工作》上发表的《论工作》和《成都，让我把你摇醒》，觉得它们

① 何其芳：《为人类工作》，《现代文艺》第2卷第1期，1940年10月25日。
② 何其芳：《〈夜歌〉初版后记》，《夜歌》，诗文学社1945年版。
③ 何其芳：《〈夜歌〉初版后记》，《夜歌》，诗文学社1945年版。

表明"他对党所领导的民族解放战争是积极拥护的。因而这年将近暑假，他在听到我将去延安的消息时跑来找我，也就很自然了"①。卞之琳也曾说过，办《工作》"确是其芳抗战工作的鲜明起点，开始不仅在言论上而且在实际工作上，全心全意转入抗战工作和革命工作的转捩点"②。在言论上，何其芳在《工作》上所发的文章，"文风从他的《还乡杂记》开始的渐变来了一个初步的突变。与思想内容相符，他的笔头显得开朗、尖锐、雄辩"。卞之琳甚至将自己与何其芳在《工作》办刊过程中的作风与文风进行对比，然后下了这样一个判断：

> 当时作风、文风的一点不同，也就预示了其芳和我一九三八年暑假一同去延安，一同主要抱经延安去前方一行的愿望，而他就留下来工作……而很少曲折的前进了，而我到了那里，虽然思想上也大有变化，在延安访问（和参加临时性工作）并在前方主要是随军生活（和参加临时性工作）总共一年以后，以有"后顾之忧"，还是坚持"按原定计划"，回（原定暂回）"西南大后方"③。

如果说，何其芳因写杂文开罪了《工作》同人而导致的寂寞体验，给他去延安造就了心理条件，他的杂文《论工作》以及有着杂文品质的《成都，让我把你摇醒》让沙汀看到了他的转变从而愿意帮他，给他去延安准备了现实条件，那么，他在成都期间极力创作杂文的姿态以及杂文的内容，在卞之琳眼里，已潜藏着他在延安"留下来工作"而且"很少曲折的前进"的种子。杂文写作这件事本身，成为何其芳的延安道路的动因，亦成为何其芳成功走上延安道路的深层根源。因而，经由《我一年来的生活》的提醒，我们或应进一步探究何其芳成都时期的杂文写作状况及书写内容，从而促使"何其芳道路"研究走向纵深。

《我一年来的生活》的积极意义，还在于可以为深化"何其芳道路"研究提供新的可能。历来论析"何其芳道路"者，所依凭的重要文献都是《给艾青先生的一封信》《一个平常的故事》。《给艾青先生的一封信》完成于 1939 年 12 月 10 日的延安鲁艺，《一个平常的故事》完成于 1940 年 5 月 8 日的延安，是何其芳去了延安后面对艾青、中国青年社的质疑而被迫做出的辩护，而新发现的《"共赴国难"——流亡琐忆

---

① 沙汀：《追忆其芳》，易明善、陆文璧、潘显一编：《何其芳研究专集》，四川文艺出版社 1986 年版，第 19 页。

② 卞之琳：《何其芳与〈工作〉》，易明善、陆文璧、潘显一编：《何其芳研究专集》，四川文艺出版社 1986 年版，第 46 页。

③ 卞之琳：《何其芳与〈工作〉》，易明善、陆文璧、潘显一编：《何其芳研究专集》，四川文艺出版社 1986 年版，第 48 页。

之一》《从北平到天津——流亡琐忆之二》以及《我一年来的生活》，分别完成于1938 年 1 月 6 日的万县、1938 年 2 月 28 日的成都、1938 年 6 月 24 日的成都，均写于何其芳去延安之前，系应朋友杨吉甫、《战时学生旬刊》编者之约而写，没有辩护的客观必要与主观动机。因而，在内容上与《给艾青先生的一封信》《一个平常的故事》存在关联的这三篇文章，理应与习见的两篇文章纳入同一个阐释体系，而且理应将它们加以对比、分析，以探究何其芳对相关历史的不同讲述方式，进而分析这种讲述策略所具有的深长意味。

首先，《"共赴国难"——流亡琐忆之一》《从北平到天津——流亡琐忆之二》详细呈现了何其芳遭遇北平失陷的过程、逃亡途中的艰难与对汉奸的警惕，是他最早写成的回忆七七事变后一个多月间的生活情态的文字。这里面的诸多细节，在《我一年来的生活》中均因叙事需要而被忽略，但他去北平的时间与从天津逃亡回万县的路线，却得到了补充，因而可以说，何其芳的流亡琐忆系列尽管没能全部完成，但我们已由这些弥足珍贵的文字知道了大致情形。饶有意味的是，这样的叙述在他后续文章中已不可见。比如，《我一年来的生活》完成后的第五天，何其芳针对有人写的《从民众逃难现象看出中国家族主义的伟大》，气愤地说："我是中国人，我身受过家族主义的恩惠，而且逃过难，然而我却想不出它有什么伟大。"[1] 对为何及如何"逃难"，何其芳缄默不语。到了 1939 年 4 月 15-17 日，何其芳在《星岛日报》副刊《星座》上发表了《流亡琐忆》。对比《川东文艺》第 1 号上的《"共赴国难"——流亡琐忆之一》、第 4 号上的《从北平到天津——流亡琐忆之二》可知，何其芳将二文整合为一篇，拈出副标题中的"流亡琐忆"作为正题目，而以"一 我遇见了战争""二 在×人的手爪的黑影里"来命名原来的两篇，更为贴切地标出了两文的内容。或许我们可以说，何其芳此时对发表该文虽有一些困惑，然而并未想得更多。但他随后就看到了艾青批驳《画梦录》、怀疑其转向的合理性的文章，于是，试图为《画梦录》做辩护的他必得表明他的觉醒并非因了抗战，故而说道："我并不否认抗战对于我有着不小的影响，它使我更勇敢，它使我脱离了中学教员的生活，它使我过着新的快乐的生活，然而我的觉醒并不由于它。"[2] 为此，他突出了任教于天津的中学、山东莱阳的乡村师范学校时的心理变化过程，特意说他写作《街》时已觉得可以"以正直和宽大去回答人间的寒冷"，所以对于抗战，他只是简单地说它来得正是时候，说"它使我更勇敢"，"它使我自己不断地进步，而且再也不感到在这人间我是孤单而寂寞"[3] 而已。

---

[1] 何其芳：《论家族主义》，《何其芳全集》（第 2 卷），河北人民出版社 2000 年版，第 31 页。
[2] 何其芳：《给艾青先生的一封信》，《文艺阵地》第 4 卷第 7 期，1940 年 2 月 1 日。
[3] 何其芳：《给艾青先生的一封信》，《文艺阵地》第 4 卷第 7 期，1940 年 2 月 1 日。

在这种语境中，何其芳的逃亡历程、在万县启蒙失败的事实被他尽数抹去，在成都遭遇挫折的经历，也从指责批评家艾青不理解他这一角度进行了书写。1940 年 3 月，何其芳在《四友月刊》第 5 期的"文艺"栏发表了《流亡琐忆》的第一部分，内容与《星座》上的相差无几。在这期《编辑室》中，记者预告道："何其芳先生的《流亡琐忆》只登第一段，下期续完。"然而到了 4 月 30 日延期出版第 6 期时，"文艺"栏照旧出现，《流亡琐忆》下半部分却杳无踪影。在《编辑室》中，编者解释了印刷所耽误他们正常出刊一事，介绍了《敌人是怎样对待中国学生的》《看清日本的真相》等文章，在倒数第二段这样评说"文艺"栏：

> 使我们感到歉忱的，何其芳先生的《流亡琐忆》续稿竟在火灾中焚去了！所以不得不缺。文艺栏，这一期是特别丰富，每一篇都是成熟的作品，读者们当可判断出的。我们自己也觉满意，这是不必讳言①。

编者的"歉忱"与"满意"并存于《流亡琐忆》续稿被焚烧于火灾的言辞间，多少显得有些矛盾。由此我们一定会想到，文稿的缺登绝非因为编辑部着了火（事实上也查不到相关证据），"在火灾中焚去了"的说法应只是何其芳的一种说辞：《流亡琐忆》的续稿未必被烧，但何其芳不想再发表它则几乎可以肯定，因为随后中国青年社就质问他怎样来到了延安。在辩护中，抹去在失陷后的北平待了近一个月的事实，是何其芳不得不采取的自我保护措施。在后来编辑出版《星火集》等时，何其芳并未收入《流亡琐忆》以及《我一年来的生活》，或也正体现了何其芳的一种态度，蕴含着他对时势的一种判断。

其次，《我一年来的生活》的第二部分，在呈现何其芳离开万县的因由时强调了工作的忙碌与成效有限，离开时又被杨吉甫强迫着筹备《川东文艺》创刊号，为我们还原了真实的历史情形。将这些细节与何其芳的其他文章对比，就会发现这些颇为真实的叙述，却在其他文献中全然消失。比如，在 1938 年 4 月 28 日完成的《论救救孩子》中，何其芳言及自己在万县师范学校教三个年级的国文，不谈劳累而谈教材编写理念——"因为受了战争的影响，教本无法买，只有自己编选。虽说我不懂什么科学，我却相信着科学和科学方法。我要有一个编选计划。我相信那样对学生有益一点"②。而在涉及万县经历的《论工作》中，何其芳举了万县师范学校组织战时后方服务团的虚张声势、要求教职员工去做三天毫无效果的"征兵保国"宣传的事例，然后感慨地

---

① 《编辑室》，《四友月刊》第 6 期，1940 年 4 月 30 日。
② 何其芳：《何其芳全集》（第 2 卷），河北人民出版社 2000 年版，第 15 页。

说"这一类的后方工作情形使我有点儿不满"①，无论是对工作环境还是他自己都不满，从而为他去成都努力为抗战工作谋求正义性。在回答中国青年社的质疑时，何其芳同样回避了自己因繁忙而离开万县的细节，反复渲染的仍是万县抗战氛围的缺失。他说那里的教员们"几乎成天打着麻将"，在国土沦陷之际他们"关心他们的职业和薪金更甚于关心抗战"，半聋的校长"公开地说中国打不赢日本"；感叹那些学生"那样安静，那样老成"，比他还世故得多②。和《我一年来的生活》一样，何其芳此处也关注了那个关心抗战而被教师视为"神经病"的学生，但并没有说怕自己也要被视为神经病而准备离开万县，而是在叙述之前说"我感到我需要离开那个环境，我到底不是一个坚苦卓绝的战斗者"③。在回应艾青的质疑时，何其芳压根没提到万县的实情，因为他要刻意回避抗日战争爆发之于他的转变的影响。显然，我们在留意《我一年来的生活》第二部分的不可或缺性之外，还应进一步探究那些叙述为何会有意无意地淡出何其芳后来的视野。

最后，《我一年来的生活》的第三部分，较为详实地呈现了何其芳在成都以杂文抗战的情形、因由及受到的"善意的批评"。在回应这些"善意的批评"时，何其芳正面表明了自己坚守杂文写作的正义性，但并未对批评者有更多的批驳。针对有些人劝他做学问的说法，他承认莎士比亚与庄子研究等在战时依然有用，但又说"甘心让与那些幸福的人去从事"，体现了他自愿选择杂文化生存并承担一切后果的勇敢；针对有些人劝他少写点的说法，他理解人家遵从的是"物以稀为贵"的原则，但又说只要对人有一点益处，他愿意"甘心多写，拼命的多写"，他不会因能写文章而以奇货自居，否则"还不如去做洗衣匠"④，体现了他摒弃世俗功利、甘心为抗战奉献的担当。这里面有价值观、立场之异，但何其芳以平和之语，表达了"你走你的阳关道，我过我的独木桥"的差异化选择。在《给艾青先生的一封信》中，何其芳虽在文末感谢批评者，但在此之前，他不满意于徐中玉的责备，不满意于萧乾以他为例子来证明战时作者转向，更不满意于艾青批评他做过梦却要去参加抗战，言辞间充满了强行压抑的怒火。他引用一个不认识的青年朋友称赞他"热情"的来信，从而质问道："为什么他能够感到我是热情的，而书评家们却谁都没有找到这个字眼呢？"⑤ 到了《一个平常

---

① 何其芳：《论工作》，《何其芳全集》（第 2 卷），河北人民出版社 2000 年版，第 5 页。
② 参见何其芳：《一个平常的故事》，《何其芳全集》（第 2 卷），河北人民出版社 2000 年版，第 80-81 页。
③ 何其芳：《一个平常的故事》，《何其芳全集》（第 2 卷），河北人民出版社 2000 年版，第 81 页。
④ 何其芳：《我一年来的生活》，《战时学生旬刊》第 5、6 期合刊，1938 年 7 月 7 日。
⑤ 何其芳：《给艾青先生的一封信》，《文艺阵地》第 4 卷第 7 期，1940 年 2 月 1 日。

的故事》中，何其芳准确地勾勒了自己充当《工作》发行人，教着书、写着杂文，然后花一段文字叙述了他因批评周作人附逆而"引起了一些人的不满"的情形。他说：

> 一个到希腊去考过古的人，他老早就劝我不要写杂文，还是写"正经的创作"，而且因为我不接受，他后来便嘲笑我将成为一个青年运动家，社会运动家，在这时竟根据我那篇文章断言我一定要短命。我所接近的那些人，连朋友在内，几乎就没有一个赞同我的，不是说我刻薄，就是火气过重。这使我感到异常寂寞，我写了《成都，让我把你摇醒》①。

由于《成都，让我把你摇醒》发表于 1938 年 6 月 16 日出版的《工作》第 7 期，因此，"到希腊去考过古"的罗念生及何其芳"接近的那些人"的反对、批评、嘲讽甚至恶毒的诅咒，都发生于 6 月 16 日之前，早于《我一年来的生活》完成的 1938 年 6 月 24 日。我们知道，何其芳的《论周作人事件》写于 1938 年 5 月 11 日夜里，《关于周作人事件的一封信》完成于随后的"六月四日夜"②，因而，何其芳写作《我一年来的生活》时，这些人的负面看法早已到了他耳边。照理说，对诅咒他"一定要短命"，说他"刻薄""火气过重"的言论，何其芳应该借机激烈反抗才对，但恰恰是在最应也最宜宣泄这种情绪的时候，他没有言及罗念生的诅咒，却以比较温和的言辞进行自我辩白，又将他人的议论归诸"善意的批评"之列。更有意味的是，在时隔近两年之后的《一个平常的故事》中，他却言辞激烈地批评了当年的批评者，而所举的理由也并非最初所言。这种变化，或许只能解释为他辩护的叙事策略：他将当年的批评者对他的批评呈现得越激烈，他因反叛而去延安的合理性就越充分。这种辩护心态导致的主观选择性，何其芳其实意识到了，所以在出版《星火集》时，他"有意删去"了《给艾青先生的一封信》，认为"那也显露出来了我当时那种顽固地留恋旧我的坏习气。对于过去，没有严格的批判而只是辩护"，而"这缺点，就是在留存下来的《一个平常的故事》里也有的"③。在这取与舍之间，凸显出的正是何其芳在"历史"与"叙述"之间的自我认知。今日的我们，循此探究何其芳不同讲述背后的心理、时代因由，当能窥见"何其芳道路"上一些意味深长的层面。

---

① 何其芳：《一个平常的故事》，《何其芳全集》（第 2 卷），河北人民出版社 2000 年版，第 82 页。

② 《何其芳全集》（第 2 卷），河北人民出版社 2000 年版，第 27 页。

③ 何其芳：《后记一》，《何其芳全集》（第 2 卷），河北人民出版社 2000 年版，第 103 页。

结 语

朱寨曾评价何其芳道："'从成都到延安'，从旧世界的渊薮到革命圣地，他在人生旅程上作了一次大的飞跃。"① 而朱企霞则将何其芳"抛弃万县，摆脱成都，而毅然去到延安的一股最平凡、最纯真、而又最坚强的动力"，归于他"为了走向光明"②。在赞扬者看来，何其芳的战时转向是奔向光明的重要抉择，因而论者不断为其寻找合法性，然而在否定者眼中，何其芳的战时转向是艺术退步的开始，因而论者需要不断去探究"何其芳现象"的政治、文化等多重因由。走向殊途的两种判断，都强调了战时转向的重要性，而要掘进历史的纵深处，则需要原始文献的有力支撑。在这个意义上，佚文《我一年来的生活》与《流亡琐忆》一样具有不可替代的价值：它如"镜"，映照出七七事变前十余天至 1938 年 6 月 24 日期间何其芳的生活面影，让读者更全面地体察了他逃离北平、抛弃万县、摆脱成都的曲折历程，也如"灯"，照亮了我们继续去探索何其芳与学生团体、何其芳与《川东文艺》，以及何其芳选择性叙述历史之因由的道路，从而更近地触摸到何其芳走向延安的内在逻辑与具体路径。

（作者单位：重庆师范大学文学院）

---

① 朱寨：《脑力劳动者——关于何其芳同志的素描之二》，易明善、陆文璧、潘显一编：《何其芳研究专集》，四川文艺出版社 1986 年版，第 92 页。
② 朱企霞：《忆早年的何其芳同志》，易明善、陆文璧、潘显一编：《何其芳研究专集》，四川文艺出版社 1986 年版，第 41 页。

身份与自性的对话

——论何其芳与《红楼梦》研究之互相生产

郑 绩

红楼梦研究不是一个单纯的文学问题，其中有太多关键词与当时的何其芳重合、冲突，互相生产。现有的研究更多地注目于何其芳如何进行红楼梦研究，实际上不仅何其芳对红楼梦研究有着重大的贡献，红楼梦研究对于何其芳自身也有着重要的意义，投入其中的不仅有他的文学和文化理想，有他对于毛泽东文艺批评的责任感，有他作为行政领导的承担与义务，更在其中埋藏了他诗人的内核、理想主义者的天真与自性的体悟。

关于到达延安后何其芳的转变，有不少学者给出了精彩的论述①。然而也应看到，何其芳的转化是持续的，随着时代语境在不断地发生着变化。红楼梦研究中的何其芳，与延安时代的何其芳相比，又有了新的进化，仅仅局限于延安时代的阐释，已经不足以分析 20 世纪 50 年代后期的何其芳。草蛇灰线，伏脉千里，或许，将何其芳的一生视为整体来进行关照，更能找到其中一以贯之的线索。这正是本文选取何其芳与红楼梦作为研究文本的原因。

一

现在看来，何其芳介入红楼梦研究并非偶然，更不是兴趣所致，而是在内心召唤

---

① 比如段从学的《现代性语境中的"何其芳道路"》，剖析了何其芳早期代表作《画梦录》的文本以及相关论争，指出何其芳在不断"思索"中，将"现实世界"的愤怒和反抗注入《画梦录》，是现代性的逻辑和情绪推动使得何其芳的"梦中道路"顺利转换成了延安的革命道路。参见《中国现代文学研究丛刊》2013 年第 5 期。

与时代任务的共同作用下，一步一步深入其中。

从《红楼梦》问世流传以来，有关这部书的讨论就没有停止过。自乾隆末年开始，索隐派们探幽寻秘，从字里行间、点滴细节中寻觅书中真义①，连锐意改革的北大校长蔡元培也不例外②。1921年，胡适在俞平伯和顾颉刚的协助下，完成了《红楼梦考证》③，继而与蔡元培展开了一场备受关注的"红学"论争。在蔡、胡两人火热的商榷中，胡适的学生俞平伯积极声援老师，并自撰一部《红楼梦辨》④，被郑振铎、王伯祥等人戏称为"红学家"，为之后种种埋下了伏笔。

1954年3月，《新建设》发表俞平伯的《红楼梦简论》。

9月，李希凡、蓝翎在《文史哲》发表《关于〈红楼梦简论〉及其他》，批判了俞平伯在红楼梦研究中的唯心主义。此文首投《文艺报》，却未获发表。

9月30日，一度曾压制此文的《文艺报》，于半月刊第18期转载此文。冯雪峰在按语里写道："作者的意见显然还有不够周密和不够全面的地方，但他们这样地去认识《红楼梦》，在基本上是正确的。"

10月10日，《光明日报》发表李希凡、蓝翎的《评〈红楼梦〉》。

10月16日，毛泽东给中央政治局和其他有关同志写了《关于〈红楼梦〉研究问题的信》。信中写道：李希凡、蓝翎所写的驳俞平伯的两篇文章"是三十多年以来向所谓《红楼梦》研究权威作家的错误观点的第一次认真的开火"，"看样子，这个反对在古典文学领域毒害青年三十余年的胡适派资产阶级唯心论的斗争，也许可以开展起来了。事情是两个'小人物'做起来的，而'大人物'往往不注意，并往往加以拦阻，他们同资产阶级作家在唯心论方面讲统一战线，甘心作资产阶级的俘虏"。毛泽东还说："俞平伯这一类资产阶级知识分子，当然是应当对他们采取团结态度的，但应当批判他们的毒害青年的错误思想，不应当对他们投降。"批判被定了性。

10月18日，中国作协党组开会传达毛泽东此信。当晚，周扬电召何其芳商讨此事，因时间太晚，第二天两人才碰面。周扬时任中央宣传部副部长，分管文艺处。

10月23日，《人民日报》发表钟洛起草，林淡秋与袁水拍改定的《应该重视对〈红楼梦〉研究中的错误观点的批判》。

---

① 比较有代表性的有王梦阮、沈瓶庵：《红楼梦索引》，附文于120回《红楼梦》，上海中华书局1916年初版。此书印行多达13版，影响力可见一斑。

② 蔡元培：《石头记索隐》，首刊于《小说月报》第七卷一至六号。在王沈《红楼梦索引》风行一时的刺激下，张元济推动单行本出版，商务印书馆1917年9月初版。此书不断重印，到1922年，已印至第六版，后收入全集。

③ 胡适：《红楼梦考证》，附于标点本《红楼梦》之前，上海亚东图书馆1921年5月初版。1922年5月，亚东再版此书，胡适将《红楼梦考证》一文做了改订，仍附于前，从此定稿。

④ 俞平伯：《红楼梦辨》，上海亚东图书馆1923年4月初版。顾颉刚为之作五千字长序。

10 月 24 日，《人民日报》发表李希凡、蓝翎的《走什么样的路？——再评俞平伯先生关于〈红楼梦〉研究的错误观点》。这是李希凡、蓝翎所发表的第三篇针对俞平伯《红楼梦》研究的批判文章。

同一天，中国作家协会古典文学部举行了第一次"《红楼梦》研究"座谈会，主持人为当时的文学研究所所长郑振铎，俞平伯率先发言。出席者有茅盾、周扬、郑振铎、冯雪峰、刘白羽、林默涵、何其芳、陈鹤翔、林淡秋、田钟洛、俞平伯、李希凡、蓝翎等 70 余人。据蓝翎本人回忆，"会议的气氛并不紧张"①。会上何其芳做了自我批评。

10 月 28 日，《人民日报》发表袁水拍《质问〈文艺报〉编者》，将矛头直指冯雪峰在这场批判中所持的态度。运动迅速升级。

10 月 31 日到 12 月 8 日期间，中国文联和作协主席团连续召开 8 次扩大联席会议，就红楼梦研究中胡适派唯心论倾向以及《文艺报》在这个问题上的错误展开激烈批判。

全国纷纷响应，轰轰烈烈的批判运动就此铺开，进程之快，风狂雨骤。不但当事人俞平伯，连点燃导火索的李希凡、蓝翎两人也目瞪口呆。

批判旋涡中的人们只能任形势抛掷，控制这场运动的力量很复杂，而对于当时的何其芳而言，最重要的是毛泽东的态度。

1953 年以后，何其芳受命投入到文学所创建工程中。1954 年 10 月，他正担任文学所副所长一职。当时的文学所所长是郑振铎，何其芳直到 1958 年郑振铎坠机身亡后才先任代所长，再正式承担所长职责。

据周扬的秘书露菲回忆②，10 月 18 日当晚，"毛主席批评下来，周扬同志要找何其芳同志交谈。何其芳是文学研究所的所长③，住北大那边，我打电话给何其芳同志，请他来文化部，他说天太晚，司机也不在，他进城不便。周扬同志让我告诉他，毛主席对'红楼梦研究'有批评。何其芳急了，在电话中埋怨我为什么不早告诉他，其实我也是刚听到。周扬同志告诉他，明天再来谈吧"。

这段采访录音实际上是谈周扬的，只是恰好涉及了何其芳。它可以说明几个问题：其一，何其芳事先并不知道毛泽东对当时红楼梦研究的看法；其二，何其芳并未参加作协党组传达会，在周扬告诉他之前，他对毛泽东的这封信一无所知（的确，何其芳

---

① 蓝翎：《龙卷风》，上海远东出版社 1995 年版，第 40 页。

② 徐庆全：《知情者眼中的周扬》，经济日报出版社 2003 年 3 月。本文所引内容出自徐庆全 1999 年 1 月 28 日对周扬秘书露菲的采访录音。

③ 实际上何其芳为副所长，应是回忆人当时记忆有误。

是中国作协书记处书记，不是当时的中国作协党组成员①）；其三，在知道毛泽东持批评态度之前，何其芳并未重视此事，接到周扬电召后，以天晚路远不便等理由婉拒，听说毛泽东介入后，才"急了"；第四，在这之后的一系列运动进展，何其芳应该知情。

据冯雪峰回忆，1954年9月的一天，江青到《人民日报》编辑部，找来周扬、邓拓、冯雪峰、何其芳等人，要求《文艺报》转载李希凡、蓝翎的第一篇批判文章②，且说"何其芳等人（我也一样）当时根本没有重视这篇文章"，"听到何其芳说过'没有什么了不起'之类的话"。如果冯雪峰的回忆没错，那何其芳最晚在9月下旬就应该知道这场"小人物挑战权威"的风波了。即便回忆有误，作为从延安来的"老革命"、现任文学所的副所长，何其芳不可能错过此事，只是当时完全没有引起他的重视。

然而半个多月过去了，在《光明日报》刊发了李希凡、蓝翎的第二篇批判文章之后，当何其芳晚上接到周扬秘书的电话，要他前去文化部商讨此事时，仍予以拒绝，显然何其芳当时依旧尚未意识到风乍起，巨浪将至。

周扬在10月18日当晚没有先找所长郑振铎，而是找了副所长何其芳，原因有三：其一，何其芳在毛泽东亲自指定的传阅名单上③；其二，郑振铎还担任着国家文物局局长等职，文学所的具体工作由何其芳负责；其三，何其芳是延安一路过来的嫡系。郑振铎不是中共党员，而何其芳1938年就已入党。党领导文化，而俞平伯在文学研究所工作，周扬先找何其芳讨论是再自然不过了。

何其芳态度的转折发生在他被传达了毛泽东的信件精神之后。根据当时的工作方式，10月23日、24日，《人民日报》接连刊发两篇相关檄文；24日，召开座谈会。这一系列动作当由周扬组织、何其芳配合。第一次座谈会上，郑振铎以所长身份担任主持，他的发言有意调节现场氛围，只是组织大家讨论。座谈会的最后，何其芳做了明确的自我批评。反倒是周扬，作为与会领导，措辞比较委婉。很明显，这个时候，何其芳已经跟上了毛泽东所定下的批判调性，开始执行自己作为文学所副所长的工作

---

① 当时中国作协党组书记为周扬，副书记为邵荃麟，党组成员有丁玲、冯雪峰、沙汀、萧三、陈白尘。

② 冯烈、方馨未：《冯雪峰外调材料》（上），《新文学史料》2013年第1期。此外，徐庆全《"文革"中周扬为何会抵制毛泽东的旨意？》也述及此事，与冯雪峰的说法大致相同，只是在场人员名单更全，出处不明。参见《历史学家茶座》2010年第一辑。

③ 据毛泽东手稿刊印注释，信封上毛泽东手写的传阅名单中，确有何其芳，排在最后一个。另据冯雪峰回忆，"主席用铅笔写的送阅名单中，文艺界的有周扬、何其芳、丁玲、林默涵和我"。冯烈、方馨未：《冯雪峰外调材料》（上），《新文学史料》2013年第1期。

职责。

　　然而从后面何其芳对待俞平伯的态度、他的发言以及亲自参与《红楼梦》研究等行为看，何其芳还是在努力将事件控制在文学研究范畴内。1956 年，对俞平伯的批判还远未平息，知识分子问题会议之后，文学所评定职称，何其芳在郑振铎的支持下，力主将俞平伯评为一级。1966 年，俞平伯评职称事件被旧事重提，何其芳被要求交代、检查，写了无数检讨的何其芳在这件事上却只交待，不检讨。他写道："当时他虽被批判，但按党的政策不应降他的级，因为降级是行政处分。俞平伯顺理成章从旧的七级教授折为新的一级研究员。"① 时隔十年，何其芳仍然不认为自己当时的处置是错误的，而是从行政角度给出了相当合理的解释。可见，至少到 1966 年，何其芳还是没有将针对俞平伯的红楼梦批判视为政治事件，而是当作思想文化问题来处理的。

　　但是在毛泽东的那封信里，多次提到了"小人物"，赞赏他们对抗"大人物"的战斗精神，再三提及了青年与腐朽的对抗，几乎没有涉及《红楼梦》研究的具体问题。很显然，毛泽东是将此事作为阶级斗争的星星之火，对俞平伯要"采取团结态度"，却"绝不投降"于"胡适派资产阶级唯心论"。即便何其芳之前没有重视，那么见信并学习了信件精神，并且参与甚至组织了一系列的批判活动，进行了严厉的批评与自我批评之后，何其芳仍努力从红楼梦研究本身出发看待问题，直至将自己投入到红楼梦研究中，把它作为毛泽东思想追随者在古典文学研究中的抓手，那就不会仅仅是未能领会精神这么简单了。

　　仔细分析何其芳在红楼梦研究中的努力方向，便会知道这其中隐藏了他的自我定位、文艺理想以及发展信念。

二

　　从 20 世纪 40 年代初期开始，何其芳就急切地想要"把马列主义的文艺理论、毛主席的文艺理论中的一些根本原则"② 贯穿进文学批评。"在 1942 年春天以后，我就没有再写诗了。有许多比写诗更重要的事情要去做。"③ "我原来并不写什么理论批评文章，在 1942 年延安整风以后，由于工作需要，由于想宣传毛主席的文艺思想，才开始写一点理论批评文章（当然，宣传得并不好）。"④

---

① 马靖云：《俞平伯评职称——再忆何其芳》，《新文学史料》2013 年第 1 期。
② 1951 年 12 月 29 日，何其芳写了一封长信给艾芜，讨论了艾芜《文学手册》中的思想问题，此书于 1941 年 3 月由文化供应社出版。见《何其芳选集》（第 3 卷），四川人民出版社 1979 年版。
③ 何其芳：《夜歌·后记》，诗文学社 1945 年版。
④ 何其芳：《夜歌·后记》，诗文学社 1945 年版。

当针对红楼梦研究的大批判风起青蘋之末，何其芳认为"小人物"的看法没有什么大不了，但是毛泽东一旦批示，何其芳立即意识到，自己在文学批评上的理论工作没有做好，这是又一个能够宣传和实践毛泽东文艺思想的时机和场合。他当即投身其中，并且根据时代情况对自己的批评路数进行了调整。

1954 年的中国欣欣向荣，充满希望，何其芳所追随的社会理想初露雏形，他真诚地认为文艺工作者应该"在将要随经济建设的高潮而到来的文化建设的高潮中有所贡献"①。从红楼梦研究开始，何其芳的文艺思想产生了明显的嬗变。

蝴蝶扇动翅膀，风暴骤然降临。身处漩涡中心，不但李希凡和蓝翎，即便是早已名满天下的俞平伯，都是"小人物"，他们身不由己，然而何其芳不同，他了解风起的逻辑，隐约感觉到风暴的走廊通向何方。他认为自己甚至在某种程度上，还可以稍稍调整一下方向，他想试试，并且真的尽力去做了。在某种程度上，他确实做到了。

在"红学"大讨论之前，何其芳当然不仅读过《红楼梦》，且对这部书有着特别的关注，否则他也不可能特意提议将俞平伯从北大调入文学所校勘《红楼梦》。1956 年，何其芳在"双百方针"颁布之际完成了《论红楼梦》。在这篇将近十万字论文的开头，他以富有诗意的笔触回忆起了自己少年时初读红楼的感受："我们幼小的心灵好像从它受过了一次洗礼。……我们好像回复到少年时候，我们好像从里面呼吸到青春的气息。"② 可见，自少年时代起，《红楼梦》就给何其芳留下了深刻的阅读印象。鲁迅也研究过《红楼梦》，不但在《中国小说史略》中用了一个专章来讨论，还在多篇文章中提及。他既借鉴过胡适的研究成果，也借着谈《红楼梦》搂草打兔子，把胡适说成"特种学者"③。可见，将红楼梦研究与思想斗争联系起来的，毛泽东并非第一人，何其芳自然也不会一无所觉。然而，即便少年即入红楼中，深知红楼梦之重要，了解红楼梦背后的斗争逻辑，何其芳在大讨论之前，也从未涉足红楼梦研究。

是这场批判，唤起了何其芳的责任感。他意识到，作为文学所的副所长，作为一个毛泽东文艺思想工作者，作为一个从延安时代就追随毛泽东的共产党员，他要借此契机，在中华人民共和国建立起真正的毛泽东文艺思想批评路径，从古典文学中找到中国文学的生命之源，从而构建起与他内心投射与政治理想同时契合的文学生态。研究《红楼梦》，不是兴趣，而是责任。

从一开始，何其芳就一直努力地将批判往讨论的方向引导。他当然写过批判文章，

---

① 何其芳：《现实主义的路，还是反现实主义的路?》，《文艺报》第三期，1953 年 2 月。

② 何其芳：《论红楼梦》，《文学研究集刊》第五集，1956 年。后与另四篇古典文学研究论文一起，于 1958 年 9 月由人民文学出版社结集出版，为中国科学院文学研究所专刊之一。

③ 鲁迅：《〈出关〉的关》，《作家》月刊第 1 卷第 2 期，1936 年 5 月。

说"俞平伯先生坚持他的资产阶级唯心主义的文艺思想和学术思想"①，听起来颇为严厉，然而这是定下的调子，何其芳不能改。不过，通读全文，就会发现此文的重点并不在于批俞，而是一直在强调要"认真学习马思克列宁主义"，要去"研究它的内容"，"去从社会和阶级的观点估计它的意义"，全文真正的落脚点在于提倡红楼梦研究要从文本出发，运用毛泽东文艺思想批评方法论，分析典型人物，观照背后的社会现象。

细读这篇笔调颇为犀利的批判文章，发现它实际上对俞平伯没有什么杀伤力，反倒是在努力将大家的注意力拉回到《红楼梦》的文本自身，将频段从政治斗争调整到文学研究上来。何其芳认为，"从文学批评方面，它却一直没有得到充分的估价，科学的说明"。此文名为《没有批评，就不能前进》，着重处与其说是写在前面的"批评"，不如说是藏在后面的"前进"。这篇文章为之后的红楼梦研究定下了基调，研究红楼梦本身成了大讨论的主流。

何其芳亲自上阵，作为领导，要身先士卒；作为党员，要冲锋在前。何其芳怀着对新中国文学研究的责任感，投入了古典文学研究。可以说，从一开始，何其芳就希望将自己的红楼梦研究作为一种示范，作为成功的尝试，去引导整个文学研究界的路数。

何其芳对毛泽东思想在文艺批评上的贯彻，一直以来最擅长的就是使用"阶级论"。他对这一理论精通娴熟，将之作为红楼梦研究中的论述主线，把《红楼梦》概括为"它的作者的基本立场是封建地主阶级的叛逆者的立场，他的思想里面同时也反映了一些人民的观点"②。何其芳始终将"阶级论"作为贯彻毛泽东文艺思想的理论抓手，直至20世纪70年代，他仍然以此为自己的红楼梦研究辩白——"我自己觉得我主观上还是努力在用阶级分析方法的（用得好不好是另一问题）"③。

1949年，《文汇报》开展了"小资产阶级的人物可不可以作为主角"之论争，何其芳立场坚定地认为将工农兵作为主角是个立场问题④；批胡风时，何其芳毫不留情地将胡风的主观精神定性为资产阶级，升级到了政治高度⑤；批《武训传》时，何其芳认为武训可耻地投降了封建阶级，办学完全是反动的，侮辱了同时代的太平天国战士⑥。如果说以上种种都发生在1952年之前，那么在由俞平伯红楼梦研究批判而引发的胡适文学观批判中，何其芳仍然火力十足，态度之强硬，完全不同于处理俞平伯红

① 何其芳：《没有批评，就不能前进》，《人民日报》1954年11月20日。
② 何其芳：《没有批评，就不能前进》，《人民日报》1954年11月20日。
③ 何其芳：《致人民出版社负责同志》，《何其芳选集》（第3卷），四川人民出版社1979年版。
④ 何其芳：《一个文艺创作问题的争论》，《文艺报》第1卷第4期，1949年11月10日。
⑤ 何其芳：《关于现实主义·序》，北京海燕书店编辑，上海海燕书店出版，1950年3月。
⑥ 何其芳：《驳对于武训和〈武训传〉的种种歌颂》，《人民日报》1951年6月5日。

楼梦研究批判时所表现出来的"团结态度"①。

然而在红楼梦研究中，"阶级论"似乎没有以前那么好用了，何其芳使用得有些勉强。他开始反思，认识到"对阶级社会中的文学现象，是必须进行阶级分析的，但如果以为仅仅依靠或者随便用阶级和阶级性这样一些概念，就可以解决一切文学上的复杂问题，那就大错特错了"②。

《论阿Q》和《论〈红楼梦〉》相继完成于1956年的9月和11月。经过将近两年的思考酝酿，借着进入红楼梦研究的契机，何其芳迎来了理论批评的新阶段。这两篇文章的内核是一致的，均本着从文本出发的态度，着眼于典型人物的分析，提出并系统阐释了"共名"说。何其芳开始形成自己的批评话语。

和以往完全使用"阶级斗争论"作为文本阅读主线不同，何其芳将宝黛爱情悲剧作为全书线索，这不仅是红楼梦研究中的首创，也是何其芳批评生涯的重大转折。如果说开始的时候，何其芳只是和以往一样，响应并追随毛泽东的步调，那么越到后来，他越想真的读懂《红楼梦》，也想借《红楼梦》实现自己的文艺梦。

《论〈红楼梦〉》的开篇第一句，便将《红楼梦》的艺术成就提到了不可逾越的高度——"伟大的不朽的作品《红楼梦》是我国小说艺术成就的最高峰"。这一句绝不是废话，更不是简单的开篇词，它奠定了全文的基调。唯有如此，何其芳因其所产生的种种改变才是合理的，可解释的；只因如此，何其芳避开了对作者的传记考证和作品的本事考证，专注于艺术成就；也正因为如此，在面对这部作品时，何其芳无法不被深深吸引，强大的文学感染力使得他奋起痛打教条主义，缩回了由阶级论附带的政治论长鞭，不得不承认文学的复杂性常常超越概念，写身边熟悉的人物也可以创造出文学上的高峰。何其芳用辩证唯物主义和历史唯物主义来解释自己的观点由来，他开始由一个单纯的毛泽东文艺思想信徒向真正的马克思主义文艺理论家转变。

何其芳对《红楼梦》的评价，对众多人物性格的分析，对其复杂诗性的肯定以及对其艺术成就的总结，今天看来只道是平常，然而在当时却条条都是创见，为今后的红楼梦研究留下了范式。能够诚实于自己的阅读感受，忠于文本，实事求是地对作品进行分析和评价，是十分难得的，也为后世趟开了路径。

在"阶级论"的幌子下，何其芳的红楼梦研究悄然回归文学本身，这一转向不仅引领了文学研究风向，也赋予了何其芳红楼梦研究本身更久的生命力。今天回头来看，说何其芳的红楼梦研究"受到学术界广泛的注意，产生了巨大和深远的影响"③，毫不

---

① 何其芳：《胡适文学史观点批判》，《人民文学》1955年第5期。
② 何其芳：《论阿Q》，《人民日报》1956年10月16日。
③ 邓庆佑：《回忆与悼念——兼谈何其芳同志的〈红楼梦〉研究》，《红楼梦学刊》1988年第4期。

过誉。基于文本细读和人类情感的论文永不过时，今天的红学研究仍然不脱何其芳当年的范式。

何其芳在红楼梦研究中的亲身实践，将大家的注意力从考据上引开，客观上确实减轻了俞平伯的压力。然而何其芳的确不折不扣地执行了毛泽东信件的精神。信中说俞平伯是要团结的，何其芳便尽可能地团结；信中说不能让胡适派资产阶级唯心论毒害青年，那就要彻底清算。但是这封信中完全没有提及任何与红楼梦研究本身有关的问题，潜台词是仍然支持研究《红楼梦》，支持研究古典文学，只是不能用现在的唯心论，也不能阻挡"小人物"的批判锐气。

众所周知，毛泽东喜爱并熟读《红楼梦》，从延安时代开始，闲谈中聊起红楼，开会时征引红楼，用《红楼梦》当女儿的教材，从红楼中看历史、看政治、看艺术。如果深入了解毛泽东对于《红楼梦》的种种赞赏，我们会发现，何其芳在红楼梦研究中最重要的贡献，是把毛泽东的看法进行了文学理论的归纳、总结与提炼，形成了完整的论文和观点，并将其系统化、范式化、路径化，做到了可学习、可应用、可普适。

何其芳较之其他人更为高明的地方，是他真正领会了毛泽东文艺精神，避免了1974年"评红"热潮①时的种种笑话。只讲阶级斗争，只讲"政治小说"，只讲"几十条人命"，那都不是，或者说不全是毛泽东的本意。

历史的险蹊上，何其芳并非只枪匹马，单挑意识形态；瞒天过海，举着阶级论的幌子行文本细读之事。他仍是那个虔诚的执鞭之士，矛头指向，便不惜一切，完成任务。他能走过这条小径，踏出一条路子，既有旗手为他指明的方向，也得益于历史的缝隙。1954年到1956年，"双百方针"发布，何其芳也正好踩着节奏完成了红楼梦研究的长篇论稿。

回顾所来径，苍苍横翠微。文学史的图卷，总是由时代与个体共同绘就。

三

然而，为什么是何其芳？

毛泽东关于红楼梦研究信件的信封上，手写着28个人的名字，何其芳名列最后②。这里面有不少文艺界的领导，职位比他高，资格比他老，笔头比他健，平台比

---

① 1973年，毛泽东两度正面提起《红楼梦》，给予了很高的评价。由此，《红楼梦》成为当时唯一可读的中国古典文学作品，并掀起了一场全民"评红"高潮。

② 他们分别是刘少奇、周恩来、陈云、朱德、邓小平、胡绳、彭真、董老、林老、彭德怀、陆定一、胡乔木、陈伯达、郭沫若、沈雁冰、邓拓、袁水拍、林淡秋、周扬、林枫、凯丰、田家英、林默涵、张际春、丁玲、冯雪峰、习仲勋、何其芳。

他广，但是在轰轰烈烈的批判运动之后，大浪淘沙，真正做出成绩的，只有何其芳。对比姚雪垠写作《李自成》，亦可知水到渠成的文学未必能随心所至，也不是仅靠决心和努力就能达成的。

许多研究者都注意到了何其芳对于创作者身份的不舍，在各个阶段，他都表达过理论家身份带给他的困扰甚至是遗憾。在给同乡好友杨吉甫的信中，他吐露心声道："创作是我的第一志愿，研究是我的第二志愿。"① 他意识到自己不是写文艺批评论文的材料："我这些论文既无什么独到的见解，又无文章之美可言，我写的时候只努力把要说的话说得比较清楚比较正确，因而大半都是写完以后，就感到兴味索然。"② 即使到了 1957 年，在红楼梦研究中取得了极大的进展之后，何其芳在中国作家协会文学讲习所做演讲时仍然说："我是不喜欢搞理论的，在整风以前我从来没有写过理论文章，可是现在的工作岗位决定了我天天要搞理论。"③

然而，无论表达过多少次对专心创作的渴望，何其芳仍然兢兢业业地完成工作任务，并坚持将毛泽东文化思想贯彻始终。无论是在创作界还是理论界，这都是少见的。何其芳对于创作的留恋并没有妨碍他执行《在延安文艺座谈会上的讲话》精神，这是何其芳的自我选择，他自愿将毛泽东思想当成自己的一部分。

当他认识到原有的自性与理想产生冲突时，毛泽东思想迅速内化，也成为他的另一种自性。从他在各个场合反复强调自己热爱创作并不擅理论来看，他并不认为创作本身是有害的，或者成为一个诗人是可耻的，也并非认为自我表达是被禁止的。他所为难的，是他的工作岗位职责决定了他必须将主要精力放在批评理论上，导致他没有更多的时间、精力与心力进行创作，而不是意识形态对他的诗人自性产生了压制。在身份选择上，他不但自愿，而且清醒，即便他为此焦虑。从某种意义上来说，这何尝不是一种浪漫，何尝不是一种理想主义，亦是人生的诗性。

真正困住何其芳的，不是毛泽东思想，而是身份焦虑。他格外虔诚，更因为他与自己的偶像之间天然存在巨大的差距。两种自性之间相隔鸿沟，何其芳仰望、追随、匍匐、跨越甚至弯折，然而不可克服的原有自性令他始终无法从工作中获取真正的快感，直到红楼梦研究的出现。

《红楼梦》之所以值得反复研究，是因为它存在着巨大的文学空间，超越了政治意义。更幸运的是，毛泽东非常喜爱这部书，且当时的文艺环境也极为适合。上节已

---

① 何其芳：《何其芳选集》（第 3 卷），四川人民出版社 1979 年版。
② 何其芳：《何其芳选集》（第 4 卷），四川人民出版社 1979 年版。
③ 何其芳：《答〈关于红楼梦〉的一些问题》，《何其芳全集》（第 3 卷），河北人民出版社 2000 年版。

经论述过红楼梦研究正碰上好时候，成为了历史缝隙中的机遇。何其芳生逢其时，不早也不晚；身处其位，不大也不小；性适其书，不偏也不过。这是红楼梦研究的契机，更是何其芳的契机。

红楼梦研究弥合了何其芳的内在断裂，使得他能够将政治与文学在理论研究中同时呈现，批评家与创作者的身份高度重合，他的身份焦虑因此得到极大的缓解。将其放回历史语境中，还原何其芳在红楼梦研究写作中的对象，便可以清晰地看到何其芳在与作品对话，与时代对话，与内心对话。我们终于在其中看到了何其芳真正的全部的自己，而不仅仅是毛泽东。第一次，他所全力追随的思想资源不再与他自己相抵触，他可以将自己置入其中，用自己的方式去表达，表达出一部分的自我，虽不能水乳交融，仍充满着文学生产的勃勃生机。

何其芳的红楼梦研究论文大量使用了抒情性文字，这让评论文章看上去更像是一篇再创作，为读者留下了阅读空间，从而具备了文本价值。如此，何其芳在细读红楼梦，我们在细读何其芳。在何其芳的理论文字里，不再只有毛泽东，从此有了何其芳，给我们留下了研究的余地。

之前，何其芳一直在努力克服自己的小资产阶级出身，他卖力批判胡风写"熟悉的生活"，并不是反对现实主义本身，而是反对和小资产阶级相关的现实。继续深究下去，之所以要工农兵不要小资产阶级，还是因为毛泽东思想如是说。工农兵不过是通向真正实践毛泽东思想路上的一块站牌，毛泽东思想才是终点站。

好在红楼梦研究与思想终点不但不相冲突，还能相辅相成，于是，《红楼梦》中所表现出来的历史现实可以被正视、被承认直至被尊重。何其芳一直批判自身成长的环境，但在红楼梦研究中，他终于可以正大光明地赞扬其中丰富细腻的日常生活描写："既然这部书的故事和人物是吸引我们的，这些组成部分自然也就引起我们的兴趣了。"①

他坦然承认对"各种各样的生活都有兴趣"，不但认可写熟悉的生活可以让文学作品更深刻，甚至认为那才是真正的艺术规律。由此，他反对"概念化""公式化"，否定"农民说""市民说"，因为那些都不符合《红楼梦》写作所呈现的社会背景。只需要加一顶封建批判的帽子，他就可以思想合法地使用各种材料。毛泽东曾说："要学会用材料说明自己的观点。"② 由此，把"中国历史研究清楚"，并将之运用在古典文学研究上，成了正当的方法论，也成就了何其芳红楼梦研究，令其成为后来文学研究的典范之一。

---

① 何其芳：《论红楼梦》，《文学研究集刊》第五集，1956年。
② 毛泽东：《工作方法六十条》（草案），《毛泽东思想万岁》，武汉人民出版社1968年版。

何其芳对该方法论有过概括："应该把文学作为社会现象，作为反映社会存在的社会意识来看待，应该用阶级观点来分析，应该把作家的主观思想和写作动机意图和作品所表现出来的客观思想、社会意义区别开，这是马克思列宁主义考察文学作品的一些基本观点。"①此时的何其芳，通过研究红楼梦，开始领会到马克思主义文学批评的精髓，即意识形态和艺术性兼具，同时还有学科性，并引入美学的概念。也因此，何其芳的红楼梦研究不再纠结于材料不足的作者考证等细节，而是将眼光投向了文本以及文本背后的社会历史背景。这不仅使何其芳本人的文学批评产生了升华，也很好地引领了整个文学批评的未来方向。

除了变化写作方式与升级方法论，何其芳在对红楼梦关键人物的理解上充分显现出他的双重气质。1956 年，北大贯彻"双百方针"，同时请何其芳和吴组缃开讲《红楼梦》。两人观点不同，尤其在对薛宝钗的看法上。据学生回忆，何其芳讲课，充满激情，反对"钗黛合一说"②。在薛宝钗这个人物的理解上，何其芳有自我的投注。他懂宝钗，他是用宝玉怜惜的目光去看，再用阶级论的观点去分析。在何其芳的认识中，他与宝钗有着潜在的相似。他有着小资产阶级的审美底色，又接受了意识形态的洗礼，同样在人生中面临精神挑战，有过自我冲突和自相矛盾，也令不少人深深误会。他在解读宝钗的同时，也调协治愈了自己。当文学批评具备这样的功能时，批评也是一种文学创作，再配合如诗的笔调，何其芳在红楼梦研究中实现了某种圆满。何其芳的红楼梦研究，让我们看到原来批评也应该是一种和自身相关联的创作，而不是理论的复制粘贴。这对今天的研究者仍然有启发，也有警醒的作用。

新年的太阳，照化了去年的积雪，却融不去人性的痕迹。何其芳在红楼梦研究中强调人道主义，并身体力行，将自己化作脚印留在了文章里。我们看到了他所书写的一切，读到了那个时代的理想与浪漫，更听到了他与自己的对话。文人的千秋家国梦不过是先为自了汉，再普度天下，一代又一代人在文学中自了、普度。何其芳对红楼梦研究有着重大的贡献，红楼梦研究又何尝没有成就一个更为完整的何其芳？在身份与自性的对话中，何其芳与红楼梦研究互相生产，而我们，有幸目睹。

（作者单位：浙江省社会科学院文化研究所）

---

① 何其芳在 1954 年 10 月 24 日中国作家协会古典文学部召开的红楼梦研究座谈会上的发言，《光明日报·文学遗产》第 29 期，1954 年 11 月 14 日。
② 刘锡诚：《记忆中的何其芳》，《中华读书报》2005 年 8 月 24 日。

清末民初"海外竹枝词"的南洋书写①

管新福

在近代中国人走向世界的历程中，西洋、东洋和南洋均扮演着重要角色。但与西洋和东洋相比，南洋却是一个被长期忽视的场域。我们若要审视 19 世纪末 20 世纪初中国文人域外书写的整体概貌，就不能将眼光仅仅局限于西洋和东洋两处。只有将西洋、东洋与南洋一起观照，才能全面拼成清末民初中国文学域外书写的完整图景。据学界共识，南洋地区包括英属海峡殖民地及缅甸、荷属印尼、美属菲律宾、法属安南，以及第二次世界大战时日据太平洋群岛等广大区域。在我国，南洋这一称谓一直沿用到清末民初，20 世纪 40 年代以后才逐渐被"东南亚"一词所取代。历史上，南洋是中国出海的重要通道，更是中国东南沿海居民拓展生存空间之所。但近代以来，随着欧美列强势力渗进亚洲，南洋逐渐沦为西方的殖民地，当然也在被动中开启了近代化模式。这一时段，随着外出国人激增，文学对南洋的书写也渐次滋增，且多以游记形式拟文，体式或散或骈，或诗或骚，其中以竹枝词诗体进行描述者亦有不少，其内容广涉南洋地区的历史源流、宗教信仰、人物风景、服饰饮食、语言文化等等，构成别有况味的异国情调，不但能传递域外信息，也能满足文学审美，成为清末民初呈示域外镜像的一道亮丽风景。今天我们对这些竹枝词进行阐释，不但有助于完整理解当时旅外国人走向世界的心路历程，亦可审视近代以来中国文学对异国形象的想象和书写概貌。

---

① 本文系贵州省哲学社会科学重点项目"晚清报刊录载辞赋整理与研究"（20GZZD49）的研究成果。

一、清末民初"海外竹枝词"的南洋题旨

鸦片战争失败后，面对内忧外患之局，有识之士认识到中国所处的严峻形势，并逐渐从传统文化自信的迷梦中醒来，开始学习西方的格致之学、文化习俗、制度规范等等，中外文化的交流因之变得频繁，致使外出国人增多，识见日涨。当面对迥异于自身的域外世界时，很多受传统文化熏陶、自幼熟读古代经典的旅外人员纷纷使用古典诗词，尤其是竹枝词体诗描叙眼中所见的异域，大量诗篇由数十首联章成组，具有长篇叙事诗的功能，不仅迎合了读者的猎奇心理，也有效传播了域外新知。这些颇具规模的"海外竹枝词"，是指"中国诗人用竹枝词的体裁和情趣歌咏在外国所见所闻的事物的诗歌形式"①。与传统竹枝词书写题旨不同，"海外竹枝词"的独特之处，不但在于其描写外部世界的新异性、所承载文化的差异性，更在于书写者对海外世界的文化想象、文化利用等特色。这些诗作拓宽了竹枝词的表达空间，也延展了竹枝词的价值范畴。通过它可获取对异域世界的认知，将广大、遥远的空间具体化、秩序化，变成未出国门者可感知、可把握的具象世界。南洋题旨的竹枝词作为清末民初海外竹枝词的主要范型之一，其作者群体其实不少。除过境南洋游历西方或短期停留的官员或文人，如丘逢甲、陈宝琛等文人外，还有移民南洋地区的中国文人，如邱菽园、萧雅堂等诗家，他们通过在南洋的生活体验以及细腻审视，构建起别具一格的言说方式，并在比较中形成了独特的书写策略和价值评判。

据现有文献记载，中国文人对南洋的想象和书写较早。如明初马欢随郑和三下西洋，就将沿途见闻写成《瀛涯胜览》一书，对 15 世纪初的南洋地区做了详细介绍，虽然该书的南洋书写更侧重纪实性，但涉及南洋诸国风俗习性、人物风景时也具有较高的文学趣味。之后清初陈伦炯（1685-1748）著有《海国闻见录》一书，也对南洋地区各国、各民族现实情况给予解释，并表述了自己的评判。而竹枝词对南洋世界的想象和书写，则首见于清初尤侗（1618-1704）编修《明史》之余所述："既纂《外国传》十卷，以其余暇，复谱为竹枝词百首，附土谣十首。"② 尤侗未有涉外经历，系搜求故籍，凭空臆想域外风土，故有不少失真之处。其中关涉南洋题旨的竹枝词达 55首，内容涵括了今天的新加坡、马来西亚、印尼、缅甸、斯里兰卡、越南、马六甲等南洋国家和地区，可谓详备。1719 年徐葆光、黄子云的《中山竹枝词》和《琉球纪事咏》，1800 年寄尘上人的《琉球竹枝词》，1808 年费锡章的《琉球杂咏》等诗篇则对

---

① 季羡林：《学海泛槎》，新世界出版社 2017 年版，第 213 页。
② （清）尤侗：《外国竹枝词·自序》，中华书局 1991 年版，第 1 页。

琉球群岛的民风民俗进行细腻刻绘。此外,福庆的《异域竹枝词》收有表述外藩题材竹枝词21首,主要记述了中亚各国的情形,具体展现哈萨克斯坦、克什米尔周边国家地区的民族风习,书写既有客观纪实的一面,又有想象和虚构的一面,也旁及暹罗等南洋邻国的风貌。上述竹枝词乃清中叶以前所撰,数量虽然不多,却开了竹枝词书写异国情调的先河。清末民初,随着中外文化交流的频繁,对南洋的书写逐渐滋多,外派使臣、游学文人及留学生将笔触投向旅途的南洋,"由于没有现成语汇可供描述,往往使用'旧瓶装新酒'的方式,用传统语汇描摹西物"[1],不少人使用竹枝词的形式进行书写。夏晓虹说:"晚清诗人喜用'竹枝词'咏海外新事,无非是看中了'竹枝词'的轻巧灵便与亦庄亦谐。对于迫不及待要把所见所闻记述下来而又把握不准的诗人,这确实是最佳选择。"[2] 于是,文人们纷纷利用竹枝词的包容性展示迥异于自己母国的文化习俗,吟咏风土,描纪时尚,将南洋的生活百态、饮食日常、假日节庆活动、人情交往、新奇事物形诸笔端,蔚为大观。

清末民初南洋竹枝词的涌现,引起了研究者的兴趣和重视。学界对南洋竹枝词文献的搜罗整理始于20世纪初。如朱谦甫1921年编辑的《羊城竹枝词》对南洋有所涉及;陈丹初1924年的《菲岛竹枝词》以菲律宾为描述对象,但之后一度沉寂。20世纪90年代,王慎之、王子今编成《清代海外竹枝词》出版,共辑南洋竹枝词200余首,虽有不齐,但已将当时文献能见者收入其中。之后,雷梦水、潘超等人辑成《中华竹枝词》(全6册)面世,按省域分目,共收竹枝词21000多首,在附录部分专列海外卷,辑录南洋竹枝词300余首。2007年,丘良任、潘超等编的《中华竹枝词全编》付梓,凡7卷,亦按省域分目,收有4402位诗人6054篇共69515首竹枝词,是迄今为止最全的辑本,亦辟有海外卷,收入了56位作者书写南洋的竹枝词515首,较之前著增量不少,但也远未收全。2012年,新加坡学者李庆年所编的《南洋竹枝词汇编》出版(新加坡今古书画店发行),该书所收竹枝词主要录自17种马来西亚报纸,自1888年至1950年,时间跨度60余年,收录竹枝词4000余首,其中重要作者有丘逢甲、王恩翔、陈宝琛、叶季允、邱菽园、萧雅堂等人,他们均以南洋世界为题,吟咏南洋风土,展现南洋文化习俗,表达故国之思等。《南洋竹枝词汇编》按报纸刊登的年代先后编目,条理清晰,为研究南洋竹枝词提供了文本基础。当然,由于竹枝词这一诗歌体式广泛存在于民间藏书、手抄本、近代以来的报纸杂志中,几乎难以穷尽,故不断有新出文献析出,因此任何一部集录都只能做到尽量全面,而不能说搜罗殆尽。

---

① 孟华:《对曾纪泽使法日记的形象研究——以语词为中心》,《中国比较文学》2015年第2期。

② 夏晓虹:《吟到中华以外天——近代"海外竹枝词"》,《读书》1988年第12期。

就撰作主体而言，南洋竹枝词的作者基本上都是清末民初外出西洋途经南洋或移民南洋的文人群体。他们对南洋的观感和情感十分复杂，一方面有对异域文化的猎奇、俯视、震惊，取材丰富，涉及南洋各国的历史典故、教育兴衰、地理风貌、热带气候、民情风俗等等，所描绘的社会场景鲜明，生动逼真，色彩浓艳，让读者似在欣赏一幅幅异域风情画；另一方面，又有对故土家园的思念感怀，"南洋"从作家自身生存体验与社会生活实践的地理空间，上升为与国人命运息息相关的文化符号空间。尤其是甲午战败以后，随着国势的衰落，途经南洋的中国文人，通过对比，不自觉地在作品中流露出对国家和民族未来的担忧和思考，譬如黄遵宪、丘逢甲等人的南洋书写就有这样的特征。

就表达题旨来说，清末民初海外竹枝词对南洋镜像的呈现主要基于三重维度：一是近代知识精英对南洋的历史认知与现代想象；二是知识分子对南洋作为西学采样通道的评价与描述；三是通过南洋风物的书写进行自我身份的构建和对自我文化的反思，包含文化主体自身的观念、想象、价值、信仰与情感等不同角度。此外，通过竹枝词的描摹，还展现了南洋地区一系列现代文明的新景象：商业的兴盛、西式交通的便捷、技术手段的更新以及市民社会的雏形等等。这些源于西方的现代图景改变了中国人固有的南洋"镜像"，使他们在内忧外患、民族危机的历史语境中不断进行自我反省和反思，更加清晰地认识到民族国家的落后，以引导民众觉醒，探索富国裕民的可能路径。

二、作为异域民族风情展示媒介的南洋

对南洋的书写是中国文学表述域外题材的重要开拓，这不但与南洋在近代以来的历史处境相关，也与中国和南洋的地缘政治纠葛相关。历史上，南洋与中国有着不可割断的地缘关系，二者在文化交流上持续不断，在生活习俗方面也有诸多相似之处。随着近代中国国门被迫打开，南洋一方面成为中国人走向世界的重要通道，另一方面也成为革命者、流民、流寇的避难所和中国人拓展空间的目的地。"下南洋"与北中国跨越历史时空的"走西口""闯关东"一起构成悲壮的生存及移民图景，旅行者在离开故土前往异乡的路途中，无不经历一番心灵的苦苦挣扎。而文学对"下南洋"迁徙图景的书写最为新奇，其中竹枝词"意显语浅，老妪能解"的特征迎合了读者的需求，被近代以来很多途经南洋的文人所采用。对于首次途经南洋的晚清士人而言，南洋的民族风情最能引发他们的新鲜感，当面对这一片迥异于自己母国的地域时，他们便将其所见所闻记载下来，塑造异域形象。他们以竹枝词描摹其景观，使用传统文学

的语词典故，或书写差异，或表达判别，构成了一幅幅别有风味的异国图景，也引起了读者的共鸣。"自古以来，旅行是与外国人相遇的最好办法"①，旅行直接触摸异国，旅行者可描写沿途优美风物，考察文化差异，体验民族风情，呈现出自我与他者、本土与异域的二元关系。自然空间位移不仅带来异样感受，也使这些文人进入一种从未体验过的心理空间中。从这个维度上看，清末民初海外竹枝词为我们研究中国文学的异国书写提供了上好的载体。

19 世纪中后期，利用官方公派考察的机会，一些晚清士人首次步出国门，游访欧美，民间有识之士也自发游历，开启了在时间和空间双重维度上与南洋的接触。南洋华夷杂居，地理位置特殊，正好处于西方与中华文化冲突与交融的节点上。这时期的南洋在西方殖民者的经营下，已与中国传统文献的记录大为不同。中国人来到南洋，既是地理位置上的漂洋过海，又是从前现代穿越到工业时代的心灵之旅。当面对声光化电一应俱全的现代社会，他们逐渐从儒家文化的传统中觉醒过来，认识到中西方之间的巨大差距，从而开启中国社会的全方位变革。当然，部分文人或因保守、或因无知，他们笔下的南洋书写充满复杂性和杂糅性，倾向于使用奇观话语描摹异域民俗，将南洋的一些传统习俗视为野蛮与落后的象征，并抱以冷眼去批判审视。可以说，清末民初外出文人竹枝词描述的南洋不只是简单的实景复制，更是文人建构出来的带有自我意识的异域图像，呈现出文人在异国他乡回望故国、观照世界的视角与思考。

与描摹东洋、西洋题旨的竹枝词相似，书写者对南洋题旨的表现除了揭示中外文化的差异外，对异域民族风情的书写最为常见。一是展现南洋热带地区特有的自然景观。如潘乃光《海外竹枝词·西贡》"衣宜单夹不宜绵，地气常如五月天。洋伞遮头手挥扇，一生霜雪更无缘"②、笑罕子《星洲竹枝词》"天时最好是南洋，日午炎炎晚又凉。貂敝漫愁难卒岁，拜年仍著夏衣裳"③ 等，具体呈现了南洋气候炎热的特点；袁祖志《新嘉坡》"不必移民民自至，不须移粟粟常盈。四时雨露无霜雪，草木欣欣总向荣"则渲染了一幅新加坡的繁华盛景（原题为"新嘉坡原名叱叻，为柔弗人所居，英人利其地，踞而有之，其中流寓华人极夥，闽居其七，粤居其三，皆能温饱，诚乐土也"④ ）；而斌椿《海国胜游杂咏》中"芭蕉结子碧离离，椰树成林拂翠丝。

---

① 孟华主编：《比较文学形象学》，北京大学出版社 2001 年版，第 156 页。
② 潘乃光：《海外竹枝词·西贡》，丘良任、潘超等主编：《中华竹枝词全编（7）》，北京出版社 2007 年版，第 663 页。
③ 李庆年：《南洋竹枝词汇编》，新加坡今古书画店 2012 年版，第 18 页。
④ 钟叔河等编：《袁祖志·瀛海采问纪实》，岳麓书社 2016 年版，第 108 页。

景物不同须记取，橙黄橘绿仲春时"① 的安南景致与中华大地大不相同；丘逢甲《槟榔屿杂诗》中的 "走马交衢碾白沙，椰阴十里绿云遮。晓风吹出山蜂语，开遍春园豆蔻花"② 也写出了南洋独具风情的自然景观，最让外出游历、抱有猎奇心理的文人流连忘返。二是描写异于华人的南洋族群外形和不可思议的生活方式。如 "长衫短袖嚼槟榔，齿黑唇朱阔口娘。远近看来都一律，蛮荒风景入斜阳"③、"男如罗汉女妖魔，福地偏生怪相多。跳舞竟成欢喜佛，可怜护法少韦陀"④ 等诗，以调侃口吻写出南洋气候和人种与中华大地的差异。还有一些竹枝词则集中笔墨描述马来人和印度人的人种特征，潜在目的是凸显华人高雅的文明程度。如 "裸体分明半漆身，辉煌金饰映罗巾。槟榔细嚼红于口，不藉胭脂染绛唇"⑤ 是马来人的猥琐形象；"吉令一种更心伤，嗜酒沉酣晋杜康。争奈辉煌严禁令，芭蕉花下醉椰浆"⑥ 是印度人的生活样貌；"中华人不识中文，无复乡音国语存。笑煞团团大腹贾，甘心他族做儿孙"⑦ 则含有对华人移民后代被土著同化的讥讽。这些对南洋地区人种和族群的描写，重在表述差异性，而差异性正是异域风情的突出镜像，更是书写者凸显自我文化优越的参照。历史上，中国人 "下南洋" 跨越了几个世纪的历史，大量中国移民的后代在漫长的历史进程中接受南洋文化的熏陶，同时也自觉、不自觉地将中国的先进工艺、科学技术、文学艺术乃至生活习俗带到南洋，对当地文学艺术的发展、科技水平的提高具有促进作用，在生活习俗上也相互融合、互为影响。南洋文化因此烙上了中国文化的深深印痕，我们在清末民初的南洋竹枝词中，经常可以看到熟悉的言说方式和书写体例。

某种程度上，异域书写更多的是阐释表述者的世界认知。晚清士人通过南洋这一异域空间的书写和想象，间接阐发了他们的文化观念及其对所见世界的主观判断。南洋诸国的物产、人种、肤色、生活方式等等，都在不经意间散发出异国情调，而文学的书写又将其放大，体现了晚清知识分子在想象异域时的价值取向，既有通过南洋认识世界图景、解决社会现实问题的想法，又有从西方世界、异质文明中寻找更为合理有效的制度和方式，来改变中国现实处境的初衷。

---

① 斌椿：《海国胜游杂咏》，丘良任、潘超等主编：《中华竹枝词全编（7）》，北京出版社2007 年版，第 670 页。

② 丘逢甲：《岭云海日楼诗抄》，上海古籍出版社 1982 年版，第 168 页。

③ 雷梦水等编：《中华竹枝词（6）》，北京古籍出版社 1997 版，第 4054 页。

④ 潘乃光：《海外竹枝词·锡兰》，丘良任、潘超等主编：《中华竹枝词全编（7）》，北京出版社 2007 年版，第 664 页。

⑤ 《槟城新报副刊·"文苑"》，1915 年 3 月 17 日。

⑥ 《槟城新报副刊·"文苑"》，1915 年 3 月 17 日。

⑦ 《槟城新报副刊·"文苑"》，1915 年 3 月 17 日。

三、作为异国文化特色集中展现的南洋

差异是不同文化产生比较的前提。当清末民初的文人离开自幼生长的故土，远赴大洋彼岸、置身异域时，他们对相异性的表述是非常主动的。一则在于外出文人对异域见闻的好奇及敏感，另则也在于其身负的责任及使命，他们外出不是旅游散心，而是有将异域文化反馈本土的任务。但当时走向世界的国人，却在传统与现代、守旧与西化的夹缝中步履维艰，甚至摇摆不定。那些最先与南洋文化直接接触的人，其认知与理解难免有狭隘或偏差之处，然而他们将自己对异邦社会的见闻实录于文字中，这些实录一改传统知识精英对南洋世界的成见和定见，给国人反省自我文化提供了外部参照。

在文化交流和涉外旅行中，最能激发旅游者好奇心的正是那些充满异国情调的元素，而"扮演异国典范的角色最适合的候选者是那些离我们最遥远、我们知之甚少的民族和文化"①。特别是与本民族迥然有别的文化习俗，既能给旅行者带来差异体验，又能产生稀奇感，从而激发他们的书写冲动。那么，在散文之外采用何种诗体书写南洋世界？竹枝词体诗是用得最多的文体。"与出使日记等谨严、刻板的文字比较起来，竹枝词这一形式真率活泼、甚少顾忌，比较能反映出作者对异域的真感受和真态度"②，它"专咏古迹名胜，风俗方物，或年中行事，亦或有歌咏岁时之一段落如新年，社会之一方面如市肆或乐户情事者，但总而言之可合称之为风土诗，其以诗为乘，以史地民俗的资料为载"③，十分适合书写文化习俗。于是，晚清旅外人士将旅行过程中的所见所闻诉诸竹枝词，在体现南洋文化异域特色的同时，也能满足国内读者的阅读期待及接受体验。

清末民初海外竹枝词对南洋文化的展示，因书写者角色的不同又有所差别。一是过境文人的地域文化书写，主要以斌椿的《海国胜游杂咏》、潘乃光的《海外竹枝词》、陈丹初的《菲岛竹枝词》、亏香的《越南竹枝词》等为代表，均以猎奇视角出之，不管历史如何变迁浮沉，在他们眼里，南洋还是迥异于中华帝国的陌生"异域"。他们之所以视南洋为异域，主要是因为南洋地区与中国不一样的文化形式。如陈丹初《菲岛竹枝词》中"无遮大会碧波中，涤暑何妨现色躬。恰似鸳鸯同一浴，雌风更比

---

① Tzvetan Todorov. *On Human Diversity*：*Nationalism*，*Racism*，*and Exoticism in French Thought*. Trans. CatherinePorter. Cambridge，Massachusetts and London：Harvard University Press，1998，p. 265.

② 尹德翔：《晚清海外竹枝词考论·前言》，中国社会科学出版社 2016 年版。

③ 周作人：《关于竹枝词》，《知堂乙酉文编》，河北教育出版社 2002 年版，第 46 页。

大王雄"① 的男女混浴、丐香《越南竹枝词》中"水号明江地美球，居人男妇尽缠头。非僧非俗皆衣褐，蹲向星辂似沐猴"② 的体貌书写即为显例。一直以来，以"夷夏观"为中心的中华帝国域外书写传统与"他者"视域，惯常左右着文人域外表述的话语系统。在他们的观念里，中国是世界的中心，世界格局以中国为同心圆逐层向外辐射出去。过境国人初抵南洋，所见一切皆新鲜而奇特，但还是习惯于将南洋族群置于传统书写话语中给予展示。他们从不同角度描写眼前各个族群及其文化特色，而正是这些族群相互独立又彼此联系的南洋文化，共同构成了外出文人心目中完整的社会图景。这样一来，清末民初外出国人南洋竹枝词的民俗文化书写，一开始就将南洋视之为野蛮与落后的处所，并以俯视的眼光去审视他们所见的南洋世界。

二是驻留或定居南洋较久的文人书写。这部分作者笔下的南洋与过境文人所见稍有不同，他们多以侨民身份自居，对南洋文化的体验要深刻一些。当然，他们在刚刚体验南洋文化之初，所作竹枝词的主题呈现出强烈的故国之思，如"绝怜旧客骄新客，意认他乡为故乡"③、"寄语膏粱诸子弟，须知故国乱如麻"④、"翘首故国徒怅望，当年壮志渐消磨"⑤、"江上愁吟香祖句，不堪回首念家山"⑥ 等等。但随着体验的深入，对南洋文化的"异域"感受愈加强烈，书写也就不自觉地向自我文化传统靠拢。如"蛮方风俗由来鄙，落体犹能似宋朝"⑦、"红毛丹字也奇奇，其色居然赛荔枝。闻说原来是同种，将无南渡便于夷"⑧、"蛮风吹梦落天涯，漂泊年年不忆家"⑨、"多少蛮姬理夜香，当门红烛荡花光。可怜膜拜西天佛，管领真归大法王"⑩、"秫米香甜细火烘，不知甑釜总蛮风。缅人更比野人巧，不用芭蕉用竹筒"⑪ 等等，在回望故园时又间杂着鄙夷之情。尤其南洋女性的形象，难以企及中华女子的优雅贤淑。南洋女子舞

---

① 陈丹初：《菲岛竹枝词》，丘良任、潘超等主编：《中华竹枝词全编（7）》，北京出版社 2007 年版，第 679 页。

② 丐香：《越南竹枝词》，丘良任、潘超等主编：《中华竹枝词全编（7）》，北京出版社 2007 年版，第 686 页。

③ 剑华：《岛南杂诗》，《南侨日报》1913 年 6 月 26 日。

④ 丁华：《星洲竹枝词》，《南洋商报》1946 年 10 月 19 日。

⑤ 林其煦：《旅感》，《南洋商报》1948 年 1 月 26 日。

⑥ 丘逢甲：《西贡竹枝词体杂诗》，丘良任、潘超等主编：《中华竹枝词全编（7）》，北京出版社 2007 年版，第 600 页。

⑦ 胡少云：《星洲杂咏》，《槟城新报·文苑版》1928 年 5 月 25 日。

⑧ 郭璧君：《南洋竹枝词》，《振南报》1915 年 4 月 30 日。

⑨ 黄吉云：《巴城元夜竹枝词》，《国民日报·诗苑版》1917 年 2 月 19 日。

⑩ 丘逢甲：《西贡竹枝词体杂诗》，丘良任、潘超等主编：《中华竹枝词全编（7）》，北京出版社 2007 年版，第 600 页。

⑪ 王芝：《缅甸竹枝词》，丘良任、潘超等主编：《中华竹枝词全编（7）》，北京出版社 2007 年版，第 693 页。

蹈乃"最是狂奴相对舞，东施偏解效西颦"①，毫无美感；"螺髻高盘贴翠钿，纱笼木屐态踟蹰。阿侬生爱天然足，罗袜慵穿况说缠"②、"女郎着屐汉着裙，每日街头攘往纷。见惯司空不经意，随波逐流可同群"（注释曰："热带居民，不喜着袜，无论男女，大多赤足拖鞋"③），南洋女子喜欢赤足让晚清外出文人惊叹不已；"巫妇衣装又不同，背关浑似虎皮蒙。倘教蹲伏山林里，乍见几疑大伯公"④、"妇女华来学此容，纱笼初着右斜松。左边巫妇呵呵笑，黑白鸡头黑白胸"⑤，丝毫不注意穿着仪表。婚嫁也不符合中华礼仪，如"婚嫁有约早梳妆，为庆三朝做伴娘。前路双双车上坐，后车新妇伴新娘"⑥，让旅游者感到不可以思议。可见，竹枝词书写的南洋，固然受到中国传统文化、创作思维等其他因素的影响，但最能激发创作灵感的还是异域文化的冲击。当这些迥异于中国风土的社会万象呈现在眼前时，所有习俗文化都是新奇的，不管是过境的文人还是停留稍久之士，在体验南洋世界后，往往以"蛮""异"等语词统摄作为他者的南洋，或描写蛮夷习性，或表达故国之思，或表现文化差异。他们对于南洋文化的书写，在于强调与中国文化的"异"，而不在南洋文化本身。这样一来，晚清竹枝词的南洋书写给人"化外"的蛮荒之感，即便留居南洋之人，身虽在国外，心却在国内，只是将南洋当作谋生之地，最终还是心系故土。

　　清末民初南洋竹枝词的作者，大都亲历异国，感受到域外生活方式的差异性。比如南洋地区的婚俗、宗教、语言、饮食等等，无不和中国大异其趣。他们往往持一种"他者"的眼光凝视、观看和想象着充满异域风情的南洋世界。不论是西式的教堂建筑、敞开的公园空间，还是土洋结合的交通工具，抑或是现代感十足的舞会场景，都成为他们异域书写的重点、重心。南洋是中西方生活方式和传统观念集中碰撞的地方，从中可看出不同文化在这个场域里的杂糅和交汇，成为"社会教育之起点，普通智识之导线"⑦，而不同文化、不同观念的聚集性和流动性带来了复杂性，也为各种生活方式的碰撞提供了无限可能。但是，其背后的、先前的经验世界和知识谱系深刻制约着晚清人士对异国生活方式的客观判断，南洋世界的婚恋、舞会、出行方式使他们惊叹的同时又让其保持着高度的关切和注意力。其书写不仅描摹了晚清民国文人认知世界

①　文大衡：《南洋竹枝词》，《叻报·诗界版》1924年6月27日。
②　谢云声：《新加坡新年竹枝词》，《星洲日报》1948年1月1日。
③　不磨：《南洋竹枝词》，《南洋商报·"商界杂志"》1925年9月26日。
④　笑罕子：《星洲竹枝词》，《叻报》1903年8月3日。
⑤　坤妆女士：《槟城竹枝词步中人韵·巫装》，《槟城新报》1919年9月18日。
⑥　李庆年：《南洋竹枝词汇编》，新加坡今古书画店2012年版，第12页。
⑦　万回儒：《海上光复竹枝词·序》，顾炳权编：《上海洋场竹枝词》，上海书店出版社1996年版，第477页。

的心路历程，而且也为国人了解世界提供了重要的参考。

综上，清末民初海外竹枝词对南洋各国的书写甚多，这些具有史料性质的文学书写记录了南洋社会生活的方方面面，反映了华人社会的众生相，具有极大的文学价值和史料价值，可丰富海外华人群体的研究。同时，通过这些竹枝词文本新的描写题旨，国人开始意识到中国不再是世界的中心，世界是由很多复杂多样的民族国家连缀而成的。这种世界观有效突破了中国文人固有的地理空间认知，他们开始从现代的时空理念来审视自我与异域。而随着游历和见识的丰富，中国文人的"天下"观逐渐瓦解，居高临下的文化优越心态逐渐退潮，开始以对等的身份来感受世界的多元文化。

四、作为反衬中华文化优越性的南洋

在国人的传统观念里，南洋地区蛮夷杂居，开化不够，是沿海居民走投无路后谋生和移民之地，郑和下西洋就是王化南洋世界的体现。因此，数百年来，南洋一直是中国人想象和建构周边世界的依托点。晚清以后，外出国人的出行路线普遍循着越南、锡兰、新加坡等地而进入西方。随着地理场域的不断铺展，东南亚人、西方白人、非洲黑人等各族人士逐一步入外出游者的观看视野。这时，中外文化的差异性就会不断被放大。而清末民初外出的国人主要有两大类，一是外派考察的使臣或官员，二是留学或游学人士。他们肩负使命外出，主要目的是学习西方科技文化，以实现强国富民之理想。他们所到之处，"一切山川形势，风土人情随时记载，带回中国，以资印证"①，但这些人自幼又受传统文化的熏陶，对中国文化有着潜在的认同和自信，因此，他们在书写南洋诸国各族时，虽然看到一些新的变化和值得学习的地方，但还是秉持着文化上国的姿态来审视南洋国家和族群。这种观念不管是自觉的还是无意的，都是一种自我文化身份建构的行为，也是一种实现自我文化认同的方式。

前面述及，新加坡、槟榔屿、马尼拉、锡兰等地是中国出使西土和环球旅行者的必经之路，有些地方已先于中国接受西方的技术及文化，应接不暇的新鲜器物大量涌现。清末民初外出者在面对社会新旧交替时，力求在传统文化与现代文明的矛盾冲突中寻找调解融合的途径，他们笔下的南洋也就具有了传统与现代混杂的特征。但在国人眼里，南洋世界不管在近代如何变迁，和具有数千年文明的中国相比还是不可同日而语。如斌椿《海国胜游杂咏·越南国》"道路宣传天节明，使星昨夜到占城。中华

---

① 文庆、贾桢、宝鋆等纂辑：《筹办夷务始末·同治朝卷三十九》，顾廷龙主编：《续修四库全书（419 册）》，上海古籍出版社 1995 年版，第 690 页。

冠盖今重见,齐说恩临海宇清"①、侯鸿鉴《菲岛杂咏》"一角王城枕海滨,开山事业渺前尘。当年共拜神明胄,华族衣冠天上人"②、丘逢甲的"海外居然学谱通,衣冠休笑少唐风。黄金遍铸门楣字,不数崔卢郡望崇"③ 和"碧眼胡儿拜武皇,贡书犹托岛中王。直陈藩国流离状,曾有吾家侍御章"④ 等竹枝词所表达的内容,明显具有中华帝国的文化自信特征,仍将南洋视为需要中华文化同化之地。当然,随着眼界的扩充,外出国人逐步改变了传统固有的话语范式与世界意识,激活了自身僵化的认知结构,书写视角慢慢发生了改变。"在行游的时空转移中,行游者总是处在一种不断的文化认证之中……一方面,行游者总是面对着自己不熟悉的文化,要求自己做出判断,做出选择;另一方面,他者的文化又总是牵引他们回到自己的文化,要求他们对自己的文化做出比较,做出判断。在此双重的面对之中,行游者的文化认证往往畸变成为一种古怪的组合,既非纯粹的自己,也非纯粹的他者。当其获得优势认证时,他们会膨胀自己原有的文化身份;而当其获得劣势认证时,他们则会否定自己原有的文化身份。在不知不觉的时空转移中,他们原有的文化身份已经发生了改变。"⑤ 尤其是体验了西方世界再途经南洋时,他们审视南洋的视角已经悄然发生转变。

当然,清末民初海外竹枝词的南洋书写,著者在无形中还会将中国特有的意象和典故移用来对之进行判别,以此呈现书写的本土化风格。南洋是一面历史的"镜像",南洋竹枝词最大的特点是所描述的自然风貌、社会文化迥异于中国。在蕉雨椰风的热带地理环境中,感触独特新鲜,作者或描写未开化之迹,或表达王化之业,或展示文化差异,都可使得自身文化的优越性得到彰显。可以说,清末民初外出文人对南洋的景观、种族、习性、风俗等的描写,往往在于强调与中国文化"异"的一面以及追寻造成"异"的原因,表层描写并不是重点,重点是形式背后的内容。如斌椿笔下的越南——"四轮车走疾如风,促坐邻窗面面空。御者狰狞形可怖,文身断发鬓蓬松"⑥,还是一幅未开化之相,无法和中华帝国的文明优雅可比。著者站在中国传统"华夏中

① 斌椿:《海国胜游杂咏》,丘良任、潘超等主编:《中华竹枝词全编(7)》,北京出版社2007年版,第669页。
② 侯鸿鉴:《菲岛杂咏》,丘良任、潘超等主编:《中华竹枝词全编(7)》,北京出版社2007年版,第680页。
③ 丘逢甲:《槟榔屿歌》,丘良任、潘超等主编:《中华竹枝词全编(7)》,北京出版社2007年版,第696页。
④ 丘逢甲:《满剌加国杂诗》,丘良任、潘超等主编:《中华竹枝词全编(7)》,北京出版社2007年版,第694页。
⑤ 郭少棠:《旅行:跨文化想象》,北京大学出版社2005年版,第135页。
⑥ 斌椿:《海国胜游杂咏》,丘良任、潘超等主编:《中华竹枝词全编(7)》,北京出版社2007年版,第669页。

心主义"立场上描绘南洋世界的奇闻轶事，展现得更多的是妖魔化或丑化的异域场景。再如萧雅堂的"萃英书院育英才，桃李盈门着意栽。海外终非邹鲁比，可知吾道已南来"① 和饶百迎的"原是乌衣旧家风，状元及第大灯笼。阿侬不解状元贵，却羡郎君顶顶红"② 等描叙，都充斥着南洋文化落后、王化不及的中华帝国视角。

总体上看，清末民初海外竹枝词的南洋书写，虽是著者亲眼所见、亲耳所闻，但异质文化的特征还是比较明显的。当时的外出人员一时还不可能弥补二者之间的鸿沟，他们对异国文化的理解和客观评判，自然不会一下子顺理成章。即便书写的现场性十足，也仍然有以自我文化为中心的典型视野。"异域形象的重要性在于它与本土文化构成某种差异甚至对立。本土文化可以利用这种区别关系对自身文化进行确认与评价。中国文化在清代开始面临与西方文化最激烈、最直接的冲突，当时的人们，已经不能不正视新的文明形式对于传统生活的空前强烈的冲击，不能不面对世界认真考察以往所谓'蛮夷之邦'的惊人的历史变化及其原因。清代竹枝词中多有吟咏外国情事者，正表现出这一特殊历史时代的文化印迹。"③如"九州文物经桑海，八表邻邦慕汉唐。凭吊汨罗江渺渺，梅花风雨黯玄黄"④ 的描述即是如此。

如果说清末民初海外竹枝词的西洋和东洋书写聚焦于著者之现代体验的话，南洋书写更多的则是回归历史源流和传统本位，著者俯视性描写的视域非常明显。在西方殖民者还未东来之前，南洋是中国文化涟漪可波及之地。但近代以后，南洋成为中国西学采样的桥梁和必经之途，且有二元对立性。当从中国本土经南洋前往西方世界时，文人笔下的南洋具有传统想象的视域，文人们习惯于将南洋视为沿海居民外出谋生之地和中华文化影响的远端；当文人们从西洋返回本土途经南洋时，由于受到西洋现代生活的震撼，心态和视野已悄然发生变更，加之南洋和中国本土又有诸多相似之处，都是西方世界蹂躏的对象，这时的南洋书写往往感叹民族国家前景的黯淡，具有同病相怜的相似境况。但不管视角如何更换，南洋在旅外文人的笔下还是具有大体相同的特质，即异域民族风情还是南洋书写的主要题旨，虽然在西方世界受到巨大心理震撼，但一贯的猎奇心态和天朝上国文化自信形成的叠加效应，使文人们途经南洋时的想象和书写又有了重新找回文化自信的可能。

---

① 萧雅堂：《星洲竹枝词》，丘良任、潘超等主编：《中华竹枝词全编（7）》，北京出版社2007 年版，第 657 页。

② 饶百迎：《槟城竹枝词》，丘良任、潘超等主编：《中华竹枝词全编（7）》，北京出版社2007 年版，第 695 页。

③ 王慎之、王子今：《清代海外竹枝词·前言》，北京大学出版社 1994 年版。

④ 章公剑：《泰国诗人节唱和诗》，丘良任、潘超等主编：《中华竹枝词全编（7）》，北京出版社 2007 年版，第 661 页。

结　语

　　萨义德指出，在文学对异国形象的书写中，书写者往往将"各种各样的假设、联想和虚构似乎一股脑地堆到了自己领土之外的不熟悉的地方"①。清末民初，当传统中国士人从封闭的中华帝国突然置身于陌生的域外世界时，一时找不到表述新世界的现代语词，便采用了竹枝词这种灵动、活泼的诗体形式对南洋进行刻绘，内容广涉山川、风物、土俗、民情、人种特征等等。这一方面体现了中国和南洋地区的差异性以及外出国人对域外世界的好奇心，另一方面又包含着中国精英一开始走向世界时的复杂心态。这些竹枝词"通过文字而形成了独具个性的话语文本，并于其间不时投射进了书写者自身的主观情感和价值立场"②。张祖翼曾在《伦敦竹枝词》卷尾批判了"堪笑今人爱出洋，出洋最易变心肠。未知海防筹边策，且效高冠短褐装"③ 的各种旅外人员。其实，这种行为新变正是清末民初外出国人知识见涨的表现，无疑有着积极的一面。而且，他们使用竹枝词记录南洋各国情形、展示历史风貌、表达文化差异、表现南洋社会生活的方方面面，这些丰富的地域资料可弥补海外华人研究中史志记录的不足，具有极大的文学价值和史料价值，理应引起学界重视。

（作者单位：贵州师范大学文学院）

---

　　① ［美］爱德华·W. 萨义德：《东方学》，王宇根译，生活·读书·新知三联书店1999年版，第68页。

　　② 刘振宁：《〈马可波罗行纪〉西南民俗述造解义》，《贵州师范大学学报（社会科学版）》2022年第4期。

　　③ 张祖翼：《伦敦竹枝词》，丘良任、潘超等主编：《中华竹枝词全编（7）》，北京出版社2007年版，第611页。

词统传承：詹安泰在 20 世纪五六十年代的
预流与潜流

黑 白

詹安泰被奉为"民国四大词人"，词学业绩有口皆碑，却鲜有学者关注他后半生的学术转向。20 世纪五六十年代，文艺界通过召开全国文代会、批《武训传》、进行思想改造、批胡风、组织"美学大讨论"等方式，一举奠定了马克思主义文学理论的正统地位。这一时期的传统派知识分子，社会位置发生变动，不得不直面社会学意义上的"失范"困境，要去思考如何在保全自己的同时，将优秀的文化遗产传承下去。对此，陈寅恪、钱锺书、沈从文等人采取疏离姿态，化身传统文化守陵人，将反传统的潮流拒之门外①。詹安泰却与这些学者的"疏离"截然相反，他非常激进地采取介入性姿态，一面提笔命意必言及人民性、阶级性、现实主义等套语，一面却又坚持文学本位和文化存根的诗学立场，这就致使他的文化形构宛如一个暧昧不清的中间态地带。

想要去蔽，少不了知人论世。詹安泰前半生以词闻名，素有"南詹北夏，一代词宗"之称，可谓传统词家之典型。他生于一个老中医的家庭，10 岁能诗，13 岁学词，先后任职于韩山师范学院和中山大学，与夏承焘、唐圭璋、龙榆生、陈蒙庵等皆有酬唱论学之作。然而，詹安泰从 1949 年起悬置旧体诗词创作，后续 18 年间，他果真仅仅创作了 20 余首词作，比起前半生的 270 余首，数量不可同日而语。也是在这一年，詹安泰毅然颠覆既往词学业绩，高调宣称"三年不读线装书"，全情投入对马列文艺

---

① 比如陈寅恪 1954 年却聘中国科学院历史二所，通过《论再生缘》《柳如是别传》等"颂红妆"之作，"聚焦于对个体生命尊严及其学统的人格坚守"，将"独立、自由"的学者人格转换为民族文化前途的命脉。参见夏中义：《百年旧诗人文血脉》，上海文艺出版社 2017 年版，第 137－149页。

观和毛泽东文艺思想的学习，"系统地阅读了二百多种中外文艺理论著作"①。随后十余年间，他更是不遗余力地将马克思主义文学理论与多种形式的中国古典文学相结合，述及诗经、楚辞、唐诗、宋词、古文、小说等，公开发表论文或出版专著煌煌数百万言②。詹安泰后半生的学术书写既充满热情，又呈现出如此巨大的前后矛盾，岂有常理可循？我们有必要追问，这个稍显另类的马克思主义在地化范型，果真与陈寅恪等人背道而驰，还是说看似预流的学术书写，实则在反传统、进化论的包裹下，为传统存续提供了一份更为经济的"潜隐剧本"③？若要明晰这一问题，不仅要返诸历史语境，更要回到詹安泰的文本之中，在字里行间一探究竟。

一、审美引渡：人民性与现实主义传统的再发明

1953 年，詹安泰编写的《中国文学史》（先秦两汉部分）可谓开宗明义："中国文学史是中国三千年来整部文学发展的过程，其内容是非常繁富的。这笔非常繁富的文学遗产，不仅成为祖国珍贵的库藏，在世界文学史上也有其卓越的地位。……值得我们创造性地继承下来并加以发扬。"④ 这番论调在如今看来，并无什么新奇之处，因为以国学或国粹为表征的文化自信，再度成为主流话语。但当时的学术环境有其特殊之处，文艺界正经历了轰轰烈烈的思想改造运动和对《武训传》的集体批判。1951 年5 月 20 日，毛泽东在《人民日报》上发表《应当重视电影〈武训传〉的讨论》一文，指责武训"不去触动封建经济基础及其上层建筑的一根毫毛，反而狂热地宣传封建文化"。随之而来的文艺界整风运动，主张拔除封建文化的毒草，越发廓清了反传统的激进面貌。詹安泰此时撰写文学史，就需要面对传统与反传统的拷问。他颇有先见之明地提出"创造性地继承"文学遗产的主张，将重点放在如何继承之上。这无异于对古

① 据郑晓燕《詹安泰先生年谱》记载，"解放后，中山大学进行了一系列的调整和改造工作，先生亦热情奋发，曾立下'三年不读线装书'之决心，认真研读马克思主义著作和新文艺理论，力图掌握辩证唯物主义和历史唯物主义的观点方法，用以研究中国古典文学。一九五一年致信蔡起贤，言已读文艺理论书籍二百多种"。见《詹安泰全集》（六），上海古籍出版社 2011 年版，第 421 页。
② 据谭若丽梳理，"1958 年，《李璟李煜词》一书经由人民文学出版社出版；1959 年，《离骚笺疏》一书成稿；1961 年，詹安泰先生编注《评注南唐二主词》一书由台北广文书局出版；1962 年，香港《大公报》艺林专刊收詹安泰先生《温词管窥》一文"。见谭若丽：《民国学人词研究》，吉林大学 2015 年博士学位论文，第 132-133 页。
③ "潜隐剧本主要包括在后台发生的言语、姿态和行为，它们可能会确证、否定或扭曲公开剧本所表现出来的东西。"见［美］詹姆斯·C·斯科特：《支配与抵抗艺术：潜隐剧本》，王佳鹏译，南京大学出版社 2021 年版，第 7 页。
④ 詹安泰：《中国文学史·导论》，《詹安泰全集》（一），上海古籍出版社 2011 年版，第 1 页。

典文学实施全方位"审美引渡"的宣言。

那么，接下来的问题就变成詹安泰如何完成这一"审美引渡"？简言之，詹安泰娴熟地运用马克思主义文学理论进行"穿衣戴帽"，给出了"用魔法打败魔法"的答案。他将马克思主义和古典文学打并一处，最初的成果便是发表于 1953 年的《〈诗经〉里所表现的人民性和现实主义的精神》一文。表面上看，文章在总体上高举"批判继承"的大旗，处处以时下流行的"人民性"和"反映论"为尊，"人民"二字更是郑重地出现了 35 次之多。但细推其理，却不难发现他戏剧性地运用"化整为零"法，为《诗经》的整体存续铺设了逐个突围的安全阶梯。

詹安泰的整个论述分为风、雅、颂三部分。他认为风诗是"人民大众——主要是农民大众的生活、思想、感情的总汇"，小雅中有一部分作品"反映了人民大众的生活和具有相对的正义感"，小雅的另一部分则和大雅、三颂一样，虽然服务于统治阶级，却也能反映劳动人民的生活境况①。詹安泰宣称要对统治阶级的消极思想加以马克思主义式批判，但他从未举出一个具体的批判实例。与此相反，他一连举出诸多符合"人民性"的诗篇，其中有不少属于他自己的"发明"。比如《将仲子》一篇，前人对其的解析或如《诗序》所云"刺庄公也"，强调诗"小不忍以致大乱焉"的讽喻意味②；或将之单纯地理解为女子恋爱遭到家长阻挠后的消极顺从，劝自己的对象不要前来。詹安泰则糅合了两种读法，从中解出女子的"言外之意"，是在"替她心爱的人多方设想以减少他的恋爱的障碍"，是一种"表面看来似乎不够大胆而其实是具有高度的爱和顽强的斗争性"③。如此一番解读，将诗作主人公的消极顺从转译成"顽强的斗争性"，正合主流之言说，不失为一种对《诗经》的"文化打捞"。这样的案例还有很多，比如重新发现了《良耜》《无羊》等农牧诗篇的劳动性，《搴兮》《褰裳》等爱情诗篇的真实性和健康性，《正月》《北山》等诗篇对统治阶级内部矛盾的揭露性……詹安泰一面跳出经学传统中的封建道德钳制，一面又反过来利用美刺、诗教等阐释传统，从中"发明"出一种人民性和现实主义的解释理路。在不断扩大《诗经》继承范围的同时，他还多次强调从《诗经》开始处理中国的文学作品，从而将保护伞越撑越大，"后来许多优秀的文学作品（包括古典文学家的）都或多或少受了这一优良

---

① 詹安泰：《〈诗经〉里所表现的人民性和现实主义的精神》，《詹安泰全集》（五），上海古籍出版社 2011 年版，第 30-31 页。

② "将仲子兮！无逾我里，无折我树杞。岂敢爱之？畏我父母。仲可怀也，父母之言，亦可畏也！将仲子兮！无逾我墙，无折我树桑。岂敢爱之？畏我诸兄。仲可怀也，诸兄之言，亦可畏也。将仲子兮！无逾我园，无折我树檀。岂敢爱之？畏人之多言。仲可怀也，人之多言，亦可畏也。"见（宋）朱熹集传：《诗经》，上海古籍出版社 2013 年版，第 96-97 页。

③ 詹安泰：《〈诗经〉里所表现的人民性和现实主义的精神》，《詹安泰全集》（五），上海古籍出版社 2011 年版，第 43-44 页。

传统的影响"①。

在这样的论述体系里，马克思主义文学理论与古典文学并非东风压倒西风，或西风压倒东风的殊死搏斗，而是一种"同时之异世、并在之歧出"② 的本土化共存。由此可见，人民性或反映论其实构成了二者的"免死金牌"，在明退实进间实现了某种"审美引渡"。其宗旨正如詹安泰所言，"应该扩大处理的范围……凡是能够运用民间文学的形式、反映祖国伟大的图貌以及描写部分人民的生活的作品……都是值得我们考虑的。我们不应用狭隘的偏见去理解人民性和现实主义的精神"③。由是可知，真正令詹安泰念兹在兹的，绝不是将"意识形态"或"阶级斗争"作为单一价值判断标准。身处那个"反传统"势头愈演愈烈的年代之中，詹安泰为古典文学谋求生存空间而苦心经营，他的所作所为正是在为传统文化之丰硕成果进行的"审美引渡"。为此，詹安泰也必须超出既往词学研究的小范畴，不断扩展自己的研究领域。另一方面，出于对马克思主义文学理论和古典文学的双重理解，詹安泰不仅改变了学界抗拒理论和缺乏思想的学术状态④，同时又能执守文学本位，闯出一条现代化与本土化相结合的中国特色道路。

二、以文为本：唯成分论的支配与退场

詹安泰的"审美引渡"自有其理路可以追寻，早在 1946 年发表的《文学与文学家——从文学的"独自性"说起》一文中，便可略见端倪。是文传承了古代文学研究的尊体观念，非常强调文学的"独自性"，要求文学研究者"必得针对这特有的'独自性'去研究文学作品，然后才能真切了解这作品的真相而收到研究的实效"。詹安泰于此确立了文学本位的研究进路，反对用当时风行的历史学或社会学范式来宰制文学作品，认为"过于典实的考证，就是'舍本逐末'，势必至于'喧宾夺主'，甚至连作品本身所应注意的部分都被扬弃了"。可见詹安泰早早锚定了"以文为本"的价值

---

① 詹安泰：《〈诗经〉里所表现的人民性和现实主义的精神》，《詹安泰全集》（五），上海古籍出版社 2011 年版，第 45 页。

② 钱锺书：《谈艺录》，生活·读书·新知三联书店 2019 年版，第 734 页。

③ 詹安泰：《关于处理古典文学的一些意见》，《詹安泰全集》（六），上海古籍出版社 2011 年版，第 15 页。

④ "应用马克思主义来研究中国古典文学就改变了解放前这种'可怜的、缺乏思想的'状态。要写文学史，必然要研究社会发展史；要谈小说、戏曲里的人物，必然要研究典型论；要讲文学与真实的关系，必然要研究反映论……都是过去的评点家、笺注家、考据家可以置之不理或避而不谈的。"见钱锺书：《古典文学研究在现代中国》，《写在人生的边上 人生边上的边上 石语》，生活·读书·新知三联书店 2002 年版，第 181 页。

谱系，即"站在文学的立场，根据文学原理和创作经验种种去研究文学作品本身的价值"①。

具体而言，集中显现詹安泰"以文为本"理念的是《论屈原的阶级出身、政治地位及其在文学上的作用》（1955 年）一文。这个标题乍看上去颇有些"唬人"，阶级意识形态的味道扑面而来，但作者采用层层消解的策略，最终将屈原与众不同的美学观点和华贵气息栖居于"人民性"之中，反而摆脱了阶级固化带来的意识形态争端。这篇文章需要解决的一个核心问题是"说屈原是贵族家庭出身，说屈原任左徒时有很重要的政治地位，和他的文学作品中所表现的人民性，会不会互相抵触呢？"②

詹安泰通过非常翔实的历史考据，以大约七分之六的文章篇幅，推断出两个结论：其一，屈原是一个有身份、有地位、受过良好教育的大贵族；其二，屈原任左徒一官时在国内有举足轻重的政治地位。这一阶级出身和政治地位，在当时的学术环境下很难不招致"唯成分论"的批判，但詹安泰却能为之辩护："我们不能单纯以一个作家的阶级出身和社会地位来评价他在作品里所表现的思想意识。"③ 屈原不仅汲取了人民大众的语言，《离骚》一篇更是用"全部生命血液所倾注，充沛着生动的形象和深厚的人民性"④，《九歌》《九章》等篇章同样"贯串着和人民大众的利益相符合、爱憎相一致的思想感情和愿望"⑤。如此一来，屈原的出身非但不再是一种"原罪"，反而让他"具有高度的文化教养和高度的政治责任感"，"他永远象征着我们民族热爱祖国、坚持真理、反抗暴力、争取自由的光荣传统"⑥！詹安泰在不知不觉间消解了阶级出身论的"原罪说"，屈原仿佛化身东方的普罗米修斯，他所创作的骚体文学便也成为最高级别的优秀文化遗产。

詹安泰的论析存在两种"以文为本"的现象。一种是以"文本"为本。例如屈原

① 以上见詹安泰撰、马晴整理：《文学与文学家——从文学的"独自性"说起》，《文学与文化》2013 年第 3 期。

② 詹安泰：《论屈原的阶级出身、政治地位及其在文学上的作用》，《詹安泰全集》（六），上海古籍出版社 2011 年版，第 90 页。

③ 詹安泰：《论屈原的阶级出身、政治地位及其在文学上的作用》，《詹安泰全集》（六），上海古籍出版社 2011 年版，第 90 页。

④ 詹安泰：《论屈原的阶级出身、政治地位及其在文学上的作用》，《詹安泰全集》（六），上海古籍出版社 2011 年版，第 92 页。

⑤ 詹安泰：《论屈原的阶级出身、政治地位及其在文学上的作用》，《詹安泰全集》（六），上海古籍出版社 2011 年版，第 92 页。

⑥ 詹安泰：《论屈原的阶级出身、政治地位及其在文学上的作用》，《詹安泰全集》（六），上海古籍出版社 2011 年版，第 92-93 页。

《惜诵》"思君其莫我衷兮，忽忘身之贱贫"① 一句蕴含的自贫话语，当时学界普遍将其当作史料来论证屈原是一个没落贵族，但詹安泰却联系上下文进行语境分析，认为这句话只是体现了屈原的一种矛盾心情。屈原深知自己的斗争精神会招致不幸，故而"忽然忘记了（却不惜）自己会陷于贱贫的境地"，亦是抒情明志。詹安泰也自知这种理解"未必正确，可是，仅仅因这句话，就作为说明屈原出身贫穷的证据，我就未敢同意"②。他又说道："屈原最伟大的诗篇《离骚》里自传的部分很多，从他开始介绍自己的远祖和郑重地介绍自己的名字的来源起，以后所有涉及自己身份的地方，都以很高贵的姿态出现，绝没有表露出自己是没落贵族或等于平民出身的痕迹。"③ 即便日后再有人考证出屈原出身落魄贵族或近于平民，屈原的"精神贵族"说也将不可撼动。另外一种就是以"文学"为本。从语言风格上来说，屈原的作品"吸取了不少人民大众的语言"，但又"和人民大众的美学观点总有一定的距离"，带有"华贵的气息"。詹安泰非但没有对屈原作品的贵族气质加以批判，反而认为这是他"热爱祖国和人民的真情实感的流露"④，从当时流行的"人民性"和"现实主义"视角重新验证了屈原伟大的文学成就。此类"以文为本"的理念，正如詹安泰自己所概括的——"分析一篇文艺作品，主要的应该从作品本身出发，就作品本身所具有的思想力量和艺术力量及其对后来的影响给予一定的评价。因此，对作品本身的真正理解，便具有头等重要的意义"⑤。综上所述，"以文为本"既是詹安泰深入文学肌理的治学利器，也是他借以辞退"唯成分论"的安全策略。

三、词学存根：群众路线与情动装置

从 1953 年的诗经研究到 1955 年的屈原研究，詹安泰有条不紊地安排着文化存根的工作蓝图。1957 年，作为词学专家的他，一连发表了《李煜和他的词》《谈柳永的〈雨霖铃〉》《略谈苏轼的〈念奴娇〉》等文章，着手处理自己最擅长的领域，直至

---

① 屈原：《惜诵》，金开诚、董洪利、高路明校注：《屈原集校注》，中华书局 1996 年版，第446 页。

② 詹安泰：《论屈原的阶级出身、政治地位及其在文学上的作用》，《詹安泰全集》（六），上海古籍出版社 2011 年版，第 72 页。

③ 詹安泰：《论屈原的阶级出身、政治地位及其在文学上的作用》，《詹安泰全集》（六），上海古籍出版社 2011 年版，第 71 页。

④ 詹安泰：《论屈原的阶级出身、政治地位及其在文学上的作用》，《詹安泰全集》（六），上海古籍出版社 2011 年版，第 92-93 页。

⑤ 詹安泰：《关于古典诗词的艺术技巧的一些理解》，《詹安泰全集》（五），上海古籍出版社 2011 年版，第 18 页。

去世前终于完成了微观层面的《花外集笺注》《李璟李煜词校注》、中观层面的《宋词研究》《宋词散论》和宏观层面的《词学研究》，三种类型的著作共同建构了詹安泰词学宇宙的整体形貌。

隔空呼应一般，詹安泰在 1947 年发表过《词境新诠》《无庵说词》和《关于词的批判》三篇有关词学研究的文章。其中，《关于词的批判》一文最容易被人忽略，也没有被收入《詹安泰全集》，但这篇文章却深具词学理念的转折意义。詹安泰在文中提出一条评判文学作品的基本准则——文学意境中是否饱含作者的"修辞立其诚"，是否能激发读者对美好事物的追求。按照詹安泰的说法，无论词作内容是宣泄私欲，还是发抒义感，只要能激荡起一种飞扬的情动力，那就是优美的作品①。这一点，如同鲁迅《摩罗诗力说》所云"盖诗人者，撄人心者也"，"动吭一呼，闻者兴起"，"有作至诚之声，致吾人于善美刚健者乎"② 的美学之根，皆可用"诚"与"信"二字含括，即以作者之"诚"，感发读者（即群众）之"信"，也就是"撄人心"的情动装置。

于此，詹安泰发展出一个读者接受美学的动力装置。他深许况周颐"以吾身入乎其中而涵泳玩索之，吾性灵与相浃而俱化"③ 的读词之法，承认群众的接受与阐释才是文学作品的最终完成，明确了"作者—作品—读者"三位一体的群众路线。这与马克思主义唯物史观关于"人民群众创造历史"的说法不谋而合，也构成了詹安泰后期词学存根的总关捩。不过，马克思还同时道出另一种真相：人通过劳动创造了世界，但他们又被他们所创造出来的事物所控制。文学所表征的意识形态世界亦是如此，人民群众创造了文学，但文学的发展已经超出人们掌控的范畴，反过来以诚与信的情动装置来捕获、塑造群众。

明乎此，再回到 1957 年《李煜和他的词》一文和稍晚出版的《李璟李煜词校注》，则可见詹安泰的良苦用心。当时学界关于李煜词的争议主要有三：一是描写男女关系的词是否体现了帝王的荒淫生活；二是抒写愁与恨的内容是否属于消极思想；三是入宋后的作品是否具有人民性和爱国主义精神。李煜作为一代国君，从身份上来说是群众的对立面，但从文学作品表现的普遍情感来说，又是普世的、群众的。既然屈原作为大贵族可以写出表征群众朴素情感的诗篇，李煜又何尝不可呢？于是，詹安泰将当时流行的"唯成分论"撇在一旁，延续"以文为本"的思路，提倡李煜词的研究

① 参见詹安泰撰、马晴整理：《关于词的批判》，《中国韵文学刊》2014 年第 4 期。原刊于 1947 年 11 月出版的《民主时代》第 1 卷第 2 期。

② 鲁迅：《摩罗诗力说》，《坟》，人民出版社 1988 年版，第 56-108 页。

③ 况周颐：《蕙风词话》，王幼安校订，人民文学出版社 1960 年版，第 9 页。

"应该把李煜的思想内容和艺术成就切实地确定在词这方面，词外的有关李煜的东西，只能作为理解他的词的引线或帮助"①。

在《李煜和他的词》一文中，詹安泰对词作的具体解读，同样作了自己的"发明"。针对那些脱离群众、宣扬统治阶级爱情和奢靡生活的词作，詹安泰认为是"爱和美支配他整个的人生观"，"具有感染人的力量"；针对那些亡国前消极不作为的愁与恨，詹安泰看到的是"现实生活的本身对他有程度不同的威胁"，传递出"很深厚的感情"，"具有一定程度的思想力量"；针对反映囚徒生活的词篇，詹安泰更是将之视作"小词的最高境界"，即"意境大，感慨深，力量充沛，具有非常强大的感染力"②。此种判断与王国维基本一致，其称："词至李后主而眼界始大，感慨遂深，遂变伶工之词而为士大夫之词。"③ 詹安泰则更加关注群众路线内含的情动装置。他的分析围绕"诚与信"的逻辑闭环展开，论证李煜之"诚"在于"大胆真实的描写和描写艺术的高度的成就"，这样自然感发群众之"信"，即"能够感动不同时代的各个不同社会集团的人们"④。受此鼓舞，詹安泰的话语也变得大胆起来——"难道到了共产主义社会，就一点意外的不幸情事都不会产生么？就连失却慈母、爱子时的悲苦心情都不存在么？这种想法未免太天真了。"⑤ 当然，詹安泰的论点很快遭到反对。例如，陈培治专门发文指责李煜的《虞美人》不但没有"反映了部分人民的部分生活"，还是"含有毒素的"，詹安泰的回复则针锋相对——"从'唯成分论'或者单纯的阶级观点，以及一切反历史主义的论点出发，都是不正确的"⑥。

1963 年，詹安泰的"右派"身份得以解放，接着发表了《关于宋词的批判继承问题》一文，凝聚了他对宋词存续的思考。首先是思想内容方面。他依旧采用"化整为零、逐个突围"的办法，先是总体上批判宋词的弱点——封建时代的产物，随后开始分门别类地展示其积极因子，不断暗示"范围放宽些"⑦。比如反映爱国精神和民族气节的、同情民间疾苦的、反映人民部分生活现象的、摹写都市繁华的、表达夫妇之爱

① 詹安泰：《李璟李煜词校注·前言》，《詹安泰全集》（三），上海古籍出版社 2011 年版，第205 页。

② 以上见詹安泰：《李煜和他的词》，《詹安泰全集》（五），上海古籍出版社 2011 年版，第461-467 页。

③ 王国维：《人间词话疏证》，彭玉平疏证，中华书局 2014 年版，第 284 页。

④ 詹安泰：《李煜和他的词》，《詹安泰全集》（五），上海古籍出版社 2011 年版，第 471-472页。

⑤ 詹安泰：《李煜和他的词》，《詹安泰全集》（五），上海古籍出版社 2011 年版，第 481 页。

⑥ 詹安泰：《答陈培治同志》，《詹安泰全集》（六），上海古籍出版社 2011 年版，第 38-40页。

⑦ 詹安泰：《关于宋词的批判继承问题》，《詹安泰全集》（五），上海古籍出版社 2011 年版，第 366 页。

的等等，都应该得到继承。其次是艺术形式方面。他提出"形式虽然决定于内容，形式也有相对的独立性"①，进而从比兴象征的表现手法和多姿多彩的艺术语言两个维度，剖析了宋词值得借鉴的抒情技艺。20 世纪 60 年代，文艺批评的口风逐渐收紧，詹安泰也处处高举马列主义和毛泽东思想的旗帜，粗读起来难免陷入阶级斗争的窠臼之中，但只要将詹安泰后半生的潜在写作连缀一处，就不难发现字里行间传递出的词统传承之根本立场。

四、余论：创造性转换与消耗性转换

从诗经、楚辞到各个时期的古典诗词，再辐射到经学、古文、小说等领域，詹安泰后半生的研究条件之艰苦与范畴跨度之大皆属罕见。当我们能够跳出意识形态的双重遮蔽，对詹安泰后半生论学实践进行重新体认时，才能真正辨明哪些属于创造性转换，哪些是不可避免的消耗。

詹安泰的创造性转换首先就体现在对马克思主义文学理论的在地化转译，这不仅是在为古典文学寻求生存之道，也是文艺理论之客观、理性及问题意识等思维方式的现代养成。詹安泰在《学习苏联文学理论对于我们古典文学教学的一些体会》一文中，围绕"怎样学习苏联模式"这一核心问题，指出应对思想落后却有文学史意义、不同情人民却反映真实、忧虑悲哀却充满爱国热情这三类古典作品加以批判继承。在这篇文章里，他多次提出要进行创造性转换，比如"必须结合此时此地的具体情况有创造性地来进行学习"，"有助于加快地创造出更美好的社会主义现实主义的文学"，"无非是为了更好地创造新的人民的文学"② 等等。正是通过这些认知论层面的微妙转换，詹安泰撕掉古典文学"封建流毒"的标签，发掘出诗经的人民性、屈原的爱国精神、李煜的现实主义情感等等，将之重新纳入名为"进步"的历史语境。

创造性转换的第二种表现形式是"潜在写作"的论学方式。例如，詹安泰表面上以"人民性"等马克思主义视点为标准，重审诗经、楚辞等一系列古典作品，却总能在"随心所欲不逾矩"中显豁潜流，"发明"出很多诗篇中不易为人所知的人民性和现实主义精神，最终实现意识形态的退场，与文学本位的进场。如今看来，这不正是一种文学批评的"弱德之美"，或曰"弱者的武器"吗？这两个概念都是在明面的合

---

① 詹安泰：《关于宋词的批判继承问题》，《詹安泰全集》（五），上海古籍出版社 2011 年版，376 页。

② 詹安泰：《学习苏联文学理论对于我们古典文学教学的一些体会》，《詹安泰全集》（六），上海古籍出版社 2011 年版，第 31-36 页。

作中暗自抵抗，在顺从的形式中埋设异见①。但是，"潜在书写"本身就是一种迫于压力的创造，这种创造难免会造成一些损耗。在用马克思主义的思想结晶转译中国古典文学时，必须小心翼翼地标举人民性、阶级性和现实主义，这便极易导致评价体系的失衡，那些"为艺术而艺术"的作品、那些个人主义式的作品，以及富有娱乐精神的作品，就会面临集体失声的困境，这恐怕也是詹安泰不得不付出的代价守恒。至于我们这些后来者，理应对这些创造性转换或消耗性转换保持理性关注，唯其如此，才能真正走进那一代学人的精神世界，理解他们言说背后的言说。

如今，我们身处中华民族伟大复兴的历史进程之中，如何实现传统文化的创造性转化和创新性发展，已成为当代学者共同的题中之意。历史潮流滚滚向前，但我们同样不应忘却前辈学人与文人对传统存续的关切，特别是以介入姿态做文化存根之努力的词家詹安泰，他所塑造的马克思主义文学理论在地化范型，以及在学术预流中隐藏的词统潜流，仿佛一颗有待采掘的沧海遗珠。詹安泰晚年确实有理由叹息："百年心事寒星碎，遗编倩谁重理?"②

（作者单位：中山大学博雅学院）

---

① 参见叶嘉莹：《朱彝尊之爱情词的美学特质》，《四川大学学报》（哲学社会科学版）1994年第 2 期；［美］詹姆斯·C. 斯科特：《弱者的武器》，郑广怀、张敏、何江穗译，译林出版社 2007年版。

② 詹安泰：《台城路》（百年心事寒星碎），《詹安泰全集》（四），上海古籍出版社 2011 年版，第 328 页。

重写"雪月花"

——论郁达夫留日期间旧体诗的创作

刘召禄　张学谦

郁达夫于 1913 年 9 月前往日本留学，1922 年 7 月底学成回国。留学近十年间，他创作了 332 首旧体诗，占其生平旧体诗创作总量（595 首）的一半以上。这些诗歌内容广泛，多以思乡、爱国、怀旧、记游、酬唱等题材为主，艺术上多用典故，旁征博引，引譬连类，多袭杜牧、李商隐等唐代的诗歌创作理念，展现了郁达夫深厚的古典文化修养。郁达夫留日期间的旧体诗创作中，有 12 首诗歌以"雪月花"——这一典型的日本文学审美意象——为中心，虽数量不多，但以比较文化的视野来看，不失为一种特殊的文化现象。郁达夫在旧体诗创作中对于日本审美意象"雪月花"的构写，不是简单的意象之模仿，而是一种诗学与文化意识的重构。可以说，郁达夫对"雪月花"的重构性书写既是一种文化认同的探寻，也是一种文化意识的自觉。

一、郁达夫与"雪月花"的传统

1936 年 1 月 19 日，郁达夫的《山水及自然景物的欣赏》一文在《申报·每周增刊》发表。他在文中谈及艺术与自然之关系时说："无论是一篇小说，一首诗，或是一张画，里面总多少含有些自然的分子在那里。"① 可见，郁达夫很强调自然对于各种艺术形式的重要影响。他进而回忆起留日期间在濑户内海游玩的感受，说："月夜行舟，四面的青葱欲滴，当时我就想在四国的海岸做一个半渔半读的乡下农民；依船楼

---

① 郁达夫：《郁达夫全集·第十一卷·文论下》，浙江大学出版社 2007 年版，第 227 页。

而四望，真觉得物我两忘，生死全空了。"① 留学日本的十年间，郁达夫不能时常见到中国的自然风景，而日本的自然风景却时刻都在眼前，"物色之动，心亦摇焉"②，这总能牵动郁达夫敏感的心，让郁达夫时常想起海西的祖国，引发诗思。

旧体诗作为当时留日国人最为直接和本能的抒情形式，成为郁达夫表情达意的首选。郁达夫多借日本的自然景物起兴，表达对祖国、故乡富阳及亲朋好友的思念，其中多涉及对日本审美题材"雪月花"的书写。郁达夫在《日本的文化生活》中概括和歌的特点为"写男女的恋情，写思妇怨男的哀慕，或写家国的兴亡，人生的流转，以及世事的无常，风花雪月的迷人等等"③。这里提到的"风花雪月"，即指日本的"雪月花"审美传统。日本作家川端康成于1968年发表诺贝尔文学奖的获奖演说时提到"而'雪''月''花'这三个字，则表现了四季推移，各时之美，在日文里是包含了山川草木，森罗万象，大自然的一切，兼及人的感情在内"④。可见，郁达夫对日本人审美观的总结是很有前瞻性的。

"雪月花"一词最早出自白居易《寄殷协律》中的"琴诗酒伴皆抛我，雪月花时最忆君"⑤，全唐诗歌中用"雪月花"三字并列入诗者也唯有白居易一人。日本平安时代早期，《白氏文集》传入日本即获上层贵族的推崇，在《千载佳句》《和汉朗咏集》两部佳句选中，白居易的诗歌都占所选汉诗总数的一半以上，相对于中国人所喜爱的忧心天下的讽喻诗，日本人偏爱白氏描写自然、抒发个人情感的闲适诗。这从两部佳句选中选录的"前头更有萧条物，老菊衰兰两三丛"⑥"野枣花含新蜜气，山禽语带破袍声"⑦ 等句可见一斑。"琴诗酒友皆抛我，雪月花时最忆君"一句更是被上述两部佳句选集一同收录，可见日本人对"雪月花"一句的喜爱。日本文化中将"雪月花"作为创作素材和审美核心的传统就在日本人极为尊崇白居易的平安时代确立起来。

"雪月花"一词涉及的"不仅是文学创作的主要素材，而且是美意识的传统。日本文学家以'雪月花'同文学的抒情性融会贯通，展开日本文学具有独特魅力的美的世界"⑧。如作为文学素材时，"雪月花"的分类十分细致，"雪"有薄雪、残雪、春

---

① 郁达夫：《郁达夫全集·第十一卷·文论下》，浙江大学出版社2007年版，第231页。
② （南朝梁）刘勰：《文心雕龙》，中华书局2012年版，第519页。
③ 郁达夫：《郁达夫全集·第三卷·散文》，浙江大学出版社2007年版，第284页。
④ 刘硕良主编：《诺贝尔文学奖授奖词和获奖演说》，漓江出版社2013年版，第348页。
⑤ （唐）白居易：《白居易集》，中华书局1999年版，第568页。
⑥ ［日］大曾根章介、堀木秀晃：《和汉朗咏集》，新潮社1983年版，第111页。
⑦ ［日］大江维时：《千载佳句》，上海古籍出版社2003年版，第6页。
⑧ 叶渭渠：《日本文学思潮史》，经济日报出版社1997年版，第33页。

雪等，"月"有山月、峰月、野月、故乡月、圆月、残月等，"花"有樱花、梅花、菊花等；"雪月花"作为审美意识时，是指对自然的审美意识。正如叶渭渠先生所说，"日本文学家认为自然意味着生命的根源，美的情感的根源……日本人尤以雪、月、花作为其自然美乃至整个美意识的核心"①。19世纪末20世纪初的日本，为反拨当时自然主义文学的种种弊端，以永井荷风为代表的作家将"花间柳巷"等"雪月花"审美意识的变体作为审美基点，进行小说和散文创作，开创了日本唯美主义文学流派。吉田精一在评论永井荷风的作品时说："贯穿于荷风的文学世界里的一个主题，可以说是表现那种达到烂熟之极以后渐趋颓废，并伴随着这种颓废引发出诗意的忧伤的社会、风物以及人情世故。"②

郁达夫的文学创作也受到这种思潮的影响。"郁达夫对花街柳巷题材的大胆选择与永井荷风极为相似，而且永井荷风'批判'的文风在郁达夫文学中也同样有所体现。"③ 郁达夫在概括日本近代的文学思潮时也指出："这些高踏派的作家，在自然主义流行的时代，只取了那时候的写实作风，而所主张的却是人道主义；在虚无主义支配着文坛的时代，他们只固守了艺术至上的主见，也不肯去轻易学时髦，而写那些灯红酒绿，跳舞通奸的油腔滑调。"④ 这说明郁达夫对当时的文学思潮有着清楚的认识并且有过深入研究，因此，可以说郁达夫受到了这种思潮的影响。

郁达夫留学期间游览日本的自然风景，亲身经历了日本的唯美主义思潮，不免受二者影响，选用"雪月花"进行创作。但值得注意的是，郁达夫只运用"雪月花"作为创作题材，而并未涵泳于"雪月花"的审美意识中，因为在二十多年中国传统文化的熏陶下，"诗言志"的观念早已根深蒂固。郁达夫在书信《云里一鳞》中说："诗者思也，大哉诗乎！亦大哉思乎！"⑤ 他强调诗与思的重要性，是对"诗言志"观念的继承与发展。因此，郁达夫在书写"雪月花"时，旧体诗中虽出现中、日两种文化的混杂影响，但必定是以"雪月花"的"新瓶"装"诗言志"的"旧酒"。

二、歌之情与诗之志：郁达夫笔下的"雪月花"

郁达夫在旧体诗中描写了日本的雪、月、樱花、桃花、池、红叶、温泉、山等自

---

① 叶渭渠、唐月梅：《物哀与幽玄——日本人的美意识》，广西师范大学出版社2002年版，第41页。
② ［日］永井荷风：《永井荷风选集》，陈薇译，作家出版社1999年版，序言第1页。
③ 倪祥妍：《日本小说家与郁达夫》，北京大学出版社2013年版，第14页。
④ 郁达夫：《郁达夫全集·第十一卷·文论下》，浙江大学出版社2007年版，第337页。
⑤ 郁达夫：《郁达夫全集·第六卷·书信》，浙江大学出版社2007年版，第18页。

然风物，也描写了上野公园、鹤舞公园、犬山城、天龙川桥等人造风物，其中对"雪、月、樱花"等自然风物的书写最能体现郁达夫对"雪月花"文学题材的借用。上文提到，郁达夫立足于中国的"诗言志"诗学观念，对"雪、月、樱花"等日本风物进行了重构书写，这体现了中日两国诗学观念的不同。

中日诗学观念的不同主要体现在"诗言志"和"歌言情"的传统上。"诗言志"的诗学观念源自《尚书·尧典》"诗言志，歌永言，声依永，律和声"①，是指诗歌可以表达作者的志向，孔子"兴观群怨"说与孟子"以意逆志"说皆是"诗言志"观念的发展，后《毛诗序》中提出"诗者，志之所之也，在心为志，发言为诗，情动于中，而形于言"②，概括说明了诗歌可以表现作者志向、思想感情的特点，并涉及诗的认识和教育作用。"诗言志"的诗学观一直延续至今，朱自清先生认为"诗言志"是中国历代诗论"开山的纲领"③。日本的"歌言情"观念是拾取"诗言志"观念的牙慧，才得以建构诗学观念的具体形态。"歌言情"的意识萌生于《万叶集》，在《古今和歌集·假名序》中具备了明确的文字观念。"倭歌，以人心为种，由万语千言而成，人生在世，诸事繁杂，心有所思，眼有所见，耳有所闻，必有所言。聆听莺啼花间，蛙鸣池畔，生生万物，付诸歌咏。……鬼神无形，亦有哀怨。男女柔情，可慰赳赳武夫。此乃歌也。"④ 从"人心""哀怨""柔情"等词可见，"歌言情"的观念发展了"诗言志"中"情动于中而形于言"的部分，重视人在感受"莺啼花间，蛙鸣池畔"等自然万物时的感情表达，而非言说与国家、社会层面相契合的志向。"雪月花"审美意识正与这一诗学观念息息相关。

诗学观、审美观的付诸实践最终要落实到语言层面，此处借用拉康的"能指连环"理论能够更为清楚地理解这一问题。"语言的意义常常不是得之于一个一个独立的能指，而是产生于成串的能指的共同作用。能指与所指也不是处于一一对应的简单关系，因为能指与所指层层相套，绵绵相联，构成了拉康所谓的'能指连环'。"⑤ 笔者认为，在日本人的审美观中，恰恰使用了一种反"能指连环"式的表达。日本和歌中"雪月花"的能指符号是雪""月""花"等文字，对应的所指是单一的，即"雪月花"等事物本体，没有涉及复杂的文化能指，只体现人对自然景物的直观感受，概括来说就是单一能指对应所指；而中国的审美观正符合"能指连环"式的表达，诗歌中以"雪月花"为题材的能指符号是多样的，除指涉事物本体的能指符号外，还有

---

① 王世舜、王翠叶译注：《尚书》，中华书局 2012 年版，第 28 页。
② 孔颖达：《十三经注疏·毛诗正义》，北京大学出版社 1999 年版，第 6 页。
③ 朱自清：《大家国学·朱自清》，天津人民出版社 2008 年版，第 105 页。
④ ［日］纪贯之：《古今和歌集》，王向远、郭尔雅译，上海译文出版社 2018 年版，假名序。
⑤ ［法］拉康：《拉康选集》，褚孝泉译，上海三联书店 2001 年版，序言第 11 页。

以用典和化用前人诗句为形式的能指符号，因此体现了诸多文化寓意，这已经不单单指向"雪月花"等事物本体和人对自然的主观感受，而重在强调复杂的文化能指，是追求学问等多重文化能指的体现，概括来说就是多重能指对应所指。

日本人在《万叶集》中就已经将"雪月花"作为审美题材，之后编纂的《古今和歌集》《和汉朗咏集》等和歌集，室町时代末出现的俳谐、连歌，再到江户时代由松尾芭蕉等人发扬光大的俳句，都继承了"雪月花"的审美传统。上述各个时期的日本风物书写都是以"雪月花"等事物的单一能指对应所指，再通过多个单一能指的组合构造一个完整的意境空间，因此令人读来容易理解，而又意境悠远。以写"雪月花"的和歌为例，《万叶集·第七卷·杂歌·咏月十八首》"月夜寻常夜，物多匪所思，今宵月隐去，始觉惜来迟"[1] 写月夜下歌人幽微的情感；《古今和歌集·第六卷·冬歌》中纪贯之《冬歌》"冬来草木凋，一夕风紧雪飘飘，琼花满树梢"[2] 写冬天雪飘之景；松尾芭蕉所作俳句《山家》"鹳巢高，山风外樱花闹"、《赏花》"树下鱼肉丝、菜汤上，飘落樱花瓣"[3] 都是写樱花飘落时的情景。从上述书写"雪月花"的和歌中可以看出，其特点是不用典，不引前人诗句，只描写人对自然的感受或者主客合一的场景，以"雪月花"等事物的单一能指对应所指。郁达夫在书写"雪月花"等日本风物时，使用"雪月花"等事物的多重能指对应所指，旁征博引以体现诗的文化性和学问性。

郁达夫创作的旧体诗中，有2首以咏雪为主题的诗歌，都是1919年于日本留学期间创作的，分别作于1919年1月21日和1919年2月12日，两首诗都命名为《雪》。郁达夫归国后活动于汕头、杭州、北京、上海，后又辗转于东南亚各地，再无咏雪诗歌问世。这不禁让人想到诗人身处日本这样一个多雪且爱雪的国度，所受到的风物感召。郁达夫的咏雪诗化引前代诗人名句，增强了与前文本的关联，又多引用典故彰显学问，有江西诗派"以学问为诗"的意味。如1919年1月21日所作的《雪》："独钓渔人冷不知，终南阴岭露奇姿。朔风有意荣枯草，柳絮无心落凤池。党氏帐中仍寂寞，文君炉下可相思？痴儿莫向街头舞，镜里昙花只几时！"[4] 首联"独钓渔人"句引柳宗元"孤舟蓑笠翁，独钓寒江雪"[5]，"终南阴岭"引祖咏"终南阴岭秀，积雪浮云端"[6]；颔联"朔风"引自谢灵运"明月照积雪，朔风劲且哀"[7]，"柳絮"引自谢道

---

[1] ［日］佚名：《万叶集》（上册），杨烈译，湖南人民出版社1984年版，第239页。

[2] ［日］纪贯之：《古今和歌集》，王向远、郭尔雅译，上海译文出版社2018年版，第124页。

[3] ［日］松尾芭蕉等：《日本古典俳句选》，林林译，人民文学出版社2005年版，第12页。

[4] 郁达夫：《郁达夫全集·第七卷·诗词》，浙江大学出版社2007年版，第82页。

[5] 中华书局编辑部点校：《全唐诗（增订本）》，中华书局1999年版，第3961页。

[6] 中华书局编辑部点校：《全唐诗（增订本）》，中华书局1999年版，第1337页。

[7] 顾绍柏校注：《谢灵运集校注》，中州古籍出版社1987年版，第22页。

韫"未若柳絮因风起"①；颈联"党氏帐中"引宋学士陶谷买武将党进门中妓女的典故，以党进的视角写失去爱妓后孤独寂寞、独饮"羊羔美酒"的场景，"文君炉下"引卓文君与司马相如雪夜私奔，后当垆卖酒的典故，与前句"党氏帐中"对应，两句既有雪夜又有酒，应是郁达夫当时雪夜自饮酒时的联想。

郁达夫以"月"为主题的诗歌共4首，其中《重过杭州，登楼望月，怅然有怀》是在杭州所作，另外3首分别作于1915年9月23日、1916年9月12日和1917年10月1日的日本。如1915年所作《中秋夜中村公元赏月，兼吊丰臣氏》："社鼓村谣处处同，旗亭歌板舞衣风。薄寒天气秋刚半，病酒情怀月正中。废圃而今鸣蟋蟀，虚堂自昔产英雄。由来吊古多余慨，赋到沧桑句自工。"郁达夫自注："是日适逢祭日，红灯旗鼓，极一时之盛。园为丰臣秀吉出生地，日人祭祀之。"②首联"社鼓村谣""旗亭歌板"，叙述了"芋名月"即日本中秋节时举行的庆祝活动，由中国秋社日祭祀土地神的传统演变而来。由于这个时期正值各种作物的收获季节，为了对自然的恩惠表示感谢，日本人要举行各种庆祝活动，家家户户会陈列赏月团子、芒草、芋、毛豆等供品祭神，酬谢神明以保佑丰收。颔联写入秋后天气转凉，"病酒"引自李商隐"人闲微病酒，燕重远兼泥"③，意为沉醉于过度饮酒近乎病态。颈联写到丰臣秀吉的出生地尾张国中村（今爱知县名古屋一带）的宅邸，已变为废弃的园圃和"虚堂"。"虚堂"即空荡的房子，戎昱有"隔窗萤影灭复流，北风微雨虚堂秋"④，与之用法相同。尾联引清赵翼"国家不幸诗家幸，赋到沧桑句便工"⑤，肯定丰臣秀吉统一日本的功绩的同时，看到眼前断垣残垣，不禁心生历史沧桑之感。此一首诗，虽名为"赏月"，但与赏月并无太大联系，是借赏月之由介绍日本民俗和历史人物，借沧桑变迁抒发历史兴亡之感叹。

郁达夫的咏樱诗共6首，1915年春作3首律诗，分别是《过小金景川看樱，值微雨，醉后作》《重访荒川堤，八重樱方开，盘桓半日，并摄影以志游，赋此题写真后，次前韵》《花落过上野，游人绝迹，感而有作》；1916年3月作律诗《木曾川看花》和绝句《犬山堤小步，见樱花未开，口占两绝》，共3首。此处选《犬山堤小步，见樱花未开，口占两绝》其中一首来看郁达夫在化用前人诗、用典等方面对樱花的书写重构。"寻春我爱著先鞭，梢上红苞吐未全。一种销魂谁解得？云英三五破瓜前。"⑥

① （南朝宋）刘义庆：《世说新语》，中华书局2011年版，第127页。
② 郁达夫：《郁达夫全集·第七卷·诗词》，浙江大学出版社2007年版，第16页。
③ 中华书局编辑部点校：《全唐诗（增订本）》，中华书局1999年版，第6195页。
④ 中华书局编辑部点校：《全唐诗（增订本）》，中华书局1999年版，第3001页。
⑤ （清）赵翼：《赵翼全集（四）》，凤凰出版社2009年版，第349页。
⑥ 郁达夫：《郁达夫全集·第七卷·诗词》，浙江大学出版社2007年版，第30页。

首句之"寻春"引陈子昂《晦日宴高氏林亭》"寻春游上路"①，"著先鞭"引西晋刘琨"先吾著鞭"的典故，此处指抢在别人前面游春；第二句写春游尚早，樱花还没有开放；第三句与唐毛熙震《清平乐》"正是销魂时节，东风满园花飞"② 皆用"销魂"，前者写花开前，后者写花开后；第四句，郁达夫解释了花开前的"销魂"之处，引唐传奇中的女仙云英，"三五"为十五岁，"破瓜"是指女子十六岁，将十五岁的云英比作含苞待放的樱花。

在上述文本细读的比较中，笔者选取的和歌和郁达夫创作的旧体诗都以"雪月花"为题材，却呈现了完全不同的形态。前者以单一能指对应所指，这种能指与所指一一对应式的书写，强调自然风物本身的美，不加入"雪月花"的文化寓意等多重能指，使作者、读者都能置身于一种物我合一的静观中，因此读来能够感受到强烈的自然审美意识，写月和樱花时亦同；后者则以多重能指对应所指，如在写"雪"时，郁达夫脱离了对"雪"本身形态的描写，而是将书写指向前人咏雪诗中文化寓意的探求，所引诗人在写雪时又处于不同的地域，有着不同的心境，表达的思想也不尽相同，多重能指的范围就会继续扩大，最终以一个庞大的能指群对应着"雪"这一景物，展现出丰富的文化内涵和学养。"雪月花"中的自然审美观被追求文化寓意和学问的"诗言志"诗学观代替，郁达夫正是在这个层面实现了对"雪月花"的重构书写。因此，郁达夫对"雪月花"的书写是借日本风物言中国旧体诗之志。

三、重构之因：文化压抑中的民族文化认同

千年前，日本遣唐使西行东归；千年后，以郁达夫为代表的留学生东行西归。同样的路线，不同的方向，昭示了学生与业师的身份变易。相较于日本遣唐使们赴唐求学时感受到的文化压抑程度，郁达夫等留学生留日期间经受的文化压抑是更为痛彻且深刻的。遣唐使是以一种朝圣者的虔诚向大唐进行文化取法，由于当时文化、政治文明程度的过度悬殊，日本心平气和地接受"弱势文化"的身份标签，因此不断从器物、制度、思想文化等各个层面学习大唐文化，甚至出现了全盘唐化的倾向；而唐朝方面，由于文化的开明与昌盛，大唐对于外来者的学习与敬仰，无论是民间还是官方，都采取一种兼容并包、平等视之的态度。

相比之下，郁达夫留学日本所感受到的文化压抑则完全不同，主要体现在两个方面。其一，强势文化与弱势文化易位下日本报复性的国民心理。昔日强势的汉文化在

---

① 中华书局编辑部点校：《全唐诗（增订本）》，中华书局1999年版，第907页。
② 中华书局编辑部点校：《全唐诗（增订本）》，中华书局1999年版，第10182页。

当时沦为被日本抛弃的弱势文化，而曾经取法于汉文化的日本文化却一跃成为强势文化，日本之前所受到的汉文化压抑向着一种报复性心理转变。郁达夫在自传中谈及日本国情和当时日本人对中国人的态度时说道：

> 明治的一代，已经完成了它的维新的工作……新兴国家的气象，原属雄伟，新兴国民的举止，原也豁荡，但对于奄奄一息的我们这东方古国的居留民，尤其是暴露己国文化落伍的中国留学生，却终于是一种绝大的威胁。说侮辱当然也没有什么不对，不过咎由自取，还是说得含蓄一点叫作威胁的好①。

主客互换、强弱易位的现实和部分日本人对中国人的态度，无疑使郁达夫感受到巨大的文化压抑。

其二，"弱国子民"身份标签引来的歧视。郁达夫在日本留学期间，自己遭受过日本人的不公平待遇，也目睹了日本人对中国人的歧视。这在《沉沦》《茫茫夜》等小说和自传中都有体现。

> 至于无知识的中下流——这一流当然是国民中的大多数——大和民种，则老实不客气，在态度上言语上举动上处处都直叫出来在说"你们这些劣等民族，亡国贱种，到我们这管理你们的大日本帝国来做什么！"简直是最有成绩的对于中国人使了解国家观念的高等教师了②。

正是因为这种文化歧视，使得郁达夫小说中的忧郁和压抑成分大大增加。郁达夫性压抑的现代书写，本质上是文化压抑的表达，即以一种个人性压抑的外壳去写文化压抑的内核，因此在多部小说中，都能看到郁达夫渴望祖国强大的书写。

他者文化的压抑必定伴随着增强本民族文化认同的尝试。郁达夫增强民族文化认同的尝试最为直接的表现就是旧体诗创作。"讲到他的文学成就，我认为诗词第一，散文第二，小说第三，评论文章第四。"③ 从同时代画家刘海粟的评价中，我们可以看到郁达夫诗词创作在其文学创作中的重要地位，而这一地位，与郁达夫在日本时受到的文化压抑是分不开的。旧体诗是中国文化之精髓，是郁达夫在异国最直接的精神寄托，也是郁达夫认同本民族文化的重要途径，而郁达夫旧体诗中对日本审美题材"雪月

---

① 郁达夫：《郁达夫全集·第四卷·游记、自传》，浙江大学出版社 2007 年版，第 304 页。
② 郁达夫：《郁达夫全集·第四卷·游记、自传》，浙江大学出版社 2007 年版，第 305 页。
③ 刘海粟：《刘海粟艺术随笔》，上海文艺出版社 2012 年版，第 11 页。

花"的重写，正是他对感受到的来自日本文化之压抑的纾解。

郁达夫在旧体诗的创作内容、发表对象等两个方面展现出对本民族文化认同感的增强。在旧体诗创作的内容上，郁达夫一方面大量引用唐代文学中的典故、诗句，并多次以杜牧自比，在自己创作的旧体诗和唐代诗歌之间产生了强烈的互文性。克里斯蒂娃的互文性理论发展自巴赫金的对话关系理论，强调主体与主体、文本与文本之间的对话关系。郁达夫引用唐代诗人的文本，文本中包含了大唐古人的话语，其目的是通过与大唐古人对话的方式，从文化传统中汲取自信之力。另一方面，和藤原公任编纂《和汉朗咏集》时的意识相类，平安时代的日本文学寻求与当时跻身世界文学前列的汉文学进行对话，以求达到与汉文学平起平坐的目的，"凸显民族文化的主体性特征，使和歌与汉诗成为真正意义上的'对话'关系"①。郁达夫与唐代文学的对话，也是寻求一种平等的对话关系，借大唐文学昔日的繁荣与鼎盛，力图将当时因政治背景而式微的民族文学抬到昔日的高位。另外，郁达夫多次使用"西望""西归""西下""西逝""向西"等带"西"的词，这不仅包含了他对中国的思念，也是为文化自信寻找立足点和依据。"西"多次出现在平安时代的日本汉诗和汉籍中，不仅仅是简单的方位词，而且是大唐文化的象征。如第七次遣唐使副使藤原宇合的汉诗《奉西海道节度使之作》"今年西海行"②，第七次遣唐使留学生阿部仲麻吕的《奉使衔命使本国》"西望怀恩日"③，第十七次遣唐使留学僧空海所著《文镜秘府论》中的"长入西秦，粗听余论"④ 等，都体现出日本对以大唐为代表的汉文化的崇拜。

在旧体诗的发表方面，郁达夫不仅在当时上海《神州日报》、浙江《全浙公报》、杭州《之江日报》《越风》、南通《通海新报》等报纸杂志上发表旧体诗，增强国人的民族文化认同感，而且在日本学校和校外杂志上发表旧体诗，唤醒日本失落的汉文化传统。据笔者统计，郁达夫在日本名古屋第八高等学校《校友会杂志》、日本《新爱知新闻》《文字禅》《随鸥集》《太阳》《雅声》等报纸杂志上发表旧体诗共114首，这在郁达夫留日期间发表的旧体诗总数中占比三分之一以上，可见郁达夫对在日本报刊上发表旧体诗这件事有明确的自我认知。正如郁达夫在《谈谈民族文艺》中所说，"民族文艺的叫唤，大抵是某一个民族，受到了他一民族的重压，或某一民族伸张发展，将对其他民族施以重压时的必然的流露；前者的例，在中国历代被外族所侵，终

---

① 吴雨平：《〈和汉朗咏集〉文学主体意识论析》，《苏州大学学报》（哲学社会科学版）2019年第2期。
② 程千帆、孙望：《日本汉诗选评》，江苏古籍出版社1988年版，第3页。
③ 刘砚、马沁：《日本汉诗新编》，安徽文艺出版社1985年版，第13页。
④ ［日］弘法大师：《文镜秘府论》，中国社会科学出版社1983年版，第15页。

至于亡国的时候，都可以看出，而尤以目下为最著"①。旧体诗作为汉文化的艺术结晶，郁达夫将其发表于日本报纸杂志上，实为受到日本文化压抑的"叫唤"。从"明治维新"后，日本以"弑父"的方式"脱亚入欧"，日本从汉代以来延续千年的对汉文化的认同，也在对中国的侵略和西化的过程中消磨殆尽。郁达夫旧体诗的对日发表，包含了他在增强民族文化认同感的过程中，对中国传统文化的再宣传和对日本失落的汉文化传统的唤醒。

郁达夫旧体诗中对日本审美题材"雪月花"的重写，正如他对"明治维新"的评价一样，是"老树上接上了青枝，旧囊装入了新酒"②。在强烈的文化压抑感中，郁达夫一直在寻求对本民族文化认同的途径，对"雪月花"的重写是站在中国诗歌的传统上重写日本的审美题材，是郁达夫增强对本民族文化认同的重要尝试，也是郁达夫身处异国的精神寄托。郁达夫以一个孤身奋战、血荐轩辕的战士姿态，留学日本的近十年间留下了三百多首古体诗，供后人瞻仰，现在读来可谓"字字看来皆是血，十年辛苦不寻常"。郁达夫对中国文化的传承、弘扬，对增强本民族文化认同感的诸多尝试以及强烈的爱国主义精神，值得我们国人世代学习之。

（作者单位：苏州大学文学院）

---

① 郁达夫：《郁达夫全集·第十一卷·文论下》，浙江大学出版社 2007 年版，第 220 页。
② 郁达夫：《郁达夫全集·第四卷·游记、自传》，浙江大学出版社 2007 年版，第 304 页。

中国近现代文学中的"安重根传"书写考察①

汤 振

1909 年 10 月 26 日，韩国爱国志士安重根在哈尔滨火车站刺杀时任日本枢密院议长的伊藤博文。该事件引起中国、东亚乃至全世界的广泛关注，中国近现代知识分子更是纷纷将目光投向韩国爱国英雄安重根，积极创作安重根题材小说、诗歌、传记及戏剧等各类文学作品，以赞扬安重根的义举、激发民众的爱国热情和民族精神。安重根题材文学书写由此兴起。"安重根传"是安重根题材文学书写的重要组成部分。它作为异域英雄人物传记，旨在介绍安重根的生平经历、"安重根事件"及其个人的社会思想，传播安重根的爱国事迹，激励民气。

中国近现代文学中的"安重根传"书写呈现出多种类、多样貌的特点。中国近现代知识分子笔下的若干"安重根传"文本存在互文关联，并在互文中不断建构英雄想象和反帝爱国话语。"安重根传"书写体现了历史真实与文学虚构相融合的虚实相间叙事策略，并从注重历史真实逐渐倾向于注重文学虚构。随着时代语境的变迁，传主安重根的形象以及传记叙事目标也不断发生嬗变。但无论如何变化，安重根始终作为"他者"，成为中国知识分子反思中国社会、激励中国民众的重要参照物。中国近现代文学中的"安重根传"书写有利于促进中国读者了解安重根的生平经历和加深对安重根义举的认识，借安重根的英雄形象唤醒国人的爱国精神和民族意识，同时也推动了中国近现代传记文学的发展。

通过对于中国近现代文学中的"安重根传"书写的考察，可以透视中国近现代知识分子对安重根这一人物及安重根事件的认识及其变化，了解中国知识分子对韩国认

---

① 本文系韩国学孵化型研究项目"中韩近现代文学关系史的深层探究与韩国学研究后备力量培养"（AKS-2022-INC-2230001）的阶段性研究成果及中国博士后科学基金第 68 批面上资助项目"中国现代文学中的韩国抗日叙事研究"（2020M682151）的结项成果。

识的变化以及中韩关系的变迁，对于了解近现代国内外政治形势的变迁和民众社会心理的变化具有重要意义和价值。笔者拟从"安重根传"书写形式、文本互文、虚实相间的叙事策略以及"他者"形象的变迁等角度对中国近现代文学中的"安重根传"书写进行考察，试图较为深入地认识和把握中国近现代"安重根传"书写的样貌，了解中国知识分子对安重根的认识与想象，洞悉近现代国内外政治形势的变迁和民众社会心理的变化。

一、多种类、多样貌的"安重根传"书写

1909 年安重根刺杀伊藤博文事件引起中国、韩国、日本及东亚乃至全世界的广泛关注，尤其在中国引起轩然大波，受到中国知识界的广泛关注。中国近现代文人志士纷纷以安重根事件为题材创作文学作品，以表达对安重根的崇敬和赞扬之情。安重根题材文学书写涉及诗歌、小说、传记及戏剧等多种体裁。诗歌方面，代表性作品有梁启超《秋风断藤曲》（1910）、章炳麟《安君颂》（1914）以及汪洋《敬题安重根先生传》（1913）等。小说方面，有胡显伯《亡国泪》（1909）、海沤《爱国鸳鸯记》（1915）及倪轶池、庄病骸《亡国影》（1915）等。传记方面，有杨南邨《世界亡国稗史·韩国义士小传——安重根》（1917）、叶天倪《安重根传》（1919）及郑沅《安重根》（1920 年左右）等。戏剧方面，有王钟麒《藤花血》（1909）、黄世仲《朝鲜血》（1909）及贡少芹《亡国恨传奇》（1911）等。

受近代西方人物传记写作的影响，且当时中国社会英雄崇拜思想盛行，中国近现代知识分子也希望发展传记文学，尤其是英雄人物传记，旨在着力发挥其励志功能，宣扬英雄人物身上所蕴含的创造、奋斗、抗争精神以及理想主义的道德、道义力量，以达到激励民众的作用。由此，中国掀起了撰写英雄人物传记的热潮。中国近现代知识分子纷纷为中外民族英雄立传，为现实的爱国运动服务。例如，章太炎的《邹容传》《徐锡麟、陈伯平、马宗汉传》以及蔡元培的《徐锡麟墓表》等。正如阿英所说，"传记文学的发展，在当时几乎成为绝大多数革命刊物不可缺少的部门。采用这种文学形式来宣传革命，也正适应了民族革命和爱国主义宣传工作的需要"[1]。"安重根传"书写就是在此时代背景下产生的。中国近现代知识分子纷纷为安重根作传，传播安重根的爱国事迹，希望借安重根的英雄形象唤醒国人的爱国意识和民族精神。

1917 年之后，"安重根传"大量出现在针对不同阶层、职业和年龄读者的各类报纸杂志上，包括大学校刊、小说期刊乃至儿童读物。代表性作品有杨南邨《韩国义士

---

[1] 阿英：《传记文学的发展——辛亥革命文谈之五》，《人民日报》1961 年 11 月 20 日。

小传——安重根》（1917）、叶天倪《安重根传》（1919）、郑沅《安重根》（1920 年左右）、胡寄尘《安重根小传》（1929）、卑牧《公教爱国烈士安重根》（1929）、黄心邨《记朝鲜侠士安重根》（1930）、孟嘉《为祖国复仇的安重根》（1936）以及管雪斋《韩国志士小传——安重根》（1939）等。

中国近现代知识分子所作"安重根传"，包括"外传""小传""遗事""传赞""志"及"回忆录"等多种传记形式。具体而言，郑沅《安重根》、叶天倪《安重根传》及卑牧《公教爱国烈士安重根》为史传形式作品，历史色彩浓厚，语言文白相间，且采用全知视角，从安重根的出生开始，顺叙安重根生平经历和安重根刺杀事件。叶天倪《安重根传》对当时国际政治局势的评论较多，可谓采用史传加评传的形式。资弼《安重根外传》自称为"外传"，本应为小说一类，但记载的史实较为确切，也可看作传记。1919 年五四运动之后，现代传记文学兴起。为适应社会变革的需要，现代传记文学冲破了传统的模式和文言文的桎梏，形成了新的现代体式和白话文形式，传记文学变得通俗易懂。胡寄尘《安重根小传》面向儿童读者，文字叙述简单，且文本中配有插图，即安重根在哈尔滨火车站击毙伊藤博文且现场被捕的画面，较为通俗易懂。黄心邨《记朝鲜侠士安重根》则以回忆录的形式记录了作者前往上海法租界永吉里探望安重根母亲及妻子的往事，回忆真切感人，表达了对安重根的怀念之情。孟嘉《为祖国复仇的安重根》则以讲故事的形式呈现，语言通俗质朴，易于理解。管雪斋《韩国志士小传——安重根》则重点叙述了安重根的生平经历。

多种形式的"安重根传"书写丰富了中国近现代文学中的域外人物传记书写，促进了中国近现代传记文学的发展。"安重根传"书写加深了中国民众对安重根生平经历和安重根义举的了解和认知，激发和鼓舞了民众的民族意识、爱国热情和抗日精神，对中国社会产生了重要影响。

二、"互文"中的英雄想象与反帝爱国话语

在面临民族危机的时代背景下，中国近现代知识分子纷纷为安重根立传，向民众介绍和传播安重根反日爱国事迹，并采用参考、借鉴、借用及重构等方式，在文本互文中不断地进行英雄想象和反帝爱国话语的建构，以激发民众的爱国意识和民族精神。

中国台湾学者沈松侨认为，国族的想象建构方式通常通过历史叙事来召唤，这些历史叙事不外乎国族起源的故事、建国先祖的神话以及国族英雄的系谱三大部分①。

---

① 沈松侨：《振大汉之天声——民族英雄系谱与晚清的国族想象》，《近代史研究所集刊》2000 年第 33 期。

可见，英雄想象是形成现代中华民族意识不可或缺的重要因素。梁启超就十分崇拜和赞美英雄人物，对英雄有着极高的评价，主张英雄造就时势。"英雄者，人间世之造物主也。人间世之大事业，皆英雄心中所蕴蓄而发现者。虽谓世界之历史，即英雄之传记，殆无不可也。"① 当时的中国社会英雄崇拜思想盛行，却缺乏为民族国家利益挺身而出的英雄人物，中国现代知识分子只好将视线转向域外，关注异域民族英雄。梁启超曾撰写大量中外英雄人物传记，如《意大利建国三杰传》《罗兰夫人传》《匈牙利爱国者噶苏士传》等。在此时代背景下，邻国韩国的爱国民族英雄安重根成为中国近现代知识分子关注的焦点人物，他们积极为安重根立传，表达英雄想象和期待，希望以"他者"的英雄形象来激励"自我"，唤起民众的反帝爱国意识，呼唤中华民族英雄的出现。

卑牧《公教爱国烈士安重根》② 与郑沅《安重根》③ 内容大体一致，前者存在对后者进行大幅度借用和重构的现象。从传记构成来看，郑沅的《安重根》分为上、中、下三篇。上篇为程淯撰写的自序及其《安重根传》、陶毅《书安重根传后》、程淯《后序》以及梁启超、蔡元培、吴传绮等26位知名人士所作后记和诗歌；中篇则包含"略史""机关""行刺""送狱""公判""就义"等内容；下篇附录一为《韩人杀卖国奴之历史》《日本明治时代暗杀表》，附录二为安重根之弟安定根所作《安定根之血泪语》。卑牧《公教爱国烈士安重根》大幅借用了郑沅所作《安重根》的内容，主要涉及中篇"略史""机关""行刺""送狱""公判""就义"以及下篇附录二《安定根之血泪语》、上篇程淯所作《安重根传》和梁启超、蔡元培、程善之等部分知名文人所作的诗词。通过对两部传记进行文本细读对比可知，卑牧所借用的四部分内容并未按照原有顺序进行排列，而是对排列顺序作出了调整，进行了重新组合。但所借用的中篇"略史"中的内容与原传记内容几乎完全一致，各小节按照原顺序排列，只是"刺客"一词被替换为"烈士"，"哈尔滨韩人之行动"被替换为"伊藤博文之重要"。可见，卑牧所作安重根传记是对郑沅《安重根》的大幅度借用，所借用的内容与后者相比，除个别小节外，几乎完全一致，但进行了顺序的调整和重组。

在传主形象塑造和主旨思想方面，卑牧所作安重根传记却与郑沅《安重根》存在较大差异。首先，在安重根形象塑造方面，郑沅《安重根》将安重根塑造为传统的"刺客义侠"形象。"略史"中每一小节的题目都含有"刺客"一词，而且从该传记所

---

① 梁启超：《自由书·英雄与时势》，《饮冰室合集》（第6册），中华书局1989年版，第54页。
② 卑牧：《公教爱国烈士安重根》，《中华公教青年会季刊》第1卷第2期，1929年。
③ 郑沅：《安重根》，出版社及出版时间不详。据相关研究者推测，该书的出版时间应在1920年左右。

收录的中国仁人志士所作的安重根相关诗词中也可以看出，他们认为安重根是堪比中国历史上荆轲、张良等的刺客义侠。可见，安重根在郑沅《安重根》一书中被塑造为传统意义上复仇的"刺客义侠"形象。而卑牧所作安重根传记的每一小节的题目中都含有"烈士"一词，凸显了安重根的爱国精神，将安重根塑造为爱国忠烈形象。其次，在主旨思想方面，郑沅《安重根》认为比起刺杀伊藤博文，不如先刺杀李完用、李容九那帮卖国贼。郑沅《安重根》所收录的安重根个人生平及安重根事件相关时事资料较为翔实、完整，对当时中国知识分子认识安重根事件起到了重要的推动作用，并借安重根刺客形象呼吁民众打倒国内卖国贼。卑牧《公教爱国烈士安重根》则认为安重根刺杀伊藤博文之举是其信仰基督教所致，是公教精神引导他具有此志向。"余至是乃豁然大悟。知烈士之所以有此壮举者，盖其胸中早有至真之神为其敬畏摩拜；至真之道，为其志趣终向，身履笃行者也。余又览其事迹，知其忠诚赤胆之行，亦皆根源于公教精神也。"① 但"复仇，暗杀，与夫违反和平之战争，皆为公教道理所不许。本刊介绍此文，以示公教信友爱国热诚为如何，绝非鼓吹暗杀，幸阅者注意"②。作者自陈决非主张暗杀，而是宣扬爱国精神，号召公教信友向安重根学习。卑牧借用郑沅《安重根》的内容来介绍安重根个人生平事迹和安重根刺杀伊藤壮举，并将其称为"烈士"。他还强调安重根为公教信友，将安重根刺杀之举归因于天主教信仰的力量，希望以此激发天主教信仰者的爱国之情，同时也呼唤国人的爱国意识和民族精神。

杨南邨《韩国义士小传——安重根》③、叶天倪《安重根传》④ 以及资彄《安重根外传》⑤ 三者存在互文关系。三个文本都与来华韩国流亡文人朴殷植⑥所作《安重根传》⑦ 存在互文关系，可分别看作对朴殷植《安重根传》的缩略与简写、借鉴与重构以及参考与改写⑧。三者参考的为同一作品，因此，三者具有文本间性，即互文性。三个文本均采用文言文体书写，有关安重根生平事迹的叙述及叙述顺序较为相似。杨南邨《世界亡国稗史》收录了印度、埃及、韩国、波兰、缅甸、越南等各国的义士小

① 卑牧：《公教爱国烈士安重根》，《中华公教青年会季刊》第 1 卷第 2 期，1929 年。

② 卑牧：《公教爱国烈士安重根》，《中华公教青年会季刊》第 1 卷第 2 期，1929 年。

③ 杨南邨：《韩国义士小传——安重根》，《世界亡国稗史》，上海交通图书馆 1917 年版。

④ 叶天倪：《安重根传》，上海，1919 年。

⑤ 资彄：《安重根外传》，《小说新报》第 1 期，1919 年。

⑥ 朴殷植（1859-1925），字圣七，号谦谷、白岩。韩国近代著名的文学家、史学家、独立运动家和爱国启蒙思想家。1911-1925 年，流亡中国，积极从事历史人物传记著述和报刊舆论活动，并领导、开展韩国独立运动，曾担任上海大韩民国临时政府第二任总统，为中韩近现代人文交流作出重要贡献。

⑦ 朴殷植：《安重根传》，大同编译局 1914 年版。

⑧ 参见拙文《影响与接受：朴殷植〈安重根传〉与中国现代文学中的安重根叙事》，《韩中人文学研究》2020 年第 66 辑。

传,《安重根》则是《韩国义士小传》中的部分内容,按照安重根出生、随父平定东学党、尚武主义、奔走国事、义举、殉国、禹德淳之历史概况、重根之从弟明根等顺序展开叙述。叶天倪的《安重根传》包含引言、结论以及"家世""平贼""尚武""游说""倡议""狙击""入狱""公判""成仁"共九章的内容。资弼在收录安重根基本生平事迹的同时,也对其进行了一些改写,并添加了虚构情节,但基本上是按照类似的叙述顺序进行的。三者具备相似的叙述框架和叙述特点。

杨南邨与资弼所作安重根传记并未较多地叙述当时的时代背景和国内外政治形势,也没有过多地插入作者的主观评论,只是在最后一段寄予了作者的期望。叶天倪的《安重根传》更多采用一种评传的方式。作者关于世界政治、地理和历史的知识储备量丰富,较为了解满韩关系和东北亚政治局势。他将当时的时代形势与主人公的人物生平事迹结合在一起叙述,并作出相应的评论,尤其全面、深刻地介绍和分析了东北亚政治形势和韩国、满洲问题,加深了读者对安重根所处时代的认识。杨南邨和资弼都称安重根为"抗日义侠",在日本侵略进一步加深和民族危机深重的时代背景下,警诫国人勿蹈韩亡之覆辙,呼吁中国民众向安重根学习义侠和抗日救国的精神,抗击日本侵略者,以天下为己任,挽救国家民众于水火之中。叶天倪则称安重根为维护东亚和平的世界伟人,强调安重根的国家主义和世界主义思想,呼吁民众向安重根学习其和平精神,维护世界和平。

张九如《安重根遗事(续)》① 与胡寄尘《安重根小传》② 存在互文关系。张九如根据来华韩国流亡文人金泽荣③的口述写成了《安重根遗事(续)》,胡寄尘《安重根小传》则是参考金泽荣《安重根传》④ 节译而成。可见,张九如《安重根遗事(续)》与胡寄尘《安重根小传》都是受金泽荣的安重根叙事影响而创作完成的,参考来源方面具有同源性。因此,两文本存在一定的互文关系。从传记内容来看,张九如《安重根遗事(续)》的文本目前只发掘出后半部分内容,包含旅馆壮行、刺杀伊藤、律师辩护、真锅审讯以及安重根被处刑等情节。胡寄尘《安重根小传》刊登在杂志《儿童世界(上海1922)》上,用词浅显易懂,适合儿童阅读。该传记在简单地介绍安重根的姓名、出生、幼年以及安重根在江原道集合义兵抗日的事迹之后,直接进

① 张九如:《安重根遗事(续)》,《心》第 19 期,1920 年。
② 胡寄尘:《安重根小传》,《儿童世界(上海1922)》第 23 卷第 12 期,1929 年。
③ 金泽荣(1850-1927),字于霖,号沧江、韶濩生等,韩国近代著名汉文学家。1905 年流亡中国,后加入中国国籍。在华流亡期间,他与张謇、梁启超及严复等中国近代文人名士有着广泛的人文交流,结下了深厚的友谊。他在撰修史籍方面取得了杰出的成就,并在中韩近现代人文交流史上占有重要地位。
④ 金泽荣:《安重根传》,《韶濩堂集》,翰墨林印书局 1916 年版。

入主题，即安重根刺杀伊藤事件，包含刺杀伊藤、日人审判以及被判死刑。该传记极大地简化了安重根生平事迹，直截了当地向读者介绍"安重根事件"，重点突出安重根的壮举。两个文本都用白话文创作，所介绍的安重根刺杀事件及后续内容较为一致，叙述框架相似，都表达了对安重根的赞赏之情，呼吁国人学习安重根的爱国精神，激励民气。

三、历史真实与文学虚构的融合

中国近现代知识分子在撰写"安重根传"时，在基本尊重历史事实的基础上，运用删减、增添、变形、置换、虚构及想象等艺术手法，将历史真实与文学虚构相融合，以彰显叙事目标或创作主旨，并达到虚实相间的传记文学审美效果。

关于安重根的故乡，据安重根自传《安应七历史》及朴殷植《安重根传》记载，安重根为黄海道海州人①。程淯《安重根传》中记载安重根为"韩国平安道镇南浦人"②，郑沅《安重根》中的《略史》则记载"闻安与其父俱生于平安道州，或有谓生于中和者，现尚不能确知，要之为该处附近一带之产儿，可毋疑也"③。关于安重根的生平，当时中国知识分子所依据的主要是一些报纸杂志的报道，而当时各报刊所报道的内容并不一致，所以，对于有些情况，传记作者也是莫衷一是。如果说，1919 年左右的中国知识分子对于安重根的生平事迹还不是很了解，到了 20 世纪 30 年代，随着中国知识分子对韩国社会认知的深入，"安重根传"创作者应该对安重根的生平较为熟悉了。但 1939 年管雪斋的《韩国志士小传——安重根》仍然记载"安重根，平安人"④。显然，中国知识分子对于安重根的出生地不甚在意，这并非关键问题。

关于安重根的家世，首先，关于其父亲，程淯在《安重根传》中记载安重根"父泰混信仰天主教，曾为庆尚南道镇海郡守，因大院君事首倡排日主义，下狱论死"⑤。郑沅《安重根》中的《略史》"刺客之家世"记载"安君之父，天主教信徒也，信仰甚笃，实行耶稣真义，当韩人排日思想最热之时，以大院君之故得罪，终被害"⑥。程淯、郑沅都将安重根的父亲塑造为抗日人士，因提倡抗日思想而被大院君杀害，他们

---

① 安重根自传《安应七历史》及朴殷植《安重根传》都作如此记载。参见金宇钟、崔书勉编：《安重根（论文、传记、资料）》，辽宁民族出版社 1994 年版，第 68、146 页。

② 程淯：《安重根传》，郑沅：《安重根》（上篇），第 1 页。

③ 《略史》，郑沅：《安重根》（中篇），第 1 页。

④ 管雪斋：《韩国志士小传——安重根》，独立出版社 1939 年版，第 25 页。

⑤ 程淯：《安重根传》，郑沅：《安重根》（上篇），第 1 页。

⑥ 《略史》，郑沅：《安重根》（中篇），第 1 页。

都将安重根置于一个抗日家庭之中。但是，根据安重根自传《安应七历史》可以得知，其父安泰勋与亲日的开化党交往甚密，曾因组织农备兵抗击东学党受到日本尉官的祝贺，日后因得罪亲中派官员鱼允中、闵泳骏而避居家乡，之后病逝①。其次，关于安重根的家庭状况，程淯《安重根传》形容安重根"伶仃孤苦，窜伏平壤农家"②，《略史》中记载"安际家门破灭之后，生长于穷困中，少失怙恃，流离颠沛，备极艰辛，其艰苦卓绝之思，殆得于操心虑患之助者深矣"③。黄心邨在《记朝鲜侠士安重根》（1930）中记载"安系农家子"④。但据史料记载，安重根家本来饶有家财，人口众多，只是在 1895 年之后安重根无心治产，又出卖家产购置枪械，组织乡里青年进行军事训练，还到各地寻访志同道合的同志，组织团体，周济同仁，才导致家产荡尽，生计渐绌⑤。显然，在安重根的家世方面，中国知识分子抓住了这一可以想象的书写空间，将安重根置于抗日家族氛围之中，以与后期安重根刺杀伊藤之壮举保持一致，确保安重根抗日思想的连贯性，避免书写的复杂性，且有利于宣扬抗日意识。此外，极力渲染安重根家庭贫困，突出其自小艰苦奋斗的自强自立精神，更有利于激励人心。

关于安重根的幼年事迹，胡寄尘在《安重根小传》（1929）中记载安重根"幼年时，除了读书之外，兼喜欢打猎。他生成是一个文秀而英武的孩子"⑥。孟嘉在《为祖国复仇的安重根》（1936）中记载安重根"小的时候，除了读书以外，还喜打猎"⑦。这个时期，安重根大多被叙述为文武双全的才俊。然而，1937 年抗日战争全面爆发之后，安重根却被屡次塑造为纨绔子弟形象。灼灼在《安重根逸闻》（1938）中记载"安重根幼年，实不过一纨绔子弟"，"父祖俱列仕版，家故饶裕"，"因夙为父钟爱，不加约束，饮博放浪，无所不为。父殁，益无所忌惮，倾家逾半，始略有艰难之感"⑧。《安重根》（1939）中记载，"然其先极不爱国"，"重根以世家之子，幼不喜读，父亦不能约束，听其浪荡而已"，"家产本富，倾之过半"，"重根犹在醉梦中，爱国之言，格格不入"⑨。在两个传记文本的记载中，安重根前期为浪荡子弟，挥霍无

<hr>

① 安重根：《安应七历史》，金宇钟、崔书勉编：《安重根（论文、传记、资料）》，辽宁民族出版社 1994 年版，第 70-71 页。

② 程淯：《安重根传》，郑沅：《安重根》（上篇），第 1 页。

③ 《略史》，郑沅：《安重根》（中篇），第 1 页。

④ 黄心邨：《记朝鲜侠士安重根》，《上海画报》第 547 期，1930 年。

⑤ 朴殷植：《安重根传》，金宇钟、崔书勉编：《安重根（论文、传记、资料）》，辽宁民族出版社 1994 年版，第 152 页。

⑥ 胡寄尘：《安重根小传》，《儿童世界（上海 1922）》第 23 卷第 12 期，1929 年。

⑦ 孟嘉：《为祖国复仇的安重根》，《知行月刊》6 月号，1936 年。

⑧ 灼灼：《安重根逸闻》，《中央日报》第 3 张第 4 版，1937 年 7 月 23 日。

⑨ 《安重根》，《生力旬刊》第 2 卷第 1/2 期，1939 年。

度，后来通过报纸了解到伊藤逼订条约之事，为之大怒，思想发生转变，组织义勇队，在俄罗斯追随李范元（九）进行独立运动，后在哈尔滨刺杀伊藤。安重根先是被刻画为纨绔子弟或极不爱国的浪荡子弟形象，但在面临民族危亡之时，他的思想却发生巨大转变，开始奋起反抗日本侵略者，并鼓舞民众起来抗日。安重根由浪荡子弟转变为爱国者，展现了即使是不学无术的浪荡子弟，在面对日本帝国主义的侵略之时，也会奋起抗日，成为身体力行的爱国者。正如灼灼所说，"英雄志士，毕竟殊人。然检其童年行迹，几令人不信其能为荆聂之事，亦足知外侮达于极端时，无论何人，均将投袂而起，与敌人杀一日之短长，成败利钝，固非所计及也"①。作者希望通过安重根的反转励志事迹给予读者思想冲击，以警醒和激励中国民众增强爱国意识，奋起抗日，捍卫民族利益。

关于安重根生平事迹的叙述带有一定个人化的想象空间，并为传记作者所用。但不管作者如何改变叙事策略，安重根刺杀伊藤的场面（时刻）依然是重点，这是不变的。尤其20世纪30年代后期，特别是抗日战争全面爆发之后，"安重根传"的书写将叙事重点放在了安重根刺杀伊藤事件上，安重根的生平经历或其他事迹则被省略或简要提及。例如，有的传记并未提及日俄战争前的阶段，而是进行了隐瞒与改写；有的叙事则直奔主题，直接描述安重根刺杀伊藤事件。安重根刺杀伊藤的场面被重点叙述，刺杀场面大同小异，大体一致。例如，《韩国志士之一：安重根狙击伊藤博文的故事》（1934）对于安重根刺杀伊藤的场面描写较为具体详细。"当时重根是站在俄军的背后，离伊藤不过十来步的距离……遂取出他的手枪，向伊藤轰击。起初一弹，就中了伊藤的胸部……第二发中了伊藤的背筋……第三发中了伊藤腹部，遂倒卧地下。"② 管雪斋（1939）描述道："这时安重根便在俄军背后，隔伊藤不过十步远，拿出十字弹六六炮向伊藤射击，一弹中右胁穿肺，一弹由右腋穿进后部，又一弹中腹部，肠子全部溃出，不到半点钟，伊藤便死在站台上了。"③ 安重根的刺杀场面显然已经成为法国历史学家皮埃尔·诺拉所说的"记忆所系之处"④，完全抛弃了历史叙述的裂隙带来的重负，通过一幅令人印象深刻的画面保持了记忆的连贯统一。作者借用"刺杀伊藤"这一象征性场面来重点表达自己的创作主旨和目的。

① 灼灼：《安重根逸闻》，《中央日报》第3张第4版，1937年7月23日。
② 《韩国志士之一：安重根狙击伊藤博文的故事》，《敬业附小周刊》第28期，1934年。
③ 管雪斋：《韩国志士小传——安重根》，独立出版社1939年版，第26页。
④ 参见［法］皮耶·诺哈：《记忆与历史之间：如何书写法国史》，［法］皮耶·诺哈编：《记忆所系之处：第一册》，戴丽娟译，行人文化实验室2012年版，第17-36页。

四、"他者"形象的变迁与传记叙事目标的转移

随着时代语境的变迁，即国内政治形势的变化以及中国近现代知识分子的国家民族观念的觉醒和认识的深化，从反帝爱国语境到抗日救亡语境，安重根的形象塑造也不断发生嬗变，与之相伴的则是安重根传记叙事目标的转移。

从1909年"安重根事件"爆发直至1919年五四运动时期，中国近现代知识分子笔下的"安重根传"书写大都将安重根塑造为类似荆轲、张良的传统意义上的刺客义侠形象。郑沅的《安重根》是中国近现代知识分子所撰写的"安重根传"中的代表性作品。该书因收录《安定根之血泪语》而被推测汇编出版于1920年左右①，但其核心部分，如《序》《安重根传》、文人志士所作诗词以及《略史》等大都创作完成于1920年之前。安重根在此作品中以"刺客义侠"的形象呈现。首先，程淯在《安重根》序言中表示"安重根之姓氏，则视荆卿留侯而尤显"②，将安重根比作中国古代刺客荆轲、张良。易顺鼎在《题安重根传后》一诗中将安重根与荆轲、张良、专诸、聂政等中国古代刺客相比，认为只有安重根是主动复国仇，可谓真侠士③。吴传绮、贾恩黻及陶镛等知识分子也将安重根视为"侠烈之士"或"刺客"。其次，中篇《略史》的小节标题中都含有"刺客"的字样，例如，"刺客之家世""刺客之阅历"及"刺客之职业"等，刺客形象较为鲜明。再者，下篇附录《韩人杀卖国贼之历史》和《日本明治时代暗杀表》也表明了编者将安重根定位为"刺客"或"义侠"等个人英雄的意图。可见，郑沅《安重根》是将安重根塑造为传统意义上的刺客义侠形象。

1915年，日本强迫中国签订卖国"二十一条"之后，日本对中国的侵略日急，中国的反日情绪愈加高涨。1919年，巴黎和会作出将德国在山东的一切权益转交给日本的决议，中国外交失败，继而爆发五四运动。北洋政府袁世凯及曹汝霖、陆宗舆、章宗祥被国人骂为"卖国贼"，民情激愤，"打倒卖国贼"成为一时的口号，国内的亲日派卖国贼成为众矢之的。然而，新的革命高潮尚未到来，所以，这时期又有人提倡暗杀，呼唤义侠。郑沅《安重根》就是在这种时代背景下产生的。该书收录的中国知识分子所作诗词，大都对安重根义举持肯定和赞扬的态度，但也有人对安重根的刺杀行动颇有微词。例如，程淯在其所作序言中表示，"国必自伐，然后人伐之。故韩不亡于

---

① 韩诗俊：《中国人眼中的安重根——以朴殷植和郑沅〈安重根〉为中心》，《忠北史学》2000年第11、12合辑。

② 程淯：《序》，郑沅：《安重根》（上篇），第1页。

③ 易顺鼎：《题安重根传后》，郑沅：《安重根》（上篇），第6页。

伊藤而亡于李容九、李完用诸人"①。他认为朝鲜灭亡的主要原因在于李完用等内部的卖国贼通日卖国，而非伊藤之故。吴传绮认为安重根应该先诛杀国内的卖国贼。"安重根如有大志，自强对外早陈情，暗杀只可以对内剪除奸党免危倾，卖国奴希受敌宠明珠万斛金千纂。李容九与李完用罪巨恶甚贯满盈，未亡之时能一击，斯真电射雷霆砰。"② 也有观点认为安重根的刺杀行为加速了朝鲜的灭亡。如陶毅所言，"虽然吾钦其成绩之过于荆轲，而惜其见事之不逮施全也。毙一伊藤足以抒忿不足以救亡，且适以速朝鲜之亡，则视荆轲之劫刺秦王不成，徒捐躯以速燕之亡者，所胜几何？"③该传记封底也附上"注意"："这本书，是说朝鲜的安重根，应当在没有亡国的时候刺杀李完用和李容九那班卖国贼，那就朝鲜不至于灭亡（在国里头捣乱的人是误国贼，他的罪与卖国贼一样）。等亡国后刺杀伊藤博文，那就来不及了，徒然叫朝鲜亡国得更快。孟子不是说的么？'国必自伐，然后人伐之'，自己有取灭亡之道，与伊藤博文有什么相干呢？爱国男儿，不可不早注意！"④ 编者意在警示中国民众，最该被刺杀的对象应该是韩国国内的卖国贼李完用、李容九等人，其次才是外贼伊藤博文。编者认为安重根在亡国之后刺杀伊藤博文只会让朝鲜亡得更快，对安重根刺杀伊藤的行为带有一定的批判意味。程淯在序言中还表示"凡不忍自亡其国者，当先推刃于敢于自亡其国之人，而敢于自亡其国者亦当憟然于国中或亦有安重根其人者在。乌乎，可以惧矣"⑤，旨在警示国内卖国贼，小心有安重根式的人物出现，取其性命。编者通过该书呼吁中国民众打倒和铲除国内卖国贼，以挽救国家于危亡之中。

　　1919年五四运动之后直至20世纪20年代末，帝国主义列强对华侵略进一步加深，伴随着民族危机的进一步加重，民众更加渴望和期待爱国志士的出现。1919年，韩国爆发"三一"独立运动，韩国民众爱国热情高涨，民气旺盛，给予中国社会和知识分子以极大的冲击和震撼。中国知识分子对韩国的认识发生了转变，试图借助安重根这一最具代表性的韩国爱国志士形象来鼓舞中国民众，呼唤民众自我觉醒、自强自立和抵抗外侮。这一时期，安重根由之前的刺客义侠形象转变为具有国家思想的爱国志士形象。例如，张九如《安重根遗事（续）》（1920）以及胡寄尘《安重根小传》（1929）通过展现安重根的主要生平事迹，以及对其的心理描写及性格刻画，将安重根塑造为具备较多优秀品质、以天下为己任、为国为民、致力于祖国独立运动的爱国

---

① 程淯：《序》，郑沅：《安重根》（上篇），第1页。
② 吴传绮：《侠烈行白蒇居士属作》，郑沅：《安重根》（上篇），第6页。
③ 陶毅：《书安重根传后》，郑沅：《安重根》（上篇），第3页。
④ 郑沅：《安重根》，封底。
⑤ 程淯：《序》，郑沅：《安重根》（上篇），第1页。

志士形象。张九如说:"安重根不过一个平民,却很有国家思想,不肯做日人奴隶。赤手空拳,立了大功,这不是箕子的好子孙吗?今日朝鲜的国势怎样?民气怎样?所做成的事情又怎样?我不晓得,重根在地下有怎样的感想?我据箕子遗民,金泽荣,雨霖的说话,做成了这一篇义士传。难道只要替已死的重根留个大名于天地间吗?"① 作者呼吁民众觉醒,增强国家思想和爱国意识,不做帝国主义的奴隶,学习安重根的抗争精神,奋起反抗,自强自立,反帝爱国。安重根被塑造为具有民族国家思想的爱国志士形象,这也跟中国知识分子民族意识的觉醒和深化有关。作者以安重根的爱国志士形象来呼吁民众增强民族观念和反帝爱国意识,促进民众自强自立,抵抗外侮。

1931年"九一八"事变之后,中日民族矛盾激化,中华民族危机更加深重,抗日救亡成为时代主流。在此时代背景下,安重根成为中国民众呼唤的抗日英雄。伴随全面抗战的开始以及抗日民族统一战线的建立,安重根形象逐渐演变为"烈士""革命志士"或"民族英雄"等宏大的英雄形象。他被塑造为抗日民族英雄,激励着中国与韩国民众奋勇抗战,救亡图存。"安重根"成为中韩民族为争取独立自由而携手抗争的共同的精神财富,也是激励中韩联合抗战的标志性符号。黄警顽在《朝鲜烈士安重根》(1931)中称安重根为"烈士"②。罗总金在《朝鲜民族英雄安重根》(1935)中称安重根为"朝鲜民族英雄",认为安重根的抗日精神召唤着一代又一代的韩国青年为祖国奋斗,"使继安重根而起求二千万同胞之独立自由,徒手革命,视死如归之一般韩国青年日众",安昌浩、尹奉吉等独立运动志士就是继承了安重根的抗日精神和牺牲精神,显示着韩国国魂仍在,相信有朝一日必能实现国家独立和民族自由③。仲琦在《民族英雄志:安重根》(1937)中称安重根为"朝鲜的革命志士""烈士"。他认为"安重根是朝鲜民族独立运动史上的一个主要的人物",称赞安重根在刺杀伊藤之时的表现是"这样的勇敢与镇定,射击又是如此的准确,在中外的革命烈士历史上,安重根是第一个";安重根的壮举"给予侵略者以重大打击,成为朝鲜独立运动史上最光荣的一页",将安重根义举视为韩国独立运动的一环和重要组成部分。"朝鲜的民众,为了响应中国抗日,已经纷纷起作民族的独立运动","现在,朝鲜独立运动是一天比一天……随着中华民族抗战展开而展开了"④,强调韩国独立运动与中国抗日战争的紧密关联性。作者认为,在中韩联合抗战的时代背景下,安重根义举是中韩联合抗战的重要一环,希望以安重根的革命烈士形象呼吁中国民众奋起抗日以及中韩民族联合抗战。

① 张九如:《安重根遗事(续)》,《心》第19期,1920年。
② 黄警顽:《朝鲜烈士:安重根》,《中华(上海)》第5期,1931年。
③ 罗总金:《朝鲜民族英雄安重根》,南京《遗族校刊》第2卷第4—5期合刊,1935年6月8日。
④ 仲琦:《民族英雄志:安重根》,《战时日报》第3版,1937年10月20日。

五、结语

伴随"安重根事件"的爆发以及中国近代社会英雄崇拜思想的盛行，安重根题材传记书写兴起。中国现代知识分子所作"安重根传"，涉及"外传""小传""遗事""传赞""志"及"回忆录"等多种传记形式。多种类、多样貌的"安重根传"书写丰富了中国近现代文学中的域外人物传记书写，促进了中国近现代传记文学的发展。

中国近现代知识分子所作若干"安重根传"文本之间存在着互文关系。例如，卑牧与郑沅所作传记，杨南邨、叶天倪与资弼所作传记以及胡寄尘、张九如所作传记等。他们采用参考、借鉴、借用及重构等方式进行传记创作，在文本互文中不断建构中国知识分子的英雄想象和反帝爱国话语，增强了英雄话语和反帝爱国话语的衍生。通过互文对照阅读，可以更加深刻地理解安重根形象和传记文本思想。中国近现代知识分子在尊重历史事实的基础上，运用删减、增添、变形、置换、虚构及想象等艺术手法，将历史真实与文学虚构相融合，采用虚实相间的叙事策略，以更加凸显作者的叙事目标或创作主旨。

中国近现代知识分子对于韩国社会的了解主要是来自报纸杂志的报道以及与来华韩国流亡文人或独立运动家的交流等。安重根形象的塑造，更多的是传统文化、作家个体经验、文化传统中的英雄崇拜思想与时代精神相融合的产物，带有明显的社会集体想象物的成分。伴随着中国近现代知识分子对韩国认识的变迁，即从属国到邻国、从属国意识到兄弟之情，再加上国内政治形势的变化，也就是从反帝爱国语境到抗日救亡语境，安重根的形象塑造经历了由传统的刺客义侠到抗日志士再到韩国民族英雄乃至号召中韩联合抗日的标志性人物的嬗变。但无论安重根以乌托邦式抑或意识形态式的形象呈现，无论安重根的义举被肯定还是否定，安重根始终作为"他者"，成为中国近现代知识分子反思国家民族命运的重要的域外精神文化资源。中国近现代知识分子借安重根这一"他者"形象来反观"自我"，以安重根来言己事，表达"自我"的焦虑和诉求，从打倒卖国贼到呼吁反帝爱国再到呼唤中华民族英雄和中韩联合抗战，从而激发中国民众的民族意识，呼唤中国民众的爱国意识和抗日精神。从反帝爱国语境到抗日救亡语境，"安重根传"书写愈加社会功利化。这是顺应时代发展的结果，也是那个特殊时代的必然产物。

中国近现代文学中的"安重根传"书写促进了中国民众对安重根生平经历和安重根义举的了解和认知，激发和鼓舞了民众的民族意识、爱国热情和抗日精神，对中国近现代社会产生了重要影响。通过对"安重根传"书写的考察，可以了解中国知识分子对安重根的认识与想象，知悉近现代国内外政治形势的变迁和民众社会心理的变化。

（作者单位：烟台大学外国语学院）

中国马克思主义文艺理论在欧洲的三种接受形态①

傅其林　魏小津

自 20 世纪 30 年代里夫希茨编《马克思恩格斯论艺术》起，西方出现了不少马克思主义文艺理论与美学文选，如梅·所罗门编的《马克思主义与艺术》、让·弗莱维尔编的《马克思恩格斯论文艺》、卡尔洛·萨里纳利编的《马克思恩格斯论艺术》、弗朗西斯·马尔赫恩编的《当代马克思主义文学批评》、特里·伊格尔顿和德鲁·米尔恩编的《马克思主义文学理论》。总体而言，中国马克思主义文艺理论在西方却处于一种失语的状态。尽管如此，中国马克思主义文艺理论在欧洲仍然有一些声音，有时甚至很响亮。本文试图寻觅这些声音，主要讨论当代欧洲学者对于中国马克思主义文艺理论的三种接受形态：一是革命美学在法国的激情散播，二是东欧新马克思主义者的批判性对话，三是欧洲汉学家的认同性阐释。

一、革命美学在法国的激情散播

法国的激进思想在世界各地蔓延，许多中国学者对于左派理论家的文艺理论研究有着浓厚的兴趣，例如让·保罗·萨特、路易·阿尔都塞、雅克·德里达、米歇尔·福柯、罗兰·巴特、朱莉娅·克里斯蒂娃、雅克·拉康、让·吕克·戈达尔、雅克·朗西埃、阿兰·巴迪欧等。这些法国学者对于资本主义文化和制度有着强烈的批判意识，但他们不是在一个封闭的系统中自说自话，相反，他们不同程度地受到了中国理论的激发，对于他们而言，中国马克思主义和文艺观念构成了一种乌托邦式的想象。

---

① 本文系国家社科基金重大项目"东欧马克思主义美学文献整理与研究"（15ZDB022）的阶段性研究成果。

　　毛泽东的哲学和文艺思想是阿尔都塞唯物主义辩证法结构主义理论的构成要素。阿尔都塞经常将毛泽东和马克思、恩格斯、列宁相提并论。他将马克思主义方法论转变为对矛盾的结构性分析，并用这一方法对艺术的科学性阐述进行了辩护。在他的理论中，"多元决定论"是十分关键的一点："这反映了矛盾自身内部的存在条件，反映了结构的主导地位，即使得各个矛盾之间实现了复杂的整体性统一，这是马克思主义辩证法最深刻的特征，我在最近的研究中尝试将其称之为'多元决定'。"① 它们在构成统一体的同时，重新组成和实现自身的根本统一性，并表现出它们的性质："矛盾"是同整个社会机体的结构不可分割的，是同该结构的存在条件和制约领域不可分割的；"矛盾"在其内部受到各种不同矛盾的影响，它在同一项运动中既规定着社会形态的各方面和各领域，同时又被它们所规定。我们可以说，这个"矛盾"本质上是多元决定的②。这一概念部分源自毛泽东在 20 世纪 30 年代发表的《矛盾论》。正如阿尔都塞所指出的，"我提出要把毛泽东于 1937 年写的《矛盾论》看作政治实践中的马克思主义辩证法结构的反思描述"③。毛泽东在《矛盾论》中提出的诸如"矛盾是普遍的""对于具体的事物作具体的分析""无论什么矛盾，矛盾的诸方面，其发展是不平衡的"等观点，都被阿尔都塞几乎不加批判地全部接受，并具体化了马克思在《政治经济学批判》中提出的艺术、社会以及经济发展之间不平衡的观念。因此，毛泽东关于"这个世界上没有任何事物能绝对均匀地发展"的观点，更新了马克思主义对于艺术生产发展的解读。这个观点不同于捷克的新马克思主义者卡雷尔·科西克（Karel Kosik）的理解，后者是基于具体的辩证法和艺术作品"复杂结构"的存在主义。根据"结构复杂性的不均匀性"，阿尔都塞和毛泽东就艺术的科学分析达成了一致，并继续探索文化的革命意义，统一了马克思主义辩证法、美学以及革命实践。尤其是毛泽东将"易"的哲学思想与马克思主义哲学相融合，体现了中国的哲学，这种方式激发了阿尔都塞对于结构的理解，让其看见了毛泽东文艺学上的建构。在阿尔都塞的理论中，革命很重要。

　　阿尔都塞高度重视德国剧作家贝托特·布莱希特的作品，因为它们展示了时间与空间、存在与不存在的潜在结构，并且以不同于传统形式的方式，揭示了资本主义社会中无产阶级下层的真实生活条件。他认为"古典主义"美学的形式条件与其实质内容密切相关，但是"布莱希特之所以能够同这些明确条件决裂，那仅仅因为他已同它

① Louis Althusser, *For Marx*, trans. Ben Brewster, London: The Penguin Press, 1969, p. 206.
② ［法］路易·阿尔都塞：《保卫马克思》，顾良译，商务印书馆 1984 年版，第 78 页。
③ ［法］路易·阿尔都塞、［法］埃蒂安纳·巴利巴尔：《读资本论》，李其庆、冯文光译，中央编译出版社 2000 年版，第 26 页。

们的物质条件决裂了"①。阿尔都塞认为，布莱希特巧妙地运用了间离效果，试图让观众摆脱这些条件，产生一种新的意识，"他要使观众成为把未演完的戏在真实生活中演完的演员"②。显然，文化革命理论是阿尔都塞美学的一个重要维度。

通过阿尔都塞的诠释，毛泽东哲学和美学在 20 世纪 60 年代赢得了激进思想家的欢迎。根据理查德·沃林的说法，毛泽东论文的价值就在于承认了"基础"和"上层建筑"不一定总处于一种直接的因果关系之中，反而它们经常处于相互矛盾之中。在寻求这种策略的过程中，阿尔都塞试图扩大马克思主义理论的视野，以便它能够介入新的文化与知识的挑战③。埃蒂安纳·巴利巴尔和皮埃尔·马歇雷在《论作为一种观念形式的文学》一文中引入了毛泽东 1942 年《在延安文艺座谈会上的讲话》，提供了一种对于文学的新理解。他们引用了中国外文出版社于 1971 年出版的《毛泽东选集》英文版，并且认同毛泽东所提出的观点，即"作为观念形态的文艺作品，都是一定的社会生活在人类头脑中反映的产物"④。对他们而言，毛泽东的定义意味着文学是意识形态的产物。因此，反映的范畴对于马克思主义理论家的第一个含义就是提供一个文学现实的指数。它不是"从天上掉下来的"，不是神秘"创造"的产物，而是社会实践的产物（甚至是一种特殊社会实践的产物）；它不是一种"想象的"活动，尽管产生了想象性效果，但不可避免地是一个物质过程的组成部分，是"特定社会生活的……反映的产物"⑤。巴利巴尔和马歇雷将毛泽东的反映理论从基于列宁的认识论转变为基于阿尔都塞和毛泽东矛盾不均衡性理论的文学作品的结构性分析，并为唯物主义反映论的发展提供了新空间。二者从文艺生产的角度来看待社会，结构主义的生产材料是一种符号的转码，形成一种新型的作品。毛泽东认为文艺是文艺工作者生产的产品，是其精神劳动的产品，这体现了一种唯物史观。以前，文艺作品被认为是由灵感产生出来的一种天才的神性作品。神圣化的文艺作品在西方浪漫主义文化中影响很大。在毛泽东看来，文艺作品是一种反映论，从文艺生产的角度瓦解了文学的神圣化。这是阿尔都塞学派的重要观点，即从文艺生产角度看马克思主义。

我们也可以在雅克·朗西埃和阿兰·巴迪欧的作品中发现一些富有创意的观点。

---

① ［法］路易·阿尔都塞：《保卫马克思》，顾良译，商务印书馆 1984 年版，第 120 页。

② ［法］路易·阿尔都塞：《保卫马克思》，顾良译，商务印书馆 1984 年版，第 122 页。

③ ［美］理查德·沃林：《东风——法国知识分子与 20 世纪 60 年代的遗产》，董树宝译，中央编译出版社 2017 年版，第 122-123 页。

④ 刘庆福：《马克思主义文艺论著选读》，高等教育出版社 1991 年版，第 409 页。

⑤ ［法］埃蒂安纳·巴利巴尔、［法］皮埃尔·马歇雷：《论作为一种观念形式的文学》，陈永国译，［英］弗朗西斯·马尔赫恩编：《当代马克思主义文学批评》，北京大学出版社 2002 年版，第 42 页。

这两位理论家是 20 世纪 60 年代和 70 年代阿尔都塞学派的杰出成员，读过毛泽东的《实践论》和《矛盾论》，并将文化革命理论融入美学和政治领域。从某种意义上说，朗西埃和巴迪欧从中国文化革命理论中汲取了激进的审美观。因此，即使法国学者和中国马克思主义者之间存在许多分歧，但是在巴迪欧、巴利巴尔和朗西埃的著作中，毛泽东的哲学与文艺思想是重要的激发元素。

二、东欧的批判性对话

如果说法国的思想家是在现代资本主义背景下，从文化革命的功能方面去了解中国的马克思主义文艺理论，那么对于东欧的马克思主义者而言，中国的马克思主义是值得反思的。与认同毛泽东的文化革命理论的法国激进分子不同，诸如莱泽克·科拉科夫斯基（波兰）、斯特凡·莫拉夫斯基（波兰）和米哈伊洛·马尔科维奇（南斯拉夫）等新马克思主义者，通过批判性地反思中国的马克思主义话语，以发展马克思主义的人道主义美学，当然有许多误解。

作为 20 世纪六七十年代活跃的新马克思主义哲学家，科拉科夫斯基试图将中国马克思主义置于全球马克思主义历史背景下。在他的著作《马克思主义的主要流派》中，他详细探讨了马克思、普列汉诺夫、列宁、卢卡奇的哲学和美学，仅在最后一章《斯大林去世后马克思主义的发展》中论述了中国的马克思主义及其文艺理论。根据科拉科夫斯基的说法，毛泽东的理论属于一种具有中国文化特色的农民话语——"成熟的毛主义是激进的农民乌托邦，毛主义者使用很多马克思主义的词语……他的两篇哲学论著——《实践论》和《矛盾论》——是把他在斯大林和列宁著作中读到的东西变成大众化的简释，再加上一些适应时局所需要的政治结论"①。然后，科拉科夫斯基从哲学转向文艺理论，探讨延安文艺座谈会上的讲话以及新民主主义文化思想。他认为"延安讲话"的主要观点是"文艺是为社会阶级服务的；一切艺术都是由阶级决定的；革命者必须从事为革命事业和人民大众服务的艺术形式；艺术家和作家必须改造自己的思想，以促进人民大众的斗争；艺术不仅必须在艺术上完美，也必须在政治上正确"②。他概述了毛泽东对所谓的"人类之爱"观点的批评，因为它是有产阶级杜撰的口号。对于新民主主义文化，科拉科夫斯基坚持主张毛泽东在其 1940 年的文章

---

① ［波兰］莱泽克·科拉科夫斯基：《马克思主义的主要流派（卷三）》，侯一麟、张玲霞译，黑龙江大学出版社 2015 年版，第 476-477 页。

② ［波兰］莱泽克·科拉科夫斯基：《马克思主义的主要流派（卷三）》，侯一麟、张玲霞译，黑龙江大学出版社 2015 年版，第 480 页。

《新民主主义论》中的说法，即中国革命的本质是一场农民革命，新民主主义文化将在无产阶级的领导下发展起来。科拉科夫斯基错误地暗示了中国的马克思主义美学仅仅是农民式的乌托邦，他还简单地否认了毛泽东理论的原创性，称其为"列宁主义式的马克思主义几个套话的简单重复"，其创造性仅在于对列宁策略方案的修正①。

尽管科拉科夫斯基可能了解过一些毛泽东的文艺思想，却产生了误解，并将其简化了。他本人不懂中文以及中国的历史，也承认其对于毛泽东理论的讨论的危险性——"不懂中文、对中国历史文化只有粗浅知识的人（作者本人即属此列），无疑不能把握这些著作的全部意义，而熟知中国思想的读者才能察觉到各种联想和引喻"②。更糟糕的是，科拉科夫斯基对于中国马克思主义的认知，几乎完全来自研究毛主义的美国汉学家的第二手材料。

莫拉夫斯基是 20 世纪下半叶波兰最重要的马克思主义美学家。他曾担任过国际美学学会名誉主席，出版过 17 部著作，并被译成多种语言，如《美学基本原理探讨》《转折：从艺术到后-艺术》《绝对与形式：存在主义美学家安德烈·马尔罗研究》《美学的对象和方法》等等。对于中国的马克思主义文艺理论，他根据社会主义现实主义的变迁所涉及的问题，主要探讨了毛泽东的延安讲话。对他而言，社会主义现实主义理论总体上经历了制度化和理论的腐败。一个明显的内在因素是前卫的艺术家与落后的公众之间的冲突——"那里的群众特别落后，艺术家们终于自由地无条件地致力于寻找新的形式，不顾一切地去进行实践实验"③。这种冲突是人类社会历史上的永恒的特点，但是在社会主义条件下，这种冲突加剧了。列宁意识到了这一冲突并为人民群众辩护，卢那察尔斯基也曾纠结于同一个问题。在莫拉夫斯基看来，毛泽东同样为解决这一冲突做出了努力——"1942 年 5 月在延安举行的文艺座谈会上，毛泽东的讲话鲜明地描述了这一冲突。他断言唯一需要遵守的标准是工人、农民和士兵的文化。换言之，在用艺术语言解释生活和真理时，首先必须考虑到它所面向的受众。毛泽东确实区分了两种类型的艺术娱乐，一种非常容易，另一种则较为困难，但是他宣称，党的职责首先是普及艺术而不是过分提高艺术。因此，他公开主张实用主义（根据该价值观，衡量一件作品的好坏最主要的依据是公众的反应），并坚决地将政治置于美学之

① ［波兰］莱泽克·科拉科夫斯基：《马克思主义的主要流派（卷三）》，侯一麟、张玲霞译，黑龙江大学出版社 2015 年版，第 480 页。
② ［波兰］莱泽克·科拉科夫斯基：《马克思主义的主要流派（卷三）》，侯一麟、张玲霞译，黑龙江大学出版社 2015 年版，第 476 页。
③ Stefan Morawski, *Inquiries into the Fundamentals of Aesthetics*. Cambridge, MA：MIT Press, 1978, p. 270.

上"①。因此，莫拉夫斯基着重从美学的角度阐述了毛泽东的美学思想，并发现毛泽东的论点与列宁、卢那察尔斯基、日丹诺夫的社会主义现实主义相同。尽管莫拉夫斯基研究了社会主义现实主义的问题，但他最关注美学问题，尤其是毛泽东对于艺术与公众之间冲突的解决方法。我们认为，莫拉夫斯基对毛泽东文艺理论的理解比科拉科夫斯基更为准确和深刻。前者从苏联马克思主义美学的角度来思考毛泽东的美学思想，并将它们置于相同或相似的情况下，与此同时也强调了毛泽东的特征，而后者则将毛泽东的思想置于农民式乌托邦和乡土文化的崇拜中。他们的解释之所以不同，是因为他们的学术资源不同。如上所述，科拉科夫斯基几乎完全吸纳了二手材料的研究，而莫拉夫斯基则阅读了 1956 年华沙版的毛泽东著作《艺术家和作家的职责》（*Duties of the Artists and Writers*），并参考了北京 1960 年出版的英文版《毛泽东谈艺术和文学》（*Mao Tse-tung on Art and Literature*）。然而，作为一个对美学感兴趣的人，莫拉夫斯基对于中国的马克思主义美学的关注十分有限，因此他的解释是不完全准确的。毛泽东的美学思想强调政治标准的重要性，但并没有忽略其中的艺术性，还强调了内容与形式的完美结合。毛泽东的美学思想认为观众即是群众，但同时要求他们提高审美能力和素养。因此，莫拉夫斯基的分析未能认识到中国马克思主义文艺美学的独创性和复杂性。

作为南斯拉夫"实践派"的著名哲学家，马尔科维奇对毛泽东文化理论中的美学分析具有与众不同的意义，是对文化革命理论的反思。他将毛泽东理论置于全球新左派文化革命理论中，特别是西方马克思主义语境中。对于马尔科维奇来说，新左派比老左派更强调一种新的、更激进的文化的必然性——"没有一种新的革命文化就不可能有革命运动这一论题，是由葛兰西（Gramsci）最明确地、令人信服地提出并阐发的"②。马尔科维奇随后将葛兰西的文化霸权理论与毛泽东理论实践相结合——"毛泽东使世界的注意力放在了文化革命的问题上。他意识到，如果中国不能动摇古代封建文化的重负（ballast）并设置反对西方消费社会的文化（它已经开始侵袭中国这个社会主义国家）的屏障的话，它将失去建设社会主义的机会"③。

我们认为，马尔科维奇的分析是十分深刻的，并且基本忠实于毛泽东的真实思想。但是，马尔科维奇戏剧性地转向了毛泽东理论和葛兰西理论之间的差异。在他看来，

① Stefan Morawski, *Inquiries into the Fundamentals of Aesthetics*. Cambridge, MA: MIT Press, 1978, p. 271.

② ［南］米哈伊洛·马尔科维奇：《当代的马克思——论人道主义共产主义》，曲跃厚译，黑龙江大学出版社 2011 年版，第 190 页。

③ ［南］米哈伊洛·马尔科维奇：《当代的马克思——论人道主义共产主义》，曲跃厚译，黑龙江大学出版社 2011 年版，第 191 页。

中国文化革命可能很难被认为符合葛兰西设定的标准：首先，它是结束两派之间斗争的一种手段；其次，它不代表对旧文化的一种真正的辩证否定，它不试图把生活方式和思维方式提高到人的普遍性的层次上，而是用一种意志崇拜代替了批判的自我意识。由于落后，中国没能辩证地克服封建文化和资产阶级文化，而只能试图用暴力来加以推翻。中国无力使自身经受来自世界其他地方的影响，判断并吸收所有反映了普遍的人类文化中的最大创造性的东西。用葛兰西的话来说，中国的文化革命理论已经"达到人类最先进的思想的制高点"。在中国的条件下发展的人的意识不可能成为自我意识①。事实上，马尔科维奇错误地理解了中国理论的局限性，并且中国马克思主义文化理论对全球马克思主义理论的普遍意义视而不见。实际上，中国马克思主义美学从一开始就包含了自己的主体性，体现了自我意识与现代性。它通过社会和文化的革命来建立一个新的独立社会。如果说法国的激进分子过度称赞了毛泽东的文化革命模式，那么马尔科维奇的评价则恰恰相反。

总体而言，东欧新马克思主义者对于中国的马克思主义文艺理论持批判性对话态度。而东欧正统的马克思主义学者抱有更积极的态度。例如，捷克斯洛伐克安托宁·萨波托斯基在1957年的捷克作家全体会议上发表了题为《党必须领导文学艺术》的演讲，该演讲是向毛泽东1956年的"双百"方针（百花齐放、百家争鸣的政策）致敬。自1956年第二次捷克作家代表大会后，萨波托斯基试图解决捷克出现的文学社会危机，他引用了毛泽东1956年和1957年发表的关于民主与自由的演讲。他善用毛泽东的理论来解决美学中有关民主和自由的最棘手的问题。毛泽东在讲话中指出，民主、自由都是相对的，不是绝对的，都是在历史上发生和发展的。在人民内部，民主是对集中而言，自由是对纪律而言的。因此，萨波托斯基批评了最近出现的一些错误口号，例如"创作和批评是绝对自由的"或"艺术的领导作用"。他澄清了捷克社会中对于毛泽东文艺理论的误解，如毛泽东的"双百"方针旨在团结全国各族人民，并促进社会主义的改革与建设，巩固人民民主专政，巩固民主集中制，巩固共产党的领导，有利于社会主义的国际团结和全世界爱好和平人民的国际团结②。对于萨波托斯基而言，毛泽东的口号意味着让艺术的花朵怒放而不是让艺术的毒草怒放，显示出对于劣质艺术的排斥。尽管他注意到了毛泽东理论的复杂性，但他基本上将毛泽东"自由与纪律"的关系视为原则。

---

① ［南］米哈伊洛·马尔科维奇：《当代的马克思——论人道主义共产主义》，曲跃厚译，黑龙江大学出版社2011年版，第191页。

② ［捷］安托宁·萨波托斯基：《党必须领导文学艺术·保卫社会主义现实主义（第二卷）》，作家出版社1958年版，第448页。

三、欧洲汉学家的认同性阐释

欧洲的汉学家们从哲学和意识形态去理解和评价中国的马克思主义文艺理论，拥有更广阔的视野。他们大多曾旅居或学习于中国，翻译过中国传统著作，并对中国的古今文化都保持着浓厚兴趣。他们从跨文化的视角出发，探究中国马克思主义文艺理论的特殊性和重要性。这里主要讨论布拉格汉学派的观点。

以雅罗斯拉夫·普实克和马利安·高利克为代表的布拉格汉学派享誉全球，用结构主义方法论来研究中国的现代文学。通过潜心的研究，他们发现了中国马克思主义文艺美学的原创性及其重要意义。他们对于中国文化有着深刻的理解，所涉猎的范围从儒释道的传统思想文化、古代文学到现当代文学。与此同时，他们中的大多数人对于西方文艺理论和美学思想也有研究。这种结合使他们能够更准确地理解中国马克思主义文艺理论的历史起源、话语特性与理论价值。

普实克作为捷克斯洛伐克的著名汉学家，与中国左翼作家和理论家保持着良好的关系与友谊，对中国马克思主义文艺理论持有同情的理解，甚至带有羡慕之意。他在1953年的巨著《解放了的中国的文学与人民大众传统》中专门研究了毛泽东的延安讲话，集中从读者大众的角度思考人民文学的重要价值。在他看来，毛泽东对人民传统的看重，建构了新的知识分子的价值理想，建构了新的作家与艺术家形态，这不仅在中国而且在西方赢得了钦佩①。该书1955年被译为德文，在欧洲产生了较好的影响。普实克认为一些西方的汉学家对于中华人民共和国成立后的文学理论要么存在着误解，要么就是知之甚少，尤其对于中国的马克思主义文艺理论更是一片空白。他批评西方学者对鲁迅马克思主义文艺美学的错误看法，因为他们将鲁迅的思想与孟什维克主义联系起来，仅仅因为鲁迅翻译了普列汉诺夫和卢那察尔斯基的著作。普实克认为，把孟什维克说成共产主义是错误的，把卢那察尔斯基和普列汉诺夫说成孟什维克也是错误的。他强调，鲁迅之所以阅读和翻译卢那察尔斯基和普列汉诺夫的著作，是因为他希望熟悉布尔什维克的文学理论并把它应用于中国革命②。因此，普实克对中国马克思主义文艺理论持积极的态度，并认识到了它的重要性。他不同意美国华裔学者夏志清在其1961年的著作《中国现代小说史（1917-1957年）》中对中国马克思主义文

---

① 参见该书的第一卷第三章"毛泽东领袖的强调提升"，Jaroslav Prusek, *Die Literatur des Befreiten China und Ihre Volkstraditionen*. Prag：Artia, 1955. pp.29-40.

② ［捷］普实克：《中国现代文学研究引言》，李燕乔译，《普实克中国现代文学论文集》，湖南文艺出版社1987年版，第32页。

学批评的认识。在普实克的眼中，尽管夏志清试图用艺术的标准来反击毛泽东对文学的意识形态控制，但他的解释仍然是意识形态批判的一种方式，即在他的意识形态中带有反共的偏见。普实克指出，"他（夏志清）视而不见为在政治上和文化上正在觉醒，而大多数仍是文盲的广大民众创造一种新文学艺术的紧迫需要"①。

如果说普实克对中国马克思主义文艺理论的关注只是其中国文学研究中的一部分，那么对于斯洛伐克学者高利克而言，这便是他关注的主要焦点。1958 年至 1960 年间，高利克在北京大学攻读研究生的时候就与中国著名作家、马克思主义文学评论家茅盾保持着密切联系。从 20 世纪 60 年代开始，高利克对中国马克思主义文学理论产生了兴趣。1969 年，他出版了《茅盾与中国现代文学批评》，探讨了茅盾的马克思主义文艺理论。更重要的是，他于 1980 年完成了其著作《中国现代文学批评发生史（1917—1930 年）》。高利克将其研究限制在特定的时期内，即从 1917 年文学革命开始到 1930 年左翼作家联盟成立的时期，探索了中国马克思主义文艺理论复杂的起源和结构演变。高利克是自 20 世纪 70 年代汉学家毕克伟和麦克道格尔后，在该主题上有所建树的一位学者，并且在某种程度上来说远胜前人。他的贡献主要有四个方面。

首先，高利克从文学理论的角度认真分析了马克思主义的起源，并按时间顺序对中国理论家的文本进行了仔细的阅读。在每一个研究案例中，他都强调从中国传统话语和现代西方观念到马克思主义理论的转变。他详细探讨了典型的马克思主义文学理论家的作品，例如郭沫若、成仿吾、邓中夏、恽代英、萧楚女、蒋光慈、钱杏邨、茅盾、瞿秋白、鲁迅、冯乃超、李初梨。譬如，在高利克看来，作为评论家和诗人的郭沫若，其理论思想的变化，经历了从"天才"到"感觉"，再到"革命"的过程。他的"留声机"概念暗示艺术要如实反映社会现实的声音，实际上包含了基于辩证唯物主义的原始结构，该结构注重客观性并致力于解放被剥削的群众。郭沫若在阅读马克思的《政治经济学批判导言》后，重新认识了文学的永久性。

其次，高利克的分析是基于马克思主义结构主义的一种新的方法论。他充分引用了中国文艺学家李何林先生的《近二十年中国文艺思潮论》，聚焦 1917—1937 年抗日战争的爆发这一时期；但是高利克采取了截然不同的研究方向，主要借鉴了布拉格学派的结构主义、皮亚杰的结构主义以及马克思和恩格斯的结构分析。根据高利克的说法，无论是系统还是结构，在"科学化批评"中都有各式各样的定义。系统包括一系列因素及其相互之间的关系，系统内的一系列关系形成了结构。其出发点是马克思和恩格斯对系统和结构的理解方式。高利克将早期的中国马克思主义文艺理论置于一个

---

① ［捷］普实克：《中国现代文学史的根本问题——评夏志清的〈中国现代小说史〉》，齐心译，《普实克中国现代文学论文集》，湖南文艺出版社 1987 年版，第 222 页。

复杂的结构体系中，并掌握了它的关键要素及其在发展过程中的转变。例如，同情和社会性是理论家成仿吾的系统结构整体中的两个要素，同情与康德的审美观有关，而社会性则从客观到革命。在瞿秋白的文艺观中有三个要素，即"社会，思想与创造文学的个人"①。

第三，高利克十分重视马克思主义文艺理论向中国传播的渠道。最重要的渠道是通过日本的马克思主义学者。根据高利克的说法，影响中国马克思主义文艺理论的两大源头是俄罗斯和日本。中国马克思主义文艺理论主要源自普列汉诺夫、列宁和卢那察尔斯基等俄国马克思主义者的作品，以及一些日本的马克思主义者，例如河上肇（1879-1947）、福本和夫（1894-1983）、鹿地亘（1903-1982）、藏原惟人（1902-1991）、片上伸（1884-1928）。在西方汉学家以中文、俄文、日文和英文撰写的大量关于中国马克思主义起源的研究基础上，高利克较之于前人，更深入地研究了日本的影响力。他的考察表明，中国对俄国马克思主义者的了解，在很大程度上取决于日本马克思主义者对俄国马克思主义者著作的翻译和解释。例如，鲁迅的马克思主义文艺理论本质上源于片上伸的著作《无产阶级文学的理论与实际》，而他对卢那察尔斯基和普列汉诺夫的翻译和研究也是依据其著作的日文版。关于鲁迅接受卢那察尔斯基的问题，高利克指出，"根据著名的俄苏文学介绍者升曙梦的日译本，鲁迅译出了卢氏的另一小册子，标题简化为《艺术论》"②。

第四，高利克从世界文学的视角来理解中国马克思主义文艺理论，指出了它在世界文学理论体系中所扮演的重要角色。像普实克一样，高利克探索了中国马克思主义文艺理论里的中西元素。他借鉴了狄奥屈兹·杜瑞辛的比较文学理论，或者说是他在民族文学框架内的文学研究方法。因此，他在郭沫若的文艺理论观中既发现了康德、沃尔特·佩特、贝奈戴托·克罗齐、奥斯卡·王尔德的身影，也发现了南朝齐梁时期绘画理论家谢赫和许多传统儒家的理论思想；在瞿秋白的论述中看出了佛教思想的痕迹、中国明代评论家袁宏道的意趣观以及托尔斯泰的文艺观；发现鲁迅的思想有赖于儒家思想和康德美学的自主性；认为茅盾不仅受到了尼采、托尔斯泰、罗曼·罗兰、马克西姆·高尔基等人的影响，也受到了生活在两千多年前的西门豹以及中国第一本诗集《诗经》的影响。高利克从中国本土文学理论和全球文学理论的角度来探究中国马克思主义文艺理论，清楚地识别出其真正的起源、特殊性和普遍性。

---

① ［斯洛伐克］玛利安·高利克：《中国现代文学批评发生史（1917~1930）》，陈圣生、华利荣等译，社会科学文献出版社1997年版，第210页。
② ［斯洛伐克］玛利安·高利克：《中国现代文学批评发生史（1917~1930）》，陈圣生、华利荣等译，社会科学文献出版社1997年版，第259页。

此外，高利克揭示了大多数早期中国理论家对马克思主义的误解。误读包括过度简化以及错误的解释。关于否定之否定以及"扬弃"，他说："1927 年开始介绍'奥伏赫变'和辩证唯物主义方法时，有人对它们表示某种的怀疑，当然是针对其汉语解释。鲁迅嘲讽成仿吾所理解的'否定之否定'，尽管自己也还没有正确地理解这一哲学概念。后来，在 1929 年，茅盾写到成仿吾时，说他昨天才学了辩证法入门。然而，茅盾把辩证法解释为人的思想决定于社会环境及经济条件，这点说明他当时也没有掌握好辩证法。"① 然而，对我们而言，研究之初往往不可避免地会发生很多误读，但在某种程度上这也是必要的。这些文本创造性地将马克思主义文艺理论与中国现实社会和文化相结合，并逐渐改变了所继承的文学观念。可以说，正是因为西方汉学家在 20 世纪 70 年代至 80 年代初期的认真研究，才使中国马克思主义文艺理论基本的、真实的轮廓逐渐显现出来，并进入了世界文学的领域。

综上所述，通过梳理欧洲学者对中国马克思主义文艺理论的接受过程，不难发现，中国话语在欧洲拥有了自己的一席之地，即便其中存在着诸多解读，甚至于是误解。在跨文化阐释的过程中，主要有三种创造性的诠释抑或是误读：法国学者热衷于从中国文化革命理论中汲取革命勇气，由此创造出十分重要的激进话语，自 1960 年以来对全球的知识分子有着显著的影响；东欧的新马克思主义者仍然对中国马克思主义保持着批判性的态度，并且与法国相反，他们认为中国的马克思主义是农民式的马克思主义乌托邦；欧洲汉学家客观地揭示了中国马克思主义文学理论和美学的起源、原创性与普遍性。相较于美国大多数站在极端否定立场上的对中国马克思主义文艺理论的研究，欧洲学者的研究更具同情心、独创性和多元性。后者有着丰富的发现，当然也包括一些误读和变异。这表明，中国思想如同在 18 世纪一样，在一定程度上刺激和促进了欧洲激进思想的发展。如果没有这股来自东方的风，也许当代欧洲没有如此众多的批判理论家的崛起。简而言之，中国马克思主义文艺理论是全球马克思主义话语的一部分。遗憾的是，大多数欧洲学者对于中国话语的研究有一定的局限性，很少有人理解其复杂而丰富的成果。正如毕克伟所说，西方学者对于中国的马克思主义美学的理解仍然是零散的，还没有出现系统性讨论②。

（作者单位：四川大学文学与新闻学院）

---

① ［斯洛伐克］玛利安·高利克：《中国现代文学批评发生史（1917～1930）》，陈圣生、华利荣等译，社会科学文献出版社 1997 年版，第 93 页。

② 参见 Pickowicz PG (1980)，*Marxist Literary Thought and China：A Conceptual Framework*. Berkeley，CA：University of California Press.

清末民初现代知识分子的留日体验及其教育实践

——以民国时期浙江春晖中学为例

汪 泽

自鸦片战争起，内忧外患笼罩中国。从洋务运动自救至甲午战争惨败，再到签订丧权辱国的《马关条约》，民族危亡意识唤醒了国人，仁人志士纷纷寻求强国之道。明治维新促使日本迅速崛起的关键在于国民教育，于是国人认为效仿日本，取法西洋文化，开启新兴教育并走向现代化之做法是条捷径，一时间负笈东瀛蔚然成风。这场自清末延伸至民国的留日风潮，拉开了中日文化、文学交流的新篇章。

20世纪20年代，蜚声民国的浙江春晖中学广纳致力教育事业的知识才俊。诸如经亨颐、夏丏尊、朱自清、朱光潜、丰子恺、胡行之、冯三昧、刘叔琴等名师齐聚于此，掀起了一番声势浩大的教育革新运动。应引起注意的是，这些名师均有着相似的海外求学背景，且尤以留日者居多。日本的新文学氛围和现代化景观，给他们带来了全新的人文体验，亦影响其认知体系及日后创作的风格与倾向，并在一定程度上烙刻进春晖中学的教学活动中。换言之，以此为切口，既可一窥清末民初留日风潮之貌，又可察其与民国中学教育之关联，进而探究春晖教员受日本现代化氛围熏陶而思想观念、价值取向、思维方式诸方面之于教育实践的深广影响。

一、清末民初留日风潮的盛行

一个国家的强盛，首先是文化的强盛。异邦文化的刺激越强，国人的渴求欲越重，对冲出闭塞环境寻求真理的向往则越浓，清末效仿日本教育策略的做法即是如此。展开来讲，自19世纪中叶起，内忧外患纷至沓来，清政府国力日渐衰退。从洋务运动自救、甲午战争惨败至签订丧权辱国的《马关条约》，接连出现的民族危机，深深刺激着沉睡的中华民族，从而迎来了实质上的精神觉醒。仁人志士率先提出培育人才、汲取西洋文化的改革设想。当时，日本作为异质文化的输出国，令国人深感新奇，加之甲午国耻后，国人又普遍对其存有敬畏心态，认为日本发展迅速的关键在于明治维新取法西洋文化和全面普及教育。日本遂成为中国有志青年心向往之的留学地以及借以汲取西方近代文明的最佳途径，由此拉开了中日文化、文学交流的新篇章。

溯及历史可知，湖广总督张之洞极倡游学。他在《游学篇》中提出留日三大益处后，先有梁启超作《大同译书局叙例》予以回应，再有两江总督刘坤一先后上奏，言明留日的重要性并力倡奖励游学之举措。可见，留日一事在当时的社会各界呼声热烈。概而言之，留日益处大抵有三。一则国体国势遭遇相近。日本原也是受尽欺凌的弱国，在全力效法西方后，一跃成为世界强国之一，因而最便借鉴。二则语言文字优势。日语源于中国古代汉字，故文字障碍小于西洋，易于学习掌握，且华人侨寓者亦多，翻译易得，便于游览询问。三则地理位置优势。日本距中国较近，交通便利，节约时间成本。

正因留学日本是彼时我国实现现代化强国目标的最优选择，留日风潮的出现便属必然。随着留日政策的出台，国人求学东洋的心理需求得以满足，数量可观的留学生踏上了陌生的征途。据统计，从1896年第一批留日生始，到1937年抗战爆发后终，前后40余载，留日人数竟高达五万余人，堪称留学史上蔚为壮观的景象。这给中国的教育理念、思想文化、军事政治等领域均带来了空前影响，足见留日风潮涉及范围之深广。

基于此，本文试以20世纪20年代蜚声民国的浙江春晖中学，其师资构成中呈现出的一致化的留日背景为切口，进入清末民初留日风潮与民国中学教育间的互动关系这一话题。探究春晖教员受日本现代化熏陶，尤其是接触到大量的新文学作品和新颖理念后，在精神思想、生活趣味、创作走向、教育实践等方面所受到的深刻影响。

春晖中学地处湖光山色的上虞白马湖畔，得天独厚的地理位置与人文之美蕴蓄并存，且私立属性使其更具自由性和独立性。学校因拥有雄厚的师资队伍、和谐的办学环境、科学的教育方针和完善的硬件设备而驰誉全国。据统计，自1922年建校起至1925年间，计有经亨颐、夏丏尊、朱自清、朱光潜、丰子恺、刘叔琴、范寿康、冯三昧等文化名人从教于此，且几乎皆为"海归派"，又尤以学于东洋者居首，英美诸国次之。其根源除前述时代背景等因素外，又与浙江当地的文化氛围息息相关。

清末民初，浙江大倡教育，开留日风气之先，留日人数在全国各省名列前茅。1905年，清政府"立停科举以广学校"的谕令一出，留学之风大盛。浙江不仅筹办了各类劝学所、新式学堂，政府也不遗余力地提倡留学，更有鲁迅、许寿裳、经亨颐等先行者激励引导，一时间留日人数达至巅峰。这些留日者怀揣着对工业文明的崇拜、对建设现代化国家的愿景和教育救国的宏大理想而远走异邦，有意识地将目光投射到符合中国变革需要的、契合国内教育发展动向的"知识资源"上，且从教育体制、教学目标到课程安排、教学方法均不同程度地鉴自日本。可以说，这间接为春晖中学"预备"了一支卓越的师资队伍。

二、留日春晖师资的现代人文体验

20 世纪 20 年代的春晖中学，凭借校长经亨颐和国文教员夏丏尊广泛的人脉资源，招揽了众多有志才俊共赴白马湖畔，实践教育理想。这些教员的教育背景大致相仿，身上均烙刻着新旧教育的双重印记，即早年曾受传统私塾熏陶，后接触新式教育，是旧教育向新教育转型的见证者。他们被"五四"新文化运动的浪潮簇拥，对于通过文化启蒙造就现代人格，从而为社会的现代化发展贡献绵薄之力，有着深切共识。

而通过留学，则使春晖教员得以融入日本的人文环境，接触到当地及西方的独特文化现象，既拓展了知识视野，激发出探索意识，又有助于审美情趣、文化素养、鉴赏水平等多重能力的提升。也就是说，春晖师资的教育背景或多或少地夹杂着中日、中西文化之间的碰撞、磨合与互融，并最终沉淀为他们独一无二的文学风范与学养气质。为便于直观考察，特梳理出民国时期春晖中学教员赴日留学与归国任职的具体情况，详见下表：

留日时间	留日者	毕业院校	春晖中学职务
1903 年-1908 年 1909 年-1910 年	经亨颐	东京弘文学院速成师范科 东京高等师范学校数理科	校长
1905 年-1911 年	李叔同	东京美术学校西洋画科	暂住、静修
1905 年底 -1908 年 5 月	夏丏尊	东京弘文学院普通科 东京高等工业学校窑业科（肄业）	出版主任、国文教员
1911 年-1915 年 1919 年-1922 年	吴梦非	东京音乐学校 东京上智大学	音乐教员、美术教员
1913 年-1923 年	范寿康	东京第一高等学校、东京帝国大学 文学部（获教育和哲学硕士）	代理校长
不详-约 1922 年前	朱少卿 （朱兆萃）	东京高等师范学校	代理校长、英语教员
1917 年 9 月-1920 年夏	冯三昧	东京早稻田大学文学系（肄业）	出版主任、国文教员
1917 年-约 1923 年前	章育文	攻读机械制造专业	代理校长、艺术科教员、 国文教员

留日时间	留日者	毕业院校	春晖中学职务
1918 年-1924 年	方光焘	东京高等师范学校 研修英文和语言学	国文教员、英语教员
约 1918 年-不详	俞元镐	东京高等师范学校	博物教员、卫生教员
1919 年-1925 年	谢似颜	东京高等师范学校 专攻体育	体育教员
1920 年-1926 年	魏福嘉	日本东京工业大学应化科	数学教员、日文教员
1921 年-1925 年	黄树滋	东京高等师范学校	校长
1921 年春-1921 年冬	丰子恺	川端洋画学校及二科画会学油画 （自学），专攻艺术和文学	图画教员、音乐教员
不详-1922 年前	刘叔琴	东京高等师范学校史地科	史地教员、公民教员、 日文教员
不详-约 1923 年前	蔡冠洛 （蔡丏因）	日本帝国大学文学科	国文科主任
不详-1924 年	张明镐	东京高等师范学校教育科	兼课
1925 年-1926 年	胡行之	东京高等师范学校政治经济学系	国文教员
1926 年-不详	李文政	东京高等师范学校博物科	校长
1926 年-1931 年	黄清野	不详	国文教员
1926 年-1930 年	王执中 （王文川）	东京文理科大学西洋文学系	春晖中学毕业生、 代理校长
1927 年 4 月-6 月	张孟闻	因"四一二"政变流亡日本	博物教员、英文教员
1928 年-不详	夏蕊华	东京高等女校高师家事科	春晖中学毕业生、 教员
1928 年-不详	戚屿璋	不详	春晖中学毕业生、 教员
约 1928 年前	夏禹勋	不详	日文教员
1929 年-不详	徐 浩	日本明治大学	校董事长、小学主任
1929 年-不详	赵益谦	不详	体育主任、小学教员
1929 年-1930 年	王任叔 （巴 人）	学习普罗文学和社会科学	国文教员
1930 年 8 月 -约 1931 年 9 月后	朱士翘 （何 云）	日本早稻田大学经济科 东京铁道局传习所（肄业）	春晖附小教员
不详	邱望湘	不详	音乐教员

通过上表可知，自 20 世纪 20 年代建校至 30 年代初期，春晖中学先后有经亨颐、章育文、朱少卿、范寿康、黄树滋、李文政、王文川七位校长与核心师资如夏丏尊、

丰子恺、王任叔、冯三昧、胡行之、刘叔琴等人，兼及起到精神纽带作用的在校静修者李叔同曾留学日本。所修专业自文学、语言、艺术到教育、经济、机械等，尽管专业各异，但均不同程度地受到日本浓郁的现代氛围熏陶而萌生强烈的求知欲。

留日期间，经亨颐首次阅读了法国启蒙教育家卢梭的经典著作《爱弥儿》，便奉其为实现自身教育理想的最佳模板。丰子恺在短短十个月的留日生涯中，自学了西洋艺术、文学和音乐，并掌握多门语言，通读了东西洋著名的文学作品，深受日本文学所宣扬的人道主义思想之影响，对尾崎红叶、夏目漱石、德富芦花等日本作家的现实主义作品赞不绝口。如其所述："我在这十个月内，前五个月是上午到洋画研究会中去习画，下午读日本文。后五个月废止了日本文，而每日下午到音乐研究会中去学提琴，晚上又去学英文。然而各科都常常请假，拿请假的时间来参观展览会，听音乐会，访图书馆，看 Opera 以及游玩名胜，钻旧书店，跑夜摊（Yomise）。因为这时候我已觉悟了各种学问的深广，我只有区区十个月的求学时间，决不济事。不如走马看花，呼吸一些东京艺术界的空气而回国吧。"① 可见，丰子恺已然被日本多姿多彩的文艺活动所包围，并投入到这股与世界潮流接轨的热闹气氛中。而李叔同一抵日本就即刻感受到明治维新推行后的文化风气，对西洋文明和现代化改革充满强烈渴慕，开始大量购买西洋文学书籍。日后出家前，他将购于日本的《莎士比亚全集》赠予学生丰子恺，书上满是勾勾画画的笔记，足见早年细读和钻研的勤勉。近两年现代文明的熏染，助益夏丏尊养成了兼容博达的心胸、现代性的观照方式以及系统科学的知识体系，为后续从事著述译书和教学工作奠定了扎实根基。凡此种种，不一而足。

概而论之，春晖教员普遍受日本全盘欧化的影响，不断拓宽视阈和格局，致力于挖掘西方文化中可资借鉴的部分。他们既博览了康德、柏克森等著名哲学家的经典著作，以及卢梭、斯宾塞、杜威、夸美纽斯等教育家的教育论著，又广泛涉猎了具有代表性的世界文学作品。不断扩大的学习圈层，帮助他们构建起牢固的知识体系，并自觉延伸到日后的教育实践之中。

及至返国后，这些弥足珍贵的"留日经验"依然如影随形，深深嵌刻进春晖教员的日常生活与个人趣味中，转化为一种"春晖特色"。例如，校址初定后，当经亨颐苦于建筑工程的后续开展时，夏丏尊向其推荐了从日本留学归来的章育文。这位颇显稚嫩的年轻人在日本研修机械制造，聪颖善思，触类旁通，深得建筑法门。在章育文、戚怡轩等人的规划设计下，春晖中学的校舍建筑大放异彩，蕴蓄着非凡的匠心与巧思。外观大气庄重，居室温馨典雅，且兼具实用性，令入住诸君无不欢悦自得。

又如，白马湖有一处名曰"双清楼"的建筑，是使用高档的进口松木建造而成，

---

① 丰子恺：《我的苦学经验》，《中学生》1930 年第 11 期。

乃何香凝和廖仲恺落脚春晖时的居所,内置一张日式方桌,下低上高的设计便是鉴自日式建筑之风格。丰子恺与刘叔琴同住的"小杨柳屋",因屋前遍植杨柳而得名,大门入口得灵感于日本居所的"玄关",两家各入其户,设计别致精巧。夏丏尊的寓所亦别具韵味,留日经验使其养成了日式生活习惯,尤爱日本简约的民居布局,于是,参照其留日居所自行设计建造了"平屋",并安装上轻巧灵便的日式移门,使得这座由粉墙层层砌起的平房,小巧紧凑,温馨大方。可见,春晖中学多根据教员的个人旨趣建造住所,这些教员亦多从日本建筑的内外构造中借鉴所长,间接造就了校园"日式建筑"频现的独特景观。

此外,夏丏尊酷爱日本文学与艺术,尤擅插花、茶道、长歌等技艺,且日本饮食住行中蕴藏的"安乐淡然、从容闲趣"的价值取向与其人生追求、性格品味一拍即合。故而,入住春晖中学后,其家中陈设既尽显日本风情,又保留了在日本养成的"插花"① 习惯。夏丏尊直言,从插花盆栽的艺术中体味到了生命的真味与雅趣。由于时日尚短,夏丏尊留日的具体情形鲜有文字记载,仅存一篇写于 1936 年的《日本的障子》。文章细腻描绘了日人生活的情致,热爱之情溢于言表。另有丰子恺在日本街头接触到竹久梦二的漫画作品,阅后爱不释手,大为震撼,自此开启了漫画创作之路。可见,春晖教员的房屋建造、生活样态和审美情趣,均呈现出深受日本现代思想和人文风情影响的痕迹。

三、日本现代教育思想在春晖的试验

早期春晖教员教育思想的体系建构与求学东洋期间接受的熏陶密不可分。他们一面将从日本习得的先进教育理念、思想与方法,在校内充分推广与传播;一面高举新文化旗帜,坚持"以人为本"的教育理念,融实践与方法为一炉,营造出一个开明进步、自由活泼的教育空间。具体如下:

其一,学校创办与管理层面。春晖中学始建于 1908 年,彼时乡贤陈春澜于绍兴上虞创办了春晖学堂,1919 年委托经亨颐和王佐续办高级中学,1922 年方才正式落成。此时的春晖中学可称之为正在尝试和摸索阶段的、未来的中国"新村"。"新村"的概念与日本颇有渊源。春晖教员普遍有留日经验,对日本的新村主义并不陌生。兼之,周作人作为国内新村思想的主要推介者,前后共计发表数篇与之相关的文章,向国民介绍和宣传日本新村主义的先进之处,关注者日渐增多,产生了较大影响。其中,经

---

① 叶至善:《"期文化之交互"——记夏丏尊先生和内山完造先生》,《上虞文史资料 纪念夏丏尊专辑》,政协上虞县委员会文史工作委员会印,1986 年,第 56 页。

亨颐、夏丏尊、丰子恺、匡互生等春晖教员均在其启迪之列，故萌生了在中国建造新村的念头。譬如，校长经亨颐将春晖中学选址在僻静清幽的白马湖畔、参照日本建筑格局建造中学的思路，明显是受日本新村主义的直接影响，亦是其以文明开化蒙昧乡村之教育理念的具体体现。可以说，以经亨颐为代表的春晖教员躬耕田园、潜心教学的种种举动，表明了其所构想的教育正是以新村的建设为基本蓝图的。

要知道，校长作为一所学校的重心所在，决定着教育管理和教学工作的开展情况。留日期间，经亨颐热衷研习伦理学和西方教育理论，细致翻阅了老师吉田静致的全部伦理学著作，建立起扎实的道德哲学观，为日后的教育实践提供了道德规范与实践智慧。此外，经亨颐在日本阅读到法国教育家卢梭的名著《爱弥儿》一书时，被其提倡的培养"自然人"、顺应孩童本性和身心发展规律的教育法打动，立志返国后献身教育事业。同时，他继承了小山左文二倡导的"遵从学生个性发展"和"因材施教"的理念，并力倡及川平治主张的"动的教育"。

不难看出，留日经验为经亨颐的教育实践提供了必要的理论支撑。因此，当他发现，日本的教育体制和教学理念与"五四"培养具有个性解放、人格独立的学生之教育目标相一致时，便开始大刀阔斧地改革中等教育事业。随后，《动学观与时代之理解》一文应运而生，称"以现代为本位，往者在前，来者在后。教育者瞻前而不顾后，即静的态度也；瞻前而同时顾后，则可谓动矣"[1]。换言之，文化由维持到改造、由传达到增进的过程是一种充满时代力量的"动态"过程。显然，上述观点是脱胎于留日经验、经由对中国教育发展现状审慎思考后的融合与创新。

以此为基，执掌春晖中学阶段，经亨颐竭力整顿师资队伍，强调教师品性高尚的重要意义，力排抱持"因循敷衍，全无理想，以教育为生计之方便，以学校为栖身之传舍"[2] 的教学观念。至为重要的是，学校给予教员授课内容上的最大自主权，即可自行设计和选用教材，亦可根据教学情况自行编选讲义。朱光潜在《旅英杂谈》一文中，曾称赞英国大学教授将个人研究总结成册、自编讲义的教学方法以及英国大学生以课堂讨论或公开演讲获得学问的训练形式。可见，不独经亨颐，其他春晖教员均深受留学课堂宽松氛围的熏陶，把营造自由活泼的课堂空间和消灭填鸭式的教育模式视作春晖中学的根本教育宗旨。

其二，课程与科目设置层面。留日生的选修科目涵盖全面，从工科、理科、政法、军事到体育、文学、音乐、美术，几乎无所不包。以经亨颐就读的东京弘文学院为例，各学年的学习课程包罗万象，"第一学年，修身、日语、地理历史、算术、理科示教、

---

① 经亨颐：《动学观与时代之理解》，《教育潮》1919 年第 1 卷第 1 期。

② 经亨颐：《动学观与时代之理解》，《教育潮》1919 年第 1 卷第 1 期。

体操；第二学年，修身、日语、地理历史、理科示教、算术、几何、代数、理化、图画、体操；第三学年，修身、日语、三角、历史及世界形势、动物学、植物学、英语、体操"①。而后，其就读东京高等师范学校时，则能修习如窑业、机械、应用化学等更加专业化的科目。

鉴于此，经亨颐要求春晖中学的课程设置，应当体现丰富性与多样性之特征，以培养出德智体美劳全面发展的、符合国家建设需求的人才。因此，学校科目涵盖范围广泛，设置了文学、艺术、体育、科学、手工、美术、音乐等大量新颖课程。他还力倡新学制，实行新课程纲要，简化教材和学科，增加自修时间，并将学科分为必修和选修。学生完成必修后，可根据自身兴趣择选心仪科目。不得不说，这样的设置是以学生为本位、兼顾个体差异化的理性抉择。此外，经亨颐还在学校设立单独的语文研究室，由朱自清担任指导教师，内含诗歌、戏剧、散文等文学类相关科目，学生可自愿报名参加。正是科目与课程选择空间的扩大，加速了学生思想的活跃程度，为先进思想在校内的传播创造了有利条件。

尤值一提的是，自校长经亨颐至全体教员均心系学生未来之发展，深知单凭通晓本国文字尚嫌不够，应尝试学习别国文字来打开眼界，故力倡开设日语课程，以提升语言能力，为日后留学铺设道路。学生王文川回忆当年学校的课程设置时，提及"外语课是英语与日语并授的，不分轻重主次。我们的图书馆里，有很多日语书册。经师与夏师等认为，要使学生吸取外国的所长，担当起建设新中国的任务"②。事实上，彼时一般学校外文课程仅设一门英文，春晖中学加设日语课程之举，实属别出心裁。直至20世纪20年代后期续办高中后，这一主张仍旧实行，使得不少学生毕业之际，已可自由阅读日本书籍，勤勉者更能写作日文。

其三，教育教学层面。课堂之上，亦颇能见出留日经验之于春晖教员的影响。以国文教员冯三昧为例，他曾就读于东京早稻田大学文学系。日本作为西洋文化传播的中转站，大规模译介外国诗歌，使其接触到惠特曼、泰戈尔、海涅等大量著名诗人的作品，深受日本所倡导的诗歌口语化、内容平民化、形式自由化的诗歌观影响。他尤爱日本俳句，王任叔曾评其诗中日本风味极为浓郁。

在宁波四中和春晖中学两校教学期间，冯三昧向学生介绍小诗概念，并推荐白采和无名氏的小诗作品，由此，掀起了一番试作、仿写小诗的潮流。事实上，所谓小诗是指一种由日本俳句演化而来的、"一行至四行的新诗"③，用于表现刹那浮现的感觉，

---

① 吕顺长：《清末浙江与日本》，上海古籍出版社2001年版，第51页。
② 王文川：《怀念母校》，《春晖中学六十周年校庆纪念册》1981年纪念刊。
③ 仲密：《文艺谈：自己的园地（续）》，《晨报副刊》1922年6月21日

记录转瞬的情感，是中国新诗探索诗体形式的一种积极试验。此后，春晖中学的学生中就出现了不少小诗创作的能手。如魏风江于《小说世界》《民众文学》等刊物发表《蛙声》《只怕》《娇美的小花儿》《期待着的星儿》《鸡》等数首小诗。诗作多采用对话形式，将自然万物拟人化，运用白云、夏夜、星儿、萤火虫等自然意象构组起一幅幅柔美清新的图景，且用词讲究，充满对现实人生的哲思妙悟，亦流露出淡淡的哀伤情绪。另外，学生包雪亮、钱祖荫、冯振川、江焕藻等均热衷小诗创作，不少作品见诸校刊，颇得日本俳句的风韵，呈现出一种诗体的解放、内容的剪裁与形式的创新。可以说，冯三昧的课堂教学，既是对留日经验的有效转化，又是对新文学的积极响应，并在一定程度上助推了 20 世纪 20 年代国内小诗运动的流行。

由于日本文艺界氛围异常活跃，学生可在课堂之下自由参加各式讲演活动，或发表心得，或切磋经验，以此锻炼口头表达能力，使留学生大受鼓舞与裨益。春晖教员普遍得益于此并予以积极借鉴，他们关注学生喜好，热心举办体育竞赛、演剧社团、音乐会、演讲会、读书会等多种陶冶身心的文娱活动，并广泛邀请黄炎培、俞平伯、刘大白、叶圣陶、沈仲九、张大千等新文化名人或莅临讲演、或考察暂住，借此促进学术的交流、知识的分享与思想的传播。彼时，经亨颐兼管宁波四中，演讲作为课堂知识外的一种补充和拓展，流动于宁、绍两地，成为一大办学特色，实乃留日教育影响之故。

以上独具匠心的教育革新策略，无不映射着注重培养学生自主学习、求知实干的日本教育思想。正如范寿康所言，当年就读东京帝国大学时，"教学方式就更放任而散漫，没有太多形式上的考试，自修的时间较多，教授们制定许多不同的参考书，完全要靠自己研究与体认"①。可见，此种有意培养学生自学能力且较为宽松的教学模式，不仅给予留日生更多自我体认与独立思考的空间，又投射到春晖中学的教育实践中，从而，实现了对日本现代教育思想和理念的成功移植。

四、由《春晖》半月刊的一份书单说起

1923 年 10 月 16 日，《春晖》半月刊第十七期刊载了夏丏尊一篇名为《叫学生在课外读些什么书》的文章。该文针对春晖学生课外阅读实效不足等问题进行反思的同时，竭力表达了挣脱中国传统读书观念的愿望，又提出了一系列切实可行的革新策略，并开列出一份适合中学阶段的书单。

按照书目类型，大致可分三大类：一是社会与自然科学类，如《法意》《民约论》

---

① 雷德全：《我的母亲——宋英》，桂冠图书股份有限公司 1996 年版，第 57 页。

《名学浅说》《物种原始》《天演论》《科学大纲》《通俗相对论》等；二是文学作品类，如《爱罗先珂童话》《一个青年的梦》《现代小说译丛》《易卜生集》《工人绥惠略夫》《惜阴英文选刊》《泰西五十名人传》《小本英文说苑》《鲁滨逊漂流记》《格列佛游记》《海客谈瀛路》《苦儿暴富记》《莎氏乐府演义》《威尼斯商人》《狄更斯文学故事述略》《名人演说》《名人论说》《古史钩奇录》《美国伟人文选》《天方夜谈》等；三是英文读物类，如 Hero Worship（《帕斯卡尔思想录》）、Cuore（《爱的教育》）、The Stories of the Greeks（《古希腊的故事》）、The Story of Caesar（《恺撒的故事》）、Stories from English History（《英国历史故事》）等①。

这份书单所列书目由浅至深，立意高远，几乎涉及普天之下世界领域的重要文明成果，寄寓着引导学生不断自我激励与提高的良苦用心。坦白而言，夏丏尊并不质疑中学生具有自选书目的权利，但其心智尚且稚嫩、阅历和资质又相对浅薄，易受到社会不良因素的干扰，故而，他认为，以尊重学生的选择意愿为前提，帮助他们筛选出恰当又不失深度的书籍，将大有裨益。

实际上，留日期间，夏丏尊深受日本自由文艺氛围的影响而孜孜不倦地阅读了海量的西洋书籍，并借此掌握了世界文学的新思潮、新动向。他"于读日本人的东西以外，又搜罗了许多日本人所译的欧美作品来读"②，因接触到林纾的译本而眼界大开，随后开始阅读诸如狄更斯、小仲马等经典名家之作。在这份书单中，他有倾向性地择选了数量众多的欧美作家作品，而其中的《鲁滨逊漂流记》和《格列佛游记》正是出自林纾之手的译本。至于武者小路实笃的《一个青年的梦》以及《狄更斯文学故事述略》《威尼斯商人》等欧美作品的选入，很有早期留日阅读的影子。

更关键的是，对夏丏尊产生深远影响的意大利作家亚米契斯的 Cuore（《爱的教育》）一书，正是其阅读日译本后，大为震撼下强烈情感的一种投射。因抱持着为勉励和鼓舞青年学生增进学业、修炼人格以及为广大教育者提供可资参考的教学模板的愿望，后续他又对这部小说进行了转译。恰如著名诗人、哲学家林振述所言，这样优秀的书籍"不但适合儿童的心理，对于人生哲理、社会学、文学、教育学……也有改造的能力"③。如此看来，夏丏尊将《爱的教育》视为活生生的国文启蒙教材，是要借助书中强大的文字指示作用，增强学生理解与感悟的能力，进而触发情绪的波动，获得强烈的情感体验，使学生懂得爱、责任、信念等诸种美德的真义。据学生王传绅回忆，一次乘船去外地游玩的途中，夏师主动向他们讲解了其时正在翻译的《爱的教

---

① 完整书目可参见丏尊：《叫学生在课外读些什么书》，《春晖》1923 年第 17 期。
② 夏丏尊：《鲁迅先生纪念特辑：鲁迅翁杂忆》，《文学（上海 1933）》1936 年第 7 卷第 6 期。
③ 林振述：《读了"爱的教育"以后》，《开明（上海 1928）》1929 第 1 卷第 8 期。

育》一书，他以灵动自然的话语，将书中富于真善美价值观念的故事予以转述，令在场者无不因心灵震颤而落泪。

除却这份书单，春晖学生日常所接触的西方著述及译本数不胜数，这些书大多源自教员的推介。在学生赵惇孝看来，"春晖让学生思想自由，没有'禁书'。我曾从图书馆借读《共产主义ABC》《克鲁泡特金的思想》《三民主义》等思想不同的书"①。学生黄源曾回忆初抵春晖的情形，"在两位老师的房间里，我看到了满壁满架的各种书，有中文的、英文的、日文的，我十分羡慕"②。夏丏尊的书房里，日本作家的小说、欧美各国小说日译本数不胜数，更有国木田独步、山田花袋、芥川龙之介等名家的原著。丰子恺的书室中多是英美名著日译对译本，如哈代的短篇选集、吉辛的《四季随笔》等，这些都深深吸引着文学爱好者黄源。随即，他从丰子恺处借来"屠格涅夫的《初恋》，是英日文对译本"以及"英国牛津大学出版社的托尔斯泰的《二十三个故事集》的英译本"③。此外，春晖学生还常常主动向教员借书来读，"一些老同学已在读日本名家小说原著，如《国木田独步集》，都是从夏丏尊先生、丰子恺那里借来的"④。校长经亨颐亦常年购买各类书籍，其中日本著作占到半数以上。

概括来讲，留日春晖教员的存在之于民国教育界意义重大。他们既是这一公共空间的主要缔造者，又是最大的受益者。其留日经验使其广泛接触并阅读到大量的西方文学作品及各学科经典论著，故能从广博的书籍中获得精神、心灵的丰盈，找寻到实现理想和抱负的路径。返国后，他们仍重复如是阅读行为，并乐于为学生开列符合年龄阶段、心理层次的书单，以助其拓展思维、提升阅读质量、打开遥望世界的窗口，随之，逐步建立起科学民主的思想体系和理性客观的文化眼光。

五、始于日本的翻译事业及其深刻影响

准确来说，日本是从明治维新起开始全盘西化的。为实现"广求知识于世界"⑤，达到赶超先进国家学科优势的目标，大量西方文学作品以及各学科论著的转译本接连

---

① 浙江省春晖中学编：《浙江省春晖中学》，人民教育出版社1999年版，第138页。
② 上海鲁迅纪念馆编：《黄源文集 第2卷 论著卷》，上海文艺出版社2005年版，第1044页。
③ 黄源：《"最使我感激、给我鼓励的"老师匡互生》，《匡互生与立达学园》，北京师范大学出版社1985年版，第143页。
④ 黄源：《"最使我感激、给我鼓励的"老师匡互生》，《匡互生与立达学园》，北京师范大学出版社1985年版，第143页
⑤ 瞿葆奎主编：《教育学文集 第23卷 日本教育改革》，人民教育出版社1991年版，第24页。

出版。可以说，彼时日本的出版业相当发达，印刷效率极高，是当时新文学的重要传播地。由此，大量日译版书籍走进留学生的视野，碰撞出异彩纷呈的思想火花。他们个个皆是日本书店的常客，如饥似渴地阅读着日本新近流行的书籍和杂志。据胡行之回忆，"新书出版，争购的狂热，有时是难以形容的。所以一日一版的是屡见而不是一见，甚至有些名著，有一日而到三四版的。这也可见其盛了"①。如此可窥购书的热烈盛况。

在 20 世纪日文翻译史中，春晖师生是一支走在时代前沿的先锋队。自 1900 年中国留学生在日首创译书汇编社，拉开了翻译日文的热潮后，早期浙江留日修习者便多有参与，此举持续推进了中国译书事业的发展。春晖教员中就不乏出色的翻译能将。譬如，范寿康译有伊势专一郎的美学著作《艺术之本质》；王任叔转译了藏原惟人的日译本《毁灭》（苏联法捷耶夫著）；夏丏尊在熟练掌握日文后，转向对日本小说的关注并尝试译书，成绩颇丰。夏丏尊先后译介了长谷川如是闲、吉野作造、松方正义、芥川龙之介、国木田独步、武者小路实笃等日本作家的作品。1921 年，他转译了国木田独步的小说《女难》，并发表于《小说月报》，将大胆描写性欲主题的日本自然主义文学推介给国人，引发各界关注。任教春晖期间，他在白马湖畔无数个寒冷的冬夜和炎热的夏夜点灯伏案，将三浦修吾氏的日译本《爱的学校》与英译本《考莱》（又名《一个意大利小学生的日记》）两大版本细致对照，经多番揣摩小说主旨和内涵，定名《爱的教育》，以此奠定了其翻译事业的基石。

再如，胡行之的译作多为日本小品文，如田山花袋的《恋爱小论》、德富芦花的《春雨后的上州》、角田浩浩的《野花》、森田思轩的《文之妙》等，而著作有儿岛献吉郎的《诗的功用》、石滨知行的《日本无产阶级作家论》、加藤一夫的《社会文艺概论》等；方光焘的日译和英译著作颇丰，日译著作有菊池宽的《父归》、夏目漱石的《梦》、芥川龙之介的《手巾》、正宗白鸟的《向哪里去》和《人生的幸福》、永井荷风的《旧恨》等，英译著作有高尔斯华绥的《一场热闹》、莫里森的《投水》、史提文生的《两根洋火》等。另外，王文川偕另七名同学求学东洋修习西洋文学系时，首次接触到数目惊人的译文，阅读到来自西方的名作并产生了浓厚兴趣，陆续译有《现代日本诗集》《近代文学与性爱》等作品；丰子恺则致力于翻译《落洼物语》《源氏物语》等经典日本文学作品；而朱少卿侧重关注教育类论著，译介了松本亦太郎和楢崎浅次郎的《教育心理学》。再者，由于厨川白村的文艺思想在当时的中国文艺理论界占据了一席之地，相关著作译本甚多，丰子恺所译《苦闷的象征》和夏丏尊的《近代的恋爱观》便属其列。综上可见，春晖师资热衷翻译、参与译书的源头，乃起于早年

① 胡行之：《印象中的日本》，《日本管窥》，宇宙风社 1936 年版，第 201 页。

的留日经验。

事实上，这股由留日引发的译介风潮未曾消歇，并持续影响着春晖中学。春晖教员普遍受日本新文学自由风气的熏染，通过习得外语，尝试翻译，以此向国内推介现代文明成果，来促进不同文化之间的传播与互动，为中国新文学、新教育的发展注入不竭的精神动力。正是他们将诸如"民主""科学""美感""浪漫""艺术界""思想界""现代化"等大量日源语词引入校园场域，填充了学生的写作词库，使其在自然而然间理解、掌握并学会使用。据春晖学生回忆，彼时他们所读的数理化书籍均为英文原版，英语根基普遍扎实，又兼习日语，阅看、翻译甚至写作皆不在话下。

20世纪20至30年代的春晖中学校刊中就刊载了不少学生的翻译作品，如20年代校刊《春晖的学生》中雪莱的《微声》（潘彦斌译）、乔治·博罗的《拜伦的葬仪》（学生合译）以及30年代初校刊《春晖学生》中狄更斯的《一个孩子的星的梦》（沐箕香译）、鲁文达里奥的《箱子》（张梅溪译）等。可见，外来译本出现频率较高，颇得师生青睐。值得注意的是，其中，日本译作居多，如芥川龙之介的《蜜柑》（朱胜伦译）、下田惟直的《乡愁》（张履震译）、广津和郎的《某夜》（张履震译）、千家元磨的《夕阳的光》（张履震译）、《自然》（肇琴译）、小山内薰的《洋伞》（邵循译）、上田贞次良的《印度资本主义素描》（羊海帆译）、丘浅次郡的《人类的生存竞争》（舜俦译）、土田杏村的《传统哲学的新理解》（罗大一译）等，亦不乏诗歌、小说、散文文体。由此可知，春晖学生继承了早期学校留日教员的翻译衣钵，并在持续地译介实践中进一步发扬并壮大这支队伍。

郭沫若对彼时翻译日本文学作品之现象的评论可谓正中靶心——"中国文坛大半是日本留学生建筑成的"，故"中国的新文艺是深受了日本的洗礼的"①。由此联想到，当年鲁迅先生的新文学意识便起于留日。他译介了诸多日本诗歌和小说，一面向国人介绍日本的人文风情，一面萌生了倡导中国新文学的设想。再如，"诗界革命"的发起者梁启超、改革派领袖黄遵宪、新文化运动的重要旗手郭沫若等，均曾旅居日本。故而，留日学生与中国现代文学确实关联密切。日本既是他们情感喷发、异域遐想、敏感知觉的栖居地，又是他们获得西方文学经验的"资源集中地"。正是这些零碎或完整的海外经验，流入留日生的日常生活，方才转化为一种宝贵的理论支撑与实践动力。

的确，日本的新文学整整比中国早了近半个世纪，它是"在日本近代社会特定的历史条件下，在继承日本民族丰富多彩的文学遗产的基础上，吸收西方文学和中国古

---

① 麦克昂：《桌子的跳舞》，《创造月刊》1928年第1卷第11期。

典文学的营养，随着日本整个国家的成长壮大而发展起来的"①。不可否认，日本效法西洋之举，直接促进了新文学的产生与发展。可以说，正是日本自由民主的新文学空气，促使春晖师资打开了视阈和思路，参与到现代性的生成体系之中。他们一面吸纳有益的知识养料，尝试译介作品，实现文化、知识与技能的运用和转化，一面尽可能地将所见所得引入中学场域，为春晖学生搭建起一座本土经验与异域景观之间的桥梁。他们在潜移默化间自觉参与到推动我国文学革命的进程当中。

六、结语

总的来说，由于清末民初所处时代和国情的特殊性，教育不得不承担起振兴国家的历史重任。随之，一系列教育政策得到制定、实施与推行，浩浩荡荡的留日风潮恰恰兴于其时，此乃浙江春晖中学师资构成中留日者居多的直接原因。可以想见，异域土地之上轰然出现的现代化景观和四处氤氲着的新文学空气，给予春晖教员以全新的人文体验，使其进取意识与求学欲望空前高涨，随即，日本成为他们登高远望的第一观景台。从整体上看，此次留日经验之于春晖中学的创办、教学理念的革新、思想体系的建构等方面均裨益良多。可以说，20世纪20年代春晖中学的腾飞，有赖仁人志士力挽危难、报国救国所起的这场留日大潮，其"日化"之风，亦属顺应历史发展的必然选择。当年其不懈澡雪、鼎力革新、锐意进取的精神，足可为今世之借鉴。

（作者单位：浙江师范大学人文学院）

---

① 文洁若：《文学姻缘》，湖南人民出版社1997年版，第123页。

谢冰莹创作手稿《战场故事》探赜
兼谈其抗战时期教育部工作史实①

杨　炀

　　1937 年抗日战争爆发，谢冰莹辞别了病中的父亲，独自前往长沙。9 月，谢冰莹组织起湖南妇女战地服务团，跟随第四军吴奇伟将军部队开赴上海嘉定抗日前线，进行伤病救护与抗战宣传工作。这是她自北伐战争后第二次上前线。11 月底，受战局影响，谢冰莹从东战场撤至武汉。此间，谢冰莹将在前线所写的 10 篇战地报道和随笔结集编成《军中随笔》；同时将此前的日记加以整理，出版了《新从军日记》。

　　1938 年春，李宗仁部取得台儿庄大捷，极大地鼓舞了情绪消沉的谢冰莹。她同爱人黄维特②遂以新闻记者身份前往第五战区，进行战地采访，从豫北、徐海、鲁南再到皖西六安，奔波劳碌，备极辛劳。小说集《战士底手》、报告文学《第五战区巡礼》展现的便是这段时间真实的战地生活。几个月后，体质孱弱的谢冰莹病倒在前线，她听从朋友的劝诫，在黄维特的陪伴下来到重庆治疗。

　　在 1948 年版《一个女兵的自传》自序中，谢冰莹对重庆生活有过概述："朋友右家极力劝我回到重庆去开刀，同时希望我把在各站场所收集起来的材料多写点文章介

---

　　①　本文系国家社科基金重点项目"国内馆藏新文学名家创作手稿资料索引与联合编目"（18AZW018）的阶段性成果。
　　②　黄维特，原名黄经芳，字震，福建仙游人。黄维特早年毕业于北京师范大学生物系，受到李大钊等人影响，先后加入中国共青团和共产党，并参加过"八一"南昌起义，曾任中共莆田县委书记。1932 年，黄维特和谢冰莹在厦门结为夫妻。1935 年，谢冰莹在日留学期间，因拒绝欢迎伪满洲国皇帝溥仪来日，遂被日本警署非法逮捕，黄维特亦被株连入狱。被营救出狱后，谢冰莹写有《在日本狱中》，黄维特为之撰写《后记》。1937 年，上海北新书局出版谢冰莹散文集《湖南的风》，黄维特为之代写《编后》。1938 年底，谢、黄二人共同写作的《第五战区巡礼》报告文学集由桂林生活书店出版。1949 年后，黄维特历任莆田中学校长、福建农学院教授。

绍给后方的人士看，她还很热心地替我介绍到教育部去……病好之后，我就开始工作，一连写了五万多字的抗战通俗小说。半年以后，我又厌倦这种生活了，我要贯彻敌人一天不消灭，我就一天不停止战地工作的誓言，我向教育部上了一个请长假的呈文，还没有得到允许，就带领着十二个女青年参加了后勤部和负伤将士服务协会合办的伤兵招待所的工作……"①

　　这段回忆提供的信息颇丰，记录了她来到重庆的缘由、在重庆所为，又为何离开重庆的全过程。友人右家②，不仅关心谢冰莹的病情，还将她介绍到教育部工作；除此之外，谢冰莹还提到了自己在教育部的工作要点——时间半年左右，写了五万多字的抗战通俗小说。这些在现有的谢冰莹研究资料中被一笔带过，有的甚至一字未提，以至于其在教育部的具体工作情形究竟如何，至今令人费解③。是这半年时间在谢冰莹漫漫人生路中微不足道吗？或是谢冰莹本人觉得这段经历于她的"女兵"形象有所偏离，遂不以为意？抑或是史料的局限让发声缺乏证据，遂无从提起？笔者将根据现有资料与新见档案尝试阐述这个问题，并勾连谢冰莹重庆时期的其他活动，填补现有研究的空白。

一、《战场故事》手稿周边

　　《中国第一女兵——谢冰莹全传》因著者石楠笔锋常带情感而可读性强，引人入胜。其中有一段叙述与本文主旨相关，迻录如下：

　　（1937 年 9 月）车到汉口，部队在那里短暂停留。冰莹一行住在妇女会。晚上，有一个美丽女士来找冰莹，她自我介绍说叫王右家（后来她才知道她是罗隆基先生夫人），说她来看她，是受她一位朋友的委托，来送她一件礼物……这是一个柯达照相机，很名贵的；还有两打 120 的软片。那位朋友特地到照相馆去买的，他希望你在前线多拍些战士英勇作战和战地风光照片寄回来，给后方同胞看看。王右家还说，这位朋友叫张道藩，他读过你的文章，你若不是要上前方，教育部

①　谢冰莹：《一个女兵的自传》，晨光出版公司 1948 年版，第 534 页。

②　谢冰莹不止一次提到友人介绍其到教育部工作，友人即为民国报人王右家。王右家也曾在教育部民众读物组短暂工作。

③　阎纯德《作家的足迹》（续编）（北京知识出版社 1988 年版）、《谢冰莹文集》（安徽文艺出版社 1999 年版）、李夫泽《从"女兵"到教授——谢冰莹传》（湖南人民出版社 2004 年版）、石楠《中国第一女兵：谢冰莹全传》（江苏文艺出版社 2008 年版）、2018 年陕西师范大学冯超的博士论文《抗战文艺名刊〈黄河〉研究》所附《谢冰莹文艺活动年表（1937—1949）》均未提及谢冰莹的教育部工作经历与《战场故事》的存在。

就要请你去当编辑，写给民众看的通俗抗战文学①。

张道藩时任教育部次长，此处的"编辑"是指在国民政府教育部教科用书编辑委员会任职。教育部教科用书编辑委员会于 1936 年 7 月成立，下设中学教科用书、小学教科用书、民众读物、青年读物四个组。1938 年 8 月，张道藩兼任主任委员。1939 年 4 月，教科用书编辑委员会迁到北碚，教育部社会教育司戏剧组并入，更名为"剧本整理组"，赵太侔任组长。教科用书编辑委员会人才济济，梁实秋、方令孺、蒋碧薇、老向、何容、陈之迈、赵清阁等均曾在此任职，以"别样"的文章报国之举加入到民族国家的抗战话语中来。

自《从军日记》《女兵自传》出版以来，通俗易懂、浅显明白、多以时事及真实经历为题材的写作风格成了谢氏文章的标识。教科用书编辑委员会下设的民众读物组正需要这样能搜集材料又能写作的人才。无奈，谢冰莹一心要上前线收集写作素材，服务抗战兵士。一年后，谢冰莹跟随湘雅服务队回到长沙，因受慢性鼻炎的侵扰，便听从王右家的建议回到重庆开刀，后经由她的介绍，于 1938 年 10 月进入教育部教科用书编辑委员会民众读物组工作。

谢冰莹在教育部工作期间，以东北义勇军苗可秀烈士的事迹为基础创作了传记文学《苗可秀》，改写了《毛知事从军》。前者约 6200 字，后者约 9200 字，这显然不是她所说的"五万字的抗战通俗小说"的全部。在 1941 年出版的《梅子姑娘》序言中，谢冰莹也提到自己作品的底稿留在教育部，以至无法收集②。笔者新近在中国第二历史档案馆发现的一部署名谢冰莹的《战场故事》手稿或可部分填补这个遗憾。

（一）手稿概览

教育部所藏《战场故事》手稿分为封面和正文两个部分，共 37 页，均写在规格为"25×12＝300"的"冰特稿纸"之上。封面写有"战场故事"和"谢冰莹"字样（见图一），表明了手稿作者，这也是认定作者身份最直接、有力的证据。需要说明的

---

① 石楠：《中国第一女兵：谢冰莹全传》，江苏文艺出版社 2008 年版，第 278 页。笔者就这一史料来源问题请教过石楠老师。石楠老师在家中也未能找到写作时所用资料，提示可能出自《女兵自传》。但笔者翻寻通篇，并未看见。希冀有知晓这一问题的前辈不吝赐教。

② 《序言》中说："民国二十八年，我在教育部工作时，专写抗战通俗小说，于是我把毛知事改写了个题目，加上从军两字……伙伕的泪，是描写二十六年冬天我军在东战场英勇作战的情形，那时的战略是阵地战，为了死守战场，我军常常一连一营的被敌人大炮活埋在壕沟里，曾经有二十六个机关枪手通通被埋，只有一个牺牲了，其余廿五个都黑着脸把机关枪从土里挖了出来又往前冲，敌人见了这些黑脸孔，以为是鬼来了，连忙弃枪逃走。关于这段事实，我也写了一篇小说的，可惜底稿在教育部，不能收集在这里。"参见谢冰莹：《梅子姑娘·序言》，新中国文化出版社 1941 年版，第 3 页。

是，"战场故事"这几个字并非谢冰莹本人手笔。笔者推测，这册手稿送来时并没有总名，是十篇内容不同的故事组成的抗战民众小说。民众读物组同人为方便审核与出版，便根据题材将其取名为"战场故事"。

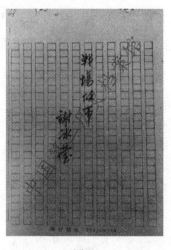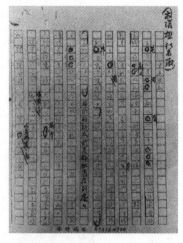

图一   图二

再看手稿所用的"冰特稿纸"。笔者认为，"冰""特"各取自谢冰莹和爱人黄维特名字中的一个字。"冰""特"是两人彼此的爱称。1933年，谢冰莹来到厦门省立中学任教，与同在此处教书的黄维特相识相恋。1935年4月，谢冰莹在日本求学期间，因拒绝参与迎接溥仪赴日而被捕入狱，黄维特亦受到牵连①。抗战爆发后，谢冰莹全身心投入到湖南妇女战时服务团的工作中，黄维特时时牵挂着身处东战场前线的冰莹的安危，不仅前去看望，还在其病倒后赶往护理。1938年4月，谢冰莹与黄维特以战地记者身份一起前往徐州第五战区李宗仁将军部，写下的战地报道合集以《第五战区巡礼》为名出版。待到敌人进攻武汉后，黄维特陪伴谢冰莹来到重庆治疗鼻炎，自己则在国立编译馆任职。1939年春，大病初愈的谢冰莹带领12位女青年参加基督教负伤将士服务协会，任妇女团团长，跑遍了鄂北、豫西②。但黄维特希望谢冰莹顾及自己的身体，安顿下来实行"文章报国"③。而谢冰莹认为，只有去前线服务，投入火热的生活中，才能积累素材，写出来的文章才会真实动人。从此时起，黄维特与谢冰莹有了分歧。

1939年夏，谢冰莹正在宜昌进行救护人员训练工作。黄维特去信告诉冰莹已把

---

① 叶扬兵：《谢冰莹第二次日本之行起止时间及在东京被捕时间考》，《新文学史料》2018年第4期。需要说明的是，笔者此处沿用学界较为认可的说法，即谢冰莹因拒绝欢迎溥仪"访问"日本而被捕。

② 李夫泽：《从"女兵"到教授——谢冰莹传》，湖南人民出版社2004年版，第304页。

③ 黄维特：《送冰莹再上前线》，《大风》旬刊1939年第37期。

"前年在东战场及去年在第五战区写的十几个短篇，编成一个小集子，托沙雁先生付印去了"①。这本于年底面世的小说集《战士底手》成了两人最后一点文字回忆。

钦鸿在《谢冰莹1938年抗战日记片段》中引用日记证明，谢冰莹与黄维特在"动荡不安的抗战期间"有过"相濡以沫、患难与共的生活经历"。如若日记是"有血有肉的真实素材"，那么以彼此爱称制成的"冰特稿纸"则是这段恋情浓烈时纸短情长的见证。

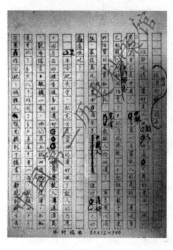
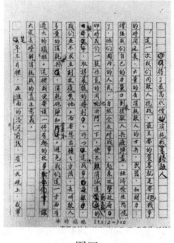

图三   图四

《战场故事》的手稿笔迹堪称复杂。笔迹共分为两类，一类是作者笔迹，一类是他者修改笔迹，稍后专节论述。作者笔迹又分为三类。一是铅笔所写潦草字迹（见图二），如《灭强敌里伤再战》《垂危歼敌》《假小姐诱杀敌兵》《两个小兵》等篇。二是较为工整的浅黑色墨水字迹（见图三），如《小战士捉拿汉奸》《铁茄子奉敬敌人》《老太婆火葬倭兵》等篇；他者代写笔迹（见图四），笔者认为是谢冰莹口述，黄维特代写②。三是工整的黑色墨水字迹（见图四），如《爱国儿童做侦探》。另外，一篇文章还有不同笔迹，如《消耗战略胜敌人》（前面两页是工整的黑色墨水，最后三行换为较为工整的浅黑色墨水）、《杀乌龟与骑铁牛》（第一页为铅笔潦草字迹，后两页换为较为工整的浅黑色墨水）。笔者对比谢冰莹信函与手稿，字迹大体一致。为什么一部

---

① 谢冰莹：《战士底手》，独立出版社1939年版，第58页。

② 笔者依据两个线索推断工整笔迹为黄维特代笔。线索一，1939年10月25日重庆《时事新报》刊登谢冰莹《割》一文。谢文讲述其9月18日割盲肠经历，说："由于，大夫的手术特别高明，赵大夫他们的消毒周到，以及特和护士小姐们的细心看护，开刀后温度像好人，从没有发热过，刀口长得非常之好。"这里的"特"即黄维特。可见，黄维特一直在照料谢冰莹，这与后文推断出的手稿大致写作时间是相吻合的。线索二，笔者就手稿这部分笔迹向黄维特的孙子黄炳敖先生求证。黄炳敖先生就手头所藏黄维特手稿进行比对，认可这是黄维特的笔迹。

手稿会呈现出作者的几类字迹？考虑到谢冰莹奔波忙碌的生活状态与在零碎时间奋笔疾书的写作习惯，其实也不难理解。由此，可以推测《战场故事》的手稿应是谢冰莹在不同时间、不同场合写作而成。能够适应不同的写作状态，这也是谢冰莹自从军起便养成的习惯和能力。

就手稿内容而言，涉及谢冰莹 1937、1938 年所到东战场与第五战区的所见所闻。谢冰莹之所以被誉为"女兵作家"，便是因为她坚持身体力行，亲历战场搜集素材进行"非虚构"写作。她的作品虽取材于日记，但"因为作者的生活曲折，源于实录、不经雕饰，亦有情节跌宕起伏、故事曲折完整、形象鲜明生动的韵味，读来扣人心弦，颇具小说文本的除虚构外的诸审美元素"①，这在现代女作家中显得独树一帜。20 世纪 90 年代，有学者前去访问谢冰莹，其间提及与其姓名只一字之差的冰心（原名谢婉莹）。谢冰莹直言冰心文章写得好，自己不如她，但也指出了两人写作最大的区别——"可是她那个革命性是不太强的，她不会说跑到前方去，替军队服务，像我一样。我那个抗战时期，我是真的跑到军队里头去，去救护伤兵……冰心她们这一批女作家，这个经验啊，她们没有，我有"②。

（二）写作时间

谢冰莹在民众读物组的实际工作时间应是 1938 年 10 月至 1939 年 4 月。民众读物组 1938 年 10 月正式开始办公，地点先是设在重庆上清寺，后搬至成渝公路边上的青木关，继而迁往 20 公里外的北碚。1938 年 10 月 7 日，教育部常务次长张道藩致信民众读物组各位编辑，通知教科用书编辑委员会第三次常会时间变更——"本会第三次常会改于本月十九日下午二时举行。在十五日（星期六）以前，各编辑应将民众读物推行及印书办法，详细设计，拟具书面意见，送本组汇集整理，以便提交第三次常会讨论"，信后附有民众读物组编辑名单及住址，分别是"老向（十八梯 150 号）、何容（青年会 305 号）、姚篷子（打铁街吉庐左手二楼）、王右家（国府路二八一/二八二号间大溪别墅对过）、谢冰莹（张家花园 65 号附二号）、闻亦博先生（重庆府十二号）"③。由此可见，谢冰莹不仅是民众读物组甫一成立便在此工作的"元老"之一，并且参与了"民众读物"发行及印书办法的制定。

由《民众读物组工作总报告（1938 年 10 月 1 日起至 1939 年 6 月 30 日）》所示，自该组计划 1939 年 4 月迁往北碚后，谢冰莹便与何容、姚篷子等人"表示不能前往，

---

① 刘中黎：《中国日记文学理论研究》，中国社会科学出版社 2021 年版，第 220 页。
② ［澳］孟华玲：《谢冰莹访问记》，《新文学史料》1995 年第 4 期。
③ 中国第二历史档案馆藏，全宗号：五，案卷号：1427（1），第 92 页。

业经停薪留职办法"①。按照谢冰莹自己的说法，"半年以后，我又厌倦这种生活了，我要贯彻敌人一天不消灭，我就一天不停止战地工作的誓言，我向教育部上了一个请长假的呈文，还没有得到允许，就带领着十二个女青年参加了后勤部和负伤将士服务协会合办的伤兵招待所的工作"②。"停薪留职"与"请长假"的说法相吻合，自 1938 年 10 月入职至 1939 年 4 月离职，谢冰莹在教育部刚好工作了半年。1939 年 4 月中旬，谢冰莹参加基督教负伤将士服务协会所发起的战地服务计划，担任妇女部主任，带领 12 名团员赴宜昌受训③。

谢冰莹的作品大部分都取材于日记中所记载的材料，并加以艺术化改编、再创作。所以，她的作品中经常出现对同一创作素材的反复改写，《战场故事》中有几篇小说皆是来源于改写。既然有改写，那必有素材本事，这也为我们确定小说创作时间提供了可能。《第五战区巡礼》一书中收录了报告文学《几个为国牺牲的无名女英雄》，文章分为三个部分，第一部分为"火葬日本鬼子"，第二部分为"手溜弹的用处"，第三部分为"老间谍"，文章落款处写有"（1938 年）六月二十七日　冰莹卧床书"④。而这与《战场故事》中《老太婆火葬倭兵》《铁茄子奉敬敌人》《爱国儿童做侦探》（原名《聪明的小间谍》）所用的素材基本一致。《战场故事》中的《消耗战略胜敌兵》是在《我们是怎样消耗敌人子弹的》基础上扩写而成，后者发表于 1939 年 10 月 16 日出版的《宇宙风》，谢冰莹在结尾处标注"1939 年 6 月 19 日十里铺伤病招待所"，这便是此素材本事最早的落笔时间。那么，《消耗战略胜敌兵》的创作应是在 1939 年 6 月 19 日之后。进而可以推断，《战场故事》的创作完成时间是在 1939 年 6 月 19 日之后。

结合谢冰莹的行迹，1939 年 7 月 28 日，她在老河口患盲肠炎，几番周折，9 月 18 日回到重庆海棠溪第九重伤医院手术后得救⑤。术后，谢冰莹休养了两个星期，身体仍旧羸弱。而《战场故事》在教育部档案中首次出现的时间为 1939 年 9 月 22 日，即初审日期。因而，写作时间范围进一步缩小至 6 月下旬至 9 月中旬。而由手稿字迹所呈现出的写作状态的频繁变更，大致可以判断《战场故事》的创作完成于 6 月下旬至 8 月底，即她在宜昌、襄樊前线、大别山麓进行战地服务期间。笔者遍寻档案，却没有发现谢冰莹与民众读物组关于这部手稿的来往通信，殊为遗憾。重庆海棠溪距北碚

---

① 中国第二历史档案馆藏，全宗号：五，案卷号：1423（1），第 144 页。
② 谢冰莹：《一个女兵的自传》，晨光出版公司 1948 年版，第 534 页。
③ 黄维特：《送冰莹再上前线》，《大风》1939 年第 37 期。该文写于 1939 年 4 月 16 日，黄维特与谢冰莹分别即在这两天。
④ 谢冰莹、黄维特：《第五战区巡礼》，生路书店 1938 年版，第 76-81 页。
⑤ 谢冰莹：《割》，《时事新报·青光》1939 年 10 月 25 日。

教育部民众读物组所在地约 50 公里，手稿由病中的谢冰莹亲手交至民众读物组似乎不太可能。所以，《战场故事》手稿是托亲友带至读物组的可能性最大。

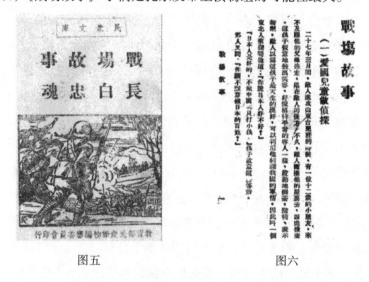

图五   图六

谢冰莹晚年著文提及教育部工作经历时，多说写了"五篇通俗小说"①，但在《一个女兵的自传》等早期著作中，又称来到重庆教育部任职后，"写作了五万多字的抗战通俗小说"②。笔者以为，后一种说法为确。理由是，单《战场故事》中所收录的抗战通俗小说便不止五篇。另，"五篇"乃其晚年回忆，时隔多年，难免讹误。现已知谢冰莹在民众读物组改写了《苗可秀》《毛知事从军》《战场故事》。前两部作品在 1939 年初便已出版面世，《战场故事》与民众读物组编辑席征庸（同时也是谢冰莹的老友）的抗战通俗小说《长白忠魂》合印为一本（见图五），于 1939 年 11 月付印出版。《战场故事》应是谢冰莹为教育部民众读物组创作的最后一部作品。让人不解的是，《战场故事》并没有标注作者姓名（见图六），而《长白忠魂》则明确标注作者为席征庸。笔者猜测，可能是出版时谢冰莹已经离开民众读物组之故。尔后，这部作品便湮没于历史中，再无人提起。

二、《战场故事》与教育部教科用书编辑委员会民众读物组的审查

在号召全民族抗战的政治背景下，"大众化"成为一切文艺作品创作的标杆。"大

---

① 谢冰莹：《血肉铺成的胜利路——抗战时的我》，《谢冰莹文集》（中），安徽文艺出版社 1999 年版，第 29 页。
② 阎纯德：《作家的足迹》（续编），知识出版社 1988 年版，第 431 页。参见附录《谢冰莹年表》。

众化"亦即化大众。1938 年 3 月，中华全国文艺界抗敌协会成立，正式提出"文章下乡""文章入伍"的口号。在"文协"领导下，设立了通俗文艺工作委员会，并举办通俗文艺讲习会，老舍、何容、老向等担任讲习会讲师。尔后，谢冰莹、向林冰、阎哲吾、陈白尘、郑伯奇等以委员身份也加入了通俗文艺工作委员会①。同一时期，国民政府教育部教科用书编辑委员会民众读物组也参与到通俗读物的创作、改写中来。据《教育部教科用书编辑委员会民众读物组工作计划》显示，民众读物组的工作分为创作、审查、整理三部分。创作方面，首先要做的便是"编辑民众文库"。"民众文库"的潜在读者为受过民众教育的民众，书目由民众读物组拟定，除由本组特约编辑选定题材、担任撰稿外，还对外征求稿件。"民众文库"之下有自修读本、民众小说、民众故事、民众歌词、连环图画五类主题②。对于"民众文库"的文字与形式，要求"以通俗简明为最要条件"。审查方面，分为初审、复审、终审三个环节③，如需修改，由审查人提出修改意见；拟采用者，呈核付印或准予发行。

《战场故事》属于民众故事类别。根据民众读物组的定义，"凡古今人物中有合于礼义廉耻，忠孝仁爱，信义和平及革命，创造，侠烈，牺牲等可泣可歌之事实，以及各界成功人物奋斗之经过，用故事体裁写成者，列为民众故事"④。

民众读物组主要负责民众读物的编辑与搜集。"编辑"即是指创作，获取途径有两种，一是对外征稿，二是本组自编稿件。作为特约编辑，谢冰莹自 1938 年下半年加入民众读物组后，编写了《苗可秀》⑤《毛知事从军》⑥ 等抗战通俗小说共计五万余字。创作力丰沛的通俗大家老向、1939 年 9 月加入民众读物组的赵清阁、席征庸等编

---

① 文天行：《国统区抗战文学运动史稿》，四川教育出版社 1988 年版，第 67 页。

② 中国第二历史档案馆藏，全宗号：五，案卷号：1423（1），第 34 页。

③ 需要说明的是，对于外来投稿者，民众读物组实行三审制度。而对于本组特约编辑，只有复审与终审的情况居多。

④ 中国第二历史档案馆藏，全宗号：五，案卷号：1423（2），第 133 页。

⑤ 在教育部社会教育司编印《民众读物编辑办法要项》中，列有预定计划要编书籍（本组自编书籍），如"《苗可秀》1938 年 4 月，至 1939 年 1 月初付印"。（中国第二历史档案馆藏，全宗号：五，案卷号：1440（3），第 3 页。）重庆《时事新报》副刊《青光》自 1938 年 11 月 29 日起，开始连载谢冰莹小说《苗可秀》，并注明"教育部民众读物组稿"。在《梅子姑娘》的序言中，谢冰莹说："苗可秀是用通俗的体裁写的，为了要使认识字的老百姓都能看得懂，所以在结构方面也力求故事化，在文字方面力求通俗化。"（《梅子姑娘·序言》，新中国文化出版社 1941 年版，第 4 页。）

⑥ 谢冰莹自述"毛知事从军"曾发表过三次。"第一次是民国二十五年登载于长沙的力报，那时只用'毛知事'三个字，因为并没有写他去从军，在当时曾获得不少湖南青年的爱好；民国二十八年，我在教育部工作时，专写抗战通俗小说，于是我把毛知事改写了……在兴趣方面说，读者是比较喜欢毛知事从军的，因为主人翁的性格实在太奇特太有趣了。"（《梅子姑娘·序言》，新中国文化出版社 1941 年版，第 1 页。）《毛知事从军》的完稿时间是 1938 年 12 月 29 日，并于 1939 年 1 月 1 日始在重庆《时事新报》副刊《青光》上连载。

辑均创作有多部作品①。对于一直秉持"创作源于生活"观点的谢冰莹来说，服务于前线的经历为她提供了源源不断的创作素材。"编辑"与"搜集"在她的创作理念中本是不可分割的，她的日记本身就是抗战通俗小说极好的素材。民众读物组的审查与修改条例，大致分两种情况：一是审查后，编辑提出意见，返回原稿修改；二是作者知晓后授权，编辑可以直接修改，无需返回即可付印。谢冰莹离开教育部后辗转多地进行战地服务，存在联系不便等现实情况，加之手稿修改字迹与原文字迹不符，可以判断《战场故事》属于第二种情况，即谢冰莹授权民众读物组直接修改并付印。

与谢冰莹手稿上的字迹多变相比，修改稿字迹统一，为毛笔书写，较作者手迹容易辨识。原稿存在大量修改，那么修改者是谁呢？

由《民众读物组每周工作报告表（1939. 9. 18 起至 1939. 9. 23）》可知，9 月 22 日老向的工作是"复审《中国不会亡》，修改《战场故事》"②。从时间上判断，这应是对《战场故事》的初审。

据《民众读物组的每周工作报告》（1939 年 10 月至 12 月）所示，《战场故事》经老向审查修改后，便由抄写员孙方兰誊抄。11 月 6 日，孙方兰结束抄写工作。11 月 11 日，赵清阁依据抄写本复审《战场故事》。这里的"复审"实际上即为终审。1939 年 11 月 14 日，民众读物编辑组代理主任老向向教科用书编辑委员会主任委员许心武提交《战场故事》抄件一种及审核表，并附言"兹送呈本组业经终审通过稿件壹种，拟请采用并请转呈部长核准付印"③。同日，姚舞雁办理了《战场故事》的付印手续。兹将过程整理如下：

1939. 9. 18 - 9. 23 老向报告表　　本周五复审《中国不会亡》，修改《战场故事》

1939. 10. 23-10. 28 席征庸报告表　　本周周三开始编《长白忠魂》，周六完成

1939. 10. 30-11. 4 孙方兰报告表　　本周周一至周六均在抄写《战场故事》

1939. 11. 6-11. 11 孙方兰报告表　　本周周一抄写《战场故事》

1939. 11. 6-11. 11 赵清阁报告表　　本周周六审查《战场故事》一篇

1939. 11. 13-11. 18 孙方兰报告表　　本周周一、三、四、五抄写《长白忠魂》

---

① 老向原名王向辰，此时代理民众读物组主任一职，创作有《骂汪》（鼓词）、《讨汪》（歌词）、《捉敌探》（鼓词）、《油炸卫》（歌词）；赵清阁创作有《唐桂林》《女英雄》《新木兰从军》（剧本）；席征庸创作有《一双缎带》《太行烈士》《战地鸳鸯》；段兴邦创作有连环图画《张天保投军杀敌》《老英雄范筑先》。

② 中国第二历史档案馆藏，全宗号：五，案卷号：1423（2），第 164 页。

③ 中国第二历史档案馆藏，全宗号：五，案卷号：1440（3），第 183 页。

1939. 11. 13－11. 18 姚舞雁报告表　本周周二办理《战场故事》付印手续①。

翻阅 1939 年至 1940 年的民众读物组每月工作报告及"本组工作人员一览表"，可以确定，赵清阁自 1939 年 9 月 25 日到组办公，直至 1939 年 12 月离职②；席征庸则是 10 月 9 日到组办公，并一直在组服务③。赵清阁、席征庸都是谢冰莹的旧相识。此时，赵清阁正在主编《弹花》月刊，《弹花》第 2 卷第 3 期（1939 年 1 月 1 日出版）刊登了谢冰莹的报告文学《倭寇的暴行》，第 2 卷第 5 期（1939 年 3 月 15 日出版）刊登了谢冰莹的剧本《野战医院》，赵清阁在《编后记》中评价道"题材真实，是她在战场亲身经验的"④。虽仅有寥寥数字，但足见战场经历在文艺创作者的抗战经验史中弥足珍贵。

作为特约编辑的谢冰莹在教育部的工作分为自编稿件与审查两部分。民众读物大类又涉及"发展民族意识、培养国民道德、灌输科学常识、增进实用知识"⑤ 等。目前，就笔者所见教育部档案中，藏有两份谢冰莹所作每周工作报告表，或可一探她审查旁类民众读物的标准：

《民众读物每周工作报告表》

二十七年十一月十四日至二十七年十一月二十日⑥

报告人：谢冰莹

题目	看报和读书	栽培浅说	战时人民须知	中国的交通
已否通过	未	未	未	未
备注	本书说理糊涂，文字欠通，诚和复审人所言"内容文字均无可取"，无出版价值。	本书内容平平，无特殊优点。文字方面需要多费时间修改，方能适合民众阅读。在此印刷困难时期，宜暂缓出版。	本书已失时效，无出版价值。	本书稿件零乱，内容欠佳，且自抗战开始之后，交通上已大有变更，与书中所述不符，实无出版价值。

① 中国第二历史档案馆藏，全宗号：五，案卷号：1423（3），第 23－43 页。
② 中国第二历史档案馆藏，全宗号：五，案卷号：1423（2），第 70、90 页。
③ 中国第二历史档案馆藏，全宗号：五，案卷号：1423（1），第 115 页。
④ 赵清阁：《编后》，《弹花》1939 年第 2 卷第 5 期。
⑤ 虞和平主编：《中国抗日战争史料丛刊》（833 文教　教育），大象出版社 2016 年版，第 291 页。
⑥ 中国第二历史档案馆藏，全宗号：五，案卷号：1523（2），第 27 页。

《民众读物每周工作报告表》

二十七年十一月二十一日至二十七年十一月二十七日①

报告人：谢冰莹

题目	战时人民须知	东北四省（复审）	家庭副产业浅说	中国疆域的扩张
已否通过	未	未	未	未
备注	本书内容充实，结构亦佳，惟与本会已出版之防空、防毒、救护三册材料重复，无另出版必要。	本书所插画片，不但不足以暴露敌人侵占东北四省的罪恶，反而代敌人宣扬其威风，殊非妥善。文字方面，亦多欠周延，需要经过详细修改，方可出版。	本书说理不清，文字又欠通顺，不宜出版。	本书内容虽充实，但已为《上下五千年》先取得出版权，故不宜再印。

不难看出，谢冰莹对于教科用书编辑委员会已出版的书籍相当熟悉。审查过程中，不仅在意作品的内容是否充实、文字是否通顺、说理是否清楚、结构是否合理等基本要素，还在乎作品是否具有时效性，与抗战现实是否相符。八本书籍，无一通过审查，可以看出谢氏克尽阙职，审查严格，印证了"本组已往应征稿件较多，故审查工作较重，审查结果能采用者不过十之一二"②的事实。不过，这也能从侧面反映出民众抗战热情的激昂及民众读物组初建之时编辑人手不足的尴尬境地。

1939年4月，民众读物组前往北碚，"工作人员多未随迁移，亟待补充"。在副主任老向的组织下，民众读物组制定了《二十八年度工作计划纲要》。此时，编辑人员负责主编文艺读物、科学读物、图画、歌词并负责审查搜集之责各一人。值得注意的是，民众读物组应征稿件多，但稿件质量不尽人意，编辑审查稿件"费时多而成绩少"，遂决定重新厘定征文目录，"凡未有人应征之题目，均归自编"。自编稿比重显著提高，与之对应的审查本组自编稿件要求相应修改为"自编稿件一人主笔，未必尽善，经过严格审查，可得较好成绩"③。言下之意，即使是编辑一人主笔，也需要经过其他编辑反复审查、修改。笔者新近发现的一则老舍新史料表明，即使是外来名家约稿，也大致遵循这个原则。1938年11月29日，老向、闻亦博、何容三人联名致函教科用书编辑委员会主任委员张道藩，称"本篇（指鼓词《文盲自叹》）当老舍写成后，往何容、闻亦博、老向与犁铧鼓词演唱家董莲枝女士再三斟酌上校。篇中语词通俗，可唱可读。拟请终审"，后张道藩批复"付印"二字④。这表明，即使如老舍一

① 中国第二历史档案馆藏，全宗号：五，案卷号：1523（2），第29页。
② 中国第二历史档案馆藏，全宗号：五，案卷号：1523（1），第9页。
③ 中国第二历史档案馆藏，全宗号：五，案卷号：1543，第6页。
④ 中国第二历史档案馆藏，全宗号：五，案卷号：1540（3），第8-10页。

般自觉有心积极投身于抗战通俗文艺作品写作中，也不得不依靠民间艺人协助、集体修改的方式达到"语词通俗，可唱可读"，以确保民众对通俗读物的接受度。这正应了老舍所感叹的话："通俗文艺并不怎么好写。"①

三、《战场故事》的修改情况

前文已经详细介绍了《战场故事》的审查步骤，确定老向是初审人，赵清阁是复审人，前者改动内容大，后者小修小补。笔者将以老向的修改为例，阐明谢冰莹笔下真实的战场经验，是如何集多人之力被修饰与改造成合乎规定的抗战通俗故事的。

（一）标题的修改

《战场故事》手稿包括十个故事，每个故事都有单独的小标题，原题与老向修改后的题目对比列表如下：

原题	修改后
《□②里伤再战》	《灭强敌里伤再战》
《垂危歼敌》	《垂危歼敌》（总评为"太消极拟不取"）
《取得了最高代价的消耗战》	《消耗战略胜敌人》
《杀乌龟》	《杀乌龟与骑铁牛》
《假小姐诱杀鬼子兵》	《假小姐诱杀敌兵》
《聪明的小间谍》	《爱国儿童做侦探》
《两个小兵》	《两个小兵》（总评为"不取"）
《捉汉奸的小战士》	《小战士捉拿汉奸》
《火葬鬼子兵》	《老太婆火葬倭兵》
《再给我几个铁茄子吧！》	《铁茄子奉敬敌人》

不同于老舍们需要借助旧文艺的形式融入抗战文化宣传的话语中，谢冰莹对处理战场素材得心应手，她的作品于民众阅读而言有着得天独厚的优势。素材是不用愁的，但语言仍需改造，谢冰莹对此有明确的意识。前文说过，《战场故事》中的《火葬鬼子兵》《再给我几个铁茄子吧！》《聪明的小间谍》是对报告文学《几个为国牺牲的无名女英雄》三个部分的分别改写，第一部分为"火葬日本鬼子"，第二部分为"手榴弹的用处"，第三部分为"老间谍"。"鬼子"是中国非官方力量对于侵华日军的称呼，"铁茄子"是手榴弹的代称，化用"老间谍"故事修改而成的"聪明的小间谍"则用

---

① 老舍：《制造通俗读物的苦痛》，《抗战文艺》1938 年第 2 卷第 6 期。
② 原文漶漫不清之处用□代替。

偏正结构短语予以介绍，谢冰莹改动标题显然是顾及标题通俗之虞。再看"杀乌龟""假小姐""捉汉奸"等表达，相较从前，她有意将标题打造得更加吸睛、形象化，以方便民众阅读及读物传播。

但这还不能满足抗战通俗文艺的要求。通俗文学大家老向对标题的修改则更为老到。除却拟不取的两个故事，其他故事标题均被修改为字数一致、形式工整的主谓宾形式，读起来不仅有鼓词的韵味，也浅显直白，做到了标题即内容。"鬼子（兵）"均由"倭兵"或"敌人"替代，这在文章语词的修改中也经常出现。出于当时政治忌讳考虑，抗战时期国民政府对于侵华日军的指称秉持"不刺激'友邦'"原则，政治语言大量使用委婉语或是含混暧昧的字眼。国民政府官方文件中尽量避免用"鬼子"的称法。这与民间直呼"大刀向鬼子头上砍去"的豪情壮志形成一派吊诡对比。

至于那两个被剔除的故事，均来自谢冰莹的战场经历。《垂危歼敌》讲的是1938年4月，日军攻打安徽蒙城时我军奋勇作战的情形，其中一位蓝营长身中数弹，坚持作战到最后一刻，被敌人割下头颅挂在城墙上。这幽暗而血淋淋的真相怎能向翘首以盼胜利的民众展现？《两个小兵》写两个15岁的男孩子跳出舒适的家庭生活，决心从军去往前线杀敌。两个小兵的精神可感，但故事大抵是事实介绍，缺乏情节起伏。相比之下，作者几年后利用同样素材创作的《两个小鬼》则更加动人。

另举一例展现老向的改题功力。在《取得了最高代价的消耗战》中，消耗战是国民党军队的战术事实，"最高代价"却暗讽国民政府的无能，但老向巧妙地将其换成"略胜"，并且采用主谓宾结构，就变成了《消耗战略胜敌人》。而文章中的"在他们（按：指敌人）的部队里面，配备着有飞机、大炮、骑兵、战车，所有新式的武器，差不多应有尽有"与"老实说，我们是用战士的血肉去和人家的炮火决斗的"，老向则增补为"我们的新式武器都配备在别处"。无疑，谢冰莹恪守"真实"的写作原则，以"战地记者"身份力图秉笔直书前方战况，而老向则利用文字技巧为作品找到沟通真实与抗战宣传的平衡点，游走于国家文艺统摄与民间话语之间。老向先是任职民众读物组副主任，后值主事者从张道藩更替为许心武之际，被任命为代理主任，但实际上组内的行政、稿件审查均是由老向过问。也正是他，让编辑"修改"这一形式以合理面目参与到民众读物的创作中来。

（二）词、句的删削增补

删削增补具体表现为语言习惯的纠正、精炼语句、突显教育意义。

谢冰莹有长期写日记的习惯，日记之于她来说既是日常生活的记录，又是创作的素材库。尽管战乱奔波，日记几次丢失，她依旧笔耕不辍。而以日记体写文章的一个特点便是回忆。

谢冰莹多数作品的开头，首当其冲便是"是某年某月里"式的时间状语。这种缺少主语的句法稍显生硬，但也透露了她写作过程中较强的自我意识。如《灭强敌里伤再战》开头"是去年四月里"，被修改为清晰的"民国二十七年四月里"；《杀乌龟与骑铁牛》第二部分开头"是前年在东战场的罗店前线"，被修改为"二十六年在东战场的罗店前线"；《老太婆火葬倭兵》第二段开头"是去年二月中旬"，被修改为"廿七年二月中旬"；《假小姐诱杀敌兵》第二段开头"是去年三月间，有一天在济源的荒郊"，被修改为"廿七年三月间，有一天在济源的荒郊"等等。虽然这只是个写作细节，但甚至可以成为判断文章是否为谢冰莹所作的依据之一。

谢冰莹晚年曾回忆自己年轻时的写作状态道："这些在前方的菜油灯下，或者是野战医院、防空洞里写成的报导文字，没有时间去推敲字句，文字的拙劣、直率，可想而知；但是朋友，这些是抗战将士和前后方所有受难同胞的血肉所换来的材料，是值得我们永远纪念，特别珍惜的。"① 谢冰莹的字句固然稍显粗糙，但她用时效性与真实性弥补了技法的不足。《战场故事》手稿中能够看到老向初审时对于原文字句的大量修改，小到对一个字、一个词的修改，大到整句话、整段的删除，目的即为精炼语句。略举几例。

《垂危歼敌》中，原句为"……援军又没有到，无法可以再支持下去，大家才用最后的一颗子弹自杀，完成了军人殉国的天职"，修改为"……援军又没有到，没有法子可以再支持下去了，大家才用最后一颗的子弹自杀，完成了军人以身报答国家的天职"。《"消耗战"略胜敌人》中，原句为"那时我们一鼓作气的同胞决斗一下，便不难消灭这蛮横的日本鬼子，取得最后的胜利了"，修改为"那时我们一鼓作气的同他们决斗一下，便不难消灭这愚蠢的敌人，取得最后的胜利"。《杀乌龟与骑铁牛》的开头，原句为"淮南在安徽省的北部，民众对于抗战工作真是热心极了！他们有一件得意工作，叫做杀乌龟，说来真令人兴奋"，修改为"各省的民众对于抗战工作热心极了！忠民义士数也数不清，道也道不完。如今且说安徽省淮南的民众最得意的抗敌工作"。这句话不自觉地表露了说书大鼓词的腔调，而这正是老向所擅长的。

教育意义的突显则是民众读物区别于其他类型读物最主要的差别，也是"启民智"的重要手段，这类修改往往卒章显志，略显死板。举两例说明。《假小姐诱杀敌兵》结尾部分，原文为"单就这一天在济源一个地方说，就杀死了敌人二百余人，以后各地同样的事件发生了不少。当然敌人的损失是很大的，这么一来，吓得他们再不敢放肆的跑到山里去找女人了"，修改为"单就这一次说，就杀死了敌人二百多个。这么一来，吓得敌人轻易不敢放肆跑到山里去找女人了！可见只是躲敌人不是办法，

① 谢冰莹：《血肉铺成的胜利路——抗战时的我》，《谢冰莹文集》（中），安徽文艺出版社1999年版，第30页。

努力打他杀他才是正理"。《小战士捉拿汉奸》结尾部分，原文为"同时自己也毫不怕惧地随着去见军法官，证明这狼心狗肺的卖国贼的行为。结果自然把汉奸杀了，了结这一条害虫的命"，修改为"同时他自己也毫不怕惧地随着去见军法官，证明这狼心狗肺的汉奸行为。结果自然是把汉奸杀了。那军法官不住的夸赞那孩子说：'假如人人都像你这样勇敢，这样爱国，汉奸早都被我们捉尽了。'"

老向在谢冰莹原稿上大修大改后，便由抄写员孙方兰誊抄。赵清阁的复审便是在孙的誊抄稿上。但目前就笔者所见，誊抄稿仅剩被舍弃的三个故事《灭强敌里伤再战》《垂危歼敌》《两个小兵》，其余应是交去付印，未在教育部留档。赵清阁版即为最终付印版。所以，比对老向版与最终付印版便可知赵清阁对稿件做了哪些修改。

赵清阁对词句有所删改，主要是对结尾的升华。如《爱国儿童做侦探》的结尾，原为"他人虽然很小，但是只要有心报国一样可以立功的"，赵版将其改为"他人虽然很小，但是杀敌报国的热心是不落后的"；《杀乌龟与骑铁牛》结尾原为"有些士兵，甚至下了必死的决心，抱着炸弹，睡在地上，任坦克车滚了过来。等炸弹被轧爆炸，便和敌人的坦克同归于尽"，赵版在最后加上了评论文字"真是壮烈无比"。另外，据此可以推测，老向版舍弃的《两个小兵》、拟舍弃的《垂危歼敌》，复审决定舍弃的《灭强敌里伤再战》，原因是内容过于消极。

还有一个瞩目的变化，即付印版故事先后顺序的改变。正式出版的目录如下：

（一）爱国儿童做侦探

（二）小战士捉拿汉奸

（三）老太婆火葬倭兵

（四）铁茄子歼灭敌人

（五）杀乌龟与骑铁牛

（六）"消耗战"略胜敌人

将"侦探""汉奸"类情节波折的故事放在前面，当然有吸引读者阅读兴趣的考虑。与之对应，将"消耗战"这类略有歧义的题材放在最后。从标题的安排不难看出民众读物组的合心用力。

四、《战场故事》手稿的价值与意义

《战场故事》是谢冰莹目前已知唯一保存至今的抗战小说手稿，其珍贵程度不言而喻。

与单一的作家手稿不同，"档案中的手稿具有个体与事件的完整关联性，有丛生的特性，更是后见之明"①。由此，经由手稿可以回溯历史现场，完成个人生命空间意义上的历史叙事，为谢冰莹抗战时期教育部民众读物组编辑这一经历补白。

教育部的工作经历也为不久后谢冰莹创刊《黄河》争取到稳定的稿源。谢冰莹与民众读物组同人早已熟识，老向与席征庸都曾参加过中华平民教育促进会定县实验，被谢冰莹尊为恩师的孙伏园更是定县平教会的中流砥柱。谢冰莹第二次上前线之际，到车站送行的便有孙伏园与席征庸②。正因为有如此旧谊，谢冰莹离开教育部后，依然能与教育部民众读物组同人们维系融洽关系。1940年年初，谢冰莹在西安创办《黄河》。在创刊号《编后记》中，谢冰莹提到编辑意图时，有"有关于抗战文艺方面的问题，尽可多多提出来大家讨论""这是一个有计划的全国文艺通讯网""黄河这刊物虽在西北出版，但它是有全国性的，希望各省以及沦陷区域的文友，多多赐稿，以培植这朵在抗战中成长的鲜花"等语，这些均表现出谢冰莹对抗战文艺引发现象与问题的关切。

《黄河》创刊号即有老向的通俗韵文《石匠》，第二期作者有柳亚子、老舍、老向、孙伏园、林语堂，此后赵清阁、席征庸、王右家的作品也常出现。有趣的是，在1940年《黄河》第5期上，刊登了老向致谢冰莹的一封信，开头的称呼是"冰莹姐"。这既是尊称也是戏称，因为1898年出生的老向大谢冰莹8岁。信的内容则是称自己在重庆勤跑警报而无暇写稿。反推之，或可见谢冰莹催稿之力。即便如此，1941年，老向仍为《黄河》撰写了诗歌、通俗小说、童谣三篇。1948年《黄河》复刊，老向、孙伏园、赵清阁、席征庸等便继续写稿支持。《黄河》之所以能发展为抗战期间西北地区仅有的盛飨年轻人的精神食粮，自然归功于主编谢冰莹编辑策略得当，其中因交友广泛而拉来的大量"关系稿"也是不容忽略的。

谢冰莹曾在多篇文章里提及为教育部写作的"五万字小说"，其中应该包含《战

---

① 沈卫威：《傅斯年、许地山、朱自清三封信背后的国家语言战略》，《中国现代文学论丛》2023年第1期。

② 席征庸（1905－1990，四川蓬溪人）也在民众教育组工作。笔者推测谢冰莹因为结识孙伏园的缘故与席征庸相识。1931年，席征庸来到北平，考上了平教会主办的位于定县实验区的平民教育专科学校。平民教育专科学校是平教会为培养自己的干部而开办的，学制一年，分两学期。第一学期为课堂教学，第二学期按照学生的志愿，分配到实验区各部门见习。结业后，合格的学生再以一年为期的研究生名义留用进修。席征庸先是被分配到平民文学部见习，后被文学部主任孙伏园留用作研究生，参与搜集定县大鼓词的工作（后由社会调查部搜集整理为《定县秧歌选》出版）。参见席征庸：《回忆定县平教会平民文学部的工作》，《河北文史资料选辑》（第11辑），河北人民出版社1983年版，第85－92页。

场故事》。谢冰莹本人为什么没有提及过呢？笔者认为原因如下：谢冰莹提交这部手稿时并未取名，而后她突然离职，手稿由民众读物组同人为方便付印出版而代为命名为"战场故事"。该稿 1939 年 11 月付印，此时谢冰莹正身处西安筹办《黄河》月刊，无暇顾及，加之底稿留存教育部，时间一久，便难以记起。这部由民众读物组编辑自编的作品便理所应当地成了无名之作，而在谢冰莹个人的写作史中也冠以"无名"。对于难以获得档案资料的研究者来说，则面临着"巧妇难为无米之炊"的无奈。

再来看《战场故事》手稿本身的价值。手稿的价值分为手迹价值与稿本价值。这份手稿展示了谢冰莹、黄维特、老向三人的手迹，尽管后两人一为代写者，一为修改者，这也说明了文学手稿创作过程中存在着不确定性和神秘性。谢冰莹习惯于在动荡恶劣的环境下争分夺秒地创作，所以在这份手稿中鲜有其修改痕迹，落笔几乎一气呵成。而由谢冰莹口述、黄维特代写的部分，除笔迹不一外，结构章法与谢氏行文并无二样，甚至还有两人共写的部分文章。从手稿本体论的角度而言，在不伤及文章内容的前提下，这里昭示的便是手稿的丰富性与复杂性。借由手迹这一窗口，得以洞见作者谢冰莹完整的"存在"。而透过手稿的"敞开"，作者的生活面向、对写作主题的认知、沉浸于文字中的自我等一切隐藏"文本"浮出地表。

谢冰莹的写作态度是极其认真的，并且奉"真实"为圭臬。自北伐至抗战，谢冰莹三上前线，用近乎速写的日记体为读者再现战场图景，其不加修饰、略显朴拙的文字反而虎虎有生气，而读者爱的正是湘妹子的这股子直率劲。文如其人，这也是谢冰莹本人的魅力所在。对于战场见闻，谢冰莹是有话语权的。我军战场失利的情形，她也原原本本叙述事实。1938 年东战场撤退的情形在她的多篇作品中均有反映，《战场故事》的部分篇章也取材于此。在 1941 年版的《冰莹日记·自序》中，她坦承道："本书的第一个读者是维特，他对于我描写东战场退却的那十几天生活，有点认为不妥；原因是怕读者看后有'凄凉''失望'之感，然而我觉得艺术的价值贵在真实；何况东战场退却是一件事实，而且是一段很值得纪念的事实，为什么可以不写呢？"①

由此可见，我们在手稿中所看到的"真实"也是作者在斟酌之后选择性展现的，而非依据写作惯性铺展文字。尔后，这种对"真实"的坚持便被再现于《战场故事》这一组小说中，也就不奇怪为何老向初审便拟删去《垂危歼敌》，赵清阁复审又删去了《灭强敌里伤再战》这类传达"消极"情绪的文字了。维特的建议、老向和赵清阁的修改一定程度上代表了被官方话语肯定的现实秩序，是抗战文艺的主流声音。《战场故事》手稿的修改实际上成了个人低音与官方话语对话的平台，通过手稿的修改对其中出格的思想加以规训，弥合了作者思考与社会倡导之间的罅隙。尽管如此，《战场故

---

① 谢冰莹：《冰莹日记·自序》，香港人文出版社 1941 年版，第 1 页。

事》手稿的意义并不因此削弱。正如有学者指出的，"手稿与作品展示了不同的思想世界。无论作品的思想是间离还是归顺现实秩序，思想总是固化为一种具体的状态；手稿保留了创作过程中思想的繁复杂乱，也许它最后指向一个对现实秩序的肯定，但因为它杂草丛生似的局面，更加具有开放性和多元性"①。

希冀由谢冰莹《战场故事》手稿入手，我们能看到的不仅是这些文字本身，而是能与产生它们的时代共振，感受到历史给人特有的精神体验。

（作者单位：南京大学中国新文学研究中心）

---

① 赵献涛：《文学手稿的意义和研究方法》，《晋阳学刊》2021 年第 6 期。

庐隐旅宣佚作考论[①]
——兼及《北京女子高等师范周刊》梳考

余存哲

庐隐的文学创作与其命途多舛的人生际遇有着密切关联。庐隐曾直言："将我创作的动机归纳起来，可说只是为了表现我自己的生命而创作。"[②] 而在庐隐时乖运蹇的生命经历中，1922 年至 1923 年的宣城任教经历有着极为重要的意义。庐隐自己在描述这段任教经历时曾说："我大学卒业后，被安徽宣城某中学请去当教员，在那里我发现人间许多罪恶……这一生再不愿重践此地……我哪里是去教书，我是去受了半年的宰割之罪，回到家里，我觉得我的心境竟老了十年。"[③] 不难看出，虽然这次宣城之行前后历时不过半年，却让庐隐心力交瘁，也深刻地影响了她的人生观。为了抒发旅宣期间的千愁万绪，庐隐创作了诗歌《夕阳影里》《怀友》、小说《漫歌》和论文《女子在文化上的地位》等作品，这些发表在《北京女子高等师范周刊》上的诗文未被《庐隐全集》和各类庐隐文集收录，亦未被《庐隐传》和"庐隐著译年表"提及，是为佚文。这些佚文对于呈现庐隐与其女师大好友之间的交游情况，揭示庐隐旅宣期间的心理境遇和创作思想有着较为重要的价值和意义。同时，刊发这些佚文的《北京女子高等师范周刊》促进了包括庐隐在内的"五四"女性作家的出土，但关于它的相关史实却并不明了，它的文学史价值也遭到了忽视。因此，有必要对这份刊物展开详细梳考。

① 本文系武汉工程大学科学研究基金"现代女性作家佚作整理与研究"（K202268）、武汉工程大学校内人文社会科学基金"中外语言文化协同创新研究"（R202107）的阶段性成果。
② 庐隐：《文学家的使命》，《华严月刊》1929 年第 1 卷第 1 期。
③ 黄庐隐：《庐隐自传》，第一出版社 1934 年版，第 102、105 页。

一

在庐隐看来，安徽宣城的教员生活是她"第一次和社会相接触"的社会经历①，但事实上，这并不是庐隐第一次担任教员，也并不是她第一次踏入安徽。1917年，年满18岁的庐隐中学毕业，在母亲和表哥们的安排下进入北平公立女子中学任教。尽管庐隐觉得自己力有未逮，"可是为了母亲的意思"，她"不得不接受了聘书"②。这次任教始终让庐隐觉得勉为其难，早有撂挑子的心思。春假结束后，庐隐"不得母亲的同意，就悄悄的辞了职"，在舒畹荪的邀约下前往安徽安庆实验小学任教。对于这次离家经历，庐隐第一次觉得自己逃脱了家庭的束缚。她在自传中写道："告别时，在我心头没有离愁，没有别绪，只有一股洒然的情绪，充塞着我的灵宫。我觉得这十余年如笼中鸟般的生活，我实在厌倦了，时时我希望着离家，去过漂流的生活，因为不如此，似乎无以发泄我平生的抱负，——我虽是一个女孩儿，但在这时节，我的心肠没有温柔的情感，我羡慕飞剑侠，有时也希望作高人隐士，所以这一次离家，我是充满了骄傲，好像一只羽毛已经长成的鸟儿，从此天涯海角任我飞翔。"③ 但庐隐的雄心壮志并没有如愿以偿。她先是因为安庆的生活无趣旋即辞职，后被推荐至被河南女师范就职，又因被地方势力排挤再次辞职回京。经由北京女子高等师范的洗礼后，庐隐才前往安徽宣城（安徽第八中学）任教。由此看来，早年的庐隐志在四方，一直在寻找一个施展抱负的舞台，虽然此前在安庆、开封遭受过一些挫折，但她始终没有放弃，直到宣称之行给她当头一棒，她才发生转变。她在自传中决绝地写道："从安徽回来以后，我便立志永不到外县去当教员。"④ 从"天涯海角任我飞翔"到"永不到外县去当教员"，庐隐的人生观发生了重大改变，这显然与她的宣城任教经历有直接关系。

其实，刚从大学步入社会的庐隐本是带着满腔热血前往宣城的。庐隐曾在自传中写道："当我还不曾到这个学校之先，我见了这学校新聘的教务主任，他是北平师大的卒业生，也是一个经历不深的青年，所以他的理想很高，头一件：他想开通地方风气，提倡男女社交公开，职业平等，所以他自从接了那学校教务主任的聘书后，就想请一批新教员去——在这些新教员中，又请了两位女教员，我也是被请的一个。对于这件事情，我们大家都有着很好的理想，谁也没有多少社会经验，当我们到了那地方的时

---

① 庐隐：《我第一次所认识的社会》，《新夜报》1934年5月15日。
② 黄庐隐：《庐隐自传》，第一出版社1934年版，第47页。
③ 黄庐隐：《庐隐自传》，第一出版社1934年版，第50-51页。
④ 黄庐隐：《庐隐自传》，第一出版社1934年版，第105页。

候，虽然有几百对亮晶晶照了奇异光波的眼睛，向我们投射，而我们还是不气馁，雷厉风行的把学校的一切改组起来。"① 但好景不长，仅仅一周之后，庐隐等人的改革便遭遇到学生们的发难。学生们"不是找些冷字僻典来考你，便是问些你不能回答的问题"，以至于庐隐觉得"每一次上课，真有点像绑到囚牢里受罪的情形，一点钟比一年还难渡"②。然而这还不算完，庐隐的入职导致宣城八中的一名国文老教员被辞退，这位失业教员心怀怨恨，便造谣庐隐与不三不四的校外人员往来。这些说法让庐隐"每天如履薄冰般，战战兢兢的度过"③，也让她陷入极度的自我怀疑和自我防备。她在当时的日记里写道："从此以后，我几乎比从前更沉默了，每天上课后，只是躲到房里睡觉；常常无缘无故的憎恨起人类来，觉得每一个不同的面貌的人，是藏着一颗缺乏同情的心，大家都是带着浩然巾，在佯哭假笑的应酬着，总而言之，我是怀疑一切的人类。"④ 不久之后，庐隐未经校方许可便离职而去了。

事实上，庐隐在宣城任教时并未完全"沉默"，她一直在向她的同窗好友宣泄她的所感所想、所闻所思。庐隐在当时的日记里写道："我到底走进这个陌生的新环境了……昨晚我曾写信给一个在上海的朋友，我对他说：'我总不愿意和人多接触——尤其是精神的接触是我最拒绝的。'……有时候太觉苦闷了，便提笔给远隔关山的朋友写信。"⑤ 程俊英就是收信人之一，她在《回忆庐隐二三事》中曾说："庐隐到宣城中学任教后，马上给我写了一封平安信。过了一个多月，她来信说：'此间非久居之地，环境恶劣，一言难尽，寒假返京，当细谈也。'"⑥ 庐隐给程俊英寄去的并不只有这些书信，她还寄去了不少文艺作品，而这些文艺作品被程俊英编入女高师校刊《北京女子高等师范周刊》中。断定《北京女子高等师范周刊》中《夕阳影里》《怀友》《漫歌》《女子在文化上的地位》等四篇文章的作者是庐隐，其实并不需要太复杂的考证。首先，四篇文章中除《女子在文化上的地位》一文署名"黄卢隐"外，其他三篇文章均署名"卢隐"，这都是庐隐的常用笔名；其次，《夕阳影里》文末注明"卢隐作于宣城"，这与庐隐的人生经历完全相符；最后，《北京女子高等师范周刊》本就是庐隐母校校刊，女高师笔名署名"庐隐"或"卢隐"者只此一家，别无分店。

早已毕业的庐隐之所以能在北京女子高等师范的校刊上发表文章，主要是因为她既是程俊英的挚交同窗，也是程俊英主编刊物的主要作者之一。早在女高师求学期间，

---

① 黄庐隐：《庐隐自传》，第一出版社 1934 年版，第 102-103 页。
② 黄庐隐：《庐隐自传》，第一出版社 1934 年版，第 103 页。
③ 黄庐隐：《庐隐自传》，第一出版社 1934 年版，第 105 页。
④ 庐隐：《我第一次所认识的社会》，《新夜报》1934 年 5 月 15 日。
⑤ 庐隐：《我第一次所认识的社会》，《新夜报》1934 年 5 月 15 日。
⑥ 程俊英：《回忆庐隐二三事》，《新文学史料》1987 年第 1 期。

程俊英就曾主编《益世报·女子周刊》。程俊英在《自传》中曾回忆道："《益世报》约张峥潇同学和我担任该报'女子周刊'的编辑，投稿者除我们二人外多为我级的同学。"① 确切地说，程俊英是在 1921 年 6 月 20 日之后才开始主编《益世报·女子周刊》的，在此之前，该副刊是由苏雪林等人主编，直到苏雪林赴法留学后，程俊英才接编。庐隐先后在《益世报·女子周刊》上发表了《迷路的羊》《秋风秋雨》《心弦之音》《一件小事》《黄英》等诗文，而这些诗文无一例外地都发表在程俊英主编期间的《益世报·女子周刊》上。1922 年毕业后，程俊英"被国文部主任胡光炜（小石）老师留在学校工作，编辑女师大校刊"，凡编辑、校对、发行都由她一人担任②。1923 年年中，程俊英因故被校方辞去校刊编辑职务。她在《自传》中说道："不久，我患风湿性关节炎住医院，校刊拿到医院里编。校方责我编得不好，第二年不得续聘。"③ 程俊英前后编辑一年左右的校刊便是《北京女子高等师范周刊》。在此机缘下，旅宣任教的庐隐一方面以挚友的身份向朋友程俊英吐露心中不快，一方面又以投稿者的身份向主编程俊英投稿，所以庐隐在《北京女子高等师范周刊》上发表的文章均是经由程俊英编发的，这也就解释了为什么庐隐的文章集中发表在前 39 期的《北京女子高等师范周刊》上。

二

庐隐是一位善于将个体生活经验融入文学创作的作家，她的许多作品都可以看作她自身生活的真实写照。庐隐曾说，作家应当"充实个人生活，因表现人生，当以作家生活经验为基础，虽然经验有间接的，直接的分别，但无论如何，作家生活经验越丰富，其作品的真实性也越浓厚"④。为了增强"作品的真实性"，为了"表现人生"，庐隐曾在小说《彷徨》中隐晦地记述了她在女高师毕业前后的生活经历。小说中的主人公秋心在毕业后面临着择业的恐慌，在入职任教后又面临着教职工作的巨大压力，萦绕在她脑海中的只有孤独、彷徨和失望，所以"她独自坐在冷清清的屋子里，留恋着家人，思念着朋友"。同时，曾经的秋心"乘着一叶的孤舟，荡漾在无边的大海里，鼓勇向那茫茫的柔波前进。……寻找那管花园的主人……要找到和秋天同来的女神

---

① 程俊英：《程俊英自传》，《程俊英教授纪念文集》，华东师范大学出版社 2004 年版，第 283 页。

② 程俊英：《回忆庐隐二三事》，《新文学史料》1987 年第 1 期。

③ 程俊英：《程俊英自传》，《程俊英教授纪念文集》，华东师范大学出版社 2004 年版，第 284 页。

④ 庐隐：《我的创作经验》，《女青年》1934 年第 13 卷第 3 期。

……极力寻找散布自然种子的神秘使者",但从离开象牙塔之后,她却只有满心的困惑——"哪里有彼岸?哪里有花园的主人?哪里有秋天的女神?哪里有自然的使者?彷徨!失望!无论在甚么地方,我只是彷徨着呵!"① 与秋心经历如出一辙的庐隐感同身受,她在《北京女子高等师范周刊》上发表的诗文也表达着相似的愁绪。

庐隐在《北京女子高等师范周刊》上发表的两首新诗以不同的方式表达着相同的别恨离愁。《怀友》是一首近乎书信体的新诗。庐隐在北京女子高等师范求学期间,曾结交了程俊英、王世瑛、陈定秀三位挚友。她们四位因年龄相仿、志趣相投而号称"四公子",她们"无论是上课、自修、寝食、外出,都形影不离"②。毕业前夕,"四公子的前程已基本决定,但对几年的大学生活和四公子的友谊不免依恋,心情显得很不安定"③。毕业之后,她们约定要"时常通讯,不但慰藉相思之苦,而且各人如有疑难的问题,也可以交换意见"④,由此形成了"四公子通讯环"⑤。庐隐在毕业之后时常怀念她的三位朋友,她的《怀友》一诗就是写给这三位朋友的,诗中频繁出现的"秀瑛隽"就分别与陈定秀、王世瑛、程俊英(曾用笔名隽因)一一对应。《怀友》的前四节均以"秀瑛隽"起头,像是庐隐写给三位挚友的信笺,这四节透露着朋友之间分别时的不舍、分别后的孤单、等待来信的焦急和月下思念之情。除了集体性的问候,庐隐还在第五节逐一向三位朋友探听近况,通过三个问句深切地表达了诗人对友人的关心、惦念之情。诗歌第六节转入对自身境况的叙说,庐隐直接向挚友们吐露着心中的"寂寞"和"无聊",而后向她们描述着宣城的村野牧童、葱茏草地、朝霞双塔和翡翠江水,这些意象显然是诗人百无聊赖时的观察所见,景色愈美,则愈加衬托出诗人内心的寂寞。

如果说《怀友》直抒胸臆,明确地表达了诗人内心的孤独之苦,那《夕阳影里》一诗则借景抒情,通过描写乡野惬意生活的方式,较为含蓄地表达了诗人内心的思亲之情。《夕阳影里》全诗共三节,呈现了三幅乡村美景图。第一节描绘了一幅牧童放牛图,诗中的牧童骑着黄牛、唱着山歌、看着美景,贪玩得忘记了夕阳已至,闲适烂漫的放牧生活跃然纸上。第二节描绘了一幅村夫归家图,劳作一天后的车夫和樵夫走在回家的路上,他们驻足在桥上小憩,听着耳边的"蛙鸣蝉噪",欣赏着眼前秋景,舒畅自在之情油然而生。第三节则描绘了一幅落日村宇图,诗中写道:"夕阳影里/彩霞笼罩着敬亭山/炊烟迷漫着太白楼/碧波上架着一道石桥/隐约露出两三间红楼!"眼

---

① 庐隐女士:《彷徨》,《小说月报》1923年第14卷第1号。
② 程俊英:《回忆庐隐二三事》,《新文学史料》1987年第1期。
③ 程俊英:《回忆庐隐二三事》,《新文学史料》1987年第1期。
④ 程俊英:《回忆庐隐二三事》,《新文学史料》1987年第1期。
⑤ 程俊英:《忆庐隐》,《前线日报》1945年10月13日。

前落日霞光万道，难抵诗人心中愁思，伴随夕阳西下的唯有诗人"思亲的情波"。诗末的"生命的兴奋/随斜日的影儿深深沉没"意指此前的闲适烂漫、舒畅自在都被深深的孤单寂寞所笼罩。整体来看，庐隐初到宣城便创作了两首新诗，一首直抒胸臆，一首寓情于景，它们无一例外地表达了诗人内心的孤苦之情，较为细腻地抒发了异地游子的思亲情感。

其实，庐隐在《夕阳影里》和《怀友》中描述的宣城村野在她当时的日记中也有记述，只不过庐隐在日记中不仅记述了她对乡野美景的向往，还表达了她对周遭虚伪同事的鄙夷。庐隐在当时的日记中这样写道："在每天晚饭后我常同他们到东门外去散步，——那地方四周环着青山，两岸绕着绿水，斜阳的余辉，娇艳的罩着西方的天幕，我们雇了一只小划子在绿漪碧波中荡桨，有时我们也渡到江的对岸去，那里有一道小桥，桥旁点缀两三间朴质的茅屋子。西边是一大片草地，有几个牧童村姑在放牛，在唱山歌，我们处身在这神仙般的环境里，常常不自觉的沉醉而忘返，但同时也感觉得这些同事们，究竟是胸有城府的人，和那些天真的牧童村姑，相形之下，更觉出其丑陋，他们虽然满嘴说的是仁义道德，但只要细察他们的态度，就不禁有岫里白云，变幻莫测之感了。"[1] 在庐隐眼中，牧童村姑和中学同事代表着两个截然不同的群体，前者纯洁无瑕、天真无邪，后者肮脏不堪、假仁假义，原始和文明之间的界限显得模糊不清。这一切都表露着庐隐对于返璞归真的追求，而这种追求在她的小说《漫歌》中体现得更为明显。《漫歌》主要讲述了村姑银姐进城又返乡的故事。进城前的银姐整日在牧羊放牛时嬉戏玩耍、放声高歌，但当她听财主一家说城市里的生活更加绚烂多彩时，她便"天天夜里作梦到城里去"，在财主女儿的帮助下，银姐顺利地进城生活，起初她还觉得城里十分热闹，但受到多次批评后她愈发感到不自在，最后又回到了自己生活的乡村。银姐眼中的城市形象在进城前后发生了巨大变化：在银姐进城前，她听说"城里楼房怎么高！街道怎么样热闹！花园子，阁子，怎么样好"，"银姐到了城里，果觉得热闹，来往的人和穿梭一般，店铺一间连着一间，玻璃窗里所排的东西，五光十色，真是说不上的满目荣华"，生活了十几天之后，她开始"觉得城里的高楼花园，都沉沉没有生趣，好像住在监牢里"，回到乡村后，当银姐向阿灵描述城市风景时，她更是把城市描绘得像地狱一般。银姐认知城市的前后变化呈现了作者对城里人和城市生活的憎恶，而从另一个角度看，一直坚守在乡村的阿灵则蕴含着作者对农村人和乡村生活的钟爱。小说中的放牛郎阿灵从未进过城，他的活泼、纯真、灵动展现着朴实而又自然的乡村品格。总而言之，小说通过银姐和阿灵这对牧童村姑拒绝被城市异化的故事，建构了一个世外桃源般的乡村世界。

---

[1] 庐隐：《我第一次所认识的社会》，《新夜报》1934 年 5 月 15 日。

　　《漫歌》是庐隐早期小说创作的力作之一，它在 20 世纪 20 年代的文学场域中也是有其独特意义的。无论是从形式上看，还是从内容上看，《漫歌》都算得上是一篇诗化小说。从形式上看，《漫歌》如它的标题一样充斥着诗歌，小说前后出现了八处篇幅不短的诗歌，这些诗歌将小说的各个情节有机地串联了起来，它们全都通过银姐和阿灵之口吟唱出来，使得这些诗歌的音乐美自然而然地得以呈现。从内容上看，《漫歌》既通过银姐和阿灵两人的故事展示了充满童趣的纯粹生活，还使用大量笔墨描写了苍翠欲滴的乡村风景，在叙事上和写景上显然都做了诗化处理。这种诗化小说在庐隐的早期小说中并不多见。虽然庐隐于 1921 年发表在《京报·青年之友》上的小说《一个快乐的村庄》有诗化倾向，但它实质上只是庐隐接受新村主义思想的一种文本实验。与之不同，《漫歌》旨在歌颂一种田园牧歌式的生活，透露出来的是一种归隐田园的心理倾向。20 世纪二三十年代，"问题小说"风靡一时，无论是许杰的《惨雾》，还是王鲁彦的《黄金》，或是彭家煌的《怂恿》等小说，它们建构的大都是破败不堪、封建愚昧的乡土世界。就连庐隐自己也写了很多乡土"问题小说"，她的小说《破产》等也曾控诉过歹毒乡绅和无良老妪。但在《漫歌》中，乡土是充满诗意、一尘不染的，乡村孩童也是天真善良、纯洁无瑕的，这显然呈现出的是一种别样的乡村图景。当然，或许庐隐在写作《漫歌》时无意对"问题小说"中的乡村形象进行反拨，只是因为安徽第八中学的人际关系过于复杂，才导致她一心想要逃离安徽，编织了她梦中的乌托邦。但无论如何，较早触及"城乡关系"的《漫歌》都算得上庐隐早期小说中的一篇精品。

　　虽然旅宣任教生活让庐隐精疲力竭，但她并没有完全沉沦在怨天尤人的哀愁中，她的《女子在文化上的地位》一文就以昂扬的姿态论说了女性的社会文化价值。庐隐的文学创作大都以女性为主体，这些作品是"五四"时期女性主义文学创作的典型代表，庐隐也因此被有的学者称为"中国现代文学史上第一位女权主义作家"①。《"女子成美会"希望于妇女》是庐隐最早发表的文章之一，文中强调："我以为妇女解放问题，一定要妇女本身解决。"② 为了践行这一观点，庐隐在女高师就读期间就参加了"五四"时期最早的女性社团——北京女学界联合会，并参与了女学界联合会组织的多个活动。《女子在文化上的地位》是庐隐毕业后、在安徽任教结束前后撰写的一篇论文，该文延续并发展了她之前的女性主义观点，认为女子在社会文化上的地位亟待提高。在具体论述过程中，庐隐分别从生物学、社会学等角度来比较男女两性的区别，

---

① 肖淑芬：《庐隐：中国现代文学史上第一位女权主义作家》，《扬州大学学报（人文社会科学版）》2006 年第 6 期。

② 庐隐：《"女子成美会"希望于妇女》，《晨报》1920 年 2 月 19 日。

从生物学角度上看，"女子的本性，本不逊于男子，今日妇女的劣弱，纯是习惯和遗传的结果"；而从社会学角度上看，人类社会是从母系社会转变至父系社会的，女性地位的卑微完全是男性"压制""凌虐""诱惑"的结果，因此"女子的本质，并不输于男子"。在庐隐看来，相较于男性，女性在现代社会的优势主要集中在文化上，女性在文学艺术、社会教育和人道事业上都有独特的优势，"女子能作，而适宜作的事，尚不止这几样……只要男子稍微把眼光放大一点，以人类视野为目标，使女子得到事业上同等的机会，这畸形的，半身不遂病的社会，至少可以渐臻健全了"。显然，《女子在文化上的地位》一文旨在揭示女性的社会文化价值，凸显了"五四"女性的觉醒意识。这篇发表在《北京女子高等师范周刊》"年终增刊"上的文章被程俊英置于《年终增刊词》之后的第一篇，可以说是"年终增刊"刊载的头条文章。而《北京女子高等师范周刊》的受众又是受教育的现代女性，这显然又使这篇文章具备了独特的启蒙价值。

三

中国现代文学与现代大学教育之间存在紧密关联。正如钱理群所说，"中国现代文学在发生学上与中国现代教育、校园文化"之间存在着"血肉般的联系"，"早期文学社团与文学刊物，也都是以校园内为主的"①。而在中国现代教育和现代文学的发轫期，除北京大学外，北京女子高等师范学校也是一个绕不过去的存在，它是中国第一所女子高等学府，也是孕育第一代中国现代女性作家的摇篮。以往我们在探讨女高师的女性作家群体时，总是以北京女子高等师范文艺研究会及其主办刊物《北京女子高等师范文艺会刊》为中心。王翠艳曾在《女子高等教育与中国现代女性文学的发生》一书中梳理过女高师的校内报刊，书中写道："查考女高师/女师大相关资料及有关师生的回忆录，由女高师/女师大师生编辑出版的校内报刊大致有《北京女子高等师范文艺会刊》《北京女子高等师范临时自治会会刊》《北京女高师半月刊》《国立北京女子师范大学周刊》（有时亦简题为《女师大周刊》）、《北京女学界联合会汇刊》等几种，其中，对于女高师学生的文学活动产生了重要影响的，是北京女子高等师范文艺研究会编辑出版的《北京女子高等师范文艺会刊》。"② 的确，北京女子高等师范文艺

① 钱理群：《现当代文学与大学教育关系的历史考察——"二十世纪中国文学与大学文化"丛书序》，《中国现代文学研究丛刊》1999 年第 1 期。
② 王翠艳：《女子高等教育与中国现代女性文学的发生》，文化艺术出版社 2003 年版，第 103 页。

研究会及其主办刊物《北京女子高等师范文艺会刊》是有其独特文学史意义的，但由于相关文献的匮乏，女高师其他校内刊物的文学史价值无意间遭到了遮蔽。其中，连续出版5年之久的校刊《北京女子高等师范周刊》就被严重忽视了。据王著考证，《国立北京女子师范大学周刊》"原刊大部已佚，现仅存23期。据现存期数最早的第106期出版于1925年5月10日推算，该报约创刊于1923年，依学校沿革，其最早的刊名应为'北京女子高等师范学校周刊'"①。该推测与陈漱渝的说法不谋而合②。但实际上，这些推测与事实多有抵牾。因此，我们有必要从《北京女子高等师范周刊》的具体史实入手，来客观地梳理女高师早期校刊的文学作品刊载情况，进而对这些文学作品的价值展开评估。

1922年7月，许寿裳接替毛邦伟担任北京女子高等师范学校校长。"许寿裳任期内女高师社团组织发达，校园文化丰富，师生参与社会活动积极，学生精神面貌焕然一新。"③除继续支持学生主办文艺性期刊《北京女子高等师范文艺会刊》外，许寿裳还筹办了校刊《北京女子高等师范周刊》，"以备教职员与学生发表研究心得和校情校务公开公布之需"④。虽然两份刊物的具体定位不同，但它们都与女高师国文部有着密切关系。前文在考叙《北京女子高等师范周刊》前39期的主编时指出，程俊英是在胡光炜的引荐下才留校担任校刊主编的，而《北京女子高等师范文艺会刊》于1922年至1923年前后出版的第四期和第五期的刊题也均由胡光炜题写。胡光炜时任女高师国文部主任，他与两份女高师校内刊物之间的渊源表明，《北京女子高等师范周刊》和《北京女子高等师范文艺会刊》都是在女高师国文部的指导和支持下创办的刊物。也正因为如此，《北京女子高等师范周刊》也像《北京女子高等师范文艺会刊》一样，刊载了诗歌、游记散文、小说和文学论文等文艺著述；两份刊物的学生作者群也基本一致，庐隐、程俊英、陈定秀、王世瑛、俞钰等人都是两份刊物的高频作者；同时，一大批社会名流也都曾在《北京女子高等师范周刊》发文，周作人、钱玄同、蔡元

① 王翠艳：《女子高等教育与中国现代女性文学的发生》，文化艺术出版社2003年版，第103页。

② 陈漱渝在《北京妇女报刊考（1905-1949）》（光明日报出版社1990年版）一书中著有《国立北京女子师范大学周刊、女师大周刊》一文，文中写道："1924年，北京女高师易名为国立北京女子师范大学。《女师大周刊》是该校的校刊。现存之该刊起于1925年5月10日出版的第106期，终于1926年8月22日出版的《毁校纪念特刊》，其间有缺，仅存23期。据此推断，该刊当创刊于1923年（依女师大之沿革，该刊当时应名为《女高师周刊》，但笔者未见其实物，无法确定）。"

③ 周廷勇、张兰：《中国女子高等教育》，中国传媒大学出版社2014年版，第91页。

④ 何玲华：《新教育·新女性——北京女高师研究（1919-1924）》，中国社会科学出版社2007年版，第283页。

培、李大钊、爱罗先珂等人的演讲稿或论著都曾见诸其上。此外，作为女高师的受聘教师，鲁迅也比较关注《北京女子高等师范周刊》。1923 年，许寿裳向女高师递交了辞职信，辞职说明《许校长致评议会函》刊发在第 1923 年 12 月 2 日第四十六期的《北京女子高等师范周镌》。鲁迅看到了这则消息，在 1923 年 12 月 10 日晚给许寿裳去信一封，信中写道："前见《校刊》，知兄已递辞呈。"① 此《校刊》即《北京女子高等师范周镌》，足见鲁迅平时有阅读该刊的习惯。因此，《北京女子高等师范周刊》可以说是一份受女高师国文部指导、具有相当文艺气息且具有一定影响力的大学校刊。

《北京女子高等师范周刊》创刊于 1922 年 10 月 10 日，1923 年 3 月 4 日第二十二期更名为《北京女子高等师范周镌》，1924 年 9 月 7 日第七十四期又因校名变更易名为《国立北京女子师范大学周刊》。就前文考证情况来看，前 39 期的《北京女子高等师范周刊》当由程俊英主编，此后由谁接编暂未可知，第四十期以后的《北京女子高等师范周刊》明显转型为校内事务报道性刊物，所涉文艺作品数量大幅减少。因此，本文主要梳考前 39 期《北京女子高等师范周刊》。程俊英主编的《北京女子高等师范周刊》先后共发表诗歌 45 首、游记 10 篇、小说 5 篇。从内容上看，这些文艺作品与女高师学生的求学或毕业生活息息相关；从审美上看，这些文艺作品较为典型地体现了"五四"时期女性文学追求情感表达、探究人生问题的特征。具体来看，《北京女子高等师范周刊》上的诗歌既有新诗，也有旧体诗词，但无论何种形式，它们大都主要以描景和抒情为主要内容，所以不少诗歌标题大都以"春""雪""雨""花""月"等为题，所表达的情感多以离情别绪和彷徨伤感为主。其中，值得注意的是常鹤的《一个官僚洋车夫》和《一个粪车夫》两诗。尽管这两首新诗在语言和结构上尚有不足之处，显得有些稚拙，但它们分别以洋车夫和粪车夫为书写对象，以第一视角"我"的形式痛斥了阶级压迫下的"污浊的社会"和"无情的人类"，从当时的社会背景来看，这两首诗是具有一定的价值与意义的。《北京女子高等师范周刊》上的游记散文主要以反映女高师学生的校外游学为主，其中最值得注意的当属匠心的《琵琶影、琵琶湖、日本西京》。它与匠心的另外两篇小说《海上晨光》和《日本的华严泷》共同呈现了女高师第一届毕业生赴日留学前后的情景。这些散文、小说与庐隐的《华严泷下》《扶桑印影》、王世瑛的《旅行日记》一起，详细地记录了女高师赴日游学后的行程和观感，既具有一定的教育史方面的价值，又兼具文学价值。在小说方面，除前文提到的匠心的两篇小说外，健心的《烦恼中的安慰》讲述了爱情对女性造成的困扰，禾火的《伊》则通过一对姐妹行将分离的故事呈现女性之间的浓浓亲情，这些小说虽然有些稚嫩，但也体现了觉醒了的现代女性对自我的深入思考。相较之下，庐隐

① 鲁迅：《鲁迅全集》（第 11 卷），人民文学出版社 1981 年版，第 409 页。

的《漫歌》不仅是其中篇幅最长的一篇小说，在立意、结构等方面也均属佳作，当系《北京女子高等师范周刊》上的小说精品。前文已叙，兹不赘述。

除发表诗歌、散文和小说外，《北京女子高等师范周刊》还刊载了钱玄同的《国文的进化》、周作人的《新文学的意义》、程俊英的《性情与文学》《诗之修辞》《诗人之注意及兴趣》等文章。钱玄同的《国文的进化》以进化论的视角论证了新文学的合理性，认为"文学革命只是顺着进化的路走去，绝对不是因为白话文学浅近易懂，专为知识幼稚的人们开方便之路"，并向女高师的学生呼吁："做现在的人，就应该做现代的文章——比古文进化的现代的白话的文章！"① 周作人的《新文学的意义》也持有相似看法，认为"我们用中国语思想者，固然以用中国语表现为最便；但是要表现关于现代事物的思想，当然也以用现代中国语为最便"②。程俊英的《性情与文学》《诗之修辞》《诗人之注意及兴趣》三篇文章则是在胡光炜等女高师教师的影响下所作，说明女高师的女性作家是具备理论自觉的，这些文章也呈现了第一代女教授的早期学养，彰显了女高师文学教育的突出成效。

《北京女子高等师范周刊》不仅是女高师学生文艺作品发表的平台，更是女高师文艺研究会和国文部第一届毕业生交流的媒介。1922 年，虽然女高师文艺研究会主办的《北京女子高等师范文艺会刊》因为销路不畅、资金不足而无法续出第四期，但女高师文艺研究会依然在努力地克服困难，而且还在继续发展新会员。同年 11 月 11 日，女高师国文学系集体加入文艺会，文艺会特别组织了欢迎会，松泉将当日情况作了详细记载，在第八期《北京女子高等师范周刊》上发表了《文艺会欢迎会员记略》。当日出席欢迎会的有许寿裳、徐祖正、李大钊、吴清林等人，新会员代表许广平也发表了演说。这些参会者分别从不同的角度为女高师文艺研究会及其会刊出谋划策、指点迷津，体现了女高师校方和教师对学生活动的支持和帮助。从某种意义上说，《北京女子高等师范文艺会刊》被迫沦为不定期刊物是客观造成的。在会刊无法正常发行的情况下，创刊之后每周固定发行一期的《北京女子高等师范周刊》成为《北京女子高等师范文艺会刊》的替代品，这也正是《北京女子高等师范周刊》刊载大量文艺作品的原因。除此之外，《北京女子高等师范周刊》对于加强女高师毕业生之间的交流沟通也起过重要作用。女高师国文部第一届学生毕业不久，在胡光炜的组织下，由在京的50 位毕业生倡议发起"北京女高师国文部毕业生会"，并在第十期《北京女子高等师范周刊》上发表了《国文部毕业生消息》和《北京女高师国文部毕业生会章程草稿》，倡议"刊行杂志"，以期将"北京女高师国文部毕业生会"打造为"联络感情、研究

---

① 钱玄同：《国文的进化》，《北京女子高等师范周刊》1922 年第 1 期。
② 周作人：《新文学的意义》，《北京女子高等师范周刊》1922 年第 1 期。

学术、促进母校之发展"的学缘组织。此后，钱用和看到了这些消息并在第十三期《北京女子高等师范周刊》上发表了《对于〈北京女高师国文部毕业生会章程草稿〉的意见》，该文认为"组织毕业生会，使星散各地的同学，得有一个结晶体，实是很好的气象"①，并对章程草稿中的一些条款提出了修改意见。在第三十九期的《北京女子高等师范周刊》"年终增刊"上，罗静轩在程俊英的嘱托下发表了《国文部毕业生的概况》，详细地罗列了国文部毕业生的去向近况，进一步加强了国文部毕业生之间的交流。虽然"北京女高师国文部毕业生会"最后不了了之，庐隐、程俊英、陈定秀、王世瑛等人也未曾提及，但《北京女子高等师范周刊》上的这些文字表明，《北京女子高等师范周刊》确系北京女高师国文部第一届毕业生沟通的桥梁。

程俊英在卸任《北京女子高等师范周刊》主编时曾对自己编辑的《北京女子高等师范周刊》做过总结。她说："三十九周内，无论时局如何变幻，学潮如何澎湃，记者个人之病痛如何剧烈，本刊皆能继续出版，且未尝延迟一日，篇幅未尝丝毫减少。至其内容……应有尽有。较之二百余期《北京高师周刊》，二百八十余期之《清华周刊》，论者佥称：'亦不多让。'"② 事实上，这一评价不仅并无不妥，甚至有些过谦了。如果说《北京女子高等师范文艺会刊》"对于激活女高师学生从事文学创作的自觉意识并通过各种历史机缘汇入新文学的创作阵营提供了可能"③，那《北京女子高等师范周刊》则不仅进一步促成了这种"可能"的发生，更弥补了《北京女子高等师范文艺会刊》缺位期间的某些缺憾。或许，女高师能够培育中国第一代现代女性作家并不只是《北京女子高等师范文艺会刊》的功劳，《北京女子高等师范周刊》的作用也不容小觑，它们共同彰显了女子校刊对现代女性作家的孕育和滋养。

（作者单位：武汉工程大学外语学院）

---

① 钱用和：《对于〈北京女高师国文部毕业生会章程草稿〉的意见》，《北京女子高等师范周刊》1922 年第 13 期。

② 程俊英：《本周刊一年间之回顾》，《北京女子高等师范周刊》1923 年第 39 期。

③ 王翠艳：《女子高等教育与中国现代女性文学的发生》，文化艺术出版社 2003 年版，第 115 页。

杜国庠与郭沫若交往若干史实考略（一）①

咸立强

杜国庠（1889-1961），字守素，笔名林伯修、吴念慈等，广东澄海莲阳乡兰苑村人。郭沫若（1892-1978），字鼎堂，笔名麦克昂、高汝鸿等，四川乐山沙湾人。郭沫若尚儒，杜国庠好墨，郭沫若戏称杜国庠是"墨者杜老"②。1961年1月20日，杜国庠因病逝世，郭沫若深感痛惜，于2月2日、3日分别做诗一首，深情地怀念了他们深厚的革命友谊。后一首诗云："生死交游五十年，老兄风格胜前贤。墨名绝学劳针指，马列真诠费火传。夜雨巴山窗尚在，风云潮汕榻尝联。便桥一集成千古，手把红棉读逸篇。"③ 两人开始交往应在1914年下半年，持续了47个年头。郭沫若变着花样称呼杜国庠为"老"，如"老兄""老杜""杜老"，既因杜国庠年龄较长，亦是敬对方做事稳重，也是对"生死交游五十年"情谊的浓缩。

学界迄今无人详细梳考杜国庠与郭沫若两人的交游史实，一些传记式文字的叙述颇多错谬，有关郭沫若两首挽诗的注解也存在许多不确之处。郭沫若《挽杜国庠同志（一）》中诗云："东游共席推心腹，西狩同舟沥胆肝。"④《郭沫若旧体诗词系年》注曰："东游共席：杜曾于1917年赴日本留学，1919年回国，在此期间与作者相遇。"⑤ 这个注错得厉害，"1917"应为"1907"之误。卜庆华认为"共席"指的应该是两个人在东京一起听桂馨谷大师讲佛经，又指出《郭沫若旧体诗词系年》对"西狩同舟"的注释错得离谱，"遍查郭杜二人的历史，并无一起'到西欧游历'之事。'西狩同舟'者，作者也有说明，这是指抗日战争时，他们同在三厅工作，相互情深谊笃，曾

---

① 本文系广东省哲学社会科学规划"潮州文化研究专项"重点项目"旅沪潮籍左翼作家研究"（GD22CZZ02）的研究成果。
② 郭沫若：《后记》，《十批判书》，群益出版社1946年版，第412页。
③ 郭沫若：《序〈杜国庠文集〉》，《杜国庠文集》，人民出版社1962年版，第1页。
④ 郭沫若：《挽杜国庠同志》，《羊城晚报》1961年2月11日。
⑤ 王继权等编注：《郭沫若旧体诗词系年注释》（下），黑龙江人民出版社1982年版，第424页。

一起由武汉经衡山迁至重庆"①。除此之外，笔者觉得还需要进一步补充的是，"曾一起由武汉经衡山迁至重庆"宜增补为"曾一起由武汉经衡山到桂林，而后迁至重庆"；"西狩同舟"里的"同舟"具体所指应是一起坐船从桂林到阳朔畅游，而在象征或借代的层面上也可以说是泛指三厅西迁。郭沫若诗中提到的"共席"，除诗人自己的回忆外，笔者没有找到任何其他相关史料佐证。"同舟"一事在各种文字中常被提及，但是在具体日期及来龙去脉的叙述上却是众说纷纭，有些学者为了凸显郭沫若的革命精神，不惜错位叙述郭沫若在桂林期间参与的一些活动，或随意缩减某些活动的日期，所有这些都有意无意地遮蔽了郭沫若桂林时期活动的丰富历史面相。本文是考证杜国庠与郭沫若交往史实的系列论文之一，主要是依据宋云彬日记中记载的桂林天气情况，对照郭沫若等人的回忆文字，以相互参证的方式梳考郭沫若、杜国庠等人"同舟"共游漓江的具体日期，剖析郭沫若在广西大学进行演讲的多重因由，进而探究郭沫若桂林时期的意义。

（一）从"风云潮汕"到"西狩同舟"

1925年11月，杜国庠遵从周恩来指示改组国民党澄海支部。1925年12月，杜国庠接任金山中学校长一职，大力整饬校政，撤换反动教员。1926年3月18日，郭沫若、郁达夫、王独清自沪至穗，任教于广东大学。担任文学学长的郭沫若大刀阔斧地整顿教务，同年6月参加北伐。1927年8月，郭沫若参加南昌起义；同年9月，郭沫若在汕头与前来迎接革命军的杜国庠重逢。杜国庠"迎接南昌起义军进入潮汕，会晤周恩来同志和郭沫若同志，参加斗争直至最后随总指挥部撤离汕头，并提出入党申请"②。郭沫若在汕头期间，曾担任汕头交涉员、海关监督、革命日报主笔等职务，与杜国庠联系较多，此即"风云潮汕榻尝联"。

经历了"潮州七日红"后，郭沫若和杜国庠通过不同渠道来到上海。初到上海的杜国庠与洪灵菲等潮籍革命青年相聚，无以谋生，租房、吃饭都是问题。杜国庠说："如果找到创造社，也有办法。"③ 杜国庠的信心，第一是与郭沫若相熟，第二是创造社出版部营业良好。阳翰笙回忆说："创造社有个出版部，它的生意很红火。一间小小的铺面，几个'小伙计'，加上成仿吾的侄儿、会计成绍宗，一年就净挣上万元大洋，十分可观。"④ 阳翰笙加入创造社虽说"主要还是为了发展党的组织"⑤，却也解决了

① 卜庆华：《郭沫若旧体诗词注释质疑》，《湖南师大学报》（哲学社会科学版）1986年第1期。
② 王治功：《杜国庠的生平及其学术贡献》，《汕头大学学报》1989年第3期。
③ 李魁庆：《我所知道的我们社》，《中国左翼文学国际学术研讨会论文集》，汕头大学出版社2006年版，第550页。
④ 阳翰笙：《参加南昌起义》，《新文学史料》1985年第2期。
⑤ 阳翰笙：《中国左翼作家联盟成立的经过》，《阳翰笙选集》（第5卷），四川文艺出版社1989年版，第146页。

个人生活问题。当时在上海工作的李一氓每天都要从创造社的门口经过，见过成仿吾，于是陪同乡兼好友杜国庠找到创造社。当时郭沫若已在党的安排下赴日避难，杜国庠没能像阳翰笙、李一氓那样被直接安排进创造社工作，不过在成仿吾和郁达夫等创造社同人的帮助下暂时解决了一些生活难题①。

抗日战争全面爆发后，郭沫若从日本归国，杜国庠是最早在上海追随郭沫若从事政治工作的朋友。郭沫若随后受命组建第三厅，杜国庠是最为得力的助手，两人亲密无间，合作默契。第三厅做事效率高，行事遵守规范，政治部副部长张厉生"在私下对人赞扬杜老，他说：象杜守素这样的人倒不象个左派，象杜守素这样的人可惜我们国民党太少了"②。武汉失守后，郭沫若、杜国庠与第三厅其他成员渐次撤退到桂林。

1938 年 12 月 4 日，郭沫若与冯乃超等乘车抵达桂林，与杜国庠等住在乐群社。乐群社是新桂系出资设立的以接待军政要人为主要业务的多功能宾馆，乐群社理事长程思远是李宗仁、白崇禧的心腹，在新桂系与中共的交往过程中起到了穿针引线的作用。"桂林那时候流行一句话叫作'抽税'。就是说有甚么专家来了，请他演讲一二次，会导演的就请他导演个把戏，这就叫'抽税'。"③ 郭沫若本应是"抽税"大户，"然而当时广西省当局竟无一人出面接待，究其原因何在？是怕呢？还是不敢呢？抑或是不愿意呢？这在当时是令人感到诧异的"。郭沫若打电话给时任广西大学校长的留日同学白经天，白经天随即到乐群社拜访郭沫若，并邀请郭沫若到校演讲。"翌晨，父亲驱车亲往接郭沫若到良丰雁山广西大学校内作公开演讲"，"演讲过后，父亲雇了两只木船，邀请了郭沫若夫妇，由母亲一起陪同，泛舟漓江畅游阳朔"④。由白璧的回忆文字至少可知：第一，广西大学内的演讲是在早晨，演讲结束后即乘舟游阳朔；第二，这次游玩是"畅游"；第三，他们坐船到阳朔后才返回。

郭沫若 1948 年写的《抗战回忆录》问世最早，乘舟游阳朔的相关叙述皆源于此，迄今为止没有人对郭沫若乘舟游阳朔的叙述提出质疑。郭沫若回忆说："有一次经天雇了两只船，邀约杜老、何公敢、立群和我，同游阳朔。"大家在奇山异水间"漂泊了一天一夜"。郭沫若一行坐船游览了一阵，然后才到中午，于是白经天的夫人在船上烹调午饭；饭后继续游览，直到"第二天上午到了阳朔"，在阳朔乘坐汽车回桂林。郭

① 李魁庆：《我所知道的我们社》，《中国左翼文学国际学术研讨会论文集》，汕头大学出版社 2006 年版，第 550 页。

② 郭沫若：《抗战回忆录》，《郭沫若全集·文学编》（第 14 卷），人民文学出版社 1992 年版，第 122 页。

③ 欧阳予倩：《后台人语之三》，《桂林文化城纪事》，漓江出版社 1984 年版，第 518 页。

④ 白璧：《我的父亲——白鹏飞》，《桂林文史资料》（第 10 辑），中国人民政治协商会议桂林市委员会文史资料研究委员会 1986 年版，第 19-20 页。

沫若自言这篇回忆文字中的某些事情都是依据冯乃超和于立群"他们的手记或记忆而写出的"①。也就是说，郭沫若的回忆文字其实是三位当事人相互参证的产物。三个人的参证未必详尽，但是在游了"一天一夜"这样大的关节上应无差错。白璧在"前言"中说自己的回忆文字经由"余母沈兰宾不断鼓励，帮助回忆，日以继夜，费时经年，修订三稿，终成是文"，而且"自一九八二年三月脱稿后，先后已四次修订，务求翔实，并经母亲数度审校"。至于乘舟游阳朔花费的时间，白璧没有明言，而是引用了郭沫若的话——"按郭沫若语：'真是无话不谈，无拘无束的，真正是放纵地过了那么一天多并不雅的粗人豪致。'"② 郭沫若此处所说的游览时间是"一天多"，白璧显然认同郭沫若的话。"一天多"究竟是多久？笔者以为就是"一天一夜"。确定了"一天一夜"，以及郭沫若在桂林只坐船游过一次漓江，接下来才能进行具体日期的考证工作，这也就是笔者为什么在此反复纠缠"一天一夜"的缘故。白璧与郭沫若的回忆文字最大的差异就是郭沫若没点明是在广西大学演讲后随即乘舟游阳朔，只说"有一次"。这"有一次"是不是就是演讲当天发生的事？郭沫若的回忆文字给出了两种理解的可能，而笔者倾向于郭沫若的叙述表明演讲和乘舟游阳朔不是同一天。白璧的回忆文字却明确地点出演讲后就去坐船了。白璧的文章和郭沫若的回忆文字都可视为当事人的回忆史料，且有其他当事人旁证。那么，问题就来了：第一，在广西大学演讲与乘舟游阳朔是不是同一天？第二，白璧的文章与郭沫若的回忆文字究竟是相互矛盾还是相符合？第三，郭沫若一行这次游玩了多长时间，什么时候且以什么方式从阳朔返回桂林？

从桂林到阳朔，顺流，水程83公里，人称"百里漓江，百里画廊"。当年徐霞客也是坐船从桂林到阳朔，走的是相同的路线。徐霞客一大早从桂林出发，抵达阳朔时山色已暮。郭沫若和杜国庠乘舟游阳朔，花费的时间比徐霞客还要多，属于深度游览。如此一来，也就产生了一个问题：郭沫若和杜国庠究竟是哪一天何时出发乘舟游阳朔的？王继权、童炜钢编的《郭沫若年谱》未叙此事，也未提及郭沫若在此期间的演讲活动。龚济民、方仁念在《郭沫若年谱》中写道："中旬，应广西大学校长白鹏飞之邀，往该校演讲。又与于立群、杜守素、何公敢应邀，同白鹏飞夫妇坐船游阳朔，曾作七律《舟游阳朔二首》记其事。"③ 只笼统地说"中旬"，显然是没能考证出郭沫若两日游览的具体日期。年谱中提到的《舟游阳朔二首》中，有写景的诗句"青螺负雨

① 郭沫若：《抗战回忆录》，《郭沫若全集·文学编》（第14卷），人民文学出版社1992年版，第251-252、261页。

② 白璧：《我的父亲——白鹏飞》，《桂林文史资料》（第10辑），中国人民政治协商会议桂林市委员会文史资料研究委员会1986年版，第1、63、20页。

③ 龚济民、方仁念：《郭沫若年谱》上卷，天津人民出版社1982年版，第338页。

压长河""一篙渔火夜方阑"①，可与《抗战回忆录》中所叙"去的一天在下着微雨""大家都带着被条准备在船上睡一夜"② 等信息相参证，有助于确定"畅游"的具体日期。

（二）演讲与"畅游"日期考

林甘泉、蔡震主编的《郭沫若年谱长编》认为郭沫若在广西大学演讲的具体日期是 12 月 17 日。这一天的上午，郭沫若去广西大学做了题为《战时教育》的演讲，而后同游阳朔。《郭沫若年谱长编》的《编写凡例》叙及"谱主活动"编写原则时说："据谱主记述、回忆，相关的报道资料，他人回忆等，以发生时日入谱。三者记述不同者，经考订后入谱，并录入不同的记述。"年谱长编对 12 月 17 日这一天的叙述其实是考而未订，只是录入了不同的记录。笔者认为这可能带来了新的遮蔽。因为 12 月 17 日上午到广西大学演讲的相关叙述是年谱长编的正文，使用的是正常字体，占据了最醒目的位置——"上午，应广西大学校长白鹏飞之邀，往该校演讲，题为《战时教育》。又与于立群、杜守素、何公敢同白鹏飞夫妇坐船游阳朔"，后面给出的出处是郭沫若的《抗战回忆录》。《抗战回忆录》又名《洪波曲》，叙述去阳朔游览的部分是《入幽谷》，其中并没有提及任何具体日期。"17 日"这个具体日期的出处不是郭沫若自己的文字，而应该是李建平的《郭老战斗生活的一个缩影》（《抗战文艺研究》1983 年第 1 期）。《郭沫若年谱长编》中写道：17 日"下午，参加广西大学师生谈话会，解答学生们提出的关于抗战的问题"③。李建平的文章记述了郭沫若在桂林的五次宣传演讲活动，其中第一次演讲便是应白鹏飞之邀前去广西大学。"12 月 17 日上午，郭沫若应广西大学校长白鹏飞之邀，前往广西大学讲演，讲题为《战时教育》。下午 2 时，郭沫若又参加了该校师生谈话会。该校学生报告了他们外出进行抗战宣传的工作后，郭沫若解答了学生们提出的关于抗战的各种问题。谈话会至下午 5 时方散。"第二次演讲活动是在 12 月 18 日，"下午 3 点，郭沫若在中华职业教育社举办的时事讲座第八次演讲会上演讲"④。问题来了，如果年谱长编中所叙述的"17 日"这个日期来自李建平的文章，那么郭沫若在这一天的活动按照李建平的叙述只能是校园内活动，不存在演

① 郭沫若：《舟游阳朔二首》，《郭沫若全集·文学编》（第 2 卷），人民文学出版社 1982 年版，第 402—403 页。

② 郭沫若：《抗战回忆录》，《郭沫若全集·文学编》（第 14 卷），人民文学出版社 1992 年版，第 251 页。

③ 林甘泉、蔡震主编：《郭沫若年谱长编（1892—1978 年）》（第 1 卷），中国社会科学出版社 2017 年版，第 2、791 页。

④ 李建平：《郭老战斗生活的一个缩影——抗战时期郭沫若在桂林的活动及其意义》，《桂林抗战文化研究文集（三）》，广西师范大学出版社 1995 年版，第 399 页。

讲结束后就去乘舟游阳朔的可能。

年谱长编录入的不同的记录采自何开粹的《郭沫若在桂林（上）》（《桂林文史》2003 年 9 月）——"郭沫若在广西大学的演讲结束后，白鹏飞校长建议他忙里偷闲，去游览漓江一次。沫若答应了。12 月 18 日下午，郭沫若、于立群、杜国庠、何公敢四人由白鹏飞、沈兰宾夫妇陪同，乘坐两只有蓬的木船，从桂林码头出发"①。也就是说，年谱长编叙及坐船游阳朔这件事情时"录入不同的记述"，实际上只有两个不同的具体时间，即 12 月 17 日或 12 月 18 日。从字号、字体等编排上，年谱长编的编者显然采信了李建平的相关叙述，却又塞进了李建平原文中没有的坐船游阳朔之事，将坐船游阳朔放在 17 日上午进行叙述，在年谱长编的叙述框架内显然只能理解为匆匆一游，就像现在的旅行社，两三个小时就结束了。但是，这样的叙述显然与郭沫若的回忆、白璧的记述文字都不相符。此处的叙述，笔者认为年谱长编采取的是回避态度，因解决不了问题，于是只罗列一些搜集到的材料。李建平、何开粹两人叙述的时间没有调和的可能性。李建平只是确定了演讲的具体日期，聪明地没有将郭沫若的演讲与游阳朔叙述成一天内发生的事情；何开粹叙述的坐船游阳朔的时间与郭沫若的叙述完全对不上。秦川的《文化巨人郭沫若》（中国文联出版社 2016 版）应是采信了李建平的叙述，将演讲和游阳朔分开叙述，并不提及出游的具体日期。

李建平未提及 12 月 19 日郭沫若在乐群路李子园给桂林青年会作抗日形势报告②。桂林青年会于 1938 年 7 月 1 日在桂林盐行街 20 号开门办公，执行干事为史上达③。郭沫若曾于 1926 年 10 月 10 日在汉口青年会演讲，1938 年 10 月 19 日又在汉口青年会举行的鲁迅逝世二周年纪念大会上演讲。郭沫若的许多活动都与青年会相关，给成立不久的桂林青年会作报告也很合理。算起来，郭沫若在桂林演讲的次数至少应该是六次。从 12 月 17 日至 19 日，郭沫若天天都在做报告或演讲。按照郭沫若叙述的乘舟游阳朔"一天一夜"的经历，17 日和 18 日都不可能是坐船出游的日子。如果按照年谱长编所叙述的，上午演讲后便上船出游，只有 19 日最有可能。只是这一天上午的演讲不是在广西大学，而是在青年会。从桂林坐船到阳朔，第二天再从阳朔坐车回桂林，因此来不及出席 12 月 20 日国民党广西省党部及五路军政治部招待来桂文化人并商讨关于抗战第二期宣传工作的会议，故由第三厅第七处处长范寿康代作演说。这样，代演说之事也能得到解释。从年谱长编叙述的郭沫若在桂林的活动来看，能够以一天一夜的时

---

① 何开粹：《郭沫若在桂林》（上），《中共桂林市委党校学报》2003 年第 3 期。
② 中共桂林市委党史研究室编：《桂林市党史通讯·八路军桂林办事处资料专辑》总第 15 期，中共桂林市委党史研究室 1992 年版，第 10 页。
③ 《桂林青年会成立》，《上海青年》1938 年第 14 期。

间坐船游阳朔的，也就是 12 月 19 日至 22 日期间。因为在这之后，郭沫若的日程也是满的，且桂林市区遭受了日军飞机的第三次大轰炸。巴金在《桂林的受难》中写道，1938 年 11 月 30 日"桂林市区第一次被敌机大轰炸"，12 月 2 日遭受第二次大轰炸，12 月 24 日"下午一点多钟"遭受第三次大轰炸，12 月 29 日遭受了第四次大轰炸①。著名音乐家张曙在 12 月 24 日被敌机炸死，郭沫若等当天夜里在乐群社商议丧葬善后事宜，12 月 26 日下午郭沫若主持了张曙的葬仪并致悼词。从 12 月 23 日至 27 日郭沫若离开桂林为止，找不出一天一夜比较适宜坐船游阳朔的时间。

　　当时桂林经常遭受日军空袭，因此人们都喜欢阴雨天气，为的是可以避免敌机前来轰炸。12 月 24 日敌机轰炸桂林，可知此日天气比较晴朗。如果能够查阅桂林当时的天气报告材料，就能更准确地确定郭沫若雨天坐船游阳朔的具体日期。笔者没有找到当地气象局的相关材料，只在宋云彬的日记中看到了有关天气情况的记载。笔者认为有了宋云彬日记中的天气记载就足以判断郭沫若乘舟游阳朔的具体日期了。现摘录宋云彬日记文字如下："十八日　星期　阴　上午八时半出席政治部驻桂办事处第三组会议。讨论参加筹备庆祝元旦事。午与卢鸿基、王鲁彦饭于广东酒家"；"十九日　雨　上午办公文两件。午与鲁彦、舒群、巴金、杨朔、张铁弦、丽尼在桂南酒家午餐"，这天夜里"大风撼窗，天黑如墨"；"二十日　雨"，这天夜里"风大作，大寒，非裘不暖矣"；"二十一日　晴"；"二十二日　雨"，这天宋云彬因病请假，"八时即睡，雨声淅沥，转侧不成寐"；"二十三日　晴"；"二十四日　晴"②。署名"田南"的文章《敌机狂炸下的桂林》中写道："十二月二十四日那天，大家看看天色是个阴而欲雨的天，等在岩洞里的看到已过上午，大家须要回来吃饭，谁知下午十二时四十分，呜呜的空袭警报又拉响了。"③"阴而欲雨"的描述与宋云彬日记中写的"晴"显然大不同。谁的记载更准确呢？"田南"的文章从岩洞里等待开始写起，宋云彬的日记写的是自己在桂林市区办公的经历；待在某些岩洞里直到中午才出来的人，对外面的天气情况自然不如市区办公人员掌握得准确。此外，巴金叙述 12 月 24 日空袭时，还提及敌机"十八架"④。如果巴金不是事后从其他渠道知道了敌机的数量，就说明当时天气晴朗，一般人也能数清敌机数量。总体而言，笔者认为宋云彬日记中的天气记载比较可靠。

　　1938 年 4 月，宋云彬来到武汉，在军委政治部第三厅五处二科任科员，二科的科

---

①　巴金：《桂林的受难》，《旅途通讯》（下），文化生活出版社 1939 年版，第 65-69 页。
②　宋云彬：《红尘冷眼：一个文化名人笔下的中国三十年》，山西人民出版社 2002 年版，第 3 页。
③　田南：《敌机狂炸下的桂林》，《国讯》旬刊 1939 年第 193 期。
④　巴金：《桂林的受难》，《旅途通讯》（下），文化生活出版社 1939 年版，第 70 页。

长是张志让，第五处的处长是胡愈之，第三厅的厅长是郭沫若。郭沫若在桂林待了将近一个月，宋云彬对郭沫若这位上司似乎并不在意，即便是参加同一个活动，他的日记中也丝毫不提郭沫若。由宋云彬日记可知，12月23日后的一个星期都是晴天。1936年桂林总人口数为7万，1938年底达到12万，只能算中等城市，而宋云彬任职的办事处与郭沫若等居住的乐群社不远，两处的天气情况并无大的差异。宋云彬记载的桂林天气情况，与郭沫若、杜国庠等人雨天坐船游阳朔那日气候吻合的有19日、20日、22日。前文已经详述了郭沫若等人不可能在17日坐船出游。据宋云彬日记又可以确定他们不可能是18日出行，因为这天是阴天，与郭沫若"微雨"出游的记述不符。综上所述，19日、20日、22日这三个日期中，最有可能的就是19日。

（三）"畅游"叙述费思量

"畅游"一词来自白璧的文章，郭沫若自己的类似表述是"尽量地领略了桂林和阳朔的风味"①。白璧与郭沫若两人的文字表述本质相同，都点出乘舟游阳朔很尽兴。白璧的文字强调白经天邀约郭沫若去广西大学演讲是破冰行动，效果很好，大家的心情都很舒畅，因而"畅游"也就显得理所当然。郭沫若为何不说"畅游"，而用了"尽量地领略"？熟谙政治活动的郭沫若应是对自己文字的影响力有切实的了解，既想写出游玩尽兴的真实体验，又不愿落下口实。毕竟当时国事艰难，第三厅撤出武汉后内部出现了一些问题，外面有其他政府部门的各种刁难，政府还要削减第三厅的规模。据阳翰笙回忆，第三厅从武汉撤退"到桂林后，陈诚向政治部的全体人员训话，在讲到长沙撤退时，竟不分青红皂白把三厅指责了一顿，说三厅连字纸篓都装车运走。三厅的人在下面听着，气得要命"②。接下来训话的周恩来以三厅捡到二厅丢失的关防说事，才扭转了局面。值此内忧外患之际，郭沫若等一天一夜乘舟"畅游"阳朔就有些奢侈了。白璧和郭沫若叙述的细微差异的背后，隐藏着他们对第三厅文化人在桂林活动的全面理解和把握，简单地说，便是如何理解郭沫若打电话给白经天的用意，如何阐述郭沫若在广西大学演讲的价值和意义。

到桂林的抗战文化人大都乘舟游过阳朔。1942年9月，茅盾、田汉、熊佛西等人乘舟，从桂林到阳朔，第二天下午从阳朔坐汽车回桂林，线路与郭沫若等人相似。日本侵略军占领武汉后，郭沫若领导的第三厅从武汉、长沙等地撤退。撤退途中，第三厅第六处有些文化人失了纪律，因游山玩水掉了队，给管理带来了巨大的麻烦，郭沫

---

① 郭沫若：《抗战回忆录》，《郭沫若全集·文学编》（第14卷），人民文学出版社1992年版，第251页。
② 阳翰笙：《革命回忆录》，《阳翰笙选集》（第5卷），四川文艺出版社1989年版，第246-247页。

若批评了这种不利于抗战的组织散漫的行为。那边抗战烽火正浓，这边乘舟游兴正酣，"畅游"之叙，稍不注意就会让人起商女遗恨之感。考证"畅游"日期，梳理郭沫若在桂林时期的活动，目的之一就是为了探求"畅游"阐释的可能性及其合理性，避免误读或过度阐释。

现有论著大都侧重叙述以郭沫若为代表的第三厅勇于斗争的革命精神，极少渲染抗战烽火下"畅游"的经历，即便叙述也要穿插革命者忧患意识的描写。秦川、李斌等人的传记侧重叙述作为革命家的郭沫若，未曾将乘舟游阳朔这等闲事放在眼里，是以不叙。龚济民、方仁念的《郭沫若传》叙及白鹏飞偕夫人陪同沫若夫妇泛舟漓江，"然而沫若哪有心思留连于山水之间，这次他在桂林只是应白鹏飞之邀玩过一天，要他'暂把烽烟遗物外'也不容易，他的心里总在惦记时局的发展和三厅今后的工作"①。将一天一夜的游玩缩减为一天，不忘强调"哪有心思留连于山水之间"，努力地塑造郭沫若忧国忧民的形象。在这方面渲染更猛的是唐先圣的《郭沫若传》。唐先圣先是点出"虽然身处离乱流亡时期，能到这风景秀丽的桂林来，怎能不抽空游上一游"，而后便叙及乘舟游阳朔，"沫若在船上一面尽情观赏，一面临风把酒，放浪形骸，于饕餮之中，几成高阳酒徒。如此放纵一日，回到寓所，不觉乐极生悲，因想起在桂林被敌机炸死的音乐家张曙父女，不禁号陶大哭起来"②。张曙死于12月24日敌机轰炸，这天之后郭沫若是否还曾坐船游过漓江？从各种史料来看，都没有这种可能。唐先圣的传记以小说家手法，将后来发生的张曙被炸身亡放在了郭沫若游阳朔之前。错位剪贴的叙述应是想要更好地塑造革命家的形象，实际效果却适得其反。

为了更直观地叙述郭沫若"畅游"漓江等问题，下面以图表的形式大概罗列郭沫若1938年12月在桂林的活动：

日期	天气	地点	活动
4 日		乐群社	抵达桂林，入住乐群社
15 日			应叶圣陶邀请出席生活教育社成立大会并讲话
17 日		良乡	应白鹏飞之邀去广西大学演讲
18 日	阴		在中华职业教育社演讲"第二期抗战前瞻"
19 日	雨	李子园	给桂林青年会作抗日形势报告
20 日	雨		范寿康代郭沫若在抗战第二期宣传工作会议上作演说
22 日	雨	乐群社	午后致电抗宣二队
23 日	晴	乐群社	作《复兴民族的真谛》
24 日	晴	乐群社	与常任侠等商议张曙丧葬事
26 日	晴		在广西省政府举行的总理纪念周上演讲

---

① 龚济民、方仁念：《郭沫若传》，北京十月文艺出版社1988年版，第245页。
② 唐先圣：《郭沫若传》，北岳文艺出版社1989年版，第430页。

据郭沫若回忆，他是"三日清早到了桂林"，并将自己在生活教育社成立大会上的讲话称为"演讲"，"那时候陶行知也在桂林，他召开过一次小朋友的大会，似乎就是生活教育社的年会吧。他曾经邀我去演讲"，而后在"二十七日飞往重庆"①。实际上，郭沫若是 12 月 4 日到桂林的，周恩来比郭沫若早一天抵达桂林。周恩来在桂林期间"接触了白崇禧等新桂系高级军政人员和李任仁、马君武等爱国民主人士，进行了广泛的统战活动"②。12 月 6 日晚周恩来与蒋介石在军事委员会桂林行营约谈，8 日下午在桂林市大华饭店出席国际反侵略运动中国分会举办的茶话会。"周恩来同志还到桂西路桂林中学召集国民政府军事委员会政治部第三厅到桂人员和该厅所属抗敌演剧、宣传团队及新安旅行团干部人员开会演讲。"③ 周恩来和郭沫若在此活动中应有交流，但在郭沫若各年谱和传记中未见叙述。周恩来离开桂林后，郭沫若开始频繁出面活动，这背后可能有统战工作的统一安排。

陶行知离桂赴渝后，主持生活教育社的是刘季平。刘季平当时担任行营政治部第三科内党的秘密小组组长，在 12 月 15 日生活教育社成立大会上被选为生活教育社常务理事。据阳翰笙回忆，第三厅领导干部郭沫若、阳翰笙等人成立了一个秘密党小组，直接受周恩来领导，而其他党员成立的是特别党支部，冯乃超任书记，刘季平任组织委员，互相不"发生联系"④。刘季平和郭沫若都参加了生活教育社成立大会的活动，可能都带有政治上的使命。李建平在梳理郭沫若在桂林的五次演讲活动时，将生活教育社的演讲活动放在了最后，无形中也将 17 日郭沫若在广西大学的演讲当成了在桂林的第一次公开活动，从而与白璧所叙郭沫若在桂林时期的活动相吻合。所谓吻合，主要指对广西大学演讲与乘舟"畅游"意义与影响的认识。校内演讲时，有人"不怀好意的四处游荡，这分明是在进行特务监视活动"，而"在船上自然无人监视和干扰"⑤，便于他们充分地交换意见。就此而言，"畅游"的过程也是"畅谈"的过程，其间自有革命精神的流淌。白璧的叙述突出了父亲白经天敢于破冰的勇气，也塑造了郭沫若巧借同学关系打破国民党政府束缚的智者形象。郭沫若给白鹏飞打电话，到广西大学演讲，乘舟游阳朔，都是郭沫若文化统战工作的重要环节。

① 郭沫若：《抗战回忆录》，《郭沫若全集·文学编》（第 14 卷），人民文学出版社 1992 年版，第 247-250 页。
② 何成学：《周恩来与八路军桂林办事处》，《周恩来与广西》，广西人民出版社 1998 年版，第 30 页。
③ 陈欣德：《周恩来三进桂林山城》，《周恩来与广西》，广西人民出版社 1998 年版，第 35 页。
④ 阳翰笙：《革命回忆录》，《阳翰笙选集》（第 5 卷），四川文艺出版社 1989 年版，第 183 页。
⑤ 白璧：《我的父亲——白鹏飞》，《桂林文史资料》（第 10 辑），中国人民政治协商会议桂林市委员会文史资料研究委员会 1986 年版，第 20 页。

（四）游阳朔与郭沫若在桂林时期活动的两个阶段

郭沫若在桂林将近一个月的活动，大体上可以郭沫若打电话给白经天为界线分为前、后两个阶段。郭沫若在前一个阶段基本没有什么社会活动，后一个阶段则在十天内完成了五次演讲，社会活动相当频繁。为何会有这样的一个变化？12月17日后，郭沫若的演讲活动突然多了起来，还有闲情乘舟游阳朔，重要的原因便是完成了三厅编制的整改活动、确定了《救亡日报》在桂林复刊①等问题。"三厅的编制被裁减，'废处减科'，原来的三个处九个科只能保留四个科，这个机构的调整工作和人员的去留工作都是在桂林完成的。在周恩来同志领导下，郭沫若和三厅其他领导同志共同规划、安排，三厅在桂林留下了我党的干部和文化工作队伍。留桂人员组成的行营政治部第三科，由张志让任科长，刘季平任科内党的秘密小组组长。这支队伍，后来成为桂林抗日文化工作的骨干力量之一，为桂林抗日文艺运动的蓬勃发展做出了贡献，被人们称为'小三厅'。"② 郭沫若自己也说："到了桂林之后，主要的工作是把三厅的人员分了三分之一留下来参加行营政治部，由张志让主持，行营政治部主任是梁寒操。"③ 时值革命斗争的紧要关头，人事安排又是重中之重，郭沫若焉能不尽心？应是直到此项任务完成，郭沫若才开始到处演讲、座谈、"畅游"，这也是为革命斗争进一步打开局面、制造影响做好准备。

郭沫若在广西大学演讲前，与桂林官方可能也有过接触，只是《郭沫若年谱》与《郭沫若年谱长编》都未记录。曾小华和万明旭在《中国名人与广西》一书中叙述周恩来在1938年12月6日晚上去桂林行营，与蒋介石会谈，结果不欢而散；"接着，周恩来同郭沫若一起去拜访白崇禧，就《救亡日报》在桂复刊一事进行商谈，白崇禧当即答应并拨给复刊经费"④。在《抗战回忆录》中，郭沫若谈到《救亡日报》时说"救亡日报社的朋友们到了桂林本来打算立即复刊的，但因经费无着，地方上的当局也无意帮忙，以致虚悬着。我扭着陈诚，向政治部要津贴。他很勉强地答应了每月津贴二百元"⑤，丝毫没有提及周恩来和白崇禧。年谱编者大概认为周恩来同郭沫若一起拜访白崇禧之事难以稽考，故不录。然而，周恩来在12月11日离开桂林之前，活动频

① 中共桂林市委党史研究室编：《桂林市党史通讯·八路军桂林办事处资料专辑》总第15期，中共桂林市委党史研究室1992年版，第10页。

② 李建平：《郭老战斗生活的一个缩影——抗战时期郭沫若在桂林的活动及其意义》，《桂林抗战文化研究文集（三）》，广西师范大学出版社1995年版，第398页。

③ 郭沫若：《抗战回忆录》，《郭沫若全集·文学编》（第14卷），人民文学出版社1992年版，第247页。

④ 曾小华、万明旭：《中国名人与广西》，广西科学技术出版社2013年版，第149页。

⑤ 郭沫若：《抗战回忆录》，《郭沫若全集·文学编》（第14卷），人民文学出版社1992年版，第248-249页。

繁，按理来说两人应有一些共同参与的活动，只是相关史实有待进一步发掘罢了。特别提起周恩来，还有一个原因是周恩来和郭沫若两人几乎同时到达桂林，然而他们在桂林的公开活动却表现出先后相继的特征。这一点只要翻翻两个人的年谱就可知晓。笔者认为较为合理的解释是周恩来离开桂林前，郭沫若的工作主要是第三厅的人事调整与改组。周恩来离开桂林时，第三厅的人事工作大体已经处置妥当，郭沫若责无旁贷地需要站出来进行抗战宣传和统战工作。郭沫若紧锣密鼓地开展宣传工作，十天内五次演讲，为桂林抗日统战工作打开了良好的局面。

第三厅整改等人事安排涉及国共之争及党内组织安排等，且第三厅内部还存在互不"发生联系"的党支部，许多秘密而复杂的组织交涉与人事安排工作因为缺乏相关的研究史料，暂时无法进行讨论。不过，宋云彬的日记给人们留下了第三厅人事整改的一些值得玩味的信息及后续影响。12月18日，"上午八时半出席政治部驻桂办事处第三组会议。讨论参加筹备庆祝元旦事"。"政治部驻桂办事处"指的是"军委会政治部驻桂办事处"，"第三组"应该就是"西南行营政治部"里的"第三科"。此前，宋云彬在第三厅第五处第二科工作，科长就是张志让。12月23日，"西南行营政治部送来出入证一。晚，张志让科长邀吃西餐"；24日，"三时半，行营政治部鲁主任召集同人训话，颇恳切。五时，第三组组长张志让召集本组同志开会，讨论工作进行办法"；25日，"上午八时，赴西南行营政治部签到，开始办公。军委会政治部驻桂办事处尚未结束，须彼此兼顾，甚感麻烦"①。宋云彬一会儿称张志让为"组长"，一会儿又称其为"科长"，正是三厅编制整改及两个机关交接之过渡状态的表现。

按照现有材料，可以认为郭沫若一行乘舟游阳朔应该是在12月19日。这个日期的确定，无疑有助于解决郭沫若研究中的以下几个问题：第一，年谱长编中12月17日郭沫若活动叙述的自相矛盾问题；第二，12月20日范寿康代为演讲的问题（也有可能郭沫若事先知道这次的演讲安排，为了回避某些事情，故意选择了在19日出游）；第三，郭沫若在桂林时期前后表现迥异的问题；第四，若将12月17日广西大学演讲视为破冰之旅，演讲一结束就乘舟游阳朔，这与破冰的初衷不符，善于搞宣传工作的郭沫若必不会如此做，而上午演讲、下午与师生座谈，才是为打开局面而进行的宣传工作应该采取的方式；第五，张曙等第三厅人员于12月17日抵达桂林，若是郭沫若在12月17日做完演讲后即乘舟游阳朔，游了一天一夜后才与张曙等人相见，似乎不太合乎情理，而郭沫若似乎也不可能不知道张曙等人抵达桂林的日期。张曙是一位非常有才华的音乐家，"三厅人员当时最常唱的一首歌就是田汉作词张曙作曲的《洪波

---

① 宋云彬：《红尘冷眼：一个文化名人笔下的中国三十年》，山西人民出版社2002年版，第3页。

曲》……这首歌伴随着三厅的战斗历程。郭老后来写三厅的这段回忆录，题名《洪波曲》，可能是由此而来，是包含了很深的感情的"①。郭沫若显然是将改组和安排第三厅人员视为自己在桂林的主要工作。随着张曙等人的到来，郭沫若最器重的第三厅工作人员大都到来且安排妥当，他这才抽空乘舟畅游阳朔。

（作者单位：华南师范大学文学院）

---

① 阳翰笙：《革命回忆录》，《阳翰笙选集》（第 5 卷），四川文艺出版社 1989 年版，第 237 页。

国体与文体："共和"体制下
"平民文学"的倡导与实践

彭剑冰

引　言

　　1911 年辛亥一役，结束了中国两千年的君主专制国体。次年，民国成立，确立"共和"国体①，颁布了《中华民国临时约法》。《临时约法》规定"中华民国由中华人民组织之"，"中华民国之主权属于全体国民"，明确了"主权在民"的"共和"②体制（1914 年袁世凯改为《中华民国约法》，亦未更易此二条）。然而，经历了民初两次复辟复古潮流，知识分子普遍感到"共和"之名徒有其表，真正构成国家权力来源的绝大多数国民，心智仍处于待启蒙的状态，"共和"建设亟需进入新阶段。欧战刚结束不久，教育部于 1918 年 12 月 30 日组织了教育调查会。会上由沈恩孚、蒋梦麟提

---

　　①　"国体"是法政领域的一个重要概念，被认为是"宪法学基本范畴"之一，表明了国家统治权力的归属问题。一般来说，权力在君主为君主制，在人民则为民主制或共和制。这一概念经历了从近代德国到明治时期的日本，再从日本移植到晚清中国的"跨国交叉往复移植"过程，具有形式性和实质性两个层面的内涵。由"国体"与"文体"的关系探讨，本文论及的"国体"概念既实指"共和"的制度性基础，还包含与政治相结合的意识形态功能，后者因其抽象所指可能超出民族国家的制度性范畴。见林来梵：《国体概念史：跨国移植与演变》，《中国社会科学》2013 年第 3 期。

　　②　《史记·周本纪》载，因周厉王实行暴政，致使百姓起而反抗，周厉王出逃，一时朝内无主，"召公、周公二相行政，号曰'共和'"。这是"共和"一词在中国的最早出处，意为"共同商议，共同辅弼"。现代的"共和"语义更多经由日本之媒介、受外来概念影响而形成，涵括反专制、实行多数人统治、与代议制相联系的含义，在 20 世纪初一度与"民主"作为同义词并列使用。见陈建华：《"共和"的遗产——民国初年文学与文化的非激进主义转型》，《二十一世纪》第 151 期，2015 年 10 月。

出"教育宗旨研究案"，提议以"养成健全人格，发展共和精神"为宗旨，标志着转入"共和"体制建设的轨道①。由此，过去的革命派、改良派，与一批新自海外留学归来的青年知识分子和国内进步人士形成共识，认为当时最紧要的任务在于创造适应"共和"国体的新"国民"，建立真正的"共和政治""平民政治"。于是，在民国八年（1919）前后，国内兴起了一股倡导思想文化革新的潮流，意在破除过去革命专在"形式"层面的流弊，转从"精神"层面着手。陈独秀在《吾人最后之觉悟》中说得很清楚，"第以共和宪政，非政府所能赐予，非一党一派所能主持，更非一二伟人大老所能负之而趋。共和立宪而不出于多数国民之自觉与自动，皆伪共和也，伪立宪也，政治之装饰品也，与欧美各国之共和立宪绝非一物"，而"所谓立宪政体，所谓国民政治，果能实现与否，纯然以多数国民能够对于政治，自觉其居于主人的主动的地位为唯一根本之条件"②。换言之，"共和"的实现仰赖于整体国民素养的提升。

与"共和"国体相应，"文体"③ 上的变革要求也提上了日程。这股新的思想文化潮流作用于文艺，出现了"平民文学"④ 的倡导与实践。"平民"一词本有多种含义，包括受到经济压迫的平民、与贵族阶级相对的平民、缺乏教育的平民、社会普遍的劳动工作者，以及主张在国际国内社会实现普遍的平等、自由观念等，总之，指社会上的一般民众⑤。"平民"一词在个人、国民、阶级和人类等多个概念间重叠、游移、流动，背后隐含着不同的政治观念和主张，加之倡导者们在文学和文化观念上的差异，"平民文学"因而寄寓了不同的民族国家想象与文化愿景。基于人类普遍平等的价值原则，"平民文学"更蕴含着建构大同世界的乌托邦理想，有消解种族、民族乃至国家界限的倾向。因此，"共和"制度语境下"平民文学"的主张与实践呈现出多重内涵，值得细加梳理与辨析。

---

① 《教育调查会第一次会议报告》，舒新城编：《近代中国教育史料》第二册，中华书局（上海）1928 年版，第 116—117 页。

② 陈独秀：《吾人最后之觉悟》，《青年杂志》第 1 卷第 6 号，1916 年 2 月 15 日。

③ 文体概念有广狭之分。狭义上指"纯文学"观念下所谓体裁或文类的概念，主要是诗歌、小说、散文和戏剧四种文体。广义上的文体在"文"的理解上，涵盖几乎所有人类情感、理智生活的需要而运用技巧和修饰的语言文字形式的"文"，概念更为泛化，近于"文化"的范畴。"体"的含义除体裁外，还包括具体语言特征和语言系统、章法结构与表现形式、体要与体貌、文章或文学本体等。文体观念还有虚实之分，"虚"即形而上的，近于"风格"的概念，"实"即形而下的，指实在的形式。本文将"平民文学"视作一种"文体"，乃考虑到"平民文学"作为一种理论主张与创作实践的多重内涵，及其与整体社会文化的同构性，故在广义、兼顾抽象和实在的层面使用"文体"这一概念。见吴承学：《中国古代文体学研究》，中华书局 2022 年版，第 21—27 页。

④ 在不同的提倡者那里，有"平民的文学""平民艺术""平民文艺"等不同的表述，本文统一将其归入"平民文学"的讨论范畴。

⑤ 傅葆琛：《平民教育之魔力》，《民间》（北平）第 1 卷第 12 期，1934 年 10 月 25 日。

一、"平民的文学"与"人的文学"：
周作人的人道主义主张与价值建构

1919 年 1 月 19 日，周作人在《每周评论》第 5 期"文艺时评"栏发表《平民的文学》一文①，较早明确提出"平民的文学"概念，侧重从精神层面进行阐释：一是以"普遍"与"真挚"为原则，与"贵族的文学"相对，表现为"人生的艺术派"的主张；另一方面，它区别于"通俗文学"与"慈善主义的文学"——"非通俗"意味着不迎合平民，而是"想将平民的生活提高、得到适当的一个地位"；强调"非慈善主义"则认为慈善有侮辱人的意味，根本上只"藏着傲慢与私利"②。此文在形式与内容的辩证上界定"平民文学"，规定智识阶级作为创作主体，其任务是提高平民的文艺趣味，同时强调二者彼此尊重、平等自主的关系。这应与周作人近一个月前"人的文学"的论述相联系。在《人的文学》中，以"人道"的普遍性为前提，作者承认人既是从"动物"进化而来的人类，又有超越本能的"进化的"精神追求，倡导调和二者、实现"人的灵肉二重的生活"，故主张以"人道主义为本，对于人生诸问题，加以记录研究"的"人的文学"③。可以看到，周作人关于"平民的文学"和"人的文学"的论述都强调平民或个体作为人类的普遍性，不过由"人的"分出"平民的"和"贵族的"两种价值取向，前者因更广泛意义上的"普遍"被赋予合法性，更适于"共和"国体，后者因带有"专制"特性而遭到排斥。

本来，《人的文学》是周作人交给陈独秀，预备发表在《每周评论》的文章，但陈认为"此种材料以载月刊为宜"，所以转到《新青年》刊登，并希望周作人能有"实物批评之文"拿给《每周评论》。接到陈独秀来信，周作人又寄去《平民的文学》④。两篇观点相近的文章，因刊物编辑方针的差异，显出不同的文体性质。1918 年 12 月创刊的《每周评论》，是《新青年》同人有感于月刊影响效力之缓慢（且不能按时每月出版），所以商议出版的"更为灵活方便"的周刊。同样是论说体文章，《人的文学》凸显学理性，论述更完整、但抽象，《平民的文学》则短小精悍、具体，批

---

① 这篇文章在《每周评论》上题名为《平民文学》，但在 1931 年 2 月上海群益书社出版的《艺术与生活》中，以及周作人后来在《自己的园地》《知堂回想录》中提及时，都是《平民的文学》。为尊重周作人原意，应为《平民的文学》。

② 仲密（周作人）：《平民文学》，《每周评论》第 5 期，1919 年 1 月 19 日。

③ 周作人：《人的文学》，《新青年》第 5 卷第 6 号，1918 年 12 月 15 日。

④ 周作人：《一二二 卯字号的名人二》，《知堂回想录》，北京十月文艺出版社 2013 年版，第 451—454 页。

评意旨显豁，问题更具有指向性。"平民"其实就是普遍意义上的"人"，但强调与"非普遍"的英雄豪杰、才子佳人等"贵族"阶级相对立，即在"人"之中树起一组对立的矛盾，明确批评的靶子，既承接、呼应了一年前陈独秀在《文学革命论》中提出的主张，又符合陈要求的"实物批评"特点。且由于当时国内刚平息复辟风潮，恢复"共和"，周作人此时提出"平民的文学"口号，也更易引起讨论。总之，周作人主张"平民的文学"，承认平民作为"人"的普遍性，蕴含着在价值层面诉诸平等的内涵与"主权在民""人人平等"的观念，即"共和"体制下主导的意识形态，也即与抽象的国体概念存在同构性。

不过，周作人的主张还包含更激进的政治倾向，这与欧战有关。1917年8月，段祺瑞政府正式宣布对德、奥宣战，加入协约国阵营，派出几十万华工到欧洲参战。1918年11月11日，战争以协约国胜利而结束，国内一时弥漫着久违的喜悦之情。当时《新青年》同人中也普遍洋溢着乐观的心态，试图趋向一条新的"生路"①。而周作人提出"人的文学"和"平民的文学"，受到日本新村思想的影响。他倡导普遍的"人"和"平民"的联结，最终目的也是为了实现人类精神的共通，建立以互助精神为基础的大同社会，暗含着消解种族、民族、国家等界限的倾向。因此，在承认现代民主国家"主权在民"的基本权利观念下，周作人关于"平民的文学"主张可以延伸出两条思想脉络：一方面是基于人之相同性而要求平等的人道主义观念，它是建构"共和"国体的价值基础；另一方面则表现为对社会中不公和被压迫现象的重视，包含着一种要求扩展事实上平等的诉求，影响到平民教育运动利用平民文学进行教育普及，以及早期共产党人、后来的左倾进步人士对"平民文学"的话语建构。

然而，周作人后来意识到偏重"平民的文学"的弊端——一味地强调"平等"可能造成"一种普遍的约束"，进一步演变为一种成规，"便将成为新道学与新古文的流派"②，因为"文艺的生命是自由不是平等"③。他转而主张"文艺当以平民的精神为基调，再加以贵族的洗礼，这才能够造成真正的人的文学"，而且"真正的文学发达的时代必须含有贵族的精神"④。由此，周作人在坚守人道主义立场的同时又维持了文

---

① 1918年11月15日第5卷第5号《新青年》发表了李大钊、蔡元培和陶履恭"关于欧战的演说"的三篇文章。他们宣扬"劳工神圣"、人类互助精神，预言此后的世界是"劳工的世界"。一个月以后，《每周评论》于北京创刊，陈独秀在发刊词中明确了"主张公理，反对强权"的杂志宗旨。

② 周作人：《地方与文艺》，《自己的园地 雨天的书》，人民文学出版社1988年版，第124-127页。

③ 周作人：《文艺上的宽容》，《自己的园地 雨天的书》，人民文学出版社1988年版，第8-11页。

④ 周作人：《贵族的与平民的》，《自己的园地 雨天的书》，人民文学出版社1988年版，第14-16页。

艺的自主性，构建起"平民文学"乃至整个中国现代文学的价值基础。

二、"平民文学"的历史性研究：
胡适的白话文学主张与语言革新

相较于周作人在精神层面建构"平民文学"的理论，胡适更看重语言工具的使用问题，即白话文的倡导。胡适虽然没有明确论述"平民文学"，但在谈论"白话文学"或"国语文学"时多次使用了这一概念。我们基本上可以将他对"平民文学"的看法，视作其白话文学主张的延伸。在《文学改良刍议》中，胡适以"一时代有一时代之文学"的历史进化观为依据，主张"今日之文学当以白话为正宗"。他的目标是解放文艺、"再造文明"①。胡适坚信，"文字者，文学之器也"，而"文言决不足为吾国将来文学之利器"②。后来，他转入"整理国故"，为白话文发展的必然性寻求历史依据，建构起"白话文学史"，进一步倡导建设"国语的文学"，其文学工具论的思路一以贯之。

早在晚清时期，提倡白话文、"言文一致"等主张就已得到关注。从甲午战败至庚子之变，在追求国家富强和社会情势的压力下，当时的文人士大夫注意到言文一统、改革汉字和文体的重要性。民国以后，教育部通过了注音字母的议案，成立"读音统一会"，继续推进晚清的拼音化运动，推行"国语统一"。1916 年 10 月，教育部部分人士成立了中华国语研究会，欲在教育上谋求文字改革，推进国语运动。1917 年初，《新青年》刊登了胡适提倡白话文的文章，与这个改革趋势不谋而合。当时胡适远在美国，但也很快知道了国语研究会的存在，而且大受鼓舞③。是年年中，胡适回国，应蔡元培之邀担任北京大学教授，年底向国语研究会递交了会员申请书。次年 4 月，《新青年》刊登胡适《建设的文学革命论》一文，副题为"国语的文学——文学的国语"，正式将"文学革命"和"国语运动"相提并论，并为后者指明了转向"国语的文学"的方向和方法。"国语"究竟什么样，胡适当时也不知道，只相信凭借白话这一语言工具，"努力去做白话的文学"，未来自然能产生"国语"，能有"国语的文学"④。由此，胡适构建出从"白话文学"到"国语文学"的发展逻辑⑤：前者是为

① 胡适：《新思潮的意义》，《新青年》第 7 卷第 1 号，1919 年 12 月 1 日。
② 胡适：《我为什么要做白话诗》（《尝试集》自序），《新青年》第 6 卷第 5 号，1919 年 5 月。
③ 胡适致独秀，《新青年》第 3 卷第 4 号，1917 年 6 月 1 日。
④ 胡适：《建设的文学革命论》，《新青年》第 4 卷第 4 号，1918 年 4 月 15 日。
⑤ 依据胡适的进化论逻辑，"国语"和"白话"乃基于国语运动不同阶段的发展形势作出的判断，在"国语的文学"尚未出现、定型时，只能称为"白话的文学"。

了"养成一种信仰新文学的国民心理"①，后者是为了"人人能用国语自由发表思想"②。而"平民文学"是胡适通过建构"白话文学史"整理出来、用来推行"文学革命"和"国语运动"的历史经验，它有益于白话文学的创作，有助于"国语的文学"和"文学的国语"的产生，也是通过"语言—意识"的结构造成国语统一、统合"国体"的基础要素。

胡适关于"平民文学"的整理，着重于语言文字的分析。在《白话文学史》中，胡适从人的出身界定"平民"，其所谓"平民文学"主要指语言文字的形式来自民间的创作。大多数平民百姓不懂得官方的古文写法（甚至不识字），又有表情达意的需要，于是使用近于语体的形式，产生了"平民文学"。不同于古文的书面语形式常蹈袭前人，用白话语体创作的"平民文学"能以写实的态度表露真情实感（即"言之有物"），于是有活泼真率的、表现人生的情感、思想或故事。进一步，由语言文字工具的解放、诗体的解放，可以通向思想的解放。"平民文学"表现出反抗旧礼俗的束缚、崇尚浪漫自由的精神特质，呈现出思想内容与语言形式高度统一的"自然"的审美境界。

胡适尤为推崇陶渊明，称其为"平民的诗人""自然主义的哲学家"——"他的环境是产生平民文学的环境；而他的学问思想却又能提高他的作品的意境。故他的意境是哲学家的意境，而他的言语却是民间的言语。他的哲学又是他实地经验过来的、平生实行的自然主义，并不像孙绰、支遁一班人只供挥麈清谈的口头玄理。所以他尽管做田家语，而处处有高远的意境；尽管做哲理诗，而不失为平民的诗人"③。在胡适看来，陶渊明代表中国文学史上"平民文学"的最高成就。他肯定了陶渊明运用民间的语言，结合自身的学问思想，创作出富有哲理、意境高远的诗，同时还身体力行、实践"自然主义"的哲学（但混淆了"自然"与"自然主义"的概念④）。所谓"自然"，一方面指创作上寄情山水的自然意趣和不拘格套的语言风格，另一方面则指在生活实践上能真正深入民间、归隐田园，即"平民"的身份意识。这透露出"文学革命"的深层政治要求。

胡适 1925 年在武昌大学演讲"新文学运动之意义"时，把这一点表述得更清楚。当时，胡适看到旧派复苏并打击白话文，发现已经"过去了的"新文学运动，竟然有"重提之必要"。在演讲中，除了过去常说的"新、旧文学"与"活、死文学"的对立

---

① 《论文学改革的进行程序》（胡适致盛爱初的答书），《胡适文存一集·卷一》，上海书店 1989 年版，第 105 页。

② 胡适：《中学国文的教授》，《新青年》第 8 卷第 1 号，1920 年 9 月 1 日。

③ 胡适：《白话文学史》，上海古籍出版社 1999 年版，第 80—81 页。

④ 徐国荣：《现代学术视野下的六朝学研究》，暨南大学出版社 2020 年版，第 150 页。

外，他重点强调了新文学运动在"人"、具体点说是在智识阶级中的重要性，白话文作用于"普及教育"不过是其"最低限度"，平民作白话文而智识阶级仍作古文，"并不是共和国家应有的现象"，在作古文的智识阶级主导的社会里，平民学白话并无用处，更重要的是让智识阶级去做白话文学，才能造成普遍做白话文学的环境①。胡适把文言视作过去统治者垄断知识的工具，反复论述白话文发展的必然趋势与合法性。但他发现，由于智识阶级拥有决定性的话语权，未能施加于智识阶级的变革终究是不彻底的，因为"文学在今日不当为少数文人之私产，而当以能普及最大多数之国人为一大能事"②。故而后来胡适谈论白话文学、"文学革命"，借由"语言工具—创作风格—思想观念"的改造逻辑，实质上含有改造智识阶级甚至改造自我的目的。由此，胡适关于"平民文学"的研究和论述，也可以析出两种发展路向：一者基于实用主义的语言工具观，影响及晏阳初等人倡导平民教育运动，即从文字工具入手，进而通过平民文学的研究发挥文艺教育功能；一者由"平民"身份的"语言—意识"结构（与"精英"相对），要求智识阶级成为平民代言人以至改造自我，与后来中国左翼文艺运动中提倡的"大众语"不无关联，都是在语言层面构建国民统一体。

三、"平民艺术"与社会主义倾向：
陈望道的底层阶级立场与真实性原则

1922年4月，《民国日报》的副刊《平民》周刊在"文艺界"栏刊出了陈望道的《平民艺术和平民的艺术》一文，该文明确提倡"平民艺术"，断言这是包括文学艺术在内的所有艺术都应走上的"正当的""唯一的路"③。陈望道承继周作人"平民的文学"主张，在"平民艺术"中寄托着一种通过普遍化介质实现人类平等、精神共通的大同理想。然而，陈望道不满于从普遍的"人"的范畴看待问题，而是从阶级的角度遵从"差别原则"，更关注受经济压迫的底层阶级（主要是劳工和女性）还处于"非人"的地位，故接受马克思主义学说的影响，主张以艺术或文学为斗争武器进行彻底的社会变革，以真正实现"共和"国体承诺的所谓"人人平等"的社会理想。陈望道在日本留学期间曾阅读河上肇、山川均等人的译著，接触社会主义思想。1919年，陈望道回国，经沈仲九介绍、经亨颐聘请，到浙江第一师范学校（以下简称"一师"）

① 胡适：《新文学运动之意义》（孟侯记），《晨报副刊》第1287号，1925年10月10日。
② 胡适：《逼上梁山——文学革命的开始》，《四十自述》，安徽教育出版社1999年版，第99页。
③ 陈望道：《平民艺术和平民的艺术》，《民国日报·平民》1922年4月29日。

任教。这所学校是浙江新文化运动的中心①。陈望道回国后还公开致信沈仲九，表明不满足于只是"适应时代的知识和道德""服从真理"，主张要比新更"新"②；他认为改造社会有两种方法——改换制度和改换生命，"不应该专用一种方法"③。陈望道与夏丏尊、刘大白、李次九等人在一师进行语文教育改革，积极引介新思想、批判社会问题，初步显露出彻底改造社会的激进意图。1920 年 3 月，陈望道因"一师风潮"辞职回乡、翻译《共产党宣言》，4 月到上海接触陈独秀、李汉俊、李达、沈玄庐等人，在《民国日报·觉悟》《劳动界》《民国日报·平民》《新妇女》《民国日报·妇女评论》等报刊上进一步引介马克思主义学说，倡导"劳动联合"、妇女解放，更明确地主张阶级斗争④。正是在这一时期，陈望道发表了《平民艺术和平民的艺术》，打出"平民艺术"的旗号。

陈望道的观点源自日本大正时期（1912-1926）的"民众艺术派"⑤。他关注同时期受新思潮影响的日本文坛，尤其受到平林初之辅的影响。平林氏的《民众艺术的理论与实践》明确倡导"民众艺术"，陈望道曾介绍此文，与提出"平民艺术"的时间十分接近⑥。平林氏此文是他作为民众艺术派的重要理论文献，认为民众艺术是"今日的艺术"，而所谓"永远的""纯粹艺术学"，是特权阶级塑造出来的、欺骗民众的手段；特权者宣称民众不能欣赏艺术，其实是因为民众被压迫、没有机会；他主张有志于民众艺术者应"无限地信用民众底力量"，利用艺术作无产阶级与有产阶级的斗争⑦。陈望道借鉴此说，由"艺术—现实"的反映论推导出艺术变革现实的命题，提倡"平民艺术"，进而赋予"平民"至高无上的美德——"那里有一切人们所渴慕的

---

① 当时陈望道在一师当语文教员，和夏丏尊、刘大白、李次九四人并称"四大金刚"。校长经亨颐也是著名的民主进步人士。他们主要在《教育潮》《民国日报·觉悟》以及一师师生创办的《十日刊》《浙江新潮》等刊物上积极宣传新思潮，还积极推介《新青年》《每周评论》《星期评论》《少年中国》《晨报》等进步报刊，一时校内新思潮大盛，乃至引发后来震撼全国的"一师风潮"。

② 汪复、陈望道：《通信 致仲九》，《教育潮》第 1 卷第 3 期，1919 年 8 月。

③ 陈望道：《改造社会底两种方法》，《陈望道文集》第五卷，浙江大学出版社 2011 年版，第10-11 页。

④ 陈望道：《随感录·人道主义》，《民国日报·觉悟》1921 年 3 月 4 日。

⑤ 第一次世界大战后，在民主思潮影响下，大正十年前后的日本文坛兴起了民众艺术派，主张为工人阶级的艺术，以《播种人》杂志为阵地，发表有关民众艺术的讨论及创作实践，还涌现出一批工人出身的作家，出现了"工人文学""第四阶级的文学"，对后来日本无产阶级文学的形成有重要影响。这股文艺潮流还影响到知识分子的身份认同问题，出现了"知识分子失败论"，带有民粹主义色彩。见［日］长谷川泉：《近代日本文学思潮史》，郑民钦译，译林出版社 1992 年版，第 60-66 页。

⑥ 晓风（陈望道）：《日本文坛最近状况》，《小说月报》第 12 卷第 11 号，1921 年 11 月 11 日。

⑦ ［日］平林初之辅：《民众艺术底理论和实际》，海晶译，《小说月报》第 12 卷第 11 号，1921 年 11 月 11 日。

美质。伛们会教导我们怎样地爱人，怎样地牺牲自己完成别人的精神，又将指示我们甚么是人类高贵的任务，甚么是人类生活底本真。凡是我们在图书馆中不能看见的一切的真，的美，的善，在那里都将随在可得"①。陈望道将"平民"形象道德化、纯洁化，带有鲜明的民粹主义倾向，并进一步将其与马克思主义相结合，使得"平民"和"平民艺术"具有在根本上变革社会的力量。

明确了"平民艺术"的任务及其动力来源，紧接着的是实现它的路径问题。倡导者们许诺，只要愿意投向民众、和民众融为一体，自然就能产生"平民艺术"。平林氏指出，关键是要"造平民"，真正了解民众，"把他们放在能够想，能够行动的状态"，要"杂入民众里面站在先头与他们共同行动"②。陈望道则强调表现"平民底真生命"，达到"平民与我们合而为一"的境界③。二者都表明，核心在于把握平民的精神层面，要求智识阶级作平民的代言人，而非仅以平民为题材或满足平民的身份条件。针对如何深入民间、了解平民，陈望道着重以"感觉"为中心，这可与他在《美学概论》（1926）中的理论表述相参照。具言之，陈望道构建了以"感觉"为基础、配合相当的形式以表露情感的美学发生机制，并以实现完全的"感情移入"、能够"对于美的对象底全体"和"鉴赏者所有心底全部底反应"、即所谓"生命的反应"为最高标准，明确了文艺的真实性原则④。因此，陈望道在提倡"平民艺术"时才会强调与平民"同感"而非"同情"，要求"不止'知道'苦闷却是'感著'苦闷之真"，"不止有了'平民底认识'却有了'平民底经验'"，因为只有这样才能最大限度地表现真实，才是最好的艺术⑤。陈望道从读者反应机制推导出"平民艺术"的实现方式，确立了以"同感"为核心的文学真实性原则，成为后来中国左翼文艺理论的基础，关联着20世纪30年代"大众文艺"的倡导与实践。进一步，陈望道寄予"平民艺术"一种最高理想——即打破人与人之间的"一切障壁"、"隔膜"，至于"完全同等的地位"以及"完全同感的境遇"。它隐含着彻底转变身份的要求，预示着智识阶级走向自我革命的道路。总之，陈望道提倡与平民"同感"的"平民艺术"，关注"共和"国体的底层结构，将周作人普遍化的"人""平民"概念具体指向劳工、农民、妇女等社会阶级，含有扩张社会上更大范围的平等、乃至实现大同的价值理想。

---

① 陈望道：《平民艺术和平民的艺术》，《民国日报·平民》1922年4月29日。

② [日] 平林初之辅：《民众艺术底理论和实际》，海晶译，《小说月报》第12卷第11号，1921年11月11日。

③ 陈望道：《平民艺术和平民的艺术》，《民国日报·平民》1922年4月29日。

④ 陈望道：《美学概论》，《陈望道全集》第三卷，浙江大学出版社2011年版，第307—377页。

⑤ 陈望道：《平民艺术和平民的艺术》，《民国日报·平民》1922年4月29日。

四、"平民文学"与文艺教育：
平民教育运动的乡村建设及其大众启蒙

欧战结束后，军国民主义遭人诟病，民治主义思想勃兴，波及国内思想界和教育界①。在此情势下，平民教育运动兴起。以晏阳初为首的倡导者们试图通过健全、训练国民心智，巩固"共和"邦本，在逐步的试验探索中，明确了"以文艺教育救愚，以生计教育救穷，以卫生教育救弱，以公民教育救私"的四大教育和"学校式、社会式、家庭式"的三大方式为工作纲领，深入全国多地开展平民教育。进而，由于"国本以农立"，乡村成为平民教育运动的重点。这中间尤以文艺教育为首，目的在"使人民能运用传达智识之工具，促进文化生活，对于自然环境及社会生活，有相当的欣赏和了解"，进一步还要求"民族的文化生活丰富充实"，以"发扬民族的真精神"②。

平民文学的研究属于文艺教育的一个项目，它以培养平民的读写能力作为重要标准，具有大众启蒙的性质。"中华平民教育促进会总会"③ 成立后，专门设有"平民文学科"，主要由陈筑山、瞿世英和孙伏园负责，晏阳初、黎锦熙、王向辰、庐隐、堵述初、席征庸等人曾参与协助。陈、瞿、孙三人的工作重点不尽相同，但基本上包括了调查研究、编定平民通用字词表、编撰平民学校教学课本，以及编辑出版供平民阅读的大众读物等，设置了从掌握基本识字工具到培养自主阅读能力——即"识字教育"和"继续教育"两个阶段性目标，二者对应"除文盲"和"作新民"这两大使命。其中，识字教育面向社会中不同年龄段的失学、不识字或粗通文字的民众，以 4个月为时限，主要教授平民千字课。考虑到识字教育完成以后，需要巩固识字能力、满足他们的阅读需求以及提升知识水平和生活技能，平民文学科还编辑出版了一系列作为平民教育"辅助工具"（晏阳初语）的大众读物，如"平民教育丛书""平民小

---

① 1919 年 5 月，杜威受邀来华讲演，使民治教育思想和实用主义教育思想在国内大盛。1919年 12 月，全国教育联合会呈请教育部拟定"养成健全人格，发展共和精神"的宗旨，1922 年 9 月议决了新学制系统草案，皆为这股思潮推波助澜。1922 年 11 月 1 日，教育部全面推广实施"壬戌学制"，正式将民治教育思想列入体制化进程。见舒新城编：《近代中国教育思想史》，上海三联书店 2014 年版，第 235-244 页。
② 中华平民教育促进会：《定县的实验》，中华平民教育促进会 1935 年版，第 5-6 页。
③ 1923 年 8 月，当时的教育界领袖和热心平民教育的人士召集会议，组织成立了"中华平民教育促进会总会"。这是一个官方协同民间组织的、非慈善性质的社会团体，以"除文盲，作新民"为使命，关注 14 岁至 60 岁包括城市和乡村平民的受教育情形。在广泛研究调查的基础上，该组织在文艺教育、公民教育、生计教育、健康教育和妇女教育等多个领域开展工作，影响泛及国内城市、乡村、海外华侨，乃至菲律宾、美国、印度等国家。

丛书""平民文学丛书""平民常识丛书""妇女丛书""平民教育图画""乡村教育丛刊"，以及《农民》《新民》《市民》《公民》《申报·平民周刊》等报纸杂志，《晨报副刊·社会》《新教育评论》还出了多期"平民教育特刊"。截至 1936 年，已出版和即将付印的平民读物达五百多册，涵盖了故事、小说、传记、历史、戏剧、歌谣、唱本、鼓词、谜语、科学常识、农民/市民/妇女谈话等多种文类与文本，涉及公民道德、公民常识以及现代科学观念等内容①。这一系列平民读物以适应平民的意愿和能力为前提，通过切实的统计调查、分析以及展开有针对性的试读工作，满足平民的阅读需要。报纸杂志则为平民提供发表言论的阵地，试图启发平民自行编辑报刊，达到"能自己写文章的目的"②。倡导者们普遍秉持"机会平等"的观念，认为平民只是缺乏受教育的机会而未能成为合格的国民，所以在学制教育以外办平民学校来补救，以增进国民总体的智识水平。由此，平民文学的研究工作形成了一套从掌握基础语言工具，到进一步自觉接受常识、习用日常技能，最终能够自主阅读、写作的完整规划和设想。

从性质上说，"识字教育"严格意义上属于语文教育的范畴，为平民编辑的一系列出版物才是真正的平民文学研究工作。这一系列平民读物以培养平民的读写能力为出发点，注重贴近平民的日常生活和思维，语言风格浅白易懂，内容兼顾通俗性、知识性和趣味性，杂以宣传平民教育运动、提倡爱国主义以及传播现代观念（如卫生、公民、科学常识等），意在启蒙平民。1925 年 3 月在北京创刊的《农民》报，是中华平民教育促进会总会乡村教育部专为农民创办的刊物，适用于平民学校的学生或粗通文字的乡下民众，采取图文并茂的编辑方式，主要设置了讲演谈话、时事新闻、公民常识、现代科学常识、农业知识和民间文艺六大板块。这份报纸创办了七年多（1925 -1932），不仅见证了平民教育运动从萌芽草创到全国范围提倡、再到集中研究实验的过程，具有重要的史料价值，而且刊发了多种类型的文艺作品，包括小说、故事、游戏、笑话、谜语、书信、歌谣、大鼓书词、秧歌、俗谚、寓言、白话诗歌、带图故事等，显示了平民教育运动在平民文学研究方面的实践成果。

《农民》报的文艺作品有几种来源和形式：一是从民间采集而来的，如农谚、大鼓书词、秧歌等；二是取自中国历史，如用白话改写的简短、通俗的故事、传记和寓言等；三是借鉴民间的歌谣、曲调等形式自行编辑、创作的诗歌；四是由平教会干事创作或编撰的小说、故事、歌谣、戏剧等；五是平教会其他成员或读者的投稿。依据刊物的编辑方针和宗旨，这些文本集中表现出以下三个特性。首先是劝学的目的。为鼓励农民进平民学校，刊物常用历史人物故事、人物传记等宣扬勤奋求学以改变命运

---

① 晏阳初：《平民工作概览》，詹一之编：《晏阳初文集》，四川教育出版社 1990 年版，第 209 页。

② 中华平民教育促进会：《定县的实验》，中华平民教育促进会 1935 年版，第 58-59 页。

的观念；编辑甚至以"拟书信"① 的形式，塑造出"模范农民"的形象——读完千字课后能记账、读报、写信，白天做工晚上学知识，喜爱读《农民》报并从中了解时事，成为具有自觉意识的农民等，劝诫农民求知识、提高谋生的能力。其次是道德化农民。撰稿者反复申说农民地位之重要，唤起农民的不平之心，树立其自信心与自觉心，鼓动其进一步学习知识、完善人格。作为平民文学科的主任，陈筑山就曾身体力行，利用民间鼓词的形式创作了《劝农人读书词》，赞美农人本性高尚，但要进一步完善知识——"人格高尚虽足矣，无知无识却羞人""须知农民最高贵，加上读书谁敢轻"，劝导农民学"新知识"，做"新国民"②。再次是民族主义的倾向。《农民》报不仅刊发时事新闻，直接向农民讲演、谈话，宣传公民常识和国家、社会、民族、个人、国旗等现代观念，还利用文学的教育功能宣传爱国情感、推崇传统道德；此外，还有一些描绘田间生活、风俗，记录时令节气和农事常识的歌谣、谚语等，兼有知识性和趣味性，以吸引农民读报。

可以看到，平民教育运动中平民文学的研究不是纯粹的文艺实践，它作为文艺教育的其中一项工作，关涉农民日常生活的各个方面，如生计教育、公民教育、卫生教育等，凸显在政治、经济、文化等多方面要求平等的价值诉求③，目的是创造与"共和"国体相适应的"新国民"。因为"平民程度之高低，关系于国家势力之强弱"，只有健全的国民才可能"监督政府"，"不受一般政客官僚野心家的摧残蹂躏"④。实际上，平民教育运动承继了孙中山的三民主义思想，尤其是以"民权"为核心的"社会建设"思想。《农民》报在 1925 年 11 月曾转载孙中山在农民运动讲习所演讲的《农民的觉悟与联络》。孙中山指出，"农民是我们中国人民之中的最大多数"，为了"做成一个人民为主体的国家"，国民党改组以后的革命事业要联络农民，"用农民来做基础"，因此要求毕业学员到全国各地宣传三民主义，使农民觉悟自身过去遭受痛苦，"只要知道痛苦，便一定有觉悟"，觉悟以后便会寻求与政府合作⑤。而平民教育运动

① 《农民》第 1 至 5 卷不定期地刊有"拟书信"，大多可能不是真实的书信。我们从信件内容的相似性（宣称学了千字课 4 个月就会记账、看报、写信，进了平民学校得到种种好处等）、信件署名的省略记号，以及后来编辑者的署名等，可看出这些信件多是杜撰，因而是"拟书信"。

② 陈筑山：《劝农民读书词》，《农民》第 4 卷第 3 至 6 期，1928 年 3 月 21 日、4 月 1 日、11 日、21 日。

③ 《农民》报中有一则《平民新山歌》，对平民之"平"有很好的解释，包括"平富翁"、"平军人""平土豪""平军阀""平洋人""平民革命"（推翻军阀和鬼子）以及"钱财要平均"（消灭贫富差距）、男女平等。参见阿侬：《平民新山歌》，《农民》第 27 期，1925 年 11 月 21 日。

④ 晏阳初：《平民教育新运动》，《新教育》第 5 卷第 5 期，1922 年 12 月 1 日。

⑤ 孙中山：《农民的觉悟与联络》，《农民》第 1 卷第 27、28 期，1925 年 11 月 21 日、12 月 1 日。

实施文艺教育、推行平民文学的研究工作，正是在"建设"的意义上进行的。它与中国早期共产党人要求彻底变革社会制度不同，是寻求与政府密切合作。这也预示了未来平民教育运动体制化、汇入"民众教育"① 的必然趋势。

结　语

民国时期倡导与实践的"平民文学"，作为广泛意义上的"文体"，不是单纯的文艺主张，而是与"共和"国体相应的意识形态表达。周作人、胡适、陈望道和晏阳初等人普遍承认"共和"国体，他们的主张不同程度地表露了平等的价值诉求。周作人立足于个人，建构了以人道主义为基础的价值原则；胡适则在方法论上侧重实用主义的语言工具观念，意在形成服务于国民统一体的"语言—意识"结构；陈望道关注劳工、妇女等社会弱势群体，要求根本的社会变革；平民教育运动的倡导者们则主张通过补救式的平民教育实践，为社会普遍人群提供平等的机会和条件。可以看到，这一时期关于"平民文学"的论述存在多样的理论形态，它们共同反映了这一时期对文学在道德层面的要求。然而，由于当时混乱的政治局面②和社会价值原则失范，"平民文学"作为一种理论构想，始终处于未完成的状态，其实践成果多具有研究整理的性质。另一方面，"平民文学"内含"人人平等"的价值预设，凸显打造国民统一体、建构"共和"体制的理论意图。但越是强调"平民"的普遍性，就越有消解民族国家界限的倾向，这使得"平民文学"中所谓"文体"与"国体"的关系呈现出一种复杂的张力结构。1928 年，南京国民政府成立，推行三民主义成为官方主导意识形态，并进一步推行党化教育，提倡民族主义文艺。此时，"平民文学"退场，周作人始终坚持个人价值本位，陈望道转向大众语和大众文学的左翼文艺运动，胡适和平民教育运动的倡导者们则在"合法"范围内继续"建设"的事业。

（作者单位：西南大学文学院）

---

① 1928 年 5 月，南京国民政府召集了全国第一次教育会议，提出"着重民众补习教育"，议决大学设立民众教育设计委员会，制定各种计划和法令，以及成立各教育行政机关、各级学校和相关公共设施等。会议还通过了《实施民众教育案》，要求相关团体转为民众教育，标志着民众教育的统一化和体制化。见《全国教育会议宣言》，中国民国大学院编：《全国教育会议报告　甲编》，商务印书馆 1928 年版，第 4-5 页；《实施民众教育案》，中国民国大学院编：《全国教育会议报告　乙编》，商务印书馆 1928 年版，第 385-386 页。

② 陈独秀指出当时社会有"三害"，代表当时知识人的一般看法，即军人害、官僚害和政客害。见只眼（陈独秀）：《除三害》，《每周评论》第 5 期，1919 年 1 月 19 日。

作为方法的"他者"：考察伪满洲国文学的一种方式[①]
——以山丁小说为中心

王 越

伪满洲国在客观上提供了一个东亚各民族交流与交锋的空间，如果按照官方宣传，汉、满、蒙、朝、日五个民族应在此依循着"五族协和"的理念共同生活。但实际上，殖民与被殖民双方都很清楚，"五族协和""日满一德一心"这样的口号只不过是殖民话术而已，是无法也不可能施行的。在殖民当局设想的民族关系"乌托邦"之外，存在着另一个真实的"满洲国"。借助伪满时期小说、散文、游记等虚构和非虚构文本的异族他者形象，可以窥见这种殖民地民族关系的真相。比较文学形象学认为，他者形象并不是客观存在，而是情感与思想的混合物，是作为注视者的主体对异国、异族他者的塑造、描述与想象。同时，形象学也强调主体与他者的互动性，即"'我'注视他者，而他者形象同时也传递了'我'这个注视者、言说者、书写者的某种形象"[②]。其启示价值在于，对产生于殖民地文化语境的伪满洲国文学来说，他者形象研究不仅是解读殖民地复杂民族关系的有力视角，更是剖析作家文学心态及所处社会总体文化心态的重要途径。因此，以"他者"作为方法能够为我们开启深入理解伪满洲国文学乃至整个东亚殖民地文学的又一重要路径。

莫哈指出，异国他者形象具有三重意义——"它是异国的形象，是出自一个民族（社会、文化）的形象，最后，是由一个作家特殊感受所创作出的形象"[③]。具体来

---

① 本文系 2020 年度国家社会科学基金项目"十四年抗战时期东北地区文学社团与作家文化心态研究"（20CZW042）的阶段性成果。

② 孟华：《比较文学形象学》，北京大学出版社 2001 年版，第 4 页。

③ 莫哈：《试论文学形象学的研究史及方法论》，《比较文学形象学》，北京大学出版社 2001 年版，第 25 页。

说，殖民地作家可以通过塑造他者形象表达自身文化立场或民族立场，从而达到认同或消解殖民主义的目的。山丁①在伪满时期丰富的文学活动及大量文学实绩使其成为这一时期汉语文学最重要的作家与批评家之一。山丁的小说创作实践了其提出的"乡土文艺"和"暴露社会现实"的文学主张。小说中的他者书写和异国想象真实记录了伪满洲国民族关系现实。同时，作为一种借镜或转喻，文本中的"自我"与"他者"互为参照，作者在对异国形象的认识和想象中也言说着自我。本文以山丁小说为中心，考察以"他者"作为方法对深化与拓展伪满洲国文学研究的意义与价值。

一、作为身份借镜的"他者"：山丁小说中的俄国人形象

像所有形象学意义上的形象一样，山丁小说中的"俄国人形象"源于其对自我与他者、本土与"异域"关系的自觉意识。出版于 1944 年的短篇小说集《乡愁》共收录 10 篇作品，其中，《镇集》② 和《乡愁》③ 塑造了两位俄国人形象。《镇集》的主人公炮手小三子与乡长女儿艾艾私奔，两人从家乡大兴镇逃至北满特别区（即北满铁路附属地）的一个小车站附近。小三子成为车站货物课刘翻译的炮手，并受到其与俄国太太的诸多照顾。小说的最后，艾艾在俄国太太帮助下顺利产子，小三子也凭借刘翻译的手枪吓退了前来抓人的乡长。小说以北满小车站为中心，描绘出一幅伪满初期北部小镇的生活图景。小说情节冲淡，叙述的重点不在矛盾冲突，而在于对人情风物的描摹勾勒。小说中的人物多为城镇平民，有在集场（市场）里叫卖农副产品的农民和菜贩子，有粮耗子（倒卖粮食的人）、会计、下等妓女，有在车站工作的翻译、水柜、搬道夫等，他们作为一个整体共同构成了小镇的底色。作品中的边地小镇如同开篇描写的集场一样，嘈杂却充满烟火气与人情味。

山丁在伪满时期主张"描写现实"和"暴露黑暗"，他的作品多描写底层民众的

---

① 山丁（1914-1997），辽宁开原人，原名梁梦庚，又名邓立，笔名小蒨、小茜、蒨人、蒨、山丁、梁山丁、阿庚等，作品有短篇小说集《山风》《乡愁》《丰年》、诗集《季季草》、长篇小说《绿色的谷》，主编诗集《世界近代诗选》。伪满时期，山丁的文学创作覆盖小说、诗歌、散文、剧本等多种体裁，是文丛刊行会、诗季社核心成员，主编伪满时期唯一的汉语新诗期刊《诗季》，策划出版了"文艺丛刊"四部，分别为山丁的《山风》、梅娘的《第二代》、吴瑛的《两极》和王秋萤的《去故集》。1937 年，山丁提出的"乡土文艺"文学主张是伪满时期汉语文学最重要的理论主张，引发了这时期汉语文坛最大的文学论争，该主张及文学实践深刻影响了东北、华北两个沦陷区的文学发展。详见王越：《抗战时期东北地区作家群落研究》，吉林大学出版社 2020 年版。
② 《镇集》原载《文选》1939 年第 1 期，后收入山丁：《乡愁》，兴亚杂志社 1943 年版。
③ 《乡愁》原载《新满洲》1941 年第 3 卷第 5 期，后收入山丁：《乡愁》，兴亚杂志社 1943 年版。

苦难生活，控诉阶级压迫，并寻找时机影射日本殖民侵略。《镇集》是山丁为数不多的以"温情"作为底色的小说。在这篇小说中，山丁对异国形象的处理方式不强调"异"，而强调"同"。小说中的俄国人与中国人在小镇上共同生活，他们一起在花园玩棒子，在车站食堂吃饭，别无二致。俄国人既没有高本地人一等，也没有被区别对待。整个作品最温情的一处发生在艾艾生产前，小说写道："毛子太太从哈尔滨回来，特意买了许多婴儿用的衣类，洗尿器，尿布兜……刘翻译在临娩的几天，每天去到车站墙角的上帝前面默祷，唱着听不清楚的歌。"① 这里的温情不仅表现在刘翻译夫妇对小三子夫妇的关怀，更表现在俄国妇女对中国妇女的帮助。山丁抛开了异族的分别心，将人性置于民族性之前。小说设置了家乡和车站两个世界。在家乡时，小三子是乡长口中的"杂种""奴才"，到车站后则变为刘翻译和"毛子太太"温柔相待的朋友。阶级的差异大过民族的差异，这是山丁在《镇集》中的另一重思考。

在《镇集》中，异国形象只是作为次要人物出现，而在《乡愁》中，作为他者的异国形象成了小说的主人公。与山丁的大多数作品相比，《乡愁》的情节简单，几乎不存在矛盾冲突。小说采用儿童视角叙述，老药剂师、俄国人尼古拉是"我"家的好朋友，他慈祥友善，对小孩子尤其亲切温和。小说的表层故事讲述的是离别妻儿、独自生活在"满洲国"的俄国老人尼古拉的乡愁。尼古拉时常独自翻阅《圣经》，给中国孩子吟唱哥萨克民谣，在思乡时会老泪纵横地呜咽着"我要回去"，这些都让叙述者"我"深切地感受到他的乡愁。

如果说小说表层故事的功能是要完成对深层故事的讲述，那么，《乡愁》讲述的究竟是谁的"乡愁"？巴柔认为"形象就是一种对他者的翻译，同时也是一种自我翻译"②。当尼古拉向孩子们讲述自己的故乡时，小说这样写道："我们都在屏息着听他刚开了闸的话语，他那慈祥的颤抖的语调缠绞在尘土中，被我们呼吸着"，"他的声音里盛藏着一种家乡的，无边阔大的气息，这气息浸蚀着我们"③。这里的尼古拉成了"我们"的借镜。同为"满洲国"的被殖民者，"我们"和尼古拉"共享"着这种乡愁。小说中尼古拉痛苦地数次呼喊的"我要回去"，也是言说者山丁自己的心声。

对这部小说来说，注视者建构出的他者形象承载着主体的认知、理解与感受，背后则是主体对自身命运的想象和期待。小说的结尾意味深长，俄国人尼古拉终于回到了故土，"我"送走了他，"寂寞的走回来"，"感到一种广漠的空虚"④。这是小说的

① 山丁：《乡愁》，兴亚杂志社 1943 年版，第 70 页。
② 巴柔：《形象》，《比较文学形象学》，北京大学出版社 2001 年版，第 165 页。
③ 山丁：《乡愁》，兴亚杂志社 1943 年版，第 10 页。
④ 山丁：《乡愁》，兴亚杂志社 1943 年版，第 15 页。

深层意旨，这种寂寞和空虚才是作者想要表达的真正乡愁。如果说尼古拉的乡愁是身体的乡愁，返乡即可被治愈，那么山丁借"我"之口言说的便是难以消解的"灵魂乡愁""精神乡愁"和"文化乡愁"。巴柔指出："异国形象事实上同样能够说出对本土文化（审视者文化）有时难于感受、表述、想象到的某些东西。因而异国形象（被审视者文化）就能将未被明确说出、定义的，因此也就隶属于'意识形态'的各个'国别'的现实，置换为一种隐喻的形式。"① 尼古拉离开"满洲国"，他的他者身份就消失了。正因为没有了作为他者的尼古拉，"我们"作为殖民地他者的身份才凸显出来——"我"在我的出生之地成了他者。尼古拉有寄托自己灵魂的《圣经》，然而"我们"的民族文化囿于殖民桎梏而无法传播，这种文化身份的无根性与漂泊感才是"我"寂寞、空虚的根源。

山丁精心塑造了俄国人尼古拉这个镜像自我，表层是在书写他者，实则在言说自我，寄托自己的故国之思和文化漂泊感。这与山丁1937年提出的"乡土文艺"主张背后的心理逻辑异曲同工。1937年，山丁通过《乡土文艺与〈山丁花〉》和《乡土与乡土文学》两篇文章提出"乡土文艺"主张，意图有二：一是对抗殖民同化，抵制《艺文指导要纲》主张的"移植文学"，肃正在日伪的文化统治下变得混乱、消沉的东北文学；二是寻求殖民语境下的合法表达策略，用"家乡""乡土""土地"等词作为"中国"的隐喻，表达沦陷区作家对祖国和民族的乡愁。很有意味的是，山丁以小说《乡愁》作为自己第二部小说集的名字，该书出版的时候他已离开伪满洲国赴北京。与尼古拉不同的是，此时的北京也已经成为沦陷区，由一处殖民地到另一处殖民地，作家山丁的感受正是《乡愁》中的"广漠的空虚"。

二、作为抵抗殖民策略的"他者"：山丁小说中的日本人形象

如果说俄国他者形象被山丁作为自我身份的借镜，借此传达难以直言的家国之思，那么作品中的日本人形象则被山丁作为一种文学策略，在作品中暗度抵抗殖民的意图。山丁对作品中日本人形象的处理较为复杂，一部分伪满初期发表的作品，再出版时被改写。如1940年在出版小说集时山丁对部分作品进行了改动，其中就包括删减掉小说

---

① 巴柔：《形象》，《比较文学形象学》，北京大学出版社2001年版，第156页。

《臭雾中》① 里的日本士兵形象。报纸版《臭雾中》有这样的句子："每次车跑过来，会有残饭盒被日本人从窗口风擎的扔下来……"单行本版中该处被改为"会有残余的木片制的饭盒子从窗口风擎般的扔下来……"报纸版中用以指代日本驻军的"大兵"一词，在单行本版中变更为"征人"。《臭雾中》最初发表在《大同报》文学副刊《夜哨》上，这是伪满时期最具反抗性的文学副刊，集结了包括萧军（1907-1988）、萧红（1911-1942）、金剑啸（1910-1936）、舒群（1913-1989）、白朗（1912-1994）在内的众多作家。该副刊发表的作品主题涉及反日本侵略、反阶级压迫、揭露殖民地现实、暴露底层苦难和农村黑暗、批判封建家族制度、呼吁青年觉醒等多个方面。比如，小说《黎明》② 多次写到 pioneer，并且隐晦地描写了共产党军队的反日活动，以及共产主义思想在东北民众中的传播。就作品的反抗性来说，《夜哨》达到了最高点，研究者认为现代文学中抗日文学一脉由此开始③。在《臭雾中》的两个版本中，日本士兵的他者形象被置换，以代表日本元素的"木片制的饭盒子"来隐喻，尽管故事本身没有被阉割，却足以印证从 1933 年到 1940 年伪满时期文学生态和作家心态发生的重大变化。

从 1936 年起，伪满洲国开始了新闻整顿，文学审查制度日趋严苛，在审查出版内容之外，还对作家进行监视、逮捕甚至暗杀。恶劣的文学生态加速了作家的分流，不论是东北作家内部，还是整个伪满文坛，都开始出现文学姿态不同、价值取向各异的作家或作家群。作家们在逼仄的创作空间中艰难地辗转腾挪，需要动用一切可能的写作策略，在实现文学理想和确保人身安全两者之间寻找平衡。其中，如何处理作品中的日本人形象，成为他们必须面对和解决的棘手问题。因此，以日本人形象及其演变为线索考察这个时期的文学，不仅能够看到受殖者一方的文学在殖民语境中日益艰难的发展过程，更能借此窥见作家文化心态的波动。当代形象学认为"当异国形象充分显示了'注视者'文化的取舍及观念时"，有关异国的文学或文化形象能够提供"情感史"或"心态史"④，这成为考察伪满时期文学他者形象的重要意义。

如果说对《臭雾中》日本人形象的修改是山丁迫于形势的无奈之举，那么《绿色的谷》的创作则更能说明殖民地文学的复杂性。《绿色的谷》是山丁唯一一部长篇小说，也是其"乡土文艺"主张的重要实践。该作品的创作过程颇为复杂，最初连载于

---

① 短篇小说《臭雾中》最初发表在《大同报》1933 年 11 月 5 日、12 日、19 日，后收入山丁：《山风》，益智书店 1940 年版。

② 星：《黎明》，《大同报》1933 年 12 月 24 日。

③ 刘晓丽：《九一八事变与东北文学》，《社会科学辑刊》2022 年第 2 期。

④ 巴柔：《形象》，《比较文学形象学》，北京大学出版社 2001 年版，第 198 页。

《大同报》①，后被大内隆雄（1907-1980）译成日语，同时连载在日文报纸《哈尔滨日日新闻》上。这种做法无疑扩大了作品的影响力，对目睹过《夜哨》停刊、罗烽（1909-1991）入狱、金剑啸牺牲等文艺界灾难的山丁而言，这种"关注"带来的创作压力是巨大的。山丁在回忆此事时谈道："这部小说刚在《夕刊》上发表8天，就被日本人大内隆雄（一向是翻译艺文志派作品的）翻译成日文"②，"首先，它影响到我对日译者产生疑惧和不安，精神上承受一种外来的压力；其次，它影响到我创作构思的层次和深度"③。此后，利用长篇小说边创作边连载的特殊性，山丁调整了创作计划。山丁说："我原是想描写农民武装的，日译之后，影响了我的创作企图。"④ 作家没有对原计划重点刻画的绿林英雄和农民武装作正面描写，削弱了作品的反抗性⑤。

更重要的调整在于，山丁对作品中的日本人形象做了一删一增的处理，删去南满站大陆商行的日本经理，增加了日本少女"美子"的形象。这种做法是非常不符合创作逻辑的。聚焦《臭雾中》和《绿色的谷》的文本内部，就其核心情节而言，两部小说在写作意旨上具有同构性。《臭雾中》描写拖着臭雾的"机关车"进驻陶家市，暗示日本的武装侵略与军队驻防。《绿色的谷》讲述由日本人控制的南满站将铁路修建到狼沟，打破了狼沟的乡土生存模式和经济秩序。两部作品分别从军事侵略和经济侵略两方面揭示了殖民主义的真相，文本间的互文关系是比较明显的。在《臭雾中》里，山丁还能够用隐喻来处理日本士兵的形象；在《绿色的谷》中，最能象征殖民经济侵略的重要人物——南满站大陆商行日本经理则被隐藏在了文本中。

《绿色的谷》描写了地主、贫农、胡子（匪）、买办资本家、青年知识分子、日本商人（殖民者）等各类人物，山丁原本的意图是将狼沟塑造成各方势力的角逐场——"本想写林、石、钱、于四个家族的兴衰；写林家窝棚上下坎的对峙，写老中青三代农

---

① 长篇小说《绿色的谷》共有中文、日文2种语言，6个版本。连载版有中文报纸《大同报》（1942年）和日文报纸《哈尔滨日日新闻》（1942年）。1943年，《绿色的谷》的中文、日文单行本由长春文化社和沈阳吐风书房先后出版。1987年，山丁修改后的单行本由春风文艺出版社出版。2017年，刘晓丽主编"伪满时期文学资料整理与研究丛书"之一《山丁作品集》（牛耕耘编），收入了《绿色的谷》的节选（1943年汉语单行本复刻）。各版本的内容有所不同，《绿色的谷》的版本比较参见王越：《梁山丁〈绿色的谷〉版本比较研究》，《外国问题研究》2013年第1期。

② 陈隄、李春燕等：《梁山丁研究资料》，辽宁人民出版社1998年版，第236页。

③ 梁山丁：《万年松上叶又青——〈绿色的谷〉琐记》，《绿色的谷》，春风文艺出版社1987年版，第226-227页。

④ 陈隄、李春燕等：《梁山丁研究资料》，辽宁人民出版社1998年版，第236页。

⑤ 梁山丁：《〈绿色的谷〉出版前后》（下），《来自地球的一角》1995年第77期。转引自冈田英树：《伪满洲国文学》，靳丛林译，吉林大学出版社2001年版，第111页。这是山丁晚年的回忆，可供我们参考。

民的苦难，写三条龙（混江龙、小白龙、钱如龙）在寇河上的较量，写狼沟的对立面南满站的掠夺，写那些醉生梦死的财主们，写地主的奴才霍凤，写地主继承者小彪背叛地主家庭，把土地还给它的真正主人——狼沟的农民"①。如按此意图，整部小说具有强烈的寓言性，狼沟成为东北农村的缩影，小说将林氏家族的解体放在异族殖民侵略、资本主义经济侵入和农民武装运动风起云涌的时代背景之下，全面表现殖民地时期的东北乡村的社会现实，也践行了山丁"乡土文艺"的主张。遗憾的是，面对文学审查和突如其来的日译及由此带来的其他未知的日本读者，这种创作构想在实践时被大打折扣。隐匿民族矛盾，删去殖民者形象，突出阶级矛盾，成为山丁在殖民地语境中的书写策略。

　　一般来说，长篇小说的故事情节和人物在创作之初就已经确定了，但山丁却在创作过程中突然增加了日本人美子这个人物。美子是南满站大陆商行日本经理之女，与主人公林彪相互爱慕并相约一起赴日读书。山丁对此有过两次解释。一次出现在 1943 年汉语单行本《绿色的谷》的后记中，他说："我还在故事里插入一个活泼而有梦想的少女，企图用她调节一下低闷的气氛。我知道这是多余的，但也来不及增添削减，就这样印下去了。"② 另一次出现于 1995 年山丁在日本期刊《来自地球的一角》上发表的《〈绿色的谷〉出版前后》一文中，他谈道："我要写的是绿林英雄，但既然日本读者也在读，就得让日本人也出场，这就有了美子的出现。但在原案中，是没有这个人物的。"③ 由于伪满洲国文学的复杂性，加上中华人民共和国成立后政治环境以及作家心态和立场的变化，很难论证山丁自述的真实性，但从中能够得到两个信息。首先，山丁在 1943 年就已经直言不讳，美子是个"多余"的形象。如果写美子是为了迎合日本殖民者，那么山丁不可能在《后记》中直指其"多余"。因此，可以推断，增加美子的形象不应该是山丁向日本人示好的行为。其次，明确了这一点，再来看山丁的这句话——"但既然日本读者也在读，就得让日本人也出场"——这当中的意味就比较复杂了。"日本读者"这个群体是非常模糊的，除去一般读者，还有身份复杂的翻译者和随时能够对作家施行逮捕甚至杀害的文学审查者，显然，后两者才是山丁所忌惮的，那么美子很可能就是为了他们而增设的。山丁在处理该形象时，没有强化她作为殖民者后代的身份，而是突出其少女纯真美好的一面，并让其远离主线故事。换言之，

---

　　① 梁山丁：《万年松上叶又青——〈绿色的谷〉琐记》，《绿色的谷》，春风文艺出版社 1987 年版，第 226 页。

　　② 梁山丁：《绿色的谷》，文化社 1943 年版，第 365 页。

　　③ 梁山丁：《〈绿色的谷〉出版前后》（下），《来自地球的一角》1995 年第 77 期。转引自冈田英树：《伪满洲国文学》，靳丛林译，吉林大学出版社 2001 年版，第 111 页。

创作者最大限度地弱化了这个异族形象的国籍、身份和叙事功能，这正好揭示出山丁的真实意图。伪满洲国的作家深知，在殖民地语境中，创作意图能否实现、在多大程度上实现是一件天时、地利、人和缺一不可的事。这时期作家的读者意识是双重的，他们既希望普通读者读懂作品的真实意旨，同时又必须确保文学审查者不懂。美子这个他者形象正是在这个意义上起作用的。日本少女与中国青年相爱，对普通日本读者来说是比主线故事更新奇的情节。对审查者来说，这更像是一种隐喻——殖民民族（"他者"）和被殖民族（"我者"）相爱，这是比"五族协和""日满亲善"更为和谐的一种关系——这也许是山丁有意营造出来以迷惑殖民者的"殖民地幻像"。因此，美子这个人物绝不是临时起意，而是山丁在文学审查和文学理想之间权衡后的选择。透过《绿色的谷》中的日本他者形象，我们不仅看到了殖民地政治对文学的干预，也能感受到殖民地作家被多方力量牵制的复杂心态。

三、作为方法的"他者"

异国形象作为一种被建构的认知和看法，实际上传递的内容并非属于"他者"，而是属于"我者"。山丁小说对殖民语境中异族/异国他者形象的独特塑造和处理方式使其成为解读殖民地文学复杂性的重要文本。具体来说，以他者作为方法的意义，至少包含四个方面：

首先，借助他者形象考察殖民语境下文学发展的新变。山丁小说中的一系列俄国人形象突破了此前文学史中的俄国人形象套话，表现出殖民语境下的中国文学对俄国他者认知的更新。"老毛子"一词广泛存在于鸦片战争之后的中国文学中，成为形象学意义上的套话①，代表了对异族他者憎恶、恐惧和轻蔑兼具的一种社会集体想象。因历史上沙俄屡次进犯中国东北地区，东北民众据其多毛的体貌特征和野蛮侵略行径将其蔑称为"老毛子"或"毛子"，这成为汉语词汇中对"异族"的典型描述，标志着对俄国他者的凝固看法。但在伪满洲国的语境中解读山丁《镇集》中的"毛子太太"形象会发现，这个套话所负载的文化寓意、民族主义色彩和贬义情感都被祛除，"毛子"仅成为对俄国人生理属性的一种描述。

其次，借助他者形象窥探真实的伪满洲国民族关系。结合作品中对中俄民众和谐

---

① 形象学将套话视为"他者定义的载体"，套话以最小的单位负载了社会集体想象，暗含复杂的文化等级观念，能够有效反映出形塑者的情感态度，因此成为形象研究的最基本单位。见孟华：《比较文学形象学》，北京大学出版社 2001 年版，第 160、186 页。

生活景象的描写，我们可以看到作为注视者的山丁对俄国他者的基本态度是平等而亲善的①。日本殖民主义的出现改变了东北地区中俄民众原有的民族关系和民族认知，原本"非我族类"的"他者"在伪满洲国中转化为命运与共的"内他者"。

第三，借助他者形象研究，开掘新的阐释空间。山丁在《绿色的谷》中对日本他者形象的处理方式是伪满时期文学作品中极为特殊的。如前文分析，美子这一他者形象能够成为山丁解构殖民创作意图的掩体。作为克服殖民语境文化桎梏的一种策略，山丁用殖民者允许的方式达到抵抗殖民的目的。但另一方面，美子这个形象也为殖民者所利用。刘晓丽教授指出，借助美子的视角，殖民者以审美的目光替代政治控制，制造出带着殖民逻辑的"风景神话"，在客观上助力"满洲农业移民百万户计划"殖民政策②。也就是说，这个异国他者形象成为了一把双刃剑，殖民双方都能够利用它为己方服务，这也使《绿色的谷》成为理解东亚殖民地文学复杂性的典型文本。

最后，借助他者形象探求伪满时期汉语作家反殖民、解殖民书写③的东亚意义。山丁文本中的俄国他者形象成为东亚殖民民众共同的身份借镜。《乡愁》中俄国人尼古拉对故乡发出的"我要回去"的呐喊，其意义已经突破了作家对自我民族身份和民族文化的追寻，而在整个东亚殖民地范围内产生价值。山丁借助俄国他者形象负载的"身份乡愁"和"文化乡愁"为全体东亚殖民地民众发声，表达出一种集体的、共通性的殖民体验。

以他者为方法，不在于研究他者形象本身，而在于研究主体是如何理解、描述、阐释作为他者的异国/异族，再进一步说，是为了反观作为注视者的伪满本土作家形象，深入透析作家的文化心态与殖民地文本的多重意蕴，从另一个角度揭开殖民地文学的复杂性。作家对他者形象的形塑，并非虚构的想象，而是基于所处文化语境中的真实文化心理。比如，将《臭雾中》和《绿色的谷》中与主旨直接相关的日本人形象或删改或隐匿④，这种做法传递出伪满洲国文学政策逐步收紧时作家文化心态的波动。

---

① 巴柔认为注视者对他者主要有三种基本态度：第一种为狂热，即认为他者文化优于注视者文化；第二种为憎恶，认为注视者文化更为优越；第三种为亲善，他者文化被视为正面的，能够与注视者平等对话。见孟华：《比较文学形象学》，北京大学出版社 2001 年版，第 175 页。

② 见刘晓丽：《自然写作的诗学与政治：伪满洲国殖民地的"风景"研究——以山丁的长篇小说〈绿色的谷〉为中心的考察》，《沈阳师范大学学报》（社会科学版）2018 年第 2 期。

③ 反殖文学、解殖文学的含义详见刘晓丽：《反殖文学·抗日文学·解殖文学——以伪满洲国文坛为例》，《现代中国文化与文学》2015 年第 2 期。

④ 牛耕耘发现，在出版作品集《山风》时，山丁也对《岁暮》《织机》《壕》等作品进行了修改，削弱了日本人的存在感。见刘晓丽主编"伪满时期文学资料整理与研究丛书"之一山丁：《山丁作品集》，北方文艺出版社 2017 年版，第 2 页。

形形色色的"看不见的日本人"形象构成了这一时期对日本殖民者的特定描述，也成为被殖民者民族态度的具象表达。

以他者为方法最终是为了在原有的对伪满洲国文化生态的宏观或微观呈现之外，拓展一条新的研究路径，重新理解殖民语境中文学运作与存在的方式。巴柔认为"异国形象作为对一种文化现实的描述，通过这一描述，塑造（或赞同、宣扬）该形象的个人或群体揭示出并表明了自身所处的文化、社会、意识形态空间"①。包括山丁小说在内的伪满洲国文学中众多的异族他者形象不仅构成了这一时期自我民族对异族的描述，更能够整合为对殖民地现实的总体呈现。鉴于殖民文化语境的复杂性，他者可以成为考察伪满洲国文学的一种方法，并借此个案透视东亚现代文学。

（作者单位：青岛农业大学人文社会科学学院）

---

① 巴柔：《形象学理论研究：从文学史到诗学》，《比较文学形象学》，北京大学出版社 2001 年版，第 202 页。

徐志摩对华兹华斯浪漫主义诗学观的接受①

涂慧琴

作为英国浪漫主义文学的先驱，华兹华斯直面 18 世纪末欧洲文化、思想领域的各种激烈斗争和猛烈碰撞，摆脱古典主义的清规戒律，以无畏的诗歌革命精神在《〈抒情歌谣集〉序言》中提出了关于诗歌的题材、语言、形式、节奏以及诗人的情感、想象等方面的诗学主张。20 世纪初，在中国新旧文化之争的背景下，华兹华斯被译介到中国，其诗歌及其诗学观对当时的中国诗坛产生了一定的影响。

其中，徐志摩是最早、最重要的华兹华斯译介者之一，也是跟随华兹华斯浪漫主义诗学观最紧的中国新诗诗人。卞之琳称，虽然徐志摩翻译过美国惠特曼的自由体诗和法国象征派波德莱尔的诗，也对年轻人讲过未来派，但是"他的诗思、诗艺几乎没有越出过 19 世纪英国浪漫派雷池一步"②。徐志摩先后 8 次介绍了华兹华斯，认为华兹华斯是"我们最大诗人之一"③，是一位"爱自然，爱儿童的诗人"④。更为重要的是，他接受华兹华斯关于自然和诗人的情感、想象和主体性地位方面的诗学观，并把这些诗学观融入具体的创作实践中。

---

① 本文系国家社科基金重大项目"中国新诗传播接受文献集成、研究及数据库建设（1917—1949）"（16ZDA240）、湖北工业大学科研基金项目"华兹华斯在中国的译介和接受研究（1917-1949）"（BSQD2020101）的研究成果。

② 卞之琳：《徐志摩诗重读志感》，江弱水、青乔编：《卞之琳文集》（中卷），安徽教育出版社 2002 年版，第 310 页。

③ 徐志摩：《天下本无事》，《晨报副刊》1923 年 6 月 10 日。

④ 徐志摩：《我的祖母之死》，《晨报五周年纪念增刊》1923 年第 12 期。

一、大自然：富有精神和感召力的生命体

华兹华斯的自然观是其诗学观的重要组成部分，是他在自然观念方面的一种创新，体现了他对自然的深度理性思考。在他看来，自然既是物质的又是精神的，既具有感性又具有理性，既具有神性又具有人性。他的自然观"既是精神的体系，又是现实的存在"，"是一种力图从精神方面、从人类心灵方面拯救人类的观点"①。徐志摩关注到华兹华斯阐释的"大自然的精神"和大自然的感召力，由此加深了对自然与自我的认识。

（一）大自然的精神

何谓大自然的精神？这是华兹华斯自然观中的一个核心问题。虽然华兹华斯在其诗论和诗作中，反复阐释了自然与诗歌、与人、与诗人之间的多维关系，但他没有正面提出"大自然的精神"一说。这一说法是徐志摩在《康桥再会罢》和《夜》中提出来的。在其散文诗《夜》中，徐志摩以自己内心神秘的"冲动"为主角，夜访"湖滨诗侣"的故乡，看见群峰映在"葛濑士迷亚柔软的湖心"，"乳鸽山庄"放射出油灯的稀光，听见华翁吟诗的清音，还能辨出华翁和妹妹桃绿水（Dorothy）及友人高柳列奇（Coleridge）围坐在客厅的火炉边。徐志摩凭借其丰富的想象力，再现了华兹华斯的音容笑貌和旷达情怀——"他音虽不嘹，然韵节流畅，证见旷达的情怀"，"诗人解释大自然的精神，/美妙与诗歌的欢乐，苏解人间爱困！"② 在《康桥再会罢》中，徐志摩在离别康桥之际，目睹康桥的景物，追忆了过去的一年，虽心有万千思绪、淡淡的忧伤，却认为康桥孕育了自己，使自己的心灵日益丰盈，感受到了大自然的精神——"但我如何能尽数，总之此地/人天妙合，虽微如寸芥残垣，/亦不乏纯美精神；流贯其间，而此精神，正如宛茨宛士所谓/'通我血液，浃我心藏'，有'镇驯/矫饬之功'"③。在徐志摩看来，华兹华斯阐释的大自然的精神指向的是自然与人的关系，即自然对人产生的精神影响：一是天人妙合，也就是"宛茨宛士"，即华兹华斯所认为的自然打通了人的血脉、融入了人的内心；二是自然借由诗歌对人的心灵产生的撞击，一旦被写入诗歌中，就会让人产生美妙欢愉的心情；三是自然让人镇定、和顺，具有矫正人的行为的作用。

---

① 苏文菁：《华兹华斯诗学》，社会科学文献出版社 2000 年版，第 59 页。

② 徐志摩：《夜》，梁锡华编著：《徐志摩诗文补遗》，时报文化出版事业有限公司 1980 年版，第 62-63 页。

③ 徐志摩：《康桥再会吧》，顾永棣编注：《徐志摩诗全集》，学林出版社 1997 年版，第 107 页。

关于大自然的这些精神，华兹华斯在其著作中反复强调过。在《〈抒情歌谣集〉序言》中，他指出"诗是人和自然的表象"①。因此，他的诗歌主要描写大自然和同大自然息息相关的人及其生活。相比较而言，他更乐于描写大自然，且他在这方面的诗最能体现他的艺术造诣。他也指出，选择"微贱的田园生活"作为诗歌的题材，强调"人们的热情是与自然的美丽而永久的形式合二为一的"②。他还指出，"他（诗人）认为人与自然本质上是相互适应的，人的思想自然而然地反映出大自然最美丽、最有趣的品质"③。在《序曲》中，华兹华斯反思了一位诗人的心灵成长，认为大自然以威严的美好事物占据心灵，教育诗人以他的方式让他和伙伴们感到欣喜若狂，以质朴而端庄的容颜给他质朴的慰藉。他从大自然中感受到了微妙的乐趣，即使身陷狂暴的喧闹中，也能体味到感官的纯净的活动（pure motions）。他称大自然纯净的精神魅力"是一种平静的快感"（calm delight），能使新生生命适应现存的事物，"在我们人生拂晓之时，联系好/生命与快乐结成同盟的纽带"④。他认为大自然中的风物与景象及许多其他的材料，虽然不是那么重要，或许是辛勤采集到的诗歌素材，但能帮助诗人建立其荣耀⑤。华兹华斯"用一种诗性的愉悦表达自然同人类的联系"⑥，在自然与诗人之间建立了一种以"快乐"为纽带的秩序，认为"大自然赋予人们快乐和慈爱的同时，指引人们追寻人性的美德"⑦，大自然和人类属于同一个"生命体"。

华兹华斯之所以如此解释大自然的精神，根源于18世纪西方的人们对自然的认识，也根源于自己的生活环境。18世纪，随着心理学、地质学、博物学等在自然方面获得新的发现，盛行于16—17世纪的机械自然观已无法解释人类与自然的复杂关系，传统的有机自然观在浪漫主义文学思潮中重新焕发青春，科学家们把自然视为活生生的事物，自然中的一切事物都是有机统一体，任何事物都与整体存在着联系。达尔文在《自然的神殿》中阐释了自然事物的"愉悦"，认为整个自然都洋溢着愉悦，整个

---

① William Wordsworth, "Preface to Lyrical Ballads（1802）", Stephen Gill, ed., *William Wordsworth：The Major Works*. Oxford：Oxford University Press，2011，p.605.

② William Wordsworth, "Preface to Lyrical Ballads（1802）", Stephen Gill, ed., *William Wordsworth：The Major Works*. Oxford：Oxford University Press，2011，p.597.

③ William Wordsworth, "Preface to Lyrical Ballads（1802）", Stephen Gill, ed., *William Wordsworth：The Major Works*. Oxford：Oxford University Press，2011，p.606.

④ William Wordsworth, *The Complete Poetic Works of William Wordsworth in Ten Volumes*（Volume III）The Prelude. Boston and New York：Houghton Mifflin Company，1911，p.27.

⑤ William Wordsworth, *The Complete Poetic Works of William Wordsworth in Ten Volumes*（Volume III）The Prelude. Boston and New York：Houghton Mifflin Company，1911，p.11.

⑥ 刘蓓：《论浪漫主义诗歌中的"自然愉悦"与生态意识》，《山东师范大学学报》（社会科学版）2004年第3期。

⑦ 涂慧琴：《华兹华斯的人地观及其根源》，《南华大学学报》（社会科学版）2019年第1期。

有机体的任何部分都能产生愉悦，并且在相互之间转换，再生长①。这对华兹华斯关于自然是快乐源泉的观点的形成产生了重要的影响。华兹华斯非常注重表现人与自然的有机联系，认为人类与自然可以构成某一种伟大的同一体。随着工业革命的发展、现代经济结构的形成，刚刚从封建神学的束缚中解放出来的人们却越来越多地被资产阶级制度和生活方式所"物化"。华兹华斯厌恶工业革命带来的各种社会丑恶、带给人类的无数灾难，向往未被资本主义文明污染的大自然，通过回归大自然的方式寻找理想、寻找人性的最终归宿。在大自然中，他看到了宁静、美丽和淡泊，始终把认识和表现人性视为创作的主要目标。在他的诗歌中，总是通过描写大自然中平凡而静美的景物，间接地表达对工业文明中丑恶现实的不满。

同华兹华斯一样，徐志摩感受到了大自然的纯美所带来的天人合一，并以此来净化自己的心灵。在大自然的和悦宁静中，诗人的心灵毫无保留地与大自然浃洽，心智也得以洗涤——"赖你和悦宁静/的环境，和圣洁欢乐的光阴，/我心我智，方始经爬梳洗涤，/灵苗随春草怒生，沐日月光环，/听自然音乐，哺啜古今不朽/——强半汝亲栽育——的文艺精英"②。其实，在先于《康桥再会罢》四天前写的散文《雨后虹》中，徐志摩就已经阐释了大自然对他的可贵教育："我生平最纯粹可贵的教育是得之于自然界，田野，森林，山谷，湖，草地，是我的课室；云彩的变幻，晚霞的绚烂，月的隐现，田里的麦浪是我的功课；瀑吼，松涛，鸟语，雷声是我的教师，我的感觉是他们忠谨的学生，受教的弟子。"③ 与从自然里产生的美、和谐、恬静、微笑和安闲相生的，是诗人的喜悦、惊讶、爱好、崇拜和感奋等情绪。

（二）大自然的感召力

徐志摩多次称华兹华斯是一位"爱自然"的诗人，并极力称赞他的自然诗歌。在《征译诗启》中，徐志摩称华兹华斯的《野水仙》"独传不朽"，赞美华兹华斯纯粹的艺术精神，"华茨华士见了地上的一颗小花，止不住警讶与赞美的热泪"④。在谈论哈代的诗时，徐志摩指出哈代与华兹华斯都以自然为艺术的对象，以人生为自然的一个灵性因素，但是他们所坚持的"自然"概念是相反的，在态度和方法上是不同的，却是互补的：华兹华斯看到的是一个阳光普照的、黄金的世界，哈代看到的却是一个弥

---

① Erasmus Darwin, *The Temple of Nature*; *or, the Origin of Society*. London：J. Johnson, 1803.

② 徐志摩：《康桥再会吧》，顾永棣编注：《徐志摩诗全集》，学林出版社 1997 年版，第 105-106 页。

③ 徐志摩：《雨后虹》，韩石山编：《徐志摩全集》（第一卷　散文 1），天津人民出版社 2005 年版，第 159 页。

④ 徐志摩：《征诗译启》，《小说月报》1924 年第 3 期。

漫着威严、神秘和凶恶的深黝的山谷①。在《济慈的夜莺歌》中，徐志摩简要介绍了华兹华斯讴歌清晨伦敦的景象，认为华兹华斯时代的人"比较的不野蛮，近人情，爱自然"②。

对华兹华斯而言，大自然总是具有感召力的。他一生崇尚自然，一朵水仙花、一片浮云、一只云雀、一只蝴蝶、一眼泉水都能引起他的注意，并成为他书写的对象。他的诗歌中存在着大量的自然景物的描写，但他往往并不是纯粹写景，而是借助自然景物抒发内心的情感，"带着情感与自然对话"③。在他看来，自然与诗人的情感总是紧密地联系在一起的。

崇尚自然的观念与华兹华斯在生活中的自然环境密不可分。首先是影响他一生的湖区风景。他从小与湖区结缘，一生中的大部分时光都是在湖区度过的。他对湖区怀有一种虔诚的爱，湖区既是他现实中的家园，也是他精神上的家园。其次是剑桥的风光。在剑桥大学求学期间，他经常远离人群，走进田野，细读大地与天空的容颜，寻找与他灵交的美景，寻回并未消退的自我。华兹华斯在《序曲》第三卷"寄宿剑桥"中写道：

> oft times did I quit
>
> My comrades, leave the crowd, buildings and groves,
>
> And as I paced alone the level fields
>
> Far from those lovely sights and sounds sublime
>
> With which I had been conversant, the mind
>
> Drooped out; but there into herself returning,
>
> With proper rebound seemed fresh as heretofore.
>
> ……
>
> I looked for universal things; perused
>
> The common countenance of earth and sky:
>
> Earth, nowhere unembellished by some trace
>
> Of that first Paradise whence man was driven④

---

① 徐志摩：《汤麦司哈代的诗》，《东方杂志》1924年第2期。
② 徐志摩：《济慈的夜莺歌》，《小说月报》1925年第2期。
③ William Wordsworth, "Preface to Lyrical Ballads, with Pastoral and Other Poems (1802)", Stephen Gill, ed., *William Wordsworth: The Major Works*. Oxford: Oxford University Press, 2011, p. 606.
④ William Wordsworth, *The Complete Poetic Works of William Wordsworth in Ten Volumes* (Volume III) The Prelude. Boston and New York: Houghton Mifflin Company, 1911, pp. 53-54.

在第一行中，"did"表示一种强调，强调华兹华斯经常远离他的伙伴，远离人群、房屋建筑、树丛，独自一人徜徉在平坦的田野。这时，虽然他已远离那些曾与他灵交的美景和崇高的声音，但他的心灵并未退却，而是在那里恢复自我，如先前一样富有活力。他环视大地，四处寻找普遍存在的事物，无处不见人类被逐出伊甸园的痕迹。

徐志摩曾指出："你们知道宛茨渥士和雪莱他们不朽的诗歌，大都是在田野间，海滩边，树林里，独自徘徊着像离魂病似的自言自语的成绩。"① 在他看来，宛茨渥士（即华兹华斯）和雪莱的许多优秀诗歌都是诗人们徜徉在大自然中时产生的。在剑桥大学游学期间，徐志摩也曾像华兹华斯那样，如痴如醉地徜徉在优美、宁静、充满灵性的自然美景中，写下了许多关于康桥的诗作，如《春》《夏日田间即景（近沙士顿）》《沙士顿重游随笔》《月夜听琴》《康桥西野暮色》《康桥再会吧》等。诗人徘徊在康河边，看夕阳中的河水、暮霞下的树木、春草里的蚱蜢，赏青透春透的园囿，只见自然中的万物成双成对，唯独他独自一人体味孤独。然而，他并未悲伤地沉溺于个人的孤独中，而是热情地"答应这青春的呼唤，/燃点着希望灿灿，/春呀！你在我怀抱中也！"② 他认为自然与他在一起，点燃了他青春的希望。《夏日田间即景（近沙士顿）》展现了一幅夏日里人与自然、人与人和谐共处的田园生活画面："柳林青青，/南风熏熏"，"那边麦浪中间，/有农妇笑语殷殷"，"南风熏熏，/草木青青，/满地和暖的阳光，/满天的白云黄云，那边麦浪中间，/有农夫农妇，笑语殷殷"③。这种温馨、浪漫的诗意生活，也正是徐志摩所希冀的田园生活。徐志摩的《康桥再会罢》与华兹华斯的《序曲》第一卷"引言幼年 学童时代"中对自然的描写有异曲同工之妙，前诗中的"清风明月夜""缦烂的云纹霞彩""穆静腾辉的晚景""清晨富丽的温柔""缓和的钟声""和悦宁静的环境""圣洁欢乐的光阴"④ 等应和着后诗中的"the calm of summer nights"（寂静的夏夜）、"by the margin of the trembling lake"（柔波荡漾的湖水旁边）、"village clock"（村里的钟声）、"far distant hills"（远方的山峦）、"the stars Eastward were sparkling clear"（东方的星斗粲然）、"the orange sky of evening"（橙红色的晚霞）⑤。

---

① 徐志摩：《话》，韩石山编：《徐志摩全集》（第三卷 散文3），天津人民出版社2005年版，第96页。

② 徐志摩：《春》，顾永棣编注：《徐志摩诗全集》，学林出版社1997年版，第35页。

③ 徐志摩：《夏日田间即景（近沙士顿）》，顾永棣编注：《徐志摩诗全集》，学林出版社1997年版，第48-49页。

④ 徐志摩：《康桥再会吧》，顾永棣编注：《徐志摩诗全集》，学林出版社1997年版，第104-105页。

⑤ William Wordsworth, *The Complete Poetic Works of William Wordsworth in Ten Volumes* (Volume III) The Prelude. Boston and New York: Houghton Mifflin Company, 1911, pp. 21-22.

追求人类共有的自然，是自古以来浪漫主义文学永恒的主题。19 世纪的欧洲有一股偏好大自然的热潮，而华兹华斯比其他任何人都更加强烈地感受到自然界的各种变化、一切外在的自然现象，并以独特的方式描绘大自然、思考自然与自我的关系问题。徐志摩领悟到华兹华斯笔下大自然的精神和力量，也置身于自然风物中，体验自然与自我的合二为一，并在作品中极力倡导回归自然，申明独特的自然美景赋予了他生命的活力。

二、诗人：富有情感和想象力的审美主体

在 1800 年《〈抒情歌谣集〉序言》中，华兹华斯非常强调诗人的主体性地位，认为诗人的情感对诗歌的形成起到了决定性作用，诗并不存在于客观事物或对象本身，而存在于诗人对客观事物或对象的审美观照中。华兹华斯关于诗人的诗学观对后来的西方诗学产生了很大影响，也对中国新诗诗学理论的构建起到了重要作用。徐志摩接受了华兹华斯关于诗人的诗学观，这可从其《草上的露珠儿》等作品窥见一斑。

首先，体现在诗人的情感方面。徐志摩从"草上的露珠儿"和"新归来的燕儿"发现了春天的到来，一再督促诗人开放"创造的喷泉"。艾布拉姆斯说："浪漫主义者关于诗歌或一般艺术的论断，常常涉及诸如'流溢'之类使内在的东西得以外化的隐喻。"① 华兹华斯用了 overflow 一词，flow 意指"流动"，over 指超过了容器容纳的体积，over 和 flow 合成一个词，意即"溢出"。华兹华斯将诗歌定义为诗人情感的流露、溢出，把诗歌比喻为表现。与华兹华斯同时代的人们，譬如奥·威·施莱格尔、约翰·斯图亚特·密尔、约翰·基布尔、哈兹里特、柯尔律治、雪莱、拜伦等，也创作了许多类似"表露""吐露""流溢"等名词，说明诗歌是诗人情感的表现。徐志摩用了"喷泉"一词，与华兹华斯的 overflow 一词有着异曲同工之妙。就事物本身而言，"喷泉"就是一个容器，里面存储着大量的水，"喷泉"一旦开放，水就会即刻喷射出来。显然，徐志摩与华兹华斯及其同时代的浪漫主义诗人一样，采用了隐喻。作为一种思想和情感的容器，"喷泉"存储着诗人的思想和情感，诗人一旦开放"喷泉"，情感和思想就会喷射出来。

徐志摩接受华兹华斯关于诗人的诗学观，还表现为诗人对下层人民的同情、关爱和敬重。在《我的祖母之死》中，徐志摩称华兹华斯是位"爱儿童的诗人"，因为华兹华斯在《我们是七个》中"多方的譬解"八岁小女孩的回答，但是小女孩仍然单纯

---

① ［美］M. H. 艾布拉姆斯：《镜与灯：浪漫主义文论及批评传统》，郦稚牛、张照进、童庆生译，北京大学出版社 2015 年版，第 52 页。

地回答"可是，先生，我们是七个"①。华兹华斯饶有兴趣地与小女孩交谈，从儿童的身上捕捉人类最朴素、最原始，也是最珍贵的品质。徐志摩翻译的《葛露水》讲述了一位活泼的小女孩为给母亲送灯，在山谷遭遇风雪而不幸失踪的故事，表达了诗人对孤独孩子的悲悯和同情。华兹华斯的诸多优秀作品，譬如《康柏兰的老乞丐》《荒屋》和《迈克尔》等，都弥漫着"华兹华斯式的焦虑"②，表现了他是"和朋斯或迭更司同样接近于人类的共通的命运和苦恼的心的"③。他在体制不完善的社会里努力建造理想的生活，"把自己的意愿寄托到人心自古以来就有的正义感和没有受到虚伪文明败坏的纯朴人们的善良上"④，从这些人的生活中了解他们的情感，并从哲学的高度认识他们，从诗学的角度把他们描写成各种身份的人修身的典范。正如华兹华斯通过作品传递他对底层民众的人道主义关怀、努力营造理想的生活一样，徐志摩也一直关切整个国家甚至整个世界的人类的生存和命运，努力寻求救国救民的良方。在从事诗歌创作的初期，徐志摩写下了许多充满着强烈同情和悲悯的诗篇。徐志摩的《先生！先生！》有着华兹华斯的《爱丽丝·菲尔》的影子，前诗中有飞奔的人力车"车轮"和寒风中衣着破烂为病母乞讨的"女孩"，后诗中有在风雨中急奔的马车"车轮"和因斗篷缠进马车轮毂被撕破而哭泣的女孤儿。两首诗有着相同的主题和类似的情节，体现了两位诗人对穷苦女孩的悲悯和同情。两位诗人的悲悯并非只是一种向内的孤芳自赏的情愫，而是一种向外的强烈问世精神。华兹华斯主张人们深入到下层，到茅舍田野去，到孩子们中间去。徐志摩也主张人们走进民间，并呼吁更多的人走进民间、了解民情，唤醒民众的觉醒意识。他在《灰色的人生》中邀约道："来，我邀你们到民间去，听衰老的，病痛的，贫苦的，残毁的，受压/迫的，烦闷的，奴服的，懦怯的，丑陋的。罪恶的，自杀的，——/和着深秋的风声与雨声——合唱的'灰色的人生'！"⑤ 悲悯情怀也促使他反思整个人类社会。在《常州天宁寺闻礼忏声》中，徐志摩拷问现实生活，祈愿人间不再有如舞台上合奏的各种声音："有如在生命的舞台的幕背，听空虚的笑声，失望与痛苦的呼吁/声，残杀与淫暴的狂欢声，厌世与自杀的高歌声，在生命的舞台上合奏着；/我听着了天宁寺的礼忏声！/这是那里来的神明？人间再没有这样的

① 徐志摩：《我的祖母之死》，《晨报五周年纪念增刊》1923 年第 12 期。
② [美]哈罗德·布鲁姆：《西方正典：伟大作家和不朽作品》，江宁康译，译林出版社 2005 年版，第 192 页。
③ [美]约翰·玛西：《世界文学史话》，胡仲持译，中国书店出版 1988 年版，第 443 页。
④ [苏] Н. Я. 季亚科诺娃：《英国浪漫主义文学》，聂锦坡、海龙河译，辽宁大学出版社 1990 年版，第 45 页。
⑤ 徐志摩：《灰色的人生》，《徐志摩选集》（上），人民文学出版社 2002 年版，第 26 页。

境界!"① 他以一种入世的精神，努力营造人间和谐的音籁和如慈母般的温软的胸怀。

其次，体现在诗人的想象力方面。想象力是人类所具有的感知能力。对诗人而言，想象具有更深一层含义，即想象是以情感为原始动力，达到再创造的目的。华兹华斯认为想象是心灵在那些外在事物上的活动，是诗人被某些特定的规律所制约的创作或写作的过程。华兹华斯所称的创作或写作过程和心灵的活动，在徐志摩看来，即是"洪炉"和"火焰"。在《草上的露珠儿》中，徐志摩称"你的洪炉是'印曼桀乃欣'，/永生的火焰'烟士披里纯'"②。"印曼桀乃欣"和"烟士披里纯"分别是"想象"（imagination）和"灵感"（inspiration）的音译。华兹华斯将想象应用于意象之上，认为"想象的过程是通过赋予某一对象以附加特性，或者从该对象中抽取它实际具有的那些特性而进行的，这样便使这个对象如同一个新的存在物一样依照这个过程作用于心灵"③。他的诗歌中蕴含的大量意象，实则是他给客观存在的事物蒙上了想象的颜色，赋予其附加的特性。徐志摩在《草上的露珠儿》中，也创造出了大量的自然意象，如露珠儿、燕儿、喷泉、云雾、旭日、海鸥、风、云雀和万丈虹等，从而形成了一个多层次的意象复合体，更深刻、更丰富地暗示了瞬间的感觉和情感，即他对宇宙现象所拥有的强烈的、自由的和奔放的情感。

最后，体现在诗人的主体性方面。华兹华斯称诗人"比一般人具有更敏锐的感受性，拥有更深度的热情和更多的温情，他更了解人的本性，而且有着更开阔的灵魂；他喜欢自己的热情和意志，内在的精神活力使他比别人快乐得多；他乐于思考宇宙中相似的意志和热情，并且习惯于在没有找到它们的地方自己去创造"④。华兹华斯赋予诗人浪漫主义的气质，认为诗人比一般人具有更特异的敏感的心灵，更容易被不在眼前的事物所感动，对宇宙万物持有高度的热情和意志，具有被现实事物或对象唤起热情的能力、从宇宙万物中发现甚至是创造相似的意志与热情的能力、更敏捷地表达自己的思想和感情的能力。徐志摩关于诗人的言论，与华兹华斯如出一辙。在《草上的露珠儿》中，他宣称"诗人哟！/你是时代精神的先觉者哟！/你是思想艺术的集成者哟！/你是人天之际的创造者哟！/你资财是河海风云，/鸟兽花草神鬼蝇蚊，/一言以

---

① 徐志摩：《常州天宁寺闻礼忏声》，《徐志摩选集》（上），人民文学出版社 2002 年版，第 27 页。

② 徐志摩：《草上的露珠儿》，顾永棣编注：《徐志摩诗全集》，学林出版社 1997 年版，第 15 页。

③ William Wordsworth, "Preface to Poems（1815）", Stephen Gill ed., *William Wordsworth: The Major Works*. Oxford: Oxford University Press, 2011, p. 632.

④ William Wordsworth, "Preface", Fiona Stafford ed., *Wordsworth and Coleridge Lyrical Ballads 1798 and 1802*, Oxford University Press, 2013, pp. 103-104.

蔽之：天文地文人文"①，并宣称把诗人当成"先觉者""集成者"和"创造者"，能从天地万物中找到文学创作的素材，形成具有人文气息的语言。他一共用了5个"诗人哟"，声声召唤诗人对天地间万物的探索热情。他称颂诗人是高高在上的云雀，自由自在地翱翔于四海，不去过问今古春秋。他还称诗人是真善美的万丈虹。他诗歌中的"云雀"是自由的象征，"虹"是真善美的隐喻，与华兹华斯诗歌中的云雀和彩虹具有相近的隐喻含义。在《致云雀》一诗中，华兹华斯视"云雀"为自由的灵魂、快乐的精灵，祈求云雀带他飞上云霄，越飞越高，飞到云雀在天空欢宴的地方。华兹华斯诗歌中的"彩虹"，不仅是自然中的彩虹，更是心中的彩虹，是他对自然、对上帝虔敬的精神所在。

华兹华斯对诗人的情感、想象力和主体性地位做了明确的阐述，认为诗的产生在于诗人对客观事物的敏感发现，并借助想象引起心灵和思想上的碰撞，从而产生强烈的情感并将这种情感表达出来。诗是诗人心灵和思想的产物，是诗人主体对事物客体的审美观照。徐志摩接受华兹华斯的诗人观，用"洪泉"比喻诗人的思想和情感，用"洪炉"比喻诗人的想象，认为诗人是时代精神的先觉者、思想艺术的集成者和人天之际的创造者。

三、华兹华斯诗学在中国的误读、局限及启示

乐黛云指出："文学影响与接受的过程，同时也是一个文化过滤的过程。因为所谓文化过滤，指的是根据自身文化积淀和文化传统对外来文化进行有意识的选择、分析、借鉴与重组。接受与影响中最重要的因素有时不一定是影响源本身，而恰恰是被影响者所处的环境及其时代的要求。"② 毫无疑问，在英国浪漫主义诗人中，华兹华斯的成就最大。但即使是再伟大、再经典的诗人，华兹华斯在西方国家也是褒贬不一的。在中国，他一次次被译介、被借鉴，但由于华兹华斯浪漫主义诗学本身内涵丰富、中国诗学传统的制约、中国社会背景文化复杂多样，以及中国诗人自身的知识结构和认知的不同，导致中国诗人在接受华兹华斯诗学思想时呈现出不同的倾向和鲜明的个人特征，在一定程度上存在片面性和功利性，由此造成了"误读"。

事实上，华兹华斯诗学在中国经历了一段漫长而持久的接受过程，而在起始阶段，华兹华斯的译介"得失"并存。"得"在于，胡适的"说理"说和田汉的"抒情"说

---

① 徐志摩：《草上的露珠儿》，顾永棣编注：《徐志摩诗全集》，学林出版社1997年版，第14-15页。

② 乐黛云等编：《比较文学原理新编》，北京大学出版社1998年版，第92页。

正面介绍了华兹华斯的诗学观，为后来新诗诗人讨论华兹华斯倡导的说理和抒情提供了借鉴。胡适在《〈尝试集〉自序》（1914）中感叹"吾国作诗不重言外之意，故说理之作极少。求一朴蒲（Pope）已不可多得，何况华茨活（Wordsworth），贵推（Goethe）与白朗吟（Browning）矣"①，认为当时的诗坛缺乏像华兹华斯这样重言外之意、重说理的诗人。田汉在《诗人与劳动问题》（1919）中推崇华兹华斯关于诗歌抒情的主张。"失"在于，华兹华斯是一位遭遇冷落、未被全面了解的英国浪漫主义诗人。20世纪初，大量外国文学被译入中国，带来了翻译文学在中国的繁荣和发展。自1900年梁启超首次向国人介绍华兹华斯是大自然的"慧观者"后，在很长的一段时间里，这位伟大的英国诗人似乎被国人遗忘了。20世纪的前20年，只有陆志韦、胡适和田汉对他有所译介。即使是当时为译介外国文学做出巨大贡献、极力推崇英国浪漫主义的鲁迅，也只是积极介绍"摩罗诗人"拜伦和雪莱，根本未曾提及华兹华斯。因此，在这段时间内，与拜伦、雪莱等浪漫主义诗人相比，华兹华斯在中国的影响是微乎其微的。究其原因，主要在于这个时期的英国浪漫主义译介倾向于诗人们的革命反抗精神，追求自由、平等和民主的个性解放精神，带有明显的政治色彩。陆志韦于1914年翻译了《贫儿行》和《苏格兰南古墓》，但令人惋惜的是，他对前者采用的是中国传统的七言歌行体形式，对后者采用的是五言古体诗形式，因此，译诗未能再现原诗自然质朴、口语化的语言，以及歌谣体形式。胡适在《谈新诗》（1919）中提及华兹华斯等人所提倡的文学改革，也只是把华兹华斯放在力求变革文学语言的语境中进行解释。

进入20世纪20年代后，经吴宓、郭沫若、徐志摩、闻一多等人和《学衡》等杂志的译介，华兹华斯才逐渐被普遍接受，其诗学观中最受关注的是自然观。田汉、郭沫若、郁达夫、成仿吾等留学日本的作家，借助日本这座文学媒介桥梁将华兹华斯译介到了中国。他们深受日本对华兹华斯的译介的影响，往往将华兹华斯与大自然联系起来。然而，能真正体验到华兹华斯诗歌中的自然风物的，唯有徐志摩。徐志摩在剑桥的游学经历及其对英国剑桥风物的实地考察使其接受华兹华斯的路径具有独特性。1921-1922年间，徐志摩游学剑桥大学，接触了欧美浪漫主义，接触了华兹华斯的浪漫主义诗歌。虽然徐志摩与华兹华斯相隔一百多年，但在英国这个既保守又传统的国度里，康桥的自然风物在这两位诗人的诗歌中极度相似。徐志摩徜徉在康桥的自然美景中，深刻领悟到自然与自我相容的愉悦之情。华兹华斯浪漫主义的诗风和剑桥的旖旎风光走进他的内心，激发了他的浪漫主义情怀，写下了许多关于康河和剑桥乡间自

---

① 胡适：《〈尝试集〉自序》，刘斯奋主编：《今文选》（7序跋卷），中国言实出版社2015年版，第23页。

然风光的诗作，与华兹华斯隔着时空产生了强大的回音。徐志摩的诗歌中充满着对自然的向往与敬仰，也充满着对自然的感知与发现。同时，他诗歌中情感的纯粹、想象的丰赡、语言的华美，也都与华兹华斯的诗歌十分相近。他们如此相似，以致朱湘这样评价徐志摩的诗："这几段接得一点不自然，一点不活泼，一点不明顺，使人联想起魏兹渥士（Wordsworth）不得意的时候的僵硬、勉强。"①

值得一提的是，虽然徐志摩非常接近华兹华斯，但他对华兹华斯的译介也存在着局限性。这主要体现在两个方面：其一，徐志摩在译介华兹华斯之初，主要接受的是华兹华斯的诗学思想，并非其诗歌的形式。尽管徐志摩在游学剑桥大学期间开始写新诗，并于1921年开始发表诗作，但他于1922年1月31日翻译的《葛露水》并未完全摆脱中国的文言传统，也未完全反映出原歌谣体诗的韵律（韵式为abab）。其二，徐志摩译介华兹华斯，不像他译介泰戈尔、哈代、拜伦和济慈那样，集中在一篇文章里加以评论，而是零零散散地出现在多篇诗作和散文中。在先后8次译介中，光Wordsworth的译名就有"宛茨宛士""宛次宛士""华德屋斯""华次华士""华茨华士"和"宛茨渥士"6种。不过，在那个时期，外国人的译名似乎也没有统一起来。据笔者统计，在1949年前，Wordsworth的中文译名有将近50种。

而且，由于个人经历与生活的独特性，徐志摩在作品中也表现出与华兹华斯不完全相同的地方。华兹华斯从大自然中体会到自然对人类的爱，从中获得慰藉和愉悦，不断受到振奋，不断恢复自我，最终走出政治理想不得意的阴霾。徐志摩的诗歌则往往寄寓了他的爱情或理想，所以他在自然中的情感是起伏不定的，既有刚性热烈、自由豪迈的一面，也有失落迷茫、忧伤徘徊的一面。也就是说，中国诗人徐志摩接受了华兹华斯诗学观和诗歌艺术的影响，但他并没有照抄照搬，而是在自我经历与自我传统的基础上，在中国浪漫主义新诗兴起的浪潮中，转化并形成了自己的浪漫主义诗学观，对中国浪漫主义新诗的形成和发展做出了巨大的贡献。

诚然，在中国现代诗人中，徐志摩是一位伟大的诗人。他的伟大在许多方面正是来自华兹华斯的伟大，没有华兹华斯就没有徐志摩。当然，如果没有中国的传统与中国的现实，特别是没有以诗人为媒介的中西文化和文学的共通与共融，也就不会有现代诗人徐志摩及其美丽的诗歌作品。从徐志摩与华兹华斯的关系中，我们可以得到这样的启示：第一，诗人只有广纳他国的思想艺术资源，才有可能极大地发展自己；第二，诗人只有根据自己的经历与经验，同时接受他国的适合于自己的东西；才有可能得到创造性的发展；第三，诗人只有亲自接触喜欢的外国诗人，阅读他们的作品，特

① 朱湘：《评徐君志摩的诗》，邵华强编：《徐志摩研究资料》，陕西人民出版社1988年版，第244页。

别是通过翻译与评论，才有可能发展出自己的更加壮大与精美的东西；第四，诗人不可能离开自然，因为自然是人类的生存条件与基础，作为人类中最敏感的群体，诗人必须与自然生存、生活在一起，才有可能让自我成为自然的一部分，也让自然成为自我的一部分；第五，中国的传统与外国的传统，具有同样的历史和思想地位，因此不可偏向，需要我们同等待之，才能发展出不同于以往历史时代的全新的东西。徐志摩及其诗歌创作正是在这样的意义上取得了前所未有的伟大的成功。

（作者单位：湖北工业大学外国语学院）

俄语科幻小说首篇汉译作品《皇帝之公园》与周作人翻译观

王一平　于　淼

　　近代中国科幻小说翻译史可追溯至清末民初时期。此时，英、法等国的科幻小说译作较多。目前学界对中国科幻译介早期源起的研讨，也主要关注鲁迅翻译法国科幻名家凡尔纳的作品等方面，对俄语科幻译介鲜有提及。本文考察了该时期俄语科幻文学作品的翻译情况，发现周作人在 1918 年 4 月 15 日的《新青年》第 4 卷第 4 号上，发表了亚历山大·伊凡诺维奇·库普林（Александр Иванович Куприн，1870–1938）的短篇科幻小说 *Королевский Парк* 的译作，名为《皇帝之公园（幻想）》。同时，本文查阅了创刊于 1918 年 4 月 15 日之前且刊载外国小说译作的 77 种刊物①，及收录了周作人 1918 年 4 月 15 日之前译作的《域外小说集》和《点滴》② 两本译文集，未见早于《皇帝之公园》的俄语科幻译作。故，在目前所能查考到的资料基础上，本文认为周作人译库普林之《皇帝之公园》是首篇俄语科幻小说汉译作品。若以之作为俄语科幻译介的起点，则俄语科幻汉译史已逾百年，而周作人译首篇俄语科幻作品，则对中国科幻译介有开创之功。

　　作为中国现代文学的重要作家及翻译先驱，周作人在其文学活动之初便将翻译视为思想启蒙与语言革新中极为重要的一环。学界对于周作人翻译活动的研讨，主要关注其对日、法文学之译介情况③。在《新青年》这一基本场域中，周作人发表的绝大

---

①　包括《绣像小说》、《小说月报》等。

②　《域外小说集》收录周氏兄弟 1907 至 1909 年的译作。《点滴》辑录周作人 1918 年 1 月至 1919 年 12 月的译作。

③　如刘全福《翻译家周作人论》（上海外语教育出版社 2007 年版）等。

部分译作都是俄语文学译作。但《皇帝之公园》在已有研究中却几乎仅被只言片语地提及①，学界对周作人的俄语科幻翻译以及其中蕴含的翻译理念研究显然不足。本文认为，《皇帝之公园》在翻译理念、策略等方面独具特色。通过对周作人日记中购书记录和库普林小说在俄、英、美等国的出版状况的考证，以及对俄、英、中三种文本的细读对照，本文力图完成对周作人译《皇帝之公园》的底本追探并对其翻译思想进行考察。

一、《皇帝之公园》的翻译底本考

《皇帝之公园》想象在公元 26 世纪初，人类成为超进化物种，实现了大同社会；到公元 32 世纪，一度完美的文明世界再度堕入战乱与专制中。故事主人公是封建帝制崩塌后的帝王及其后代。他们深陷统治阶层自我认知幻觉中，以谎言和药物维持着统治的幻想，成了供人参观的反面活标本。在某个春天，查理十五②的后代特拉佩松王③在孩子的友好与善意感召下，终于顿悟到，在新世界中，"陛下"这样虚无的身份还不如为孩子做出的小盒子④。

科幻研究者达科·苏文指出，作为一种文学类型的"科幻"，"其必要和充分条件是疏离和认知的相互作用。而其主要的形式方法是用一种想象的框架代替作者的经验环境"⑤，即科幻主要是以文学形式对人类所处的经验环境进行陌生化处理，进而使人们以抽离于当下现实的视角来认知。《皇帝之公园》正是在"近未来"背景下，对人类社会形态作出的陌生化构想。首先，其背景时间设定于公元 26 世纪及 32 世纪，属于未来陌生化的时空；其次，故事中人类已成为超进化物种，是对人类演化走向的幻想推测；最后，其所设想的大同社会亦是对作者理想社会的投射。故，《皇帝之公园》是较为典型的科幻小说。

库普林是 19 世纪末、20 世纪初俄国著名的批判现实主义小说家，他经历了 1905 年革命失败后的反动统治等诸多动荡，其创作以短篇及中篇小说最为著名，如《莫洛

① 如在《翻译家周作人》中，王友贵认为库普林的幻想小说《皇帝之公园》是周作人轻松明朗的理想主义译作之一，但未展开介绍；高建华《库普林小说诗学研究》及平保兴《论五四时期俄罗斯文学翻译的特点》亦仅提及篇名。

② 瑞典和挪威国王（1859–1872），1859 年继其父加冕为国王。

③ 此为音译，周作人译文中保留为 "Trapesund"。

④ 杨宏峰主编：《新青年简体典藏全本》（第 4 卷，第 1–6 号），宁夏人民出版社 2011 年版，第 198 页。

⑤ [美] 达科·苏文：《科幻小说面面观》，郝琳等译，安徽文艺出版社 2011 年版，第 125 页。

赫》（*Молох*，1896）、《阿列霞》（*Алеся*，1898）等。他的小说创作以其"深厚的人道主义思想，细致的人物心理描写，广泛反映社会底层人民的生活"为基本特点，被称为俄国"生活的诗人"①。《皇帝之公园》创作于 1911 年，1918 年之前有两种版本在俄出版，分别收录于 1911 年由莫斯科出版社（Москва Издадельство）出版的《库普林短篇小说集》（*Ра-ссказы Куприна. Том Седьмой*，1911）第七卷，以及 1912 年由 А. Ф 马克思出版社（А. Ф. Маркс И-здадельство）出版的《库普林全集》（*Полное Собрание Сочинений*. Том Ше-стой，1912）第六卷。但周作人的俄文学习并"不成功"②；他曾在日记中记录 1917 年 6 月及 11 月由东京丸善书店邮购了两本库普林小说集③。从其用日文假名形式所记录的译者名字④及假名与英文字母对照表来看，周氏在 6 月所购得的《クープリン小说集》的译者为コテリアンスキ，其为拼写近于 kote-lianski 的人名。其 11 月购得的《クープリン小说集》的译者假名近似于パスヂルスキ，拼写近似于 Pasvolski。据库普林作品在英语世界中的出版情况，周作人 6 月购得的小说集译者应是与 J. Murray 合译库普林小说选集《生命之河》（*The River of Life, and Other Stories*）的名为 S. Koteliansky 的译者，但此选集未收录《皇帝之公园》⑤。周氏 11 月购得的另一小说集译者的拼写，与由纽约斯克里布纳出版社（Scribner Press）于 1917 年出版的库普林选集《石榴石手镯》（*The Bracelet of Garnets, and Other Stories*）的译者里奥·帕斯沃斯基（Leo Pasvolsky）⑥ 的拼写几乎一致。而周作人发表在《新青年》和《晨报》上的三篇库普林短篇小说译作，即《皇帝之公园》、《圣处女的花园》（"The Garden of The Holy Virgin"）和《晚间来客》（"An Evening Guest"）在周作人 11 月所购得的名为《石榴石手镯》的库普林小说选集中均有收录⑦。在《皇帝之公园》中，周作人所保留的，如"Aleksandr Jvanoviteh Kuprin""Sardinia 王""St. Be-rnard 公"等六处原文均为英文。综上，周作人翻译所据底本，应为由斯克里布纳出版社出版的库普林小说集《石榴石手镯》中的"The Park of Kings"一篇。

---

① 宋昌中：《库普林》，吉林大学出版社 1990 年版，第 11 页。

② 周作人：《翻译小说》，《周作人文选 自传·知堂回想录》，群众出版社 1999 年版，第 191 页。据《知堂回想录》中的《学俄文》，周氏俄语学习始于 1906 年，教师是俄裔犹太人，仅用俄语授课，后因教师自杀和经济原因终止。

③ 周作人：《周作人日记影印本（上）》，大象出版社 1996 年版，第 720 页。

④ 周氏常以日语穿插汉字记录事物，如食品和药物等。

⑤ 由都柏林 Maunsel 出版社出版。

⑥ Christina Thompson，"Kuprin in English：A Bibliography of Works by and about Him"，in Русский Язык，30. 105（1976），p. 100.

⑦ 此集译者里奥·帕斯沃斯基是杂志《俄罗斯评论》（*The Russian Review*）的编辑，是居住在纽约的俄国人。

通过对俄语原作、英译和周译的进一步对照，还可发现周译以英译为底本的更多佐证。英译大体忠于俄语原作，但有 14 处作了节略或删除处理；周译与英译一致，这 14 处被省略的部分并未出现。以下为有代表性的选段：

1. "Гений человека смягчил самые жестокие климаты… прорыл горы, соединил мо-ря, превратил землю в пышный сад."①

"Man's genius had rendered mild the severest climates… had dug tunnel through mount-ains, transformed the earth into a luxuriant garden."②

"人类的智力，使严酷的天气，变成温和……凿山通路，将全世界化作一所华丽的园圃。"③

上述为故事背景，原文中的"прорыл горы"和"соединил моря"是同位结构，意为凿山通海，即"соединил моря"意为联通海洋，但英译本在相应的位置只有"dug tunnel through mountains"即在山中凿出隧道。周译中此处为"凿山通路"。英译本此处将联通海洋省略，周译亦作省略。

2. "Недаром много столетий подряд их процессы сбегали из дворцов с лакеями, лобезьяньими, поводырями, крупье, цыганами, таперами и бродячими фокусниками."④

"It was not for nothing that for centuries in succession their princesses had been r-unning away from the palaces with servants, grooms, gypsies, and wandering magicians."⑤

"所以几百年来，公主郡主，都接连不断地跑出王宫，跟了役人马夫唱歌的和变戏法的逃走。"⑥

该句所描述的是封建贵族后裔纷纷堕入民间。他们跟随的，是社会底层人。俄语原文列举的依次为"Лакея"（仆人）、"Обезьянь"（耍猴的）、"Поводырь"（马夫）、"К-рупье"（小贩）、"Цыган"（茨冈人）、"Тапер"（卖艺人）、"Бродячий

① Александр Иванович Куприн. Собрание сочинений в девяти тома: Произведения 1908 - 1913. Москва: Правда, 1964, стр. 115.

② Kuprin Axander, *The Bracelet of Garnets*, trans. Leo Pasvolsky, London, Duckworth & Co, 1919, p. 235.

③ 杨宏峰主编：《新青年简体典藏全本》（第 4 卷，第 1-6 号），宁夏人民出版社 2011 年版，第 218 页。

④ Александр Иванович Куприн. Собрание сочинений в девяти тома: Произведения 1908 - 1913. Москва: Правда, 1964, стр. 115.

⑤ Kuprin Axander, *The Bracelet of Garnets*, trans. Leo Pasvolsky, London, Duckworth & Co, 1919, p. 236.

⑥ 杨宏峰主编：《新青年简体典藏全本》（第 4 卷，第 1-6 号），宁夏人民出版社 2011 年版，第 218 页。

Фокусник"（流浪魔术师）7 种人群，英译将其简化为"Servant"（仆人）、"Groom"（马夫）、"G-ypsy"（吉普赛人）和"Wandering magician"（流浪魔术师）。周译缩减为"役人马夫唱歌的和变戏法的"。同时，周译还根据"吉普赛人"擅歌舞等特点，将其转译为"唱歌的"。虽然周作人的"翻译向来是主张直译式的"①，但在译文细微之处，仍有着为便于读者理解而作出的本土化处理，其后"流浪魔术师"译为"变戏法的"，亦是同理。

3. "Они подбирают на улицах и на площадях её газетные и устные сплетни и о-больщают своих старых детей... как нужно и важно для государства разведение чернос-лива, швейцарских роз, лимбургского сыра, спаржи и ангорских котов."②

"They brought with them all the gossip that they had heard in the streets and on t-he public squares; they spoke to their children... and together with them dreamed of impro-ving the methods of agriculture and spoke of how necessary and important it was for the country to grow Swiss roses, asparagus, and to raise Angora cats."③

"将市街闲听来的闲话，传给他们听……夹杂说些农业改良，应该多种瑞士蔷薇龙须菜，并养 Angora 猫的话。"④

该段描写了没落皇族仍做着白日梦。俄语原作中他们谈到的首个话题是"Разведение ч-ернослива"，直译应为梅花育种。但此处英文改译为"Improving the methods of agriculture"，直译为"农业改良"。周译亦译作"农业改良"。随后，英译省略了"Лимбургског-о сыра"，直译应为林堡奶酪。周译中亦省略。

4. "Король привлек к себе эту добрую, совсем незнакомую ему, светловолосую и голубоглазую девочку и гладя её голову дрожаею рукою, сказал с грустной улыбкой: Ах, дорогое мое детя, милое дитя, у меня нет зубов, чтобы грызть сахар."⑤

"The king drew toward him this kind, light-haired, blue-eyed girl, hitherto unkno-wn

---

① 周作人：《日本民间故事·译者序言》，《周作人散文全集 12》，广西师范大学出版社 2009 年版，第 27 页。

② Александр Иванович Куприн. Собрание сочинений в девяти тома: Произведения 1908 - 1913. Москва：Правда, 1964, стр. 117.

③ Kuprin Axander, *The Bracelet of Garnets*, trans. Leo Pasvolsky, London, Duckworth & Co, 1919, p. 239.

④ 杨宏峰主编：《新青年简体典藏全本》（第 4 卷，第 1-6 号），宁夏人民出版社 2011 年版，第 219 页。引文据《新青年》原文进行了修正，参见库谱林：《皇帝之公园（幻想）》，周作人译，1918 年《新青年》第 4 卷第 4 号，第 315 页。

⑤ Александр Иванович Куприн. Собрание сочинений в девяти тома: Произведения 1908 - 1913. Москва：Правда, 1964, стр. 117.

to him, and said with a sad smile: 'No, my dear child, I cannot eat it. I have no tee-th with which to eat sugar.' " ①

"老王将身移近这黄发绿睛不认识的和气女孩子,微笑着说道:'不,我不能吃。我没有吃糖的牙齿了。'"②

对照来看,原作中的"гладя её голову дрожаею рукою"在英译中缺失。该部分意为"老王用颤抖的手抚摸小女孩的头"。周译亦缺失。

5. "Я вам спою все песни, какие только знаю. Хорошо? Ябуду делиться свами конфетами... "③

"I will sing you all the songs that I know. Will you come? "④

"我还要唱歌给你听,你肯来吗?"⑤

该句是小女孩劝慰老王跟自己回家所说的话。原文中的"Хорошо?"意为"好吗?",这个词更接近英语中的"Alright?",但英译为"Will you come?",周译为"你肯来吗?"显然,周译更接近英译中带有祈使意味的委婉询问。其后,女孩说会和老王分享糖果,即"Я буду делиться с вами конфетами"。英译将其省略,周译中亦无"分享糖果"的内容。

除以上五处明显的省略或改译外,凡英译有所省略或改译之处,周译均与英译一致。

周作人的俄语学习"卒因财力不继而散"⑥,他"学话固然不成功",但"计划便是用了英文或德文间接的去寻求",虽"日本语原来更方便",但虑及日本当时的俄文译者如长谷川二叶亭和升曙梦等译作"诚实性差",故"不好当作译述的依据"⑦。综上,本文认为周作人译《皇帝之公园》所据底本,是由帕斯沃斯基翻译的英文版库普

① Kuprin Axander, *The Bracelet of Garnets*, trans. Leo Pasvolsky, London, Duckworth & Co, 1919, p. 242.

② 杨宏峰主编:《新青年简体典藏全本(第4卷,第1-6号)》,宁夏人民出版社2011年版,第220页。

③ Александр Иванович Куприн. *Собрание сочинений в девяти тома: Произведения 1908-1913*. Москва: Правда, 1964, стр. 118.

④ Kuprin Axander, *The Bracelet of Garnets*, trans. Leo Pasvolsky, London, Duckworth & Co, 1919, p. 242.

⑤ 杨宏峰主编:《新青年简体典藏全本》(第4卷,第1-6号),宁夏人民出版社2011年版,第220页。

⑥ 周作人:《关于鲁迅之二》,《周作人作品精选》,鲍风、林青选编,长江文艺出版社2003年版,第233页。

⑦ 周作人:《学俄语》,《周作人文选 自传·知堂回想录》,群众出版社1999年版,第192页。

林选集《石榴石手镯》中的"The Park of Kings"①。

二、"不及原本"与"不像汉文"

周作人的翻译之路大致可以其赴日留学和五四运动为节点划分为三个阶段，即赴日留学前的初期、"五四"前期及"五四"后期。其初期译作多出于尝试和兴趣，选材偏向趣味性，如译爱伦·坡的《玉虫缘》（"The Gold-Bug"）。自1906年周作人赴日后，周氏兄弟便将目光转向弱小和被压迫的民族与人民，因其"更能使翻译起到唤醒人民的作用"②，本文的研究对象《皇帝之公园》翻译于1918年3月6日③，因此本节主要讨论周作人"五四"前期的翻译思想。

周作人的翻译工作始于其求学于水师学堂期间，其与鲁迅合译的《域外小说集》是中国翻译史上划时代的奠基译作集。《皇帝之公园》收录于《点滴》集中，在序言中，周作人阐明了自己的翻译路径演变，即"从前翻译小说，很受林琴南先生的影响；一九零六年住东京以后，听章太炎先生的讲论……一九一七年在《新青年》上做文章，才用口语体"④。即《新青年》是其形成自己译观之后，也即其直译译作发表的开端。此时其译观在其《新青年》的首篇希腊牧歌译作的序中便已申明，即"什法师说，翻译如嚼饭哺人，原是不差。真要译得好，只有不译。若译他时，总有两件缺点；——但我说，这却正是翻译的要素。一，不及原本；因为已经译成中国语。如果还要同原文一样好，除非请谛阿克利多斯（Theokritos）学了中国语，自己来作。二，不像汉文，——有声调好读的文章，因为原是外国著作。如果同汉文一般样式，那就是随意乱改的胡涂文，算不了真翻译"⑤。

周作人翻译思想的变化起于其对以严复、林纾为代表的第一代译者的"有自己无别人"式"中国中心主义"的反思。"五四"新文化运动是以创造中华民族现代文化为目标，在承认西方文化独立价值的基础上，希望以西方文化的真价值来改造中国封建传统文化，若仍以文言声口出之，改造便无从说起。因此，翻译活动中的"存真"

---

① 因周氏日常记录惯用日语穿插且书籍购于东京丸善书店，又假名所注译者并非日本人，故可排除周作人有参考日译本的可能性。
② 方梦之、庄智象主编：《中国翻译家研究》（民国卷），上海外语教育出版社2017年版，第303页。
③ 周作人在1918年3月6日的日记中提到"晚译クープリン皇帝之公园一篇予新青年"。见周作人：《周作人日记 影印本》（上），大象出版社1996年版，第736页。
④ 张菊香、张铁荣编：《周作人研究资料》（上），天津人民出版社1986年版，第302页。
⑤ 张菊香、张铁荣编：《周作人研究资料》（上），天津人民出版社1986年版，第302页。

便是革新与创新的必要一步，"存真"才能"借思想改造语言，借语言改造思想"①。因此，周氏兄弟一直坚持直译的主张，在其编选、翻译《域外小说集》时，不仅"收录至审慎，移译亦期弗失文情"，同时"人地名悉如原音，不加省节"，因"任情删易，即为不诚。故宁拂戾时人，逐徒具足耳"②。故钱玄同评之曰："周启明君翻译外国小说，照原文直译，不敢稍以己意加变更……在中国近来的翻译中，是开新纪元的。"③ 可见，以周作人为代表的第二代译者以"照原文直译"为旗帜。

当然，这种与林纾的"曲译"不同的所谓"直译"，并不符合"直译"的本来所指。周作人的相当一部分译作均由他国译本转译而来。如，周氏所强调的直接从英文原本译出的《玉虫缘》（1905），被指出其底本是日本译家山县五十雄的英日对照版本的《掘宝》④。鲁迅对此解释道："能从原文译固然最善，但一个译者毕竟无法通晓所有语言，而很多语言又缺少学习者。在国内没有译本，没有译者的情况下，遇到值得翻译的著作，翻译理论的贯彻则势必让位于译介冲动。"⑤ 可见，周作人作为译者，面对语言障碍之无奈，这种退而求其次的直译应为权宜之法。反观上述《皇帝之公园》译文，虽有零星删减和改译，但英译整体忠实于俄文原作，周译又基本忠实于英译。虽借由英译转译，但也基本不违背周氏寄望其输入异质文化养料、更新本国国语与文化的"直译"主张。

本文认为，周作人所主张的"直译"虽也包括"转译"在其中，但这种"转译"在当时的时代与翻译环境中有其合理性。王友贵曾指出，周作人的翻译与晚清时期优秀翻译前辈的不同是根本意义上的，主要体现在翻译方法、文体意识、文学意识、原作意识四个层面上⑥。其中，原作意识即周作人力求忠实于翻译原本。周作人所秉承的翻译原则是"信五分，达三分，雅二分"⑦，显然，其对"信"的追求要高于"达"与"雅"，周作人认为"达雅重在本国文方面，信则是与外国文有密切关系的。必须先将原来的文字与意思把握住了，再找适合的本国话传达出来"⑧。可见，周作人力求

① 傅斯年：《怎样做白话文》，《新潮》第一卷第 2 号。
② 周氏兄弟：《域外小说集·序》，见巴金、汝龙译：《域外小说集》，岳麓书社 1986 年版，第 5-6 页。
③ 钱玄同：《关于新文学的三件要事》，《新青年》1919 年第 6 卷第 6 期，第 99 页。
④ 周旻：《"隐形"的底本：英和双语读本在周作人早期翻译生产中的角色——以〈玉虫缘〉为个案》，《中国比较文学》2017 年第 4 期，第 79 页。
⑤ 陈佳：《"只有口语可以译他"？——从周作人〈古诗今译〉翻译底本说起》，《中国现代文学研究丛刊》2018 年第 1 期，第 209 页。
⑥ 王友贵：《翻译家周作人》，四川人民出版社 2001 年版，第 23 页。
⑦ 周作人：《谈翻译》，罗新璋、陈应年编：《翻译论集》，商务印书馆 2009 年版，第 540 页。
⑧ 周作人：《谈翻译》，罗新璋、陈应年编：《翻译论集》，商务印书馆 2009 年版，第 540 页。

做到直译的同时，亦对"达"与"雅"这两项标准有所追求。这种追求体现在具体的译作中则是周作人对译文细节所作出的本土化处理。如周译《皇帝之公园》文中有以下内容：

> 所以几百年来，公主郡主，都接连不断地跑出王宫……还有亲王公爵，也将世袭的金棒（译者案，金棒是帝王所拿的法物，同玉圭差不多），向质库里质了钱①。

本段中有一在中国文化中较为陌生的事物，即 наследственные скипетры（hereditary sceptres），俄语原文可直译为"世袭的权杖"，英译忠实地转换了原文之意，周译为"世袭的金棒"，并在其后注明"金棒是帝王所拿的法物，同玉圭差不多"②。在欧洲各国，国王的权杖是皇权的象征；在中国，玉圭起源于新石器早期，西周后逐渐演变为权力的象征，是担负王权神授礼制意义的重要礼器③。周作人在《日本民间故事·译者序》（1944）中曾说明："我的翻译向来是主张直译式的，便是多保留它原有的特殊色彩……我把留下来一二分不明白的东西，来加注解说明它，这样便可将本来的色彩多保住一点。"④ 可见，周作人在翻译时主要采取了直译策略和"信"的准则，"不像汉文"包含了保留原文的意思。同时，其以"注释"的形式将之与中国文化中的相似意象加以联系，以达到更好的接受效果。

又如：

> 到礼拜日，止有他们的妻子和老母，进来访问一回，将市街听来的闲话，传给他们听。又提起将来岁难实现的希望，夹杂说些农业改良，应该多种瑞士蔷薇

---

① 杨宏峰主编：《新青年简体典藏全本》（第 4 卷，第 1-6 号），宁夏人民出版社 2011 年版，第 218 页。对应俄文为 "Недаром много столетий подряд их принцессы сбегали из дворцов... И недаром же их принцы, великие г‐ерцоги, эрцгерцоги и просто герцоги закладывали наследственные скипетры в ссудных кассах." Александр Иванович Куприн. Собрание сочинений в девяти тома: Произведения 1908-1913. Москва: Правда, 1964, стр. 115. 对应英文为 "It was not for nothing that for centuries in succession their princesses had been running away from the palac-es... And it was not for nothing that their princes and grand dukes pawned their hereditary sceptres." Kuprin Axander, *The Bracelet of Garnets*, trans. Leo Pasvolsky, London, Duckworth & Co, 1919, p. 236.

② 杨宏峰主编：《新青年简体典藏全本（第 4 卷，第 1-6 号）》，宁夏人民出版社 2011 年版，第 218 页。

③ 唐启翠：《玉圭如何"重述"中国——"圭命"神话与中国礼制话语建构》，《上海交通大学学报（哲学社会科学版）》2019 年第 1 期。

④ 钟叔河编：《知堂序跋 2》，岳麓书社 2016 年版，第 186 页。

龙须菜，并养 Angora 猫的话（译者案，Angora 是地名，在小亚细亚，出产长毳的好猫犬和山羊）①。

这段译文中有外来词"礼拜日"，俄语"Праздник"有节假日、休息日的意思，而"礼拜日"所对应的俄语词汇应为"Воскресенье"，"Праздник"大致包含了"Воскресенье"所表示的特定休息日。英译本中将其译为"Holidays"，与原文中的"Праздник"较为贴近。从词源角度来说，"Holiday"是由"Holy"（神圣的、圣洁的）和"Day"组成，有宗教规约中的"休息日"的意思，也表示一般节假日。周作人译为宗教意味最浓的"礼拜日"②，更大程度地保留了西方语境，虽语义有所改换，但原文意境得到了更好的保留。后文中还保留了英文地名"Angora"作为猫的定语，"Angora"猫为安哥拉长毛猫，是名贵品种。对此周作人再次采用了保留原文地名并作注的方式，正是宁可"'中不像中，西不像西'，不必改头换面"③。

同时，周作人主张语言革新，但未断然否定文言古语的作用。他认为含混、多义且极富弹性的文言文自有其用处；因白话文中常缺少"形容词助动词一类以及助词虚字"，故而要"采纳古语"。在这段译文中，亦有如"来岁"这样典型的文言表达方式。通过文白结合的手段，周作人使其译文既明白易懂，又简洁流畅。可见，"直译一种办法，是'存真'的必由之路"④。周作人的"直译"也并非逐字逐句对应的"硬译"，而是采用融合了"意译"与"直译"的方法，本着"信五分，达三分，雅二

① 杨宏峰主编：《新青年简体典藏全本》（第4卷，第1-6号），宁夏人民出版社 2011 年版，第 219 页。对应俄文为"Но зато по празникам принцев ещё навещают их жены и совсем же дряхленькие матери，которым，как и всем женщинам，в оъыкновенные дни прегражден доступ в 《Дом королей》．Они подъирают на улицах и на площа-дях её газетные и устные сплетни и обольщают своих стрых детей несбыточными надеждами и вместе с ними слух ме-чтают о том，как они подымут в своей стране трасеяние и как нужно и важно для государства разведение чернослива，швейцарских роз，лимбургского сыра，спаржи и ангорских котов．"Александр Иванович Куприн．Собрание сочинений в дев-яти тома：Произведения 1908-1913．Москва：Правда，1964，стр. 117. 对应英文为"But on holidays the princes were visited by their wives and their old mothers, who, like all women, were not p-ermitted to go to the "House of Kings" on weekdays. They brought with them all the gossip that they had heard in the stree-ts and on the public squares; they spoke to their children of hopes which could never come true, and together with them dre-amed of improving the methods of agriculture and spoke of how necessary and important it was for the country to grow Swi-ss roses, asparagus, and to raise Angora cats. " Kuprin Axander, *The Bracelet of Garnets*, trans. Leo Pasvolsky, London, Duckworth & Co, 1919, p. 239.
② 何月：《关于"礼拜""星期""周"时间词的一些讨论》，《汉字文化》2019 年第 9 期，第 83 页。
③ 周作人：《文字改良与孔教》（通信），载《新青年》第 5 卷第 6 号。第 73 页。
④ 林文光编：《傅斯年文选》，四川文艺出版社 2010 年版，第 154 页。

分"① 的原则，达到个性化追求与美学价值的统一。这种独特的翻译美学提高了翻译文学的独立地位与价值，也是周作人对中国现代翻译史作出的独特贡献。

同时，由于周作人认为"中国没有文法，也没有名学，没有修辞学，也没有文学批评"，即中国人缺乏严格的科学逻辑思维的训练，因此主张用"直译"的方法，通过"翻译外文"的途径引入西方语法中的科学成分，以加强汉语"词句之分析，审定各个的地位和相互之关系"②，加强语言思维的逻辑力量与表达的准确、缜密与清晰度。周作人理想的现代汉语是"文白夹杂，'亦文亦白，不文不白'的"③，即通过对传统语言的改造，来实现对中国传统思维方式的改造。

"每一个大的文化运动，必有大的翻译活动应运而生"④，而在这一时期宏大的文化和翻译运动中，周作人正是其中最重要、积极的实践者之一。尽管学界批评倡导"直译"的周作人却多以他国译本为翻译底本，但若从周氏"不及原本""不像汉文"的思路出发，则会发现他的"相对直译"在三个层面具有合理性：其一，虽然周作人基于非原文的他语译本进行的翻译不是严格意义上的直译，但他一直尽可能地贴近其所选择的译本，"忠实"，"不及原本"；其二，与当时盛行的林纾式归化翻译相比，周氏的"不及原本"已是中国现代翻译史上开风气之先的示范之举，代表了相对归化翻译手法而言的一种相对"直译"；其三，周作人虽倡导"不及原本"，但其译文中仍存在为便于读者理解所作的本土化处理。总之，周作人翻译思想的成熟与调和体现在"不及原本"中对语言困境与忠实原文的折衷处理之上，亦寓于其"不像汉文"对文言、白话与俗语的平衡取舍之中。学界有研究认为晚清时期的白话文译作不够成熟是由于译者白话文水平有待提高，而在周作人处，文白夹杂式"不像汉文"的译文，乃是基于其语言革新要求和翻译观的理想译文。

在中国翻译理论的发展历程中，最重要的译论当属严复的"信、达、雅"理论，周作人的译论也体现出了对此标准的发展：周作人以其尊重原作与启蒙立新的立场为出发点，尽力做到"信五分"；但与鲁迅强调要逐字翻译的"硬译"不同，周作人认为要做到"文章有声调，好读"——对应着"达"和"雅"两重标准。相应的，周作人一方面尽其所能地保留原文语境、引入新词新语，另一方面亦吸收、保留了文言文中可用的表达方式与词汇等，同时采用加注释等方式弥补行文中的不足。由此，本着

---

① 周作人：《谈翻译》，罗新璋、陈应年编：《翻译论集》，商务印书馆 2009 年版，第 540 页。

② 周作人：《国语改造之意见》，《周作人散文全集 2》，钟叔河编，广西师范大学出版社 2009 年版，第 759 页。

③ 周作人：《国文的前途》，《周作人文选 1937-1944》，钟叔河编，广州出版社 1995 年版，第 436-437 页。

④ 王佐良：《带一门学问回中国：英国文学的信使王佐良》，天津人民出版社 2009 年版，第 252 页。

对各国文学与语言的尊重，周作人的翻译观体现出宽容且平等的译学精神，而其对"信"的适度把握与前述的理想译文追求，造就了其调和、灵活的翻译方法与"不曲"亦"不硬"的译文。

三、"人道主义"与幻想文学翻译

周氏兄弟是现代中国早期关注并翻译俄语文学的重要译者。周作人在《新青年》上发表的外国文学译作共计 23 篇①。其中俄国文学译作共 9 篇，包括库普林作品 2 篇②。但除了托尔斯泰和契诃夫在当时的中国知名度较高之外，其余作家在文学和思想界的关注度不高。而周作人对库普林颇为重视，除了在《新青年》上发表《皇帝之公园》和《晚间来客》外，还在《晨报》第 344 期发表了库普林的《圣处女之花园》（1919）译作。这一时期也是周作人倡导其"人的文学"的主要时期，由此出发，亦可考察作为译者及新文学先驱的周作人为何选择《皇帝之公园》这类科幻小说作为翻译对象。

周作人所谓"人的文学"，是"如托尔斯泰的博爱与无抵抗……梭罗古勃的死之赞美……这多面多样的人道主义的文学，正是真正的理想的文学"③。而周作人在《新青年》上关注的，既有"迷恋由情节和奇特场景构成的'西式'故事类型，且不刻意回避煽情"④ 的库普林；亦有认为"唯一的真实即死亡和毁灭，唯一能够表达人类对真理的情感，即'疯癫和恐惧'"⑤ 的安德烈耶夫等作家。由此观之，在托尔斯泰理想人道主义流脉之外，周作人所关注的作家群，还有极具现代性特征的创作倾向和擅写短篇的特点。可见，周作人以人道主义作为旗帜，亦强调以文学类型、风格的多样性作为其必要特征。

《皇帝之公园》刊载于 1918 年，时值"五四"新文化运动前夕。此时周氏兄弟的思想开始发生分歧。他们虽都对"人"的解放高度关注，试图借助西方人道主义的思想武器实现民族觉醒与革新，都认为"文字改革是第一步，思想改革是第二步，却比第一步更为重要"⑥，并警告"倘若思想照旧，便仍换牌不换货"⑦，但周作人更注重

---

① 包括瑞典、希腊等八个国家的译作。
② 若从俄苏文学史的角度对上述俄苏作家统观之，他们的创作中都带有一定的托尔斯泰倾向，或继承了托氏文学创作的某一面向。
③ 张菊香、张铁荣编：《周作人研究资料》（上），天津人民出版社 1986 年版，第 303 页。
④ ［俄］德·斯·米尔斯基：《俄国文学史》，刘文飞译，商务印书馆 2020 年版，第 512 页。
⑤ ［俄］德·斯·米尔斯基：《俄国文学史》，刘文飞译，商务印书馆 2020 年版，第 522-523 页。
⑥ 周作人：《思想革命》，《周作人作品精选》，鲍风、林青选编，长江文艺出版社 2003 年版，第 16 页。
⑦ 鲁迅：《渡河与引路》，《鲁迅集外集》，人民文学出版社 1998 年版，第 27 页。

提倡"新村主义"和"平民文学"，参与发起"工读互助团"，而鲁迅则充分意识到封建专制长期统治的严重性及传统意识、习惯势力的顽固性及其可怕的腐蚀作用。因此，鲁迅更注重现实而不愿沉醉于空想之中，但周作人带有空想社会主义倾向的对抽象的"人"的理想生活的主观构制导致他与鲁迅在文学道路上开始出现分歧，同时亦对其翻译对象选择有所影响。

在《皇帝之公园》中，故事主角是幻想着复辟美梦的没落贵族，看似并不符合被压迫者的文学选择要求。但其中浓厚的人类命运幽思，却与周作人在俄国文学中吸收的爱国主义和人道主义思想一脉相承。这些没落贵族具有人基本的善良与道德，当其失去作为压迫阶级的权力时，他们亦是大众中的一员。库普林与周作人都对这些曾经的压迫者作为"人"的精神面向持一种理解的态度，并试图带领其一同走向"觉醒"，因此便用以宗教式的、孩童的纯洁之爱为代表的"人类之爱"对其加以触动。"五四"时期的周作人"梦想着世界主义"①，认为"人的一切生物本能，都是善的美的"②，并形成了基于这种世界主义的人本位文艺体系观。即理想的人本位的文学"是人性的，不是兽性的，也不是神性的"③，是将人还原为最基本的生物的、一般的"人"，这种文学"是人类的，也是个人的"④，能够"扩大读者的精神，眼里看见了世界的人类，养成人的道德，实现人的生活"⑤。即文学既表现个性的自由发展和独立价值，也强调一种整体的人类的文学。

周译《皇帝之公园》随英译在标题后加注"幻想"二字。周作人在译者记中对此解释道："又当知此篇亦非据科学研究，与 W. Morris 及 E. Bellanuy⑥ 等所作颇不同。因所写止是一时的感觉，作者亦自题'幻想'故也。"⑦ 联系其在《科学小说》中曾提及"科学小说做得好的，其结果还是一篇童话，这才有令人阅读的兴致"⑧，可见他

---

① 周作人：《我们的敌人》，《周作人散文选集》，张菊香编，百花文艺出版社 1987 年版，第 122 页。

② 周作人：《人的文学》，《周作人散文》（第 2 集），张明高、范桥编，中国广播电视出版社 1992 年版，第 122 页。

③ 周作人：《新文学的要求》，《周作人散文》（第 2 集），张明高、范桥编，中国广播电视出版社 1992 年版，第 137 页。

④ 周作人：《人的文学》，《周作人散文》（第 2 集），张明高、范桥编，中国广播电视出版社 1992 年版，第 121 页。

⑤ 周作人：《人的文学》，《周作人散文》（第 2 集），张明高、范桥编，中国广播电视出版社 1992 年版，第 129 页。

⑥ 周作人原文中的贝拉米名字拼写有误，正确的拼写应为 E. Bellamy。

⑦ 杨宏峰主编：《新青年简体典藏全本》（第 4 卷，第 1-6 号），宁夏人民出版社 2011 年版，第 222 页。

⑧ 周作人：《科学小说》，吴岩、姜振宇主编：《中国科幻文论精选》，北京大学出版社 2021 年版，第 12 页。

亦赞同"幻想"对于科学小说的必要性。他认为有些"借了小说写他的'乌托邦'的理想，那是别一类，不算在科学小说之内"①。"科学小说"是清末民初时期文坛的独特概念，其首次独立使用是作为小说类型名称出现在1902年第17号《新民丛报》的目录中，对应着由南海卢籍东译、红溪生润饰的凡尔纳之《海底旅行》②。"科学小说"的概念在进入中文语境时以凡尔纳为范例，体现出相当的科普要求和工具性倾向。当时的"科学小说"与"哲理小说"等范畴多有重叠。"科学小说"虽不能等同于今天的"科幻小说"，但了解所谓"科幻小说"的基本意涵，对理解《皇帝之公园》有所助益，因此本文借此来进一步分析《皇帝之公园》。

所谓科幻小说，"是一种推测性小说，其目的是通过投射、推断、类比、假设和理论论证等方式来探索、发现和了解宇宙、人和现实的本质"③，科幻关注的是"面对着未来人物的人和人类；面对着不可思议的、幻想中的、但却可能是隐藏在进步地平线后面或自然界中的人物的人和人类"④。科幻小说可以说是人类立足现实，在宇宙背景下对人类整体命运进行思考的文学。即不论科幻小说的具体文本形式如何，其所探索的是世界中的、作为一种文明种族的人类本质、位置及命运。而《皇帝之公园》是"寄托遥深"的浓厚"怀人（人类社会）"⑤幽思式科幻作品。为"以免将来革命"，小说寄望于改良主义的阶级调和论，试图通过说服、宣传、示范等，使"不劳而获"的"特殊阶级""幡然改悔"⑥，以平和的方式造成新秩序。对库普林之想望的理解，以及对其作品的翻译，可以说体现了周作人对国家与民族未来前景的科幻寄托。

由此，科幻小说与周作人最关注的"人的文学"产生了紧密联系。周作人文学观中的人是复数的人，是世界主义的、人类整体的群体的人。在《人的文学》（1918）中，充满了"甜蜜蜜的'爱'的说教"⑦——"这种'人'的理想生活，实行起来，实于世上的人，无一不利。富贵的人虽然觉得不免失了他的尊严，但他们因此得从非人的生活里救出，成为完全的人，岂不是绝大的幸福么"，在这里，穷人与富人，被吃者与吃人者的对立业已消失，只剩下"成为完全的人"的共同利益。同时，周作人所倡导的"平民的文学"亦是"在研究全体的人的生活，如何能够改进到正当的方向"，

---

① 周作人：《科学小说》，吴岩、姜振宇主编：《中国科幻文论精选》，北京大学出版社2021年版，第13页。

② 见《中国唯一之文学报〈新小说〉第一号要目豫告》，《新民丛报》1902年第17号。

③ 吴岩编著：《科幻文学理论和学科体系建设》，重庆出版社2008年版，第12页。

④ ［苏］德米特里·比伦琴：《幻想作品中的现实主义》，［苏］克柳叶娃编：《科幻作品选集》，李敏等译，科学普及出版社1991年版，第293页。

⑤ 张治：《现代性与中国科幻文学》，福建少年儿童出版社2006年版，第25页。

⑥ 周作人：《关于东郭》，《周作人文选》，广州出版社1995年版，第83页。

⑦ 钱理群：《周作人论》，生活·读书·新知三联书店2014年版，第12页。

关注的是"共同的人类的运命"①。由此观之，周作人的世界主义寄望决定了其"人的文学"是建立在尊重个体多样性之上的群体"人之文学"。某种意义上，周作人的"人"，与科幻文学总是潜在地将人类作为一个种群加以理解的设想，具有内在共通之处。

可见，周作人提倡着意于普遍与真挚的"人的文学"和"平民的文学"，在译介理想文学时体现出"趣味"和"求新"的文学追求。他自述译文选择"只以自己的趣味为标准"②。这趣味既"是对于所译的书衷心的爱好……但是自己读了觉得可惜，必须把他写出来给人看才为满意，此是一种爱情的工作"③，又是一种"追求文学美感之理念与文学面向人生之态度的合体"④。1920 年，在北平少年学会作了《新文学的要求》报告后，周作人将文学分为艺术派与人生派，提倡两派互相尊重⑤，其思想逐渐走向宽容和调和，认为"宽容是文艺发达的必要条件"，"所谓宽容乃是说已成势力对于新兴流派的态度……应该宽容，听其自由发育"⑥。周作人曾说明，其翻译"是既愿供读者的随便阅览……略作研究外国现代文学的资料，所以译了人生观绝不相同的梭罗古勃与库普林"⑦。而科幻小说的幻想属性及特异文学手法，确实也符合周氏对文学"趣味性"与为"新文学"引入新鲜血液的要求。他认为科幻小说的"幻想"能够"触动人心……有无限的价值"⑧。因此，文学中的"幻想"是趣味性的重要来源。学界一般认为鲁迅的翻译选择原则主要在于作品对社会的引导与启蒙意义。而本文认为，周作人的翻译，相对来说，是有自己"趣味"的"园地"：在文学审美层面，他倾向于关注作为文明整体的人类运命且真挚平实的文学；在文学形式层面，他的形式自觉也即文体意识决定了其对类型创作和短篇小说的关注；在文学发展层面，他持宽容调和的态度，通过翻译引介新兴文学样式，以推动文学内部的创新；这使他与俄苏科幻

---

① 周作人：《平民的文学》，张明高、范桥编：《周作人散文》（第 2 集），中国广播电视出版社 1992 年版，第 133 页。

② 周作人：《关于〈爱的实现〉的翻译》，载 1922 年 8 月 28 日《晨报副刊》。

③ 周作人：《谈翻译》，罗新璋、陈应年编：《翻译论集》，商务印书馆 2009 年版，第 543 页。

④ 裴亮：《周作人译介武者小路实笃〈久米仙人〉考论——以选文倾向与重译思想为中心》，《鲁迅研究月刊》2016 年第 6 期，第 29 页。

⑤ 周作人：《新文学的要求》，张明高、范桥编：《周作人散文》（第 2 集），中国广播电视出版社 1992 年版，第 136 页。

⑥ 周作人：《新文学的要求》，张明高、范桥编：《周作人散文》（第 2 集），中国广播电视出版社 1992 年版，第 137 页。

⑦ 周作人：《点滴·序》，张菊香、张铁荣编：《周作人研究资料》（上），天津人民出版社 1986 年版，第 303 页。

⑧ 周作人：《科学小说》，吴岩、姜振宇主编：《中国科幻文论精选》，北京大学出版社 2021 年，第 13 页。

作品的联系得以建立。基于此，库普林的《皇帝之公园》这类幻想色彩浓厚、创作手法新异的作品才得以进入其翻译视域。

另需指出的是，周氏兄弟最初的文学翻译"目的大抵有三：换钱购书，习文试笔和了解介绍新知"①。其中"换钱购书"② 可以说是影响周作人翻译行为的主要经济因素之一，二周专门搜求"古怪国度的作品"③，翻译取材趋向冷僻，亦有避免与他人翻译重复甚而丢失了出版机会和相应酬劳的考虑④。由此观之，周作人译首篇俄语科幻小说亦是在社会、文化、时代、文学与经济诸系统共同交叉作用下所生发的翻译行为。

总之，本文认为，1918 年刊载于《新青年》的周作人译库普林小说《皇帝之公园》，是首篇汉译俄语科幻小说，其所据的底本应为 1917 年美国斯克里布纳出版社出版的库普林小说集《石榴石手镯》中的"The Park of Kings"。周作人选择当时相对较为冷门的俄国作家作品作为翻译对象，亦关注其他小语种文学，因为"他初始一定是想要为新文学拓展广阔一点的空间，打破可能形成的僵化或固定，试探一些人们意想不到的路径。这其实在当时无疑是一种真正意义上的'新'"⑤。这种兼收并蓄对于启迪民众及文学革新有着重要意义。具体以《皇帝之公园》观之，周作人所提倡的基于部分转译的"不及原本"的"直译"，以及文白兼及的"不像汉文"式翻译方法，显示了其在语言及文学革新方面所作出的调和性立新之法。而从周作人在《新青年》上发表的俄国文学译作来看，其选文同样体现了他所倡导的人道主义、趣味性及文学革新要求。而周作人关注人类共同命运的"人的文学观"与"文学的宽容"相结合，共同造就了他翻译首篇汉译俄语科幻小说的历史，也对中国科幻文学的译介和自身发展作出了开创之功。

（作者单位：四川大学文学与新闻学院）

---

① 王友贵：《翻译家周作人》，四川人民出版社 2001 年版，第 23 页。
② 周作人：《翻译小说》，《周作人文选 自传·知堂回想录》，群众出版社 1999 年版，第 185 页。
③ 周作人：《翻译小说》，《周作人文选 自传·知堂回想录》，群众出版社 1999 年版，第 189 页。
④ 周作人：《翻译小说》，《周作人文选 自传·知堂回想录》，群众出版社 1999 年版，第 184
－189 页。
⑤ 王友贵：《翻译家周作人》，四川人民出版社 2001 年版，第 119 页。

救国会与茅盾战时"后方行动"（1938-1940）

邱迁益

茅盾"新疆风雨"可谓其战时乃至人生"道路"中最为曲折的一段经历。而就此次西北之行，既有论述在"史实梳考"与"深度阐释"上成果较多①，显更侧重"本体"同"外视角"的结合；但就"内视角"，即茅盾"为何选择去新疆"，长期以来似不成为问题，如有关涉，大多仅草草提及他"受盛世才/杜重远之邀"。可于情理言，将"东南海滨到西北高原"的万里流徙仅归因于他人约请，多少窄化了茅盾动机的阐释空间②。针对赴疆前茅盾思想活动的事实研探，也尚存不少"灯下盲点"③。踏足"茅盾在西北"命题，自应从史料起步，而最终仍须"借此回到具体却复杂的历史语境"，以揭示"茅盾的文学行为、文化实践与其所在的特殊的地理空间、政治空间之间的互动关系"④——彼时，杜重远身处的生活书店即救国会群体，本已是茅盾战

---

① 李跃力：《茅盾在西北：从史实梳考到深度阐释》，《文艺报》2023年1月20日。既有相关研究整理可简要参考景李斌：《茅盾在新疆时的创作补遗与文艺讲话》，《新疆大学学报（哲学·人文社会科学版）》2019年第6期。

② 有少见论述关注到了"受邀说"的阐释贫困，并提出"局势、经济压力与杜重远等人的邀请形成合力促成了茅盾至新疆的流离与历险"。当然，该文相关论述多只遵循了茅盾本人的忆叙，相关问题仍然有商榷空间。见胡新华、卢水萍：《茅盾的新疆之行及对杜重远的评议》，《兰台世界》2015年第10期。

③ 该时段探佚研究颇多，笔者查得近年成果即含：杨华丽：《茅盾与〈呐喊〉〈烽火〉杂志相关史实辨正》，《现代中文学刊》2019年第1期；田丰：《茅盾1938年四则佚文佚简辑释》，《现代中国文化与文学》2021年第2期；金传胜：《〈东方画刊〉上的茅盾佚作》，《中国现代文学研究丛刊》2017年第11期；金传胜：《抗战时期茅盾佚文考述》，《现代中文学刊》2019年第1期；金传胜：《茅盾1938年寓港时期佚文考述》，《世界华文文学论坛》2022年第4期。

④ 李跃力：《茅盾在西北：从史实梳考到深度阐释》，《文艺报》2023年1月20日。

时文艺工作的长期合作对象。因之，茅盾自南向北骤转"移步"的动机①，非单线"点对点"式理念"冲击—回应"，而是双向度经验交互展开，有意识地与救国会完成一次组织化"行动"②，其背后应有个体经验勾连救国会群体观念的系统性逻辑支撑。"行动"既为研说对象，亦可视作一种"方法"。介入"行动者"心态既为理解历史空间提供动态的主体视野，更或能还原被后置史籍叙说所遮蔽的乖异线索。

一、茅盾新疆行"人际动因"再探

诚毋否认，"受邀说"确有坚实史料支撑。即于茅盾出发第一时间便见记载：《申报》次日报道称其"承新疆督办盛世才之邀，就聘新疆学院"③。至 1940 年底，脱险不久的茅盾在一次餐会上聊及"杜重远被扣经过"，感慨"自杜先生到新疆工作时，自然抱着很大的理想……但看他所写的《盛世才与新疆》，虽然是写出祸事来了——因此，他也物色许多人才到那边去"④。可见，茅盾本人也强调杜重远既是新疆行的关联者，亦必然且必须是此段经历走向"背面"的负责人。

然从茅盾自述观，他此前与杜重远实际往来并不多，二人首次深入交流便"出乎意料"讲谈新疆见闻⑤。当时，茅盾本有打算举家离港返沪，既因《文艺阵地》排印地已北迁，也为方便照顾母亲，理由不可谓不充分。可仅两个月后，他就转变想法，去向更遥远的西北。无疑，杜重远的宣传鼓吹在其中至关重要，但看了杜赠予的宣扬材料后，心动之余的茅盾并非无疑思，遂前往廖承志处求证。后者只谨慎回复"也不太清楚新疆的情形，杜重远可能说的太好了一点，不过我们有人在那里工作，其中就有你认识的"。出发前，茅盾还对楼适夷称"此去情况如何，还未可知，也许很快就

---

① 李永东用"移步"代指茅盾战时"所处城市和观念立场的移动"，强调阐释茅盾抗战书写须关注他的空间游走。见李永东：《移步换形的抗战书写与仓促换调的〈清明前后〉》，《中国现代文学研究丛刊》2019 年第 2 期。

② 本文涉及的"行动"一词有两重含义，一是惯常语义上将"认识"经验付诸"躬行实践"之"行动"；二是借用了韦伯的"社会行动"（Soziales Handeln）概念，即"行动者的主观意义关涉到他人的行为"。前者关涉茅盾主体意图的阐释层面，后者集中于人际境况影响的探寻。此外，阿伦特在《人的境况》中提出一种超越职业、生存的"工作"（work）与"劳动"（labor）的"行动"（action）概念，且突出"行动"的"公共性"意义，及人在"行动"中实现"自由"。阿氏论说对本文亦有启示。

③ 《茅盾先生昨离港赴新疆》，《申报》1938 年 12 月 21 日。

④ 潘朗：《茅盾先生抵达重庆——谈杜重远被扣经过》，原载 1941 年 1 月《星岛日报》，转引自卢玮銮、黄继持编：《茅盾香港文辑》，香港广角镜出版社 1984 年版，第 347 页。

⑤ 茅盾：《在香港编〈文艺阵地〉——回忆录［二十二］》，《新文学史料》1984 年第 1 期。

会回来"①。至兰州，有一位"西北公路局局长沈某"直言杜重远的小册子"我们这里的人都不相信"②，驻当地的谢觉哉"对新疆的情况也不甚了解"。但茅盾些许迟疑后仍未改变行程，并自释其考虑到"所有劝我们不要去新疆的，都出自国民党方面人士之口，而共产党并未拦阻我们，很可能是国民党方面放的空气"。然而，不论最终是否劝止茅盾的人，都并未对其疑问给予有说服力的答复。

茅盾既具坚定的行事魄力，也从不回避心中有过疑惑和"保留"。另一方面，耳闻杜重远约请后，茅盾首先推荐了《立报》同事萨空了，杜重远便顺着话称萨空了已答应与其合作。不日，萨随杜北上，先行参加了"全疆第三次代表大会"，并于回港后同杜重远一起动员茅盾。纵然，萨空了的"附和"仍未打消茅盾的顾虑，但相较杜重远，萨氏确与茅盾有更长久的业务交集。再者，萨空了以"香港不能长住，迟早要去内地的，不如趁这个机会去新疆看看"游说茅盾。行文逻辑上，"新疆"是"内地"的一部分——这不仅只是地理常识：时茅盾致孔另境信中也称"我们还是想到内地去，大概一个月后即可决定，倘去，则将往西北耳"③；十一月中再去信时仍称"也许不久我将有内地之行"④。结合二人相对一致的表述推测，他们可能已先达成了"回内地"的共识，紧接着因杜重远之邀，"内地"才被具化，抑或转换成了新疆。其实，茅盾在离疆后的著述中有透露：他一度计划与萨空了同行从海防走陆路赴新，并称"这样的一种旅行，引诱性太大了"，只因杜重远劝阻才只好作罢⑤。

一行人中，茅盾与最后会合的张仲实交往时间最长，两人1935–1936年间便在生活书店工作上来往颇多。究及此，确有论述认为，得知张仲实能结伴同去新疆工作，是茅盾态度转变的因素之一⑥。但茅盾所谓其和张仲实等"都是杜拉去的"⑦，此说法有不完整之处。张仲实的回忆补充了新疆行除杜重远"极力怂恿"外，还与"生活书店想在新疆开辟分店"息息相关⑧。其实，茅盾一行四人均与生活书店息息相关：杜

① 楼适夷：《茅公和〈文艺阵地〉》，《新文学史料》1981年第3期。
② 茅盾：《从东南海滨到西北高原——回忆录［二十三］》，《新文学史料》1984年第2期。另据笔者考，此"沈某"应为浙籍水利工程师宋希尚。
③ 茅盾：《在香港编〈文艺阵地〉——回忆录［二十二］》，《新文学史料》1984年第1期。
④ 茅盾：《致若君》，1938年11月16日。转引自《乱离中的作家书简》，《鲁迅风》（第四期）1939年2月1日。
⑤ 茅盾：《见闻杂记·后记》，上海文光书店1946年版，第87页。
⑥ 张复：《茅盾西北之行的偶然性和重要性——从未收入〈茅盾书信集〉的一封佚信说起》，《茅盾研究》（第15辑）2016年8月5日。
⑦ 孔海珠辑录：《访谈录：茅盾抗战流离生活掇记》，《新文学史料》2014年第1期。
⑧ 张仲实：《难忘的往事——与茅盾同志辗转新疆的前前后后》，《人民日报》1981年5月16日。

重远和张仲实都是书店骨干；茅盾与生活书店的来往可追溯至 1933 年，《文艺阵地》"充分展示了生活书店的抗战立场和态度"①，其出版印刷正是由生活书店广州店总揽，且该店一并负责发行《盛世才与新新疆》，即在磋商西行事宜前，茅盾就因生活书店店务"偶然"见过杜重远②；同时期，萨空了帮持生活书店立足香港③……综上，茅盾择选"骤转"的背后，群体决策诱因不应忽视，且其影响应远大于个体间的交流。

此外，爬梳该时段生活书店店务资料可得知，除支持杜重远外，书店管理层对新疆的青睐更具有系统的业务逻辑。相关记载可追溯至 1938 年 1 月④。至武汉、广州会战失利后，徐伯昕在书店临时委员会议上提请增设新加坡、迪化两处根据地，经与会人讨论通过，"详细计划应俟接得杜重远先生及萨空了先生报告决定"⑤。此外，针对抗战初期书店营业范围过快扩张等问题，一些分店负责人建议应分轻重缓急"在游击根据地区域、新疆、新加坡添设支店"⑥。最终于当年底，书店临委会正式确定"迪化分店筹备大纲"，将"推广新省文化，以自给自足之原则，向新省各地谋发展。供应西北区（包括甘宁陕晋绥）精神食量。收印正确理论书籍，并编译苏联名著。建立初步印刷基础"等作为主要任务；经理、总务、会计等随杜重远、萨空了先行北上筹备；并推举张仲实主持迪化分店编辑事务⑦。

不难发现，"新疆"在书店文件中常与"新加坡"并举。其实，店方拟先后调任两地的候选经理也是同一人⑧。综合而论，新疆除政治"进步"外，与新加坡同居要冲，方便获取资源。加之，两地均被认为具备相对宽松的政治环境。店务通讯载：杜重远曾向同人宣扬"（新疆）那边用的书差不多全是生活书店出版的"，"盛督办并极

---

① 钟桂松：《茅盾与生活书店》，《中国出版史研究》2017 年第 3 期。

② 茅盾：《光明磊落，热情直爽的杜重远先生》，《新华日报》1945 年 7 月 24 日。

③ 《生活书店史稿》编委会编：《生活书店史稿》，生活·读书·新知三联书店 2007 年版，第 132 页。

④ 《业务报告》，北京印刷学院、韬奋纪念馆编：《店务通讯（排印本）》上，学林出版社 2007 年版，第 2 页。

⑤ 上海韬奋纪念馆编：《生活书店会议纪录 1938-1939》（排印本），中华书局 2022 年版，第 149 页。

⑥ 邵公文等：《我们对于健全组织、改进业务及调正（整）人事的意见》，北京印刷学院、韬奋纪念馆编：《店务通讯（排印本）》上，学林出版社 2007 年版，第 183-189 页。

⑦ 上海韬奋纪念馆编：《生活书店会议纪录 1933-1945》（排印本），中华书局 2022 年版，第 159-160 页。

⑧ 指毕子桂，见韬奋：《痛悼子桂同事》，北京印刷学院、韬奋纪念馆编：《店务通讯（排印本）》下，学林出版社 2007 年版，第 1192 页。

力的欢迎生活书店在新省建立分店"①；至于南洋方面，有资料表明叶楚伧曾令驻地领事设法取缔新加坡店②，但星洲毕竟不在国内。同人回忆：面对英殖政府人员盘问，店方巧妙利用黄炎培的影响予以纾解，最终该店实际坚守到日寇来犯才终止③。

宏观来看，茅盾赴疆前的行迹与生活书店扩展方向颇有协同之处。当店方议决"汉口的重心，先分散一部分力量于华南"后不久④，茅盾也自武汉南下与生活同人合作。同时，书店对新加坡的开拓和对粤港的器重一脉相承：星洲店由香港分店经理甘蓬园（甘伯林）先期派驻开展工作，店方希望他能"从一个已垦的荒原跑到未垦的荒原去"，调动海外侨胞的爱国热情⑤。华南期间，茅盾十分重视整个南洋华侨力量的调动。同在粤地工作的叶君健回忆：生活书店开设香港分店后，"文化工作可说是逐渐展开了"；《文艺阵地》促使港澳读者理解"文学在抗战中所起的作用"。茅盾经常接待并指导他们欣赏和创作，并最终将影响扩大到"南洋——新加坡和马来亚——一带"⑥。茅盾曾在《文艺阵地》上介绍星洲青年主办的刊物，力赞新加坡"差不多是祖国在南洋的文化运动的一个中心"⑦。此外，他还为当地"茶阳励志社"社刊题辞，鼓励侨胞中的文化战士奋起努力⑧……西北方面，抵达甘肃后，茅盾首先会见了兰州生活书店经理薛迪畅，时《文艺阵地》载：茅盾提请楼适夷将拟寄新疆的信件交薛氏转接，同刊期上还登了郁达夫自星洲来函。当时郁达夫正操办《星洲文艺》，希望茅盾"在新疆方面，张罗些稿子来"⑨。

可见，抗战的特殊情势下，个人和组织的"行动"抉择动因应是"复义"的。而这样的"复义"就个体命运的影响、与宏大论说间的内在张力，凸显出战时文艺的某种特征，值得我们进一步关注。

---

① 《十一月份的渝地同人茶话会》，北京印刷学院、韬奋纪念馆编：《店务通讯（排印本）》上，学林出版社2007年版，第294页。
② 《国民党中央宣传部为取缔生活书店新加坡分店及审查国内各地分店事致社会部公函》，中国第二历史档案馆编：《中华民国史档案资料汇编 第五辑 第二编文化（二）》，江苏古籍出版社1998年版，第172页。
③ 甘伯林：《生活书店第二个海外分店——新加坡分店》，《新文化史料》1989年第5期。
④ 《业务报告》，北京印刷学院、韬奋纪念馆编：《店务通讯（排印本）》上，学林出版社2007年版，第2页。
⑤ 木幸：《话别——送甘先生赴星洲》，北京印刷学院、韬奋纪念馆编：《店务通讯（排印本）》下，学林出版社2007年版，第1712页。
⑥ 叶君健：《我的主编茅盾》，《地久天长集》，甘肃少年儿童出版社1993年版，第2页。
⑦ 玄：《〈南洋周刊〉及其他》，《文艺阵地》第一卷第十期，1938年9月1日。
⑧ 流萤：《茅盾论"抗战文艺"的创作方法》，《茶阳月刊》1938年4月1日。
⑨ 《"文阵"广播》，《文艺阵地》第二卷第九期，1939年2月16日。

二、"深入后方"的"抗战自由"： 茅盾与"持久抗战"文艺转型

与"受邀说"联结，经典论说述及茅盾一行受杜重远影响时，向来多凸显杜氏此前的"三渡天山"活动。"三渡天山"成为舆论焦点后，影响甚深，但诸多他叙中以"整一"事件面貌呈现的"三渡天山"事件，可能存有符号化加工的痕迹。表面上看，杜氏环环相扣的三次新疆行，展露出他对当地事业的热忱，加之其为盛世才故交，决意在新省大展宏图也理所应然。不过，胡愈之的回忆却展陈了另一重历史面相：

> 当时杜重远没有工作，思想上很苦闷，他是可以到国民党里去做事的，国民党也拉他，他可以在那里做有利于人民抗战的事，但这要得到我们党的谅解，可是王明却迟迟不敢决定，后来杜重远只好去新疆，在那里牺牲了，这是十分可惜的①。

这里须就胡愈之的文字作些述解。首先，胡忆有一重要背景，即"恢复救国会"。救国会（全称"中华全国各界救国会"）是 20 世纪 30 年代由邹韬奋、沈钧儒等生活书店高层发起的抗日团体，后逐步成为民国政界中间势力"三党三派"之一。杜重远与胡愈之均在会内居要位，张仲实、萨空了亦是其成员②。卢沟桥事变以降，因境况日益恶化，同人遂计划有限度重建组织，以便联系各地救亡工作。据查，"三渡"期间，救国会人正为"恢复"在武汉开会讨论。奔波中的杜重远也一直间断参与了相关会议。而从其发言来看，他并不赞成"恢复组织"打破政治平衡，甚至"对组织问题相当抱怀疑的"，更倾向以实际"任务"作为脱困手段③。

再者，胡忆称杜重远未能在"国民党"那里做成事，才"只好"选择去新疆。这里可确定的是，杜重远当时与国民政府铁道部有频繁来往。其实，"一渡天山"的杜氏即肩负了铁道部"沟通西北交通的责任"④。资料显示：铁道部部长张嘉璈（张公

---

① 胡愈之：《我的回忆》，江苏人民出版社 1990 年版，第 51 页。

② 萨沄：《萨空了》，群言出版社 2014 年版，第 220 页。张仲实出席了下述武汉会议。

③ 《武汉时期的救国会会议记录》，周天度、孙彩霞编：《救国会史料集》，中央编译出版社 2006 年版，第 490 页。

④ 杜重远：《盛世才与新新疆》，广州生活书店 1938 年版，第 101 页。

权）自"新生事件"起始终支持杜重远，二人关系匪浅①；另外，西安事变后，齐世英曾计划让杜做南浔铁路局长，杜闻后只称"这些职位已不在话下"② ……由胡文观，杜重远最终未进入"拉他的"部门，恐另有隐情，但这不影响其对国家全局下"后方"抗战的关怀。"一渡"前，杜曾赴山西前线考察，目睹华北战局后，他即希望急筑西北铁路，移民实边③。待"一渡"目标达成，杜亟为盛世才劝留，但他仍焦心节节吃紧的内地战事，便以"全面抗战了，不愿躲在后方安全的地方"为由婉拒④；自释再拟"第二次游新计划"的缘由，也仅回答读者们对新疆的问题，未提及盛氏⑤……合理推测，与茅盾相似，杜重远是以国家全局的"后方"空间作为其行动取向，新疆成为最终目的地有一定的博弈过程。故整一的"三渡天山"叙事，多少倒转了前后的次位条理。

最后，杜重远导向"后方"的决策逻辑，更是对救国会理念的应和。准确而言，杜同救国会人心系的是"持久抗战"语境下的"后方命题"。"持久抗战"意味着抗战转入新阶段，而新阶段的定性、方法均是当时重要的公共话题⑥。全面抗战爆发伊始，邹韬奋即提醒——关怀前线战事同时，也要聚焦"如何巩固持久战的基础问题，也可以说是如何巩固后方的问题"⑦，并就此和杜重远进行过多次交流⑧。彼时，救国会人充分利用国民参政会平台，结合《抗战建国纲领》，紧紧围绕后方"政治建设"主题，力求落实其常年诉求的"抗日言论自由和救国运动自由"⑨。他们创设《国民公论》《全民抗战》等舆论平台，以"真正代表全国人民的公意"⑩ 为己任。民呼民吁的传递必要以"言论自由"做支撑，尤其是执政者对负面舆情的包容正视，"缺乏批判精神"的统一战线"断不会长久"⑪。在"新生事件"与"七君子案"屡遭弹压后，举

① 卢艳香：《张嘉璈对日态度初探：以胡佛研究所藏〈张嘉璈日记〉（1935-1937）为中心》，《民国档案》2014年第2期。

② 《齐世英先生访问记录》，台北"中央研究院"近代史研究所1997年版，第199页。

③ 杜重远：《归途》（通讯），《抵抗》第十五号，1937年10月6日。

④ 杜重远：《盛世才与新新疆》，广州生活书店1938年版，第101页。

⑤ 杜重远：《三渡天山（一）：起程》，《全民抗战》第38期，1938年11月25日。

⑥ 持久战讨论包括了对抗战阶段划分的预判和认定问题。毛泽东的《论持久战》与《论新阶段》自然是目前对抗战阶段划分最经典、科学的依据文献。但在毛泽东提出"三阶段论"与蒋介石于南岳军事会议提出"两阶段持久战论"前，在野甚至在朝舆论对抗战阶段的认定划分尚不明晰统一。常见说法含下述"第二阶段抗战"、"第三期抗战"等等。

⑦ 邹韬奋：《全面抗战开展以后》，《抗战半月刊》第一卷，1937年10月16日。

⑧ 《国防建设与总动员》，《抗战（三日刊）》第三号，1937年8月26日。

⑨ 《团结御侮的几个基本条件与最低要求》，《生活教育》第三卷第十一期，1936年8月1日。

⑩ 本社同人：《全民抗战的使命》，《全民抗战》第一号，1938年7月7日。

⑪ 《批判的精神，建设的精神——创刊词》，《国民公论》第一卷第一期，1938年9月11日。

起"抗日自由"大纛可给予救国会人一定的生存空间，且杜重远看来，"禁锢思想、统制言论"是日寇危机的预兆，一定会随战事持久延长而彻底暴露①。

目下可搜检资料中，有前《大公报》记者陈纪滢不断强调杜重远、茅盾一行新疆活动的救国会组织背景②。陈氏于战时几赴新省，同盛世才有过会面，后更成为救国会搭救杜重远的"中间人"③，故其文字有一定参考价值。然陈文将杜等赴新界定为"人民阵线"（即救国会）向盛世才政权的"渗透"，显带有意识形态狭见④。此外，茅盾虽确同救国会有合作，但他早在"脱党"后便同政党政治保持一定距离⑤……须看到，身份标识生成的价值联结外，还有更为繁复的内生意图条理，后者自不应被前者庸俗遮覆。即就"持久抗战"命题，早在 1938 年 2 月，茅盾便著《第二阶段》指出："现在抗战已入第二阶段，配合着抗战的总形式，文化工作也该有它应即转入的第二阶段罢。"⑥

当时，茅盾接触到许多自叹报国无路的文化学者⑦。针对他们的块垒，茅盾认为，"任何学术研究都可以联系到抗战，例如西北西南有苗族回族及其他小民族，在现今这时期，我们极需要更充分地了解他们，亦需要他们对我们有更多的了解"，"一部关于他们的风土记，一在苗族民歌的翻译，都与有助力"……茅盾扩充"抗战"外延，鼓励非实务的"文化工作"，既立足长远，且与"总体战"体系下综合的国家对抗观契合⑧。另外，"深入了解西南西北民族"看似只是例论，但原文并未提及其他事宜，单就此例的阐述甚为具体。可见，茅盾对持久战阶段下的边疆问题早有眷注，这为其尔

---

① 杜重远：《敌人内部严重状况的新报告》，《抗战》第六十六号，1938 年 4 月 26 日。

② 陈纪滢相关文章包括：《忆迪化：从三渡天山谈到与盛世才会晤经过》，台北《传记文学》111 期，1971 年 8 月；《记茅盾（中）："三十年代作家直接印象记"之九》，台北《传记文学》230 期，1981 年 7 月；《茅盾及其新疆行》，香港《大成》157 期，1986 年 11 月 1 日。另外，曾任职新省警务处的周东郊（周春晖）也在回忆中隐晦表达此意。见周东郊：《新疆十年》，《中国西北文献丛书二编·第三辑 西北民俗文献（第八卷）》，线装书局 2006 年版，第 436-439 页。

③ 韬：《简覆：杜重远先生的近况》，《大众生活》新十一号，1941 年 7 月 26 日。

④ 此外，陈纪滢对茅盾的记叙还存在错讹。如他声称其曾于 1939 年 2 月在渝沈钧儒宅邸见过茅盾，显不符合事实。

⑤ 茅盾在沪上操持"中国文艺家协会"时就与救国会有诸多互动；至 1940 年，沈钧儒正式提请茅盾加入救国会，但被婉拒，不过茅盾愿意列席救国会的内部会议；另据该会成员史明回忆，1941 年，茅盾曾以"救国会留港代表"名义联名发表政论（见史明：《茅盾与救国会》，《华东师范大学学报（哲学社会科学版）》1980 年第 6 期）。总体而言，茅盾与救国会的关系还有讨论空间。

⑥ 茅盾：《第二阶段》，《救亡日报》1938 年 2 月 8 日。

⑦ 茅盾：《烽火连天的日子——回忆录［二十一］》，《新文学史料》1983 年第 4 期。

⑧ 茅盾随后在他处刊文，系统地指出：日寇毁我文化，意图消灭我民族抵抗力与抵抗意志，"和奸淫掳掠一样"。见茅盾：《从敌人摧残文化说起》，《大众生路》第二卷第七期，1938 年 4 月 24 日。

后"行动"方向埋下伏笔。

那么，公共话题何以落脚至文艺建设上？是时，《文艺阵地》上已有声音号召注意与前线并重的"后方描写"①。而在茅盾看来，文艺从前线伸展至后方不应仅止于延拓书写空间。回顾抗战一年来的文艺创作时，茅盾总结出由"事"到"人"的创作转向——所谓"事"，指此前作品侧重于描绘前线战斗场面，却形成了"先有了固定的故事的框子，然后填进人物进去"的不当套路。描绘"事"须从接触身边具体的"人"入手，可"描写壮烈事件之成为风气者实多"，加之大多数作家既没有前线战地经验，也不够"深入生活"，故造成初期抗战作品"绝少令人满意"的缺憾②。饶有意味的是，茅盾视《华威先生》为"塑造典型人物"佳例时，更凸显华威"抗战知识分子"，而非"抗战官僚"的一面，并借林林"战时亚浦洛摩夫主义"概括其纰缪③。由此，"华威"颐指气使的一面被下置，针砭所指嬗变为冈察洛夫笔下经典的"多余人"形象。他们"好像不安于后方的工作，常憧憬到前线去，结果，前线没去成，后方工作又感着乏味"。再者，"华威"之例诚被用作解释"作家最熟悉知识分子生活"。纵览全篇，茅盾多次批评一些作家与现实的疏离。"作家"同"知识分子"身份本常有重叠。可以说，茅盾将"华威"照入现实，带有一定"反求诸己"的意蕴。其实，张天翼也曾袒露其创作动机有提醒"在抗战中做工作的朋友们"，"要是发现自己也有那种毛病，就得反省一下，切实加以改正"④……"华威"既为"多余人"，反之，"行动者"便是"华威"的对立面。借标榜《华威先生》，茅盾警策作家们赶紧"行动"起来。

既而，于"行动"方向上，"保卫大武汉、广州"的危亡之秋，茅盾就文艺工作者"做什么，写什么"发表十三点建议。他强调以作品"解释第三期抗战的国内外形势"，并呼吁跳出宣传鼓吹式"题目正面做死文章"的动员经验⑤。此前，他指出若无澄明的环境，"动员民众"反会沦为后方贪污土劣敛财的借口。所谓"胜负之机在

① 祝秀侠：《现实主义的抗战文学论》，《文艺阵地》第一卷第四号，1938 年 6 月 1 日。

② 茅盾：《八月的感想：抗战文艺一年的回顾》，《文艺阵地》第一卷第九期，1938 年 8 月 16 日。

③ 林林：《战时"亚浦洛摩夫主义"》，原载 1938 年 8 月 9 日《救亡日报》；另，有论述将华威由"官员"转变为"抗战知识分子"归因于"统一战线需要"和"30 年代知识分子边缘化"背景使然。见陈晓燕、吴勇进：《抗战语境中的阐释策略：论建国前华威形象的阐释》，《湖北广播电视大学学报》2009 年第 9 期。

④ 张天翼：《论缺点——习作杂谈之四》，原载 1939 年 6 月 1 日《力报半月刊》第一卷第四期，节录转引自沈承宽、黄侯兴、吴福辉编：《张天翼研究资料》，知识产权出版社 2010 年版，第 154 页。

⑤ 茅盾：《为保卫大武汉与广东，文艺工作者应该做些什么？》，《大众生路》第三卷第五六期合刊，1938 年 8 月 5 日。

马当香口之间者尚少，而在'庙堂'者实多"①。茅盾肯定国民参政会争取"言论自由"与"澄清政治"的事功，关注沈钧儒等救国会同人的努力②，而将"言论"力量渗入进文艺书写中。他的建议是"以文艺的形式将抗战建国纲领普及而深入民间，使人人知道，使能明白认出下层行政人员的违犯抗战建国纲领的行动给以群众的制裁"③。茅盾将笔法上"塑造典型"、主题上"抉摘丑恶"、功能上"唤起民众"与"深入"的躬行实践相结合，以期构建新阶段"行动"蓝图。

遗憾的是，栖身香港的茅盾却正处于"未行动"的困顿中。尤其是《你往哪里跑？》集中体现了其间创作事业的症结。该作描绘淞沪会战中上海各阶层生态，试图回答苦闷青年"第一阶段"抗战后"何去何从"的惶惑，并颇多着墨于"后方问题"：小说人物何家琪目睹战地医院乱象后，愤怒地将后方现状形容为"蹑着脚尖转弯抹角走，还是处处碰着东西，到底是谁摩擦谁，永世也弄不清"④；可盼望去前线时，他更痛惋"民众没有动员起来，只是军队在那里挨打"⑤ ……值得注意的是，文中，有志青年们来到武汉身临"第二周抗战种种世相"后，反一改原本"去陕北"的意愿："并且我又觉得现在一心想到西北去的人们中间，有不少是一时冲动，好奇心，更有不少是借了到投身革命的最前线的美名，实行逃避他在后方的艰苦而需要耐心的工作；信（这）种浮薄偷懒的心理必须赶快纠正才对！"⑥

由此，"何去何从"的题解进路便从"革命风暴中心转移"转递为军事语境下的"前线"转进"后方"。再者，茅盾在写作中充分考虑到了"通俗化"问题。其背后是萨空了同他对《立报》"既不至于脱离现实，亦不脱离群众"的"在地化"思路使然⑦。然而，这样一部凝结"后方"议题、"时代"话题与"深入"拟题的作品，终究写失败了。当时，他正思索如何打破"主题先行"的公式化窠臼——根本仍须遵守"材料丰富了，成熟了，确有所见了，然后写"的创作规律⑧。但比照来看，《你往哪

① 茅盾：《保卫武汉的决心》，《立报》1938年7月4日。
② 参见茅盾：《"七七"》，《立报》1938年7月7日；迁士：《退一步想？》，《立报》1938年7月8日；茅盾：《关于国参会意见》，《抗战大学》第一卷第十期，1938年8月5日。
③ 茅盾：《为保卫大武汉与广东，文艺工作者应该做些什么？》，《大众生路》第三卷第五、六期合刊，1938年8月5日。
④ 茅盾：《你往哪里跑？》（二〇四），《立报》1938年10月22日。
⑤ 茅盾：《你往哪里跑？》（二〇七），《立报》1938年10月25日。
⑥ 茅盾：《你往哪里跑？》（六），《立报》1938年4月6日。
⑦ 茅盾：《第一阶段的故事·后记》，上海亚洲图书社1946年版，第363页。另，关于《立报》其他"在地化"策略的研讨可参见樊善标：《谛听杂音：报纸副刊与香港文学生产（1930-1960年代）》，中华书局2019年版，第110-120页。
⑧ 茅盾：《公式主义的克服》，《文艺阵地》第二卷第七期，1939年1月16日。

里跑？》却成了"反面教材"。茅盾无奈地表示："最初构思的时候，原也雄心勃勃，打算在我力所可能及的广阔画面上把一些最典型的人物事态组织进去"，但"生活经验之不足又使我在写作中愈来愈怯愈烦恼"。而这自然与香港"听不到炮声，闻不到火药气"的环境相干①，加之港英政府对反日言论的高压审查，淤塞了"自由抗战"的舆论空间。适逢写作至半、"意兴阑珊"的情绪节点上，茅盾得知了杜重远与萨空了的西行计划，两相比较下，他的选择便不难理解了。

茅盾走后，有居港同人感叹其驻本地一年间"相对地和实际的战斗环境隔绝"②。萨空了亦回溯称：时身边人围绕"如何使战事拖长转败为胜"目标心生"回到大后方去"情结，"立报的影响远不能和在上海发行时相比，使我怀疑这工作对抗战能有多少裨益"③……可以想象，既非前线也非后方的孤岛困境如何淤积了同人们的身心焦虑。基于已有人际基础推动，本处事谨慎的茅盾在信息未明情形下，将"去新疆"定夺为实现"行动"目标的最优路径，不免夹杂非理性的动因。但对"后方问题"的关涉与实践召唤，无疑要比仅突出党派关系的后摄视角更耦合时代语境。且于战争势情下，茅盾的"行动"思路也为主体介入战事"转型"过程提供了可能性样本。

三、自由的"断裂"：茅盾"后方行动"受挫

当我们把新疆视作寥廓"后方"拼图之一时，自茅盾"回到"云南起，他的择选便开始付诸实践了。抵达昆明后，茅盾同当地文艺群体进行了多次交流，"大众化"是议论的核心。理解茅盾该时期"大众化"思索的高潮，不能忽略其左翼经验施展惯常的一面，更要结合具体时势语境。譬如，茅盾强调"大众化"不应被曲解为"通俗化"④，可将"大众化"与"通俗化"对应恰是其曾有的观点。而那时他的论说更多承袭了左翼理论框架："通俗化"的服务对象是抽象的、与智识阶层区分的"大众"⑤。相比而言，建构抗战语境下"文艺大众化"合法性亟需转换理论范式基底。沪、港、粤三地实践表明：地域、战局分割下，"大众"生发出不同的文艺需求，也

---

① 茅盾：《第一阶段的故事·后记》，上海亚洲图书社 1946 年版，第 362-363 页。
② 香港大公报勉君：《茅盾走了：从香港至新疆大学任文学院院长职，我们竭诚的静候他今后战斗的消息》，《迅报》1939 年 1 月 7 日。
③ 萨空了：《由香港到新疆》，香港新民主出版社 1946 年版，前纪部分第 1 页。
④ 茅盾：《统一战线与基本工作：在文协分会欢迎席上的报告》，《文化岗位》第六期，1938 年 12 月 15 日。
⑤ 茅盾：《文艺大众化问题：上月在汉口量才图书馆的讲演》，《新语》第一卷第二期，1938 年 4 月 9 日。

因之需要不同的文教策略。因此，流于理论、笼统纠葛的"通俗化"便造成议题的"失焦"①。

既而，顺着已有"通俗化"运动延展，茅盾进一步号召展开"深入民间"的工作。具体而言，茅盾认为，过往以"文章下乡"为代表的"大众化"实习，尚不能使文化人真正碰触民众切肤的痛感。实际工作经验证明，民众对单向的文化输入往往不感亲切，他们更渴望求解身边困境，如"生活的痛苦，贪污土劣的罪恶"等等。总之，"深入"的文艺书写要能推动实现"抗战建国"之"解除民生的疾苦与夫铲除贪污土劣的势力"目标②。向来，尤其在左翼与尔后的延安视域里，"大众化"讨论常被认定为"民族形式"议题的先声，二者难以分割③。然茅盾构建的文艺大众化策略，在"通俗化"等"形式论辩"上添补了"内容建设"维度。且如是，"深入大众"内核由左翼话语中知识分子对大众的单向观照，延伸至茅盾连同救国会人理念中双向的民意表达。

不过，诚如《华威先生》引发的风波，高扬传导"负面"现实的创作理念在抗战文艺实践中一直饱受非议。适逢汪精卫集团叛国、同"失败主义""妥协主义"的舆论斗争成为要务，军民均需"正面"宣传之际，茅盾也并不担心讴歌光明与暴露丑恶有任何龃龉：一致地要求作家描摹"正"或"负"的新典型，都不是"正确地把握着现实"，何况"片面的现实有时反使人民憎厌"④；倡导文艺工作者两面把握现实，"从黑暗中衬出光明，从光明中暴露黑暗"⑤。在兰州，他探访到当地青年困于表达黑暗与"鼓舞民众热情"间的矛盾⑥，对此，其解惑思路是：肯定"鼓吹和宣传"的必要性，但要让战时宣传成为教育民众的武器，恰恰需要"暴露缺点"以期推动协商共同解决。"为了怕敌人宣传，便自己也只好不谈，那末抗战过程中的缺点，就永远不会改善。"⑦ 可以看到，茅盾基于实践理性，主张以文学的"现实"书写来推进改善后

---

① 茅盾这里对"大众化"的"正名"，一般认为针对了此前"七月社"人从捍卫启蒙立场出发，批评利用"旧形式"的"大众化"途径乃"新文学危机"之论调。但胡风同人中，也有聂绀弩批评脱离实践的"利用旧形式"仅是"纸上谈兵"。（见《宣传·文学·旧形式的利用》，《七月》第三集第一期，1938 年 5 月 1 日。）而对此观点，茅盾不无认同，他承认之前"大众化"讨论有纸上谈兵之陋。即在抗战当下，能将话题试验落地的行动也寥寥无几。（见茅盾：《短评：大众化与利用旧形式》，《文艺阵地》第一卷第四期，1938 年 6 月 1 日。）

② 茅盾：《谈"深入民间"》，《新云南》（创刊号）1939 年 1 月 28 日。

③ 罗立桂：《文学大众化问题的现代性境遇》，北京民族出版社 2020 年版，第 141-142 页。

④ 茅盾：《关于利用旧形式和创造新典型》，《新新新闻·每旬增刊》（创刊号）1938 年 7 月 7 日。

⑤ 《云大昨请茅盾演讲〈创作与现实〉》，《云南日报》1939 年 1 月 5 日。

⑥ 茅盾：《从东南海滨到西北高原——回忆录［二十三］》，《新文学史料》1984 年第 2 期。

⑦ 茅盾演讲，赵西笔记：《抗战与文艺》，《现代评坛》第四卷第十一期，1939 年 2 月 5 日。

方大众所处环境，以此巩固持久抗战的基础。他将文艺赋予"大众"舆论输入功能，以实现"大众化"的目标进路。这样的构想在已有的抗战"文艺大众化"研究中关注甚少。

在进入新疆前的最后一站，茅盾已然能将《文艺阵地》的现实批判主旨、后方文艺"大众化"需求，以及"持久抗战"方法论融会贯通，既在"行动"中拓展了其文艺观念与抗战语境的契合度，更暂时走出了居港时期的"气闷"，自信地走到了战时文艺探索上一个成熟的顶点。但不论是黑暗的揭露、大众民意的言说，还是茅盾就"后方行动"对己对人的期待，又都须以一定的自由度作保障。但履职新疆学院后，他却再一次走入"不自由"与"未行动"的郁结中，且一度感到"与世隔绝，深恐久居则将成为文化上之愚蒙者耳"①。除应酬文章外，这一时期茅盾的自主写作一度近乎停滞。以"深入后方"之愿景衡量，此时的他又莫名走到了初心的对立面。

从一个微妙的对比中，我们似可体悟茅盾心绪的变化。1939年5月，他应新疆学院之邀作五四运动二十周年纪念演讲。讲稿刻画了一种"五四型的青年"，他们"热情，耽于空想，个人主义，个性极强，对一切挑战，好标新立异，有海阔天空的气概，然而感情浮动，什么都不实际，没有计划"②。但在西行前，他才赞扬了"五四"青年"初生牛犊不畏虎"，且希望抗战烽火中"五四"精神能复活并升华③——如此论调"骤转"，很难解释为认识体系的深层更替，更像是借历史评述阐发现实话题。此时的茅盾自然不再将"自由行动"置于价值高标，特别是一些苦闷青年将他们一行视作"榜样"，连杜重远都不得不登出启事称"新省人力物力俱极贫乏……诚恐有误诸君前途"④。茅盾也通过《文艺阵地》向他们喊话——"内地一般青年，不知实际情形，以为新疆学院如何如何，要求进去。此辈青年，幻想太大，来亦无益也"，并自嘲"个人生活从前享受已多，所谓从绚烂中过来，今在中年，已归平淡，故无所谓"⑤。不难看到，茅盾试图劝导他人的同时，再次"反求诸己"，并发出自省和无奈的纠葛。

自脱逃新省后，茅盾通过《新疆风土杂忆》向外界传递其真实体验，以求祛除《盛世才与新新疆》对后方青年的误导⑥。但将自己受挫过多归咎于他人层面，其所构建的单线逻辑却消弭了"行动"择选的主体能动性。而1940年的茅盾也正面临着一个

① 茅盾：《寄自新疆》，《文艺阵地》第三卷第十期，1939年9月1日。
② 茅盾：《"五四运动"之检讨》，《新芒》第一卷第一期，1939年7月。
③ 微明：《忆五四青年》，《立报》1938年5月4日。
④ 《新疆学院重要启事》，《新华日报》1939年4月12日。
⑤ 茅盾：《寄自新疆》，《文艺阵地》第三卷第十期，1939年9月1日。
⑥ 茅盾：《〈新疆风土杂记〉附记》，《茅盾文集》第九卷，人民文学出版社1961年版，第429页。

存在主义难题：因时局所迫离开新疆后，"下一步如何走"的命题包蕴着经验重构难题。茅盾尔后的"延安行"向来受人瞩目，但近有研究对比他与张仲实的说法，提出其初衷应是"去重庆"，去延安反而有"临时决定的色彩"①。那么由此，自离开"中心"武汉、南下粤港到奔赴后方，取向"被遗忘"的新疆，再到最终又计划回归"中心"，茅盾的"道路"选择仍意味深长。

结　语

1947年，蓝海（田仲济）在《中国抗战文艺史》中回顾了战时文艺从克服"前线主义"到面向全国铺开活动之"动向"②，其间有作家个体领悟战争形势使然，也有"文协"和"三厅"的组织化推进。借此，蓝著勾勒出该时段文艺实践的"主流"路径。从结果观，茅盾于逆境中奋力将文教火种播撒至边疆，确能同"主流"路径贴合呼应。但值得辩思的是：个体经验同循序递进的史叙框架间，可能存有怎样的阐述间隙？探赜茅盾西行的"动因"翼面，我们似可窥探出一条别于"主流"、未能充分展开的"道路"线索：其借助生活书店平台、汲取救国会"后方抗战"问题意识与"自由抗战"政见，将"暴露讽刺"笔法上升为实践路径，并在"行动"中生发出对文艺功能的特别见解，既为求索"左翼十年"遗产延续提供新启示，更关涉《抗战建国纲领》对文学发展的影响问题。一如吴福辉所言，《文艺阵地》的实践"包含了某些别有深意的声音"，"激发了统一战线文学内部那些被战争打断了的传统"③，战时文艺除相对一致地宣传鼓吹以动员民众外，抑或包蕴另一种可能——推动大众民意输出与政治参与。可惜，含茅盾回忆录在内的诸多经典叙说，却渐渐遮蔽、泯灭乃至重构了其"道路"的"异质"感。但正因如此，茅盾的"道路"才更有再说的必要，其尔后的创作走向也会有更多说不尽的答案。

（作者单位：四川大学文学与新闻学院）

---

① 张积玉：《茅盾与张仲实在新疆时期的交往史实考辨》，《中国现代文学丛刊》2015年第9期。

② 蓝海：《中国抗战文艺史》，现代出版社1947年版，第32页。

③ 吴福辉：《中国现代文学发展史》，北京大学出版社2010年版，第356页。

"伤痕文学"命名的谱系梳理与反思①
——兼及当代文学批评中的"文学命名"问题

古大勇

"伤痕文学"有狭义和广义两种,狭义的"伤痕文学"是指 20 世纪中国"文化大革命"结束后,70 年代末到 80 年代初,在中国大陆文坛兴起的一种文学潮流,得名于卢新华以"文化大革命"中知青生活为题材创作的短篇小说《伤痕》。其他代表作还有刘心武的《班主任》、从维熙的《大墙下的红玉兰》、冯骥才的《铺花的歧路》和《啊!》、周克芹的《许茂和他的女儿们》等,以"字字血、声声泪"的文字揭露了"文化大革命"给人们带来的惨痛心灵创伤,表达了对肆虐中华大地"极左"路线的强烈控诉和批判。这是传统意义上"伤痕文学"的内涵,已经成为一个耳熟能详、约定俗成的概念,并写入各种当代文学史教材。

"伤痕文学"这一名称自从诞生以来,不但在当时产生了巨大的影响,而且在 40 年来文学的发展过程中,陆续衍生了"后伤痕文学""新伤痕文学""输出的伤痕文学""海外伤痕文学"等十余种相关命名,可以称之为广义的"伤痕文学"。一方面,其中的部分命名与传统的(狭义的)"伤痕文学"内涵有直接关联;另一方面,也有部分命名与传统的(狭义的)"伤痕文学"内涵具有较大差异。但总的来说,它们都是在"伤痕"这一原点或母体基础上生长出来的概念,因此,这些林林总总的命名或概念可以进行谱系学的梳理,追溯其与传统的(狭义的)"伤痕文学"概念之间的渊源关系并进行理论反思。喧嚣的命名给人一种"乱花渐欲迷人眼"的感觉,这种现象反映了"伤痕文学"类作品创作的丰赡以及批评家及时跟踪、研究作家创作的努力。

———————————

① 本文系浙江省哲学社会科学重点研究基地(越文化传承与创新研究中心)课题"鲁迅在台港澳暨海外华人圈的百年接受研究"(2022GDKTZD32)的研究成果。

批评家与时俱进地总结这类文学创作的规律并予以命名，一定程度上扩大了该类文学的影响，但在命名中亦存在部分的无序性、随意性以及由此而引发的概念矛盾歧义现象。"伤痕文学"的这种命名现象也典型地表现了当代文学发展过程中的"文学命名"行为。因此，以此为个案，也可以总结文学研究中"文学命名"的经验教训和一般规律。

一、长时段的伤痕文学、后伤痕文学、新伤痕文学

广义的"伤痕文学"包含长时段的伤痕文学、后伤痕文学、新伤痕文学。

传统的"伤痕文学"是新时期文学发展链条上的一个组成部分，从时间段来说，是指从 1978 年卢新华发表小说《伤痕》之后到 20 世纪 80 年代初期"反思文学"产生之前的一段时间。近年来，有学者认为要扩大理解"伤痕文学"的时空，提出了"长时段的伤痕文学"的概念，认为我们过去对"伤痕文学"的理解仅仅限于风格流派的层面——"事实上，基于过去年代所造成的社会和文化'伤痕'、且作用于'伤痕'的文学表达，并不只是存在于一九七零年代末至一九八零年代初，而是广泛存在于整个'新时期文学'中。鉴于其社会影响的广泛性、作用于时代文学的深入性，以及所包含和释放的社会文化信息的丰富性，这一类的文学应该被概括看待，作为具备文学思潮性质的文学现象，或干脆被放在文学思潮的层次上来讨论。在此基础上，整个这一时段的文学史，亦可被称为中国当代文学史的伤痕文学阶段"①。该学者认为"伤痕文学"从 20 世纪 70 年代末开始，一直延续到 20 世纪 80 年代末，即整个 80 年代文学都可以纳入"伤痕文学"的范畴。很显然，作者更侧重于将"伤痕文学"视为一种文学思潮乃至社会思潮来肯定它的价值，即"文化大革命"等特殊时代对人民造成的震荡与伤痕不仅仅体现在 1980 年之交的那段短暂时间，更绵延辐射到整个 80 年代，质言之，整个 80 年代的文学都有对之前特殊时代伤痕记忆或多或少、或浅或深的表达。

以"伤痕文学"为对照，有学者提出了"后伤痕文学"的概念，把近年来一些作家创作的反映"文化大革命""反右"等特殊年代故事的小说称为"后伤痕文学"。如龚自强认为"《陆犯焉识》讲的依然是一个'伤痕故事'，可是它将这个'伤痕故事'讲得如此'现代'，如此贴近历史的内在脉搏和生命律动，揭示出如此之多的历史细节，如此让人震惊！这提示我们思考如下问题：'伤痕文学'之后，'后伤痕文学'如

---

① 张业松：《打开"伤痕文学"的理解空间》，《当代作家评论》2008 年第 3 期。

何叙述'伤痕'?"① 龚自强在"伤痕文学"之前加一个"后"字，是以创作主体的生存年代先后而划分的。两者所反映的内容大体一致，即以"文化大革命""反右"等历史事件为故事内核或背景，但"伤痕文学"的作者是20世纪七八十年代之交出现的一些传统作家如卢新华、刘心武等，而"后伤痕文学"的作者是近年来涌现的一些作家，如严歌苓、余华、东西等。

"新伤痕文学"概念的提出者为近年来崭露头角的新锐批评家杨庆祥。他近年来在《南方文坛》等刊物发表论文，阐述立场，同时还有多名批评家发文进行积极呼应，为"新伤痕文学"一词的"粉墨登场"助威造势，摇旗呐喊。这显然是一次精心设计、有组织的命名行为。杨庆祥认为"新伤痕文学"的内涵如下："第一，相对于1980年代'伤痕书写'以'文革史'为书写对象，'新伤痕文学'书写的对象是'改革开放史'。第二，相对于1980年代'伤痕书写'的人道主义话语，新伤痕的一部分写作延续了这一人道主义话语，而另外一部分写作，则从政治经济的现实出发修正了这一人道主义话语，呈现多元的精神视野。第三，如果说1980年代的伤痕文学是一种对抗式的写作，并由此呈现出一种恨的美学，那么'新伤痕文学'书写出现了一种对话式的倾向，并出现了一种爱的美学。第四，在对话的写作姿态和爱的美学中，'新伤痕文学'不仅发现并揭露了伤痕，并对此伤痕进行了照亮和疗愈。"② 在杨庆祥看来，"新伤痕"指的是整个中国现代化转型给人们带来的伤痕，"新伤痕文学"对应于"新伤痕时代"。所谓"新伤痕时代"，指的是改革开放后的40年，尤其是最近的20年，即改革开放以来中国向现代化转型的时期。确切地说，它的产生还有一个"全球化"的背景，即以"发展万能论"为导向的世界经济新秩序。而改革开放后的中国对这种世界性马首是瞻，亦步亦趋，追求发展至上、GDP至上。不可否认的是，改革开放给之前一穷二白的中国人民带来了巨大的福祉，但它的负面效应也同时显现出来，例如工业化进程造成乡村的衰败和"空心化"、留守儿童与父母分离的残酷、畸形房价下大学生买不起房的焦虑、城市农民工被拖欠工资的无奈、国企改革引起工人纷纷下岗的阵痛、传统道德的沦丧与金钱的侵蚀引发的婚姻变故、"唯发展论"背景下的自然生态破坏……可以说，改革开放后的高速发展也对部分个体造成了伤害，带来了伤痕，但是，这种伤痕与传统"伤痕文学"中的伤痕的内涵是不同的。如果说传统的伤痕更多源于具体可见的社会政治运动，那么，"新伤痕时代的伤害往往是隐性的，不具体的，绵软的，是一种可以称之为'天鹅绒式'的伤害，这是一种真正的精神和心理的

---

① 龚自强：《"后伤痕"书写的复杂性——论历史与人性深度交织的〈陆犯焉识〉》，《当代作家评论》2013年第2期。参看赵宜：《〈归来〉与"后伤痕"叙事》，《电影新作》2014年第4期。

② 杨庆祥：《"新伤痕时代"及其文化应对》，《南方文坛》2017年第6期。

内伤，它导致的直接后果是精神焦虑、抑郁等精神分裂症的集体爆发"①。事实上，在这前后，就有学者（白浩、刘新林等）用以上类似的"新伤痕文学"概念来分析新时期小说②。值得注意的是，杨庆祥提出了"新伤痕文学"的概念，而周景雷、韩春燕等人也提出"新伤痕小说"的术语，两者的表达形式大体一致，但内涵却迥然不同，这将在下文中阐释。

二、输出的伤痕文学、海外伤痕回忆录、世界华文文学视野下的伤痕文学、海外伤痕文学、南洋（马来西亚、新加坡）华人伤痕小说

广义的伤痕文学还包含输出的伤痕文学、海外伤痕回忆录、世界华文文学视野下的伤痕文学、海外伤痕文学、南洋华人伤痕小说。

"输出的伤痕文学"这一概念是公仲先生提出的。公仲先生认为"上世纪末，新移民小说的书写大体上可以归为两大类，一是所谓的'输出的伤痕文学'，写尽当年在国内的那些苦难岁月；一是表达初到异国他乡的见闻感受、惊讶失落、愤懑悲观以致奋起拼搏的种种经历和情感"③。第一类"输出的伤痕文学"，就是海外华人作家创作的传统性质的"伤痕文学"，它的产生与"新移民文学"的兴起有关。"新移民文学"不同于早期的"移民文学"以及"台湾留学生文学"，它是指 20 世纪八九十年代迄今从大陆移民到欧美国家的华人所创作的文学，代表作家有严歌苓、张翎、虹影、曾晓文、陈河、施雨、袁劲梅、少君、吕红、李彦、刘荒田、陈谦、黄宗之、于疆等人。这些新移民作家虽生活在海外，却对居住国的主流社会生活不感兴趣，反而对故国的"文化大革命""反右"等时代发生的故事兴趣盎然，乐此不疲地再写"伤痕"故事，几乎是重复当年大陆"伤痕文学""反思文学"的写作套路。

赵庆庆在《海外伤痕回忆录：祛魅的身份和历史重建》一文中提出"海外伤痕回忆录"的概念："自 20 世纪 70 年代以来，北美华人出版了相当数量的英语'文革'回忆录。'海外伤痕回忆录'即指海外出自前红卫兵或前知青笔下、表述创伤和反思的英语'文革'回忆录，是国内伤痕文学的境外延伸。"④"海外伤痕回忆录"的内涵

---

① 杨庆祥、周新民：《在现场，新伤痕，怎么办？——杨庆祥访谈录》，《长江文艺评论》2017 年第 3 期。

② 白浩：《农村伤疤与新伤痕文学——罗伟章论》，《当代文坛》2013 年第 5 期；刘新林：《"新伤痕"的源起与疗愈——石一枫近作读后》，《湖南工业大学学报》（社科版）2018 年第 6 期。

③ 公仲：《论新世纪新移民小说的发展》，《小说评论》2010 年第 2 期。

④ 赵庆庆：《海外伤痕回忆录：祛魅的身份和历史重建》，《华文文学》2012 年第 2 期。

大致类似于公仲先生所谓的"输出的伤痕文学"，只不过前者的文体是"回忆录"，后者的文体是以小说为主。

钱果长提出"世界华文文学视野下的伤痕文学"概念："长期以来将伤痕文学的观照视域局限于大陆中心，遮蔽了我们对这一文学创作现象本应丰富的体认。在世界华文文学视野下考察伤痕文学，至少在现实主义的表现、苦难叙事、人道主义思想情怀等方面让我们看到了伤痕文学创作本身所提供的文学审美多元性和丰富性，大陆伤痕文学的艺术局限性在海外华文作家的同类作品中得到了有效的补充，从而获得对伤痕文学的一种整体认识和评价。"① 钱果长同时认为，伤痕文学的滥觞并非卢新华的《伤痕》，而是陈若曦1974年在香港发表的《尹县长》。陈若曦1973年之前在大陆生活，对"文化大革命"有切身体验。《尹县长》写的就是陕西兴安县的一个县长在"文化大革命"中的悲剧命运，小说发表后在海外华人界产生较大反响，因此，钱果长认为陈若曦是"伤痕文学的始作俑者"②。"伤痕文学"的滥觞是否在海外，陈若曦是否算"伤痕文学"的第一人，这些问题也许还有待商榷。但无论怎样，这都提供了一种观照"伤痕文学"更为开阔的视角及由此而得来的崭新认知。

公仲先生曾经提及新移民作家创作中与"输出的伤痕文学"并驾齐驱的另外一类"伤痕文学"——"表达初到异国他乡的见闻感受、惊讶失落、愤懑悲观以致奋起拼搏的种种经历和情感"③。公仲先生并没有赋予其一个明确的概念，后来，加华作家曾晓文将之定义为"海外伤痕文学"。一个有关曾晓文的访谈录中写道："因为经历了海外漂泊之苦，晓文将自己的短篇小说代表作《旋转的硬币》定位于'海外伤痕文学'，小说人物个个为生存而挣扎，没有家，没有根，没有归宿，饱受精神创伤，希望借助于一种超自然的力量得到精神和物质的双重安定。"④ "海外伤痕文学"表现的是在留学和移民西方国家的过程中，语言障碍、学业挑战、感情挫折、生意失败、居无定所、生存危机、文化冲突、文化休克、族群歧视、身份认同危机等给中国"新移民"群体带来的种种"伤痕"。"海外伤痕文学"与前几类"伤痕文学"相比，在内涵上有了质的变化。如果说传统的"伤痕文学""后伤痕文学""新伤痕文学""输出的伤痕文学"中"伤痕"产生的地点在中国，那么"海外伤痕文学"的伤痕产生地点则转移到遥远的大洋彼岸，表现的不是本土的伤痕，而是异域的伤痕。

黄万华提出"马来西亚华人伤痕小说"的概念，指的是20世纪末期马来西亚本

---

① 钱果长：《世界华文文学视野下的伤痕文学》，《社会科学家》2011年第8期。
② 钱果长：《世界华文文学视野下的伤痕文学》，《社会科学家》2011年第8期。
③ 公仲：《论新世纪新移民小说的发展》，《小说评论》2010年第2期。
④ 李彩：《忧伤着小人物的忧伤——访海外女作家曾晓文》，《环球华报》2005年3月11日。

土华人作家,如小黑、李永平、梁放、商晚筠等人创作的反映殖民统治、民族矛盾和政治冲突给马来西亚人民带来"伤痕"的作品①。张森林提出"新加坡伤痕文学"的概念,这类作品主要写新加坡传统华人学校消失,新加坡华文教育走向式微,新加坡华人失去精神家园、面临文化无根而产生的"伤痕"②。

三、"伤痕文学"的体裁拓展——(新、后)伤痕电影、伤痕美术、(新)伤痕摄影

"伤痕电影"是在"伤痕文学"的基础上应运而生的,电影内容基本上改编自传统的"伤痕小说"。以谢晋等为代表的第三代导演、以吴天明和吴贻弓等为代表的第四代导演、以陈凯歌等为代表的第五代导演,拍摄了《牧马人》《天云山传奇》《芙蓉镇》《生活的颤音》《巴山夜雨》《黄土地》等优秀电影。其他电影如《泪痕》《于无声处》《苦恼人的笑》《苦难的心》《枫》《丹心谱》《小街》《十月的风云》《蓝色的海湾》《希望》《严峻的历程》《失去记忆的人》《风雨里程》《并非一个人的故事》等也基本表达了和"伤痕文学"一致的主题内容,体现了相似的人道主义立场。"伤痕文学"借助于电影这一媒介,冲破单一的文学体裁,传播到社会的各个阶层,促使"伤痕文学"产生了更大的社会反响。

"伤痕电影"大多拍摄于 20 世纪 80 年代,而近年来又出现了所谓"后伤痕电影"的概念。如果说"伤痕电影"对应于传统的"伤痕小说",那么,"后伤痕电影"则对应于"后伤痕小说",即电影内容基本改编自近年来产生的"后伤痕小说",如根据严歌苓《陆犯焉识》改编的电影《归来》就属于"后伤痕电影"③。有了"后伤痕电影",还有"新伤痕电影"。"新伤痕电影,必须要置于时代的大背景下看待……最近一次离家潮大致始于邓小平同志'在中国的南海边画了一个圈'的一九九二年,中国改革开放脚步不断推进,人们渴望不一样的生活引起的民工潮。"④ 很显然,此处"新伤痕电影"的概念内涵类似于杨庆祥的"新伤痕文学",都重视改革开放的时代背景。"新伤痕"在近年来的青春电影里也十分突出。"近年以来我们的应试教育和整个社会经济发展所造成的'拜金主义''物质主义''功利主义',以及'去信仰化''去理

① 黄万华:《历史伤痕的独特呈现——世纪末的南洋反思小说》,《华文文学》1998 年第 4 期。
② [新加坡]张森林:《当代新加坡伤痕文学的发轫》,《华文文学》2012 年第 2 期。
③ 赵宜:《〈归来〉与"后伤痕"叙事》,《电影新作》2014 年第 4 期;聂伟:《历史断崖处,电影何为》,《解放日报》2014 年 5 月 23 日。
④ 张璇:《电影与时代伤痕:论华莱坞电影中"新伤痕影像"及归途的象征性》,《东南传播》2014 年第 3 期。

想化''去乡村化'等个人主义思潮给青少年一代造成的伤害，在近年的文学艺术，特别是青春电影里有较为明显的表现……笔者将电影中出现的这种现象定义为青春电影中的'新伤痕主义'现象。"① 这些"新伤痕"青春电影有《小时代》《栀子花开》《失恋33天》《匆匆那年》《致我们终将逝去的青春》《左耳》《睡在我上铺的兄弟》《既然青春留不住》《七月与安生》《原来你还在这里》《露水红颜》《白日焰火》《万物生长》等。

"伤痕美术"也是在"伤痕文学"的影响下形成的。根据郑义同名小说《枫》编绘的连环画《枫》（陈宇明、刘宇廉、李斌编绘）是较早出现的"伤痕美术"，发表在1979年第8期的《连环画报》上，描绘的是"文化大革命"期间的青年因爱情和立场产生冲突并"武斗"的悲剧故事。"伤痕"美术有两种类型，一类是"文革题材"，一类是"知青题材"。前者以高小华、程丛林为代表，对"文革"进行反思；后者以何多苓、王川为代表，表现知青时代的"革命记忆"。代表作有高小华的油画《为什么》、程丛林的油画《1968年×月×日雪》、何多苓的油画《青春》等。

还有学者提出"伤痕摄影"和"新伤痕摄影"的概念。前者是受传统"伤痕文学"影响而创作的纪实摄影，后者产生的背景则是"近20多年来的城市化运动"②，内涵大致等同于杨庆祥所定义的"新伤痕"时代。

除以上几类外，学术界还出现了广义的、修辞学意义上的"伤痕"文学命名。一些学者在研究中国现代文学、古代文学以及外国文学的过程中，凡是研究对象涉及个人不幸、时代苦难等与伤痛有关的主题，也"拿来"大名鼎鼎的"伤痕文学"的名称，通过命名来扩大研究对象的影响。如有学者将"五四"时期女作家庐隐的创作命名为"五四"时代的"伤痕文学"③；有学者认为孔尚任的《桃花扇》是"伤痕文学"的代表作，姜夔的词是雅词营垒里的"伤痕文学"④；有学者提出"美国后现代主义伤痕文学"的观点，将乔治·帕克的《下沉年代》称为"美国梦碎的伤痕文

---

① 袁智忠：《青春电影的新"伤痕"主义透视》，《艺术百家》2017年第5期。
② 海杰：《新伤痕影像：中国当代摄影的第二次情感书写》，樊波主编：《美术学研究》第6辑，东南大学出版社2018年版，第249页。
③ 乔以钢：《"五四"时代的"伤痕文学"——论女作家庐隐的创作》，《天津师大学报（社科版）》1993年第6期。
④ 薛若琳：《〈桃花扇〉是伤痕文学的代表作》，《戏剧丛刊》2013年第4期；朱耀辉、奎小玲：《雅词营垒里的"伤痕文学"：姜夔词幽冷悲凉的独特个性》，《齐齐哈尔师范高等专科学校学报》2007年第6期。

学"①。这里的"伤痕"属于一种修辞学层面的征用，追求的是最大化的修辞学效果，"伤痕"内涵已经完全偏离传统的"伤痕文学"的内涵与语境，属于宽泛意义上的"伤痕文学"。

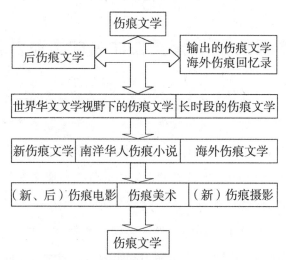

从以上简单的命名谱系图来看，第一层面的"伤痕文学"是狭义的、传统的"伤痕文学"，这是基础与原点。第二层面的"后伤痕文学""输出的伤痕文学""海外伤痕回忆录"与传统的"伤痕文学"所反映的内容最为接近，只不过作者所处时代或地域与传统的"伤痕文学"有差异，或是最近涌现的大陆作家，或是身处海外的华文作家。第三层面的"长时段的伤痕文学"和"世界华文文学视野下的伤痕文学"与传统的"伤痕文学"内涵产生了一定的偏离，分别对"伤痕文学"的存在时间和空间进行扩大化的理解，但"伤痕"指向的内涵并没有发生变化。第五层面的"新伤痕文学""海外伤痕文学"和"南洋华人伤痕小说"与传统的"伤痕文学"内涵偏离加大乃至具有质的不同，"伤痕"内涵指向发生变化，或指向改革开放大背景，或指向海外新移民的异国生存状态，或指向南洋（新加坡、马来西亚等）社会。伤痕书写已经从单纯的"文化大革命""反右"等背景中跳出来，而正视现代化转型、发展万能论、中西文化碰撞等现象给大众带来的伤痕，以及中西文化碰撞、华文失根等给海外华人造成的伤痕。第四层面的"（新、后）伤痕电影""伤痕美术""（新）伤痕摄影"把伤痕书写从单一的小说体裁扩散到美术、电影、电视、摄影等其他体裁，其中的新、后之概念内涵分别对应前述的"新伤痕文学"或"后伤痕文学"。最后一个层面的"伤

① 黄闪、张绘：《创伤与自我救赎——从唐·德里罗的〈坠落的人〉看美国后现代主义伤痕文学》，《语文建设》2013年第26期；董牧孜：《美国梦碎的伤痕文学？——〈下沉年代〉与美国失落史》，《南方人物周刊》2021年第7期。

痕文学"属于修辞学意义上的运用，"伤痕"一词被现代文学、古代文学与外国文学研究者所征用，反映了"伤痕"概念的广泛影响。虽然这些命名的内涵有的还存在内部矛盾冲突现象，但总体上组合成了一个发展脉络清晰、具有连续性的谱系图。

四、"伤痕文学"繁复性命名的贡献及其缺憾

如果说新时期文学是在"文化大革命"文学废墟上诞生的一片姹紫嫣红的文学花园，那么伤痕文学、反思文学、改革文学、寻根文学等无疑是其中最为璀璨夺目的花朵，然而，时过30年以后，反思文学、寻根文学、改革文学这几朵璀璨之花似乎风光不再，只是停留在20世纪80年代读者的记忆中。而"伤痕文学"之花却一再被作家们眷顾、怀念和不舍。围绕"伤痕文学"这一名词，衍生出一系列与"伤痕文学"具有深度关联的新名字，反映了"伤痕"这一名词的生命力与再生长性。"伤痕"内涵的增殖，反映了"伤痕"一词的巨大生命力和影响力，同时也反映了当代作家的创作态度和能力，即作家能紧紧追随时代，把握时代脉搏，敏锐发现时代，及时把时代和社会的变化写到小说中，不断在作品中表现新的"伤痕"。从这个层面上来说，"伤痕文学"类型的增多，是当代文学繁荣的表现，是作家表现时代、跟进时代、干预时代的雄心气魄和格局的表现。而令人眼花缭乱的"伤痕文学"命名，则是批评家不甘落后、跟踪作家创作、发挥批评家角色应有作用的表现。他们企图为作家创作把脉，总结作家创作的成败得失，对这种不断发展生长的文学现象进行思考分析，提炼本质特征，总结普遍规律，为文学研究、文学理论的建构而自觉努力，这也是一个真正的批评家的职责所在。从这个层面上来说，"伤痕文学"的部分命名或许存在问题，但其出发点是充满正能量的，因此其价值不言而喻。

尽管我们正面肯定了批评家对"伤痕文学"命名的价值，却不得不指出在"伤痕文学"命名中存在的部分无序性、自发性以及由此而引发的概念歧义性现象。在所有命名中，歧义最大的就是"新伤痕文学"。在杨庆祥那里，"新伤痕文学"对应的时代背景及具体内容是改革开放后的现代化转型给人民带来的"伤痕"。但在其他学者如周景雷、韩春燕那里，"新伤痕"对应的时代背景和内涵与传统的"伤痕文学"类似，即"文化大革命""反右"等特殊历史时期给人民带来的"伤痕"。周景雷、韩春燕指出："近年来，文坛出现了重新反思20世纪五十年代到七十年代的这段历史的新伤痕小说，例如《英格力士》《后悔录》和《兄弟》等。……由于政治控诉转向了政治承担，尤其是转向了人的自我承担，因此新伤痕小说也把批判锋芒由他者转向了自我，

这是中国小说写作上的一个巨大进步。"① 周景雷在另一篇论文中说:"伤痕文学的前世今生正是如此。在伤痕文学发生三十年后,我们阅读《英格力士》《后悔录》《兄弟》《启蒙时代》和《穿旗袍的姨妈》等关于政治伤痕的'文革'叙事就感觉到了另外的意味。虽然'伤痕'仍然如初,但《班主任》《伤痕》等强调的是政治控诉,而《英格力士》等展示的却是文化记忆。它们在外在形式和表现对象上有一定关联性,但其创作理念、情感倾向和叙述视角已大不相同。我把它们命名为'新伤痕小说'。"② 因此,周景雷、韩春燕所定义的"新伤痕小说"内涵和杨庆祥提出的"新伤痕文学"内涵迥然不同,而非常接近于龚自强提出的"后伤痕文学"。

总之,"伤痕文学"系列概念术语很多都是文学研究者(批评家)的自行命名,而在命名的同时,也没有全面考虑之前命名的现状,各自为政,这样就不免产生命名的矛盾现象。同样是余华、严歌苓、东西等作家创作的反映中国"文化大革命""反右"年代的小说,在一些文学研究者那里被称为"后伤痕小说",而在另外一些文学研究者那里,则被称为"新伤痕文学(小说)"。例如,严歌苓创作的以"文化大革命"等为背景的小说《陆犯焉识》被一位研究者称为"后伤痕小说",而同样以"文化大革命"为背景的小说《芳华》被另一位研究者称为"新伤痕叙事(小说)"③,而在海外华文文学研究学者公仲那里,则统一称为"输出的伤痕文学"。"新伤痕文学",在一些文学研究者那里,伤痕发生的时间是在改革开放后,在另外一些文学研究者那里,伤痕发生的时间则在改革开放前。概念术语内涵的龃龉冲突以及文学命名随意而不规范的弊端,会让读者无所适从。

余论:当代文学批评中"文学命名"问题的反思

"伤痕文学"命名的这种无序与自发性绝非个别现象,事实上也不同程度地体现在当代文学研究过程中其他概念术语的生产上。例如,"对韩东、鲁羊、邱华栋等这批人的创作,'新状态''晚生代''新生代''六十年代出生群落''新生存主义'各路人马都试图把他们收编进去,评论家随意地给新的文学现象贴上标签,然后宣布一个

---

① 周景雷、韩春燕:《当前"新伤痕小说"的价值取向》,《文艺报》2006年2月28日。

② 周景雷:《政治伤痕的文化记忆——近年长篇小说创作考察之一》,《当代作家评论》2007年第5期。其他如张小璐:《从集体性走向个人性——伤痕、新伤痕小说话语体系比较》,《河北经贸大学学报》(综合版)2012年第4期。

③ 龚自强:《"后伤痕"书写的复杂性——论历史与人性深度交织的〈陆犯焉识〉》,《当代作家评论》2013年第2期;干瑞青:《〈芳华〉中否定之否定的新伤痕叙事》,《电影文学》2018年第9期。

新的流派诞生"①。新时期以来，特别是 1985 年"方法论热"思潮以来，文学研究中出现了"命名热"，新方法、新观念鱼贯涌入中国，触发了批评家们的"命名"欲望，于是一系列新的概念术语杂然纷呈，花样百出，令人目不暇接，以至于被人讽刺为"新鲜名词的狂轰滥炸"。这种"命名"热潮一直持续到 21 世纪。我们发现，批评家们在对各种文学现象进行命名时，都热衷于冠以"新""后""晚"等字眼，来表达文学的更新换代和进化之义。诚然，这种命名表现了批评家参与的积极性和理论的热情，但另一方面，也多少显出追求标新立异、哗众取宠、草率、随意、不够审慎的弊端，甚至陷入了"渐渐脱离了科学的轨道而日渐作秀化和游戏化"的窘境②。因此，我们要警惕这种负面现象的出现。

当代文学研究中的命名大致有以下几种常见方式：（一）具有重要社会影响的文学现象广泛传播并得到一致认同，约定俗成而产生的文学概念。如卢新华的小说《伤痕》发表以后，产生了巨大社会反响，"伤痕"这一说法深入人心，遂在此基础上产生"伤痕文学"的概念，也得到广泛的认可。（二）作家的自觉倡导和建构。"寻根文学"的概念就是如此产生的。1985 年前后，一些当代作家受到西方现代主义思潮的影响而创作带有实验性质的先锋小说，而其他一些作家却另辟蹊径，主张寻找自己的民族文化之"根"，并不约而同地发表文章阐释主张。这些文章主要有韩少功的《文学的"根"》、李杭育的《理一理我们的根》、郑万隆的《我的根》、阿城的《文化制约着人类》等。这是他们关于"文学寻根"自觉的"集体宣言"。他们既有理论主张，也有文学实践，创作了《爸爸爸》（韩少功）、《沙灶遗风》（李杭育）、《异乡异闻三题》（郑万隆）、《棋王》（阿城）等"寻根文学"的代表作，"寻根文学"概念由此而名噪一时。再如"非非主义"，就是周伦佑在《当代诗歌的第二浪潮与新的挑战》一文中提出的，倡导"非理性""非崇高"的诗歌创作原则，并同时创立民间刊物《非非》。（三）在文学批评家的阐释和论争中而产生的文学概念。如"朦胧诗"这一概念就是在"朦胧诗"论争思潮中产生的。"朦胧诗"这一称谓，最初是带有贬义的，来源于 1980 年《诗刊》第 8 期发表的署名章明的《令人气闷的朦胧》一文。作者不满朦胧诗晦涩难懂的风格，而谢冕、孙绍振、徐敬亚则支持朦胧诗的艺术探索，分别写了《在新的崛起面前》《新的美学原则在崛起》《崛起的诗群》等文，被称为"三个崛起论"，为"朦胧诗"摇旗呐喊。"朦胧诗"一词遂被借用，歪打正着，在这一论争思潮中而闻名于世。（四）有影响的文学刊物的推动和命名。《钟山》推介"新写实小说"堪为一经典案例。20 世纪 80 年代末期，"新写实"的提法在一些刊物上已经零星

---

① 陈伟军：《90 年代文学批评："命名"的发生学探讨》，《学术研究》1999 年第 11 期。
② 孙德喜：《对文学命名的反思》，《现代中国文化与文学》2007 年第 1 期。

出现，但是没有什么影响。1988 年 10 月，南京《钟山》杂志联合《文学评论》编辑部召开"现实主义与先锋派文学"座谈会，竭力鼓吹推介"新写实小说"；随后，1989 年第 3 期《钟山》推出"新写实小说大联展"专栏，在"卷首语"中概括了"新写实小说"的特点，并明确了其与传统现实主义的区别。经过《钟山》的隆重宣传造势，"新写实小说"的概念很快被认同①。再如"新世纪文学"概念的产生和影响主要归功于《文艺争鸣》的积极推动。"以张未民在 2005 年第 2 期《文艺争鸣》上发起'新世纪文学'的研究专栏，并发表'开栏的话'为起点，《文艺争鸣》在短短一年多的时间里，前后发表了张未民、张炯、程光炜、雷达、张颐武、孟繁华等人相关的专题探讨文章 20 余篇，从多方面审视，这是文学理论界新一轮的自觉的命名活动。"②（五）文学界、批评界权威人物的命名。如陈思和在他的《中国当代文学史教程》中，提出了几个具有创见的当代文学史研究的核心观念——"潜在写作""民间文化形态""民间隐形结构""民间理想主义""共名与无名"等。由于陈思和权威专家的身份和文学史的教材特征，这些概念往往容易被读者所接受。而闻名遐迩的"闽派批评"这一说法，得益于王蒙 1987 年在《〈思维，在美的领域〉序》一文中提出的"闽派"概念，认为"闽派"的文艺理论与"京派""海派"呈"三足鼎立"之势。名家在文学概念命名权上确实占有先天的优势。

　　笔者认为，以上几种当代文学概念术语的命名方式，都具有不同程度的存在合理性。命名的多元化、驳杂化是批评实践中自然形成的文化现象，甚至是文学繁荣现象的表现，因为一个没有命名争夺、没有论争的文坛可能就会死水一潭，毫无生气。一种概念从提出到被读者接受，到获得知名度，再到经过文学史的"合法化"成为共识的过程，总是伴随着与其他相似概念的"意义争夺"，也就是说，文学命名是在多元话语竞争过程中而走向"规范化"的，这一过程类似于文学作品接受中大浪淘沙、披沙拣金、去芜存菁的"经典化"过程。质言之，文学作品有"经典化"的过程，文学命名（概念、术语等）同样存在类似的"经典化"过程。布迪厄认为，经典不是自动生成的，而是一种"建构"的过程，经典的形成是文化场域内多种合力共同作用的结果，"哪种力量能暂时地占据文化场域的支配性位置，它就能暂时地获得定义经典的话语权力"③，在文学命名（概念、术语等）"规范化"和"经典化"的过程中，"有信誉的言说者"的作用不可小觑。李春青在谈到文学理论的"合法性"命名必须具备的

　　① 严家炎：《二十世纪中国文学史》，高等教育出版社 2010 年版，第 255-256 页。
　　② 吴卫华：《"新世纪文学"的命名与理论焦虑》，《当代文坛》2008 年第 1 期。
　　③ 转引自童庆炳、陶东风：《文学经典的建构、解构和重构》，北京大学出版社 2007 年版，第 102 页。

条件时说："在文学理论这个众声喧哗的言说领域，欲形成一种普遍认同的文学命名，首先要看言说者的身份。在这个领域长期的言说实践中渐渐形成了某些有信誉的言说者，他们的信誉来自一次或若干次命名行为的成功。这类言说者一旦提出一个新的命名立即会受到普遍的关注，而被关注恰恰是被认同的前提条件。他们的信誉不仅使其命名容易被关注，而且也使其容易被认同。"① 这里的"有信誉的言说者"的内涵大致等同于学科领域的权威专家，他们具有极高的学术声望、广泛的公信力和群众基础，他们的观点更容易被学术圈所接受。事实上，很多文学史概念术语就是仰仗于"有信誉的言说者"的发声而"尘埃落定"的。面对歧义丛生、矛盾悖逆的不同命名，"有信誉的言说者"要站在一定的高度进行研判，甄别优劣，淘汰不合适的命名，保留最合理的命名，树立其"合法化"的地位，最好能将之写入文学史教材，成为能被读者普遍接受的概念术语。如上述杨庆祥和韩春燕各自定义的"新伤痕文学"，内涵迥然不同，从文学批评"百花齐放，百家争鸣"这一角度来看，这两个矛盾的概念并存也似无不可，但是从学科规范的角度来说，显然有必要对其进行取舍，此时就需要"有信誉的言说者"的辨识眼力，去劣存优，完成其中一个概念的"合法化"论证过程，树立其正统地位。当代文学研究学科如要走向规范化、科学化，需要从这样一点一滴的"细节"问题认真做起。

值得注意的是，提倡发挥"有信誉的言说者"的作用，但务必要防止其话语权力的滥用。文学的命名涉及文学话语权的问题，在文学批评的领域，文学命名其实就是话语权的争夺，其背后隐藏着一种权力的运作。正如福柯认为的，知识产生权力，"知识和知识的主体是在社会实践和权力关系中产生的"②，因为作为知识的话语描述往往带有某种倾向，而这种倾向总是会向权力掌控者那一边倾斜，为权力掌控者服务，这时，知识就必然表现为权力，知识的言说者就成为权力的执行人。而在文学命名活动中，"有信誉的言说者"往往就是权力的体现者和掌控者。例如在当代文坛上，也有少数批评家、理论家热衷于跑马分地，占据山头，为扩大自己流派的影响，为自身利益考虑，利用自己权威专家的言说者身份，占据话语的制高点，进行文学命名话语主导权的争夺。因此，"有信誉的言说者"在文学命名活动中，务必要爱惜自己的"信誉"和"羽毛"，命名要出于学术研究、学科规范建设的"公心"，而非个人或小团体目的的"私心"或"意气之争"，要做到不轻易命名，不随意发声，不利用自己的名

---

① 李春青：《论文学理论的命名——文学理论的学科性反思之一》，《北京师范大学学报》（人文社科版）2001 年第 3 期。

② ［法］福柯：《福柯说权力与话语》，陈怡含编译，华中科技大学出版社 2017 年版，第 248 页。

人身份滥用权力，一旦命名和发声，必须为自己的声音负责。

当然，强调"有信誉的言说者"在文学概念生产中的主导作用，并不排斥其他身份的人参与到文学命名中去。如若杜绝后者的参与，那么无异于成为"有信誉的言说者"唱独角戏的单调局面，也容易造成文学命名的"独断"与"专制"，而允许其他身份的人参与到文学概念生产中，更容易形成具有竞争性的百家齐放、百家争鸣的繁荣现象。但其他身份的人的文学命名也许相对随意，这时候就需要"有信誉的言说者"的合作与帮助，从学科的层面对之进行分析论证、甄别取舍，从而去芜存菁，促进命名与概念的规范化。也就是说，在文学概念生产主体的结构中，我们要力图形成以"有信誉的言说者"为引领、其他身份的人为辅、既有竞争也有合作、在竞争中合作的良性局面。

（作者单位：绍兴文理学院鲁迅研究院）

"深入生活"与"表现自我"
——新时期初"深入生活"话语流变研究

牛菡

1942年延安文艺座谈会上，毛泽东发出了"到群众中去"的号召：

> 中国的革命的文学家艺术家，有出息的文学家艺术家，必须到群众中去，必须长期地无条件地全心全意地到工农兵群众中去，到火热的斗争中去，到唯一的最广大最丰富的源泉中去，观察、体验、研究、分析一切人，一切阶级，一切群众，一切生动的生活形式和斗争形式，一切文学和艺术的原始材料，然后才有可能进入创作过程①。

这一号召在共和国文艺制度的帮助下落地为影响广泛、形式多样的"深入生活"运动。新时期伊始，"深入生活"仍是重要的官方文艺口号，但其话语所指及实践形式均发生了明显改变。在第四次文代会的祝词中，邓小平对"深入生活"进行了结合新时期语境的诠释：

> 一切进步文艺工作者的艺术生命，就在于他们同人民之间的血肉联系。忘记、忽略或是割断这种联系，艺术生命就会枯竭。人民需要艺术，艺术更需要人民。自觉地在人民的生活中汲取素材、主题、情节、语言、诗情和画意，用人民创造历史的奋发精神来哺育自己，这就是我们社会主义文艺事业兴旺发达的根本道路。

---

① 毛泽东：《在延安文艺座谈会上的讲话》，中共中央文献研究室编：《毛泽东文艺论集》，中央文献出版社2002年版，第63-64页。

我们相信，我们的文艺工作者一定会坚定不移地沿着这条道路不断前进①。

从"群众""工农兵群众"到"人民"，从"火热的斗争"到"人民的生活"，"深入生活"话语在被填充入"新时期"意识形态内涵的同时，保持着与共和国乃至延安文艺传统的血肉联系。研究者们多关注延安乃至十七年时期文艺工作者们的"深入生活"实践，忽略了这一话语在新时期初的语义流变及其背后的体制动因②。本文以文艺界围绕"深入生活"话语展开的争论为研究对象，试图勾勒线索，探究新时期伊始，"深入生活"如何成为看似与其截然相反的"表现自我"③ 话语模式的"蓄水池"，十七年文学体制、文学传统、文学话语如何参与到新时期文艺生产的进程中来，以及在这一过程中诞生的新时期写作主体的写作伦理与写作姿态。

一、"深入生活"的"新时期"语境

1978 年 2 月 26 日第五届全国人民代表大会第一次会议上，组织文艺工作者"深入工厂、农村、部队，深入生活，努力搞好创作"④ 被列入新时期文化战线的任务列表中。《人民日报》随即发表社论，号召广大文艺工作者深入生活，深入开展"三大革命运动，为实现新时期的总任务进行新的长征"⑤。1978 年 5 月 27 日至 6 月 5 日，中国文联第三届全国委员会第三次扩大会议在北京召开，会议宣布恢复中断已久的中

---

① 《邓小平同志代表中共中央和国务院在中国文学艺术工作者第四次代表大会上的祝词》，中国文学艺术界联合会编：《中国文学艺术工作者第四次代表大会文集》，四川人民出版社 1980 年版，第 6 页。

② 学界关注相关问题的论文，主要有吴进《"柳青现象"与"深入生活"》（《中国文学批评》2016 年第 3 期）、尹林《〈文艺报〉与改革开放初期文学的经典化建构（1978—1985）》（《现代中国文化与文学》2019 年第 4 期）、李阳《当代文学生产机制转型初探：以〈上海文学〉1980 年代的文学实践为线索》（华东师范大学 2011 年博士学位论文）、李旺《1976 前后文学异同研究（1971–1979）》（南京大学 2013 年博士学位论文）。其中，《"柳青现象"与"深入生活"》简略勾勒了"深入生活"话语在新时期衰落的原因及其面对的市场化挑战，《〈文艺报〉与改革开放初期文学的经典化建构（1978—1985）》指出了"深入生活"口号的折衷性、安全性及对文学的政治要求的软化作用，《当代文学生产机制转型初探》及《1976 前后文学异同研究（1971–1979）》虽未直接以"深入生活"话语为研究对象，但在文化体制转型及业余写作等相关议题上给予笔者很大的启发。论文将回到历史现场，详细勾勒新时期初"深入生活"话语理论内涵及实践形式的变化，以期对新时期文学的发生机制做进一步的考察。

③ 维安：《深入生活与"表现自我"》，《北京文学》1982 年第 2 期。

④ 华国锋：《团结起来，为建设社会主义的现代化强国而奋斗——一九七八年二月二十六日在第五届全国人民代表大会第一次会议上的政府工作报告》，《人民日报》1978 年 3 月 7 日。

⑤ 《为繁荣文艺创作而奋斗》，《人民日报》1978 年 5 月 23 日。

国文联、各文艺协会及《文艺报》的活动。茅盾在大会开幕词中强调，本次会议要"着重讨论如何贯彻执行毛主席关于调整文艺政策的指示，促进创作繁荣以及作家深入生活"①等问题。中宣部副部长黄镇鼓励文艺工作者"到工农兵群众中去，到三大革命运动第一线去，长期深入生活，参加群众的火热斗争"②。他相信文艺创作的新高潮一定会随着深入生活运动的高潮到来。巴金在大会发言中回顾了个人在"文化大革命"时期的经历，指出"四人帮"不仅反对作家深入生活，还大搞"劳动惩罚"，致使文艺工作者长期脱离"生活"，而"创作要上去，作家就要下去"③。组织文艺工作者重新深入生活因而成为恢复工作后的上海文联的重要任务。

1978 年 9 月 1 日，茅盾、周扬、刘白羽、冯牧、林默涵、张光年等参加了作协工作恢复后的第一次书记处会议，张光年就作协筹备、组织作家下去等内容做了说明。在各级组织机构逐渐清晰的齿轮咬合声中，第四次文代会开幕了。李季报告了作协恢复工作以来组织作家深入生活的情况：1978 年 10 月，作协"组织了五十多位作家、诗人和其他文学工作者，分赴大庆、鞍钢、唐山、柴达木和华北油田等地进行学习和访问"；1979 年 3 月至 5 月，"《诗刊》编辑部又组成了有十七个省、市的诗歌作者三十一人参加的学习访问团，到广州、湛江、海南岛、上海、青岛等地的码头、港口访问"；"中越边境自卫反击战胜利结束后"，作协"组织在京的和部分省、市的作家、编辑三十八人，分赴广西、云南前线访问"④。李季同时表示，今后作协将"采取多种方式组织作家到'四化'建设第一线去'走马看花'、'下马看花'或'安家落户'"⑤。"深入生活"被写入这一时期的中国文学艺术联合会及中国作协章程中。

会议之外，"深入生活"频频出现在这一时期老作家们的回忆文章中。1977 年，刘锡诚被调入《人民文学》编辑部，甫一赴任，便赴周立波处组稿，约请对方结合《暴风骤雨》的创作经验，为《人民文学》写一篇阐述生活与创作关系的文章。1979年 10 月，刘锡诚所在的《文艺报》文学评论组计划以"《文艺报》文学丛刊"的名义

---

① 茅盾：《开幕词》，《文艺界拨乱反正的一次盛会——中国文学艺术界联合会第三届全国委员会第三次扩大会议文件发言集》，人民文学出版社 1979 年版，第 1 页。

② 黄镇：《在毛主席革命文艺路线指引下，为繁荣社会主义文艺创作而奋斗》，《文艺界拨乱反正的一次盛会——中国文学艺术界联合会第三届全国委员会第三次扩大会议文件发言集》，人民文学出版社 1979 年版，第 19 页。

③ 巴金：《迎接社会主义文艺的春天》，《文艺界拨乱反正的一次盛会——中国文学艺术界联合会第三届全国委员会第三次扩大会议文件发言集》，人民文学出版社 1979 年版，第 54 页。

④ 李季：《中国作家协会筹备组关于作协恢复活动以来的工作情况报告》，中国文学艺术界联合会编：《中国文学艺术工作者第四次代表大会文集》，四川人民出版社 1980 年版，第 148-149 页。

⑤ 李季：《中国作家协会筹备组关于作协恢复活动以来的工作情况报告》，中国文学艺术界联合会编：《中国文学艺术工作者第四次代表大会文集》，四川人民出版社 1980 年版，第 153 页。

编辑出版《文学三十年》一书，继而向一百余位作家约稿，邀请他们作文回忆创作历程，总结创作经验。1979 年 12 月 30 日，书稿编辑完成，改名《文学：回忆与思考》，交由人民文学出版社出版。"回忆与思考"的命名、编辑前言中"当代文学历程"①重要侧影的自况，无一不显示了"新的历史时期"②《文艺报》编辑部乃至其代表的文学生产体制整理、重塑历史记忆的决心。"深入生活"随《在延安文艺座谈会上的讲话》（以下简称"《讲话》"）一道，成为众多老作家们回顾创作历程的标的物。但官方倡导并不能保证"深入生活"话语质素的稳定。相反，在新的历史语境下，"深入生活"话语被众多新生力量挑战，其理论内涵与实践形式亟待更新。

二、关于 "深入生活" 的论争

1980-1982 年间，文艺界围绕"深入生活"口号的讨论此起彼伏。《上海文学》1980 年第 11 期刊载了查志华《对"深入生活"这个口号的再认识》③ 一文。查文一开始就指出"深入生活"口号有其质的规定性——"深入工农兵生活"，这就决定了"深入生活""只能在一定的空间和时间内是正确的"④。随着深入基层的时间、体力劳动的多少成为衡量创作成果的标准，作家正在经历的生活、作家感兴趣的生活、作家的创作个性则被摒弃，公式化、概念化作品被大批量生产。查志华高呼："十年浩劫、三十年生活经验，给我们作家留下了多少可写的生活！不能轻易说哪一个作家没有生活。"⑤ 作家们需要改变的是创作态度，需要习得的是提炼、概括生活的能力。"深入生活"口号并不涉及文艺创作的内部规律，因而无法推动创作。在查志华看来，存在问题的不是对"深入生活"口号的具体理解与运用，而是"深入生活"口号在新

---

① 《文艺报》编辑部编：《文学：回忆与思考》，人民文学出版社 1980 年版，第 1 页。
② 《文艺报》编辑部编：《文学：回忆与思考》，人民文学出版社 1980 年版，第 1 页。
③ 事实上，查文对"深入生活"口号的质疑并非个例，而是在一定程度上反映了时代情绪。1980 年在《电影艺术》编辑部举办的长白山电影创作讨论座谈会上，马德波也发出了"'深入生活'天天讲，已经讲了三十年……"的慨叹。马德波认为文艺创作反映现实生活的力度不够，存在胡编滥造迹象的原因并非作家未能"深入生活"，而是因为"他不是去反映生活，不是去刻划典型，而是要搞教课书"。作家需要的是打破题材限制，表现自己熟悉的、真实的生活。（马德波：《"深入生活"天天讲，已经讲了三十年……》，《电影文学》1981 年第 1 期。）
④ 查志华：《对"深入生活"这个口号的再认识》，《上海文学》1980 年第 11 期。
⑤ 查志华：《对"深入生活"这个口号的再认识》，《上海文学》1980 年第 11 期。

时期的存续这一事实本身。查文显然与官方意识形态相龃龉，因而引发了一波批评声浪①。批评者从唯物主义反映论的角度理解文艺与生活的关系，从作家表现四化建设的责任入手驳斥"到处都有生活"的论点，捍卫《讲话》以来的"深入生活"传统。

1981年党的十一届六中全会上，有人针对文艺工作现状发表了尖锐意见。据刘锡诚回忆，当时"整个文艺形势，真有点儿山雨欲来的味道"②。会议结束后，胡耀邦召集宣传口领导谈下半年的工作，强调"作家要倾听群众的意见，要深入广大人民群众，多想到群众，多听群众意见"③。贺敬之将胡耀邦的讲话内容概括为向作家"进二言"——"深入生活，倾听意见"④。为响应号召，《文艺报》1981年第16期刊载了刘锡诚《向作家进一言》一文，"主要讲作家要深入生活、联系群众的问题"⑤。这篇文章与《文艺报》1981年第10期刊载的郑伯农《坚持文艺为人民服务，为社会主义服务》一文的观点引起了蔡天心的注意。《文艺报》紧接着刊载了蔡天心的《深入生活琐谈》一文及郑伯农、陈丹晨的争鸣文章《分歧在哪里？——答蔡天心同志》《关于〈深入生活琐谈〉的琐谈》。蔡天心认为《向作家进一言》中关于深入生活目的的表述存在可供商榷之处。在深入生活与改造世界观的关系问题上，《向作家进一言》中的表述为："同时，作家到工农群众中去，也有改造世界观的任务，但这种改造也是为了用马克思主义的世界观和方法论更准确地分析认识社会，写出深刻地反映时代的好作品。"⑥郑伯农《坚持文艺为人民服务，为社会主义服务》一文则"从对老中青文艺工作者参加革命斗争锻炼，出身成份与社会生活经历等等的分析，得出了'深入生活是个增强和群众的联系、扩大生活源泉'"，"不断改造主观认识客观世界的能力的结论"⑦。蔡天心认为两篇文章都模糊乃至否定了文艺工作者在深入生活的过程中改造思想、转变立场的必要性，论者所持的是一种"教育万能""自来红"的错误观点。文章结尾处，蔡天心谈及近两年的自由化倾向，认为这就是文艺工作者仍需"克服非无产阶级思想意识"⑧的明证。针对蔡天心的观点，郑伯农、陈丹晨主要从党的知识

① 相关文章如吕彦竹《"再认识"的结论是什么？——评〈对"深入生活"这个口号的再认识〉》（《作品》1981年第3期）、心文《"深入生活"不容置疑》（《北京文学》1981年第3期）、刘廷顺《正确评价、全面理解"深入生活"的口号——与查志华同志商榷》（《丹东师专学报》1983年第1期）。
② 刘锡诚：《在文坛边缘上（增订本）》下，河南大学出版社2016年版，第581页。
③ 刘锡诚：《在文坛边缘上（增订本）》下，河南大学出版社2016年版，第583页。
④ 刘锡诚：《在文坛边缘上（增订本）》下，河南大学出版社2016年版，第583页。
⑤ 刘锡诚：《在文坛边缘上（增订本）》下，河南大学出版社2016年版，第583页。
⑥ 刘锡诚：《向作家进一言》，《文艺报》1981年第16期。
⑦ 蔡天心：《深入生活琐谈》，《文艺报》1981年第22期。
⑧ 蔡天心：《深入生活琐谈》，《文艺报》1981年第22期。

分子政策变化的角度进行反驳。郑伯农认为问题的症结在于如何估价文艺队伍的基本情况，即"承不承认绝大多数文艺工作者已经成为无产阶级的一部分"①。如蔡天心一样对知识分子队伍做错误的估价，对文艺的领导便容易犯"左"的错误。陈丹晨则就世界观改造的内容和性质问题进行了澄清，认为有两类性质的世界观改造活动：一类是人在实践过程中调整认识使之符合客观现实，认识永无止境，"改造"也永无止境；另一类是就政治、阶级立场进行改造。广大文艺工作者已经是无产阶级队伍的重要成员，他们需要的是认识而非阶级立场的"改造"。陈丹晨继而指出，到工农群众中去是改造世界观的重要途径而非唯一途径，文艺工作者应"在广泛复杂的社会实践中，在改造客观世界的同时改造主观世界，永远不要放下手中的笔"②。

如果说蔡天心与郑伯农、陈丹晨之争还是聚焦于"深入生活"的主体，即知识分子的世界观改造问题上，围绕刘心武创作谈《我掘一口深井》展开的争论，则将问题转移到了"生活"与"题材"这类需要知识分子选择和深入的客体上。《文艺研究》1981年第1期刊载了刘心武《我掘一口深井——生活问题随想》一文，同期刊载的还有丁玲《生活　创作　时代灵魂：与青年作家谈创作》、高晓声《扎根在生活的土壤里》、马烽《写自己熟悉的生活》、苏叔阳《生活模式与现实生活》。刘心武在文中回顾了《班主任》以来的创作经历，认为作家应在写自己熟悉的生活的同时，不断通过独到的文学眼光拓展自己的生活范围。除此之外，刘心武还对作家仅应深入工农兵生活的说法提出了异议，认为知识分子与工农兵都有着"火热的沸腾的战斗生活"，文学题材不应为一时的政策倡导决定，生活也不应被分割为"应该深入的部分"和"不应深入的部分"③。《作品与争鸣》1982年第5期刊载的《关于"深入工农兵生活"提法的讨论》一文，在肯定"深入工农兵生活"口号在特定历史时期意义的基础上，从知识分子也属于劳动人民的角度呼应刘心武《我掘一口深井——生活问题随想》应深入一切沸腾着的战斗生活的提法。谭谊在《对深入工农兵生活之管见》中则提出了与之相反的看法："虽然知识分子也属于劳动人民，应该充分描写他们，但是写了知识分子究竟不等于写了工农兵。心平气和地说，这里决不存在政治说教或偏袒情绪，应该看到，工农兵在我国人口比例中占绝大多数"，"文艺为人民服务，这个人民——绝大部分包涵着工农兵"④。谭谊还强调在一个相当长的历史时期内，作家仍会从知识分子阶层而非工农群众中产生，因此，深入工农兵生活为其代言，就成为广大知识分子作

① 郑伯农：《分歧在哪里？——答蔡天心同志》，《文艺报》1981年第23期。
② 陈丹晨：《关于〈深入生活琐谈〉的琐谈》，《文艺报》1982年第3期。
③ 刘心武：《我掘一口深井——生活问题随想》，《文艺研究》1981年第1期。
④ 谭谊：《对深入工农兵生活之管见》，《北京文学》1982年第2期。

家无可推卸的历史责任。

从"深入生活"口号是否应废弃到文艺工作者应选择深入怎样的生活，论者们围绕"深入生活"的表态与发言，与 1980~1982 年间乍暖还寒的文坛现实空气息息相关。在《对"深入生活"这个口号的再认识》一文的末尾，查志华对"深入生活"口号提出了极为尖锐的批评："在我们的社会生活中，出现一些不怎么样的口号，并不可怕；可怕的是，总有人出来将它重新解释得完美无缺，并赋予新意而继续喊下去。"[①]但查志华显然并未意识到，他的"再认识"也是一次为"深入生活"赋予新时期"新意"的冲动。新时期伊始，文坛各方势力"凝视""深入生活"话语的行为，已然说明相较"文艺为政治服务"等口号，脱胎于《讲话》的"深入生活"话语本身存在无数可供新时期文学栖息的孔洞。

三、何谓"生活"？如何深入？

新时期伊始，"深入生活"话语中"深入"的对象、"生活"的范围、"深入生活"的方式都亟待厘清。从表意层面到实践层面，围绕"深入生活"的讨论由变化中的"生活"入，至行动中的"自我"出。

1. "生活"与"政治"

周扬在第四次文代会上的报告经过了多次修订。在最初的手写提纲中，周扬多次引用柳青的话来说明文艺与政治的关系：

作家和艺术家，如果脱离人民群众，去服从"少数政治家的政治"，那就很可能和错误路线搞到一起去，这样，我们就有可能看见那个令人厌恶的东西——文艺界的宗派主义。（柳青"对文艺创作的几点意见"）

柳青把无产阶级政治理解为"党的正确路线、政策和方针"。

……

柳青："生活是创作的基础"；"难道一个人不懂得生活，就懂得政治了吗？总得先懂得生活，然后才能懂得政治。脱离生活，那政治是空的"[②]。

在区分了"少数政治家的政治"和"无产阶级的政治"后，生活、作家对政策的

① 查志华：《对"深入生活"这个口号的再认识》，《上海文学》1980 年第 11 期。
② 徐庆全：《风雨送春归 新时期文坛思想解放运动记事》，河南大学出版社 2005 年版，第 211 页。

理解乃至作家的主观能动性成了文学与政治的中介。如此一来，"深入生活"话语就有了从"赶任务""题材决定论"中被打捞出来的可能，《部队文艺工作座谈会纪要》（以下简称"《纪要》"）也因割断了生活、创作与"无产阶级的政治"的联系被否定。在报告草稿中，周扬为阐明文艺作品不能仅为一时一地的政策服务，将政策解释为"政治"变动的产物，"彼时彼地认为是正确的东西，此时此地就可能变为不正确了"①。胡绳认为此处论证并不严谨，政治错误导致的政策改变似不能成为文艺不应仅配合中心工作的理由。还有人认为，征求意见稿将文艺与政治的关系等同于党如何领导文艺，也即文艺与生活的问题，实质是一种概念混同行为，模糊了需解决的文艺与现实政治的关系、文艺作品的政治性与真实性的关系等问题。在正式的大会报告中，周扬将"深入生活，忠实于生活"② 置放在现实政治与作品之间，认为作家不根据一时的政策，而是从广阔的历史背景出发来理解生活，写自己最熟悉、感触最深的生活，是实现文学政治性与真实性统一的关键。"对于作家、艺术家来说，生活是第一位的"，在此基础上"我们提倡革命现实主义和革命浪漫主义，提倡社会主义文艺表现我们时代的英雄人物，承认正确世界观对文艺创作的指导作用，这些都是对的"③，"写真实"、"中间人物论"、关于现实主义道路的讨论也不应被粗暴批判。除此之外，周扬调整了关于政策和政治关系的表述，即区别具体历史时期政治的需要和某一现实政策，将生活真实筑基于前者而非后者的基础上，从艺术创作需要生活真实而非政策改变的角度解构"题材决定论"与"中心任务论"。正因如此，文艺工作者们应在新时期继续深入生活，感受生活真实，创造艺术真实。在"文艺为政治服务"的口号废止后，"深入生活"成为搭建生活与政治联系的中介与缓冲物，也因此为文艺界领导人们所倚重。在区别了一时一地的政策与特定时期的历史需求后，作家在深入生活中的主观能动性因素凸显出来。夏衍、西戎等老作家追忆个人创作历程时，即反复强调作家深入生活、独立思考的必要性。

《上海文学》1980 年第 2 期刊载了畅广元《生活·政策·文学》一文，作者讨论了作家在深入生活的过程中以"政策"眼光估量生活的问题。作者认为政策相对于生活始终是第二性的东西，因此就存在正误。现实生活是无限的，任何"标准"都是有

---

① 徐庆全：《风雨送春归　新时期文坛思想解放运动记事》，河南大学出版社 2005 年版，第 232 页。

② 周扬：《继往开来，繁荣社会主义新时期的文艺——在中国文学艺术工作者第四次代表大会上的报告》，中国文学艺术界联合会编：《中国文学艺术工作者第四次代表大会文集》，四川人民出版社 1980 年版，第 34 页。

③ 周扬：《继往开来，繁荣社会主义新时期的文艺——在中国文学艺术工作者第四次代表大会上的报告》，中国文学艺术界联合会编：《中国文学艺术工作者第四次代表大会文集》，四川人民出版社 1980 年版，第 35 页。

限的，以有限的"标准"去估量无限的生活，艺术创作便只能被禁锢在狭窄的范围内。"作家认识和评价生活，需要的是锐利的思想武器，而不是统一的标准。"① 作家深入生活是为了认识生活，而非为政策条文寻找生活化的解释。而作家认识生活的能力，只能在具体的生活实践中习得。以正确的、无产阶级的政治为上层概念，以独立思考、认识生活的能力为必要条件，文艺在新时期借由"深入生活"话语实现了政治的正向联系，也使具体的关于"生活"范围、"深入"方式的讨论有了展开的可能。

2. "写自己熟悉的"与"工农兵方向"

1979 年 5 月 18 日，文化部电影局编印的《电影工作简报》（以下简称"《简报》"）发表内部文稿，指责当时的《文艺报》主编冯牧在全国故事片厂长会议上所发表的"强调写作家所熟悉的"观点，犯了"反对文艺为工农兵服务的方向"② 的错误。文稿作者认为目前写知识分子的作品多，写工农的作品少，如果作家都写自己熟悉的，"工农兵谁来写？"③ 冯牧讲话的发表，恰逢理论务虚会议前夕，《简报》事件的发生，再次证明了解放思想、实施艺术民主的重要性。《简报》的论点随即引发了反批评：

> 作家要反映的生活，必须是自己所熟悉的，这是文艺创作的规律，是一个带有常识性的问题，怎么能扯到否定工农兵方向呢？！这种观点的实质是对我们的文艺队伍的看法问题。解放 30 年来，我们的文艺队伍在党的培养和领导下，发生了非常大的变化。今天，它已成为一支无产阶级的文艺队伍，作为知识分子，已经成为工人阶级的一部分。这其中，许多人来自工农兵。在我们看来，写熟悉的当然包含着写熟悉的工农兵，这又有什么不可以？怎么能说，写自己所熟悉的，就是不写工农兵呢？况且，工农兵的文化生活需要是多方面的，绝不能把为工农兵服务，曲解为只写工农兵④。

事实上，正如"为工农兵服务"不能被曲解为"只写工农兵"一样，知识分子的阶级身份与职业分布问题也不能完全概括"写自己熟悉的"这一时代命题的现实指向。1978 年，冯牧在工会十七省市职工业余文艺创作座谈会上发言时，批判"四人

---

① 畅广元：《生活·政策·文学》，《上海文学》1980 年第 2 期。
② 刘锡诚：《在文坛边缘上（增订本）》上，河南大学出版社 2016 年版，第 300 页。
③ 刘锡诚：《风雨伴君行》，高洪波、李迪主编：《远行的冯牧》，华龄出版社 1999 年版，第 555 页。
④ 文仲整理：《一份值得研究的〈简报〉——理论政策研究室座谈纪要》，引自刘锡诚：《风雨伴君行》，高洪波、李迪主编：《远行的冯牧》，华龄出版社 1999 年版，第 559-560 页。

帮"割裂创作与生活真实，号召文艺工作者投身到工农兵的火热斗争中去。1980年，在云南省文协委员、各协会理事联席扩大会议上，冯牧除了重申作家只能根据自己最熟悉、认识最深刻的生活素材创作这一现实主义创作原则之外，还着重强调了题材选择、作家责任感和文艺领导间的关系："作为批评家，或者文学创作的领导来说，在组织创作和领导创作的时候，应当有所倡导，有所提倡"；"有政治责任感的作家，他会自觉地把创作的注意点转到他认为自己应当投进的那个生活当中去"①。从深入工农兵生活到"写自己熟悉的"，再到呼吁作家深入"四化"建设的一线，新时期伊始"深入生活"话语的对象范围与语义重心均发生了明显变化。

从对象范围来看，"人民"逐渐"覆盖""工农兵"，成为这一时期深入生活言说的客体；从语义重心来看，"深入生活"讨论的重心逐渐从强调知识分子有生活过渡到强调知识分子的代言人身份方面。1979年8月17日，《文艺报》和《文学评论》编辑部联合举办座谈会，邀请八十余名在京文艺工作者深入批判《纪要》。与会者纷纷表示，"当前文艺创作中的主要问题，不是作家深入生活不够，而是心有余悸"②。这里的"生活"，显然指的是未被政策规定表现范围的"生活"，是参会作家们十年动乱中的"生活"心曲。但随着"四化"建设的展开与"表现自我"文学话语的风行，文艺界领导人们越来越趋向于在公开讲话中提倡作家深入"新"生活而非回顾"旧"生活，表现社会生活而非个人日常生活。1980年的剧本创作座谈会上，胡耀邦批评了部分作家不赞成深入生活，将文学看作个人的事业，将作品视作自我表现载体的行为，主张文艺创作应从日常生活"进入到更复杂的、更有社会意义的生活境界里面去"③。1982年，在《讲话》发表40周年纪念活动中，草明、丁玲等老作家仍旧主张深入工农兵生活，"到群众中去"④。与此同时，频繁召开的农村题材创作座谈会⑤以及"文学，要关注八亿农民"⑥的呼声，也显示了官方意识形态对"深入生活"范围与重心的隐性"规定"。

---

① 冯牧：《在云南省文联委员、各协会理事联席扩大会议上的讲话》，《冯牧文集4 讲话卷》，解放军出版社2002年版，第165-166页。

② 刘锡诚：《在文坛边缘上（增订本）》上，河南大学出版社2016年版，第334页。

③ 胡耀邦：《在剧本创作座谈会上的讲话》，《新华月报》1981年第1期。

④ 参见草明《坚持文艺的工农兵方向》（《萌芽》1982年第5期）、丁玲《到群众中去！》（《红旗》1982年第9期）。

⑤ 以《文艺报》为例。1980年3月15日，《文艺报》编辑部组织召开农村题材小说创作座谈会，会后于《文艺情况》第五期刊载会议纪实文章《文学，要关心九亿农民》。1981年10月，《文艺报》编辑部在长沙召开农村题材小说创作座谈会，并于第21期《文艺报》发表座谈会纪要《如何深刻反映农村生活？》。考虑到农村题材创作仍需进一步推动，1982年4月9日，《文艺报》编辑部召开了第二次农村题材创作座谈会。

⑥ 孙武臣：《文学，要关注八亿农民》，《文艺报》1980年第5期。

在这一时期关于"深入生活"的讨论中，高晓声关于知识分子与农民关系的看法具有某种代表性："在今天的历史条件下，那么多的农民缺乏文化，八亿农民没有几个能够用文学来表现自己，他们如果有足够的人能够担当这个任务，我看比知识分子代他们表现好得多，自然就用不到知识分子去表现他们了。但是现在他们中间极少这样的人，那么，其他阶层的作家，就应该明白自己和农民的关系，应该明白农民同整个社会的关系，主动地去做好启蒙工作，这是历史的要求，责无旁贷。"① 高晓声所强调的，是无产阶级队伍中的知识分子阶层所担负的"启蒙"职责。胡耀邦在剧本创作座谈会上发表讲话时，将知识分子与农民的关系定义为"相互学习"，但同时也鼓励进步作家承担起表现农民劳动生活的责任。与胡耀邦、高晓声们不同，丁玲将"写自己""写熟悉的生活""写工农兵"视作同一问题的不同问法，说"杜晚香就是我自己"②。无论是"启蒙"还是"互相学习"，剥离了深入生活的思想改造意义后，深入生活主客体之间的隔膜或始终存在，不同于丁玲"杜晚香"的现代主体神话正寓居其中。

除此之外，文艺界对脑力劳动与体力劳动关系认知的改变，也是导致新时期"深入生活"语义转移的重要原因。1978 年 3 月 18 日，邓小平在全国科学大会开幕式上发表讲话，指出绝大多数知识分子已经是工人阶级和劳动人民自己的知识分子，是工人阶级的一部分；脑力劳动者和体力劳动者之间只存在社会分工的差别，他们都是社会主义社会的劳动者；随着经济发展，"体力劳动会不断减少，脑力劳动会不断增加"③。郭沫若在中国文学艺术界联合会第三届全国委员会第三次扩大会议上表示，"作家、艺术家的活动，包括深入生活和从事写作，都是劳动，是艰苦的创造性劳动"，"作家、艺术家是劳动者，是劳动人民的一部分"④。与之相对应，"深入生活"话语的外在表现形式，即文艺工作者深入生活的实际方式也发生了改变。

3."生活根据地"与"走马观花"

随着文艺界脑体劳动认知观念的改变以及"深入生活"思想改造属性的被削弱，附着于知识化、专业化作品生产的"走马观花"普及开来。《上海文学》1979 年第 4 期刊载了邓小秋《"下去"岂只"下乡"？》一文。作者对"作品要上去，作家要下

① 高晓声：《扎根在生活的土壤里》，《文艺研究》1981 年第 1 期。
② 丁玲：《文学创作的准备——一九八一年四月七日在厦门大学建南大会堂的讲话》，《厦门大学学报》（哲学社会科学版）1981 年第 3 期。
③ 邓小平：《在全国科学大会开幕式上的讲话（一九七八年三月十八日）》，《人民日报》1978 年 3 月 22 日。
④ 郭沫若：《衷心的祝愿》，《文艺界拨乱反正的一次盛会——中国文学艺术界联合会第三届全国委员会第三次扩大会议文件发言集》，人民文学出版社 1979 年版，第 8 页。

去"的口号表示拥护，但认为"下到哪儿去"也值得讨论，"长期以来，很多文艺主管部门的领导，对于深入生活的理解，只有一个去向，就是到农村去"，"体验生活，就是到农村里去参加劳动"①。但实际上，"下去"不止"下乡"一种方式，粗暴的行政管理不利于新时期文艺的发展。《剧本》1980年第7期刊载了何求《"走马观花"也很需要》一文，作者讲述了自己随中国作协组织的剧作家访问团到大庆参观访问的经历。在去访问之前，作者已有了针对某些青年思想混乱现象构思剧本的冲动，在访问中他恰好碰到了一位和自己设想的主人公形象完全符合的"典型人物"。持续一天的访谈犹如一粒火花，点燃了作者的创作热情。从剧本的选材和作者在文中描述自己所遇到的"典型人物"的经历来看，这部戏的时空结构与作者身处的石油工地存在明显差别，作者走马所观的并非火热的生产斗争图景，而是旧日灵感的一束小花。这无疑是"深入生活"话语成为作家"表现自我"蓄水池的一处现实表征。

1982年3月14日，《人民日报》刊载了署名作家协会创作联络部办公室的《各地作家纷纷深入生活》一文。文中介绍道："近年来，中国作家协会各分会约有160名作家长期或较长期深入基层，约有2070（人次）专业和业余作者分赴工厂、农村、油田、牧区、海岛、边防及四化建设其他战线参观访问。"作家们深入生活的方式主要有"长期深入，兼职扎根""与生活基地保持联系""编制在上面，生活在下面""选定专题进行采访""走马观花，参观访问"② 几种。其中，"走马观花，参观访问，是近年来各地分会经常采取的、较为普遍的一种帮助作者接触生活的方式"③。文中还提到，单凭短时间走马观花是不足以真正深入生活的，"今后需要着重提倡和组织作家长期或较长期地深入生活"④。1982年9月1日至9月25日，《上海文学》编辑部在无锡举办了青年作家笔会，除交流创作经验外，"参加笔会的作家们先后在无锡游览了太湖，访问了马迹山人民公社和无锡泥人厂，部分同志在上海游览了黄浦江"⑤。1983年6月8日至6月14日，《上海文学》编辑部面向全国作家举办了上海笔会，"参加笔会的作家，还应邀参观访问了全山石化总厂，东海舰队吴淞军港，青浦淀山湖'大观园'和上海豫园等地，并和青浦县业余作者见了面"⑥。太湖、人民公社、泥人厂、军港、石化总厂，外部"生活"随注视者的眼睛如走马灯样旋转。

新时期文学作品的生产愈发专业化，也要承担更大势力的外部"生活"，如市场

---

① 邓小秋：《"下去"岂只"下乡"?》，《上海文学》1979年第4期。
② 作家协会创作联络部办公室：《各地作家纷纷深入生活》，《人民日报》1982年3月14日。
③ 作家协会创作联络部办公室：《各地作家纷纷深入生活》，《人民日报》1982年3月14日。
④ 作家协会创作联络部办公室：《各地作家纷纷深入生活》，《人民日报》1982年3月14日。
⑤ 《本刊编辑部举办笔会》，《上海文学》1982年第11期。
⑥ 《本刊编辑部举办"上海笔会"》，《上海文学》1983年第7期。

的冲击。张贤亮在给友人从维熙的信中写道：

> 我认为我们现在仅仅"深入生活"还不够，还必须"创造生活"。我们作家不能只满足于深入别人的生活，更应该在这正起着深刻变革的时代中于非文学的领域内也以具有鲜明的变革现实的意识去创造生活。……如果用我惯常开玩笑的口气说的话，我建议你去当一个劳改农场的场长，建议国文去当一处铁路分局的局长，建议文夫去办一个饮食公司或旅游公司，建议骥才搞一家美术广告公司，建议子龙真正地去当"乔厂长"……①

市场不仅成为专业作家体制改革的驱动力，也给予了试图"创造生活"的作家们从狭义上的文学生活中"逃逸"的可能。从 1982 年起，作协专业作家体制改革逐渐展开。王蒙等在讨论改革动因时，都提到了专业作家未能"深入生活"、脱离群众等问题。为此，体制改革的推动者们提倡专业作家在自给，即靠稿费生活的同时业余化："多设立'有限期'专业作家，少设立'无限期'专业作家。如一般确定专业作家每期三至五年，期满后回原单位或原系统工作"；"长期性的专业作家，每三年应改为业余写作一年，这一年可以深入基层做实际工作，也可以从事文艺单位的行政、教学、编辑出版工作等。"② 对业余作家进行经济补助、帮业余作家请创作假等措施也陆续被讨论。还有论者提到了 1956 年受阻的专业作家自给方案，认为改革不能操之过急。事实上，1982 年之后的专业作家体制改革所面临的历史情境，已经与刚刚完成社会主义改造的 1956 年完全不同。市场的出现使传统作协体制对作家的控制力下降，文学生产的圈层化、文化娱乐产业的兴起，使得文学本身的影响力下降。"深入生活"此时与其说是一种制度规定，毋宁说是官方意识形态一种持续性的话语实践，脱胎于《讲话》的它因所指的可延展性，成为新时期文学发生潜在的动因、容器与内容物。除此之外，呼啸而来的现代派"技巧"讨论、对学者型作家的呼唤，都彰示着"深入生活"话语仍在不断"形变"的过程中。

余 论

1978 年 12 月 13 日，邓小平在中央工作会议闭幕式上发表讲话，其间提到了正确

---

① 张贤亮：《关于时代与文学的思考——致从维熙》，《张贤亮选集》3，百花文艺出版社 1995 年版，第 694-695 页。

② 王蒙：《关于改革专业作家体制的一些探讨》，《文艺情况》1982 年第 20 期。

认识和评价毛泽东思想的问题："我们要完整地准确地理解和掌握毛泽东思想的科学原理，并在新的历史条件下加以发展。"①1981年，党的十一届六中全会通过了《关于建国以来党的若干历史问题的决议》（以下简称"《决议》"）。《决议》指出，必须坚持毛泽东思想，运用它的立场、方法、观点来研究新情况，解决新问题。冯牧结合《决议》对《讲话》进行了再阐释："《讲话》虽然是一定历史条件下的产物，但它阐述的文艺和生活的关系、文艺工作者必须和群众相结合等一系列基本原则，今天看来还是正确的。"②冯牧还据此谈到深入生活及文艺如何反映工农业生产的问题，指出为补足这一文艺生产的薄弱环节，作协机构应组织作家重点考察一些地方。1982年5月6日至5月12日，中国文学艺术联合会、中国社会科学院文学研究所在北京联合召开毛泽东文艺思想讨论会，会议主题为结合胡乔木《当前思想战线的若干问题》一文，讨论如何科学评价毛泽东文艺思想。与会者认为，"为人民服务，为社会主义服务"的新时期文艺口号是对毛泽东文艺思想的重要发展；目前文艺界出现的某些混乱现象，如"宣扬文艺要单纯地表现自我""商品化"都与文艺工作者脱离群众相关；在这一时期，深入生活既要改造主观世界，又要注意从生活源泉中汲取创作材料。总的来说，这一时期对《讲话》乃至毛泽东文艺思想的再认识，构成了"深入生活"讨论的重要背景，使之呈现出复杂的面貌。看似冲突的"深入生活"与"表现自我"③话语间，实则存在一种暧昧的"寄生"关系。以此为出发点重审新时期文学的发生机制，或可发现状似清晰的现代化线索之下，社会主义文艺话语规范乃至体制机制的潜游、再造与自塑。

（作者单位：中国矿业大学人文与艺术学院）

---

①　邓小平：《解放思想，实事求是，团结一致向前看》，中共中央文献研究室编：《三中全会以来重要文献选编》，人民出版社1982年版，第28页。

②　冯牧：《文艺工作者要增强责任感和使命感　学习六中全会文件体会》，《人民日报》1981年7月25日。

③　1984年2月27日，《人民日报》刊载江曾培《深入生活与尊重文艺规律》一文，作者以"深入生活"为盾，反对"表现自我"的提法："我们反对'自我表现'论，并不是一般地反对在文艺作品中表现'我'。由于作品是作家创作的，作品中的生活，是作家按照自己的美学思想重新安排的生活，作品中总是有'我'存在的。而且，愈是优秀的作品，愈是鲜明地打着'我'的印记。'无我之境'不会是好作品。问题是，'我'不能脱离生活、脱离人民；自己的'小我'要与社会的'大我'联在一起。高尔基说得好，作家'不要把自己集中在自己身上，而要把全世界集中在自己身上'。'自我表现'论错在热衷于孤立地表现作家一己的心灵，而没有把这一心灵作为世界的回音壁。这样表露出来的'我'的感情、意识，往往是偏狭的、浅薄的、病态的，与生活的潮流、与人民的愿望，是不合拍的。"但当作者无法孤立地谈论"深入生活"，而是必须谈论"深入生活"的主体"我"，"深入生活"之盾便有了向"自我"敞开的可能。

《文艺报》与小说《金锁》批判风波始末

——兼谈"赵树理方向"在新中国文艺规范下的失效问题

罗文婷

　　回顾中国当代文学格局分化、重组的过程，特别是20世纪四五十年代之交的剧烈转折，"规范"文学形态"一体化"的意识一直伴随着当代文学的建构，其具体表现在，对不同文学派别的作家划分等级，甚至对左翼文学内部持不同主张的作家，也以文艺批评的形式进行政治"裁决"。纵是代表着解放区文艺最高成就的方向的作家赵树理，也没逃过被批判的命运。1950年5月25日，《文艺报》第二卷第五期的"批评与检讨"专栏，一连刊发了邓友梅批评《金锁》的文章、《说说唱唱》编委会对《金锁》的讨论结果，以及赵树理对《金锁》发表前后的一则检讨。5月31日，《光明日报》的文艺副刊《文学评论》第八期发表了一则对《金锁》的批评文章。风波一出，对《金锁》的讨论还未停止，《文艺报》第八期再次刊登赵树理对"检讨"的再检讨，并连发数位读者的来信意见，指责《金锁》的文学水准与错误思想。尽管文艺界对于《金锁》的批评还在文艺讨论范围之内，并没有造成很大轰动；但对于赵树理来说，这次批评不仅针对他主编《说说唱唱》工作的失误，甚至传递出一个危险信号——"赵树理方向"已无法为赵树理保驾护航。

一、为何批评？
——《金锁》批判风波始末

　　《金锁》是孟淑池创作的一则中篇小说，经由赵树理审阅，连载于《说说唱唱》杂志第三、四期（分别于1950年3月20日、4月20日出版）。小说主要塑造了一个被地主欺压、遇事软弱的农民金锁的形象。金锁（名字是后来起的）因家中遭变，流浪至草浦庄讨饭，因长得好看又会唱歌，被一个叫"白蝴蝶"的寡妇看上，有了暧昧关系。寡妇的姘头曹五爷是庄里的地主恶霸，扬言要打断他的腿，但看金锁能卖力气，便让他替曹家干长工。一年后，金锁买了一个媳妇，日子越过越好。不曾想，曹五爷与"白蝴蝶"设计，奸污了金锁之妻，又把金锁打晕丢进河里。后来该村解放，金锁当上八路军连长，回到草浦庄斗倒了曹五爷，至此全文结束。

《金锁》发表之时，适逢中国共产党中央委员会发布《关于在报纸刊物上展开批评和自我批评的决定》（以下简称"《决定》"，1950 年 4 月 23 日《人民日报》社论）。《决定》要求，"在一切公开的场合，在人民群众中，特别在报纸刊物上展开对于我们工作中一切错误和缺点的批评与自我批评"①。《决定》发布后，《文艺报》立即响应，于 5 月 10 日第二卷第四期刊出《〈文艺报〉编辑工作初步检讨》，又于 5 月 25 日第五期发表社论《加强文学艺术工作的批评与自我批评》，号召"所有文学艺术的杂志和报刊……展开和加强对作品、对工作、对思想、对作风各方面的正确的批评与自我批评"②。

《文艺报》作为全国文联的机关刊物，其发布的社论自是面对全国，给各地方文艺刊物传达当前工作任务的重心；但稍加注意就会发现，社论的后半部分把《金锁》作为反面案例拎了出来——

> 在我们目前的作品中，也还有很多至少是在客观上起着消极的作用的。这些作品，在主题思想上是不正确的，在人物形象上是被歪曲了的，存在着很多不健康、不正常的东西。例如不久以前《人民日报》上所批评过的小说《让生活变得更美好吧》，又如最近《人民文学》正在检讨的小说《改造》，再如发表在《说说唱唱》上的小说《金锁》……③

与社论同期刊登的，是"批评与检讨"专栏对孟淑池小说《金锁》的批评与《说说唱唱》的工作检讨。需特别指出，《文艺报》的"编者按"也对此次批评做了一点说明：

> 我们读了邓友梅同志的《评〈金锁〉》后，认为他的意见虽然还有一些不很适当的地方，但基本论点是正确的。我们即将这篇批评转至《说说唱唱》编委

① 《坚决展开批评和自我批评的决定》，《人民日报》1950 年 4 月 23 日。
② 《加强文学艺术工作的批评与自我批评》，《文艺报》1950 年第 2 卷第 5 期。
③ 《加强文学艺术工作的批评与自我批评》，《文艺报》1950 年第 2 卷第 5 期。

会，目的在于引起他们的注意。他们曾在大众文艺创作研究会小说组对这篇小说连续的讨论了三次，并将讨论结果整理寄给我们，同时赵树理同志也写来一篇《金锁发表前后》，进行了检讨，也作了"一点辩护"，现一并发表①。

"编者按"一向是极其敏感的风向标，用在此处，很明显是要纠正小说流露出的"错误"的创作倾向。

邓友梅《评〈金锁〉》一文认为，这篇作品最大的问题是人物不真实，在某些地方污蔑了劳动人民。如作者写金锁是一个穷苦出身的好劳力，但他的安身哲学却是"乱王年年改号，穷士日日更名"，甚至把"有奶便是娘，有钱便是爹"的无耻言论挂在嘴边，被地主欺压后又毫无反抗精神，这实在不符合劳动农民的气质。邓不禁质问："这是农民吗？是劳动群众吗？简直是地痞，连一点骨气都没有的脓包，只是地主的狗腿，旧社会的渣滓才有这样的性格……"②

《文艺报》本期的社论与"编者按"，如此反复地将小说《金锁》定义为"起着消极的作用"的"不健康、不正常"的作品，目的在于引起《说说唱唱》及其主编赵树理的重视。同时，邓友梅对《金锁》严厉的指责也传达出《文艺报》的态度——正是创作者思想态度上的不端正、编辑主稿者工作上的不认真，才塑造出一个伤害农民感情的"当代阿Q"形象。因此，《文艺报》批判的矛头虽指向《金锁》的作者孟淑池，但是力主这一稿件发表的赵树理则首当其冲。正是在此背景下，赵树理经历了共和国时期的首次批判风波。

赵树理的第一则检讨《金锁发表前后》，尽管有对自我工作的检讨，但重点却是为小说做出"一点辩护"。赵首先指出，收到此稿后，大众创研会小说组也反映过几个问题（正是小说被批评的问题），也提议修改。不过，作为主编的赵树理不仅主张发表，且认为不需要改动，理由是"作者真正了解未解放以前的农村，虽用了《阿Q正传》的架子，其内容并无抄袭之嫌，也没有一般写农村者只写概念的毛病，发表了可使人了解革命势力未到以前自然状态下的农村具体情况如何"③。之后，赵反驳了"主角金锁是不真实的，是对劳动人民的侮辱"的批评意见。按照赵树理长期扎根农村的经验，破过产又被扫地出门的农民，其谋生之道大抵不过"赚""乞""偷""抢""诈"（金锁先选择"乞"后转到"赚"），对付压迫者的方法多是"求饶"

① "编者按"，《文艺报》1950年第2卷第5期。
② 邓友梅：《评〈金锁〉》，《文艺报》1950年第2卷第5期。
③ 赵树理：《〈金锁〉发表前后》，《文艺报》1950年第2卷第5期。

"躲避""忍受""拼命"（这正是金锁对付地主曹五爷的一系列方法）。这些人的出路只有参加革命（金锁最后也革命了）。赵最后表示："这篇作品中对金锁这个人物的处理，最大的缺陷是没有写出他进步的过程——也就是尾巴接得太短了一点，使金锁一类人读了不知道该如何挺起腰来，'瞎闯王''么二楞'等农民读了不知道对解放后的金锁在日常生活中应取什么态度，作农村工作的人读了不知道对金锁该如何做工作。虽有这个缺陷，只能说是美中不足，并不能说是没有真实性或是作者故意侮辱劳动人民。"①

赵树理对这篇小说的保护态度与当时《文艺报》的批评意见相左，这一份不像检讨的检讨，自然过不了关。于是两个月后，又有了第二份检讨《对〈金锁〉问题的再检讨》。相比首次检讨还敢大胆辩护的轻松姿态，赵树理此时明显感到了"政治压力"，只敢检讨，而不敢辩护了。首先，赵意识到"原检讨中不足之处是没有把'对事物的选择'问题看成立场问题——以为对'金锁'本人的挖苦只是'语言'、'口吻'的无选择。现在看来，这一点是非常不正确的，这实际上是一个立场问题"②。"立场问题"，比原检讨说是"艺术观点上的错误"③ 要严重得多。其次，对于很多人指出金锁形象"是对劳动人民的侮辱"的意见，赵承认"大家是对的，我是错误"，不该"因为自己有了熟悉农村这个包袱，在感情上总觉着千篇一律的概念化的作品讨厌"④。在这份检讨中，赵树理不仅承认对小说《金锁》有思想态度上的错误认识，对于自身的农村经验和文学观念也做出批评，并将其视为工作与思想上的"包袱"。可见，在《决定》的指示下，《文艺报》开展"批评与自我批评"的教育工作，使赵的态度有了很大转变，此份检讨也勉强过关了。

《文艺报》第八期不仅刊登了赵树理的第二份检讨，还部分选取了八封读者对于《金锁》的来信，其中两封是秦兆阳和陆希治的来信意见。秦兆阳指出，"《金锁》的作者是把城市里最没出息的流氓性格，加以夸张后，硬加到一个农民身上，而写成了一个不现实的，被歪曲了的人物"⑤。陆希治是《文艺报》编辑成员，他转述了一个女干部的话——"小说里尽是些下流的描写，下流到极点了。这些描写到底作啥用？解放区里有这样下三滥的作品真是头一回见到。还替它辩护吗？我不要看！"⑥ 其余的

---

① 赵树理：《〈金锁〉发表前后》，《文艺报》1950 年第 2 卷第 5 期。
② 赵树理：《对〈金锁〉问题的再检讨》，《文艺报》1950 年第 2 卷第 8 期。
③ 赵树理：《〈金锁〉发表前后》，《文艺报》1950 年第 2 卷第 5 期。
④ 赵树理：《对〈金锁〉问题的再检讨》，《文艺报》1950 年第 2 卷第 8 期。
⑤ 《读者对于〈金锁〉的看法》，《文艺报》1950 年第 2 卷第 8 期。
⑥ 《读者对于〈金锁〉的看法》，《文艺报》1950 年第 2 卷第 8 期。

读者意见相近，普遍对《金锁》很不满意。

《文艺报》的"来势汹汹"，迫使《说说唱唱》再次做出严肃回应。1950 年 7 月 20 日，《说说唱唱》编委会发表《半年来编辑工作检讨》，自觉承认"在第三、四两期上出了个特殊错误，就是登出了题名《金锁》的一篇小说。这篇东西在思想上不健康，容易使读者读了把一个扶也扶不起来的叫化子误认为穷苦农民的代表，对读者是非常有害的"①，另有《附录赵树理对〈金锁〉的检讨两文》，以表示《说说唱唱》编委会对全国开展"批评与自我批评"工作的响应。

至此，由《文艺报》主导的《金锁》风波事件告一段落。纵观看来，对于小说《金锁》的讨论范围还在文艺创作层面，并没有上升到对作家本人的阶级立场的质疑，批评家及读者来信针对小说的思想内容与艺术形式提出了中肯意见，不失为一次有意义的创作讨论。耐人寻味的是，《文艺报》连发两期对孟淑池小说《金锁》的批评，做出检讨的却是负责刊发这份稿件的《说说唱唱》主编赵树理。参看《文艺报》第五期社论同时被拎出来的小说《改造》，只是在《人民文学》内部开展批评，且由作家本人（秦兆阳）做出检讨②。这并不难理解。对于《金锁》的批评，实际是《文艺报》对赵树理主编《说说唱唱》刊物工作上的批评。然而，当时的赵树理并没有意识到《文艺报》此举有"敲打"《说说唱唱》的意思。这场风波之下，暗藏着新文艺的两方力量关于"土"与"洋"的交锋。

二、批评暗涌
——精英文学与通俗文艺的对垒交锋

提及"土"与"洋"的交锋，具体而言，就是太行山老解放区出身的"土包子"作家和"洋学生"出身的左翼作家们，在新文艺进城后生出的摩擦与争端。中华人民共和国成立后，丁玲等左翼作家担任全国文联与作协的领导工作，顺利进入新的文学体制。同时，作协的机关刊物《文艺报》于 1949 年 9 月 25 日正式创刊，丁玲以主编身份出现在《文艺报》上是 1950 年的开年号（第一卷第八期），同为主编的还有陈企霞、萧殷二人，直到 1952 年 1 月主编换为冯雪峰。在这期间，《文艺报》可谓是"丁

---

① 本刊编委会：《半年来编辑工作检讨》，《说说唱唱》1950 年第 7 期。

② 秦兆阳的小说《改造》发表于《人民文学》1950 年 1 月第 1 卷第 3 期。接到读者来信批评后，《人民文学》1950 年 6 月第 2 卷第 2 期就小说《改造》进行内部批评讨论，刊登了徐国纶的《评〈改造〉》、罗溟的《掩盖了阶级矛盾的本质》两篇批评文章，以及秦兆阳的《对〈改造〉的检讨》。

玲时期"。翻看此一时期的《文艺报》，介绍苏联文艺批评家和翻译苏联文艺理论的文章占了大半，并且，《文艺报》的作家队伍也基本由精英作家组成，以确立以左翼文学力量为主的"文艺新方向"。

"土包子"作家这边，则是以通俗文艺领衔的赵树理为领军人物，负责领导《工人日报》和工人出版社，一心要把在太行山推行的新文学通俗化实践坚持下去。1949年10月15日，赵树理连同苗培时、王亚平等人，在北京筹备成立了大众文艺创作研究会，旨在团结新旧文艺工作者、改造城市通俗文艺，并抢占城市旧文艺的读者群众，把通俗文艺的新作品"打入天桥去"①。《说说唱唱》即是大众创研会执委会筹办的综合性通俗文艺刊物，于1950年1月20日正式发行，由李伯钊和赵树理担任主编，编委有康濯、王亚平、老舍等人。创刊号刊登的头条作品，便是赵树理根据田间的叙事长诗《赶车传》改编的鼓词《石不烂赶车》（上），第二期紧接着连载了《石不烂赶车》（下）。

《赶车传》是田间在《在延安文艺座谈会上的讲话》（以下简称"《讲话》"）精神的感召下，结合土改运动写成的叙事长诗，讲述了车把式石不烂老汉因欠地主租子，被地主抢走女儿抵债，后在中国共产党的领导下翻身得解放的故事。这部作品被收录进"中国人民文艺丛书"，不仅体现了作为知识分子的田间"到群众中去"的自觉努力，也成为左翼作家攻占文学资源合法性地位的有力证明。就其选择的改编对象，很难不让人揣测赵树理的意图：要用不登大雅之堂的通俗鼓词和象征高级艺术的现代新诗做番较量。果不其然，《石不烂赶车》一经发表，迅速引起文艺界的注意。诗人萧三在《文艺报》组织的一期"新诗歌的一些问题"笔谈中直言"拿赵树理的《石不烂赶车》和田间的《赶车传》相比，《石不烂赶车》对新诗可说是一个很大的'讽刺'，也可以说是一个启发"②。何家栋回忆东总布胡同（作协所在地）与西总布胡同（工人出版社所在地）的矛盾摩擦，讲到赵树理的改写"就有出他们洋相的意思"③。孙犁的《谈赵树理》一文也提及此事——"他根据田间的长诗《赶车传》，改编的《石不烂赶车》鼓词，令人看出，他不只对赶车生活知识丰富，对鼓词这一形式，也运用自如。这是赵树理一篇自鸣得意的作品。这一时期，赵树理对于民间文艺形式，热爱到了近于偏执的程度。对于'五四'以后发展起来的各种新的文学形式，他好象有比

① 赵树理：《在大众文艺创作研究会成立大会上的讲话》，《大众文艺通讯》1950年第1期。
② 萧三：《谈谈新诗》，《文艺报》1950年第1卷第12期。
③ 何家栋口述、邢小群整理：《我的编辑生涯》，刘瑞琳主编：《老照片》第三十辑，山东画报出版社2003年版，第78页。

一比的想法"①。从旁观者的态度可见，即便赵树理本人没有要贬低田间新诗创作的意图②，但从实际效果来看，新诗对鼓词、"洋面包"对"土包子"、精英文学对通俗文艺，两大交锋暗潮涌动、龃龉丛生。更有研究者指出，"这次改编对东总布胡同通俗文艺作品'登不了大雅之堂'偏见的成功反驳，是基于文学资源合法性的胜利，同时也是通俗文学的胜利"③。

通俗文艺作家的做法，招致了精英作家的反感。1950 年 10 月 15 日，正值大众创研会召开周年纪念大会，丁玲到会祝贺并发表讲话。她"肯定了大众文艺研究会做了不少工作，干了很多好事，但也给人民群众带来一些不好的东西，我们不能以量胜质，我们不能再给人民吃窝窝头了，要给他们面包吃"④。以"窝窝头"与"面包"作比，显然流露出持精英立场的新文学作家对通俗文艺的轻视，也反映出丁玲不赞同赵树理等人利用通俗文艺改造来建构新中国文学的创作思路。

归根结底，精英作家与提倡文学通俗化的作家的根本分歧在于，如何确立中华人民共和国文学的正统以及由谁来确立的问题。两派在抢占新文艺的领导权时，都有意识地建立自己的文艺阵地。不到一年时间，大众创研会便招纳会员四百余人，几乎搜罗尽了在京的著名通俗文艺家（如文学大家老舍、相声大师侯宝林、曲艺名伶曹宝禄），发表、出版通俗文艺作品，改造旧文艺作品，并"开发了新曲艺演唱园地'大众游艺社'和'西单游艺社'。主持筹备成立中华全国曲艺改进会，甚至在燕京大学、清华大学等高校开设文艺讲座"⑤。赵树理们干得热火朝天，势要让通俗文艺在新文学中占领一席之地。精英作家则跻身文艺界的文联、作协等机关单位与《人民文学》《文艺报》等主流刊物，利用自身资源与话语优势，主导中华人民共和国的文学格局，共同捍卫左翼知识分子的文学传统。此外，精英作家依托丁玲主编的《文艺报》，对大众创研会和《说说唱唱》的工作展开牵制，其中影响最大的就是由小说《金锁》引

---

① 孙犁：《谈赵树理》，复旦大学中文系《赵树理研究资料编辑组》：《赵树理专集》，福建人民出版社 1981 年版，第 82 页。

② 罗杨《怀念赵树理》一文表示，赵树理曾对改编引发的争议做过解释："我倒无意与哪位同志比个高低，也没想讽刺谁，我考虑的是，好的鼓词也是好诗，人们不应当不问好歹，就认为诗是高级的艺术，鼓词是低级的艺术。那样不是实事求是，也不公道。"参见罗杨：《新曲艺文稿》，中国曲艺出版社 1985 年版，第 269 页。

③ 牛菡：《论赵树理对田间〈赶车传〉的改编》，《文艺争鸣》2017 年第 8 期。

④ 苏春生：《从通俗化研究会到大众文艺创作研究会——兼及东西总布胡同之争》，《中国现代文学研究丛刊》2003 年第 2 期。

⑤ 苏春生：《从通俗化研究会到大众文艺创作研究会——兼及东西总布胡同之争》，《中国现代文学研究丛刊》2003 年第 2 期。

发的风波。

前文已经提及，《文艺报》对小说《金锁》的围剿，绝非是批评这么简单，更甚的做法是利用社论、"编者按"与"读者来信"（分别代表官方权威与公共舆论）等意识形态阵地，把赵树理推至风口浪尖，不得不展开"批评与自我批评"。首先，社论是《文艺报》最高规格的言论表现，也是权力话语的直接表达形式。在社论中点名《说说唱唱》发表的作品对当前文艺工作产生了负面影响，无疑会引起中宣部高层领导的注意，进而考量赵树理的编辑方针能否满足主流意识形态的政治需要。其次，"编者按"在引领文艺思潮与政治舆论时同样具有重要作用。"编者按""选择什么'对象'，何种文学现象予以'评论'，体现怎样一种文学观点和姿态，这种'决定'都不是随便作出的，而是集体商量、深思熟虑的结果"①。"编者按"暗含了《文艺报》编辑部的倾向性——《金锁》是一部不正确的作品，刊物负责人需要深入检讨。最后，是与《文艺报》立场相同的读者来稿。配合官方权威的震慑，《文艺报》将群众对《金锁》的看法转变为公共舆论的压力（需注意，选取的读者来信经过《文艺报》编辑部的筛选，在思想观念和艺术趣味上完全一致，这里的"读者"大概率是被《文艺报》构造出来的）。至此，社论、"编者按"与读者来稿之间形成一个互动的政治场域，以"批评与自我批评"为武器，共同判别赵树理的错误。

自《金锁》风波后，赵树理遭遇的批评接踵而至。1951 年 6 月，赵树理因为发表了《武训问题介绍》（《说说唱唱》第 18 期）一文慌忙检讨（《对发表"武训"问题介绍的检讨》，《说说唱唱》第 19 期）；《说说唱唱》第 19 期刊载《种棉记》，又被批评。而这两次错误仍然是在丁玲主编《文艺报》期间，被《文艺报》点名批评的②。屡次的犯错，使上级领导意识到赵树理做不好政治宣传工作，也令赵树理感到心力交瘁。1952 年初，赵树理离开《说说唱唱》，把这两年来的错误归因于"不懂今日的文艺思想一定该由无产阶级领导。因为我们的文艺是要教育人民的；传播了错误的思想，就会把人引到错误的道路上去"③。显然，赵树理在进入当代政治体制时的不适应，已经直接体现于他在《说说唱唱》办刊期间屡次被《文艺报》揪出错误，"批评与自我批评"变成家常便饭。

---

① 程光炜：《〈文艺报〉"编者按"简论》，《当代作家评论》2004 年第 5 期。

② 《文艺报》1951 年第 5 卷第 2 期刊载安理的《读〈种棉记〉》，文中说："剧中对植棉运动的宣传是庸俗的，同时也歪曲了在这一运动中积极宣传与带头植棉的党员干部的形象。"《文艺报》1951 年第 5 卷第 4 期刊载吴倩的《应当加强通俗文艺刊物的思想内容》，点名批评《说说唱唱》的《"武训"问题介绍》。

③ 赵树理：《我与〈说说唱唱〉》，《说说唱唱》1952 年第 1 期。

三、批评最后

——"赵树理方向"的失效

自 1943 年发表成名作《小二黑结婚》，继 1946 年被周扬发现，赵树理的作品曾一度被提高到是对毛泽东文艺理论实践得最为成功的典型。在中华人民共和国成立前后编选的"新文学选集丛书"和"中国人民文艺丛书"中，赵树理是唯一被同时收入两套丛书的作家，足以显示他在中华人民共和国成立初期的重要地位。吊诡的是，"赵树理方向"的辉煌如同昙花一现，不仅 1951 年的斯大林文学奖没有选送赵树理的作品，他还因主编《说说唱唱》屡犯错误，举步维艰。从"明星"作家到饱受争议的边缘人，"赵树理方向"的失效，为我们进入中国当代新文艺体制的建立与发展过程提供了鲜活例证，其症候性意义不言而喻。

有批评者认为，赵树理在新中国文坛的落败，是被牵扯进文艺界的"周（扬）、丁（玲）之争"，其背后是"知识分子（以丁玲为代表）、工农大众（以赵树理为代言人）和党的文化领导人（周扬、胡乔木）"[1] 各方势力展开的文学与政治的多重博弈。不可否认，由《金锁》批判风波演变至赵离任《说说唱唱》，与《文艺报》的发难有很大关系，但这只是外部的人事纠纷，实则是赵树理的"问题小说"的文学理念，与毛泽东《讲话》中要求的"政治"存在裂隙。这个裂隙成为他离任《说说唱唱》、黯淡收场的症结。

首先，赵树理偏好农村题材写作，而且要反映现实生活的"问题"。据研究者统计，赵树理担任主编期间，《说说唱唱》共发表农村题材作品 75 篇、工业生产题材作品 23 篇、市民生活故事 16 篇、战争故事 41 篇，其余为启事、歌曲或"检讨"等[2]。对于来稿的选用原则，他注重通俗形式，"力求能说能唱，说唱出去大众听的懂、愿意听"[3]，所以能反映当时工业生产和市民生活新因素的稿子没有被赵树理看重。其次，赵树理对小说《金锁》持肯定态度，是因为他秉持着"问题小说"的创作理念，从现实主义出发，不愿意把一切农民都理想化。而《金锁》会被《文艺报》判定为一部严重歪曲农民形象的作品，恰恰是因其与主流意识形态所要求的"高大全"式的理想农民形象相距甚远；仅以朴素的"现实主义"创作方法再现农村当中落后的一面，这显

---

① 张霖：《两条胡同的是是非非——关于五十年代初文学与政治的多重博弈》，《文学评论》2009 年第 2 期。

② 参见王力：《通俗文学的转轨与大众审美趣味的变迁：〈说说唱唱〉的兴与衰》，《中国现代文学研究丛刊》2012 年第 6 期。

③ 赵树理：《我与〈说说唱唱〉》，《说说唱唱》1952 年第 1 期。

然与毛泽东《讲话》中"文艺作品中反映出来的生活却可以而且应该比普通的实际生活更高，更强烈，更有集中性，更典型，更理想，因此就更带普遍性"① 这一原则相差甚远。对比同时期受到官方肯定的作品，如《白毛女》《红旗歌》《不是蝉》等，无一不是在主题和人物刻画方面遵循"典型性"原则：新歌剧《白毛女》是典型的阶级革命斗争与反压迫主题；《红旗歌》是第一个反映工人生活主题的剧作；话剧《不是蝉》由工人魏连珍创作，因刻画劳动模范白师傅的典型形象广受好评。

赵树理也曾下到工厂的生产车间里，了解、熟悉工人的生活环境，希望把创作对象由农民转向工人。然而，一个月的工厂视察不仅没有使作家积累新的写作经验，反而让他感觉"略一实验，便觉得写作上的根据地不那么容易创造。不易办到的事，多加努力自然也可以成功，不过我觉得放弃一个已经熟悉的地方，再去熟悉一个不太容易熟悉的地方，事倍功半，无大必要"②。事实证明，在进城以后、《三里湾》问世以前，赵仅写出了《传家宝》《田寡妇看瓜》《登记》《求雨》等短篇小说与几篇曲艺作品，其中不乏赶任务之作，既没有理想新人形象，阶级斗争的主题也不强烈。所以，胡乔木批评赵树理"写的东西不大（没有接触重大题材）、不深，写不出振奋人心的作品来"③，并亲自为他选定苏联等外国进步作家的五六本作品，让他解除一切工作尽心来读。胡乔木的这一举动，"可以视为当时新的国家成立后，国家利益与农民利益初现裂痕后，以学习苏联为主的国家文化对赵树理的期待与收编"④，也可看出胡乔木与上级领导对赵树理的重视。遗憾的是，赵树理对当时盛行的苏联文艺颇有微词，对一味拔高农民的共产主义思想也心有芥蒂⑤。当新的形势对文学提出更高的要求，赵树理对这样的"提高"不理解，或意识到了差距却不想弥补这一距离。毋宁说，赵树理在处理人物与革命关系问题时，在展现人民内部矛盾和敌我矛盾时，将下笔着力点放在当前有问题的"中间人物"而非有着共产主义理想的"新人物"，着重发掘人民内部的基本矛盾更导致敌我矛盾被弱化，这一创作理念缺乏对历史总体意识的感知，更

① 毛泽东：《在延安文艺座谈会上的讲话》，《毛泽东选集》（第三卷），人民出版社 1991 年版，第 861 页。

② 赵树理：《下乡杂忆》，《赵树理文集》（第四卷），工人出版社 1980 年版，第 1659 页。

③ 赵树理：《回忆历史　认识自己》，《赵树理文集》（第四卷），工人出版社 1980 年版，第 1830 页。

④ 傅书华：《走近赵树理》，北岳文艺出版社 2015 年版，第 73 页。

⑤ 参看赵树理在 1962 年 8 月大连"农村题材短篇小说创作座谈会"上的发言。他说："苏联写作品总是外面来一个人，然后有共产主义思想，好象是外面灌的。我是不想套的。农村自己不产生共产主义思想，这是肯定的。农村的人物如果落实点，给他加点共产主义思想，总觉得不合适。什么'光荣是党给我的'这种话，我是不写的。这明明是假话，就冲淡了。"（《赵树理文集》第四卷，工人出版社 1980 年版，第 1718 页。）

没有领悟《讲话》中要求的"文艺为政治服务"的精髓。李杨指出，"从表面上看，赵树理无疑是体现了《讲话》要求的'文艺为政治服务'的原则，但问题在于，《讲话》中的'政治'并不是一个本质化的概念，尤其不能等同于赵树理所理解的一时一地的'政策'"①。以同为 1948 年发表、都是反映土地改革的三部小说《邪不压正》（赵树理）、《暴风骤雨》（周立波）、《太阳照在桑干河上》（丁玲）为例，《邪不压正》一经发表，褒贬不一，后两部小说却为周立波和丁玲赢得了斯大林文学奖的荣誉，这其中的境遇差距，隐含了赵树理作品"政治性"问题的症结。

赵树理说："我写那篇东西的意图是'想写出当时当地土改全部过程中的各种经验教训，使土改中的干部和群众读了知所趋避'。"② 他延续《小二黑结婚》的结构方式，用主人公小宝和软英的恋爱故事把要说明的问题串连起来，两个主人公并不被赋予新榜样作用，而将重点放在了不正确的干部和流氓上。可见，《邪不压正》仍是一部反映土改运动中部分基层干部以权谋私的"问题小说"。反观《暴风骤雨》与《太阳照在桑干河上》中的"政治性"，是通过对元茂屯和暖水屯的农民由沉默到爆发、由忍辱负重到革命斗争的翻身叙事，表明这场翻天覆地的土地革命既是党领导的，又有农民自发的阶级力量。这就将共产党推行的土地改革政策成功转换成"由人民当家作主"的国家的建构过程，将广大农民的苦难意识上升为有着共同"阶级情感"的新意识形态。

赵树理之所以被确立为"方向"作家，一个突出的原因不容忽视，即是他的作品在语言形式上突破了此前一直很难解决的文学大众化的难关。在《讲话》中，毛泽东明确指出文学要有效地为工农兵大众服务，作家要使自己的思想情感和工农大众的思想情感打成一片，那么在语言方面就要贴近群众语言，实现大众化与艺术性的完美结合。陈荒煤和周扬等人正是看中了赵树理创作的这一价值（"赵树理同志的创作是选择了活在群众口头上的语言，创造了生动活泼的、为广大群众所欢迎的民族新形式"③；"赵树理同志的作品是文学创作上的一个重要收获，是毛泽东文艺思想在创作实践上的一个胜利"④ ），将他作为解放区一面新的旗帜推了出来。然而，赵树理的创作并没有真正贴合"赵树理方向"。尽管他的创作于艺术形式上达到了艺术性和大众性的高度结合，但赵树理的创作于思想上一直没有超越现实进而达到史诗性的高度，没有生成自觉的"人民意识"。他对新中国文学的构想，是将民间传统的通俗文艺也

---

① 李杨：《"赵树理方向"与〈讲话〉的历史辩证法》，《文学评论》2015 年第 4 期。
② 赵树理：《关于〈邪不压正〉》，《赵树理文集》（第四卷），工人出版社 1980 年版，第 1437 页。
③ 陈荒煤：《向赵树理方向迈进》，《人民日报》1947 年 8 月 10 日。
④ 周扬：《论赵树理的创作》，《解放日报》1946 年 8 月 26 日。

纳入"五四"以后发展起来的新文艺中，以此真正实现文学大众化。这正印证了前文提及的，他是揣着与"五四"以来发展的各种新形式"比一比"的想法，才会把属于新文艺传统的新诗改编为民间传统的鼓词形式，提倡"写诗的人应该读一些民歌和旧诗，吸收其中好的语言"①，以践行新文艺传统与民间传统融合的构想。

1950 年，中央的文艺政策偏向通俗文艺改造运动，正与赵树理的文学理想相符，因此赵树理提倡的大众化、通俗化一度占了上风。然而，新中国的文艺建设不可能永远只强调通俗改造，"普及"之后紧接着是如何"提高"的问题。在"提高"的要求中，如何从现实生活中提炼出波澜壮阔的阶级斗争主题、塑造共产主义理想新人的典型形象，以实现"政治性"的合法建构，显然是重中之重。就此来看，赵树理对通俗文艺的过分执着，在某种程度上何尝不是遮蔽了社会主义新文艺在发挥"提高"功能上的历史意义？丁玲早前对大众通俗文艺的轻视，是以"窝窝头"与"面包"作比喻的。赵树理日后仍用这个比喻来反驳："群众喜欢旧剧，我们就应该重视它，逐渐把它改造、提高，使它对群众更有营养成份，不应该只把群众不喜欢的或暂时不能接受的东西，硬往他们的手里塞。比如，群众现在喜欢吃面条、大米、馒头，我们暂且不要硬叫他们吃面包、黄油。"② 这番论断是 1959 年赵树理在一次座谈会上的发言。彼时的新国家建设愈发呈现出欣欣向荣、文明昌盛的新气息，这种时代精神若不能反映在文学方面，那么，赵树理的民间传统只能被精英作家主导的文艺界拒之门外了。

余 论

以《文艺报》主导的《金锁》风波作为切口，我们可以重新认识当代文学版图重构的丰富性与复杂性。在对小说《金锁》的讨论背后，是各派文学家们辗转腾挪、基于文学资源合法性的权力博弈。"五四"以后发展的新文学以"启蒙"与"革命"两大关键词建立美学范式，隐含的是知识分子的精英主义立场。赵树理文学的大众化、通俗化、民族化等特质有目共睹，但他拒绝进入由"五四"新文学作家主导的文学规范中，坚持民间本位立场，也就不可避免地会被冷落。此外，回到《金锁》风波的历史现场，我们更可以清楚地看到主流意识形态是如何利用话语权利，对偏离社会主义文艺轨道的作品进行规劝与纠正的。从赵树理被规劝时做出的"批评与自我批评"可

---

① 赵树理：《和工人习作者谈写作》，《赵树理文集》（第四卷），工人出版社 1980 年版，第 1597 页。

② 赵树理：《当前创作中的几个问题》，《赵树理文集》（第四卷），工人出版社 1980 年版，第 1654 页。

知，在处理革命与农村关系时，赵树理始终坚持以"农民直接的感觉、印象和判断为基础"①，坚持描述本真的、原始的农村生活状态，坚持塑造真实的甚至有缺陷的农民形象（而非无产阶级革命英雄的"典型形象"）。这种文学品格和情感立场，决定了他与社会主义文学规范之间的抵牾，也让偏离了"赵树理方向"的赵树理不再适用于新政权的需要。同样，赵树理推崇传统的文艺形式，拒绝用"五四"新文艺传统领导民间传统，那么他所强调的大众化工作就只能在通俗文艺形式的圈子内打转，而无法契合共和国文学追求的构建社会主义文化蓝图"史诗性"式的"提高"。

（作者单位：厦门大学中文系）

① 周扬：《论赵树理的创作》，《解放日报》1946 年 8 月 26 日。

"十七年"时期文学翻译批评的场域、路径与进程①
——以语言、教学类刊物为中心

操乐鹏

20 世纪 50 年代中期，借"双百"方针之便，诸多译家学人发言直陈中华人民共和国成立以来文学翻译的弊病与缺失；《文艺报》特为此增设"让文学翻译的花朵怒放吧"专栏②。最令翻译家们不满的，首推对待文学译介的冷淡态度。"解放以来，凡百事业都有很好的组织与领导，惟独文学翻译却有点任其自流"③，有关翻译的"媒婆"说、"六指"说喧嚣一时④。文学翻译批评的缺席，恰是这股轻视翻译的文化风习的重要表征⑤。一方面，既有的翻译批评汇集于共和国初年的《翻译通报》⑥，且多泥于寻章摘句，近乎翻译校订甚或"乱评一通"⑦；另一方面，缺少发表园地，成为文学译评相对萎缩的直接原因。在《翻译通报》停办后，"索性连这类侧重寻章摘句的

---

① 本文系国家社科基金青年项目"翻译文学批评与中国当代文学制度建构研究（1949–1966）"（21CZW046）的研究成果。

② 《文艺报》1957 年第 4 号首次刊载"让文学翻译的花朵怒放吧"专栏，并附编者按语："近年来我国在外国文学的介绍工作上，有了很大的成就，但是也存在着许多缺点和问题，阻碍着我们跨步前进。"见《编者按》，《文艺报》1957 年 4 月 28 日。

③ 罗念生：《建议成立文学翻译所》，《文艺报》1957 年 6 月 9 日。

④ 劳荣：《为什么对文学翻译这样冷淡》，《文艺报》1957 年 5 月 26 日。

⑤ "文学翻译作品一本本地出版、发行，在翻译本身好像没有上品，也没有次货，既无奖励，又无批评。"见超海：《谈谈文学翻译之花》，《文艺报》1957 年 4 月 28 日。

⑥ 《翻译通报》创刊于 1950 年 7 月，最初只是内部发行，从 1951 年 1 月第二卷第一期起改成公开发行。1952 年 8 月休刊。1953 年复刊后，《翻译通报》转变为专门公布翻译计划、交流翻译情况的内部刊物，取消了原来的翻译理论、译本评介、翻译学习等专栏。

⑦ 就《翻译通报》的译评，有译家认为，应该重新考虑翻译批评的标准，"也不能像'翻译通报'那样只翻了几页书就乱评一通"。见冯钟璞：《打开通向世界文学的大门》，《文艺报》1957 年 6 月 23 日。

批评都看不见了"，"谈翻译理论和方法，评介译品的文章目前几乎没有出路"①。针对如是现状，翻译家们主张更多开辟文学翻译批评的园地。如罗大冈建议有些报纸可以辟出一个专登外国文学译介与研究的副刊②；劳荣的考虑是由《文艺报》辟出译评专栏；潘家洵则提议另创《翻译研究》③。此类建言献策不可谓不具可行性。然而，综观"十七年"时期《译文》④、《文艺报》、《人民文学》等报刊，从未大量刊载文学译评文章。可见，号召文艺刊物对译评打开闸门，其实远未落到实处。反倒是"双百"时节应运而生的《西方语文》这一语言类期刊，接过了文学翻译批评的重担，这也引起罗念生的赞赏与期待。

事实上，细察"十七年"间文学翻译批评的肇始、存续、突转以至衰落与挣扎，始终是语言类、教学类刊物——而非文艺、文学刊物——成为其关键场域，并呈现出特有的路径与进程。故而对共和国时期文学翻译批评的探勘，便需更多地将视野挪移至语言、教学类刊物。具体而言：其一，翻译批评作为跨语言、跨文学、跨文化交际的一种特殊形态，尽管本土文学、外国文学、语言学等学科可以其各自的方式邀请翻译的参与，但囿于"十七年"间看取翻译的漠然态度，被视为低于创作一等的翻译及翻译批评，只得暂栖于语言类刊物。其二，文学翻译批评的"当代"发生，与共和国初年大学外语院系与外语教学（尤其俄语翻译教学）的调整、建设以及苏联翻译理论的引入休戚与共。俄语教学类刊物顺理成章地"收编"了大部分文学译评。当代文学译评的资源取径与内在理路也由此得以形塑。其三，语言、教学类刊物场域内的文学译评，同"十七年"间的文学思潮形成了共振状态，以"双百"方针的施行为关目，可分为前后三个阶段：1949-1956 年以俄语教学刊物为中心的初期；1957-1959 年的《西方语文》时期；1959-1966 年的转轨时期。

循此，本文的主要关怀与逻辑理路在于：以"十七年"时期的语言与教学类刊物为线索，探勘文学翻译批评的"当代"递嬗之轨辙；结合"十七年"时期的政治气候与文艺思潮，厘清文学译评的理论资源与话语体式；以《西方语文》的书评体译评为案例，阐扬当代译评的诗学价值及其新时期遗绪。

---

① 潘家洵：《关于文学翻译》，《文艺报》1957 年 6 月 16 日。

② 冯钟璞：《打开通向世界文学的大门》，《文艺报》1957 年 6 月 23 日。

③ "翻译研究"作为专刊，可以"专门登载探讨翻译理论和方法，交流翻译经验，评介翻译作品，反映翻译界动态的文章"。见潘家洵：《关于文学翻译》，《文艺报》1957 年 6 月 16 日。

④ 共和国时期的《译文》（后改名《世界文学》）极少刊发翻译批评。为数不多的例外要数1955 年针对"胡风分子"及其翻译的相关文章。

一、共和国初期的语言、教学类刊物及其翻译批评举隅

中华人民共和国成立后，伴随着北京俄文专修学校、上海俄文学校等专门性俄语大学的成立，以及 1952 年院系调整后俄语专业的大幅度扩展和英语等东、西语专业的断崖式缩减，俄语迅疾在大学课程体系与文学译介出版中占据显要位置。与此同时，全社会均掀起了广泛又亢奋的俄语学习热潮，各类俄语入门手册、俄语辞典以及俄语教学广播层出不穷。诸多俄语教学类刊物遂顺势而生，并且成为中华人民共和国成立初期翻译批评的主导场域。

从内容定位和读者对象来看，是类刊物大都聚焦于俄语教学与俄语学习，并以中学生、大学生等俄语学习者为对象。如《俄文教学》① 的办刊宗旨为"交流各地俄文教学的方法和经验，介绍苏联的俄文教学的方法和经验，以推进俄文教学工作，而主要以俄文教育工作者、学生与其他学习俄文者为对象"②。《中华俄语月刊》③ 同样如此，"本刊以帮助一般俄语学习，供给俄文学校学生及自学者以补充参考资料，交流俄语学习方法和经验为宗旨"④。由于翻译是俄语学习与教学中不可或缺的一环，《俄文教学》在稿约中欢迎有关"翻译教学"的文章，《中华俄语月刊》也关注"作文、造句及翻译方法之研究"。这也使得在缺乏专门性翻译刊物或译评刊物的境况下，当代翻译批评能够存身于语言与教学刊物。

综观俄语教学类刊物所刊载的翻译批评，其核心翻译观念在于——将"翻译"视作一项具有政治意义的建设工作。因而，从事翻译者，"不仅要负道义上的责任，而且还要负政治上与法律上的责任"⑤。正因翻译有如斯政治价值与工作属性，有关翻译标准、翻译准确性等审美议题和理论范畴的讨论，随之成为"党性在翻译工作中的表现的基本美学范围，是一个进行尖锐思想斗争的场所"⑥，也就不能单纯依凭语言准则或

---

① 《俄文教学》（1951-1960 年）于 1951 年 10 月创刊，为双月刊。该刊由中国图书发行公司发行，中华书局股份有限公司出版，编辑者为"俄文教学"编辑委员会。其编辑部地址设在北京宣内鲍家街 21 号，即北京俄文专修学校。创刊号上印有刘少奇、周恩来、朱德、郭沫若的题词。

② 《俄文教学》1951 年第 1 期。

③ 《中华俄语月刊》（1950-1953 年）创刊于 1950 年 3 月 1 日，中华俄语月刊社编辑，中华书局股份有限公司出版，总负责人为舒新城，主编人为朱谱萱。1954 年，刊名改为《中华俄语》（1954-1958 年），并于 1955 年改由时代出版社出版，编辑部由北京东四钱粮胡同 14 号迁至北京东总布胡同 10 号。

④ 《中华俄语月刊》1953 年第 1 期。

⑤ 师哲：《略谈俄文翻译工作中的若干问题》，《俄文教学》1952 年第 1 期。

⑥ 殿兴：《信达雅与翻译准确性的标准》，《俄文教学》1955 年第 5 期。

审美标准。其次，如何进行这项重要的翻译工作、如何让俄语学习的新手快速上手中俄对译，成为诸多译评的关注点所在。《中文俄译入门》类的指导性文章以及翻译经验的介绍性文章大量涌现。这也带来了当代翻译批评的实用性特质：一方面着力于新译者的培养与成长，另一方面看重语言学层面的对译。前者较多体现在翻译教材、翻译教学法的研究中；后者主要集中在探讨翻译技术与技巧的译评中，最常见的批评模式是选择某种词汇或某类句型，详解其译法。《俄文教学》既登载北京俄文专修学校、北京师范大学、西南俄文专科学校等高校俄文教研室或翻译教学组有关翻译教学的文章，也刊发一线俄语教师的现身说法。

在翻译技术与翻译教学之外，为百废待兴的翻译事业和翻译工作建立统一标准，成为中华人民共和国成立初期翻译批评的另一焦点。以理论视野观之，关于翻译标准的讨论与翻译技术批评相仿，往往建基于等值翻译的理念，其凭依的资源是费道罗夫的翻译思想和斯大林的语言学观。1953 年，费道罗夫提出对等翻译理论。仅仅两年后，该理论即传入中国。不夸张地说，费道罗夫是"十七年"间备受国内译场青睐的翻译理论家。费道罗夫认为"翻译理论，作为语文学科的一个专业部门来说，它首先就是一个语言学的课程"①。这正与中华人民共和国成立初期翻译批评依存于语言教学类刊物的状况相契合。

除却俄文类刊物，当代译评还间或寄居于《中国语文》②《语文教学》等语言类刊物。若说俄语教学刊物中的译评多自语言学角度发之，那么语文类刊物场域中的译评则与中华人民共和国的语言政策息息相关。以《中国语文》为例，该刊由中国文字改革研究委员会与中国科学院语言研究所合办，人民教育出版社出版，本身便负有发布、宣传、施行共和国语言政策的职责。因此，其发表的译评均不脱当代语言规划之樊篱。换言之，此类译评的出发点已然不是翻译本身，而是语言政策，多数译论带有配合政策之意图。当宣传汉语规范化时，董秋斯《翻译工作中的汉语规范化问题》、汪慧迪《翻译工作者要注意词汇规范》、刘英等《翻译儿童读物要注意语言的健康》等文章便纷然问世。此外，《语文教学》③ 等刊物作为语文学习、写作类刊物，其刊载的译评常常看重译文语言的遣词造句。

质言之，中华人民共和国成立初期的翻译批评以俄语教学与语文学习刊物为场域，

---

① ［苏］费道罗夫：《翻译理论概要》，李流等译，中华书局 1955 年版，第 17 页。
② 《中国语文》（1952-1966 年），创刊于 1952 年 7 月，初为月刊，编辑者为"中国语文杂志社"（北京西单新皮库胡同乙十二号）。该刊由中国文字改革研究委员会与中国科学院语言研究所合办，由人民教育出版社出版。1963 年起改为双月刊。
③ 《语文教学》（1951-1952 年），创刊于 1951 年 8 月 15 日，由语文教学社编辑，大众书店出版。1952 年停刊，所存积稿陆续转至《中国语文》。

呈现出对"翻译"属性的实用化认知与批评视野的单一化趋势。这类译评以翻译实践和翻译教学为出发点和归宿,带有浓重的语言学、写作学况味,大都仅以俄汉翻译为论说对象,且易受语言政策的牵引与规限。可见,本文开篇述及的众译家之不满与抱怨,并非无的放矢:文学翻译批评着实缺少专门性刊物;在语言、教学两类刊物中,文学翻译批评属实微乎其微。

文学译评此种遭际的改观,有待《西方语文》的创刊。

二、夹缝中的《西方语文》及其翻译批评概览

时至 1956 年,各类期刊在"双百"方针的召引下进行着不同程度的"大放",推进题材、主题与风格的革新①。《西方语文》得以创办,正是借"双百"方针的东风之便。同年,毛泽东在《论十大关系》中阐明需"以苏为鉴(即鉴镜,或曰前车之鉴)",进而指出,"现在,学英文的也不研究英文了,学术论文也不译成英文、法文、德文、日文同人家交换了。这也是一种迷信"②。与此同时,周恩来在中央委员会召开的关于知识分子问题的会议上明确提出,必须极大改善外国书刊的进口工作,"必须扩大外国语的教学,并且扩大外国重要书籍的翻译工作"③。显然,此时已经不再把苏联完全视作"我们的最好的先生"④。如上节所论,自中华人民共和国成立直至 20 世纪 50 年代中期,俄语受到了前所未有的重视;相形之下,其他东、西语言备受冷落,无论教学抑或翻译、研究,均遭到相当程度的压缩和限制。经 1952 年院系调整,全国高校仅余英语教学点 8 个、法语教学点 3 个、德语教学点 3 个,即可见一斑。而对非俄语之西语和东语的重新重视、恢复与扩充,始自 1956 年。至该年年底,全国计有 23 所高校设有英语系科,5 所院校设有法语专业,4 所院校设有德语专业⑤。这正构成了《西方语文》创刊的关键推动。

由是,在"双百"方针及期刊革新的政治气候内,在俄语与诸西语此消彼长的政

---

① 洪子诚:《1956:百花时代》,山东教育出版社 1998 年版,第 131–133 页。洪子诚先生论及"1956 年文学期刊",集中于文学创作刊物,虽未涉及语言、教学类刊物,但后者依然位于"双百"方针的辐射范围之内。

② 毛泽东:《论十大关系(一九五六年四月二十五日)》,《建国以来毛泽东文稿》第六册,中央文献出版社 1992 年版,第 103 页。

③ 周恩来等:《关于知识分子问题》,中国民主同盟中央委员会学习委员会 1957 年版,第 28 页。

④ 毛泽东:《论人民民主专政》,中共中央文献研究室、中央档案馆编:《建党以来重要文献选编 1921–1949》第 26 册,中央文献出版社 2011 年版,第 513 页。

⑤ 相关数据参见付克:《中国外语教育史》,上海外语教育出版社 1986 年版,第 70–73 页。

策摆荡中，在世界文学视野有限度的重新敞开下，《西方语文》于 1957 年 6 月正式创刊①。其《创刊词》有言："我国进行西语教学已有多年，但始终缺乏一个研究各种西语的专门刊物。自从党中央和毛主席提出向科学进军的号召，又经周总理在关于知识分子问题的报告里指出应该扩大外语教学以来，西语教学日渐开展。"② 毛泽东、周恩来关于向科学进军以及知识分子的论说，侧重于借助西语以发展科学技术；而《西方语文》的自家定位，却强调着西语教学、翻译及研究的学术面向。《西方语文》自我认定为综合性的学术刊物，在读者对象上，主要以"高等院校和中学西方语文教师、西方语文工作者、西方语文专业的研究生和高年级学生以及具有相当水平的业余爱好者"③ 为主。其刊物定位，与仅意在帮助语言初学者的《俄语教学》等刊物截然不同。因此，与中华人民共和国成立初期诸俄语类刊物相比，《西方语文》的问世明显带着异质色彩。

这种异质性稍后便在"双反运动"中遭到抨击。其所受批评及其自我批评，正可反证《西方语文》的特质。所受批判的其中一条是"缺少马克思列宁主义的思想性和战斗性，有些文章带有浓重的资产阶级臭味"④。身为语言类刊物，《西方语文》虽则也将重心放在语言方面，却回避俄语——"由于国内已有许多研究俄语的刊物，本刊内容暂不包括俄语"⑤。故而，它能够在一定程度上跳脱马列主义文艺观或斯大林语言学观的框范。同是聚焦于语言教学与语言研究，《西方语文》被指责"脱离当前社会主义建设中文教工作的实际，脱离广大读者需要的实际"，"对于解决目前西方语文教学与研究中的各种实际问题注意得很不够，却用了不少篇幅刊载带着浓厚的学院气的文章"⑥。在读者接受方面，由于"一味追求所谓'学术水平'，格调要'高'。结果曲'高'和寡，有的文章连大学教师看了都似懂非懂"⑦。这正彰显出《西方语文》高水准的学术性特征。

---

① 《西方语文》创刊于 1957 年 6 月 25 日，"编辑者"为"西方语文"编辑委员会（北京海淀北京外国语学院内），"出版者"为时代出版社（北京西郊百万庄），"印刷者"为北京新华印刷厂。封面刊名"西方语文"四字由沈尹默题写。（另：《沈尹默年谱》未见记载此事。见郦千明：《沈尹默年谱》，上海书画出版社 2018 年版。）《西方语文》累计出版 3 卷 10 期：1957 年至 1958 年的第 1 卷（共 3 期）与第 2 卷（共 4 期），为季刊；1959 年的第 3 卷（共 3 期）改为双月刊。自 1959 年 9 月的第 4 期起，更名为《外语教学与研究》，"出版者"变为商务印书馆。
② 《创刊词》，《西方语文》第 1 卷第 1 期。
③ 《编者的话》，《西方语文》第 2 卷第 1 期。
④ 《编后记》，《西方语文》第 2 卷 2 期。
⑤ 《创刊词》，《西方语文》第 1 卷第 1 期。
⑥ 《编后记》，《西方语文》第 2 卷 2 期。
⑦ 程竞：《西语的科学研究必须密切结合教学》，《西方语文》第 2 卷第 3 期。

这里不妨对《西方语文》各期所刊载文章的类型与数量，作历时统计，以直观地见出其翻译批评的流变脉络。

《西方语文》（第 1-3 卷）各期文章类型与数量统计表①

《西方语文》	总篇数	西语语言研究	西语教学研究	外国文学研究	翻译批评		其他类型文章
					文学翻译批评	其他翻译批评	
第 1 卷第 1 期	23	11	3	4	3	2	0
第 1 卷第 2 期	15	8	1	4	1	1	0
第 1 卷第 3 期	24	14	0	5	2	3	0
第 2 卷第 1 期	23	8	6	3	1	0	5
第 2 卷第 2 期	15	12	2	0	1	2	0
第 2 卷第 3 期	22	8	10	2	0	0	2
第 2 卷第 4 期	28	4	23	0	0	1	0
第 3 卷第 1 期	25	4	28	0	0	1	0
第 3 卷第 2 期	17	7	10	0	0	0	0
第 3 卷第 3 期	16	2	12	0	0	2	0

以翻译批评而论，《西方语文》一方面延续着俄语类刊物的译评重心与范式，即以语言学、外语教学的视角切入，侧重口译、会议翻译等内容（集中在统计表中的"其他翻译批评"类文章以及"西语语言研究"与"西语教学研究"类的部分文章）；另一方面，《西方语文》汇聚了一批国内文学界、翻译界的顶尖译家学人，文学翻译批评在此获得了高度重视。这既体现在刊物对文学译评的重视上，尤以每期的"书评"栏为代表，更在于《西方语文》诸译评家翻译素养之深湛，及其文学译评学术水准之高迈。尽管重点放在语言研究上，《西方语文》亦拟大量"刊载文学论文和讨论翻译的文章"，同时，还"刊载较多的书评，介绍国内外新出书刊"。而"书评"栏目，又将教材、工具书以及"较重要的文学作品的译本"② 囊括其中。文学翻译批评遂有了较为宽敞的栖身之所（表中"文学翻译批评"类文章，均为书评）。单单就数量而言似乎并不起眼；不过，以刊物内容编排的整体规划来说，文学译评在前 5 期始

① 统计表说明：（1）各期总篇数的统计，不包含"创刊词""编后记""告读者""读者来信"等篇目；"书评"栏目按单篇计。（2）部分文章所涉内容较广（如外语研究文章，常包含文学或翻译议题；外语辞典研究又兼具教学研究和外语研究的内容），无法截然分之。此处划分为西语语言研究、教学研究、外国文学研究、翻译批评，仅取其大端，作权宜计。（3）本表将翻译批评分为"文学翻译批评"与"其他翻译批评"，后者包括口译、会议翻译、翻译教学等非文学译评。（4）"其他类型文章"包括方案、决议、社论等政策文件型文章。

② 《创刊词》，《西方语文》第 1 卷第 1 期。

终保有着独立的格局，而且，文学译评也是"稿约"中不断提及的关键内容①。然而，在事情起了变化以后，《西方语文》的文学译评旋即发生了逆转，文学翻译批评被遏止，政治性翻译批评大行其道。对于《西方语文》及其文学翻译批评，其延续俄语教学类刊物的部分，不拟赘述；其文学译评昭显的新质，以及其后政治翻译批评的强势介入，下文详述之。

三、学术型翻译、审美性取径与书评体式：《西方语文》的文学译评

1956 年，作家出版社出版了克里斯朵夫·马洛的《浮士德博士的悲剧》（下文简称"《浮》"），由戴镏龄翻译。《西方语文》首期即刊载了吴兴华对该译作的评介。吴兴华开宗明义，认为文学译介绕不开对学术研究的甄辨、借鉴和取用，新的研究成果更可能会根本改变我们对一部作品的看法和评估。按此理路，具体到《浮》的译介，便需首先探索版本、作者、写作年代，而对作品主题和艺术的分析自然是"最重要的，但不能脱离其它问题而孤立"②。戴镏龄恰恰在译本底本的择取上没有作慎重考虑和详尽比较，也欠缺对《浮》写作年代与作者问题的考辨，使得该译本一开始就处于不利的地位。如何将此种学术诉求落实到文学译介中，最主要的凭借便是译注和译后记。只有约三十条注释以及千字左右"译后记"的戴译本，显然无法令吴兴华满意。

在《西方语文》的译评家群体中，秉此理念的不止吴兴华一人。杨周翰在评方重译乔叟《坎特伯雷故事集》与《特罗勒斯与克丽西德》时，首先看重的即是版本——"方先生选择的版本也是最好的版本"③，使得译文更能保存作品的真面目。版本的挑取，需要考量优劣得失；译本相对于所选版本的完整性，亦需予以重视。即如《白鲸-莫比·迪克》，麦尔维尔在小说中插入了关于捕鲸、鲸鱼学等知识性话语，在 50 万言的译本中，曹庸对正文无删节；麦尔维尔在小说"正文"之前设置的"语源"和

---

① 其"稿约"有四种主题：1. 对西方诸国语言、文学的研究；2. 有关西方语文教学问题的研究；3. 翻译问题的研究；4. 书刊评介（评介范围包括有关西方语言文学研究的书刊、教学用书、工具参考书及文学作品的译本）。这其中，翻译问题占据近半的比重，文学译评亦专项列出。见《西方语文》第 1 卷第 1 期。

② 吴兴华：《浮士德博士的悲剧》，《西方语文》第 1 卷第 1 期。

③ 杨周翰：《坎特伯雷故事集　特罗勒斯与克丽西德》，《西方语文》第 1 卷第 1 期，第 108 页。乔叟的这两部作品，均由方重翻译，上海新文艺出版社 1955 年出版。

"选录"两段前奏，却被译者"略去不译"①，周珏良顿觉有失妥当。

《特罗勒斯与克丽西德》附有"译后补记"叙述乔叟取材的渊源，但《坎特伯雷故事集》并无后记或前言，这让杨周翰颇觉美中不足，继而指出缺少译者序跋类文字的根由："解放初期大家不敢动笔，怕犯理论错误，这虽然很自然，但不一定完全对。译者至少应该根据自己的看法，说明为什么要翻译某一作品，作品的意义何在，否则译者对读者的责任好像没有全尽。"② 对于照搬苏联文学观念的做法，杨周翰此时亦有微词："苏联百科全书固然可以给读者指出大略方向，对了解具体作品是很不够的。"③ 同样，朱维基所译拜伦《唐璜》，"译者一定从其中尝到不少甘苦"，"如果把它写出来，那将是交流译诗经验的宝贵材料"。让杜秉政感到可惜的是，该译本"除了卷首一篇极简短的'内容提要'外，再也看不到'前言'或'后记'一类的文章"④。与此形成对照的则是卞之琳所译《哈姆雷特》，卞氏"译本序"对剧作的深入研究与全面分析，便使得巫宁坤称扬不止。

译序之外，翻译注释也是对译文与译者翻译理念的有效提示与解读，尤其当译介关涉韵语、双关、典故等特殊语言形式与文章修辞时。而戴镏龄的"译文很含混，又没有注"，便"完全传达不出原文双关语的味道"⑤。又如拜伦的诗歌多引典故，往往必须加注，才能明白。但朱维基译《唐璜》虽有译注，却所注多失准，也就失去了译注的作用⑥。《白鲸》译本"在这本书的注释上，译者很下了功夫"⑦，这也得到了周珏良的肯定。之所以如是倾心于研究性质的序言、后记，正在于译文呈现出的样貌水平高低，恰恰取决于译者研究程度的深浅。诸如乔叟一些"泥土性"的字句，"不仅表示违反宗教的虚伪和禁欲的新气质，因此要如实译出"，方重仅仅将原文中的"免得露出'私处'"译作"不让露出他的身躯"，"既使读者不解，而且也影响了凯撒的形象和作者的意图"⑧。

---

① 曹庸认为"又原书卷首有关于鲸的语源和历来有关鲸的记述文字的选录各一篇，因为觉得似系作者当时的'文字游戏'，对我国读者恐无甚帮助，就把它略了"。见曹庸：《译后记》，麦尔维尔：《白鲸-莫比·迪克》，曹庸译，新文艺出版社 1957 年版，第 844 页。

② 杨周翰：《坎特伯雷故事集　特罗勒斯与克丽西德》，《西方语文》第 1 卷第 1 期。

③ 杨周翰：《坎特伯雷故事集　特罗勒斯与克丽西德》，《西方语文》第 1 卷第 1 期。

④ 杜秉正：《唐璜》，《西方语文》第 1 卷第 3 期。该《唐璜》由朱维基译，新文艺出版社 1956 年出版。

⑤ 吴兴华：《浮士德博士的悲剧》，《西方语文》第 1 卷第 1 期。

⑥ 杜秉正：《唐璜》，《西方语文》第 1 卷第 3 期。杜秉正在文中依次厘清了朱译中"植物湾""波斯王那得沙"等注释出现的错误。

⑦ 周珏良：《白鲸-莫比·迪克》，《西方语文》第 2 卷第 1 期。

⑧ 杨周翰：《坎特伯雷故事集　特罗勒斯与克丽西德》，《西方语文》第 1 卷第 1 期。

与重视研究性视野相伴生的，是侧重于审美维度的译评路径，尤以译文语言与风格为聚焦点。方重从中古英语直接译出乔叟，不乞灵于现代英语译本，传达出乔叟特有的幽默，这也被杨周翰称为乔叟"散文译体的开山之功"，乔叟"原文的'讲说性'很强，译者尽量使用'平话'一类的讲说的风格"①，颇能存真。细察周珏良的译评，首先从麦尔维尔的生平经历与创作分期起笔，在文学史坐标中厘清《白鲸》的文学资源与风格渊源，进而准确地申明《白鲸》前后不同的两种风格：前二十章大约近乎麦尔维尔的早期风格，其特征为充满拉伯雷式的幽默及略带古风的文体；二十章之后，行文格调为之一变，"类莎士比亚或者汤姆斯·布朗（Thomas Browne）以及其他英国古典作家的风格越来越掩过类拉伯雷的风格"②。正是由于周珏良对麦尔维尔的语言、体式、风格等方面有着精深的把握，他对《白鲸》译文的评析才能切中肯綮。总体来看，"译本在原书里以近乎麦尔维尔早年文体写的部分保持原作风格较好"；而在麦尔维尔另一种风格上，稍显孱弱，尤其小说结尾段落，"原文中那种深厚的悲剧气息在译文中没有了"③。

此类译评文章统一被归置于《西方语文》各期的"书评"栏目。就学术文体而言，它们并非单纯的学术论文，"整齐划一"显然不是其追求，"荒腔走板"倒是更显性情与趣味。译评者往往不避错译、漏译等值得商榷处，原文与译文并举式的各种"挑剔"无不昭显着锐利的批评之风。方译乔叟出现较多的错误是由中古英语与通行英语的貌合神离所致，杨周翰均不厌烦琐，加以指明④。在巫宁坤看来，"译文的效果往往取决于它能否保存原文格调的和谐。一字一句的失谐可能冲淡一段精心结构的译文的效果"，巫随即以"活下去还是不活"这段著名的独白为例，指出卞之琳所用"出了别扭"一语"和整个独白的格调和诗情是不相称的"⑤。尽管卞之琳的翻译理念意在贯彻内容与形式的一一对等，巫宁坤却也能够敏锐觉察到卞氏译文偶露疏忽处。可以看出，从译文的词汇、句式到整个文本的语调、语气、语感，巫宁坤的译评无不有所注目。个别译评者在评价译文时，往往援引原文，有时也忍不住技痒，建言献策般拟译一二⑥。值得一提的是，《西方语文》场域中的文学译评，其"纠错"亦出之以平和的学术姿态，并无《翻译通报》式的痛抵以至谩骂、攻讦之习气。如周珏良建

---

① 杨周翰：《坎特伯雷故事集 特罗勒斯与克丽西德》，《西方语文》第1卷第1期。
② 周珏良：《白鲸-莫比·迪克》，《西方语文》第2卷第1期。
③ 周珏良：《白鲸-莫比·迪克》，《西方语文》第2卷第1期。
④ 杨周翰：《坎特伯雷故事集 特罗勒斯与克丽西德》，《西方语文》第1卷第1期。
⑤ 巫宁坤：《哈姆雷特》，《西方语文》第1卷第1期。
⑥ 前文所举吴兴华评戴镏龄译本即是如此，吴兴华列举若干戴译的不当处，既标举原文，又在戴译后加以拟译。见吴兴华：《浮士德博士的悲剧》，《西方语文》第1卷第1期。

议曹庸"若更能参考1947年纽约'牛津大学出版社'的Willard Thorp的注释本,那就会使注释方面更加完美"①,译评者的口吻与语气,在在是秉持公心,可谓有理有据有节。

余论:遗绪与回响

以"十七年"文学语境观之,本文将《西方语文》及其文学译评视作"十七年"期间翻译批评脉络中的异质性成分,或曰主流下的"潜流",但是仍不应过度放大其与"当代"语境的"冲突"或"罅隙",或人为制造出"对抗"的假象。一方面,能够进入译评家视域的翻译文学,已然经过了"十七年"出版机制的筛选(无论莎翁、拜伦还是乔叟,翻译与评介都是相对"安全"的);另一方面,《西方语文》的异质特征并未持续太久,到了第2卷第3期,刊物奋起配合"大跃进"的新形势,创刊之初的特质渐趋消弭,遂与众多俄语教学类刊物渐趋同质化。《西方语文》的文学翻译批评,亦自此而斩。

就其译评范式与理论取径而言,《西方语文》中的文学译评,彰显着译介践行、理论视野与实用批评的绾合。乔治·斯坦纳认为"译者的理论武装似乎很薄弱,而且往往是经验之谈"②,揆诸《西方语文》译评家群体,却并非如此。翻译批评历经文化转向与大规模的理论"爆炸",当在新时期之后;然而杨周翰、巫宁坤等人的批评实践,往往超前于理论话语。如杨周翰论及现代人读起乔叟,只觉古意盎然,可"这不可能和乔叟同时代人阅读或倾听他的作品时所获的印象一样,因为从中世纪语言观点来看,乔叟的风格是一种音乐性很强,明朗流畅,毫不费力,自然而生动的风格"③。又如莎翁诗体变化,卞之琳见招拆招,巫宁坤论道:"戏中戏的诗句原文用双行押韵体,而且用俗滥的字句",译文"也用相应的格调和一些陈词滥调,达到原文的效果"④。巫、杨二人此论,与语言学派翻译理论中的"对等原则"若合符契,也早于尤金·奈达的传入。时下的文学翻译批评与研究文章,满溢着时髦"话术",而杨周翰诸人,无类似"术语",却具备同样的视野。杨周翰在评介译文之余,念兹在

---

① 周珏良:《白鲸-莫比·迪克》,《西方语文》第2卷第1期。
② 乔治·斯坦纳:《巴别塔之后》,孟醒译,浙江大学出版社2020年版,第275页。
③ 杨周翰:《坎特伯雷故事集　特罗勒斯与克丽西德》,《西方语文》第1卷第1期。
④ 巫宁坤:《哈姆雷特》,《西方语文》第1卷第1期。

兹的还有《白鲸—莫比·迪克—》的插图，同样不需要"副文本"一词的加持①。

尤为难得的是，《西方语文》文学译评的遗响，一直持续至新时期以后。在杨周翰的译评发表后，方重"当即去信致谢，并在日后出版的《乔叟文集》中对译文做了相应的修改"②。戴镏龄在新时期提及 20 世纪 50 年代的《浮》译本，坦言译文不够完善，"马洛这部戏还有版本问题，包括是否采用近代一位考订家所印行的自称是一个接近作者原稿的所谓'复原本'问题"③。《白鲸—莫比·迪克—》于 1957 年出版后，"即承周煦良、周珏良、巫宁坤同志提了好些宝贵意见，指出一些错译的地方"，在 1990 年《白鲸》的重版中，曹庸不仅补译了"语源"与"选录"部分，还在译序里更正了先前的误读——"语源"和"选录""有助于我们了解这部小说的来龙去脉，因为这些是麦尔维尔用以发展他这本别具一格的小说的主要手段"④。《西方语文》"译家评译品"的文学译评采纳锐利醋畅的书评体式，重视翻译批评的学术视野与审美路径。此类"书评"文体及专家批评传统，更是久已失落⑤。这些被掩埋在"十七年"主流之外的文学译评，不可谓不孤寂；时移事往，若要重建文学翻译批评的书评体式、学术视野及审美取径，《西方语文》文学译评的诗性张力与雅赡涵容，依然值得看取与借镜。

（作者单位：浙江财经大学人文学院）

---

① 在 1957 年和 1990 年两种《白鲸》译本的《译后记》和《译本序》中，曹庸均专门介绍了美国艺术家洛克威尔·肯特的文学插图，赞美他"那丰富无比的想象力和变化多端的装饰艺术"。见曹庸：《译本序》，赫尔曼·麦尔维尔：《白鲸》，曹庸译，上海译文出版社 1990 年版，第 16 页。

② 曹航：《论方重与乔叟》，《中国比较文学》2012 年第 3 期。

③ 戴镏龄：《我与翻译》，王寿兰编：《当代文学翻译百家谈》，北京大学出版社 1989 年版，第 843 页。这里谈及的近代考订家与"复原本"，即吴兴华所述的"葛瑞格（W. W. Greg）在'浮士德博士，甲乙对照本'（Marlowe's Doctor Faustus, Parallel Text, 1950）里已经令人信服地说明了两个本子的来源"。

④ 曹庸：《译本序》，赫尔曼·麦尔维尔：《白鲸》，曹庸译，上海译文出版社 1990 年版，第 4、16 页。

⑤ 刘铮：《既有集》，上海文艺出版社 2020 年版，第 54 页。

从（后）现代到新保守主义①

——论郑敏新时期诗学与译诗的互动

耿纪永

引　言

郑敏是中国现当代著名诗人，早在 20 世纪 40 年代即以《诗集：1942－1947》跻身诗坛，成为 20 世纪 40 年代中国现代主义诗人的重要代表之一。新时期以来，她的诗作进入了各种现当代诗歌选本和中国现当代文学史著作中，每年都有大量的研究论文和博硕士学位论文以她为研究对象。据中国期刊网的数据，仅 2000 年以来就有近 300 篇研究郑敏的文献。郑敏还是一位翻译家，她在新时期较为系统地译介了 20 世纪英美现代和后现代主义诗歌，无论是在数量上，还是影响上，在当代诗歌翻译史上都令人侧目。然而，至今我们却几乎没有读到有关郑敏诗歌翻译的研究，有些郑敏诗歌创作研究即使涉及她的译诗，也往往语焉不详，这不能不说是一个遗憾。因此，本文拟对作为译者的郑敏作一初步探讨，全面梳理郑敏的译诗和诗学理论与实践之间的互动关系，揭示译诗在郑敏从新时期初期的现代主义到 20 世纪 80 年代后期的后现代主义，再到 90 年代转向新保守主义中所起的作用，以及翻译在她创作中留下的踪迹，以展现郑敏译诗在新时期翻译文学史和诗歌史上的特殊意义。

译诗与诗学转向

作为（后）现代主义诗歌译者的郑敏出现得很晚，比诗人郑敏晚了近 40 年。不

---

① 本文系国家社科基金项目"中国 20 世纪欧美现代主义诗歌译介史论"（17FWW005）的研究成果。

过，郑敏在 20 世纪 80 年代成为现代主义诗歌译者，似乎很早就注定了。因为她早在 20 世纪 40 年代就是一位重要的现代派诗人。同为九叶诗人之一的唐湜早在 1949 年《郑敏静夜里的祈祷》一文中就称郑敏"时时任自己的生命化入一个画面，一个雕像，或一个意象"①，明确指出了郑敏诗歌的雕塑特质。香港学者陈德锦也说："郑敏的长处无疑还是她的观察力和塑造意象的新鲜感。"② 这就不难理解为什么郑敏的译诗是从意象派开始的。继 1979 年恢复诗歌创作后，郑敏也开始了译诗旅程。1980 年 8 月，她发表了所译英国诗人理查·阿庭顿（又译作奥尔丁顿）的《意象组诗》六首（《诗刊》1980 年 8 月号），并在同年底的《文艺研究》（当时为双月刊）第 6 期上发表《意象派诗的创新、局限及对现代派诗的影响》一文。该文是新时期之初西方现代派尤其是英美意象派在中国译介的重要文献。郑敏从浪漫派诗歌谈起，然后水到渠成地指出，意象派的目的是"使诗歌摆脱浪漫主义的感伤情调和无病呻吟，力求使诗具有艺术的凝炼和客观性；文字要简洁，感情要含蓄，意象要鲜明具体；整个诗给人以雕塑感，线条明晰有力，坚实优美，同时又要兼有油画的浓郁色彩"③。文章特别指出了意象派诗给人雕塑感这一鲜明特征，这也正是郑敏诗歌的特质，可见二者之间的契合。接着，郑敏很有见地地指出，意象派的真正创新之处，"是在他们关于'意象'的理论。'意象'是意象派艺术观的核心，也是他们的艺术观对现代诗创作影响最大的部分"④。她引译了庞德的《地铁站上》、弗林特的《天鹅》等诗来阐释意象派诗歌理论，并指出意象派"为现代派诗打开了一条全新的途径"，现代派诗从意象的派生、意象的重叠交融、心理的时空三个方面继承和发展了意象理论⑤。诗人译介者往往在译介中有特别的着眼点，那就是为当代诗的发展提供养料和借鉴。郑敏也不例外。她在文章的结尾特别谈到了当代诗该如何借鉴意象派和现代派诗歌：

> 为了繁荣我们的诗坛，使我们的新诗更能够表达现代生活，我们应当多接触一些现代作品，了解些现代派诗的理论，然后才能有所借鉴。……他们要求诗要集中、强烈，要通过富于感性的形象来表达思想感情，要有诗人自己对生活的深刻体验，则是值得借鉴的。我们一向强调文艺创作要重视形象思维，这里所谈的意象也正是形象思维的一例。如果恰当地重视意象对于诗的构思与表达手法的作

① 唐湜：《新意度集》，三联书店 1989 年版，第 143 页。
② 陈德锦：《折叶脉看叶纹——评〈九叶集〉里郑敏的诗》，王圣思编：《"九叶诗人"评论资料选》，华东师范大学出版社 1995 年版，第 279 页。
③ 郑敏：《意象派诗的创新、局限及对现代派诗的影响》，《文艺研究》1980 年第 6 期。
④ 郑敏：《意象派诗的创新、局限及对现代派诗的影响》，《文艺研究》1980 年第 6 期。
⑤ 郑敏：《意象派诗的创新、局限及对现代派诗的影响》，《文艺研究》1980 年第 6 期。

用，可以有利于写出更能表达现代生活的新诗①。

这段文字不独体现出诗人译介者独特而深邃的眼光，还带有改革开放初期特有的为现代派译介争取合法性的策略，如将意象派与当时中国文艺界热议的"形象思维"联系起来②。

不久之后，在 1982 年的《当代文艺思潮》杂志上，郑敏发表了《庞德，现代派诗歌的爆破手》一文。同上篇文章类似，她依然强调了意象理论的重要性，同时将庞德的《诗的几条禁例》视作对 19 世纪末的浪漫主义末流的"手术"：

> 这位博学、多产的理论家及诗人对 20 世纪的英美诗歌的革新运动起了爆破手的作用。在 20 世纪的头 20 年，他对准了冗长、陈腐、喜欢感伤、布道的 19 世纪末诗歌投去两枚手榴弹，轰开了现代派诗的操作面。这两枚手榴弹就是他对"意象"的理论和他的《诗的几条禁例》，可以说一个是积极建设性的关于诗的现代化的基础理论；另一个是对 19 世纪末诗的病态进行的手术。而贯穿这一切的是庞德惊人的革新精神和信念③。

全文的重点在庞德的意象理论，可见郑敏对诗歌理论建设的重视。同时，郑敏译介意象派和庞德，考虑的还是中国新诗的发展问题。因此，在文章的结尾，她说："过去两三年内我国的新诗也有了不少的变化，在向现代迈进的途中，我们也有时流露出保守畏新的迹象，也有时不完全恰当地吸收西方的理论，我觉得我们也有必要考虑什么该做什么不该做。"④ 她还模仿庞德提出了几条"禁例"，如针对诗坛教条盛行，提出"不要让教条当红灯截断了真情实感的潮流"；特别强调意象的使用，"不要把诗当成万花筒，只炫耀颜色技巧，而没有深刻的思想，没有坚实鲜明的意象"⑤ 等等，共计 17 条之多。

现代派诗人译介现代主义诗歌，现代主义诗歌主要由现代派诗人来翻译，是新时

---

① 郑敏：《意象派诗的创新、局限及对现代派诗的影响》，《文艺研究》1980 年第 6 期。
② "形象思维"曾在 1956 年双百方针提出后，在文艺界出现争论，1966 年"文化大革命"开始后被彻底否定。直到《人民日报》1977 年底刊出《毛主席给陈毅同志谈诗的一封信》，因信中毛泽东肯定了形象思维，从而在文艺界又掀起了讨论高潮。
③ 郑敏：《庞德，现代派诗歌的爆破手》，《当代文艺思潮》1982 年第 1 期，后收入《诗歌与哲学是近邻》（北京大学出版社 1999 年版）。此处引自该书第 113 页。
④ 郑敏：《诗歌与哲学是近邻》，北京大学出版社 1999 年版，第 116 页。
⑤ 郑敏：《诗歌与哲学是近邻》，北京大学出版社 1999 年版，第 117 页。

期初期诗坛的一个鲜明特征。比如袁可嘉对叶芝的译介①，卞之琳对奥登的译介②，陈敬容对波德莱尔的译介③等，就是如此。同时，我们统计了《诗刊》1980 年的译诗情形，全年 12 期杂志共刊载了 29 位诗人的 73 首译作，其中有 12 首是欧美现代派诗人的作品，现代派诗人卞之琳和郑敏翻译了其中 11 首。

新时期之初，郑敏的诗学实践可以视为其 20 世纪 40 年代现代主义诗风的延续，但在 20 世纪 80 年代中后期出现了明显转向。不论是学术界还是郑敏本人都认可这一点。如张玉玲指出，"80 年代后期的郑敏诗歌，在诗歌内容和手法上都表现出与 40 年代很大不同，并显示出独特的品格"④。郑敏本人更是确切指出时间——"1985 年后我的诗有了很大的转变"⑤。这个时间点正和郑敏阅读、翻译当代美国诗即后现代主义诗歌的时间重合。1985 年，郑敏应美籍华裔著名学者叶维廉的邀请，赴美国加州大学圣地亚哥分校（University of California, San Diego）访问，并用英文讲授"中国现代诗歌"课程。这期间，她"出于好奇，涉入二战后美国诗歌的陌生领域的探讨"⑥。她大量阅读 20 世纪 50 年代后的美国当代诗，并写成《美国当代诗与写现实》一文，发表在《外国文学研究》1985 年第 4 期上。不仅是阅读，她还动手翻译了 36 位美国当代诗人的 133 首诗歌，于 1987 年以《美国当代诗选》为题交由湖南人民出版社作为"诗苑译林"之一种出版。郑敏在访谈中特别强调了翻译对自己的影响。她说"我 80 年代中期在美国学习，受美国后现代主义诗歌影响较深"，并特别加上一句"86 年我曾编译过《美国当代诗选》"⑦。郑敏这样强调不是没有道理的。王佐良曾对诗人阅读与翻译外国诗歌有过一段精彩的阐述。他说："不译也可以从阅读里获得启发，但读了又去翻译，那深入程度就不是一般浏览所能比了，何况在再表现的过程里译者还须

---

① 1979 年，袁可嘉翻译叶芝的《当你老了》和《茵纳斯弗利岛》，刊载于《诗刊》9 月号；1980 年，译叶芝诗 7 首刊载于上海文艺出版社《外国现代派作品选（第一册）》。

② 1979 年，卞之琳译《小说家》，刊载于外文出版局内部刊物《国外作品选译》第 9 期；1980 年，译《奥顿诗五首》，刊载于《诗刊》1 月号。

③ 1979 年，陈敬容译波德莱尔诗《朦胧的黎明》《薄暮》《天鹅——致维克多·雨果》《穷人的死》《秋》《仇敌》《不灭的火炬》《忧郁病》《黄昏的和歌》，刊载于上海译文出版社《外国文学作品选》第 3 卷下。

④ 张玉玲：《论八十年代后期郑敏诗歌的探索》，《郑敏诗歌研究论集》，学苑出版社 2011 年版，第 171 页。

⑤ 郑敏：《诗歌与哲学是近邻》，北京大学出版社 1999 年版，第 419 页。

⑥ 郑敏：《且说"经典"》，《中华读书报》1999 年 5 月 5 日。

⑦ 周礼红：《在现代主义和后现代主义之间——郑敏先生访谈录》，原载《电子科技大学学报》2008 年第 6 期，后收入周礼红《郑敏创作思想研究》（中央编译出版社 2014 年版）。此处引自该书第 251 页。

用全部本领去试着传达原作从内容到写法的所有特点呢！"① 所以，美国当代诗对郑敏的影响是深远的。她从美国当代诗中发现了两点——"一个是所谓的开放的形式（open form），另一个是对'无意识'（the unconscious）与创作关系的认识"，而这两点"结合起来成了当代诗突破40年代现代主义诗的后现代主义诗的特点"②。由此，郑敏开启了她从现代主义到后现代主义的转向。尽管至今学术界主要关注的是德里达和解构主义对郑敏诗学观的影响，但我们不无必要地指出：（1）郑敏是从美国当代诗涉入后现代的哲学理论，特别是德里达的解构主义的。她在《且说"经典"》一文中明确地说："80年代……出于好奇，涉入二战后美国诗歌的陌生领域的探讨，这就陷入至今难以自拔的关于后现代主义诗论与解构主义的研究。"③（2）美国当代诗在郑敏后现代诗学观形成中扮演了重要角色。正如有论者所指出的，20世纪80年代后期郑敏思维模式、文化观念的转变是"借助了威廉斯、布莱、阿胥伯莱等人的推动和启发"④。威廉斯、布莱、阿胥伯莱等人正是郑敏大力译介的几位美国后现代主义诗人。

20世纪90年代初，正当学术界还在谈论郑敏从现代到后现代的转向，视郑敏为"学者型并且追踪世界文艺潮流的诗人"⑤ 之时，她却发表了《世纪末回顾：汉语语言变革与中国新诗创作》一文。文章指责白话文和新文学运动"自绝于古典文学，从语言到内容都是否定继承，竭力使创作界遗忘和背离古典诗词"⑥，引发了强烈反响和争论。郑敏随后又陆续发表了《中国诗歌的古典与现代》《诗歌与文化——诗歌·文化·语言》《语言观必须革新——重新认识汉语的审美与诗意价值》《新诗百年探索与后新诗潮》《试论汉语的传统艺术特点——新诗向古典诗歌学些什么》《我们的新诗遇到了什么问题》⑦ 等系列论文，提出了新诗要向中国古典诗学习的问题。从向当代美国后现代主义诗歌学习，突然转向向中国古典诗歌学习，这个转向非常巨大而且突然，难怪被诗坛和学界称为"新保守主义"。人们一时不明白为什么"郑敏这位早年攻读西方哲学与文学，谙熟西学的诗家"会提出这种观点⑧。学界对此转向的成因多有探讨，如从文化背景和诗学氛围角度的分析，自有其道理。但我们要特别指出，英美

① 王佐良：《译诗和写诗之间》，《外国文学》1985年第4期。
② 郑敏：《闷葫芦之旅》，《诗歌与哲学是近邻》，北京大学出版社1999年版，第479-480页。
③ 郑敏：《且说"经典"》，《中华读书报》1999年5月5日。
④ 周礼红：《郑敏创作思想研究》，中央编译出版社2014年版，第114页。
⑤ 蓝棣之：《郑敏：从现代主义到后现代主义》，《当代作家评论》1992年第5期。
⑥ 郑敏：《世纪末的回顾：汉诗语言变革与中国新诗创作》，《文学评论》1993年第3期。
⑦ 这些论文分别刊载于《文学评论》1995年第6期、《诗探索》1995年第1-2期、《文学评论》1996年第4期、《文学评论》1998年第4期、《文艺研究》1998年第4期、《诗探索》1999年第4期。
⑧ 王永：《郑敏诗论探赜》，《郑敏诗歌研究论集》，学苑出版社2011年版，第461页。

（后）现代主义诗歌翻译在其中扮演了重要角色。郑敏之所以提出新诗要向中国古典诗学习，一个很重要的原因就是随着她对英美（后）现代主义诗歌的阅读翻译和对解构主义的研究和译介，她发现中国新诗学习、模仿的对象——英美现代主义诗歌，其兴起"是从汉字和中国古典诗词找到灵感"，从而被郑敏称作"中国后裔西方现代主义诗歌"，而不少美国后现代主义诗人竟然与中国文化尤其古典诗有着千丝万缕的联系，"直到今天美国当代诗人詹姆斯·莱特，罗伯特·布莱，佛兰克·奥哈拉等都在诗里提到杜甫，白居易，陶渊明等"①。可以说，英美（后）现代主义诗歌在郑敏诗学转向"新保守主义"中至少扮演了"中介物"的角色。郑敏从中发现了中国古典诗的现代性，从而开启了她标举新诗向中国古典诗学习的新阶段。

诗学实践中的翻译"踪迹"

诗人译诗很特别的一点，就是诗人的翻译与创作往往形成同步对应关系，比如戴望舒。据施蛰存的研究，"望舒译诗的过程，正是他创作诗的过程。译道生、魏尔伦诗的时候，正是写《雨巷》的时候；译果尔蒙、耶麦的时候，正是他放弃韵律，转向自由诗体的时候。后来，在四十年代译《恶之花》的时候，他的创作诗也用起脚韵来了"②。郑敏除了诗学理论上受到翻译的启发和影响，在实践中也留下了翻译踪迹。这首先体现在相对容易辨认的诗歌形式上。在《美国当代诗选》译后记里，郑敏谈到了自己的译诗方法和主张：

> 在翻译方面力求保存原著的行节结构，在分行断句方面希望能体现原著的大胆连行的现代诗风格，以打破古典诗基本上每行一个完整体的规格。行的缠结，句的交叉，字的重影，是现代诗风的一些特点，其目的之一就是表现现实的复杂，情绪的多端，如果在翻译中都给以梳理平整，则势必失去现代诗的一些独特处，因此力求能在译文中多少保留一些。三项中以第一项最容易做到，其余两项几乎无法在汉语译文中体现③。

因此，郑敏会特别关注英美（后）现代主义诗的形式，特别是诗行和诗节的安

---

① 郑敏：《世纪末的回顾：汉语语言变革与中国新诗创作》，《文学评论》1993 年第 3 期。
② 施蛰存：《〈戴望舒译诗集〉序》，《戴望舒译诗集》，湖南人民出版社 1983 年版，第 3-4 页。
③ 郑敏：《美国当代诗选》，湖南人民出版社 1987 年版，第 323 页。

排。在译介威廉斯时，郑敏在《威廉斯与诗歌后现代主义》中特别提及威廉斯采用具象诗（郑敏称为"具体诗"）手法的《欲望阁楼》和《春天及其他》："威廉斯在《欲望阁楼》一诗中还采取了具体诗的象形排行手法；他的《春天及其他》的散文部分也有意采用具体诗的象形排列手法，有时将字倒写，并且有意将章节的号码标乱，据诗人说以表示他当时思想在困惑状态中。"① 其中，《欲望阁楼》（"The Attic Which Is Desire"）② 一诗将街边的广告牌嵌入诗中：

$$* \quad * \quad *$$
$$* \quad S \quad *$$
$$* \quad O \quad *$$
$$* \quad D \quad *$$
$$* \quad A \quad *$$
$$* \quad * \quad *$$

郑敏在翻译介绍 E. E. 康明思时，特别提及他的形式创新和排版艺术。"康明思是当代美国诗人中在形式上极富创造的一位。……他在诗歌形式上的革新，曾引起广泛的注意。他废除标点符号，并利用打字机来排列行，追求奇特的行列与段落组织，有意识地将一个名词拆放在两行内。"③ 这里指的是《但是》一诗中的"twilight"，郑敏在翻译中保留了原诗的形式，将"黄昏"两字拆开放在不同诗行，做了跨行处理。康明思甚至将排版艺术发挥到极致，创作出如《蚱蜢》一诗，其中的主体部分，如果连起来看，形似一只蚱蜢④：

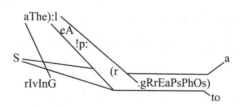

于是，郑敏也在创作中留下了一些具象诗，如名为《两棵树》的组诗将诗行排列成树的样子。其中，《流血的圣树》先用 6 行由短到长的诗行和 7 行由长到短的诗行组成树冠，再用 5 个单字竖行排列成树干，结尾用三行渐长的诗行表示树根；《春天能给

① 郑敏：《威廉斯与诗歌后现代主义》，《诗歌与哲学是近邻》，北京大学出版社 1999 年版，第 149 页。
② W. C. Williams, *The Collected Earlier Poems of William Carlos William*, New York：New Directions, 1966, p. 353.
③ 冬淼编：《欧美现代派诗集》，郑敏等译，中国青年出版社 1989 年版，第 20 页。
④ Max Nanny, "Iconic Dimensions in Poetry", in Richard Waswo（ed.）, *On Poetry and Poetics*, Tubingen：Gunter Narr Verlag, 1985, p. 135.

我的》则用不同粗细的文字和空格等一起建构起一棵垂杨柳。《秋天的街景》采用了5个竖排的三角形诗节来模拟秋风中断续飘落的雨丝。另外还有《舞》，是诗人观看休斯敦舞蹈团一位红衣长发女演员的独舞而写的，整首诗运用不同缩进的诗行排列模拟舞者扭动的身体，诗人还特别加注说明，希望能够传达出对舞者的舞姿的动态感受。写给儿子童朗的《1995. 9. 16 朗 33 岁诞辰赠诗》① 则酷似一个箭头：

朗

秋天

一片蓝

有白云浮

过你的胸前

载着远方的爱

没有什么能

遮住你远

眺之目

总是

朗

爱被描绘为一个不断前进的箭头，而箭尖正好指向着"爱"。整首诗以"朗"作为开头和结尾，呈现出一种对称的美感。箭尖以上描述了母亲对儿子的思念之情，而箭尖以下则表达了儿子对母亲的牵挂之情。这两种情感的交汇构成了伟大的不断前行的爱。

除了具象诗，郑敏更多采用自由诗形式，但在诗行的排列上，可以看到威廉斯和奥尔森的影子。在翻译奥尔森的《我，葛罗斯特的马克西玛斯对你说》时，郑敏加了一个长达两页半的注，细致阐述了 20 世纪美国诗人的诗行创新问题，指出威廉斯"在美国自己的语言中寻找新诗的节奏，他提出了'可变的音步'"，而奥尔森更是提出了"以诗人在某种情感思维的情况下呼吸的徐缓和急促、深长和短捷来定诗行的长短和节奏的所谓投射诗的理论"②。

---

① 以上各具象诗参见郑敏：《诗与形组诗》，《郑敏诗集：1979-1999》，人民文学出版社 2000 年版，第 378-387 页。

② 郑敏：《美国当代诗选》，湖南人民出版社 1987 年版，第 247 页。

在郑敏 1991 年出版的《心象》中，《海的肖像》① 一诗最能体现郑敏对开放的诗歌形式的尝试，全然不同于她早期格律严密、诗体规范、行节端正的诗歌：

> 我酩酊地走在你的愤怒里
> 在一片昏黑和浪涛声中
> 我向你喊道：
> 听着，这是人们的祝愿：
> 海，只有当你将胸中的一切
>   抛出，在浪涛里倾吐你的积郁
> 你才是一个真诚的巨人
> 在临死前将心捧出
> 交给你最爱的人民

诗行向右逐渐缩进，模拟海潮涌动、海浪迭起，同时表现诗人的呼喊越传越远，而情绪则递进而最终达至高潮。此处的形式不再是框住诗歌的既定模子，而是奥尔森所谓的"内容的延伸"和情绪的镜像。

关于威廉斯的可变音步，郑敏在别处也有论及，如在《威廉斯与诗歌后现代主义》一文中，郑敏特别指出了威廉斯在诗歌形式上的创新与贡献："他是英语文学中最早尝试诗文混合的即兴体，和变易诗步（即可变音步——引者注）的当代诗人。所谓变易诗步，打破了以音节计算的音步格律，而是以长短不一的意群为依据的诗步（或称顿）。"② 变易诗步和三合一诗节（triadic stanza）被威廉斯称为"现代诗问题的解决方案"③。这对诗人郑敏也很有吸引力，她在诗作《她和土地》④ 中对此进行了借鉴：

> 她对土地说
> 要沉默
> 沉默在思考中

---

① 郑敏：《郑敏诗集：1979-1999》，人民文学出版社 2000 年版，第 317 页。

② 郑敏：《威廉斯与诗歌后现代主义》，《诗歌与哲学是近邻》，北京大学出版社 1999 年版，第 137 页。

③ Eleanor Berry, "William Carlos Williams' Triadic-Line Verse: An Analysis of Its Prosody", *Twentieth Century Literature*, Vol. 35, No. 3, 1989, p. 364.

④ 岳洪治主编：《如画：林下的轻歌》，中国华侨出版社 1996 年版，第 170 页。

> 要坚硬
>
> 坚硬得能撑起飞跑的队伍
>
> 愤怒的脚步
>
> 要松软
>
> 松软地埋起
>
> 血泊中的高贵

　　威廉斯的可变音步还启发了郑敏在 21 世纪对"诗的格律"的理论思考和实践。在《中国新诗能向古典诗歌学些什么?》一文中，郑敏说："我们关于顿的说法与美国 70 年代流行的'可变的音步'（W. 威廉斯）有相似之处，可变的音步是和呼吸的节奏有关，因此诗行走出了音节的整齐，更多的关注情感的表达，我们的顿也和呼吸的自然节奏有关，似乎每行以三四顿为好。……我认为一定的宽松格律还是应当追求的。"① 于是，我们读到了郑敏 2004 年发表的《记忆的云片》组诗。以其中的第一首《儿童的智慧》② 为例，每行的顿数可以这样划分：

> 生命/不喜欢/自以为/聪明的/成人
>
> 它偏爱/那如/洁白的/玉石的/儿童
>
> 他们的/心灵/有幽谷，似的/纯真
>
> 神的/智慧/还弥留/在他们/黑黑的/双瞳

　　前三行每行 5 顿，第四行 6 顿，而且诗节还使用了尾韵，韵式为 abab。这对于曾一直主张自由诗的郑敏来说，的确少见。没有诗人译诗，也许就不会有这样被屠岸称之为"为中国诗歌经典的宝库""增添了珍贵的新库藏"③ 的尝试了。

　　不仅是诗歌形式上的借鉴，有时译文中特殊的意象也会被郑敏直接写入自己的诗作。这里仅举一例。郑敏曾翻译新超现实主义诗人布莱的《从睡梦中醒来》，描述发生在"血管"里的超现实情景："在血管里军舰起航了，/船身四周的水面出现小小的

---

　　① 郑敏：《中国新诗能向古典诗歌学些什么?》，《诗探索》2002 年第 1-2 辑。

　　② 郑敏：《记忆的云片》，《诗刊》2004 年第 1 期。

　　③ 屠岸：《从心所欲不逾矩：评郑敏对于诗歌格律的论析》，《中国诗歌研究》2007 年第 4 辑。

爆炸/海鸥们在盐血的海风里飞翔。"① 郑敏《在我的血管里》也同样描写了发生在"血管"里的超现实情景："在我的血管里/嫩嫩的青芽在冒出/我觉得每个红血球的蠕动和不安/每一根细草的呼吁/我知道窗外冻土下面/什么事件在进行/在我的血管里/那同样的革命在呼应/白杨的枝条显得不耐烦/大棵的槐树不那么安静/肉色的高层建筑在落日里/变得玫瑰色样的羞涩。"② 这种超现实场景营造的相似性不是偶然的，显然和诗人对布莱的阅读和翻译有千丝万缕的联系。正如有学者指出的，"记忆中的翻译文本以碎片、整体或情感片段的形式应用到自己的作品中，从而使翻译演化为创作的有机构成部分"③。

郑敏对她大力翻译的新超现实主义诗人的借鉴从不讳言。她曾翻译过罗伯特·布莱、W. S. 默温、肯耐尔、唐纳德·霍尔、詹姆斯·莱特等一大批美国诗歌后现代转向中的"新超现实主义诗人"，又可以称为"深度意象派"。在美国访问期间，她还去现场听过布莱的讲演，对他主张的深度意象和对无意识领域的探索，有直观的印象。她曾引用布莱的说法——"意识到有一条巨大的鱼生活在那海洋的暗处，令我们获得某种宁静的心情……"，并指出"正是这种在无意识的黑暗的深处捕获诗的努力使得 50 年代后的新诗疆域得到新的开拓"。正是布莱和其他当代美国诗人的这种努力给了郑敏很大的启发，"从 1985 年以后我极力摆脱内部和外部的许多暗栅，希望像诺斯的渔民那样，从深深的黑色的海底，捕捉到我自己和历史的映像"④。

这里的"鱼"，也是布莱诗中的一个著名意象，请看郑敏译的《傍晚令人吃惊》一诗的第一节："在我们附近有人们不知道的动乱/浪潮就在山那边拍击着湖岸/树上栖满我们不曾看见的鸟儿/鱼网装满着黑鱼，沉甸甸地下坠。"⑤ 于是，"美国当代诗歌使我意识到自己尚拥有一片受忽视受压迫的沃土"⑥，郑敏便创作了《心象》组诗。其中《渴望：一只雄狮》⑦ 是郑敏多次论及的一首："在我的身体里有一张张得大大的嘴/它像一只在吼叫的雄狮……它听见时代在吼叫/好像森林里象在吼叫/它回头看着我/又走回我身体的笼子里……"根据诗人的自述，有一次诗人感受到外界的强大压抑，很久没有写出好诗，为了摆脱困境，决定直接写出自己心灵深处的情景，这就是《渴

① 郑敏：《美国当代诗选》，湖南人民出版社 1987 年版，第 44 页。

② 郑敏：《郑敏诗集：1979-1999》，人民文学出版社 2000 年版，第 282 页。

③ 熊辉：《两支笔的恋语：中国现代诗人的译与作》，西南师范大学出版社 2011 年版，第 10 页。

④ 郑敏：《天外的召唤和深渊的探险》，《诗歌与哲学是近邻》，北京大学出版社 1999 年版，第 411-412 页。

⑤ 郑敏：《美国当代诗选》，湖南人民出版社 1987 年版，第 40 页。

⑥ 郑敏：《序》，《郑敏诗集：1979-1999》，人民文学出版社 2000 年版，第 2 页。

⑦ 郑敏：《心象组诗》，《诗刊》1986 年第 10 期。

望：一只雄狮》。诗人认为"这是一首超现实主义的作品"，"因为它是来自那无意识的心灵'黑洞'"①。

《心象》组诗的另一首《门》②："这扇门不存在于人世/只存在于有些人的命运中。"这是一扇富有超现实意味的门。通过戏剧性的手法，诗人写出了命运的庄严感——"那要走进来的/被那要走出去的/挡住了。/十年可以留不下一丝痕迹/一眼却可能意味着永恒/没有一声'对不起'/说得比这更为惆怅//那扇门仍在那儿/但它不再存在/只有当人们/扭过头来回顾/才能看明白/那是一扇/通向神曲的门"。所谓"通向神曲的门"，意味着你有可能走向地狱，也有可能走向天堂，命运的神秘莫测可见一斑。按照诗人自己的解释，这里的暗喻"从无意识中涌现，摆脱了超我的控制，走入诗行"③。像这样探索无意识领域的诗还有很多，虽然可以说是受新超现实主义诗作的启发，但很难辨别具体的意象是从哪首译诗中获得的，因此从略。

结　语

综观 20 世纪 80 年代的诗坛和译坛，还没有像郑敏这样的诗人译者，对后现代主义诗歌和诗论给予特别关注，不仅译介，还亲身实践和示范。诗人译诗往往不仅影响自己的创作，还会对其他诗人产生意想不到的影响，这在 20 世纪中国翻译史上和文学史上不乏先例，如戴望舒、卞之琳、陈敬容等等，郑敏也不例外。诗人祝凤鸣就曾不止一次深情回忆《美国当代诗选》对自己的重要意义。祝凤鸣在《我与诗》一文中称《美国当代诗选》是自己"真正的诗歌启蒙教材"④；又在《诗与回忆》中感言："若是没有这两种书（指郑敏的《美国当代诗选》和赵毅衡的《美国现代诗选》——引者注）的出版，整整一代中国年轻诗人就会完全失去参照，也会因之失语。"⑤ 诗人蔡天星在谈到自己和当代美国诗人的了解和交往时，也不止一次地提到了郑敏的《美国当代诗选》一书⑥。诗人王小妮在《嚎叫与向日葵》中谈到自己对郑敏所译金斯伯格的

---

① 郑敏：《关于〈渴望：一只雄狮〉》，《诗歌与哲学是近邻》，北京大学出版社 1999 年版，第 427 页。

② 郑敏：《心象组诗》，《诗刊》1986 年第 10 期。

③ 郑敏：《生命和诗》，《诗歌与哲学是近邻》，北京大学出版社 1999 年版，第 424 页。

④ 祝凤鸣：《枫香驿》，上海文艺出版社 2012 年版，第 275 页。

⑤ 祝凤鸣：《诗与回忆》，载金肽频主编：《安庆新文化百年·随笔卷》，安徽文艺出版社 2016 年版，第 596 页。

⑥ 参见蔡天新：《轻轻掐了她几下》，万卷出版公司 2017 年版，第 170 页；《与伊丽莎白同行》，花城出版社 2007 年版，第 261 页等。

《向日葵的圣歌》一诗的喜爱①。郑敏的译诗扮演了"为国人洞开了一扇观赏美国诗苑的窗口"②的作用，为新时期中国诗坛做出了特别的贡献。正如章燕所言，"20 世纪 80 年代，郑敏先生编译的《美国当代诗选》对当时年轻诗人的创作产生了很大的启迪作用，影响到中国新诗在那个年代的创作走向"③。我们也许可以说，没有翻译就没有新时期和新世纪诗坛的郑敏，没有郑敏的译诗，新时期诗坛就会缺少一扇通往外界的窗户，而没有对郑敏译诗的研究，诗人郑敏研究就不完整。我们期待着有更多探讨郑敏翻译的研究，能够还原她在新时期翻译史上应有的地位，给予诗人译诗应有的关注。

（作者单位：北京交通大学语言与传播学院）

---

① 参见王小妮：《我们是害虫》，湖南文艺出版社 1998 年版，第 150 页。
② 飞白：《世界诗库（北美·大洋洲）》，花城出版社 1994 年版，第 706 页。
③ 章燕：《后记》，《郑敏文集·译诗卷》，北京师范大学出版社 2012 年版，第 336 页。

何士光小说创作中的契诃夫影响①

谢雪姣

学界对新时期以来贵州作家何士光的写作有不同的评价。於可训认为"当年何士光写'伤痕'、写'反思'、写'改革',都不直接把灵肉的'伤痕'暴露出来、把'反思'的结论告诉读者、把'改革'的方案展示给人,而是把这些由社会学家、历史学家和政治家干的活计,都点化为一点因由,缩略成一种背景,而将全部笔力集中于人情和人性这个文学永恒的描写对象"②。但也有批评者认为何士光小说的颂歌性质及政治意识形态对其小说的结构性作用,是不可忽略的。在不同的评价当中,能够获得较多学者认可的一点,是何士光小说曾受契诃夫影响。

1980 年,蹇先艾在《何士光和他的短篇小说》一文中,首次提及何士光尤其爱读契诃夫的小说,其在选材、艺术构思和概括上学习和追求的是契诃夫的手法③。1983年,钱理群在《何士光创作论》中也谈及契诃夫对何士光的创作有较大的影响,尤其是契诃夫对平庸灵魂的写实和在同情、悲悯中寻找希望的风格,以及晚期契诃夫式的温暖、明亮而忧伤调子④。1989 年,罗义群主要从美学和文艺美学的角度分别从主题、叙事风格、叙述语言等方面详细探讨了何士光对契诃夫的借鉴与传承⑤。其后,也有一些学者陆续提及契诃夫对何士光的影响,只是论述不太深入。2021 年,朱永富在《何士光小说人物形象的"平庸"之恶》中,论述了何士光小说中的"平庸"人物谱

---

① 本文系贵州省哲学社会科学规划重点课题"贵州当代小说资料整理与研究"(21GZZD24)的研究成果。

② 於可训:《主持人的话》,《小说评论》2015 年第 5 期,第 68 页。

③ 宋贤邦、王华介:《中国当代文学研究资料 蹇先艾、廖公弦研究合集》,贵州人民出版社1985 年版,第 77 页。

④ 钱理群:《何士光创作论》,《山花》1983 年第 4 期,第 72 页。

⑤ 罗义群:《何士光的借鉴与独创》,《当代文坛》1989 年第 5 期,第 38-41 页。

系可溯源至契诃夫的一些小说，较为深入和新颖①。

而何士光自己曾说："作为一个读者，我爱契诃夫的作品，尽管不是仅仅只爱他的作品。……契诃夫用以打动我的，固然是他写下的好些人物和故事，但更是他特有的那种对人物和故事的叙述，是那些不绝如缕地萦绕在朴素的叙述之中的情愫，它让我深深地感到了作家的灵魂的深沉的跳动，特别是晚期的契诃夫，和着作为戏剧家的契诃夫，更是这样。"② 这一点，在何士光的作品中有不少印证，比如《今生：经受与寻找》曾提及，他在乡场的铺子里用一叠废旧的练习本，从大婶的手中换用来包食盐的《契诃夫小说选》残本，其中的《草原》每年都会读上一遍，多年后还怀着感激和崇敬之情专门到契诃夫的墓地拜访；在《某城纪事》中通过引用契诃夫《海鸥》中有关玛莎总穿黑衣为生活挂孝的句子，刻画出钱永年精神控制下的宗思凤纯洁、温顺却痛苦、不幸的形象……

那么，被视为批判现实主义作家的契诃夫，其影响如何能够与何士光小说中的时代颂歌底色相融合？何士光的小说究竟是过度锚定于时代而缺乏长久生命力，还是受契诃夫影响而"将全部笔力集中于人情和人性这个文学永恒的描写对象"上？何士光的现实主义究竟是受到政治影响而表现正面的现实主义，还是受契诃夫影响继承了批判现实主义传统？

这些问题都与对何士光的整体判断——甚至是对新时期以来一些标榜现实主义的作家的整体判断——有密切关系，不是一篇小文可以完全讨论清楚的。基于此，本文不再强求解答上述问题，而试图为这些更深层问题的解答，寻求一些较为基础的材料，来看何士光究竟在何种程度上受到契诃夫的影响，以及这种影响又有何局限，以期为更深层问题的思考，提供一些具体支撑。

一、何士光受契诃夫现实主义原则的影响和局限

契诃夫作品中浓厚的现实主义特征，一方面，缘于他高度严格的客观性描写。契诃夫认为，文学家对待形象和艺术画面的感情应当像化学家一样客观，"他应当丢开日常生活中的主观态度"③。在对待客观的程度上，契诃夫同屠格涅夫不相上下，"准确

---

① 朱永富：《何士光小说人物形象的"平庸"之恶》，《艺术评鉴》2021 年第 15 期，第 7–10 页。

② 何士光：《要有一颗赤子之心》，《山花》1981 年第 6 期，第 55 页。

③ ［苏］契诃夫（А. П.）：《契诃夫论文学》，汝龙译，人民文学出版社 1958 年版，第 36 页。

而有力地表现真实和生活实况才是作家的最高幸福，即使这真实同他个人的喜爱并不符合"①。他常依托形象描写直接对话读者，反对直接向读者主观说教，主张"态度越是客观，所产生的印象就越有力"②。譬如在《万卡》和《苦恼》等作品中，几乎找不到作者的主观同情和评论。另一方面，契诃夫对客观现实世界的高度真实描写，是"无条件的、直率的真实"③。譬如《海鸥》中的人物和故事，很大程度上就是他现实生活中的原型显现。正如高尔基所评价的，"所有这些人，好的和坏的，活在契诃夫的短篇小说里，丝毫也不会有现实中不存在的东西。他的才能的巨大力量正是在于他从来不凭空虚构什么，不描写'世上所无'的、但也许是满不错的、也许是合乎愿望的东西"④。

何士光是一个对时代较为敏锐的作家，其小说严峻的现实主义力量受契诃夫影响很大，因此他小说中也有较为鲜明而突出的特征。首先表现为高度严格的客观性描写。他"取材又多从实际生活出发，不赶浪潮，不粉饰现实"⑤，客观而真实地看取和描写20世纪80年代黔北乡村的现实社会生活，并能敏锐地摄取现实生活中涌现出的新变化。这也奠定了他严格的现实主义原则。在《精彩贵州人》的访谈中，他说印象最深的人物就是大队支书曹福贵，并熟知曹支书的生平经历和所有掌故，写他就是要揭露基层干部被社会朽坏以后的表现。何士光强调，他非常注意下笔的真实，除了名字不是真的，写他的错误行为毫不留情，甚至已经准备好随时和生活中的人物打官司。正是那客观而真实的描写态度，才将《乡场上》那些熠熠发光的人物形象，真实、客观地呈现在读者面前。其次，由于契诃夫的影响，何士光小说中的现实主义力量还在于"运用现实主义的创作方法"⑥，力求整个艺术画面的高度客观真实。"他的笔锋随时流露出真实的情感，所写的故事又都出自他亲身的经历感受。"⑦ 这种高度的仿真性表现在小说中的人物形象和生活场景，以及实际的社会生活写照中，具有客观化的现实主义色彩。譬如《种包谷的老人》"心里想着的便正是岳母的形象。……那衣衫有汗水浸渍的'银灰色的仿佛带着咸味的晕圈，像一块淤血的伤痕'，那就是岳母的衣

---

① 屠格涅夫：《回忆录》，蒋路译，人民文学出版社1962年版，第90页。
② ［苏］契诃夫（A. П.）：《契诃夫论文学》，汝龙译，人民文学出版社1958年版，第209页。
③ ［苏］契诃夫（A. П.）：《契诃夫论文学》，汝龙译，人民文学出版社1958年版，第35页。
④ 高尔基：《论文学》（续集），人民文学出版社1979年版，第43页。
⑤ 宋贤邦、王华介：《中国当代文学研究资料 蹇先艾、廖公弦研究合集》，贵州人民出版社1985年版，第77页。
⑥ 何士光：《故乡事·序》，四川人民出版社1982年版，第3页。
⑦ 宋贤邦、王华介：《中国当代文学研究资料 蹇先艾、廖公弦研究合集》，贵州人民出版社1985年版，第77页。

衫"①。《心》中"不慎而落在了乡场上一位副主任的手里"② 的手稿，也源于其亲身经历的真人真事。

何士光和契诃夫的小说对人物、事件原有色彩和面貌的呈现比较严格、客观。作家较少直接介入，而是引导读者通过现实主义艺术画面把握其中的社会内涵，这就使得他们在小说的创作过程中大致采用相同或相似的表现手法。首先，两人惯常使用第一人称叙事手法。契诃夫擅长使用冷静、客观的"我"来观察、评判周遭的人和事，引导读者在纯客观画面中发现、思索潜藏其中的内在含义。何士光在这方面也做了同样的尝试，如七卷本《何士光文集》的第二卷为中篇小说卷，此卷共有 5 部中篇，其中《草青青》《蒿里行》《薤露行》《苦寒行》都是用第一人称"我"来叙述、参与或评判故事。又如《山林恋》通过"我"的眼睛和经历，让读者捕捉到城里人对农村人的冷酷和歧视，以及彼此的不信任。其次，何士光和契诃夫一样，也频繁通过较为单纯、朴素人物的视角、口吻，摄取现实来反映生活中的本质现象。《山林恋》中稚嫩的男知青、《局长的女儿》中单纯的女知青，都较少偏见地摄取生活，反映社会内涵。涉世未深的男女知青同契诃夫笔下懵懂儿童的作用和特点，是相当接近的。总之，何士光和契诃夫的作品都呈现出严峻的客观性和真实性，这同他们采用的类似的表现手法有很大关系，也与他们共同遵守高度的现实主义艺术原则有关，说明何士光小说的现实主义创作原则受到了契诃夫的影响。何士光和契诃夫的创作都将各自生活在社会中的诸种矛盾冲突，通过客观存在的人物和事件揭示出来。

不过，何士光积极汇入文学主潮还是有其自身特点的，即他的政治意识形态较为浓厚，向主流政治意识形态靠拢明显，创作目的也比契诃夫功利一些，不像契诃夫那样远离政治斗争，而是"依照时代的召唤，依照文学的使命"③ 为这一段生活留下痕迹而摇笔呐喊。虽然何士光现实主义的客观表达并不像契诃夫的表达那样彻底、全面，他前期的小说在客观表达的过程中也更倾向于呈现情致和情趣，但在《山林恋》之后就笔锋突转，转向了更为高度、客观的现实书写。这同契诃夫作品的影响也是有关的。

二、处理琐屑事和"小人物"的态度差异

契诃夫的小说主要取材于普通的人物，"用平和安静的普通生活作为题材"④。布

---

① 何士光：《今生：吾谁与归》，贵州人民出版社 2016 年版，第 256 页。

② 何士光：《故乡事·后记》，四川人民出版社 1982 年版，第 269 页。

③ 何士光：《关于"青砖的楼房"的写作》，《人民文学》1984 年第 4 期，第 125 页。

④ ［苏］契诃夫（A. П.）：《契诃夫论文学》，汝龙译，人民文学出版社 1958 年版，第 86-87 页。

拉格的一位批评家对此也不无赞叹之声："我们终于看到了一位不惧怕平常事物的诗人，一位魔术家，他能把日常生活的矿石变成宝贵的金子。"[1] 那些熟知却不为人所注目的普通生活反倒成了契诃夫热衷摄取和表现的题材。首先，契诃夫并未直接描写重大的社会历史事件，而是通过日常的琐碎生活映照出来，没有人像他"那样透彻地、敏锐地了解生活的琐碎卑微方面的悲剧性，在他以前就没有一个人能够把人们生活的那幅可耻、可厌的图画，照它在小市民生活的毫无生气的混乱中间现出来的那个样子，极其真实地描绘给他们看"[2]。譬如"套中人"和文官身上发生的琐事，从侧面反映出专制制度的黑暗。其次，契诃夫惯常把充斥于日常生活中的琐事作为生活的基础，格外重视日常生活的矛盾冲突，挖掘蕴含其中的社会内涵和意义。如《爱情》和《文学教师》中极其寻常的爱情生活、《醋栗》中尼古拉的生活状态、《变色龙》中小狗咬人等都极为寻常，却"都是隐藏在日常生活的厚层下面"[3]。

契诃夫不会因为人物小，"就用傲慢轻蔑的口气奚落他们"[4]。在他的小说中，低微的人事是不能缺少的，"小人物"的主题在他小说的取材中高居首要的位置。伊札贝拉·布留姆写道："伟大的俄罗斯古典作家契诃夫是属于我们大家的作家。这不仅因为他的作品早已译成世界上的许多文字，而且因为契诃夫创造了普通人的卓越形象，这些人是到处都有、任何一个国家都有的。"[5] 对于笔下的小人物，一方面，契诃夫有意识地将有悲剧命运的"小人物"集中到个人视野中，通过大量、琐碎的日常生活全面反映"小人物"的思想、精神和生活面貌，在同情和怜悯"小人物"的同时又了解其弱点。如《苦恼》中马车夫所遭遇的悲剧，揭示了"小人物"的悲惨命运和俄国社会人情的冷漠。另一方面，契诃夫非常注意小人物身上的复杂性，他们带着自己的优点和缺点，复杂多样地呈现在读者面前。诸如阿谀奉承的小官吏、默默哀伤的马车夫、丑陋的厨娘等等，无一不是被同情、批判的对象。

何士光面对生活中大量发生着的题材，有契诃夫式的类似选择和取向。他认为，"在日常生活中每时每刻地大量发生着的，不过是些东零西碎的事情，但就是在这些既不是叱咤风云的、又不是缠绵悱恻的日常生活中，正浸透着大多数人们的真实痛苦和

---

① ［苏］耶里扎罗娃：《契诃夫的创作与十九世纪末期现实主义问题》，杜殿坤译，上海文艺出版社 1962 年版，第 6 页。

② ［苏］高尔基：《文学写照》，巴金译，浙江文艺出版社 2019 年版，第 140-141 页。

③ ［苏］高尔基：《文学写照》，巴金译，浙江文艺出版社 2019 年版，第 146 页。

④ ［苏］契诃夫（А. П.）：《契诃夫论文学》，汝龙译，人民文学出版社 1958 年版，第 37 页。

⑤ ［苏］耶里扎罗娃：《契诃夫的创作与十九世纪末期现实主义问题》，杜殿坤译，上海文艺出版社 1962 年版，第 7 页。

欢乐，其严峻揪心的程度，都决不在英雄血、美人泪之下"①。得益于契诃夫的影响，何士光的短篇小说"一般都是从万象纷纭中选择和截取农村生活中思想性较强的片段来反映，题材大半属于日常生活、小人小事"②。譬如《乡场上》两个女人的吵架、《将进酒》中乡里乡居帮忙插秧等皆从生活琐碎中取材，但庸常的"家庭生活并非绝对的私人领域"③，其中隐藏着丰富的公共权力。由此可见，何士光在文学题材的选取上同契诃夫一样，始终选取琐碎的普通生活片段，格外重视把日常生活的描写同社会政策变动紧密结合起来，去探寻改革背景下社会民众生活中细碎琐事的内涵与意义。这一点无疑是灵活运用并拓展了契诃夫的美学原则。首先，何士光取材普通人的平凡生活画面时，不对其所经历的重大历史事件进行直接或正面的描写。何士光经历了十年浩劫和农村经济政策改革等重大历史事件，这些在他的散文中反复触及，但在小说中，"他惯于从光明落笔来透视阴暗面，并不把黑暗的往事摆在正面叙述的地位，而归结为一种历史的原因"④。他自己也坚持运用契诃夫式的这一美学原则，"出于对今天的日子的喜悦，我不想把那些黑暗的往事摆在正面叙述的地位，而是把它们归结为一种历史原因，让它们被笼罩在今天的希望之中，透过今天的明亮去深味它们。我无心粉饰，我之所以要这样，是我以为只有透过光亮去看黑暗，才能充分地看出它的黑暗"⑤。譬如《喜悦》中通过直接描写婆婆打发儿媳回娘家省亲时态度的变化，侧面反映了农村经济改革影响下，婆媳关系和夫妻关系的崭新精神面貌以及生活状况的改善。《乡场上》描写了梨花屯场上一场琐碎的纠纷，像条狗一样活着的冯幺爸挺直了腰杆，不再惧怕同乡村各种强硬势力斗争，从侧面反映了新的农村经济政策的变革下农民尊严的苏醒。其次，何士光也和契诃夫一样，总能在普通人事中发掘出深刻的内涵。譬如，何士光在《乡场上》中选定曹富贵、罗二娘、冯幺爸和教师的妻子这四个普通人，连同那些不出场的人组成了乡场上的人物系列，并"通过他们去阐述乡场上

---

① 何士光：《感受·理解·表达——关于〈乡场上〉的写作》，《山花》1981年第1期，第60页。

② 宋贤邦、王华介：《中国当代文学研究资料 蹇先艾、廖公弦研究合集》，贵州人民出版社1985年版，第68页。

③ 陈辉：《乡村振兴背景下的农村生活治理：历史特征、主要内容与基本原则》，《贵州师范大学学报》（社会科学版）2023年第3期，第25页。

④ 宋贤邦、王华介：《中国当代文学研究资料 蹇先艾、廖公弦研究合集》，贵州人民出版社1985年版，第69页。

⑤ 何士光：《感受·理解·表达——关于〈乡场上〉的写作》，《山花》1981年第1期，第60页。

人与人之间的关系，从而透视出事情的全部本质"①。又如《秋雨》中通过一个普通女知青的内心挣扎，抨击了当时的歪风邪气，克服了知识分子在顾虑中摇摆的精神弱点。正是何士光这种对生活的深度挖掘，"逼着我们不得不去理解和思考隐藏在事件里的深刻意义"②。

何士光"对农村的一切人，诸如村姑、老伯妈、老农、小媳妇、基层干部、生产队长、支书、小学校长、乡知青，都相当熟悉（这些都是在他的小说中常见的人物）"③。"小人物"已然成了何士光笔下的常客，也是他分析、研究和表现的对象。热衷选取系列"小人物"，这点在何士光来说，已是趋同于契诃夫的。首先，在何士光的小说中，同情、怜悯"小人物"又了解他们的弱点，近似于契诃夫的小说。何士光小说中的"小人物"大多是平庸的：一部分人物为了活着不得不放弃尊严，如《乡场上》的冯幺爸很长一段时间活得像条毫无尊严的狗；一部分人物为了维护现有生活的体面，被庸俗慢慢吞噬，如《春水涟漪》中的丈夫和妻子，数十年如一日地过着表面看似舒适、幸福的城市生活，内心却隐藏着妻子对丈夫平庸、苟安、丧失自尊的精神悲剧的反抗。可见，何士光不但同情他笔下的"小人物"，还善于从日常庸俗的琐屑事中挖掘"小人物"的精神弱点和病态，并在同情和怜悯中揭示其内在的庸俗与空虚，更显"小人物"灵魂的深度。其次，何士光小说中的"小人物"身上具备多面性，并非"或者成为天使或者成为魔鬼"④。他笔下的小人物不乏贪图享乐却又惰性十足的"朱老大们"，憨厚又易觉醒的"冯幺爸们"，善玩权势的"曹支书们"，政治异化的"老贾同志们"。至于不断反思、迷惘和清醒的青年教师群体，也个性鲜明。正是这些小人物身上的复杂性，不但拓宽了何士光文学作品取材的范围，而且还丰富了文学作品中鲜明的人物形象画廊，他们身上留存着何士光学习契诃夫小说的痕迹。

从热衷于取材日常生活中的琐屑事和关注"小人物"命运这两个方面，我们能清晰地看到何士光小说中的契诃夫影响，包括重视细节，正如历史书写"重视的是对解决历史问题包括事件和人物具有关键作用的细节"⑤一样。但不同于契诃夫的是，何

① 何士光：《感受·理解·表达——关于〈乡场上〉的写作》，《山花》1981年第1期，第60页。

② 宋贤邦、王华介：《中国当代文学研究资料 蹇先艾、廖公弦研究合集》，贵州人民出版社1985年版，第75页。

③ 宋贤邦、王华介：《中国当代文学研究资料 蹇先艾、廖公弦研究合集》，贵州人民出版社1985年版，第73-74页。

④ 何士光：《感受·理解·表达——关于〈乡场上〉的写作》，《山花》1981年第1期，第60页。

⑤ 陈先达：《历史与历史的书写》，《贵州师范大学学报》（社会科学版）2021年第3期，第2页。

士光小说中的"小人物"多取自"梨花屯"乡场，范围集中且狭窄，对于他们平庸生活的批判并不像契诃夫那样哀其不幸，怒其不争，而是在宁静、和谐的东方文明中，对小人物的人格意识和精神面貌给予了不同程度的赞许、美化，具有特定地域的温情，并希望为他们恢复做人的尊严展现新的人生主题。这种独特的取材和小人物特征，与契诃夫小说相比，显得同中有异、异中有同。

三、含蓄的手法与纡徐的节奏

高尔基曾评价契诃夫小说风格道："常富有说服力、非常朴素的，朴素而明白到了可怕的地步，并且总是不可反驳地正确的。其次，他的言辞总是包围在绝顶美丽的、同样地也是朴素到了纯朴地步的形式里面的，并且这形式反过来又加强了言辞的意义。"① 可见，契诃夫小说的艺术风格具有朴素、简练和含蓄的特点。这些特点缘于严格追求现实主义原则和客观而冷静地描写实际生活的结果。契诃夫坚信"短篇小说的首要魅力就是朴素和诚恳"②。契诃夫朴素、简练和含蓄的艺术风格，还与其擅长从普通的日常生活和平庸的小人物描写中挖掘深刻的社会意义密切相关。这是因为契诃夫"有非常高超的'用语简短而涵义深远'的本领"③。正如伊·页·列宾在阅读完《第六病室》后所感慨的，"'从这篇东西里涌现出一股多么可怕的感染人的力量啊！'……'简直让人不懂：这篇小说的内容是这样平淡、简单、甚至可以说贫乏，怎么弄到最后竟会浮现出这样无法形容的、深刻而庞大的具有人类意义的思想啊……您真是一个大力士。'"④ 契诃夫的艺术风格还与他非常注意作品结构上的密度相关。所谓密度，就是"把最细小的情节，不仅外表上最难捉摸的动作，甚至内心难以觉察的心理活动都列举出来。这样的场合就是密度最大的场合"⑤。在契诃夫的小说中，我们一般会在开头和结尾感受到其结构密度之大。譬如，《凶犯》一开场就对杰尼斯·格里戈里耶夫的形象进行白描；《带叭儿狗的女人》的结尾以古罗夫的"怎么做"结束；《带阁楼的房子》的结尾处不仅展示着画家对丧失爱情的个人悲伤，也流露出对于人类普

---

① ［苏］高尔基（М. Горький）：《论文学》（续集），冰夷等译，人民文学出版社 1979 年版，第 46 页。

② ［苏］契诃夫（А. П.）：《契诃夫论文学》，汝龙译，人民文学出版社 1958 年版，第 91 页。

③ ［苏］高尔基（М. Горький）：《论文学》（续集），冰夷等译，人民文学出版社 1979 年版，第 42 页。

④ 转引自［苏］В. 叶米尔洛夫（В. Ермилов）：《契诃夫传》，张守慎译，人民文学出版社 1960 年版，第 111 页。

⑤ 安·谢·马卡连柯：《马卡连柯全集》第七卷，陈世杰、邓步银等译，人民教育出版社 1959 年版，第 167 页。

遍幸福的渴望，不禁发出渴望光明未来的沉思。

何士光"在小说的艺术构思和概括上，很用了一番力气，着重凝练、深沉……他学习和追求的是短篇小说大师契诃夫和鲁迅的手法"①。何士光自己曾说："契诃夫用以打动我的……是那些不绝如缕地萦绕在朴素的叙述之中的情愫，它让我深深地感到了作家的灵魂的深沉的跳动。"② 不难看出，何士光小说中的朴素、简练、含蓄受契诃夫的艺术风格的影响很深。首先，何士光小说的艺术风格缘于他同契诃夫一样，高度遵循现实主义原则，以及对现实生活进行严格的客观性描写。他在作品中既不空洞地发表议论，也不直白地表达主观的创作意图，而是朴素、客观地呈现人物和现实生活的真实面貌。这样就使小说避免了冗赘，含义也更耐人寻味，读者可从不同的侧面对现实的艺术画面进行独立思考，发现其中复杂的社会意义。何士光小说中的主题、典型人物存在复杂性，也正是其含蓄风格的反映。《秋雨》和《苦寒行》中的人物也有不同的"声音"。可见，越是蕴涵丰富的作品，读者的阐释就会多样化，这也正是何士光作品含蓄的表现。其次，何士光作品中的朴素、简练、含蓄也同他善于从普通的日常生活和平庸的小人物描写中挖掘深刻的社会意义密切相关。何士光小说中所描写的普遍现象，多是人们司空见惯又极易忽略且又俯拾即是的现象，弥漫在社会现实中。何士光以极其朴素、简练的笔触剖析人们未曾觉察到的意义时，就会让人感到他作品的深刻和典型性，也就是含蓄的艺术魅力。而何士光要想把它们原有的面貌真实地呈现出来，就必须要用朴素的表现手法去思考这种熟视无睹。这些日常生活中的人和事一旦被作者作为选材纳入作品中，要想使它们折射出社会含义，作者就势必会运用朴素、简练、含蓄的艺术手法。譬如《乡场上》中罗二娘的霸道和冯幺爸的卑贱，《种包谷的老人》中刘三老汉的安之若素，《远行》中51位乘客们的"各安其位"，《秋雨》中武校长的"旺季"等等，皆屡见不鲜。何士光用朴素的笔触、简练的书写，描绘着社会现实中隐藏的形形色色的题材和人物，这也说明何士光在这些领域是受契诃夫影响的，也为其小说朴素、简练、含蓄风格的形成提供了帮助。最后，何士光作品中的朴素、简练、含蓄也同他注意作品结构上的密度有关。同契诃夫的结构密度相似，何士光小说的开头和结尾的结构密度也比较大。一方面，在他小说的开端有两种常见的方式：一种是开门见山式的，如《乡场上》一开场就交代出冯幺爸卷入为两个女人的小纠纷作证的麻烦中；一种是布置好讲故事的场景后再进入，如《春水涟漪》的首段并无太多动人之处，但早已把时间（今年三月里的一个黄昏）、地点（胜利大街的

---

① 宋贤邦、王华介：《中国当代文学研究资料 蹇先艾、廖公弦研究合集》，贵州人民出版社1985年版，第77页。

② 何士光：《要有一颗赤子之心》，《山花》1981年第6期，第55页。

林荫道上）和故事中的那对夫妇作为故事的场景布置好了，类似的开场在《乡情》《赶场即事》等作品中都有所呈现。不管哪种开场方式，何士光皆用朴素、简练的语言观察生活，抓住细节。另一方面，何士光小说的结尾密度也很大，且多半是以主人公的沉思或欢愉的希望结束。如《梨花屯客店一夜》的结尾以泰戈尔那充满希望和对未来新世界信仰的诗句结束；《没有福分的人》结尾的那个问号，道尽了严新民老师对于走后门争取大学名额的摇摆；《告别》的结尾同样引出深深的沉思。何士光这种戛然而止的结尾总是充满张力和悬念，无疑起到了耐人寻味的美学效果。总之，开场和结尾的结构密度必然要求作者采用朴素、简练的语言进行布景或直接进入主题，也恰是这种高密度的"首尾结构"处理，必然会促使故事内容的蕴藉更加丰富，我们也从中窥见了契诃夫的影子。

何士光和契诃夫小说的语言运用以及艺术风格都趋向于朴素、简练、含蓄，但两者之间也有不同，主要表现在情节的紧凑和纡徐上。契诃夫小说的情节非常紧凑，一方面是因为他不轻易为人物画像，而是喜用印象式的叙述方式对人物形象轻描淡写，比如《凡卡》中对那个瘦小的、老是眨着眼的小老头的印象素描、《普里希别叶夫中士》中对低级士官那张生着满脸皱纹和粉刺的脸的印象描写；另一方面，契诃夫的小说较少心理描绘，而是直接从行动中窥见人物的精神状态，如从《马车夫》中姚纳那朴素的行为举止和与乘客间的对话，皆能含蓄地映射其倾诉丧失儿子的感伤心理和逆来顺受的性格特征。而何士光在人物描写上，擅长对人物做精细的肖像描写，尤其注意描写人物的眼睛，这点明显是受鲁迅的影响较深。如《梨花屯客店一夜》中对张主任整个头部的白描，细致到额头、下巴、眼圈、眼睛和头发等，以及众多作品中对温柔、善良女性的眼睛的白描都非常明显。在人物心理刻画上，何士光还擅长人物的心理剖析，通过详尽的心理描绘来激发人物的精神面貌变化。如《乡场上》里冯幺爸在罗二娘和曹支书的双重压力下的心理描写和思想斗争，《阴郁的黄昏》中老贾同志看不惯处处改变的忧郁心理描写，《今夕是何年》里父亲面对眼下越来越不像话的所见所闻的愤懑和怀旧、僵硬的心理描写……这些深刻的心理剖析，无不反映出那个时代深广的社会内容。除此之外，何士光的简练、含蓄风格，还在于善用简洁明了的文字，快节奏地给出一个结果，用悬念逗引读者到所要描述的事件中去。这是非常明显的契诃夫式的叙述，简洁、凝炼且节奏快。可一旦进入情节，叙述速度就会减慢，纡徐而细密。如《到梨花屯去》的第一段较为简练，节奏也快，可一旦进入情节，作者的叙述就比较缓慢了，先描写马车周边的景物和人物，后穿插人物的行动和心理刻画，娓娓道来。

余　论

何士光喜爱、崇拜契诃夫，在对其小说艺术的接受和借鉴过程中，两者呈现出较多相似之处。不过，何士光不是只停留在接受和借鉴的阶段，而是在此基础上不停地拓展艺术之路，转化成属于自己的一些艺术特质。随着何士光不断确定自己较为独立的艺术风格，在借鉴和影响这一动态过程中，外部的、形式的联系渐趋减少，那些内部的、本质的共同因素则得到保留和呈现。

对何士光小说创作中的契诃夫影子的探讨，不仅仅要梳理何士光在小说创作中对于契诃夫小说技巧的接受、借鉴和转化过程，而且更应该放在中国现当代文学对外国文学的接受和转化里看待其意义。正如前面提到的，究竟是什么因素导致何士光这样一位自认为受契诃夫影响颇深的中国当代作家，却又在某些方面表现出与契诃夫迥然不同的色彩？要回答这些更本质的问题，需要更全面地理解中国当代文学及其生产机制。而作为具体个案的何士光，或许可以为思考这些问题提供一些支撑。

（作者单位：贵州师范大学文学院）

在台湾思考"国民革命"①

——再谈 1926-1927 年台湾知识界的"中国改造论"辩论

欧阳月姣

1926 年 8 月 29 日,台湾文化协会理事亦是《台湾民报》创办者之一的陈逢源,在这份刊物上发表了一篇文章《最近之感想(二)——我的中国改造论》,由此引发了与许乃昌、蔡孝乾、翁泽生之间以《台湾民报》为发言场域的一次公开辩论。他们在"中国社会性质"和"中国往何处去"的问题上发生分歧,尤其是陈、许二人之间历时近半年的连载论争,伴随着"无产青年"派协助连温卿在文协的"夺权",看起来便像是预示文协内部左右分裂的先声。

这场辩论的经过及其历史意义在两岸文学界和史学界都已有不少探讨,大体而言,有如下几种意见。一是认为此乃借中国革命的路线争辩而言台湾民族解放运动的前景。早在 1928 年,连温卿就作如此解读,甚至不顾论争的实际情况而将论争的对象完全置换为"台湾"②,当然这与他当时的政治抱负有关。后来的研究者虽然不再有如此急迫的政治需要,不过也普遍将论争视作当时台湾民族解放运动中的"左右之争","暗示

---

① 本文系教育部人文社会科学研究青年基金项目"'汉字文化圈'视野下的国语运动研究"(20XJC751004)的阶段性成果。

② "双方的主张,台湾有资本主义也是没有?……前者(按:陈逢源)的主张是因为以少数的利害关系为根本的要求,所以能和当局所标榜的'内地延长主义'一致,其限界以获得政治上的独立为止,换句话说,是以他们所主张的'台湾议会'设置为其极限,而后者(按:许乃昌)的主张是以最大多数的台湾无产阶级的解放为其目的。"事实上,这场论争的所有文章,确实是在讨论"中国问题",没有任何谈到"台湾资本主义"的地方,连温卿的总结可以说彻底曲解了论争原貌。参见连温卿:《台湾社会运动概观》,《台湾大众时报》创刊号,1928 年 5 月 7 日。

日后台湾知识分子如何实践各自的政治信仰"①。二是当代的一些历史学者意识到了论争的主题是"中国"，却又指出这是"虚像"而非"实体"的中国。例如认为许、陈等人"对中国政治的诡谲与深沉，更是讳莫如深，甚至一无所知"②，或是认为这次论战"并未受到中国大陆20年代开始的一系列有关中国社会性质问题论战的影响"③。第三种意见则正视了论争中作为实体的"中国"，特别是通过梳理许乃昌如何在中国的"国民革命"浪潮中由思考"台湾命运"走向"中国改造"④，证明前述"一无所知"论立不住脚。

因此，本文一方面不欲从左右之争的角度将论战的意义限定在许乃昌一方为台湾解放运动确立"左翼认识论立场"的基本框架下，而希望尽可能地深入它与"中国革命"和"中国社会性质论战"的内在关联；另一方面也尝试不再从社会主义/资本主义、革命/改良、阶级/民族这些二元对立的概念去分析。因为长期被视为论争中代表"右派"的陈逢源，实际上也很诚挚地在思考马克思主义学说、俄国革命对于中国社会的适切性，在远景上并不反对社会主义的理想，他的思路毋宁说反映了国家主义和民族意识对于被殖民者的心灵所具有的吸引力，而更重要的或许是他注意到"大革命"在不断破坏过程中的建设问题。另外，相较于许乃昌的思想脉络已经得到细致梳理而言，陈逢源之"中国改造论"的思想来源尚未见详细探讨，本文亦希望在这一方面进行探索。

一、"中国改造论"的主要冲突

陈逢源的"中国改造论"从"社会进化与资本主义"谈起，引用了马克思的唯物史观，但把它理解为循序渐进的"社会进化主义"——"马克思的立论，分明是采取社会进化主义，他对于资本主义的开剖，也不得不承认资本主义非达到极点，断没有社会主义的实现了"，也就是不赞成跨越式的革命。在此基础上，他观察"中国的社会组织"，认为一部分城市如上海、汉口已经进入工业资本主义，但大部分军阀割据的各省仍然是封建制度，手工业个体经营、血缘宗族制度占据主流地位，"我们断定中国现在的社会组织，分明是封建制度无疑了"。因此，他推导出"改良进化"式的结论，

---

① 陈芳明：《"中国改造论"：论战与20年代台湾左翼思想的传播》，《第六届"中国近代文化的结构与重构"学术研讨会论文集》，2005年5月6日，第184页。

② 黄俊杰：《台湾意识与台湾文化》，正中书局2006年版，第122-123页。

③ 谢国兴：《中国往何处去：1930年前后台湾的左右论辩》，《近代史研究》2003年第2期。

④ 参见邱士杰：《从〈黎明期的台湾〉走向"中国改造论"——由许乃昌的思想经历看两岸变革运动与论争（1923-1927）》，《批判与再造》（20、21），2005年。

认为中国必须先发展实业，"增长商工阶级的势力"，等他们的财力和团结力增长到能够压倒军阀、打破封建制度的时候，就可以实现国家统一，废除与列强之间的不平等条约，恢复国家主权。同时，他还提出一种具体的刺激资本主义发展的方法，即"奖励股份公司"，一方面集中资本，另一方面将个人的利己心融合在团体的利己心里面①。

陈逢源在"日本道路"与"俄国道路"之间为中国选择了前者，引得留学中国大陆的台湾左翼青年们群起反对。此时刚从苏联留学回到北京、又携带着在留日台湾青年中发展共产主义组织的任务而正前往东京途中的许乃昌，与仍在上海大学就读、实际已经参与中国共产党地下活动的蔡孝乾和翁泽生，都感到有必要从马克思主义的理论和中国现阶段的社会主义实践经验出发来纠正陈逢源的谬误。

也许是作为最早留苏的台湾青年，许乃昌特别具有理论的敏感度以及捍卫马克思原典的洁癖，不厌其烦地抄译陈逢源引用的德文原文，以说明从"社会进化主义"的观点来认识马克思的思想是断章取义。关于唯物史观的理解，许乃昌则展现了他在苏联所受列宁主义理论训练的素养。他指出唯物史观"是决定论，不是机械论"，"各国的纯经济过程，不是绝对一样，所以没有说社会形势的发展，在各国都是完全同一图型"，由于资本主义的发展已经到达了形成世界体系的阶段，所以在相互联系和影响中"有时还可以跳越一定的阶段而入较高度的社会"② ——不难看出，这正是列宁在资本主义最后阶段的"帝国主义"时代对马克思主义原理的阐发。

蔡孝乾主要是从"生产力与生产关系"的角度来驳斥陈逢源的渐进改良论。他也同样引用了马克思的《经济学批评》序文证明革命的必然性。然而，其应用仍然是通过列宁主义的观点，即判断中国社会的生产力与生产关系已不相容。受到国际帝国主义的榨取和军阀的剥削，农工商阶级的生产力已经抵不上这两者的吸血速度，无产阶级更痛苦到不得不起来反抗、改变生产关系的程度。

翁泽生没有纠结于马克思的原文是"进化"还是"革命"，转而探讨改良路径在根源上的矛盾。因为陈逢源并不否认资本主义的弊害，但希望"彻底的施行社会政策，在必要程度内主张公共团体的企业，制限土地所有额，重课不劳所得，实施劳动保护法，保障团结和言语的自由，以防止国际资本的垄断，与个人资本主义的跋扈"，认为

---

① 芳园：《最近之感想（二）——我的中国改造论》，《台湾民报》第120号，1926年8月29日。

② 许乃昌：《驳陈逢源氏的"中国改造论"》，《台湾民报》第126-129号，1926年10月10、17、24、31日。

中国未来的政府应走资本主义路径并渐渐采取上述"社会主义的社会政策"①，即资本主义的福利国家。当时人在上海的翁泽生，在陈逢源详细展开"社会政策"的论文之前，就有先见之明地指出了"社会政策"（资本主义的福利社会）与"社会主义"的根本差异——或许是当时文协中早已不乏有人讨论过此类问题——二者对"自由竞争"与"私有财产"的态度完全不同："社会政策主张维持'自由竞争'及'私有财产'两大原则而制限自由竞争及私有财产，但是社会主义却主张撤废私有财产和自由竞争"②，不放弃私有制和市场经济是资本主义的福利国家无法抵达社会主义的根源。

其实，论争双方的理论水平都不甚高。陈逢源自然是想当然耳，许乃昌等人也并未真正回到马克思原典，而明显以俄国革命的实践为参照。他们在认识上并没有绝对的不同：陈逢源相信资本主义发展到极致势必被社会主义所取代，也没有排斥革命的意思，只是认为中国不可能跳过资本主义阶段而直接通过政治革命一跃实现社会主义理想；许乃昌、蔡孝乾和翁泽生则认可现阶段的中国应走俄国道路，采取革命手段，但也不认为已经走到了社会主义革命的阶段。实际上，他们的争辩直接指向了当时正在展开的"国民革命"的实践层面，而非认真的理论探讨。具体说来，他们都指出了中国国民革命的两个敌人——军阀割据与帝国主义，但是对于其威胁程度、讨伐先后以及中国的民族资本主义在其中的位置和作用，存在着相异的判断。

二、"实体"而非"虚像"的中国论述

有论者指出，"台湾的'中国改造论'是20世纪二三十年代中国社会性质论战的一个重要组成部分……是马克思主义中国化在台湾的一次尝试与探索"③。如果从许乃昌等台湾青年在不同程度上受中国共产党领导的情形来看，确是如此。这些台湾左翼青年出身于"红色学府"上海大学，对祖国的国民革命几乎自始至终都保持着密切的关注和实际参与，中国共产党在这一时期的领导人特别是瞿秋白与他们之间的师生关系亦值得重视。

首先要指出的是，"二三十年代的中国社会性质论战"是一个比较长期而笼统的描述，它实际包含一个漫长的历史过程，即从中国共产党建党前后开始直至国民革命

---

① 芳园：《答许乃昌氏的驳中国改造论（八·完）》，《台湾民报》第139号，1927年1月9日。
② 水藻：《社会政策与社会主义之根本的差异》，《台湾民报》第133号，1926年11月28日。
③ 孔苏颜、刘小新：《论1927年至1937年台湾左翼思想的发展及问题》，《华侨大学学报》（哲学社会科学版）2017年第5期。

分裂之后，知识界所兴起的规模庞大的一系列争论。20 世纪 20 年代初期有陈独秀、李大钊等早期马克思主义者与社会主义改良派、无政府派的"社会主义论战"（1920-1922），在 30 年代初期则是承受了国民革命严重分化挫折后具有强烈现实诉求与理论深度的"中国社会性质"（1932-1933）、"中国社会史"（1930-1933）与"中国农村性质"（1934-1935）三次论战。正是在这些旷日持久的论战发展过程中，"马克思主义中国化"在学理层面渐渐清晰。这些论战的经验和结论，常常作为引文出现在许乃昌等左翼青年的行文中，他们也将陈逢源的观点定位于这个庞大坐标系的某一位置来看待。

其次，来看看许乃昌为陈逢源所找的定位，即 20 世纪 20 年代初期的张东荪所代表的社会主义观。张东荪在"五四"时期就已经很敏锐地看到第一次世界大战以后社会主义思想席卷全球的趋势。他在 1919 年 9 月 1 日发表的《第三种文明》一文，便归纳了人类文明线性进化发展出的三种文明："宗教的文明"、"个人主义与国家主义的文明"以及"社会主义与世界主义的文明"。他认为，第一次世界大战已经表明了个人主义与国家主义的破产，中国需要顺应最新的文明发展趋势，"专从第三种文明去下培养工夫"①。1920 年 10 月，英国哲学家罗素受邀来中国巡回演讲，当时负责接待并陪同的便是张东荪。通过罗素的演讲，张东荪得出结论说：

> 救中国只有一条路，一言以蔽之，就是增加富力。而增加富力就是开发实业②。

由此便引发了正在积极筹备中国共产党的早期马克思主义者的严厉批评，掀起了"社会主义论战"。在李达、邵力子、陈望道等人发表在报纸上的批评之外，陈独秀还在《新青年》杂志上开辟"关于社会主义的讨论"专栏，发表与张东荪来往的数封通信。张东荪就中国问题提出了不排除用资本主义发展实业的方案，有如下四方面的原因："一是用资本主义发展实业，对于'增加富力及于一班人民'都有好处。二是资产阶级是将来打倒军阀的主要力量，发展资本主义就是顺应'绅商阶级'渐造的趋势，逐步增大其力量，渐渐地消灭军阀势力。三是绅商阶级发展后，劳动阶级也随之壮大，为将来实行社会主义提供必要的基础。四是资本主义是人类社会必经的历史阶

---

① 张东荪：《第三种文明》，《解放与创造》创刊号，1919 年 9 月 1 日。
② 张东荪：《由内地旅行而得之又一教训》，《时事新报》，1920 年 11 月 6 日。

段，世界范围内的社会主义运动未必会兴起，故资本主义生产方式仍然适用于中国。"[1]

比对陈逢源的"中国改造论"，这些观点如出一辙。无怪乎许乃昌在看到陈逢源的文章后，感叹道："却仅仅是数年前，中国研究系的官僚学者张东荪，听了英国罗素的一句'中国须发展实业'而大闹特闹的旧笑话！"[2] 从中可看出，许乃昌对1920-1922年间中国大陆的"社会主义论战"十分熟悉，也十分清楚陈逢源的资本主义实业救国论尚处于早期社会主义论战时张东荪一派的理论水平。

许乃昌对"国民革命"的认识也经历了一个其自身对"马克思主义中国化"的理解不断深入的过程。1924年，在赴苏俄留学前夕，他曾经在《新青年》的"国民革命号"上发表文章《黎明期的台湾》，认为台湾的革命已经走到社会主义阶段，因为在日本帝国主义压迫下，全台湾人都已经无产阶级化，所以其运动应超越"国民运动"，而参加全日本的社会主义革命。但是，在这篇文章后面附有署名"记者"的瞿秋白提出的批评，认为"未免有点左稚病"[3]。有论者颇为精当地评价说："如果许乃昌要的是俄国十月革命，那么瞿秋白所要的，就是走向十月革命的二月革命。"[4] 到1926年与陈逢源论争的时候，许乃昌已从苏俄留学归来，他的驳文显示出他已经完全接受了瞿秋白的"国民革命"论，不仅提出中国改造的唯一出路是国民革命，而且必须是无产阶级领导的国民革命，还照抄了瞿秋白在同年3月25日的《新青年》上发表的《国民革命运动中之阶级分化——国民党右派与国家主义派之分析》的一大段论述为自己背书。当然，更值得注意的是，相较陈逢源的"分明是封建制度无疑"的简单判断，此时许乃昌对"中国社会性质"的论述花了很长篇幅来定义一种特殊的、畸形的"帝国主义时代殖民地式中间形态"的社会结构，并描述了它的几个特质：

一、因受外来的已成熟的资本主义的影响，在来的封建制度才急激开始崩坏。

二、封建制度虽积极崩坏，但却又不能向资本制度发展。

三、外国资本主义垄断了一切市场，政权也直接间接属于外国帝国主义[5]。

---

[1] 参见左玉河：《思想分歧与道路选择：重新认识五四时期的"社会主义论战"》，《安徽大学学报》（哲学社会科学版）2017年第1期。

[2] 许乃昌：《驳陈逢源氏的中国改造论》，《台湾民报》第126号，1926年10月10日。

[3] 原载1924年12月20日《新青年》季刊第4期，转引自陈独秀、李大钊、瞿秋白主编：《新青年》（第10卷），中国书店出版社2011年版，第471-472页。

[4] 邱士杰：《从〈黎明期的台湾〉走向"中国改造论"——由许乃昌的思想经历看两岸变革运动与论争（1923-1927）》，《批判与再造》（20、21），2005年。

[5] 许乃昌：《驳陈逢源氏的"中国改造论"（续·完）》，《台湾民报》第129号，1926年10月31日。

许乃昌的这种描述显得有些迂回冗长，不过却忠实地反映了中共二大以后至1927年革命分裂前夕，马克思主义者对中国社会性质的一种阶段性认识，同时明显吸收了当时苏共布尔什维克所得出的中国属于受国际帝国主义牵制的半殖民地的结论。这样一种略显驳杂的表述被清晰化，还需等到20世纪30年代的"中国社会性质"论战后所得出的"半殖民地半封建社会"的答案①。这当然是1926年的许乃昌难以企及的高度，但不可否认的是，左翼青年许乃昌亦在认真地思考并朝着这一结论前进。

如果说对陈逢源"中国改造论"的驳斥，许乃昌扮演着主将的角色，那么蔡孝乾和翁泽生的角色就类似于从旁敲边鼓。而且1924-1926年间身处上海、广州的二人，对中共的马克思主义理论的发展与国民革命的情势变化之熟悉程度自然不逊色于远在莫斯科和东京的许乃昌。在论争发生之前，翁泽生便常常以"上海水藻君"的笔名寄送祖国消息至《台湾民报》发表，介绍中国革命特别是其中学生运动、工人运动的最新消息；蔡孝乾更是在陈逢源的文章见刊前一个月，在《台湾民报》发表了《反动时期的中国国民运动》，介绍五卅以后显现出的无产阶级的彻底革命觉悟，以及右派资产阶级、反动军阀与帝国主义势力的妥协合作致使国民革命遭遇极大困境。蔡孝乾尤其指责那些与反动势力合作的"智识阶级"道：

> 现在中国的所谓国家主义者、醒狮派、国民党右派的反动分子，什么反赤救国联合会等等……这些东西便是附和帝国主义者和军阀的智识阶级②。

许乃昌在最后递交的给陈逢源的"公开状"上，便给陈氏扣上了"醒狮派"、"国家主义派"的大帽子，虽然未必恰当，倒说明当时这些台湾左翼青年之间分享着同一种知识结构和话语模式。因为瞿秋白等共产党员也已经展开过对"醒狮派"等国家主义路线的集中批判，可见这几位左翼青年的"组织意识"是很明确的。前述蔡孝乾介绍国民革命反动派的文章末尾，也提醒读者"关于广东的事情请参看水藻君的《黎明的广东》"，即翁泽生于同年5月16日发表在《台湾民报》上的一则时事短文。可以说，在不遗余力地向台湾人介绍祖国的革命运动与传播党的路线时，他们之间有着"集团作战"的战斗意味。

---

① 何干之：《中国社会性质问题论战》，刘炼编：《何干之文集》（第1卷），北京出版社1993年版，第199页。
② 孝乾：《反动时期的中国国民运动（续）》，《台湾民报》第115号，1926年7月25日。

三、陈逢源之"中国改造论"的思想来源

如果说许乃昌等革命青年论述的"俄国道路"明显来源于中国共产党的教诲，那么陈逢源的思考脉络又来自哪里？很多研究者都注意到，陈逢源产生"中国改造论"的思路，源于当时的一位日本学者"田崎博士"。他在文章的末尾特别附言道：

> 我前日有读过田崎博士著的支那改造论，所以有这篇的论文。田崎氏的立论，是由历史方面观察的，我的立论，是由经济方面观察的。恰好，他与我的结论，大都有一致点，也是偶然的机会了①。

这位"田崎博士"是谁，他的《支那改造论》提出了什么样的改造路线，却未见追溯。在这些疑问尚未解决的情况下，恐怕难以深入陈逢源的论说逻辑，特别是其后续驳文中所呈现出的长时段的社会经济史的视角。

田崎仁义（1880-1976）专攻"经济社会史"，著有《支那古代经济思想及制度》（1924）和《王道天下之研究：支那古代政治思想及制度》（1926），影响颇大。其学术路径近于近代日本中国学的"京都学派"——特别是关于《尚书》的考证，他还请教过被视为京都学派的奠基者之一的狩野直喜（1868-1947）。当然，田崎仁义本人通常并不被纳入京都学派的谱系。值得注意的是田崎仁义的"古代中国研究"所具有的"现实关怀"。对于中国当时的革命路径，他颇有微词：

> 发动革命、建立民国的先觉者们，是否彻底了解其国家社会基础有着历史悠久的王道渊源，又他们企图变革法制经济以匡救时势的同时，是否一向熟知其社会其人民的生活还深深存在着固有的传统。我们虽然不能认为绝对没有，但多数人似乎陷入过于学外追新、不愿反省内察其渊源传统的弊病了②。

可见，所谓经济社会史最终滑向了政治文化史的思考维度。《支那改造论》出版于1926年6月，篇末附有"日支共荣与文化方策"的长文。在此书的前半部分，田崎

---

① 芳园：《最近之感想（二）——我的中国改造论》，《台湾民报》第120号，1926年8月29日。

② ［日］田崎仁义：《王道天下之研究：古代支那政治思想及制度》，内外出版株式会社1926年版，第4页。译文为笔者译。

仁义重申了他在《王道天下之研究》里得出的结论，即周代的中国是"王道天下"的封建社会，这个制度在春秋战国的时候逐渐崩溃，战国七雄实际上具有类似欧洲近世法治国家的性质，以刑政法律立国，进行富国强兵的"霸道"竞争。于是，他把战国七雄看作一个个"近世国家"，而秦统一六国建立起的大一统帝国实际上是一个"世界帝国"，为了统治这么一个幅员辽阔的巨大帝国，靠霸道是行不通的，所以汉吸收秦之教训，多少又恢复了对"天"的信仰和血缘宗法制的封建制度。然而，后世朝代大多只能略存"王道"之形，以作为一种文化统治话语，真正发挥效用的实际上是受祖先崇拜和儒家影响而渗透到基层的家族主义的宗族制度。因此，辛亥革命建立的民国虽然以民主共和作为政治纲领，但如果不破坏历史所沉淀下来的作为社会结构基础的宗族制度，就无法产生维持民主共和政体所需要的"个人自觉"——这其实与"五四"新文化的启蒙主义者得出了差不多的结论。但在现实策略方面，与"五四"的启蒙主义者坚持须从文化上促成"个人"的觉醒不同，田崎仁义更重视"制度"建设，认为在中国这样一个"世界帝国"的幅员基础上施行所谓"民主主义"的政治纲领是个错误方针。在这里他引用了当时极为流行的日本近代东洋史学者矢野仁一（1872-1970）提出的"中国非国论"，即判定清朝遗留下来的多民族帝国无法形成现代的民族国家。不过，田崎仁义的看法也稍有不同之处。他并不认为中国"尚未"达到近世国家，而是在战国时"已经"达到并早已超过了这一阶段，在秦建立统一帝国时就形成了一种"超国家"。这是他的中国论里面最有特色的一点。

田崎仁义认为中国眼下虽然混乱衰落，但并不同于"野蛮"，因为中国是世界历史上第一个达到"超国家"阶段的世界帝国，换句话说，中国不是"落后"于欧洲，反而是过于"成熟"了——据此，田崎氏提出了两种"改造论"：

一、中国列国分立策略；

二、超国家的大中国一统策略：（甲）武力统一；（乙）文化统一，主要是交通通信设施的普及发达①。

第一种即"中国分割论"，这在当时日本的学界与舆论界都极为常见，除了前述矢野仁一以外，更著名的要数内藤湖南（1866-1934）的《支那论》（1914）与《新支那论》（1924）。这些言说普遍表示中国的领土版图过于庞大、民族成分复杂，以至于难以凝聚为现代民族国家，声称中国应放弃少数民族边疆。这些言论后来自然不免沦为协助日本帝国主义侵略中国的话语推手。从陈逢源长期从事报业与文化运动的人

---

① ［日］田崎仁义：《支那改造论》，同文馆1926年版，第132页。

生经历与其"中国改造论"的行文来看，他显然非常了解当时日本学界和舆论界的主流风潮，但他从未涉及任何有关"领土过大"或"中国分割"的议论，从始至终极力强调"对外的恢复国权，对内的统一国家，乃是中国最燃眉之急，乃是中国全国民一致热烈的希望"①，甚至还呼吁"振起汉族意识"。不得不说，这中间自有一份身为被殖民地的台湾汉人的酸楚体验。

陈逢源认可的是田崎仁义强调的无论或分割或统一，最要紧的是必须进行"经济革命"。田崎仁义的"经济革命"理论并不直接来源于西方资本主义经济学，而是他过往研究中国古代经济思想与制度的推论，特别是采取了将经济与政治、文化整合看待的方法。他认为，既然辛亥革命不是传统的"易姓革命"，那么便必须把原本政治思想中王道制度的对"天"的信仰，转移到近世国家的对"法"的信仰之上，全体国民需要具备理性的精神、怀疑的思维和批判力的发达，才能成为承担"法"的责任主体。有意思的是，他并不像绝大多数"五四"启蒙主义者那样，认为这是西方舶来的启蒙思想，却在春秋战国时代与政治经济结构的变化同时产生的诸子学说"百家争鸣"的形态里面找到了"个人自觉"的源头。他认为，伴随着秦始皇极端地滥用法家思想，以及汉代之后在文化上儒教王道主义的复兴、经济上重农本而轻工商、社会上奖掖家族主义而排斥个人主义等等，一度有所发展的"个人自觉"再度消沉，以至于直到清末仍然维持着家族本位的社会结构与小农自足的经济结构。因此，必须停下民国以来表面上不断激化的政治革命，而进行彻底的社会的、经济的革命，建立"个人本位的经济单位"，再扩张"经济组织"，以完成"国民经济"为第一要务。具体措施包括：

（1）货币制度的确立与货币经济的普及；

（2）交通通信设施的发达与市场的扩张；

（3）私有财产制度的实现；

（4）刺激一般民众提高生活水平的欲望；

（5）充实与输入资本；

（6）企业心的促进②。

至少其中（2）、（3）、（4）、（6）几条措施，都可以在陈逢源"由经济方面观察"

---

① 芳园：《答许乃昌氏的驳中国改造论（八·完）》，《台湾民报》第139号，1927年1月9日。

② ［日］田崎仁义：《支那改造论》，同文馆1926年版，第161页。

的"中国改造论"里找到对应的观点。所谓"私有财产制度的实现",即陈逢源所选择的"不外是由资本主义这条路跑去便是了";陈逢源强调资本主义发展的初期阶段,"老实有贡献中国人民一般的幸福",极其重视普通人的幸福和期待民众生活水平的提高;在"市场的扩张"方面,陈逢源则指出中国的出口工业已经成长,同时保护国内市场方面还须"趁早收回关税权,采取保护主义";"企业心的促进"即陈逢源最早就详加论述的"奖励股份公司的必要"。

当然,这种在具体经济改造措施上的"结论相似",远没有在思考脉络上的"逻辑相似"重要。此种"逻辑相似"可以借用陈逢源质疑俄国革命以后的社会现状的一句评语作答:

> 只有政治革命的事实,却没有社会革命的内容①。

一言以蔽之,田崎仁义认为中国虽然经历了辛亥革命,成立了民国,但是并没有从经济制度与社会制度上建立起与现代国家相匹配的国家制度和国民经济,因而是"名不副实"的。对于陈逢源来说,这也是一个相当追本溯源的认识,是他不认可走"俄国道路"而继续政治革命的原因。无论是田崎仁义的《支那改造论》,抑或是陈逢源的"中国改造论",最根本的目标便是要使中国成为一个名副其实的现代国家,具体体现为与政治革命相匹配的社会革命、经济革命。在此意义上,陈逢源对苏俄在革命以后的经济建设方面的观察无疑是有价值的。他写道:

> 资本主义未成熟的国家,老实是无产可共,当然要实行国家资本主义,或计划输入外资。然而实行国家资本主义,容易坠入官僚式——像台湾的酒专卖等——劳动的效率不能提高,自然难得增加工业资本,这便是资本主义未成熟的共产国的烦闷②。

这样的判断无疑是鞭辟入里的。曾在日本三大财团之一的三井会社工作近十年的陈逢源,对于资本主义经济运作的熟悉程度,应该大大超出没有实际经济生活经验、只具备课本知识与政治激情、仍是青年学生的许乃昌等人。

关于与"经济革命"密切相关的"社会革命",陈逢源也多少吸收了田崎仁义注重中国内生性的"渊源传统"的视角。他所说的"社会进化主义"一部分来自对马克

---

① 芳园:《答许乃昌氏的驳中国改造论(五)》,《台湾民报》第 135 号,1926 年 12 月 12 日。
② 芳园:《答许乃昌氏的驳中国改造论(五)》,《台湾民报》第 135 号,1926 年 12 月 12 日。

思主义的唯物史观的个人理解，另一部分强调的正是中国社会自有其"渊源传统"，无论改良还是革命，都不是在无历史的空中楼阁进行，而具有一种长时段的历史感。因此，陈逢源宣示自己同时采取"进化主义"、"现实主义"与"传统主义"的立场：在"进化主义"理论上，断定中国社会尚处于封建制度的末期、资本主义的萌芽期；在"传统主义"脉络上，认为大家族的宗法制度与传统小农经济支撑着军阀割据的现状；在"现实主义"立场上，则认为中国有特别的国情，即"久年间受帝国主义的侵略，与列强的利害关系很是密切"。这就是陈逢源对"中国社会性质"的判断。然而，他得出的结论却是"如一树赤旗，一定受列强武力的干涉"[1]。他所设想的是在帝国主义夹缝中求生存，甚至觉得"还可以利用帝国主义诸列强的利害的冲突，以计国家的独立和发展"[2]。作为殖民地知识分子的陈逢源何以缺乏对日本侵略中国意图的敏感性，又何以对中国的资本主义在帝国主义争端中救亡图存的可能性抱有如此侥幸的心理，令人费解。

四、余论

1927年1月3日下午两点，作为当时台湾民族解放运动核心团体的台湾文化协会在台中市公会堂召开临时总会，计划投票修改会则并重新进行干部选举。这段时日正在《台湾民报》上与许乃昌等左翼青年打笔战的文协理事陈逢源来到会场，只见大甲、彰化的青年会员以及大批来自台北的"无产青年"派，以连温卿为中心坐在会场中央。陈逢源看到此种景象后，在会议开始前便离场返回台南。正是在此次会议上，连温卿率领"无产青年"，"完全掌握了文化协会的实权，并将其方针由以往的民族主义启蒙文化团体的形态，转变为无产阶级启蒙文化团体的形态"[3]，在实践上确证了马克思主义思想在台湾知识界已处于领导地位。而参与"中国改造论"辩论的人，翁泽生、蔡孝乾已经是中共党员，并在后来由中国共产党帮助成立的台湾共产党内扮演了重要角色。作为主要论战双方的许乃昌和陈逢源二人则显得更为复杂。许乃昌在留学莫斯科归来以后赴东京，将东京台湾青年会里的左翼青年集合起来并形成组织化的马克思主义团体"社会科学研究部"。这个组织后来向台湾共产党输送了陈来旺、苏新、林兑等积极分子，也逐渐成为台共东京支部的核心力量。然而，许乃昌本人却在1930

---

[1] 芳园：《答许乃昌氏的驳中国改造论（四）》，《台湾民报》第133号，1926年11月28日。
[2] 芳园：《答许乃昌氏的驳中国改造论（四）》，《台湾民报》第133号，1926年11月28日。
[3] 王乃信等译：《台湾社会运动史》（第1册　文化运动），海峡学术出版社2006年版，第258页。

年前后退出了左翼政治运动，加入文协分裂后资产阶级派别的《台湾新民报》，与陈逢源做了同事。陈逢源本人从未以右派自居。相反，他对台湾的农民运动抱有极大的同情，经常接济他们，被称为"收租派的社会主义"①。他们自身经历和意识形态的复杂面貌，也提醒我们不可简单根据其言说来划分左、右立场。

　　另外值得注意的还有殖民地的知识来源或者说中介问题。众所周知，当台湾沦为日本殖民地后，殖民者不惜以全岛规模的语言殖民教育来拼命割断台湾与祖国的血肉联系。而与此同时，宗主国语言也成为台湾知识分子接触西方思想和世界潮流的一扇窗口，对于缺乏大陆经验的人，如陈逢源来说，这一点体现得尤为明显。他的"中国改造论"不仅极为借重田崎仁义带有京都学派色彩的中国论，并且他对马克思的唯物史观的接触与认识也来自京都大学马克思主义学者河上肇（1879-1946）的日文译介。在这场争论中，陈逢源在纵的层面对中国旧有的传统社会具有比较深入的历史视野，在"旧邦新造"的建设问题上的思考也比许乃昌等青年学生更周详；但在横的层面却未能很透彻地理解民族国家与帝国主义的关系，这一点反而是直接吸收"第三国际"视野的左翼青年，以革命信仰的方式更简单直接地做到了。就在这次论争结束后不久，人们便一起目睹了国民革命的分裂与失败。遭受这一历史创痛的茅盾在1931年写下了民族寓言《子夜》，小说主角吴荪甫——一位上海的民族实业资本家——无可抗拒的悲剧命运，仿佛是隔海朝向陈逢源之乐观主义精神的一声沉闷叹息。

（作者单位：四川大学文学与新闻学院）

---

① 参见谢国兴：《中国往何处去：1930年前后台湾的左右论辩》，《近代史研究》2003年第2期。

《人间》与陈映真"第三世界文学"的文图互动①

马海洋

1985 年，陈映真创办《人间》杂志，在"发刊词"中直指台湾地区社会物质富足与精神荒芜的对立现状，揭露社会主体精神的颓废，并呼唤关怀、希望以及爱。《人间》创刊之时，台湾地区社会运动频发，处于从戒严到解严的转换阶段，由此，杂志也成为台湾地区社会转折阶段的历史见证。作为《夏潮》受挫之后的又一次刊物接力，《人间》亦继承了其左翼的思想性格。陈映真执笔的"发刊词"写道："《人间》是以图片和文字从事报告、发现、记录、见证和评论的杂志。透过我们的报告、发现、记录、见证和评论，让我们的关心苏醒；让我们的希望重新带领我们的脚步；让爱再度丰润我们的生活。"② 刊物基本体例、主旨与立意的定位，显示出创办者陈映真的现实关注和人道关怀，而对于图片的特别强调，表明《人间》杂志将图片与文字置于同样重要位置，提示杂志创办之初便有意兼顾文图形式与借此表情达意的意味。

陈映真认为，报导摄影"很能透过照相机来探讨人的处境、环境、生活，并且传达出作者的爱、抗议和批判"③。《人间》杂志的文图互动立足于历史与现实的双重脉络，既追溯"二二八"和白色恐怖时代的故事，也关注资本入侵、公害问题与弱势族群生活的当下现实，而涉及台湾之外的事件报导表明其具有左翼的国际主义关照。本文认为，《人间》杂志凭借文字表达与影像符号的文图互动形式，补足故事细节，深化文字报导，提供了沉浸式的现场感受，质疑既有的官方叙事，并对于事件进行本事还原。以田野调查和走访等形式进行的文字报导与图片拍摄，意在挖掘与呈现现象背

---

① 本文系江苏省研究生科研创新计划项目"台湾文学中的'左翼记忆'研究（1970-2000）"的研究成果。

② 陈映真：《创刊的话》，《人间》1985 年第 1 期。

③ 陈映真：《关于摄影和文学的一些随想》，《自立晚报·副刊》1985 年 7 月 20 日。

后的根本症结。《人间》的报导摄影诠释并实践了陈映真的文学理念，可视为他在 20世纪 70 年代台湾"乡土文学论战"中提出的反帝和反殖民文学、80 年代提出的"第三世界文学"之理念线条上的延续。文图互动中对人民个体的发现，是对于"第三世界文学"理念偏重集体性表达的延展，对于人民性的追求和关怀内置着抗辩的诉求。独特的文图系统丰富了台湾左翼的思想表达与理念实践的方式，也是以陈映真为核心的关怀社会的《人间》知识分子群体重返台湾"后街"的实践。

一、文图互动与本事还原

《人间》杂志创办之时便已经言明报导和摄影兼顾的刊发形式，表明了以陈映真为核心的编辑群体对于图片这一观看载体的特殊认知。《人间》全部的 47 期已经形成了具有杂志特色的文图系统，1985 年创刊的第 1 期刊登了陈映真对于关晓荣"八尺门"摄影的访问，其中提到"报导／人文摄影，基本上有批评性。它需要表现上的民主主义才能发展"①。可见，《人间》选择文图系统时便确立了"批评"与"民主"的立场坚守，通过报导文学和图片摄影的文图互译，达成了对"文学创作所依据的真人、真事和真实情境"②的原本之事的还原。在文与图的互动之下，追溯和复现故事的原本面貌，并以文字图片互相增补的形式深化表达，共同指向了对于斯图斯民的民众化实践。

在文图互动之下深入历史寻找真相，厘清台湾地区被遮蔽与避重就轻的历史遗留问题，成为《人间》杂志还原"本事"的重要路径。杂志关注抗战时期被掠夺到日本的中国劳工的故事、台共战士蔡铁城牺牲的始末、被杀害的思想左倾的医生郭琇琮的故事，以及台湾的外省老兵半世纪的颠沛生活等，在报导文学和摄影的互动中清理出历史的航道。第二次世界大战之后，日本从洛阳抗日战场掠夺中国士兵、农民、工人以及商人等，以充当矿山开发的免费劳力。《花冈恨——中国奴工抗暴事件策动人耿谆的回忆》便是对于此一历史事件的报导。文字集中呈现日本在侵略中对于中国人生命权力的剥夺、损害，中国劳工衣食短缺和遭受随意杀戮，最终奋起反抗又伤亡甚重的故事。相应的，此篇报导文学选取木刻版画的形式复现花岗抗暴事件的重要图像画面。20 世纪 30 年代的"新木刻"曾是左翼进行革命斗争的形式之一，木刻版画也为延安边区主流的美术形式，其本身便蕴含着抵抗的意味。图片中日本军人手持武器占据画

---

① 陈映真：《记录一个大规模的静默的持续的民族大迁徙——访问关晓荣谈"八尺门"运作和报导摄影》，《人间》1985 年第 1 期。

② 张均：《本事批评：新时期文学研究的新窗口》，《中国社会科学报》2023 年 1 月 16 日。

面大部分位置，目视弯腰负重的瘦弱中国奴工走过，在构图上加害者与被害者的强弱得到突出展现。另一幅画面则是日本军人将中国劳工打翻在地，后者不顾伤痛仍将食物塞入嘴中，接续的是四幅中国劳工奋起反抗的画面，以及被围攻后的中国劳工横尸日本土地的图画，最后以战后劳工英灵归国的场景结束。文字与图像的相互参照，呈现出强权与暴力对于弱势者的损害，具有现场感的视觉画面清晰地展现了中国劳工遭遇的非人道待遇。文图互动形成了极强的视觉冲击感，深化了读者对于故事的理解。

在 1987 年解严和相关禁忌被打破之后，《人间》在同年的第 18 期以系列报导追溯"二二八"这一集体创伤故事，立意站位民间的角度显示出《人间》一以贯之的民众立场。陈映真撰写的卷首语提到"尚且必须从造成公害、雏妓……的台湾内外因素所组成的社会、经济结构去看问题"①，表明对此事件固有定性的质疑。《战士蔡铁城》选取蔡铁城哥哥、妹妹、宋福全和林耀坤四个人的视角，呈现蔡铁城在家庭中私人的一面，和作为左翼者参与社会运动的公共一面。图片选取蔡铁城担任《和平日报》记者时期的照片，本人目光坚毅。随后是蔡铁城之墓，图片中荒芜的杂草和破旧的墓碑有着时过境迁的荒凉之感。最后一幅是蔡铁城写给妹妹的贺卡，喜鹊站在枝桠上的图画和对妹妹关切的文字，缓冲了蔡铁城之墓图片带来的视觉冲击，并以妹妹对于兄长的私人化回忆性文字结束。《人间》呈现出的蔡铁城形象兼顾了私人性与公共性两种维度，"阅读影像，就像是伴随着正统历史文献而平行延伸的档案系统，使我们得以一窥整体心态史与生活史的旁枝末节"②。蔡铁城的个人肖像、荒冢墓地以及写给妹妹的贺卡图像，共同表露出一个人物身上柔软与坚硬的不同方面，充满血肉的人物与为理想献身的左翼者的形象并行不悖。文图互动之下的本事还原，披露了正史之外的左翼者的生活化图景，也是对于意识形态操作之下官史声音的补足与纠偏。

投身反抗运动的不仅有蔡铁城一般出身底层的知识分子，也有如郭琇琮一样出身优越的青年。《美好的世纪——寻访战士郭琇琮大夫的足迹》追踪出身优渥的左倾者投身运动与被杀害的始末。日据时期，郭琇琮为就读于台北帝国大学医学专业的优秀青年，图片中他身着校服，帽子上帝国大学的校徽展示出一个典型的日据时期优秀青年的形象。就读时期他便反抗日本异族统治，是具有祖国思想的民族主义者。台湾光复之后，郭琇琮感受到国民党统治的不义与严苛，进而投身社会运动，意图改革现状，但被抓捕。《人间》选取了郭琇琮在"二二八"前参加全省医疗卫生巡展的照片，郭琇琮位于照片一角，面容忧郁，照片中大面积的位置由其他人占据。"'历史语境'既

① 陈映真：《为了民族的和平与团结》，《人间》1985 年第 18 期。
② 刘纪蕙：《文化研究的视觉系统》，《中外文学》2002 年第 12 期。

是图像诠释的必不可少的参照，也是通过图像研究加以丰富、改观乃至颠覆的对象。"① 这一图像的选取质疑了台湾光复的宏大叙事，表明在"二二八"事件之前社会中已经潜藏危机。另一图片呈现若干年后郭家位于士林房子的颓败景象。正是对于郭琇琮被抓捕杀害后家破人亡的场景呈现，展示出对于强权破坏的控诉。

《人间》以文字与图像的参照、补足等互动，寻找历史细节，重绘并还原历史事件的原委，启发并延伸读者的思考。在历史关照之外，《人间》同样关心台湾当下进行中的现实问题，如原住民生存、精神病患、环境污染和教师人权等。在思考台湾地区 20 世纪 80 年代社会现实相关的当下性问题之时，《人间》将思考的落脚点放置于战后台湾受到帝国主义和资本主义继续宰割的语境中。《山崁顶的囚徒》以精神病患者买主生被家人锁禁于山崁顶闭塞囚室的故事，串联起台湾地区的历史与当下。文章追溯买主生的一生——接受过汉学私塾教育，上过日式小学，学过中医，曾在日本山林管理所工作，却因为土地纠纷而精神崩溃，并成为精神病患者。故事折射出土地在普通民众生活中的重要性。"贫穷本身，更像一个巨大无朋的鬼魅，紧紧地缠绕着他们一家……买主生早已活生生地住进他的坟墓了。"② 战后台湾底层百姓的贫困生活，又掺杂着日据时期的诸多可怖记忆，疯人买主生口中的"警察只会来捉人……"又将故事带回日据时期严酷的警察政治的记忆之中。买主生之疯癫是历史中的创伤记忆以及现实的贫穷等所致。文中所配的摄影图片展示着山崁顶囚徒的生活场景，照片特写——买主生通过囚室小小洞口向外探看的目光、从囚室的洞口伸出的瘦骨嶙峋的手，以及周围唯一的生物———一条狗，展示出了精神病患者与世隔绝的境遇。跛脚宗仔坐于一侧的照片，伴随周围凌乱的环境，显示出两个被常轨世界所抛弃者的守望相助。

《人间》同样关注弱势者的生存境遇。《一页哀伤而又庄严的圣咏》关注唐氏儿、自闭症等残障儿童的生活。报导摄影展示残障儿童在父母或教师指导下进行肢体练习的画面，或者在杂货铺购物的照片，显示出外在或后天的训练使他们得以走上常轨的可能。作者还进一步倡议以法律的形式保护这些孩子的生存权利。《不孝儿英伸》则关注轰动一时的曹祖少年汤英伸杀人事件。这个来到台北只 9 天、在洗衣店打工的嘉义师专休学生便犯下命案并被抓。报导复现了职业介绍所的压榨与洗衣店老板扣押身份证，以及汤英伸在愤怒之下杀害洗衣店老板一家三口的故事。此事引发了社会对于山地青年命运的思考。汤英伸被收押的照片与家乡曹族特富野的淳朴风光形成对照。

---

① 陈建华：《世界景观在近代中国的视觉呈现——以梁启超与〈新民丛报〉〈新小说〉之图像为中心》，《探索与争鸣》2020 年第 1 期。

② 官鸿志：《山崁顶的囚徒》，《人间》1986 年第 7 期。

汤英伸从小生长的照片展示与当下成为囚犯的照片形成强烈对照，引发人们探究是什么导致了昔日优秀的青年汤英伸的杀人悲剧。汤英伸离开家乡时在写给父母的信中说"经过无数次的挣扎与抉择，我还是决定找寻自己的世界"①，则再次呈现出山地青年找寻未来与无路可走的困境。

战后台湾经济的发展以环境的让渡为代价。在当下，资本仍在无限度地剥削着台湾的自然环境，并对当地村民的生产生活带来破坏性的影响。《人间》集中报导了中油污染、果农反抗、鹿港反杜邦、兰屿掩埋核废料等事件，其中内置的核心线索为战后外国资本对于台湾的宰制和剥削。《悲泣的河海》报导了吴江村的生态破坏现状，图片中绿色的田地和依山而建的村落，与布满垃圾的场景对比，形成视觉冲击。人们为了利益在河流中投放剧毒毒鱼的故事，和图片达成文图呼应。文图互动表征了现代化进程中乡村经济遭到冲击，以及带来的结构性变化。鹿港作为台湾的历史文化古城，同样难免设置工厂与环境污染的命运，由此引发了鹿港反对具有污染性的杜邦设厂事件。鹿港古迹图片展现了往昔的历史，居民们制作的反对杜邦设厂的告示牌显示出抵抗的姿态。而在这个事件当中，选举的介入使保护鹿港和反对杜邦的事件成为政治投名状，镇长候选人手写的倡议书图片则显示出环境保护沦为了政治秀场，图片细节呈现出极大的讽刺感。再次以大幅的图片呈现被现代建筑破坏了整体美感的安平古堡、因为兄弟争产而擅自拆掉一半的台南麻豆林宅，以及因破坏而残破的孔庙屋顶，由视觉的第一观感而呈现出古建筑遭受破坏的现实。

图片的呈现改变了读者的阅读方式，主体通过观看的形式形成视觉感触，并增强了现场感和现实感。"图像的特殊优势在于它们能迅速而清楚地从细节方面交代复杂的过程。"②《人间》杂志的图文互动意在挣脱意识形态束缚，发现故事"本事"，而对于左翼历史的打捞、庶民生活的关怀以及生态公害问题的关注，又显示出立足于台湾土地和人民的民众化实践。《人间》杂志以文字报导追溯历史和关注现实，以具有细节性的图片呈现文本所无法呈现之场景。"在主体和所见之物之间存在着一个由社会文化所构成的符号语境，它使得视觉以一种而不是另一种形式发生。"③ 图片表达有着社会历史文化的影子，而上述的文图互动也呼应着陈映真以反帝和反殖为核心的"第三世界文学"理念。

---

① 官鸿志：《不孝儿英伸》，《人间》1986 年第 9 期。
② ［英］彼得·伯克：《图像证史》，杨豫译，北京大学出版社 2008 年版，第 109 页。
③ 唐宏峰：《视觉性、现代性与媒介考古——视觉文化研究的界别与逻辑》，《学术研究》2020 年第 6 期。

二、第三世界文学：从理念到实践

《人间》杂志于 1985 年 11 月创刊，1989 年 9 月停刊，共出版 47 期。其创刊之时正值台湾社会转型的多事之秋。一面是治安恶化、色情泛滥与迷信盛行等社会问题严重，原住民等岛内反抗运动频发。台湾尚处于"戒严令"解除前的威权政治时代。带有左翼色彩的《夏潮》杂志遭停刊处罚，显示出威权压制在彼时仍旧束缚巨大。另一面是台湾外汇储备破百亿美元，前一时期工业化所带来的城乡分层和阶级固化之弊端浮现。富裕的社会和频发的问题不断地冲击着台湾岛屿，引起人们对于战后至 20 世纪 80 年代所走过的现代化进程的思考。《人间》杂志的创刊有着与时代进行对话的意味。其"发刊词"写道："我们欢迎一切关怀的、富有希望与爱心的报导摄影家和报导文学家联手创作，寄来优秀的作品。"① "联手创作"显示了《人间》编辑群体将书写权力朝向民众的敞开，表明了希望不只是知识群体的独立运作，而是期待民众共同参与的杂志性格。从向历史深处打捞台湾地区的过往，到关注当下公害问题和呼唤社会正义，《人间》发现了贯穿其中的强权与帝国的存在。这与陈映真在 1977 年"乡土文学论战"时提出的反帝与反殖民文学、1983 年提出的"第三世界文学"存在着精神上的接续。纪实性的报导文学和摄影图片的媒介互动，显示出"第三世界文学"由 20 世纪 70 年代末至 80 年代前期的理念构想，转为在 80 年代后期走向田野与民间的实践行动。

从台湾报导文学的发展谱系看，《人间》杂志创办伊始对于这一文体形式的选择，本身便富有改造与抵抗的精神动能。陈映真在《台湾报导文学的历程》中将此种文体追溯至日据时期，即 1937 年杨逵在《大阪朝日新闻·台湾版》上所发表的《关于报导文学》一文。作为日据时期抵抗作家代表的杨逵，其关于报导文学先锋性的认知在陈映真编辑《人间》杂志中得到继承。"报导文学的进步倾向性和改造论固然不见容于反共戒严体制的意识形态，报导文学干预生活、改造生活的特质，自与倡言反对文学表现任何思想、内容和意义，一味追求技巧的玩弄的现代主义格格不入。"② 陈映真点明了选择报导文学这一体裁的原因，即看重其所具有的抵抗和干预的特质，以及改造和介入现实生活的能力。文字与图像的互动在形成清晰的表意视觉系统，以营造在场感之外，也意味着思想在文图之间的转译和互通。无论是台湾现代派勃兴的 20 世纪 60 年代，现代派文学和五月画会、东方画会画作之间的互通有无；还是乡土文学思潮

① 陈映真：《创刊的话》，《人间》1985 年第 1 期。
② 陈映真：《台湾报导文学的历程》，《联合报·副刊》2001 年 8 月 18-20 日。

复兴的 20 世纪 60 和 70 年代之交，乡土派创作和洪通、吴耀忠画作之间的隐微互动，如吴耀忠曾为陈映真的小说《山路》创作同名的油画作为书籍封面，均显示出文学与图像之间的阐释互动对于思想表达、传递的重要意义。带有左翼倾向的《人间》以图像和文学融通表征现实的方式，亦可追溯到光复时期，以赴台的黄荣灿①等人创作的木刻版画为中心展开的左翼美术运动。从战后左翼美术运动、吴耀忠等现实主义创作与乡土文学阶段洪通等人的造型运动，到《人间》的图文实践，显示出文图配合、以艺术介入现实和转译思想的精神延续。

　　《人间》杂志颇具陈映真思想的踪迹。报导文学执笔者蓝博洲和官鸿志等人多次言及陈映真所给予他们的影响，而在报导文学的写作中陈映真也确实介入了文章的行文及修改②，因而"陈映真的身影"③ 实际贯穿于杂志的始终。《人间》所关注的议题涉及弱势群体生活、生态环境破坏、原住民生存、阶级分化等，并致力于以报导文学与摄影挖掘导致问题的原因，即在双战构造下，台湾地区面临的帝国在场与新殖民侵略。这也与作家陈映真以文学思考、介入台湾现实问题的初衷相契合。1977 年，陈映真在"乡土文学论战"中提出了文学的反帝与反殖民任务。在"乡土文学论战"中作为站位乡土立场的一方，陈映真从造成台湾现代派大行其道的战后现实语境出发，并以政治经济上的"第三世界"概念为基础，提出以"反帝反殖民"为核心的"第三世界文学"概念。《乡土文学的盲点》一文可视为其"第三世界文学"理念的早期演绎。他认为"台湾的新文学，受影响于和中国五四启蒙运动有密切关系的白话文运动，并且在整个的发展过程中，和中国反帝、反封建的文学运动，有着绵密的关系；也是以中国为民族归属之取向的政治、文化、社会运动的一环"④。此概念的提出立足于战后历史纵线，有着思考台湾遭遇帝国宰制原因和寻找抵抗与疗愈的精神动能，对于乡土、民族的关照也一直得以延续。此后，他一直以此概念作为思考台湾现实处境的参照。在 1983 年的《中国文学与第三世界文学之比较》一文中，陈映真再次确认，"在台湾的现代中国文学，和其他第三世界现代文学一样，是作为反抗帝国主义、殖民主义的文化启蒙运动之一环节而产生"⑤。"第三世界文学"的提出基于三个世界的划分原

---

　　① 黄荣灿，画家，曾创作记录台湾"二二八"事件的木刻版画《恐怖的检查》。
　　② 参见李娜：《少数民族报导与〈人间〉的理想主义实践——以汤英伸案为例》，《华文文学》2012 年第 3 期。
　　③ 参见王安忆：《陈映真在〈人间〉》，台湾新竹交通大学"陈映真：思想与文学"会议论文，2009 年 11 月。
　　④ 陈映真：《乡土文学的盲点》，《陈映真作品集 11：中国结》，人间出版社 1988 年版，第 5 页。
　　⑤ 陈映真：《中国文学与第三世界文学之比较》，《陈映真作品集 8：鸢山》，人间出版社 1988 年版，第 82-83 页。

则，因而陈映真提出此概念时也受到"理念先行"的批判。但是，20世纪80年代，他将"理念"通过《人间》桥梁进行实践，显示出"第三世界文学"对于台湾社会问题清理之重要与必要。

《人间》的图文系统将陈映真的"第三世界文学"理念付诸实践行动，在报导摄影讲述的故事之下，内置着披露真相、反帝反殖、进行文化启蒙的价值诉求。花冈抗暴事件意在揭露日本侵略者对于中国劳工的损害，抨击战争的不义与帝国的残暴。《山崁顶的囚徒》以精神病患的一生连接起自日据时期到光复之后，社会问题带给个人的不幸遭遇。《不孝儿英伸》则涉及原住民、城市和青年少年犯罪等议题，直击台湾转型时期社会追逐财富、丧失道义与原则的集体性弊病。《战士蔡铁城》《美好的世纪》揭露"二二八"与白色恐怖肃清中左翼知识分子遭受监禁、屠杀的厄运，抨击官方以强权压制左翼的抗议声音，禁锢民众思想自由。《人间》以文图互动的形式重叙历史中被定调的故事，也关照当下具有现实性的社会问题，继承了乡土文学创作中暴露问题与批判现实的思想性格。《人间》在将作为概念设想的"第三世界文学"付诸实践行动时，以文字报导与图像摄影再现上述事件的细节与过程，通过图片的具象化画面展示强弱对比，将帝国在场形象化地展现出来，避免了文字表达直白与平面化可能带来的灌输性危险，增加了对于事件的视觉感受力。这在《人间》报导文学的文图跨媒介互动中有着往复的体现，也成为《人间》思想表达依据的重要形式。

陈瑞桦在纪念画家吴耀忠的文章中指出："如果说在1970年代，文艺是青年在寻求社会实践时，蜿蜒在眼前的少数可能道路，那么到了1980年代，文艺已不足以表达青年的思想及情绪。"① 对于20世纪80年代社会思潮和心灵更迭的概括，在一定意义上命中了《人间》杂志选择兼顾文字报导与图片摄影形式的初衷——以报导的形式挖掘真实，以摄影的形式补足与丰富故事情状，提供直观视觉感受，以此在多元化的消费时代争取读者与发言权利。研究者指出，"《人间》杂志标志着20世纪80年代中期以后陈映真文学实践与思想的高光期"②。而这一思想与实践也是在其前期思考脉络上的再出发。在直面历史与现实问题的语境下，以陈映真为核心的《人间》群体对于以反帝反殖为核心的"第三世界文学"理念的延续和演绎，也内置着面对强权和不义进行思想与行动的双重抵抗意味。

---

① 陈瑞桦：《以文艺进行社会实践》，《思想：走过八十年代》，台湾联经出版事业股份有限公司2012年版，第202页。

② 张立本：《〈人间〉前缘的思想与实践刍论——以陈映真的报导文学（1976—1983）为线索》，《世界华文文学论坛》2021年第1期。

三、视觉抗辩与人民关怀

《人间》杂志的内容与形式实践了陈映真的"第三世界文学"理念，发现了台湾地区在冷战—内战的"双战构造"下遗留的帝国与殖民的历史结构性问题，与 20 世纪 80 年代台湾地区主流叙事相悖。"70 年代台湾文化界普遍存在着觉醒与理性的批判精神，报导文学可以夹叙、夹议、夹感的文体在报纸副刊的锐意变革下，提供了滋长的温床。"① 报导文学的叙议结合与报导摄影的图片呈现一道揭发真相，暴露问题，体现出对于底层与庶民的关怀，所形成的视觉系统带有抗辩的意味。陈映真曾在回顾其人生和文学来路的《后街》中写道："如果要他重新活过，无疑仍然要选择去走这一条激动、荒芜，充满着丰裕无比的，因无告的痛苦、血泪，因不可置信的爱和勇气所提炼的真实与启发的后街。"② 陈映真个人的夫子自道也恰恰概括了《人间》杂志的精神底色。立足于后街进行精神启蒙和行动反抗，正是《人间》杂志报导文学和图片摄影所欲表达的精神核心，启蒙与抗辩的背后是注目斯国斯民的左翼关怀。

《人间》以回到人民中的立场，注目台湾历史和现实的多层面问题，报导文学和图像摄影的文图互动实则是与 20 世纪 80 年代台湾地区社会转折风潮的对话。台湾经济腾飞所带来的社会阶级问题的突显、政治风向的转折、党禁与报禁的解除，似乎使社会走向了所谓的开放与民主，但实际上却是发言权从一个上层权力转移到另一个上层权力，所谓的庶民关注空有口号，成为政党操作之下的投机工具。《人间》杂志中每期插页的广告植入，也预示着它无法在以经济是尚的时代主流中独善其身。正是在这样的转折语境之下，报导文学和图像摄影的文图互动与坚守，成了直面官方叙事霸权、打捞被忽视的现实人间的方式。这本身便是一种抵抗的姿态。阿恩海姆认为"有必要认识到，语言只不过是思维的主要工具（意象）的辅助者，因为只有清晰的意象才能使思维更好地再现有关的物体和关系。语言的功能基本上是保守的和稳定的"③。在《人间》创办的 1985 年，戒严令仍未解除，相关的辖制政策仍笼罩着社会，因此，图像和文学交融所形成的图文形式，既是一种在资本高度发达年代适应市场的敲门砖，又是在戒严下表达自我坚守的隐微方式，以看似并无冲撞性的摄影形式突破压力和障碍，并将所思所想转化为图片在场的视觉存在。"以报告文学与纪实摄影的方式，展现

---

① 李瑞腾：《从爱出发——近十年来台湾的报导文学》，《文艺复兴月刊》1984 年第 158 期。
② 许南村：《后街：陈映真的创作历程》，《中国时报·人间副刊》1993 年 12 月 19 日—23 日。
③ ［美］阿恩海姆：《视觉思维》，滕守尧译，光明日报出版社 1986 年版，第 357 页。

掩盖在'资本主义现代文明'之下被主流媒体忽略了的弱势族群的生存状态与生命需求。"① 此种图文互动的形式一方面连接着生存所必需的市场，另一方面则联系着《人间》杂志编辑群体的人间情怀。杂志内页中大众性的广告与严肃的报导文学的并列，也预示着这是一场退守中的进步、妥协中的抵抗。

《人间》不仅立足于发现与暴露社会问题，而且溯源导致问题的根本原因，回到台湾地区遭受殖民与新殖民的历史结构中去思考，而贯穿始终的是其回归人民的思想诉求。杂志追踪台湾社会贫富差距带来的阶级的固化，关注原住民生存和环境污染，重视农村的式微以及青少年犯罪等问题，并将台湾战后新殖民经济作为社会问题的罪魁祸首。20 世纪 80 年代，台湾地区有两次著名的环保运动，一为鹿港反杜邦运动，一为水源里与李长荣化工厂的抗争运动。《人间》报导了水源里民众的抗争始末——工业废水破坏了新竹的米仓，民众生活受到影响。这是为经济发展而损害环境的代表性实例。图片中的李长荣化工厂坐落于稻田和菜园之间，远景中化工厂的钢筋水泥建筑和周围的民房形成对照，近景中农民在菜园摘菜的图景，在视觉上传递出化工厂侵入所带来的生存威胁。民众因废水污染而住院的照片与李长荣化工厂前抗议民众搭建的临时休息处的图像，形成强烈的视觉冲击。文图互动呈现出对以让渡百姓生存权利谋求经济利润的批评。20 世纪 80 年代后期，政党轮换之下的社会关怀有着政治操作术的运作，作为被操作之物的现实却逐渐被空洞化，并失却了对于问题的真正触及。报导文学的文字和图片的图像互相参照，使得台湾地区在 20 世纪 80 年代社会转型期的现实问题变得可见可感。始终处于画面中心的庶民图像，不仅显示出《人间》杂志的人民性坚守，也表达了对于上述不义事件的视觉抗辩。

正如朗西埃对于图像的解释，"它不再是一个复本或是一种解释，而是事物说话和沉默的一种方式。可以说它进驻到事物的中心，成为无声的言语"②。在以视觉抗辩抵抗帝国与权利宰制之外，《人间》杂志同样直面威权政治下的压抑现实，显示出对于普通民众的关怀。对于以"二二八"为代表的历史事件的打捞则不仅是为了克服台湾新世代的政治冷感症候，也有着抵抗新兴力量对于台湾历史有意歪曲的"误写"意味。《人间》所面对的是"1980 年代的台湾，走上台湾民族主义的'文化政治'（cultural politics）运作，开始'重构台湾'"③ 的时代潮流。《人间》对于"二二八"历

① 李晨：《纪实与关怀——从〈人间〉杂志到纪录影像》，《文艺理论与批评》2017 年第 6 期。
② ［法］雅克·朗西埃：《图像的命运》，张新木、陆洵译，南京大学出版社 2014 年版，第 18 页。
③ 萧阿勤：《追求国族：1980 年代台湾民族主义的文化政治》，《思想：走过八十年代》，台湾联经出版事业股份有限公司 2012 年版，第 85 页。

史重现的姿态体现为站位于中国近代史这一坐标轴的思考。报导特辑以"2·28的民众史"为名，已经显示出其站位于人民立场的思考。第一幅图片为庆祝台湾第一个光复节之时台湾士绅的合影，照片中西装革履的人士显示出其社会身份并非普通庶民，图片中"五十年梦寐未忘今日，六百万精诚岂让当年"的楹联则又示意着他们与接收台湾的权力一方的合谋。另一幅照片呈现台湾开始接收的景象，所选用的是身带配枪的军人围坐商议的场景，在图像之中民众始终处于消失状态。"语图互仿"具有非对称性①，摄影照片的选择以民众的缺席逆写了报导文学的人民立场，却传递出反差之下的强烈抗议，即民众在这场事件中虽然"被"缺席，却因文图的反向指涉而发出了声音。而图片所呈现的昔日"乌牛栏战役"的战场已经不见昔日的痕迹，昨日的战斗之地如今成为普通的交通道路。图片呈示出沧海桑田的巨变，也直面了记忆被埋藏的现实隐忧。"图像的运动性、脆弱性、非线性、暧昧性等特点，对线性的、知识的、叙述的历史本身产生质疑、批判和穿透打碎的作用。"② 对于"二二八"的图像呈现和报导文学一道，打破了主流权力对于此事件的官方定义，因而显示出《人间》杂志站位于普通庶民角度的关怀和发出的隐形抗辩。

《人间》杂志依靠图文建构起了展示性的符号系统，直面20世纪80年代以来台湾社会的时事之变。1987年台湾解严后的现实语境，使其可以触碰曾被政治所遮蔽的诸多敏感话题，但是解严和党外运动兴起又导致了台湾意识的甚嚣尘上。《人间》杂志自第25期开始，以1987年的公元纪年取代了民国纪年，正是其对抗台湾意识的细小症候。《人间》杂志面向历史和当下的双重维度，指向了超克国族分断和殖民伤痕、寻求公理正义与民族和解的意味。

《人间》杂志的文图呈现实践了"第三世界文学"理念，亦表达出抗辩的哲学。从发刊词对于杂志群体之外人士发出的参与邀约，到文图呈现为读者所营造的观看语境，均显示出《人间》以人民为核心的庶民立场。而"'自由观看'本身就是一种对情境限制进行抵抗的政治"③。在剥离被多方论述所遮掩的历史和现实之际，《人间》杂志发现了造成这一切现实弊病的原因，即战后台湾以让渡主体换取经济发展的新殖民。再向前追溯，这个原因便是"双战构造"下两岸分断的现实。研究者指出："图像表征可以用来制造某些有关民族史的观念，民族性的标志恰恰是从这样的事实中获

---

① 赵宪章：《语图互仿的顺势与逆势——文学与图像关系新论》，《中国社会科学》2011年第3期。

② 唐宏峰：《"图像—历史"："历史3"何以可能——对图像证史的反思》，《探索与争鸣》2020年第3期。

③ 曾军：《观看的文化分析》，《文学评论》2008年第4期。

得力量的。"①《人间》的报导文学和图像选择也有着深入民族历史的想象与期待,要解决这些现实问题则势必以反帝和反殖为中心,回到中华民族历史的脉络中疗愈伤痕。这正是陈映真对其 20 世纪 70 年代"反帝反殖民"文学、80 年代"第三世界文学"理念的实践。

四、结语

《人间》杂志的文图互动将陈映真的第三世界文学理念付诸行动与实践,打捞历史真相,发现庶民声音,与时代主流叙事进行对话,显示出其批判与关爱兼具的思想性格。在 20 世纪 80 年代的台湾地区历史语境中来看,以陈映真为核心的《人间》杂志的思想与行动均显得不合时宜,但这也恰恰证实了作为批判力量之存在的必要及重要。从小说中的身体抗辩②,到报导文学中的视觉抗辩,陈映真对于台湾地区复杂的权利宰制问题一贯持批评态度。《人间》杂志之意义不仅在于其独特的文图互动形成了适合理念表达的视觉系统,以契合时代发展趋势的形式变革表达思想,而且在台湾地区文学思想的谱系中做纵向观察,便会发现其意义还在于《人间》的形式探索与行动实践为台湾左翼谱系内的再出发。《人间》之报导摄影可视为 20 世纪 70 年代乡土文学思潮的接续与发展,杂志的图文互动所建立起的视觉系统丰富了"反帝与反殖民"的第三世界文学理念,并且成为 20 世纪 80 年代台湾左翼思潮再度介入现实的行动体现。正如朱双一在评价《人间》作者关晓荣时所言,"对被损害,被侮辱者充满了由衷的关爱之情和自我反省之心,并表现出'反资'姿态和立场,勇于揭露资本主义的种种丑陋和弊端,这种鲜明的批判性和倾向性,正充分体现了《人间》报导文学的左翼本色"③。《人间》的报导与摄影正是知识分子群体穿越 20 世纪 80 年代的时代迷雾,思考战后台湾地区结构性困境的重返"后街"的实践行动。

(作者单位:南京大学中国新文学研究中心)

---

① 丁宁:《图像缤纷》,北京大学出版社 2016 年版,第 310 页。

② 马海洋:《反宰制、抗辩与主体性追寻——论陈映真小说的身体书写》,《文学评论》2022 年第 1 期。

③ 朱双一:《台湾左翼报导文学的理论承传与创作经验——以〈人间〉作家关晓荣、钟乔为例》,《中国现代文学》2012 年第 21 期。

"'社会启蒙'文学思潮"的理论架构及范式价值①
——评《晚清以来中国"社会启蒙"文学思潮史》

陈进武

当下关于中国文学思潮史的书写并非易事，学术成果数量多、还原历史难度大、研究视角突破难，都对写作者以及写作本身提出了更高的要求。但不论是注重历史形态，还是强调理论形态，无疑都很难有效突破既有文学思潮史书写的范式和体式。那么，如何从文学史观和方法论变革角度厘清中国文学思潮发展的历史轨迹，特别是怎么看待它的常与变，概括并阐述不同阶段文学思潮的整体特点？张光芒主编的两卷本《晚清以来中国"社会启蒙"文学思潮史》（以下简称"《思潮史》"）以七十余万字的篇幅深入考察了晚清以来中国"社会启蒙"文学思潮的演进历程、复杂动因及深远影响，系统探讨了社会启蒙与文学思潮的互动过程、运行逻辑及其内在规律。从书写视角到研究内容，《思潮史》都在很大程度上突破了文学思潮史的述史困境，在坚持史实本体依据与述史理论建构的基础上，首次提出"'社会启蒙'文学思潮"的概念，并确证了"社会启蒙"理论架构的合理性和合法性。在写作策略上，该著采用的"史""论"相结合的叙述结构、文学与社会"双向互动"的研究思路等，建构起一种新的述史范式。

一、"'社会启蒙'文学思潮"概念的提出

在撰写中国文学思潮史时，通常有三种写法：一是秉持文学理论思潮的通史；二

---

① 本文系国家社科基金青年项目"中国当代文学小城镇叙事研究"（20CZW049）的阶段性成果。

是立足于文学创作思潮的新史；三是聚焦于某一类型文学主潮的专史①。前两种从整体层面把握文学思潮的发展全貌，而后一种则以某类主流思潮来厘清文学思潮的基本走向。当然，倘若深究下去，三种写法各有特点且都会有其难以避免的局限，在此姑且不论。张光芒的《思潮史》属于文学主潮的专史，但又试图跳出既有的写作窠臼。全书以"社会启蒙"统辖论述，从晚清时期的 1895 年开始至 21 世纪以来的 2020 年，从梁启超的《新中国未来记》到王诺诺的《地球无应答》，不限文体类型，但又以小说创作为主。关键之处在于，作者首次提出了"'社会启蒙'文学思潮"的概念，并在研究理路和研究方法层面上阐发这一概念。在研究理路层面，从"社会启蒙"的层面切入研究对象，着眼于文学与社会的"双向互动"，深入挖掘百年来中国社会转型过程中，从社会制度到伦理变革等层面对现代性的追求和建构；在研究方法层面，"社会启蒙"文学思潮并非面面俱到地论述启蒙问题，而是着力辨析个体启蒙与社会启蒙的深微关系和区别。

对于这一概念的提法应该如何理解和评价呢？杨春时论及启蒙主义文学思潮时，直言给其定性极富挑战性，"启蒙主义历来被定性为一种社会文化思潮，而不是文学思潮，无论是在世界文学史还是中国文学史上都没有它的位置，新古典主义之后就是浪漫主义。虽然柳鸣九先生曾经提出欧洲 17 世纪文学属于启蒙主义文学思潮，但并没有进行理论上的论证，也没有被学界主流认可，更没有用于命名中国文学思潮"②。表面看来，"'社会启蒙'文学思潮"的概念是延续了"启蒙主义文学思潮"的逻辑理路，但在根本上却跳出了通用概念的言说限制，为中国文学思潮史的写作提供了"社会启蒙"的新视野。从这一意义上来讲，对于张光芒《思潮史》的评价不能局限于仅做个案书评，而须进一步将其置于重写中国现当代文学思潮史、文学史观变革的视野下来透视其学理逻辑。

难免有人要问，"'社会启蒙'文学思潮"的提法究竟有何种合理性？或者说，著者能在多大程度上突破理论障碍和思维定势？其实，这一概念的提出，看似有些出人意料，却又在情理之中。《思潮史》的主编张光芒是文学史家、文学评论家，被董健教授称为"张启蒙"③。20 世纪 90 年代以来，他将学术视野集中在中国百年文学思潮研究，尤其是在启蒙文学思潮的拓展、深化与范式转型研究领域建树颇丰。他的《启

① 余坚、施军：《"现代性"背景下的文学思潮——从不同版本的比较中谈文学思潮史的书写问题》，《淮阴工学院学报》2012 年第 4 期。

② 杨春时：《现代性视野中的中国文学思潮史——写作〈中国现代文学思潮史〉的总体思路》，周宁主编：《人文国际》第 4 辑，厦门大学出版社 2011 年版，第 86 页。

③ 董健：《"打开窗户，让更多的光进来!"——序张光芒著〈中国当代启蒙文学思潮论〉》，《当代作家评论》2008 年第 5 期。

蒙论》（上海三联书店 2002 年版）、《中国近现代启蒙文学思潮论》（山东文艺出版社 2002 年版）、《中国当代启蒙文学思潮论》（上海三联书店 2006 年版）等著作从启蒙资源与哲学层面反思中国的启蒙运动，重建起启蒙的形而上理想，不仅系统建构起中国"社会启蒙"文学思潮史的理论构架，为探索启蒙的本土化问题提供了新思考与新路径，而且也为"21 世纪现代中国文学研究开拓新的学术境界"①。正因主编有着广阔的学术视野和深厚的学术功力，16 年后出版的《思潮史》无疑是其启蒙问题的深化研究的实践成果。

从 21 世纪出版的文学思潮史来看，王福湘的《悲壮的历程：中国革命现实主义文学思潮史》（2002）、吕正惠和赵遐秋的《台湾新文学思潮史纲》（2002）、方维保的《当代文学思潮史论》（2004）、李扬的《中国当代文学思潮史》（2005）、卢洪涛的《中国现代文学思潮史论》（2005）、刘中树和许祖华的《中国现代文学思潮史》（2006）、汤奇云的《中国现代浪漫主义文学思潮史论》（2007）、刘增杰和关爱和的《中国近现代文学思潮史》（2008）、王嘉良的《现代中国文学思潮史论》（2008）、马春花的《被缚与反抗：中国当代女性文学思潮论》（2008）、朱双一的《台湾文学创作思潮简史》（2010）、杨春时的《中国现代文学思潮史》（2011）、王达敏的《中国当代人道主义文学思潮史》（2013）、郝敬波的《现代中国文学思潮史》（2016）等重要成果，都在很大程度上深化和拓展了"重写文学史"的方法和路径，为重写中国现当代文学思潮史作出了有益的探索。

不难看出，编写一部中国现当代文学思潮史时，学界通常会有两种做法：一种是按照"从外到内""从大到小"来叙述的；另一种是"先理论后创作，先思想后形式"的思维方式。诚然，尽管近些年出版的文学思潮史著在文学史观或叙史方式上有所创新，但仍未超越传统意义的现实主义、浪漫主义、启蒙主义、现代主义和后现代主义的范畴。针对上述现象和问题，著者曾提出重构中国现当代文学思潮史应对文学思潮进行分类而不是分期，亦即从这样三个大类（专题）来建构中国现当代文学思潮史，即"社会/革命文学思潮""人性/启蒙文学思潮""审美/感性文学思潮"②。很显然，《思潮史》这一著作恰是超越了文学史叙述模式的定势，充分地体现出文学文本对人性的发掘和启蒙的内在需求。

严格来说，著者提出"社会启蒙"的命题，"绝非是降低了个体启蒙的重要性，

---

① 朱德发：《序》，张光芒：《中国近现代启蒙文学思潮论》，山东文艺出版社 2002 年版，第 6 页。

② 张光芒、徐先智、陈进武：《如何重构中国现当代文学思潮史》，《西南民族大学学报（人文社会科学版）》2013 年第 1 期。

亦非是忽视思想启蒙的必要性,而主要是移动了一下研究的逻辑重心,划出某种层面的对象视域和一定范围的思想边界,以期更加集中和有效地将问题推向深入"①。进而言之,"相对于个体启蒙而言,社会启蒙侧重于社会关系的层面,即更加重视对于社会与人、人与人之间的关系的考察;相对于感性启蒙而言,社会启蒙问题更加侧重于理性启蒙的层面"②。与此相关,"'社会启蒙'文学思潮史"既强调了其论述对象是以"社会启蒙"为核心的文学思潮,又暗含了写作思路是从文本切入,从文学思潮入手,着力探讨文学史所表现出的社会启蒙内涵,以及文学史所创造出的社会启蒙思潮。总起来说,该著以"社会启蒙"为理论依据重写文学思潮史,深度探讨了诸多有待发掘的学术难题,无疑具有学术创新性。更为重要的是,著者系统探讨社会启蒙与文学思潮的双向互动过程及其关系,形成了两者互相呼应的叙述张力和互相观照的态势,构成了全书的最大亮点。

二、作为研究视角的"社会启蒙"

从"社会启蒙"的视角切入中国文学思潮的确独具慧眼,同时又显现出理论的创新与学术的洞见。单从书名来说,《晚晴以来中国"社会启蒙"文学思潮史》有着三个核心关键词:晚清、社会启蒙和文学思潮。在此,我们暂且先不论著者使用"晚清"一词有何深意,后文再重点讨论。当然,如果仅谈"启蒙""社会启蒙"或者"文学思潮",怎样架构全书都会感觉过于"规矩",恐怕难以突破学界的既有学术认知和阐释体系。令人惊喜的是,著者并非简单沿袭以"启蒙文学思潮"为论述主体的研究思路,而是明确提出了"社会启蒙"文学思潮是百余年来中国文学思潮的重要主潮之一,并将"社会启蒙"与"文学思潮"加以组合并产生了奇妙的"聚合反应"。作为一种研究视角,"社会启蒙"明显超越了教育或社会意义层面的启蒙范畴,从文学和社会互动角度确立了自身价值与意义,有效打开了一个有着许多未知领域的新的学术空间。

《思潮史》体系宏观,视野开阔,思想前沿,方法新颖。全书共分六章,导论部分阐述全书的写作思路和研究目的,明晰了百年来中国文学思潮的历史分期和阶段特点,并界定了"社会启蒙"、社会启蒙与文学思潮的双向互动等概念。著者分析了中

①　张光芒主编:《晚清以来中国"社会启蒙"文学思潮史》(上卷),安徽教育出版社2022年版,第7-8页。

②　张光芒主编:《晚清以来中国"社会启蒙"文学思潮史》(上卷),安徽教育出版社2022年版,第8页。

国文学史上的社会启蒙问题，提出了文学思潮对于社会启蒙的促动和纠偏的命题。除了特殊时期之外，该书上卷所论的"中国'社会启蒙'思潮史"始于1895年，止于1949年，而下卷所论及的时间段是1976年至2020年。其中，上卷为第一章至第三章，分别对应1895-1911年、1912-1926年、1927-1949年，分别命名为"社会启蒙"文学思潮的发动与滥觞期、起飞与激荡期、高涨与弥漫期。下卷为第四章至第六章，分别为"社会启蒙"文学思潮的复兴与奔涌（1976-1989）、"社会启蒙"文学思潮的转型与分流（1990-1999）和"社会启蒙"文学思潮的新变与渗透（2000-2020）。由此看来，该书的论述建基于每一个阶段"社会启蒙"文学思潮的实际进程和主导特点，涉及晚清时期的政治书写、制度变革、科学观念和性别建构，以及近年来的生态意识、社会韧性与科幻想象等层面。

不论是"社会启蒙"文学思潮史的体系建构，还是阐述"社会启蒙"文学思潮的阶段特征，著者始终以"社会启蒙"为研究视角，并衍生出诸多隐于其后的观照点。谈到晚清小说书写国家政治想象的主题时，著者敏锐发现，小说这一文体在晚清崛起，便被赋予了经国济世、完成政治改造的社会功用。借助纸媒"改良社会"与"开启民智"的编辑方向，身兼政治家与文学家的知识分子以重塑政治制度为写作焦点，并辐射到革新现代政制、促动社会发展、改良女性群体、变革现代教育、发展中国科技等众多与此相关的命题，在很大程度上为现代民族国家设计了理想的蓝图。需要补充的是，"晚清小说鲜明的政治书写，为彼时危机重重的中国提供了不同的变革策略，小说成为促进社会、政治变革的力量，在暗淡的时代氛围下，激励着一代民众开创未来的信心"①。的确，晚清小说以想象形塑的未来中国，使得小说与社会政治改造互相统摄，成为促动社会变革的重要力量。但此时这类小说叙事的中心逻辑是国家话语至上，这既是其具有社会启蒙意味的来源，又是其叙事缺乏趣味性和想象后继乏力等弊病的根源。

著者的观察不乏洞见，也深有启发性。相异于晚清小说以中国或世界为整体的言说方式，"五四"文学则从个人化叙事切入作家对社会、历史的宏大关切。从青春、女性、婚恋到底层、民族、苦难，都不单以言语的形式在文本中存在，而是通过个人的实践活动建构起社会真实。事实上，文学成为"人的文学"，文学只关注人，再通过人与社会之间建立联系。我们能够发现，"五四"文学如何从单一的强化某种社会思想的手段转回更具关联意义的文化载体，通过"人的觉醒"图构起文学通往社会启蒙的航道。需要强调的是，1927-1949年的文学与社会、政治、经济现实的互动最为

---

① 张光芒主编：《晚清以来中国"社会启蒙"文学思潮史》（上卷），安徽教育出版社2022年版，第236页。

紧密,文艺实践对社会现实的关注介入是全方位和多层次的。比如,工人题材叙事、乡土小说、农民题材叙事等创作中均表现出了现代制度启蒙意识;婚恋家庭叙事所体现出的社会伦理启蒙维度转向与革命主题纠缠,而个人的"小我"和革命的"大我"之间的关系,成为人们关心的社会问题;成长主题和文学叙事中蕴含了新形势下的新思考,特别是"新青年"在处理个人与社会关系时,一种是强调个人解放的深入,批判社会之恶,个人主义观念停留在知识阶层的历史构想中,另一种是逐步敞开自我,以融入集体、深入基层凝聚成"大我",但陷入了自我启蒙尚未完成又遭遇社会启蒙的现实困境的矛盾中。

从"社会启蒙"的研究视角出发,可以让我们对中国现当代文学思潮的观察还能得出哪些新的看法呢?历经20世纪50年代至70年代的沉寂期后,20世纪70年代末和80年代探寻人的主体性以及重新发现"人"的过程是绕不过去的话题。可以说,20世纪80年代的启蒙话语有一种鲜明的"个体+社会"的特点,而社会启蒙成分远大于个体性的启蒙,从而表现出试图完成"五四"时期不曾完成的启蒙构想。因此,考察政治和经济书写、婚恋和家庭叙事的社会伦理启蒙新向度、成长叙事与教育反思、环保书写与生态意识的觉悟等,自然是题中应有之义。谈到生态书写问题,著者认为"这一文学式的介入精神也在1990年代得到了进一步深化和发展"①。这样看来,我们还需要观察20世纪90年代的转向和分流,以及21世纪的新变和渗透情况。在特定程度上来说,"社会启蒙"文学思潮在20世纪90年代继续深入,在社会制度启蒙、社会伦理启蒙、社会文化启蒙主题以及生态启蒙等层面呈现出多元化的特性。而21世纪的"社会启蒙"文学思潮的新变主要表现在政治经济书写、婚恋家庭叙事、成长叙事、生态叙事、灾难与疫情历史记忆的建构、新科幻叙事等诸多方面。显然,这一切都从根本上丰富了文学思潮史的内容,极大拓展了言说空间,更新了文学史观。

三、从"单向促动"到"双向互动"

如何通过"社会启蒙"来准确把握百余年来中国文学思潮的本质特征?这无疑还需要我们从社会启蒙和文学思潮的双向互动实践中加以理解和提炼。《思潮史》中恰好有这样的表述:"根据笔者的设计理念,这个重大课题要提出一个新的命题,即将晚清以来'社会启蒙'文学思潮史进行一番梳理;同时还要强调和贯穿一种新的方法思

---

① 张光芒主编:《晚清以来中国"社会启蒙"文学思潮史》(下卷),安徽教育出版社2022年版,第616页。

路，即以'文学思潮对于社会启蒙的促动和纠偏'为基本理路。"① 显而易见的是，著者在"双向互动"上下足了功夫，从文本分析和文学思潮入手，为我们展现了一部"'社会启蒙'文学思潮"史的鲜活案例和演进全貌。这些直观或隐现的叙事经验，形成了自成一体的逻辑体系和理论方法。所以，明晰如何"双向互动"及其关系，是理清《思潮史》研究理路的关键之所在。

《思潮史》为我们解释了"双向互动"的内涵："所谓双向互动的研究，在某种程度上其实主要体现为文学作用于社会、文学思潮作用于社会思潮的研究。换言之，当我们深入至文学反作用于社会的逻辑层面和内在肌理，自然也就包含了双向互动的内涵。"② 上述阐释仍偏重于概念解释和理论阐述，难免有些抽象。当然，如果要充分理解"双向互动"，需要回到前文所提及的学界撰写文学史时的通行做法，即文学史叙述"从外到内"的思维模式，先叙述外在社会背景、历史事件，而后再叙述文学创作。换言之，"这种思维习惯细化为文学研究的理路便是：社会→社会思潮→文学思潮→文学创作，每两个概念之间，总是前者决定后者。这显然带有明显的单向促动的性质"③。正因如此，有必要找到一个适度的、更切实际的出发点，最优的路径就是从"单向促动"转向"双向互动"，重新建构起文学/文学思潮和社会/社会思潮之间双向互动和动态激荡的关系结构。

对于这样一个极富挑战性的命题，我们需要着重看下"社会启蒙"是怎样通过"文学思潮"建立"双向互动"关系，或许不无启发。正如我们直观可见的，《思潮史》的每一章乃至每一节都是从文学本身，亦是从文学思潮出发来切入社会启蒙思潮的。举例来说，第一章第一节为"政治书写与现代政制启蒙"，第二章第一节为"政治书写与社会制度变革"，第三章第一节为"政治经济书写与社会制度启蒙"，第四章第一节为"政治、经济书写与改革开放大潮"，第五章第一节为"政治、经济、法治书写与改革开放的推进"，第六章第一节为"政治经济书写与制度探索的深化"。可以看出，著者并没有采用"现代政制启蒙与政治书写""社会制度变革与政治书写""制度探索的深化与政治经济书写""改革开放的推进与政治、经济、法治书写"等拟题，实则在很大程度上呼应了"双向互动"的写作意图。无论如何，我们都难以否认，《思潮史》确实一改政治经济、社会文化等如何影响文学创作的逻辑定势，而是着意

① 张光芒主编：《晚清以来中国"社会启蒙"文学思潮史》（下卷），安徽教育出版社 2022 年版，第 965 页。
② 张光芒主编：《晚清以来中国"社会启蒙"文学思潮史》（上卷），安徽教育出版社 2022 年版，第 4 页。
③ 张光芒：《论文学思潮对于社会启蒙的促动和纠偏》，《当代文坛》2023 年第 1 期。

强调文学创作是如何创造了何种社会启蒙思潮,并且是怎样参与到社会思想的现代性进程的。

在考虑到上述拟题的差别之后,重估社会启蒙与文学思潮的双向互动关系,我们就完全可能在相关章节内容中找到类似的例子。比如,在对20世纪90年代小说的社会伦理启蒙意识进行分析后,著者提炼出"对平等的关注与书写""对道德的追寻与抵达""女性自由意识的觉醒"三个层面。显然,从陈染的《私人生活》、徐小斌的《双鱼星座》和林白的《一个人的战争》等可见,小说作品显现出了社会伦理启蒙视域下的女性自由意识。与此同时,女性作家以小说创作的方式参与到社会精神生产中,充分彰显出女性的自我意识和自由精神,在某种程度上也影响到当时的日常生活和社会伦理的走向。在分析道德追寻时,著者认为贾平凹的《废都》对社会道德的反叛与挑战,是其引发广泛争议的重要原因,而社会各界对其的争论又提醒着我们深度思考20世纪90年代小说的社会伦理启蒙。难以忽略的是,《废都》道出了20世纪90年代知识分子在"人文精神"迷失环境下的无奈与积郁,扮演着作家打破创作禁区,以及破除思想牢笼的先驱角色。

接下来的问题是,我们究竟应该如何确证文学作用于社会?讨论文学反用于社会,不能"错误地将文学对于社会的作用简单地或者机械地理解为文学思潮对于社会实践发生了眼见为实的作用;也不能简单地从功能论的角度理解为文学的教育作用、认识作用以及娱乐作用"①。仅从这一层面来看,在21世纪的疫情背景下,作家们通过小说创作彰显出人性、自然和社会的启蒙指向,借由小说叙事发出了振聋发聩的富有科学精神的呼声,特别是对应急预防机制疏漏的发现和对责任伦理的昭示,以厚重的生命意识、深切的人性关怀和强烈的现实关怀等显现出深广宏阔的理性反思价值和社会启蒙价值。同样,"科技焦虑"促动了作家的新科幻小说创作,而"人"与社会关系的思考、对科技引发的社会变革的反思则成了小说叙事的核心主题。事实上,新科幻小说将启蒙的目光从人如何运用理性的私人领域转向社会层面,并对公共领域的社会启蒙问题作了许多思想实验。可以说,《思潮史》展现了文学作用于社会的逻辑路径及其重要意义,以此为出发点,有助于我们深度思考"'社会启蒙'文学思潮史"的超越性价值。

四、"社会启蒙"的超越性价值与意义

王尧曾评价说:"张光芒由'启蒙论'到'启蒙文学思潮论'再到'新启蒙主

---

① 张光芒:《论文学思潮对于社会启蒙的促动和纠偏》,《当代文坛》2023年第1期。

义'，有着厚重的历史背景、深层的现实原因和清晰的学理立场。……张光芒在学术研究和文学批评中，有一个更大的学术理想是试图建立自己独特的中国式的'启蒙哲学'，这样一个构想是张光芒今后一段时间里的'集大成'工作。"① 无可否认，张光芒是思想家型的学者，也是学者型的批评家，知识储备厚，逻辑思辨强，理论修养高。因此，《思潮史》并不仅仅是以思想性和理论性见长，而且还在文学作品的解读、文学思潮的阐述、社会启蒙的分析等方面见深度，显高度。因此，很有必要对该著作做一番综合考察，以便显现其超越性价值与意义。

除了前文所说的概念提出、研究视角和基本理路外，《思潮史》最为直观的价值是其文学思潮史架构具有完整性和开拓性。著者指出："本书题名为'晚清以来中国'社会启蒙'文学思潮史'，亦有着多方面的缘由和考量。用'晚清以来'表达时间限定，弃用近现代或者现当代的说法，系试图强调本课题研究思路下对于一般近代、现代、当代等文学史分期的淡化；同时，从社会启蒙而非文化启蒙的视角来看，晚清时期本身就是一个高潮期。"② 通常来说，学界关于文学史分期主要有中国现代文学、中国当代文学、中国现当代文学、现代中国文学、二十世纪中国文学、中国新文学等诸多提法。该著作以"晚清"作为叙事起点，确实并非只为打通近代、现代和当代的习惯性研究格局，而是从"社会启蒙"在晚清时期抵达高潮的实际出发，把百余年来社会转型过程中的文学思潮作为有机整体来把握，显示出文学史叙述的完整度，而其研究视角的开拓性则不言自明。

写作这样一部文学思潮史，事实上会面临一系列的学术挑战。为什么会有如此的写作难度呢？《思潮史》的挑战主要在于遭遇到诸多的学术难题。其一，在基本思路和逻辑理路上，该书解决了晚清以来的文学创作潮流是如何创造了社会启蒙的思潮，又是如何参与了社会思想的现代性进程，最后是如何在审美潮流中能动地建构起属于自身的社会启蒙史。其二，与此相关，该书探寻的是超越既有启蒙文学研究的前沿话题，提出了新的文学思潮史概念，理清了百年文学中个体启蒙与社会启蒙的复杂的纠葛。可以说，真正意义上的现代启蒙不但要求个体启蒙的完成，更要求社会启蒙对于个体启蒙的呵护。其三，在梳理创作规律和逻辑进路的基础上，该书从复杂多元的百年文学史中挖掘并建构起了一条可称为"晚清以来中国'社会启蒙'文学思潮史"的脉络。从这个意义上来说，这样一部具有开拓性的文学思潮史著作，无疑为重写中国文学思潮史开辟了新路。

---

① 王尧：《理论、身份与文学批评——关于批评家张光芒》，《南方文坛》2008 年第 3 期。
② 张光芒主编：《晚清以来中国"社会启蒙"文学思潮史》（上卷），安徽教育出版社 2022 年版，第 11 页。

从叙史的方式来说,《思潮史》以史论结合的综合方式,着力挖掘晚清以来以社会为核心的文学创作潮流所表现出的从社会制度到伦理变革等层面对现代性的主动追求和动态建构。的确,在确立书写的逻辑架构与理论支撑后,著者采用了具有较高难度的"史""论"结合的叙述结构。具体而言,该书在共时性与历时性上统一展开,一方面,从历史实证的纵向维度,展现出中国"社会启蒙"文学思潮的发展样貌;另一方面,从理论逻辑的横向维度,描述出"社会启蒙"文学思潮的观念新变。不过,我们强调的应该是,该书的价值既表现在对具体文学作品的微观解读,又体现在对中国"社会启蒙"文学思潮的宏观叙述,但对于不同时期的历史叙述都是从文学文本切入其社会启蒙思潮的层面。

纵观全书,著者力图让我们的目光始终聚焦"社会启蒙"文学思潮,关注文学文本与文学叙述生产"社会启蒙",并深入历史纵深处。《思潮史》一再强调,文学思潮既参与了社会启蒙的整体进程,又促动了新的社会启蒙的发生。与此同时,它还隐含着另一维度——对于现实世界在社会启蒙问题上的偏向、逆反作审美的反思与纠正。尽管学术难题大,问题错综复杂,但著者却逆流而上,鞭辟入里地分析各种学术命题,建构起行之有效的叙史体系,使中国文学思潮史的叙述豁然开朗。这也正是《思潮史》最大的魅力所在。当然,关于文学思潮与社会启蒙的命题,仍有较大探索空间,有待于更进一步讨论无限的文学可能。

(作者单位:江苏第二师范学院文学院)

现代地域文学生产及其研究的有效性①
—— 以刘保昌《地域文化视野中的两湖现代文学研究》为中心的考察

刘　波

　　作为研究"地域文化视野中的两湖现代文学"的一部综合性专著，刘保昌先生在《地域文化视野中的两湖现代文学研究》②（以下简称"《两湖》"）中，将两湖文学视为一个整体感觉文化区的基础，以具体文本为中心，将两湖现代文学划分出若干亚文化地域，并将之命名为"圈块结构的文学地域划分"③。作者又以两湖历史文化传统为线索，将这类亚文化地域划分为武陵地域文化、中部地域文化以及东部地域文化。在文本阐释的实践中，作者创新体例，依据两湖现代文学成果，以作家作品为中心将亚文化地域进一步细化，体现出两湖现代文学作品的主体生成性及现代生命活力。值得注意的是，即使是描写同一个城市的地域文化，不同作家往往也会有不同的审美侧重点，刘保昌在注重将两湖地域文化作为整体呈现的同时，兼顾了作家对地域文化不同的审美偏好，致力于呈现出作为"整体感觉文化区"的两湖地域文化的丰富内涵。

一、"地域"作为方法

　　在讨论本书之前，有必要首先厘清"地域文化"和"地域文学"的概念。目前学界一般认为"'地域文学'就是在语言、民俗、宗教等方面的相互认同的基础上形成

---

　　①　本文系湖北省人文社会科学重点研究基地湖北方言文化研究中心 2022 年度重点项目"新世纪湖北诗歌创作语言与荆楚文化传承研究"（2022FYZ001）的阶段性成果。
　　②　刘保昌：《地域文化视野中的两湖现代文学研究》，中国社会科学出版社 2022 年版。本文所引本书文字不再一一注释，仅在文内标明页码。
　　③　刘保昌：《地域文化视野与两湖现代文学研究》，《重庆三峡学院学报》2017 年第 6 期。

的文学共同体形态，这种地区内的文学共同体一般来说历史较为久远、渊源较为深厚，例如江左文学、江南文学、江西诗派等"①。从这一定义中，我们可以看出两个"地域文学"形成的重要因素：一是该地区呈现出在语言、民俗等人文风俗上相互认同的文学共同体形态；二是"地域文学"并非是短时间内忽然兴起的无根之木，相反，其往往有着悠久的历史传统。而"地域文化"研究则属于人文地理学的学术范畴，研究视域相较于"地域文学"更具包容性。有学者从人类学意义上探讨"地域文化"的概念："所谓'地域文化'是指在一定空间范围内特定人群的行为模式和思维模式的总和。不同地域内人们的行为模式和思维模式的不同，便导致了地域文化的差异性，其中，体现群体人格的深层次文化是判断地域文化差异性的主要依据之一。"② 地域文化首先会对某个地区划定具体的空间范围，而后归纳特定地区人群在实践和思维上的共同特征，并以此与其他地域相区别。地域文化与地域文学这两组概念关联已深：从地域文化角度研究文学创作可以为文学研究拓展新的视角，并挖掘其更深层的内涵；而各领风骚的文学作品也不断地扩充着地域文化的内涵，更新着地域文化的生命活力。

自近代以降，地域文化研究逐渐兴盛，及至如今，地域文化研究已呈包罗万象之势，但从地域文化视角研究文学容易陷入封闭性的"循环论证"（第604页），即在文学作品中简单寻找地域文化元素，或将地域文化认作文学作品的决定因素，进而将作品中的一切文学呈现形式都归结为地域文化，将二者进行简单对应。究其原因，有学者认为，这是由于研究者容易事先将地域文化视为一个稳定的文化系统，从地域的典型特征生硬对应至作家的风格特征，概念化地处理作家作品和地域文化的具体关系③。换言之，即预设"地域文化决定论"的价值前提，忽略了地域文化的价值更迭与作家创作的能动性，致使研究浮于表层，未能深入地域肌理。这种做法无疑背离了地域文化研究的学术初衷，对植根于地域的优秀作家作品来说，也是学术资源方面的巨大浪费。

无论是前文提到的地域文化的定义，抑或地域文学的概念，多是"属加种差法"④的定义方式。这一定义预设了地域、地域文化以及地域文学等概念的本质性存在，此种预设导致过往一些研究陷入地域决定论的思维误区。若对此作一番深入思考，抛开

① 李怡：《从地方文学、区域文学到地方路径——对"地方路径"研究若干质疑的回应》，《探索与争鸣》2022年第1期。

② 张凤琦：《"地域文化"概念及其研究路径探析》，《浙江社会科学》2008年第4期。

③ 凤媛：《作为一种"地方性知识"的地域文化——兼及对江南文化和文学研究的一些思考》，《文艺理论研究》2011年第5期。

④ ［美］欧文·M.柯匹、［美］卡尔·科恩：《逻辑学导论》，张建军、潘天群、顿新国译，中国人民大学出版社2014年版，第119-123页。其概念为：将被定义者与其他事物的区别与被定义者所属的集合联系起来，形成定义，要求揭示种的本质属性。

地域这一概念前缀不谈，会发现后缀的"文化"与"文学"被视为对立方而存在，而由于对立两方中前者内涵上的阔大性，后者常常被视为前者的子集，二者无法构成有效对话，因而造成了上述地域文化研究的误区。当"地域"被作为方法，背后的文化意识体现为：地域不是先天既定的，而是后天形成的，且一直处于动态生成之中。至今，学界对于地域文学的概念命名莫衷一是也有此因由。刘保昌在《两湖》中以"穷究天人"作为中国及西方学术路径的主流，认为地域文化论是继长久以来的中心—边缘论、南北—东西论的精准化研究（第8页）。文化研究中地域范围的不断熵化显示出地域研究中学术思路的转变，随着对地域及其相关学术问题讨论的增多，学者们发现愈难将一个问题整体化，只有真正渗透到地域局部才能达成对地域研究的高效产出。针对20世纪80年代以来学界重"整体"、不重"地方"的风气，以及当下对"现代性"的反思背景，学者李怡提出"地方路径"的概念，即放弃作为抽象的整体中国"现代性"的预设前提，而将地方作为主体，探讨"现代性"是如何在地方经验中真实生成，并反馈到作为整体的"现代中国"。李怡认为，"地方路径"概念的独特性主要在于两个方面：一是将路径作为发展方向，探讨现代化背景下中国文化和文学的动态生成方式；二是强调地方在通达"现代中国"时所具备的主体性，并探讨各具特色的地方主体如何"汇聚成社会历史的主流"[1]。李怡认为应当"透过文学'地方路径'重新辨析'文学中国'整体经验的形成"[2]。可以说，"地方路径"研究范式的提出，旨在祛除传统文化研究的整体视域对地域文化真实个性的遮蔽，而地方也不再是作为局部的地方，整体也不是各个地方的机械总和。刘保昌在《两湖》中分析具体作品时采用的也是"地域—整体"的研究路径。在书中，作者以专章探讨了两湖文化主体性的历史生成诸因素，避免了文化决定论模式，以开放的视野看待两湖现代作家，以文学为载体揭橥地方文化传统的现代转型。

在比较了区域文学研究（太过强调特定区域内的文化影响力，扭曲了文化的真实存在形态）、文学地理学（更适合在古典文学研究范围内展开）两类研究方法的优劣之后，作者在《两湖》中采用地域文化的研究方法。从地域文化和文学的视角出发，作者对地域文化视野中的两湖现代文学创作和两湖现代文学中的地域文化书写进行双向考察，聚焦两湖地域文学，又进一步定位至各有特色的作家创作。反之，刘保昌亦从两湖具体的作家作品中致力于寻找地域文化的生命活力。合抱之木，生于毫末，两

---

① 何方丽、张立群：《"地方路径"及地方史料问题研究——李怡教授访谈》，《艺术广角》2022年第1期。

② 李怡：《"地方路径"如何通达"现代中国"——代主持人语》，《当代文坛》2020年第1期。

湖地域文化特性并非经由文学史家概括而成，而是自然显现。针对以往地域文化研究的沉疴，作者在《两湖》中力求突破现有省域命名在文化研究中的偏狭，根据两湖历史文化传统，将两湖地域文化命名为整体感觉文化区（第63页）。刘保昌首先融通两湖地域文化的古今之变，完成其历时性研究，以此作为文化铺垫，以"穷究天人"为学术方法，将"楚"作为两湖地域文化之共名；而后，作者溯源地域文化研究的古今中西脉络，再将两湖源远流长的历史文化传统娓娓道来；该书第三部分是作者颇费心血的文本研究，亦为本书的核心部分，中观视角的采用使本书拥有开阔的学术视野，上通宏观理论的架构，下通微观文本的解读。作者在对理论的熟稔以及对文本深入肌理的分析之间构成贯通的学术张力。总体来说，该书虽然运用了历史学、文化学、民俗学等多学科的理论方法，但以"穷究天人"之观念来统摄两湖现代作家的整体研究，也可能会有失偏颇。作者所能做的，就是在文本的诠释中以审美原则为标准，立足于具体的作家作品，并充分关注作家的主观能动性，来致力于勾勒两湖现代作家作品的思想地形图。

二、立足于两湖现代作家作品研究的思想地形图

在刘保昌看来，两湖现代文学创作中表现出的入世/出世、儒家/庄禅、此岸/彼岸、载道/言志的二元模式，从长远来说并不具有地域上的特殊性。因此，他不主张"用二分式的哲学抽象思维，对丰富复杂的创作文本进行非此即彼的排队和清理"，"而是立足于具体文本进行综合分析，充分关注其思想因素的多元性，创作主体的个体性，地域文化的丰富性，多种思想因子的交融性"（第586页）。文化背后所体现的是人与现实的关系，而文学则是以审美的方式回应这一关系。刘保昌对具体文本的重视，与吉尔兹在《地方性知识》中所提出的"深描"法有相同旨趣，不拘泥于文本，而是对文本背后的文化脉络剔抉爬梳。认知人类学代表人物古斯塔夫认为"文化存在于文化持有者的头脑里，每个社会的每个成员头脑里都有一张'文化地图'，该成员只有熟知这张地图才能在所处的社会中自由往来"①。这张"文化地图"即是社会成员对当地文化的组织形式。每个作家在进行文学创作时，脑海中所勾勒的"文化地图"不尽相同，所选用的地域物象也各有异趣，这便是立足于作家主体的文本研究的意义所在。要通过文学文本达成对地域文化的"深描"，有两个关键步骤：一是充分尊重作家的主体性；二是"了解的同情"之批评立场的建立。作者从"楚文化""少数民族

---

① 王海龙：《导读二：细说吉尔兹》，[美] 克利福德·吉尔兹：《地方性知识》，王海龙、张家瑄译，中央编译出版社2000年版，第33页。

文化"和"经世致用文化"三个维度划分出两湖现代地域文化版图，分别为两湖"中部""西部（武陵）""东部"三个地域，对两湖现代文学吸收文化资源的丰富性和多样性予以彰显。

首先是武陵地域（永州、邵阳、怀化、恩施、十堰、宜昌等地）的文化书写。武陵地域本就是少数民族聚集区，以少数民族作家居多，而多元的文化在武陵地区并不以猎奇的面貌出现，而是彼此友好交流。在对武陵地域文化的书写中，刘保昌注意到以代际为经线的发展，作家的创作始终具有一种精神感召力和美学延续性。凡是对自己家乡饱含热爱的作家，大都以语词文字为作品之筋骨，以地域文化精神为作品之神髓，再辅之以不同时代背景下作家个人的审美偏好来创作。然而，读者往往能够在不同时代作家的笔下发现某种内在相似性，这就是地域文化的神奇之处，它对一个人精神气质的影响是潜移默化的。沈从文是武陵作家群中的代表作家，《边城》以其抒情小说文体的开创而备受文学史赞誉，对其主题含义的探讨则众说纷纭。刘保昌结合沈从文返乡的真实经历，从地域文化角度重新探讨了《边城》的主题。在其结论中，刘保昌不局限于从《边城》中得出"这个民族过去的伟大处"和将来"民族复兴"的力量（第224页）的现有结论，而是执着于结合沈从文《水云》的创作经历，成功挖掘出沈从文写作《边城》的另一层隐秘心理。黄永玉除却与沈从文的亲缘关系外，其在艺术手法上对沈从文也多有继承。黄永玉的《朱雀城》与沈从文笔下的边城相似，"都是'以现在为着眼点'的创造和想象"（第298页）。即使离开故乡多年，作家也能够在自身的记忆中勾勒出故乡的精神风貌。地域文化精神并不总是悬浮于人们的现实生活之外，讲述一个故事，或是以文字回忆一道故乡的佳肴，就能够勾勒出地域文化的神魂。黄永玉晚年时已遍历人生沧桑，但心里仍怀着最初的热切，这一达观心境的形成，也与武陵地域的文化特色密切相关。刘保昌将黄永玉自述的"故乡思维"理解为"武陵山水思维"即是此意。另外，对土家族作家群体的发现是《两湖》的一大特色，仅以书中几位土家族作家举例：孙健忠在继承沈从文的"湘西情结"之外，融合拉美魔幻叙事小说及西方现代主义小说技巧，最终成功构建出武陵土家族地区的神魔艺术世界。而对另一位土家族作家蔡测海来说，在继承沈从文抒情笔调的同时，也积极贴合时代浪潮，致力于书写土家族的地域史诗。李传锋的小说与时代关联性极强，倾力于展示新时代土家族的地域民族风情。刘保昌从地域文化的角度研究武陵地域文学创作，清晰呈现出沈从文对武陵地域作家的代际影响，以及武陵作家对沈从文的继承与发展，而土家族作家群的群体亮相不仅是两湖地域文化主体性生成的重要组成部分，同时也丰富了中国现当代文学史的价值和意义。

其次是中部地域（衡阳、娄底、荆州、荆门等地）的文化书写。刘保昌将两湖中部地域归属为楚文化区。他从地域文化的角度出发，认为相较于武陵地区，两湖中部地区受屈原文化影响更为明显，有着积极的入世心态。黎锦明是乡土文学最早的代表作家之一，"楚人的精神"贯彻于其地域乡土题材以及革命斗争题材的小说之中。对叶紫这位天才作家来说，刘保昌注意到了地域文化中的人文风俗对叶紫小说所起到的良好转型作用。叶紫前期的小说创作被批评为"率真质朴之中失之粗放鲁莽"（第340页），但后期通过对洞庭湖地区风俗景观的描写，有效冲淡了前期的粗放，在诗化的叙事氛围中，情感也做到了有的放矢，且增添了小说的风俗美。刘保昌敏锐捕捉到了叶紫小说风格转型中地域文化所起到的关键作用。周立波从《暴风骤雨》到《山乡巨变》的转变也是如此。《山乡巨变》中，作家描写家乡益阳的乡土风俗更为得心应手。但在对周立波的分析中，刘保昌不仅谈到了这位作家的风格转变，更从小说主角邓秀梅的形象塑造、时代风貌（农业合作化运动）等方面说明了地域文化所起到的作用。对于作家晓苏来说，讲好民间故事是其一直在做的事情，他的民间故事往往都发生在"油菜坡"。这是一个亦真亦幻的地名，而要耕耘出这片"油菜坡地"，靠的是作家浸淫民间文学多年的知识积累。而对吕志青、陈应松、刘诗伟、达度等作家而言，他们的创作并不以显示地域文化为主要意图，但其作品中常见浓厚的地域文化色彩。对小说这一文体来说，它被认为是"文化中普遍的、吸引人的以及道德严肃的最主要虚构形式"①。小说因其情节的具体性，要求作家必须关注大量的生活细节，掌握大量的生活经验，这些细节知识都与当地的地域文化有关，即使作家辗转多地，但只要他的作品具备独特性，读者都能从中见出其地域文化涵养。

最后是东部地域（郴州、株洲、黄石、黄冈、武汉、长沙等）的文化书写。在论述两湖东部地域书写时，刘保昌对每一个重要作家都作了精道而准确的评价。从地域文化角度研究文学作品，容易陷入单一的地域自证困境，即只将地域中的山川景观、人文景观与该地域内的文学作品机械对应，忽略作家在创作文学作品时的主观能动性。刘保昌在研究两湖现代作家作品时，特别注意避开这一庸俗的地域文化决定论。在介绍彭见明对平江地区的牧歌式写作时，刘保昌着意对比了浮于表面的地域书写和优秀的地域书写作品之间的区别：前者往往只是将地域文化中的风俗民情、自然山水当作一时的写作素材，而未能真正将地域文化融入作家创作的精神自觉；后者则"寻找到地域文化精神、地域人们的性格特征和地域文化心理结构，同时能够确定故乡的地域文化与其他地域文化之间的不同性"（第450页）。换言之，刘保昌认为，只有作家充分运用自己的理性认知，辨别出故乡地域文化和其他地域文化的差异性，展现出故乡的独特性，才是真正富有价值的地域文化书写。但作家也并不只写故乡的地域文化，

---

① ［美］玛莎·努斯鲍姆：《诗性正义》，丁晓冬译，北京大学出版社2010年版，第18页。

如何写好异乡，关键在于不将地域作为工具，而是真诚展示地域独特的文化观念，韩少功的《马桥词典》、林白的《妇女闲聊录》就验证了这种写作的可能性。刘保昌认为《马桥词典》较《爸爸爸》等作品在地域文化意义上之所以更受认可，因为它是韩少功"贴近大地、转向底层民众的转型之作"（第456页）。在《马桥词典》中，韩少功对马桥地域文化的书写更为凝练，情绪上更为集中。在东部地域文化书写的最后，刘保昌选取了四位（两组）代表性作家作为典型：方方和池莉揭示了武汉不同阶层市民的生活面貌，何顿与何立伟则以其作品展现了长沙不同精神气质下的风情。文学创作使地域文化的抽象面貌得以显影，作家不同的审美偏好则为地域文化呈现方式的多样性提供了可能。

三、地域文学研究的时空感与历史意识

梳理两湖现代作家作品思想研究的地形图后，我们会发现文本内部的词与物即是构建时空的最小单位。"究天人之际"与"通古今之变"这一地域文化方法论如何能够有效地运用于现代地域文学研究，关键也在于时空这一坐标维度。刘保昌认为"时间作为一种'先验的直觉形式'，只有以空间作为基础才能被聚焦和固定，正如空间只有以时间为基础才能被聚焦和固定一样"（第52页）。空间意识的重要性在当今文化研究中日益突显，尤其在地域文化研究中，对同一文本在时间和空间的不同向度上的把握，有利于准确定位每个作家及其作品在文学史中的位置。正如李怡指出的，"传统的文学研究，几乎都是基于对'时间神话'的迷信和依赖"。而伴随着20世纪70年代西方的"空间转向"，具体表现方式为"从总体上看，近现代中国的空间意识不会像西方的空间批评那样公开拒绝地方风土的现实'反映'，而是融现实体验与个人精神感受于一炉"①。从中国传统地域文化到当下文化语境中对现代性的反思，两湖文化有其生成的独特路径。刘保昌在充分考虑了三种常见的文化区划分方式（形式文化区、功能文化区、整体文化区）后，将两湖文学命名为"整体感觉文化区"。这一原因是作者从"两湖自然地理、史籍方志、文学文本和民众认同等层面"综合考量而得出的，"楚"被视为这一"整体感觉文化区"的共名（第55页）。作者不以行政区域划分文学，而是力图在纷繁的文化现象中梳理、还原"楚文化"的真实形态，追寻楚文化源远流长的脉络。文化精神薪火相传并不体现在对楚文化独特性的一味凸显，而是在对地域文化充分认同的基础上，自我发现并重新审视两湖地域主体性的生长历程，

---

① 李怡：《从地方文学、区域文学到地方路径——对"地方路径"研究若干质疑的回应》，《探索与争鸣》2022年第1期。

在宏阔的历史时空中揭示两湖文学现代性的演进轨迹,并使之最终纳入现代中国的文学版图。

《两湖》从历史维度对两湖地域文化进行了梳理。刘保昌对"地域文化"的认知,遵从的是时间上的贯通古今原则。楚文化拥有极强的文化认同感,最早可从《楚居》中溯源。《楚居》载有丽季从其母肋骨处出生之事,言其母因肋骨折断而亡,巫师赅其胁"以楚",其母因此复活,族人即以补足先祖母亲躯体的荆楚枝条作为民族的名称,"氏今曰楚人"①。这充分说明,在远离周王室的南方楚地,楚国人就有着对本国地域文化的自我认同。《两湖》一书十分注重屈原文化传统。另外,作者也关注到了老庄精神对两湖地域文学的重要影响。经由历史的不断演绎,屈原之豪迈入世精神与老庄之逍遥出世精神共同构成了两湖文学史的重要传统(第91页)。屈原是被反复书写的历史人物。郭沫若在20世纪20年代创作独幕剧《湘累》,光未然于20世纪40年代创作长篇叙事诗《屈原》,郭沫若又于同年创作历史剧《屈原》。屈原伟大的爱国主义精神和浪漫主义文学成就,在每个时代都给人以启迪。楚人对于屈原的偏好已成为一种文化基因中的精神自觉,屈原的形象也在持续书写中成为楚人的政治、文化乃至情感寄托。

除屈原这一文化传统外,《两湖》对老庄文化的挖掘可谓是对荆楚文化谱系的又一发现。谈及老庄文化,"逍遥"二字尽得风流,但要做到这份逍遥实属不易,不仅要有楚狂接舆的洒脱,还要有庄子"曳尾于途"的自在。令人感到诧异的是,出世与入世这两种完全不同的处世心态竟成为同一种文化的一体两面。在《两湖》中,刘保昌对此也有解释。他认为出世与入世并非二元对立的一组概念,士人如何选择多是视时局而定。作者以诗人闻一多为例,将他走出书斋的行为视为由"庄子的崇拜者"向"屈原的实践者"的变身(第91页)。从闻一多愤而写下的诸多诗篇也可看出诗人其人九死未悔的精神追求,《红烛》《死水》字字泣血;《闻一多先生的书桌》又可见出诗人诙谐的一面。民国年间,楚庄王、伍子胥、张居正等两湖历史上的重要人物被不断重新书写。及至国民政府时期,尽管湖南、湖北分省而治,但这种文化自觉依然传承至今,楚地皆希望葆有"独立之精神"与"独具之特质"。在论述民族的文化根源时,安德森说:"尽管墓园中并没有可以指认的凡人遗骨或者不朽的灵魂,它们却充塞着幽灵般的民族想象。"② 地域文化是在人们长久的历史意识中逐渐积淀而成的,地域

---

① 清华大学出土文献研究与保护中心编、李学勤主编:《清华大学藏战国竹简》壹,中西书局2010年版,第3-4号简。

② [美]本尼迪克特·安德森:《想象的共同体:民族主义的起源与散布》,吴叡人译,上海人民出版社2003年版,第11页。

从古沿袭至今，其具体的地域边界早已模糊，而名称也几经转易。但正与人们展开的"民族想象"一致，地域精神来源于人们对地域的文化认同，这也是刘保昌将两湖地域作为整体感觉文化区的原因。

《两湖》也从作品维度对两湖地域文化进行了梳理。《两湖》以两湖现代文学文本、传统典籍、非物质文化遗产进行三重参证，致力于通过解读文本，弄清两湖地域文化与两湖现代文学之间的复杂关系和相互作用。对几十位作家几百部作品的梳理是一项颇为艰辛的工程，作者自言："为了保证立论的充分性，势必竭泽而渔，由此梳理出'系地性'写作的脉络线索。"（第 605 页）刘保昌为突破地域研究中的"封闭循环式"论证模式，在尊重作品原义的基础上，以审美性为标准衡量作品的价值，且充分激活两湖文化在中国文学现代性转型中的地域主体性。不得不说，要将如此庞大的文化课题进行清晰的划分并非易事，同时，作者也并不想做成地域文化与地域文学的彼此参证，这就更需要对文学作品的文学史定位有准确把握，展现其在文学史中的独特性，而不至于将其完全附注于地域文化的历史意识之内。尤其是对前后期风格转型明显的作家，刘保昌皆对其做了准确论述。一方面，地域文化本身有极长的时空跨度；另一方面，于作家的创作生涯而言，作品中往往包含作家所经历的人生百态。《两湖》对选取的每一位作家都有充分了解，从对两湖现代作家作品的"深描"中思考两湖地域文化之特色。在论述方方的一章中，刘保昌首先将目光聚焦其长篇小说《水在时间之下》。这部小说描写的是汉剧名伶"水滴"的传奇人生。"水滴"一生历经坎坷，处在这样的风云变幻之中，一滴水本是最易蒸发的物质，但方方却说这滴水是被埋在时间之下的，它永远对抗着不公的命运。一部优秀的现代地域文学作品对于地域文学传统不仅有其继承部分，更有时代要求其创新的部分，直至这创新的部分也随岁月被注入地域文化的血肉之中。《两湖》所分析的文学作品莫不有此时代风骨。

《两湖》对地域文化研究的有效性体现在两个方面：一是对作为整体感觉文化区的楚文化贯通古今的脉络梳理；一是对于两湖地域现代具体作家作品创作历程的关注。《两湖》的创新之处在于：尽管有了前者所铺垫的坚实的地域理论基础，但刘保昌坚持具体文本的实证研究，让作品中的地域文化得以自然展现，并获得充分生长的可能。地域文化与地域文学在"变"与"常"中被不断继承和创新。以滚灯之结构譬喻之，滚灯最外围的竹片即是楚文化的古今脉络，而靠近烛火的竹片即是两湖现代作家作品所展示的新的地域可能。因此，两湖地域文学书写除了关注"历史性"和"现实性"之外，"尤其注重创作主体地域文化书写的当下性，关注创作主体对地域文化资源的创造性选择与意义重释"（第 579 页）。两湖地域文化的流变性和嬗递性是刘保昌追寻的文脉之一，他希望找到"变"与"常"的辩证演进规律①。一代有一代之文学，然而从地域文学角度进行审视，卷帙浩繁的史料只是当下地域书写锦上添花的一部分。刘保昌的研究虽然指涉的是两湖文学的历史，但也不能忽视两湖作家创作的探索性和未来性，这一点呼应的也是地域文学之"常"与"变"。正是在不断的"变"与"常"中，烛火依然闪耀，一如两湖地域之精神生生不息。

（作者单位：三峡大学文学与传媒学院）

---

① 刘保昌：《地域文化视野与两湖现代文学研究》，《重庆三峡学院学报》2017 年第 6 期。

精审的史料发掘与宏阔的历史重构①
——评《西南联大艺术历程》

邓招华

作为崛起于战争历史语境中的著名高等学府，西南联大近年来得到了学界的广泛关注，学界也不断有新的研究成果产出，涉及教育、历史、文学、学术等多个方面。学界对西南联大的持续关注，乃是因为其在 20 世纪中叶的中国知识史、文化史和政治史等方面占据重要的地位，人们可以从多个维度去挖掘其所蕴含的丰富宝藏。诚如易社强所言，"联大提出了普世性的重大问题：在什么条件下，可以孕育并坚持通才教育？促使一所大学完成使命的内在动力是什么？处境艰危之际，如何界定并阐明使命？……虽然联大经验无法提供完满的答案，但至少可以启发人们去探寻这些难题中某些隐秘的面向"②。这些隐秘的面向构成了近年来学界持续关注西南联大的内在动力。不过，学界在教育、历史、文学等诸多面向不断取得新的突破的同时，艺术面向方面却鲜有重要进展。在这个意义上，李光荣教授新著《西南联大艺术历程》（以下简称"《历程》"）堪称原创性成果，以精审的史料发掘与宏阔的历史重构在西南联大艺术面向层面取得了突破性进展，也为进一步的研究奠定了坚实的学术根基，显然具有积极的学术意义。

——

西南联大在战火硝烟中历经八年，虽然"筚路蓝缕"，依然"弦歌不辍"，堪称现

---

① 本文系汕头大学科研启动基金资助项目的研究成果。
② ［美］易社强：《战争与革命中的西南联大》，饶佳荣译，九州出版社 2012 年版，第 3 页。

代教育史上的佳话，进而成就了西南联大的学术、文化奇迹。正如云南省商会联合会等社会团体"公送"西南联大北归的序文写道："西南联合大学，结茅立舍，弦诵一如其平时。留滇九年，凡所以导扬文化，恢宏学术者无不至，一时文教之盛，遂使昆明屹然为西南文化之中心。"① 这与西南联大诸多知识分子以独立的文化立场与精神追求，孜孜于学术创造与文化传承，在西南联大促成了砥砺人格、涵养性情的良好学院文化氛围紧密相关。这种涵养性情的学院文化体现在以学术为业的精神情怀、重视趣味与性情培育的课堂讲授、涵养心性的文化传授与文学活动等诸多方面，自然也离不开校园艺术活动的熏染、孕育，或者说艺术活动构成了西南联大砥砺情怀的学院文化的一个重要面向。然而，由于艺术活动的表演性、现场性等特质，以及纷扰不堪的战争环境，西南联大艺术活动的资料留存异常缺失，这既造成了西南联大艺术活动研究的相对滞后，也影响了西南联大研究的整体推进。

直面西南联大艺术活动研究的瓶颈，李光荣教授自 20 世纪 80 年代开始有意识地收集联大艺术活动资料，集几十年功夫，通过各种途径逐步攻克了联大艺术活动资料缺失的研究瓶颈。这些途径主要包括："一是寻找西南联大校友的回忆文字，二是查阅当时的报纸杂志，三是访问西南联大校友，四是联系校友亲属，五是咨询艺术知情人，六是考察当年的艺术场景，七是请教西南联大研究专家。"② 通过作者的自述，可以见出其史料收集之广泛、"田野调查"功夫之深广。这种深入细致的调查与收集不仅具有抢救史料的意义（西南联大校友存世者日益减少），而且通过史料的爬梳、历史的深描，使极具表演性的、稍纵即逝的艺术活动得以勾勒、还原。正是凭借着这种精审的史料发掘，《历程》将西南联大已经消逝于历史尘烟中的艺术活动场景一一再现出来。譬如，西南联大早期排演的话剧《祖国》在联大话剧演出历程中有着重要的开启意义，是一次成功的艺术探索，为联大以后的《原野》《黑字二十八》《雷雨》《阿Q正传》等话剧的成功演出奠定了坚实的艺术基础。然而，由于话剧表演的现场性，还原《祖国》的艺术活动场景并非易事，而作者通过大量的史料挖掘，将《祖国》的舞美效果、演员表演、观众反应等演出场景具体呈现出来。作者采信的丰富史料大致如下：

张定华：《回忆联大剧团》，西南联大校友会编：《笳吹弦诵在春城——回忆西南联大》

王一士：《联大剧团公演的〈祖国〉》，《云南日报》，1939 年 2 月 18 日

① 北京大学等：《国立西南联合大学史料·总览卷》，云南教育出版社 1998 年版，第 285 页。
② 李光荣：《西南联大艺术历程》，中华书局 2022 年版，第 535 页。

俞志刚：《看了〈祖国〉以后》，《云南日报》，1939 年 2 月 22 日

臻：《观〈祖国〉后》，《朝报》，1939 年 2 月 22 日

豫源：《观〈祖国〉归来》，《朝报》，1939 年 2 月 26 日

陈铨：《联大剧团筹演〈祖国〉的经过》，《益世报》，1939 年 2 月 18 日

夏江：《伟大的祖国》，《朝报》，1939 年 2 月 19 日

凤子：《我的话》，《益世报》，1939 年 2 月 18 日

朱自清：《朱自清日记》（1939 年 2 月 21 日），《朱自清全集》第 10 卷

丁心：《致联大剧团一封公开的信》，《云南日报》，1939 年 2 月 20 日

翟国瑾：《忆一次多灾多难的话剧演出》，云南省政协文史资料研究委员会等编：《云南文史资料选辑》第 34 辑 ①

作者以扎实的史料还原历史场景的努力由此可见一斑。精审的史料发掘以及扎实的学术功底贯穿《历程》一书，使《历程》真正突破了西南联大艺术活动研究的瓶颈。这不仅难能可贵地还原、再现了西南联大的艺术活动场景与氛围，而且生动地展示了西南联大艺术活动的丰富性与深邃性。《历程》分门别类地梳理了西南联大的戏剧、音乐、美术、舞蹈等艺术活动，呈现出一幅立体化的联大艺术活动画卷。譬如，由于当年影像设备的缺失，西南联大的音乐活动大多没有留下影像资料，音乐活动的发掘与呈现难度可想而知，而作者通过访问当事人、查阅档案馆资料等，真实地还原了西南联大歌咏团 1940 年 8 月 31 日在昆明广播电台演唱的场景，确认其演唱曲目为"《黄河大合唱》《游击队歌》《抗战歌》《旗正飘飘》《太行山上》《胜利进行曲》等"，并且指认"当时歌咏团还没有得到《黄河大合唱》的全套曲谱，所唱的只是其中的《黄水谣》《河边对口曲》《黄河颂》《保卫黄河》等部分"②。这不仅是历史细节的饱满还原，而且显示出西南联大艺术活动的时代性特征，尽管身处高等学府埋首学业，联大的莘莘学子并没有隔绝于时代，从联大歌咏团这次的演播可以见出联大艺术活动饱含时代内蕴的一面。

这种精审的史料发掘与考证更突出地体现在对西南联大校歌的编制与演唱的描述方面。西南联大校歌无疑是一首著名的校歌，而校歌的演唱贯穿联大始末，既是联大校园一项重要的音乐艺术活动，也是联大"刚毅坚卓"精神的艺术演绎，在联大艺术活动中留下了浓墨重彩的一笔。不过，以往关于联大校歌演唱活动轨迹的描绘并不完整，并且有关歌词的编写存在争议，譬如冯友兰晚年在《三松堂自序》中将校歌的编

---

① 李光荣：《西南联大艺术历程》，中华书局 2022 年版，第 154-159 页。
② 李光荣：《西南联大艺术历程》，中华书局 2022 年版，第 280-281 页。

写归入自己的名下①。作者通过诸多细节的翔实考证，清晰、完整地描述了联大校歌诞生、演唱的历程，不仅解决了歌词编写的争议，指出冯友兰的回忆不真确，而且立体地呈现了校歌演唱作为联大精神的一种艺术演绎的巨大魅力与效应。在此基础之上，作者对联大校歌歌词进行了深层解读与阐发，从时代特征、学院气派、词曲完美配合等层面阐释了联大校歌的经典性与深邃性。这种精密的考辨，不仅完整地勾勒出联大校歌演唱的流变，而且形象地突显出联大校歌演唱的辉煌艺术效应，《西南联大校歌》"一直激发着全体师生的爱国情绪和团结奋进的精神，成为维系西南联大师生心灵的纽带"②。正是在这种精密的考辨与真实的历史场景还原中，《历程》一书不动声色地呈现出包括音乐活动在内的西南联大艺术活动的丰富性及其艺术魅力。同样，《历程》对西南联大美术创作活动的呈现，也是将散失于各处的篆刻、木刻、漫画、写生乃至广告设计等作品一一收集、考辨，并集中展示在读者面前，以往被人们所忽视的联大美术活动的丰富性与艺术性得以完整呈现。

这种以史料的考辨再现已经尘封于历史烟尘中的联大艺术活动场景的努力，在"彝族民间歌舞演出"这一艺术活动的勾勒与描绘中有着更加显著的体现。1946年5月，联大学生策划、筹办了"彝族民间歌舞演出"活动，虽然这场民族原生态歌舞演出的演员不是联大学生，联大当时也处于结束的尾声，但是这场演出的最初策划、具体组织等均由联大学生完成，闻一多积极参与指导、筹划，联大学生自治会、联大剧艺社等社团也参与场地、经费等方面的筹划，完全可以视为联大艺术活动的一个辉煌尾声。这场民族原生态歌舞演出在昆明获得了巨大的成功，不过当时并没有留下影像资料，而作者通过当事人访问、报刊资料查询等途径，生动地再现了这场轰动春城的艺术演出场景。经过史料的发掘与考辨，作者考证出这场演出"由《序幕》、《战争与和平》、《追慕，感激，永生》、《生活的乐趣》、《上帝的喜悦》、《唱出了生活和历史》、《流露着坦白的真情》和《尾声》八个单元组成"，并且还原了节目每一单元的具体内容，进而总结道："全部节目组成了一个内容连贯、主题鲜明的统一整体，节奏由强烈到舒缓，气氛由紧张到轻松，美感由崇高到优美，真可谓一台具有高度的思想性和完美的艺术性的演出。"③ 历来有关西南联大舞蹈艺术活动的描述与研究甚少，几近于空白，《历程》一书独辟蹊径，发掘出"彝族民间歌舞演出"艺术活动，既是作者精审的史料发掘功夫的体现，也是《历程》一书原创性成果的重要表现。

---

① 参见冯友兰：《三松堂自序》，《三松堂全集》第1卷，河南人民出版社2000年版，第295页。

② 李光荣：《西南联大艺术历程》，中华书局2022年版，第322页。

③ 李光荣：《西南联大艺术历程》，中华书局2022年版，第483页。

二

以精审的史料发掘与考辨为基础，《历程》注重历史场景原生态、丰富性的重构，祛除了历史风尘对西南联大艺术活动的某种遮蔽，呈现出联大艺术活动具体而丰富的存在样态，进而提炼出联大艺术活动的时代特征与艺术特质，达致了一种宏阔的历史重构。这是《历程》又一重要学术成果及价值所在。

戏剧活动贯穿西南联大始末，是西南联大最重要并且影响最深远的艺术活动，在联大涵养性情的文化氛围的营造中占据举足轻重的地位与作用。《历程》以众多剧团的发展流变为经线，以重要的戏剧演出为纬线，纵横连贯，立体地重构出联大异彩纷呈的戏剧活动历史图景。《历程》不仅勾勒了联大剧团、剧艺社、青年剧社、国民剧社、戏剧研究社、怒潮剧社、山海云剧社等戏剧社团的衍变分化，展现出联大戏剧活动的发展历程，而且重点描述了《祖国》《原野》《黑字二十八》《雷雨》《野玫瑰》等戏剧的演出场景，从剧本选择、导演策划、演员排练、舞美设计、演出效果等层面全方位地复原、重构了这些戏剧艺术活动的历史形态。譬如由联大剧团排演的《原野》"书写了《原野》演出史上的第一次轰动历史，创造了云南戏剧的第一座演出高峰"①，作者以翔实的史料巨细无遗地描绘出《原野》演出活动的点点滴滴。通过闻一多邀请曹禺来昆、曹禺自任导演、演员的选择与排练、舞美的设计、演出的场次等系列事件的翔实描述，《历程》将《原野》的演出这场轰动昆明的联大艺术活动完整地再现在读者面前。这种宏阔的历史重构也为作者总结、提炼联大戏剧活动的艺术特质奠定了基础，正是通过这种历史场景的空间性的具象还原，作者归纳出《原野》演出成功的缘由，如名人效应、演员素质、舞台设计等②，这最终体现为联大学院文化所蕴藏的巨大艺术创造力及艺术魅力。《原野》是一部艺术性极强的话剧作品，将其搬上舞台本身即是一项艺术挑战，而在曹禺、闻一多、孙毓棠、凤子等人的指导下，联大剧团的学生深刻领悟了作品的艺术要旨，显示出学府学子良好的文化艺术修养。同时，闻一多的舞台设计也为戏剧生成空间的艺术效应与魅力增色不少。在战争纷扰的年代，联大剧团将《原野》搬上舞台并获得巨大成功，一方面突显出联大艺术活动学院化、艺术化的特质，另一方面也突显出联大学院文化所蕴藏的惊人艺术创造力。《祖国》《黑字二十八》《雷雨》《野玫瑰》等剧均可作如是观。西南联大戏剧活动的繁盛及其与学院文化的互动影响亦可见一斑。

---

① 李光荣：《西南联大艺术历程》，中华书局 2022 年版，第 148 页。
② 李光荣：《西南联大艺术历程》，中华书局 2022 年版，第 164-170 页。

　　当然，指出西南联大包括戏剧活动在内的艺术活动与学院文化的相互作用、相互契合，并不意味着西南联大学院空间是隔绝于时代的乌托邦式的存在，也不意味着可以将西南联大学院文化作本质化的理解与处理，恰恰相反，西南联大学院空间、学院文化本身就是战争的产物，战争的影响以及诸多现实条件的制约显而易见，任何对西南联大学院文化的本质化理解都有违基本的历史事实。在对联大艺术活动的历史重构中，《历程》非常可贵地避免了本质化的理论陷阱，紧随时代风云的不断变幻，既突显出联大艺术活动艺术化的一面，也展现出联大艺术活动的时代性内蕴。西南联大后期，随着社会现实的进一步恶化，左倾思潮的日益蔓延，校园文化氛围也有所转变。在日趋激进的社会文化思潮的刺激与影响之下，联大剧艺社排演了《凯旋》《匪警》等饱含时代现实内容的戏剧。这些戏剧并不以艺术性取胜，而是以饱满的时代内涵打动人心。在"一二·一"运动期间，联大剧艺社更是集中排演了《审判前夕》《告地状》《民主使徒》等充满斗争气息的戏剧，戏剧演出活动成为"一二·一"运动的一个有机组成部分①。《历程》对《凯旋》《民主使徒》等戏剧活动的历史呈现，紧扣时代风潮，突显出联大戏剧活动现实性内涵的一面。同样，《历程》对西南联大美术创作活动的发掘与呈现，一方面描述了魏建功、闻一多等出于心性、自娱娱人的艺术性的篆刻治印，另一方面展示了阳光美术社诸多学生创作的极具现实批判性的漫画、木刻等作品。《历程》对联大艺术活动的历史重构是多维度的，没有陷入本质化的偏颇与狭隘，以翔实的笔触完整而立体地揭示出联大艺术活动丰富而多样的面向与风貌。

　　在此基础之上，作者归纳提炼了西南联大艺术活动的时代特征与艺术特质，将其总结为两个基本要点——"其一，群众化与生活化……其二，现实性与艺术性"，并指出西南联大艺术成就的取得"与其艺术的群众化与生活化紧密相连"，而其"艺术性的表现有两种情况：一种是在现实性较强的作品中贯穿艺术性，一种是在与现实不够紧密的作品中突出艺术性"②。这种总结建构在精审的史料发掘与宏阔的历史重构基础之上，颇具说服力。譬如，在对联大艺术活动作出了整体的俯瞰之后，作者认为"《原野》的演出、《野玫瑰》和《凯旋》的创作与首演等是可以载入中国话剧史册的"，"'彝族音乐舞踊会'是我国民族原生态歌舞的首次完整演出。自此，民族原生态歌舞登上城市大舞台，并成为我国舞台演出的新品种……这台演出的历史功绩显著"③。这既是公允之论，也突显出联大艺术活动的惊人艺术创造力与非凡成就。

　　正是在这种"群众化与生活化""现实性与艺术性"的交错中，西南联大艺术活

---

　　①　李光荣：《西南联大艺术历程》，中华书局 2022 年版，第 201-207 页。
　　②　李光荣：《西南联大艺术历程》，中华书局 2022 年版，第 521-522 页。
　　③　李光荣：《西南联大艺术历程》，中华书局 2022 年版，第 523 页。

动得以生成与展开。《历程》沿着这两条轨迹重构联大艺术活动发展历程，既契合历史实际，也有效地抵达了历史深处，揭开了联大艺术活动的神秘面纱。正如作者在"前言"中所述，"西南联大没有艺术院系，没有艺术课，没有艺术教师，也没有组织过艺术演出或比赛，而其艺术活动却开展得蓬蓬勃勃，并取得了巨大成就"①。这几近成为现代教育史、艺术史的一个"斯芬克斯"之谜。《历程》一书即是对这"斯芬克斯"之谜的有效解答。通过精审的史料发掘与宏阔的历史重构，《历程》揭示了西南联大自发性艺术活动取得惊人艺术成就的深层缘由：西南联大广博、精深的学院文化与艺术活动构成了良好的互动生成关联，两者相互磨砺、相互契合，在战争的历史语境中恰切地回答了面对艰难时世，学院中的艺术活动何为的时代之问。西南联大师生一方面通过艺术的生活化，将时代现实的风云变幻纳入艺术的表达，同时坚守学院化价值立场，不懈追求艺术性的精进，而这一切从属于涵养性情的学院文化之要旨，并与独立自主的学院文化相互影响，相互促进。这既是西南联大的实际领导者梅贻琦"以人格塑造为目的""以普及美育为方向""以生活化为方法"之美育思想在联大校园的实践与演练②，也是在战争的年代里对"艺术何为"这一史诗级精神天问的生动而有力的回答。在这个意义上，《历程》不仅揭开了西南联大艺术活动的"斯芬克斯"之谜，而且突破了时代风云对联大艺术活动的尘封与遮蔽，突显出联大艺术活动的重要艺术价值与历史意义。

整体上，《历程》以精审的史料发掘为基础，在历史场景的空间性、丰富性的重构中考察西南联大的艺术活动，穿梭于历史、政治、艺术等多重语境的交叉地带，分门别类地完成了对西南联大艺术活动发展、流变的考辨，突破了历史的重重遮蔽，呈现出联大艺术活动的丰富性样态与艺术性境界。尤为可贵的是，《历程》虽然以史料发掘见长，却不是史料的枯燥堆砌。作者深知艺术活动是饱含人文内涵的精神活动，真切的个体经验与人文情怀是艺术史写作的一个重要层面，故而在《历程》一书中不断叙及陈铨、孙毓棠、闻一多、张清常等人的艺术理念与追求，这种鲜活的个体经验与饱满的人文情怀书写使《历程》规避了史料堆砌的枯燥。如此，《历程》既有文献资料的整体勘探与精密考辨，也有历史场景的生动还原与宏阔再现，更有艺术个案的深入辨析与形象阐发，揭示出西南联大艺术活动的鲜活存在样貌及其人文内蕴。这无疑是对西南联大艺术活动研究的一次原创性拓展，也是近年来西南联大研究的一个重要收获。

（作者单位：汕头大学文学院）

---

① 李光荣：《西南联大艺术历程》，中华书局 2022 年版，第 19-20 页。
② 李光荣：《西南联大艺术历程》，中华书局 2022 年版，第 36-39 页。

编后语

妥佳宁

写下这篇编后语之际，正值教师节，不禁想到前辈师长和那个时代的学术。"凡一代有一代之文学"，一代有一代之学术，一代有一代之思想，而学术传承同样不可忽视。在今天，有诸多学术热点问题，而中国现代文学的意义始终在于它与中国社会现实之间的关系，在于它能够以其思想性来构成对当下的回应和反思。

正因如此，本辑鲁迅研究专题和民国文学研究专题中的周氏兄弟研究，其意义才不会仅限于文本内部，而是与中国的社会现实相关联，这也是《现代中国文化与文学》办刊的本意所在。将"平民文学"以及中学语文课本中的鲁迅译作与辛亥革命相联系，实际上是将文学发展放回到了历史语境当中，对救国会与茅盾战时活动的考察同样有着这样的努力。历史还原当然重要，而问题意识则可让人看到以往未被注意到的历史层面。国民革命论述与异族他者形象如何在南北不同的日本殖民地作家笔下呈现，既是历史还原，更是问题探讨。有价值的史料发掘和历史还原，其实从来不排斥思想性。相反，思想性恰恰有助于发现以往不被注意到的史料和现象。《现代中国文化与文学》的品质，正在于将思想性根植于扎实可靠的实证研究，而不是用空谈代替思想，更不是用论文写作技巧代替研究本身。只有这样，才能在可靠的实证研究基础上，通过思想性将中国现代文学与当下社会现实相联系。

为了更好地实现这种理念，今后《现代中国文化与文学》将尝试在优质来稿当中选择部分专题研究，与同题约稿文章共同组成专栏加以刊登。希望这样的专栏能够既强调历史性，更注重思想性。譬如 20 世纪 30 年代左翼文化运动区别于 40 年代边区和根据地文学的特征，研究似乎尚不充分；而在民族形式问题的讨论中，沦陷区文学的民族形式其实是最不该被忽视、偏偏又最常遭到忽视的；在大革命当中，武汉国民政府如何在获取权力之后一步一步从革命力量转向保守势力，对于反思整个 20 世纪中国一系列革命活动当中的语境错位问题，似乎都具有启示意义，但尚未被革命文学研究所充分讨论到。当然，思想性不限于政治话题，但也不必排斥政治话题。正是因为在全球范围内，阶级、民族、性别这些老问题仍在牵动变革中的社会与尚未变革的社会，故而流行了几十年的西马、后殖民和女性主义理论才不断以各种新的面貌反复在理论界一再获得关注。这从来不是任何理论家的操控可以做到的，而是社会现实使然。在今天研究中国现代文学，当然不是理论游戏而应该具有实证性。而有价值的中国现代文学研究，事实上也回应着这些与变革中的社会和尚未变革的社会息息相关的问题，而不是在故纸堆里探寻那些只有老学究才关心的问题。也正因此，从事中国现代文学研究的学者，无论怎样理性和冷静，也始终带有一副热切的心肠。路漫漫其修远兮，吾将上下而求索。

投稿须知

　　《现代中国文化与文学》为四川大学文学与新闻学院主办的学术辑刊，现为南京大学 2021-2022 年度中文社会科学引文索引（CSSCI）来源集刊，每年 4 辑。现对投稿的有关问题作以下说明与约定：

　　1. 栏目说明。本刊欢迎中国现当代文学与文化的相关研究文章，常设栏目有特稿、大文学视野、文学档案、民国文学研究、共和国文学研究、港澳台文学研究、学人·著述等，并不定期推出各类专题研究栏目。

　　其中，"特稿"为本刊向业内资深专家的约稿；"大文学视野"主要指从广阔的社会文化范畴来研讨文学现象；"文学档案"主要针对新发现的文学史料，并强调对所列史料要有所分析和阐述；"民国文学研究"指晚清民初至中华人民共和国成立之前的相关文学研究；"共和国文学研究"指中华人民共和国成立后至今的相关文学研究；"港澳台文学"包括对中国香港、澳门、台湾三地相关文学的研究；"学人·著述"则是对学界相关学者与专著的评介，也包括一些重要的会议综述。

　　2. 论文规范说明。文章必须未曾在其他正式刊物上发表过。每篇字数为 7000—10000 字，重要选题或史料可适当增加字数。来稿凡引必注，注释统一采用脚注形式（体例详后），引文、注释请务必核对无误。来稿需另提供英文标题，并在文末注明作者简介、作者单位、电子邮箱、联系电话、通信地址等必要信息。

　　3. 投稿规定。本刊目前只接受邮箱投稿，投稿邮箱为：xdzgww@126.com。请在邮件主题中注明"作者单位+姓名+文章名"。作者须确保投稿文章内容无任何违法、违纪内容，无知识产权争议。严禁剽窃、抄袭，反对一稿多投。

　　4. 编审说明。本刊采用同行专家匿名审稿制，审稿期限为 6 个月。6 个月内未收到用稿通知，可自行处理。本刊编辑有权删改所用稿件，不同意者请在来稿时予以说明。稿件一经采用，寄送样刊两册。

　　5. 版权说明。本刊官方微信公众号为"大文学研究"，所刊稿件将在此平台上择优予以推送；且本刊已许可中国知网以数字化方式复制、汇编、发行、信息网络传播本刊全文。所有署名作者向本刊提交文章发表之行为视为同意上述声明。

6. 费用说明。本刊不以任何形式收取版面费。

《现代中国文化与文学》编辑部

脚注格式：

①徐杰：《论乡村小说的写作》，《王西彦研究资料》，知识产权出版社 2009 年版，第 368-369 页。

②郭志刚、孙中田：《中国现代文学史》（上册），高等教育出版社 1999 年版，第 235 页。

③［美］爱德华·W. 萨义德：《东方学》，王宇根译，生活·读书·新知三联书店 2007 年版，第 426-427 页。

④陈荒煤：《向赵树理方向迈进》，《人民日报》1947 年 8 月 10 日。

⑤丁帆：《新世纪中国文学应该如何表现"风景"》，《徐州师范大学学报》（哲学社会科学版）2012 年第 3 期。